GW01325937

Plans and Documents Relating to Roads, Bridges, Railways, Canals, Water, Gas, &c, &c

MONATSBLATT

DER

NUMISMATISCHEN GESELLSCHAFT

IN WIEN.

II.

N^R 90 - 125. (1891—1893.)

WIEN.

VERLAG DER NUMISMATISCHEN GESELLSCHAFT. — DRUCK VON KREISEL & GRÖGER.

1894.

Inhalts-Angabe

(bearbeitet von V. v. Renner.)

*) Druckfehler-Berichtigung. In Nr. 102
des Monatsblattes ist die Seitenangabe eine un-
richtige. Sie soll lauten:
Für S. „2" richtig S. „94"
  „ „ „3" „ „ „95"
  „ „ 4 „ „ 96
  „ „ 5 „ „ 97
  „ „ 6 „ „ 98
  „ „ 7 „ „ 99
  „ „ 8 „ „ 100
Auf Seite 219: „Die Chronik der Familie
Wallpach" Z. 2, Schluss muss es heissen: „S. 210"
und nicht „120".
Seite 193 ist bei einer Anzahl von Exemplaren
die Kopfleiste von Nr. 113, December, 1892" stehen
geblieben. Dafür ist zu lesen: „N. 114, Januar
1893."

1*

MONATSBLATT

der

numismatischen Gesellschaft in Wien.

Dieses Blatt erscheint monatlich ein Mal und wird den Mitgliedern der Gesellschaft
unentgeltlich zugesendet. Preis des Jahrganges für Nichtmitglieder 1 fl. Zuschriften
sind zu richten an die numismatische Gesellschaft. Wien. I., Universitätsplatz 2.

Nr. 90.	Jänner	1891.

Mittheilungen der Gesellschaft.

EINLADUNG.

zu der

am **Freitag**, den 30. Jänner 1891, Abends 7 Uhr, im grünen Saale der kais. Akademie der Wissenschaften (I., Universitätsplatz 2) stattfindenden

JAHRES-VERSAMMLUNG.

Programm:

1. Mittheilung von Einläufen.
2. Wahl von Mitgliedern.
3. Festvortrag des Herrn Hof- und Gerichts-Advocaten Dr. Alfred Nagl: Ueber die
Ausbreitung der Goldwährung im Abendlande im 13. Jahrhundert.
4. Rechenschaftsbericht über die Thätigkeit der Gesellschaft im Jahre 1890.
5. Summarischer Bericht über den Cassastand.
6. Bericht und Antrag der Rechnungsrevisoren.
7. Wahl der Rechnungsrevisoren und Skrutatoren.
8. Neuwahl des Vorstandes.

Da nach § 14 der Statuten zur Beschlussfähigkeit der Jahresversammlung die Anwesenheit
von 20 Mitgliedern erforderlich ist, werden die P. T. Herren Mitglieder um Betheiligung an der Versammlung höflichst ersucht.

Ausstellung: Herr Emil Fischer. Ein Fund von Groschen Ferd. II. u. III. —
Herr Paul Gerin. Ein Medaillon Kaiser Franz Joseph I. von Fernkorn. — Herr Arthur
v. Mises. Polnische Medaillen und Papiernoten. Herr Ignaz Spöttl. Medaillen von
Max I. bis Ferd. II. — Zutritt frei.   *Der Vorstand.*

Versammlungen der Gesellschaft mit Vorträgen und Ausstellungen finden am 21. Jänner, 18. Februar. 11. März und 15. April 1891, 7 Uhr Abends im grünen Saale der kais. Akademie der Wissenschaften statt. — Der Zutritt ist frei.

– Es wird ersucht, Zuschriften und Sendungen bezüglich der Zeitschrift an Herrn Rudolf Ritter v. Höfken, Währing b. Wien, bezüglich der Cassa an Herrn Franz Trau, I., Wollzeile Nr. 1, alle anderen Briefe und Sendungen an die numismatische Gesellschaft, I., Universitätsplatz 2 (kais. Akademie der Wissenschaften) zu richten.

Das Bibliothekslocale der numismatischen Gesellschaft im Gebäude der kais. Akademie der Wissenschaften, Universitätsplatz 2, ist an jedem Mittwoch von 6 Uhr an geöffnet.

Die Mitglieder der numismat. Gesellschaft entrichten eine Beitrittsgebühr von 2 fl., einen jährlichen Beitrag von 8 fl., erhalten die Zeitschrift und das Monatsblatt kostenfrei zugesendet und haben Anspruch auf die von der Gesellschaft herausgegebenen Gepräge zu ermässigten Preisen.

Versammlung vom 10. December 1890.

Der Vorsitzende Herr Custos Dr. Karl Schalk theilt mit, dass das ordentliche Mitglied Herr Moriz Baron Wittmann. Hofrath des k. k. obersten Gerichts- und Cassationshofes, am 7. December 1890 gestorben ist. Die Anwesenden erheben sich zum Zeichen der Trauer von den Sitzen. Der Herr Bürgermeister von Wien ladet in einer Zuschrift die numismatische Gesellschaft und deren Mitglieder zur Beschickung der Grillparzer-Ausstellung ein.

Es wird sodann über Vorschlag der Herren Juwelier Emil Fischer und Professor Leopold Szuk Herr Hans Kienzle, Professor an der Landes-Oberreal- und Maschinenschule zu Wiener-Neustadt, zum ordentlichen Mitgliede der Gesellschaft gewählt.

Es sprachen sodann Herr Historienmaler Ignaz Spöttl über einen Krainer Thaler Kaiser Ferdinand I., zu welchem Vortrage eine Serie von Thalern aus der Sammlung des Herrn Vortragenden ausgestellt waren, — ferner Herr Eduard Forchheimer über zwei von der Firma Brüder Egger ausgestellte kärntnerische Vermählungsmedaillen, Herr Hof- und Gerichtsadvocat Dr. Alfred Nagl über einen ausgestellten goldenen Kärntner Raitpfennig aus der Sammlung des Herrn Franz Trau, und Herr Dr. Franz Walla über einen gleichfalls zur Ausstellung gebrachten serbischen Fund römischer Denare.

Ausgestellt waren ferner eine grosse Anzahl polnischer Münzen und Medaillen aus der Sammlung des Herrn Arthur von Mises und als Geschenk des Herrn Professors Leopold Szuk die Medaille auf das Jubiläum des Pester Conservatoriums von Herrn Kammer-Medailleur Anton Scharff.

Münzen Ferdinand I. für Krain.

Aus dem Vortrage des Herrn Ign. Spöttl vom 10. December 1890.

Der Vortragende besprach jene beiden seltenen Münzen, die in ihrem Reverse nebst anderen Wappen auch das von Krain aufweisen, von denen eine auch in der Umschrift den Titel »Carneolie« trägt.

Er hatte als vergleichendes Materiale Thaler aus der Haller, Wiener, St. Veiter, Linzer und Breslauer Münzstätte ausgestellt, die unter Kaiser Ferdinand I. geprägt wurden, sowie als Type einen Thaler Maximilian I., eine Leistung des Haller Münzeisenschneiders Ursenthaler.

Wir wollen nun im Nachstehenden die beiden Krainer Münzen Ferdinand I. beschreiben, vorerst den Pfundner.

Avers: Brustbild nach rechts gewendet, das Haupt mit einer offenen Krone geschmückt, einfache Rüstung, unbärtiges Gesicht, langes Haar. Umschrift oben links beginnend. FERDINAND . D . G . VNG . BOEM . REX . INF +

Revers: Vielfeldiges Wappen, einfacher Schild, ungekrönt, aber in selbem die Jahreszahl 1527 in arabischen Ziffern, zwischen zwei Perlenbändern die Umschrift links oben beginnend. ARCHIDVX . AVST — RIE . DVX . CARNI + Dort wo das Trennungszeichen in obiger Umschrift steht, befindet sich ein einfaches kleines gothisches Wappenschildchen mit dem Adler Krains.

Das zweite Stück ist ein Thaler.

Avers: Das Bild Ferdinand I. ähnlich wie auf den Thalern dieses Kaisers aus der Linzer Münze, Kniestück, doch hier zur Linken gewendet, während bei den Linzer Thalern den Kopf nach rechts sieht. Die Gesichtszüge des Herrschers sind ältlich, etwa wie aus der Zeit zwischen 1536 und 1540, das Haupt mit einer offenen Krone geschmückt, der Leib gepanzert, die Rüstung leicht geblümt. Die Rechte hält einen Lilienscepter, die Linke den Knauf des Schwertes. Zwischen einem Perlenbande die Umschrift, oben links beginnend, lautet: FERDINAND . D . G . ROM . VNG . BOE . DAL . CRO . RE +

Revers: Einfacher Reichsadler, dessen Haupt mit der Aureole geziert. die Fänge freigestreckt. Auf der Brust grosses vielfeldiges Wappen. Umschrift oben links beginnend. INF . HISPA . ARCHIDV — X . AVSTRIE . DVX . BVR +. Dort, wo das Trennungszeichen unten steht, ein gleicher Schild wie auf dem Pfundner, mit dem gleichen Adler Krains.

Vergleiche lehren, dass dieser Thaler mit ziemlicher Sicherheit als eine Leistung des Linzer Münzhauses anzusehen ist. Da das Antlitz unbärtig ist, dürfte dieser Thaler sicher vor dem Tode der Königin Anna entstanden sein, nach den analogen Linzer Thalern, zwischen den Jahren 1536 und 1540.

Beide Münzen haben das ihnen vorgeschriebene Gewicht und den gewöhnlichen Durchmesser.

Zwei Kärntner Vermälungs-Medaillen.

Aus dem Vortrage des Herrn Eduard Forchheimer vom 10. December 1890.

Der Erzherzog Ferdinand, nachmals Kaiser Ferdinand II., kam 1590, nach dem Tode seines Vaters, des Erzherzogs Karl, zur Herrschaft Kärntens und Steiermarks und damit in den Besitz der Münzstätten St. Veit und Graz. Beide Münzstätten waren in seiner Zeit in reger Thätigkeit und während aus der Grazer Münze zahlreiche Doppelthaler und Thaler stammen, scheint in St. Veit die Prägung medaillenartiger Stücke lebhafter betrieben worden zu sein, obgleich auch die Thalerprägung nicht vernachlässigt ward. Der lebhaftere Verkehr mit Italien hat dort, wie es auch in Tirol der Fall war, vortheilhaft die künstlerische Richtung der Gepräge beeinflusst.

Unter den vielfachen sogenannten Präsentmünzen Kärntens wollen wir heute zweier Vermälungs-Medaillen Ferdinands gedenken. Erzherzog Ferdinand, geboren 9. Juli 1578,

ward am 23. April 1600 mit der bayerischen Prinzessin Maria Anna vermält, die am
8. März 1616 starb. Am 4. Februar 1622 feierte Ferdinand, der inzwischen König und
Kaiser geworden, seine zweite Vermälung mit der Prinzessin Eleonore von Mantua, die
ihn um mehr als achtzehn Jahre überlebte.

Auf diese zweite Vermälung wurde die ziemlich häufige flachgeschnittene, doppel-
thalerartige Medaille geprägt, welche auf der Vorderseite die gekrönten Brustbilder des
Kaiserpaares und darunter in der doppelzeiligen lateinischen Legende das Wappen Kärntens
zeigt, während die Rückseite den Doppeladler in einem zweifachen Wappenkreise und unten
das Wappen der Stadt St. Veit mit der deutschen Umschrift: DIE . STAT . S . VEIT . 1622
trägt. Die Medaille kommt in den verschiedensten Gewichten (von 25 bis über 80 Gramm)
vor und besitzt die Sammlung des A. h. Kaiserhauses auch ein Exemplar in Gold im
Gewichte von 25¹/₂ Dukaten.

Die zweite Medaille zeigt das jugendliche geharnischte Brustbild Ferdinands von
der rechten Seite, im blossen Haupte und mit umgehängtem Vliessorden an einem Bande:
die Umschrift lautet: MARIÆ . ANNÆ . DVC . BAV . FERDINANDI . AVS . ARCH . SPONSÆ
SERENISS : Also der Titel der Frau und das Brustbild des Mannes. Im Reverse ist das
mit dem Erzherzogshute bedeckte Wappen von Kärnten im verzierten Schilde und die
Umschrift CARINTHLÆ . ARCHIDVCATVS . IN . PERPET (uum) FELICIT (atis) OMEN D
(ono) D (edit); neben dem Herzogshute sehr klein 1—600). Die Umschrift drückt daher
deutlich aus, dass es eine Präsent- und Glückwunsch-Medaille des Landes Kärnten ist
Die Medaille hat einen Durchmesser von 46 Millimeter und wiegt 45·6 Gramm. Die
Eigenthümlichkeit in der Legende die Frau, im Bilde den Gatten vorzuführen, verleiht
dieser Medaille einen besonderen, ganz ungewöhnlichen Reiz.

Ein Kärntner Raitpfennig aus Gold.

Aus dem Vortrage des Herrn Dr. A. Nagl am 10. December 1890.

Von dem in der herkömmlichen Kupferausprägung wohlbekannten Raitpfennig:
RAITPHENING : AINER : LANTSHAFT. Kärntnerisches Landeswappen bedeckt mit
dem Herzogshute,

R : DES : ERTZHERTZOGTUM : CARNTEN, bekrönter Helm mit dem Habsburg'schen
Pfauenstutz, darunter . 1573.

(Vergleiche die ganz ähnlich ausgestatteten Stücke bei Neumann, Kupfermünzen, Nr. 1248
bis 1252 mit den Jahreszahlen **1557, 1573, 1579, 1593**, bei Appel IV, mit **1568** und **1569** bei Nagl
Rechenpfennige, Seite 56 mit **1584.**)

kam in jüngster Zeit ein von demselben Prägeeisen herrührendes Stück in gutem Golde
zum Vorschein (Sammlung Trau in Wien). Das Hervorkommen desselben hat in den
diesem Gegenstande befreundeten Kreisen nicht geringes Interesse erregt, denn es war
bisher nicht ein einziger Fall, oder auch nur eine Nachricht von einem auf deutschem
Boden in Gold ausgebrachten Raitpfennige bekannt. Selbst die in Frankreich und den
Niederlanden seit dem 15. bis in das 18. Jahrhundert so überreichlich geübte Herstellung

der Jetone in Silber fand ja in Deutschland nur höchst beschränkte Nachahmung; es fehlte eben, wie es scheint, der Ausgangspunkt dieser Uebung des Westens, die alljährliche Beschenkung der Beamtenwelt mit diesem Kanzleibedarfs-Gegenstande, welche in den sogenannten jetons d'étrennes zu einer allgemeinen gesellschaftlichen Gepflogenheit sich herausgebildet und für besonders rücksichtswürdige Fälle auch zur Verwendung von goldenen Jetonen geführt hat. Nach den Verfassern des Werkes „L'Art de vérifier les dates" I. 619, soll Karl VII. (1422—1461) der Erste gewesen sein, der Jetone aus Gold und aus Silber für seine Bediensteten zum Gebrauche im Rechnen auf den Linien herstellen liess. und Olivier de la Marche führt uns in einer sehr anschaulichen Weise Herzog Karl den Kühnen von Burgund vor, wie er in seiner Finanzkammer in dieser Weise in Gesellschaft seiner Beamten die Rechnung macht, nur dass diese silberne Jetone haben, der Herzog selbst aber sich goldener bedient. Barbier, Mémoires IV, 43, berichtet, dass die dem König Ludwig XV. alljährlich als Neujahrsgeschenke dargebrachten goldenen Jetone verwendet wurden, um Teller daraus herzustellen; man habe auf diese Weise alle Jahre ein halbes Dutzend zu Stande gebracht. Ueber die grossartige Ausdehnung der Herstellung silberner Rechenpfennige in Frankreich und den Niederlanden wolle meine erwähnte Abhandlung zur Nachricht dienen. Daselbst habe ich auch die wenigen Spuren von silbernen Stücken dieser Art, welche in Deutschland entstanden sind, zusammengestellt. (S. 55 f.) Sie gehören insgesammt Oesterreich an. Zweifelsohne dienten diese silbernen Raitpfennige ebenfalls zu Geschenkszwecken und namentlich scheint bei den Landständen der österreichischen Länder diese Sitte Eingang gefunden zu haben. So berichtet dies v. Luschin, „Numism. Zeitsch.", XVIII, 1886, S. 81 ff., von der Steiermark; für Oberösterreich geben hievon die bekannten silbernen Raitpfennige mit den Bildnissen Ferdinands II. und III.. Leopolds I., Josefs I. und selbst noch Karls VI. Zeugnis. Auf dem Boden der Uebung, dass dem Landeshauptmann und den Verordneten alljährlich, also wohl zu Neujahr, eine Anzahl eigens hiefür hergestellter Raitpfennige aus Silber verehrt wurde, darf also auch das Entstehen unseres goldenen Stückes mit Wahrscheinlichkeit gesucht werden. Vielleicht indess mehren sich bei einiger Aufmerksamkeit auf diesen culturgeschichtlich nicht uninteressanten Gegenstand die Nachrichten über Raitpfennige aus Edelmetall auch für Deutschland. Ihr Verschwinden wird ja durch den Mangel von gleichzeitigen Sammlungen und durch die Nöthe des 17. Jahrhunderts ohnehin nur allzu leicht erklärlich.

Jubiläums-Medaille

der am 28. und 29 December 1890 abgehaltenen Feier des fünfzigjährigen Bestandes des National-Conservatoriums in Budapest.

Avers: Umschrift »A nemzeti zenede 50tves Jubilaeumára. Budapest 1890«. (Zum fünfzigjährigen Jubiläum des National-Conservatoriums. Budapest 1890.) Die Insignien der Anstalt: ein Schwan mit Leier, Laute und Trompete. Alles mit Lorbeer und Blättern bekränzt.

Revers: Die Gestalten der Pannonia und Budapest sehen dem Apollo zu, wie derselbe ein Kind im Leierspiel unterrichtet. (Unten links am Sockel A. Scharff.) Im Hintergrunde ist der Tempel der Kunst dargestellt mit der betreffenden Jahreszahl.

Der Stempel ist von Anton Scharff, k. und k. Kammer-Medailleur in Wien, verfertigt.

Grösse der Medaille nach Welzl von Wellenheim. 28.

Der Zweck des National-Conservatoriums, dessen Thätigkeit sich seit fünfzehn Jahren sehr steigerte, ist gründlicher Musikunterricht. Es werden Zöglinge beiderlei Geschlechtes im Gesang, Clavier, Orgel, in allen Streich- und Blasinstrumenten, Harmonielehre, Compositionslehre und im Allgemeinen in der Theorie der Musik unterrichtet.

Erzherzog Josef führt das Protectorat über das Conservatorium, die Haupt-functionäre der Anstalt sind gegenwärtig: Graf Géza Zichy, Präses; Bürgermeister Karl Gerlóczy, Vicepräses, und Eduard Bartay, Director. An der Anstalt ertheilen 36 Professoren und 4 Professorinnen den Unterricht. Die Zahl der Zöglinge ist jährlich über 800.

Budapest, im December 1890.

Leopold Saak,
Professor der Violoncell-Abtheilung.

Literatur.

Für die Bibliothek der Gesellschaft eingelangt:

Anzeiger des germanischen Nationalmuseums, Nr. 6.

Anzeiger, numismatisch-sphragistischer. Herausgegeben von H. Walte und M. Bahrfeldt. Nr. 11 und 12. Rud. Scheuner. Zur Münzkunde von Görlitz. Münzfunde. Miscellen, Münzverkehr. (Vom Jahre 1891 ab übernimmt Herr Friedrich Tewes in Hannover, Heinrichstr. 28 p., die Herausgabe.)

Bissinger, K. Funde römischer Münzen im Grossherzogthum Baden. Karlsruhe, J. Bielefeld. 1889. Verbesserter Abdruck aus dem Programm des Progymnasiums zu Donaueschingen. 1887—89. 4°. (1074.) Geschenk des Verlegers.

Blätter für Münzfreunde. Herausgegeben von Julius Erbstein. Nr. 168. Mit 1 Tafel. Julius Erbstein. Ein kursächsicher Groschen aus der Kippermünzstätte Grossenhain. Weber. Nachträge zu Weingärtner's Silbermünzen vom Kölnischen Herzogthum Westphalen und von Recklingshausen. Numismatische Erinnerung an das 800jährige Jubiläum des Hauses Wettin. Münzfunde, Numismatische Gesell-schaften; Personalnachrichten.

Blanchet, Adrien. Médailles et jetons du sacre des rois de France. Paris, 1890. 8°. Separatabdruck aus Bulletin de numismatique et d'archéologie. Geschenk des Verfassers.

Bulletin de la Société suisse de numismatique. IX. 6. J. Mayor. Medaille de la Société suisse de numismatique. G. Cumont. Les progrés de la numismatique gauloise depuis Lelewel. Dr. Ladé. Les deniers mauriçois. B. Reber. Causeries sur les monnaies gauloises. Mélanges. Nécrologie. Bibilographies

Bullettino di Archeologia e storia Dalmata pubbl. per cura di Fr. prof. Bulić. XIII. 2.

Értesítő. VI. Bd. 4. Heft.

Fiala Eduard. Brakteaty nálezu Heřmanického. Separatabdruck. Mit 1 Tafel. 4°. (1078.) Geschenk des Herrn Verfassers.

Fiala, Eduard. Kde stávala pražská mincovna (das Haus der Prager Münze). Praze. 1890. (Druhá zpráva společnosti přátel starožitnosti českých v Praze) 8°. Geschenk des Verfassers.

Hoernle, A. F. R. Catalogue of Captain de Loessoe's Central Asiatic Coins. Journal of the asiatic society of Bengal, Calcutta, 1890. (1082.) Geschenk des Verfassers

Literaturblatt, numismatisches. Herausgegeben von M. Bahrfeldt. Nr. 57, 58 u. 59. Inhaltsverzeichnis der numismatischen Zeitschriften, selbständige Publicationen und Aufsätze in nicht numismatischen Zeitschriften. Münz- und Bücherverzeichnisse (Mit Nummer 58 beginnt der 12. Jahrgang des für die Kenntnis der numismatischen Literatur sehr wichtigen Blattes. Jährlich erscheinen 5 Nummern. Preis 1.50 M.)

Meili, Julius. Numismatische Sammlung. Die auf das Kaiserreich Brasilien bezüglichen Medaillen. (1822 bis 1889.) Mit 37 Lichtdrucktafeln. 1890. 8⁰. (1077.) Geschenk des Verfassers.

Mittheilungen des Clubs der Münz- und Medaillen-Freunde in Wien. Nr. 6 und 7. Nachprägungen von Münzen. C. Oesterreicher. Regesten zu J. Newald's Publicationen über österreichische Münzprägungen. J. Spöttl. Ein Thaler Kaiser Ferdinand I. für Krain. Die Medaillen Sr. Majestät des Kaisers Franz Josef I. Berliner Medaillen-Münze Otto Oertel. Neue Prägungen. Clubnachrichten, Miscellen Bibliographische Rundschau.

Monatsblatt des Alterthums-Vereines in Wien. VII. 12. VIII. 1.

Nentwich, Josef. Die Kronprinz Rudolf-Medaillen. Mit 1 Tafel, Wien, 1890. 8" (1080.) Geschenk des Verfassers.

Památky archaelogické a místopisné. Redactor Dr. Jos. Ladislav Píč. Mit Tafeln. Praze, 1889. XIV. Bd. (1079) Geschenk des Herrn Eduard Fiala.

Revue Belge de numismatique. 1891. 1. Ernest Babelon, Bacchius Judaeus J. Rouyer. Points divers de l'histoire métallique des Pays-Bas. Description de jetons intéressant les Pays-Bas, dont les coins sont conservés à l'hôtel des monnaies à Paris. Première partie de l'inventaire de 1830. Continuation du régne de Louis XIV. Baron de Chestret de Haneffe. Notice sur P. J. Jacoby, graveur liégeois. Léon Naveau. Cinque Décorations inédites de la Révolution liégeoise 1789—1794. Mélanges. Société royale de numismatique.

Rivista italiana di Numismatica. Mit 1 Tafel. Milano. 1890. Anno III. Fasc. 4. Gnecchi Francesco. Appunti di Numismatica Romana. Nicolo Papadopoli, Enrico Dandolo e le sue monete. G. Ruggero. Annotazioni numismatiche Genovesi. Ercole Gnecchi. Appunti di Numismatica Italiana. Solone Ambrosoli. Il mezzo zecchino del Vasto. Bernardo Morsolin. Medaglie del Vellano di Padova in onore di Paolo II. Alfredo Comandini. Medaglie italiane del 1889. C. Luppi. Ennio Quirino Visconti. Cronaca, Miscellanea.

Rondot, Natalis. La monnaie de Vimy ou de Neuville dans le Lyonnais. Paris, Rollin et Feuardent, 1890. Extrait de la Revue numismatique. (1083.) Geschenk des Verfassers.

(Fortsetzung folgt.)

Grillparzer-Ausstellung im Wiener Rathhause.

Die prächtige Ausstellung zu Ehren des grossen Dichters hat die Aufgabe, ihn in seiner Zeit darzustellen. Es ist daher eine grosse Reihe von Medaillen auf Persönlichkeiten und Ereignisse ausgestellt, die in Beziehungen zu Grillparzer standen. Die Ausstellung der Medaillen wurde von den Herrn Heinrich Cubasch jun., Jos. Nentwich und Franz Sedlakovich arrangirt und haben sich an derselben die Stadt Wien, der Club der Münz- und Medaillenfreunde, die numismatische Gesellschaft und Mitglieder beider Vereine betheiligt. Es sind 4 Medaillen auf Grillparzer selbst ausgestellt. eine in Bronze von Schön auf den 50. Geburtstag des Dichters 1841. jene auf seinen 80. Geburtstag, 1871, von Radnitzky in Silber und Bronze. die Medaille des Kammermedailleurs Anton Scharff auf die Enthüllung des Denkmals 1889 in Britannia und Bronze und eine Bronzemedaille von Pittner auf die Centenarfeier 1891. Von grossem Interesse und sorgfältiger Zusammenstellung ist auch eine Uebersicht über die österr. Münzen während der Lebzeiten Grillparzers aus der Sammlung des Historienmalers Ignaz Spöttl und die Ausstellung des österr. Papiergeldes aus der Sammlung des Herrn Dr. Ad. Ehrenfeld beginnend mit den Wiener Stadt Banco-Zetteln von 1796 und die weiteren Emissionen österreichischen Papiergeldes enthaltend. Die gleichfalls ausgestellten Stösse von Banco-Zetteln repräsentirten 1811 einen Werth von circa 50.000 fl., 1812 einen solchen von circa 2000 fl.

Verschiedenes.

Se. Excellenz Herr Alfred Ritter von Arneth, geheimer Rath, Herrenhausmitglied, Director des k. k. geheimen Haus- Hof- und Staatsarchivs, Präsident der kais. Akademie der Wissenschaften, welcher bei Gründung der numismatischen Gesellschaft derselben als Stifter beigetreten ist, hat am 27. Dec. 1890 sein 50jähriges Dienstjubiläum gefeiert. Dem berühmten Verfasser der Geschichte der Kaiserin Marie Theresia und des Prinzen Eugen von Savoyen wurde aus diesem Anlasse von Sr. Majestät dem Kaiser das Grosskreuz des Franz Josefsordens verliehen. Die Beamten des k. k. geheimen Haus-, Hof- und Staatsarchives haben Sr. Excellenz eine sein Bildniss tragende vom k. k. Kammermedailleur Anton Scharff mit gewohnter Meisterschaft ausgeführte Medaille und eine über 300 Unterschriften zählende Adresse überreicht.

Herr Ministerialrath Franz M. R. v. Friese, Vorstandsmitglied der numismatischen Gesellschaft. wurde durch die Verleihung des Ritterkreuzes des Leopoldsordens ausgezeichnet.

Dem Herrn Amtsgerichtsrath C. B. Schönert, Schriftführer der numismatischen Gesellschaft in Dresden, wurde das Ritterkreuz I. Classe vom königl. sächs. Albrechtsorden verliehen.

Herr Heinrich Cubasch sen. hat vor wenigen Tagen in voller Rüstigkeit den 75. Geburtstag gefeiert; aus diesem Anlasse wurde vom Kammermedailleur Anton Scharff ein wohlgelungenes einseitiges Medaillon mit dem Bildnisse des Jubilars angefertigt.

Als neues Mitglied hat durch Herrn Dr. Franz Walla. Herr Constant Danhelovsky. k. u. k. Adjunkt des gemeinsamen obersten Rechnungshofes seinen Beitritt angemeldet.

Münzfund. Hildesheim, in einem Kellergewölbe Topf mit über 500 Silbermünzen. Hildesheimer, meist Braunschweig-Lüneburgische und kaiserliche Gepräge, ein Doppelthaler Augusts von Braunschweig (1643). einer der Stadt Lüneburg. ein Thaler Wilhelms von Braunschweig zu Herburg (1600). sonst meist kleinere Stücke.

Liebenberg-Medaille. Nach kurzer Zeit folgte auf die reizende Medaille. welche der Club der Münzen- und Medailleufreunde aus Anlass der Enthüllung des Liebenberg-Denkmals herausgegeben hat, eine grössere. schöne Medaille aus der Prägeanstalt Christelbauer in Wien.

Av. Das Brustbild Liebenberg's. Umschrift: JOHANN ANDREAS V. LIEBENBERG BÜRGER-MEISTER VON WIEN. Unter dem Brustbilde zwischen den Sternen 1683.

Rev. Das Denkmal. Umschrift in zwei Zeilen: SEINEM IN ÄUSSERSTER BEDRÄNG-NISS DURCH MUTH UND AUSDAUER – VORANLEUCHTENDEN OBER-HAUPTE DAS DANKBARE WIEN. Im Felde 1890, unten CHRISTELBAUER. Durchmesser 51 mm. Bronze.

Kataloge. Julius Hahlo, Berlin W., Unter den Linden 13 Berliner Münzverkehr Nr. 17. 1624 Nr., Mit 2 Tafeln. — C. G. Thieme, Leipzig. Gewandgässchen Nr. 5, Numismatischer Verkehr. XXIX. Jahrg. N. 1 u. 2, 3236 Nr. — Ad. Weyl, Berlin, C, Adlerstr. 5. II. Numismatische Correspondenz Nr. 91—95, 914 Nr. — Otto Helbing. München, Tanustr. 4. Münzverzeichniss Nr. VIII. 2960 Nr. — Rappaport Edmund, Berlin. S. W., Hallesche Strasse 18. XVII. Verzeichniss verkäuflicher Münzen und Medaillen. Alt und neufürstliche Häuser. Neue Doppelthaler, Thaler und Doppelgulden.

Herausgeber und verantwortlicher Redacteur: Franz Trau — Verlag der numismatischen Gesellschaft in Wien. Druck von Kreisel & Gröger, vorm. L. W. Seidel & Sohn, in Wien.

MONATSBLATT

der

numismatischen Gesellschaft in Wien.

Dieses Blatt erscheint monatlich ein Mal und wird den Mitgliedern der Gesellschaft
unentgeltlich zugesendet. Preis des Jahrganges für Nichtmitglieder 1 fl. Zuschriften
sind zu richten an die numismatische Gesellschaft, Wien. I., Universitätsplatz 2.

Nr. 91.	Februar	1891.

Mittheilungen der Gesellschaft.

EINLADUNG.

zu der

am **Mittwoch den 18. Februar 1891**, Abends 7 Uhr, im grünen Saale
der kais. Akademie der Wissenschaften (I., Universitätsplatz 2)
stattfindenden **1. ordentlichen Versammlung.**

Programm:

1. Mittheilung von Einläufen.
2. Vortrag des Herrn k. u. k. Majors Otto Vötter: Ausgrabungen und Funde in Bregetio.
3. Vortrag des Herrn Ign. Spöttl: Die Goldmünzen der Wiener Münzstätte.
4. Vortrag des Herrn Dr. Josef Scholz: Bei Wiener Bauten ausgegrabene Münzen von Amyntas II. bis Kaiser Franz I.

Ausstellung von Fund-Münzen aus der Sammlung des Herrn Dr. Josef Scholz.
von Gold-Münzen aus dem Wiener Münzhause. Ferd. I. bis Franz II. aus der Sammlung
des Herrn Historienmalers Ignaz Spöttl und von in Bregetio gemachten Funden aus
der Sammlung des Herrn k. u. k. Majors Otto Vötter und von römischen Münzen aus
dem Besitze des Herrn Juweliers Emil Fischer. — Zutritt frei. Eröffnung der Ausstellung um 6 Uhr. *Der Vorstand.*

Die p. t. Mitglieder werden ersucht, Veränderungen der Titel und des Wohnortes
mitzutheilen, da das Verzeichniss der Mitglieder demnächst erscheinen wird.

Versammlungen der Gesellschaft mit Vorträgen und Ausstellungen finden am
18. Februar, 11. März und 15. April 1891, 7 Uhr Abends im grünen Saale der kais.
Akademie der Wissenschaften statt. — Der Zutritt ist frei.

Es wird ersucht, Zuschriften und Sendungen bezüglich der Zeitschrift an
Herrn Rudolf Ritter v. Höfken, Währing b. Wien, bezüglich der Cassa an Herrn
Franz Trau, I., Wollzeile Nr. 1, alle anderen Briefe und Sendungen an die numismatische
Gesellschaft, I., Universitätsplatz 2 (kais. Akademie der Wissenschaften) zu richten.

Die Mitglieder der numismat. Gesellschaft entrichten eine Beitrittsgebühr von
2 fl., einen jährlichen Beitrag von 8 fl., erhalten die Zeitschrift und das Monatsblatt
kostenfrei zugesendet und haben Anspruch auf die von der Gesellschaft herausgegebenen
Gepräge zu ermässigten Preisen.

Versammlung vom 30. Jänner 1891.

Der Vorsitzende Herr Dr. Jos. Scholz begrüsst die Versammlung und insbesonders den nach längerer Krankheit in der Gesellschaft erschienenen Oberbergrath C. v. Ernst.

Ueber Vorschlag der Herren Oberbergrath C. v. Ernst und Dr. Franz Walla wird Herr Constantin Danhelovsky, k. u. k. Adjunct des gemeinsamen obersten Rechnungshofes, zum ordentlichen Mitgliede gewählt.

Herr Hof- und Gerichtsadvocat Dr. Alfred Nagl hält sodann den Festvortrag über die Ausbreitung der Goldwährung im Abendlande im 13. Jahrhundert, welcher durch eine Reihe von seltenen Goldstücken aus der Sammlung Sr. Durchlaucht des Herrn Ernst Prinzen Windisch-Graetz illustrirt wird.

Herr Historienmaler Ignaz Spöttl bespricht sodann den vom Juwelier Herrn Emil Fischer ausgestellten interessanten Groschenfund.

Ausgestellt waren ausserdem eine ausgezeichnete Suite von polnischen Medaillen aus der Sammlung des Herrn Arthur v. Mises. Herr Historienmaler I. Spöttl hatte eine prächtige Reihe von Medaillen aus der Zeit Ferdinand I. bis Ferdinand II. und die auf Grillparzer geprägten Medaillen ausgestellt.

Von der Prägeanstalt des Herrn Christelbauer war die Liebenberg- und Grillparzer-Medaille, von der Prägeanstalt Pittner gleichfalls eine Grillparzer-Medaille ausgelegt.

Zum Andenken an den vor Kurzem verstorbenen Dombaumeister Schmidt war die schöne vom k. k. Kammer-Medailleur A. Scharff über Veranlassung des Wiener Dombauvereines ausgeführte Medaille auf Friedrich Schmidt ausgestellt.

Sodann wurde nach Constatirung der Beschlussfähigkeit der Versammlung der Rechenschafts- und Cassabericht erstattet, über Antrag des Herrn k. k. Bergrathes Josef Müller. Mitgliedes des Revisions-Comités, wurden die Jahresrechnungen für 1889 und 1890 genehmigt und dem Cassier Herrn Franz Trau der Dank der Versammlung ausgesprochen. Ebenso wird über Antrag des Herrn Dr. Scholz für die Führung der Geschäfte der Gesellschaft der Dank votirt.

Herr Dr. Adolf Ehrenfeld hat die Wiederwahl zum Revisor abgelehnt und werden zu Revisoren die Herren Bankcassier Rudolf Appel, Professor Dr. Andreas Borschke und Bergrath Josef Müller gewählt.

Herr Hof- und Gerichtsadvocat Dr. Alfred Nagl beantragt die Wiederwahl des Vorstandes mit Acclamation. Die Versammlung gibt dem Antrage Folge und erscheinen somit gewählt die Herren Eduard Forchheimer, Ministerialrath Franz M. R. v. Friese, Rudolf R. v. Höfken, Director Dr. Friedrich Kenner, Custos Dr. Karl Schalk, Edmund Schmidel, Dr. Jos. Scholz, Hof-Theehändler Franz Trau und Oberinspector Raimund Wiesner.

Ein Groschenfund aus Mähren.

Ausgestellt von Herrn Emil Fischer, besprochen von Herrn Ignaz Spöttl.

Die grosse Masse der gefundenen Groschen, etwa 720 an der Zahl, stammt aus österreichischen Münzstätten. Eine Eigenthümlichkeit dieses Fundes ist das Fehlen ungarischer und salzburgischer Münzen aus derselben Zeit, sowie das der Kipper aus den Münzstätten Wien, Hall, Prag und den schlesischen Münzhäusern; trotzdem diese Münzen gerade der Kipperzeit angehören. Die aus den Jahren 1580 und so fort stammenden wenigen Groschen Ferdinands von Tirol, der Cantone Zug und Schaffhausen, sowie die Pfälzerischen und Waldstein'schen, dürfen wir kaum mitzählen.

Die österreichischen Münzen wurden zwischen den Jahren 1617 und 1656 geprägt. Der letzte Groschen ist ein Tiroler aus diesem Jahre.

Sowohl jene aus dem steirischen, wie aus dem Kärntner Münzhause hören schon mit den Vierziger Jahren auf; gleich diesen auch die Münzen aus der Wiener, Prager und Breslauer Münzstätte. Ich möchte diesen Umstand ganz besonders betonen, weil ich daraus den Schluss zu ziehen wage, dass der kleine Schatz eben nach 1656 in einem österreichischen Lande, in Mähren, vergraben wurde. Für uns hat dieser Fund insoferne eine besondere Wichtigkeit, weil er mehrere Stücke enthält, die entweder unedirt sind oder zu den grossen Seltenheiten gehören.

In erster Reihe gehören hieher die 6 Groschen aus der St. Pöltener Münze, signirt mit dem Zeichen des Joh. J. Edlinger, der Doppellilie und der Jahreszahl 1625; dann jener Groschen von 1626 mit dem Zeichen des H. Turba versehen, auch aus der St. Pöltener Münze. Ferner ein, wie ich meine, unbekannter Groschen aus der Münzstätte Oppeln vom Jahre 1625. Hier hatten die Kaiserlichen, damals nur ganz kurze Zeit, gemünzt. Man kennt nur ein 10 Dukatenstück und einen 1/2 Thaler, beide in meinem Besitze.

Diese Münzen trugen alle die Buchstaben S. F. Salomon Frenzel im Reverse. Wir finden ferner Groschen aus dem Jahre 1630 und 1632 mit dem Zeichen des Ankers, diese dürften einer böhmischen Münzstätte entstammen. Vielleicht ist es das Zeichen des Prager Münzmeisters Georg Margalik (1657—1679). Auch die aus den Jahren 1634 bis 1636 stammenden Groschen des Joachimsthaler Münzmeisters' Georg Steinmüller, mögen uns einen Fingerzeig geben, dass trotz Münzrechnungen wir nicht die Hoffnung aufgeben dürfen, einmal einen Thaler dieses Münzhauses aus obgenannten Jahren zu finden.

Die Groschen aus der Münze des Cardinals Fr. v. Dietrichstein aus den Jahren 1627 und 1628 zu Nikolsburg geprägt, gehören zu den nicht Gewöhnlichen. Aus den Münzhäusern Olmütz und Brünn finden wir eine grössere Zahl von Münzen.

Ein nicht minder seltener Groschen ist jener aus dem Wiener Münzhause mit der Jahreszahl 1636 und dem Zeichen des Virgil Constanz. Ich will hier nur bemerken, dass meinem Vater, einem der besten Groschenkenner und eifrigsten Sammler, nie ein derlei Stück in die Hände kam. Auch ich erhielt erst in den letzten Jahren aus einem böhmischen Funde ein Stück, das Einzige, das in diesem Funde unter etwa 3000 Stücken vorhanden war.

Ich darf ferner auf die hübschen signirten Groschen aus dem Münzhause St. Veit aufmerksam machen, so wie auf jene des Haller Münzhauses, geprägt unter Erzherzog Ferdinand Carl.

Wie bekannt, sind die Groschen aus jener Zeit, die zu Glaz geprägt wurden, sehr hübsche künstlerische Leistungen, wir finden hier eine grössere Zahl derselben. Eine kleine Specialität sind wohl auch die aus der Eggenbergischen Münze stammenden Groschen des Münzmeisters E. Du Bois (1630—31).

Der Schatz dürfte ohne weitere Veranlassung vergraben worden sein, wie das ja auch in unserem Jahrhunderte bei den Bauern noch Usus ist.

Ich lasse hier die Fundzahlen und Jahre folgen, eine nähere Beschreibung ist, da wir genügend gute Münzbücher besitzen, nicht nothwendig.

Hall in Tirol.

Erzherzog Ferdinand . . . . 1 Stück

Erzherzog Leopold.

Zwischen 1621—1625	8 Stück
Zwischen 1625—1632	3 „

Ferdinand Carl.

1638	2 Stück	1645	11 Stück
1639	10 „	1646	2 „
1640	6 „	1647	3 „
1641	11 „	1650	1 „
1642	26 „	1656	1 „
1643	10 „		

Ferdinand II.

Wien.		Ferdinand II.	
1619	1 Stück	1631	4 Stück
1620	1 „	1632	5 „
Var. 1624	6 „	1633	1 „
V. 1624	22 „	1634	1 „
V. 1624	5 „	(?) 1635	2 „
V. 1624	14 „	1636	1 „
V. 1624 . . .	9 „	V. 1636 . . .	20 „
1625	9 „	**Graz.**	
1626	7 „	1624	25 Stück
1627	2 „	1625	16 „
1628	1 „	V 1626	1 „
1629	2 „	V. 1626 . . .	1 „
V. 1629	1 „	V. 1626	14 „
1631	2 „	V. 1626	18 „
1632 . . .	1 „	1627	19 „
1635	2 „	1628	5 „
1636	1 „	V. 1628	4 „
V.C.1636	1 „	V. 1628 . . .	1 „
1637	1 „	V. 1628 . . .	1 „
St. Pölten.		V. 1628	2 „
1625	5 Stück	1629 . . .	17 „
1626	1 „	1630	2 „
St. Veit.		V. 1630	2 „
1624	6 Stück	V. 1630	1 „
B. 1625	1 „	1631	2 „
M. 1625	1 „	V. 1631	3 „
1625 . . .	1 „	**Kuttenberg.**	
HM.1625	3 „	1624	1 Stück
1626	2 „	1625	2 „
HG.1627 . . .	1 „	1626	1 „
HG.1628 . . .	1 „	1628	1 „
1628	1 „	1629 . . .	3 „
1629	8 „	1630	1 „
1630	6 „	1631	2 „
		1633	1 „

<table>
<tr><td colspan="3">Joachimsthal.</td><td colspan="3">Prag.</td></tr>
<tr><td></td><td>1625</td><td>1 Stück</td><td></td><td>1624</td><td>17 Stück</td></tr>
<tr><td></td><td>1632</td><td>3 „</td><td></td><td>1625</td><td>2 „</td></tr>
<tr><td colspan="3"></td><td></td><td>1626</td><td>1 „ (Suttner)</td></tr>
<tr><td colspan="3">Brünn.</td><td></td><td>1627</td><td>9 „</td></tr>
<tr><td></td><td>1624</td><td>5 Stück</td><td></td><td>1627</td><td>7 „</td></tr>
<tr><td>V.</td><td>1624</td><td>2 „</td><td></td><td>1628</td><td>8 „</td></tr>
<tr><td></td><td>1625</td><td>3 „</td><td></td><td>1629</td><td>2 „</td></tr>
<tr><td>V.</td><td>1625</td><td>1 „</td><td></td><td>1630</td><td>1 „</td></tr>
<tr><td></td><td>1626</td><td>3 „</td><td></td><td>1630</td><td>2 „ (Anker)</td></tr>
<tr><td colspan="3">Graz.</td><td></td><td>1632</td><td>1 „ (Anker)</td></tr>
<tr><td>V.</td><td>1631</td><td>3 Stück</td><td></td><td>1632</td><td>4 „</td></tr>
<tr><td></td><td>1632</td><td>6 „</td><td></td><td>1633</td><td>3 „</td></tr>
<tr><td></td><td>1633</td><td>4 „</td><td>V.</td><td>1633</td><td>5 „</td></tr>
<tr><td></td><td>1634</td><td>2 „</td><td></td><td>1634</td><td>8 „</td></tr>
<tr><td></td><td>1635</td><td>4 „</td><td></td><td>1635</td><td>3 „</td></tr>
<tr><td></td><td>1636</td><td>1 „</td><td></td><td>1636</td><td>7 „</td></tr>
<tr><td></td><td>1637</td><td>4 „</td><td></td><td>1637</td><td>11 „</td></tr>
<tr><td colspan="3">Olmütz.</td><td colspan="3">Glaz.</td></tr>
<tr><td></td><td>1628</td><td>3 Stück</td><td></td><td>1630</td><td>3 Stück</td></tr>
<tr><td></td><td>1629</td><td>2 „</td><td colspan="3"></td></tr>
<tr><td></td><td>1630</td><td>3 „</td><td colspan="3">Oppeln.</td></tr>
<tr><td></td><td>1637</td><td>2 „</td><td></td><td>1625</td><td>1 Stück</td></tr>
<tr><td colspan="3">Breslau.</td><td colspan="3">Joachimsthal.</td></tr>
<tr><td>BZ.</td><td>1624</td><td>1 Stück</td><td></td><td>1643</td><td>1 Stück</td></tr>
<tr><td>W.</td><td>1624</td><td>1 „</td><td colspan="3"></td></tr>
<tr><td></td><td>1625</td><td>1 „</td><td colspan="3">Prag.</td></tr>
<tr><td>HR.</td><td>1625</td><td>1 „</td><td></td><td>1638</td><td>3 Stück</td></tr>
<tr><td></td><td>1626</td><td>7 „</td><td></td><td>1639</td><td>7 „</td></tr>
<tr><td></td><td>1626</td><td>3 „</td><td></td><td>1640</td><td>8 „</td></tr>
<tr><td></td><td>1627</td><td>2 „</td><td></td><td>1641</td><td>4 „</td></tr>
<tr><td></td><td>1627</td><td>1 „</td><td></td><td>1642</td><td>2 „</td></tr>
<tr><td>V.</td><td>1627</td><td>7 „</td><td></td><td>1643</td><td>2 „</td></tr>
<tr><td></td><td>1627</td><td>5 „</td><td></td><td>1645</td><td>3 „</td></tr>
<tr><td></td><td>1628</td><td>15 „</td><td colspan="3"></td></tr>
<tr><td></td><td>1629</td><td>15 „</td><td colspan="3">St. Veit.</td></tr>
<tr><td></td><td>1630</td><td>3 „</td><td></td><td>1637</td><td>1 Stück</td></tr>
<tr><td>V.</td><td>1630</td><td>11 „</td><td></td><td>1638</td><td>2 „</td></tr>
<tr><td></td><td>1631</td><td>6 „</td><td></td><td>1639</td><td>7 „</td></tr>
<tr><td></td><td>1632</td><td>6 „</td><td></td><td>1640</td><td>1 „</td></tr>
<tr><td>HZ.</td><td>1633</td><td>1 „</td><td></td><td>1641</td><td>2 „</td></tr>
<tr><td></td><td>1635</td><td>2 „</td><td></td><td>1642</td><td>1 „</td></tr>
<tr><td></td><td>1636</td><td>1 „</td><td colspan="3"></td></tr>
<tr><td colspan="3">Nikolsburg.</td><td colspan="3">Graz.</td></tr>
<tr><td></td><td>1627</td><td>1 Stück</td><td></td><td>1637</td><td>7 Stück</td></tr>
<tr><td></td><td>1628</td><td>1 „</td><td>Iapr.</td><td>1673</td><td>1 „</td></tr>
</table>

14

1638 . . . . . 10 Stück	1642 . . . . . 1 Stück
1639 . . . 2 ,	1644 . . . . 1 „
1640 . . . . 1 „	1646 . . . . 1 „

Ferdinand III.

Wien.

	1631 . . . . . 1 „
1637 . . . . . 10 Stück	1635 . . . . 1 „
1638 . . . . 5 „	1637 . . . . 2 „
1640 . . . . . 2 „	1638 . . . . . 1 „
1641 . . . . . 1 „	1641 . . . . . 1 „
1642 . . . 1 „	

Schaffhausen.

Prag.

1597 . . . . . 1 Stück

1638 . . . . . 3 Stück	
1639 . . . . . 7 „	Zug.
1640 . . . . 8 „	1559 . . . . . 1 Stück
1641 . . . . 4 „	1579 . . . 1 „
1642 . . . 2 „	1600 . . . . . 1 „
1643 . . . 2 „	1601 . . . . . 2 „
1645 . . . . 3 „	1602 . . . 2 „
	1604 . . . . . 3 „

Olmütz.

1607 . . . . . 7 „

| 1637 . . . . . 3 Stück | |
| 1640 . . . . . 1 „ | Pfalz, Zweibrück. |

Breslau.

1599 . . . . . 1 Stück

	C. Pfalz.
1637 . . . . . 1 Stück	. . 1 Stück
1638 . . . . 1 „	

Glaz.

Waldstein.

| 1628 . . . . . 1 Stück | 1627 . . . . . 1 Stück |
| 1630 . . . . . 1 „ | 1628 . . . . 1 „ |

Literatur.

Für die Bibliothek der Gesellschaft eingelangt:

Berichte und Mittheilungen des Alterthumsvereines in Wien. Bd. XXVI.

Bulletin de numismatique. J. R. Serrure. Les monétaires normands au XI. siècle. Monnaie de Louis XIV. mal attribuée à Montpellier. Livres nouveaux. Revue des Revues. Académies et Sociétés. Les Musées. Les trouvailles. Les ventes. Nécrologie. Catalogue de monnaies.

Bulletin mensuel de la Société suisse de numismatique. X. I. Dr. Ladé. La marque de Claude de Savoie. J. Mayor. Médaille du Jubilé de M. Ernest Naville. Th. v. Liebenau. Zur Münzgeschichte von Macagno. C. G. Trachsel. Médaille de la Société helvétique de Paris en 1821. Melanges.

Carinthia. Zeitschrift für Vaterlandskunde. Herausgegeben vom Geschichtsvereine und naturhistorischen Landesmuseum in Kärnten. Red. von Marcus Frh. v. Jabornegg. 80. Jahrg. 1890.

Carinthia, Neue. Zeitschrift für Geschichte, Volks- und Alterthumskunde Kärntens. Herausgegeben vom Geschichtsvereine für Kärnten. Red. von Simon Laschitzer. 1890. l. Jahrg. Aus dem Inhalte: A. v. Jaksch. Münzenfund zu Heiligen-Gestade am Ossiacher-See.

C h e s t r e t de Haneffe, J. baron de. Notice sur P. J. Jacoby, graveur liégeois du
XVIII. siècle. Mit 2 Tafeln. Bruxelles, J. Goemaere, 1891. Extrait de la Revue
belge de numismatique. 8⁰. (1085.)

E n g e l Arthur et S e r r u r e Raymond. Traité de numismatique de moyen age. Tome
prem. depuis la chute de l'empire romain d'occident jusqu'a la fin de l'époque
carolingienne. 645 illustrations dans le text. Paris. Ernest Leroux, 1891. 8⁰. (1086.)
Geschenk des Verfassers.

M i t t h e i l u n g e n des Clubs der Münz- und Medaillenfreunde in Wien. Nr. 8. C. Oesterreicher. Regesten aus J. Newald's Publicationen. Grillparzer-Medaille. Denkmünzen
auf die Oberammergauer Passionsspiele. Miscellen. Clubnachrichten. Neue
Prägungen. Bibliographische Rundschau. Verkäufliche Münzen.

M o n a t s b l a t t des Alterthumsvereines in Wien. III. Nr. 2.

P u s c h i, Alberto. Di una moneta friulana inedita. Trieste, G. Caprin, 1891. Estratto
dall' Archeografo Triestino. XVI. 8⁰. (1084.) Geschenk des Verfassers.

R e v u e n u m i s m a t i q u e, dirigée par Anatole de B a r t h é l e m y, Gustave Schlum-
berger, Ernest Babelon. Mit 7 Tafeln. Paris, Rollin et Feuardent 1890. Quatrième
trimestre 1890. B a b e l o n E. Alabanda et Antioche, villes de Carie. R o n d o t
Natalis. La monnaie de Vimy ou de Neuville dans le Lyonnaies. C a r o n E.
Monnaies semi-royales frappées au Puy. Un denier de Chateauvillain, sire de
Bourbon-Lancy. H e i s s Alois. Jean de Candida, médailleur et diplomate sous
Louis XI., Charles VIII. et Louis XII. B l a n c h e t J. Adrien. Remarques relatives
aux signes gravés sur les médaillons contorniates. Chronique.

S a m m l e r, d e r. Herausgegeben von Dr. Hans Brendicke in Berlin. XII. Nr. 18. Aus
dem Inhalte: F. M. Ein unedirter Denar der römischen Republik. Nr. 19. Aus
dem Inhalte: G r e n s e r. Für Münzsammler. (H. Halke, Einleitung in das Studium
der Numismatik. 2. Aufl.) N. 20. Dr. Th. Frimmel, Beethovenbildnisse auf
Medaillen. Goldmünzenfund in Warmbrunn.

S t r o e h l i n, Paul. Médaille de la conférence ouvrière de Berlin. Genéve, 1890. Extrait du
Bulletin de la société suisse de numismatique. IX. 4⁰. (1081.) Geschenk des Verfassers.

Z e i t s c h r i f t für Numismatik, herausgegeben von Alfred v. Sallet. Mit 19 Abbildungen
und 2 Tafeln. Berlin, Weidmann, 1890. XVII. Bd. Heft 3 und 4. 8⁰. A. v. S a l l e t.
Die Erwerbungen des königl. Münzcabinets. S. A l e x i. Die Münzmeister der
Calimala- und Wechslerzunft in Florenz. H. N ü t z e l. Mohammedanischer Münzfund von Pinnow. J. F r i e d e n s b u r g. Die schlesischen Münzen König Ferdinands
von 1546. H. D r e s s e l. Titakazos. Rud. S c h e u n e r. Ein Groschenfund in der
Oberlausitz. H. D a n n e n b e r g. Zur Pommer'schen und Mecklenburgischen Münzkunde. Literatur. - - - ---

Verschiedenes.

Der Club der Münz- und Medaillenfreunde in Wien hat am 26. Jänner 1891 im Hôtel Müller
seine 1. Hauptversammlung abgehalten. Der Vorsitzende Herr Dr. Robert Fischer überreichte dem
Redacteur einen goldenen Gründungsjeton mit der Widmung DER CLUB SEINEM GRÜNDER UND
REDACTEUR JOS. NENTWICH. Es wurden gewählt die Herren: Dr. Rob. Fischer zum Obmann,
Heinrich Cubasch zum Schriftführer, Rudolf Appel zum Cassier, Josef Nentwich zum Redacteur,
C. Andorfer, Th. Rohde, und Henri Russo zu Vorstandsmitgliedern, Ed. Foest und A. Terrer
zu Rechnungsführern. Ferner wurde die Herausgabe einer Publication über die unter der Regierung
Sr. Majestät des Kaisers Franz Joseph geprägten Medaillen beschlossen. Herr Realitätenbesitzer Alois
Richter in Retz hatte eine prächtige Serie von Kaiser Franz Joseph-Medaillen ausgestellt.

Kataloge. Zschiesche & Köder, Leipzig, Königstrasse 4, 48. Verzeichniss von Münzen
und Medaillen. 4614 N. Einsle A. Wien, Riemergasse 11. Porträt-Sammlung. (Auch Numismatiker
3869 N.)

Zur Erinnerung an die für die sociale Frage so segensreiche Arbeiter-Schutz-Conferenz, an welcher auch Oesterreich-Ungarn theilnahm, wurde in Berlin die abgebildete

Medaille geprägt — gewiss eine hervorragende Leistung der Medailleurkunst. Die Medaille hat einen Durchmesser von 85 *mm*, kostet in Silber 100 Mark, in Bronze 12.50 Mark und ist durch Adolf Weyl, Berlin, C., Adlerstrasse 5, II, zu beziehen.

Herausgeber und verantwortlicher Redacteur: Franz Trau. — Verlag der numismatischen Gesellschaft in Wien.
Druck von Kreisel & Gröger, vorm L. W. Seidel & Sohn, in Wien.

MONATSBLATT

der

numismatischen Gesellschaft in Wien.

Dieses Blatt erscheint monatlich ein Mal und wird den Mitgliedern der Gesellschaft
unentgeltlich zugesendet. Preis des Jahrganges für Nichtmitglieder 1 fl. Zuschriften
sind zu richten an die numismatische Gesellschaft. Wien. I., Universitätsplatz 2.

| Nr. 92. | März | 1891. |

Mittheilungen der Gesellschaft.

EINLADUNG.

zu der

am **Mittwoch den 11. März 189 1**, Abends 7 Uhr, im grünen Saale der k a i s. A k a d e m i e
d e r W i s s e n s c h a f t e n (I., Universitätsplatz 2) stattfindenden

2. ordentlichen Versammlung.

P r o g r a m m:

1. Mittheilung von Einläufen.
2. Wahl von Mitgliedern.
3. Vortrag des Herrn k. u. k. Majors Otto V ö t t e r: Feststellung der Augustus-
Münzen von Constantin II.

Ausstellung von Herren-Thalern aus der Sammlung Sr. Durchlaucht des Herrn
Prinzen Ernst W i n d i s c h g r ä t z und von römischen Münzen der constantinischen Zeit
aus der Sammlung des Herrn k. u. k. Majors Otto V ö t t e r. — Zutritt frei.

Der Vorstand.

Die p. t. Mitglieder werden ersucht, Veränderungen der Titel und des Wohnortes
mitzutheilen, da das Verzeichniss der Mitglieder demnächst erscheinen wird.

Versammlungen der Gesellschaft mit Vorträgen und Ausstellungen finden am
11. März und 15. April 1891, 7 Uhr Abends im grünen Saale der kais. Akademie der
Wissenschaften statt. — Der Zutritt ist frei.

Es wird ersucht, Zuschriften und Sendungen bezüglich der Zeitschrift an
Herrn Rudolf Ritter v. H ö f k e n, Währing b. Wien, b e z ü g l i c h d e r Cassa an Herrn
Franz T r a u. I., Wollzeile Nr. 1, alle anderen Briefe und Sendungen an die numismatische
Gesellschaft, I., Universitätsplatz 2 (kais. Akademie der Wissenschaften) zu richten.

Die Mitglieder der numismat. Gesellschaft entrichten eine Beitrittsgebühr von
2 fl., einen jährlichen Beitrag von 8 fl., erhalten die Zeitschrift und das Monatsblatt
kostenfrei zugesendet und haben Anspruch auf die von der Gesellschaft herausgegebenen
Gepräge zu ermässigten Preisen.

Versammlung vom 18. Februar 1891.

Der Vorsitzende, Ministerialrath R. v. Friese, begrüsst die Versammlung und macht Mittheilung über die für die Bibliothek eingelangten Bücher. Se. Excellenz der Herr Minister für Cultus und Unterricht hat der numismatischen Gesellschaft für 1891 eine Subvention von 200 fl. bewilligt.

Der Präsident der königlichen belgischen numismatischen Gesellschaft, Herr Vicomte De Jonghe, macht Mittheilung, dass am 5. Juli 1891 zur Feier des fünfzigjährigen Bestandes dieser Gesellschaft in Brüssel ein internationaler Congress unter dem Protectorate Sr. königl. Hoheit des Herrn Philipp Herzog von Sachsen-Coburg eröffnet wird. Vorträge sind anzumelden, eine Medaille wird ausgegeben, das nähere Programm wird veröffentlicht werden.

Der Vorsitzende gibt bekannt, dass Herr Antiquar A. Einsle eine Auction einer Porträt-Sammlung veranstaltet, welche Porträts von Numismatikern enthält. Kataloge werden vertheilt. Ueber Vorschlag der Herren R. v. Höfken und E. Schmidel wird Herr Desiderius Kallay, Numismatiker, Wien, I., Asperngasse 2, zum ordentlichen Mitgliede gewählt.

Der Vorsitzende dankt den Ausstellern. Ausgestellt hatten Herr k. u. k. Major Otto Vötter zahlreiche interessante Funde aus Bregetio, römische Kaisermünzen, darunter 60 Vetranio aus seiner Sammlung, einen Denar des Kaisers Regallianus aus der Sammlung des Herrn Franz Trau, Herr Historienmaler Ignaz Spöttl eine ausgezeichnete Serie von in der Münzstätte Wien geprägten Goldmünzen, Herr Dr. Josef Scholz sehr interessante Fundmünzen aus Wien, Herr k. u. k. Kammermedailleur Anton Scharff die Arneth-Medaille und grosse, überaus gelungene Medaillons auf 3 Numismatiker, nämlich Frau Walpurga Spöttl, Herrn Ed. Forchheimer und Herrn Heinrich Cubasch sen, Herr Juwelier Emil Fischer eine durch Erhaltung und Seltenheit hervorragende Anzahl römischer Kaisermünzen, meist in Gold, und Herr Adolf Weyl in Berlin die schöne Medaille auf den Arbeiterschutz-Congress in Berlin und eine interessante Serie neuer überseeischer Münzen.

Ferner waren drei der Gesellschaft von Herrn Alois Richter in Retz gespendete Medaillen ausgestellt.

Es sprechen sodann unter grossem Beifalle Herr k. u. k. Major Otto Vötter über Ausgrabungen in Bregetio, Herr Historienmaler Ignaz Spöttl über Goldprägungen der Wiener Münzstätte und Herr Dr. Josef Scholz über Münzen aus Wiener Funden.

Herr Hof- und Gerichts-Advocat Dr. Nagl begrüsst die Forschungen des Herrn Ignaz Spöttl über Goldprägungen als sehr wichtig und erfolgreich.

Literatur.
Für die Bibliothek der Gesellschaft eingelangt:

Annuaire de la société française de numismatique. Nov.-Dec. 1890. Paris, L. Blancard. Le rapport de l'or a l'argent sous saint Louis et ses successeurs. D. Mater. Numismatique du Berry. L'atelier de Bourges sous les premiers capétiens. P. Ch. Robert. Monnaies et médailles des évèques de Metz (Mémoire partielle par R. Serrure) W. Froehner. Variétés numismatiques. Chronique, correspondance, bibliographie, Société française de numismatique.

Anzeiger des germanischen Nationalmuseums. 1891. Nr. 1.

Berliner Münzblätter, herausgegeben von Adolf Weyl. Nr. 124 und 125. Der Hochzeitspfennig Herzog Heinrich des Löwen. Der Schweinfurter Münzfund von 1890. Inhaltsverzeichniss der Medaillen aus der Sammlung Karl Ludwig von Duisburg.

Anzeiger, numismat.-sphragistischer. Herausgegeben von Friedr. Tewes. Nr. 2.
P. J. Meier. Der Brakteatenfund von Mödesse. Paul Joseph. Das Märchen
vom Diner-Thaler. Elkan. Ein Doppelschilling Herzog August's d. J. von 1620.
Th. Stenzel. Goslarsche Münzmeisterfunde. Zum Schweinfurter Thalerfund.
Münzenverkehr.

Bulletino di Archeologia e storia Dalmata 1890. Nr. 12 u. 1891. Nr. 13.

The numismatic chronicle. 1890. Part IV. London. Arthur J. Evans. Some New
Artists, Signatures on Sicilian Coins Warwick Wroth. Greek Coins acquired by
the British Museum in 1889. Notices. Miscellanea.

Dannenberg. H. Grundzüge der Münzkunde. Mit 11 Tafeln. Leipzig. J. J. Weber. 1891.
(1087). Geschenk des Verfassers.

Kirmis. Max. Einleitung in die polnische Münzkunde. IV. Separat-Abdruck. Geschenk
des Verfassers.

Mayor Jaques. Notice des médaillons et modéles d'Antoine Bovy. Genéve. 1891. (1088)
Geschenk des Verfassers.

Mittheilungen des Clubs der Münz- und Medaillenfreunde in Wien. Red. von Josef
Nentwich. Nr. 9. Zum Capitel der Nachprägungen. C. Oesterreicher.
Regesten aus J. Newald's Publicationen österr. Münzprägungen. Theod. Unger.
Kleine Beiträge zur Münzkunde des Kronlandes Steiermark. Neue Prägungen.
Club-Nachrichten. J. Nentwich. Vortrag über die künstlerische Ausstattung
der Siegelstempel österr. Regenten aus der Zeit des XI. bis Ende des XV. Jahr-
hunderts. Miscellen. Bibliogr. Rundschau. Verkäufl. Münzen.

Monatsblatt des Alterthumsvereines zu Wien. Nr. 3. Unter Anderem: Münzfund in
Enzersdorf im Thale.

Papadopoli, Nic. Enrico Dandolo e le sue monete. Milano. L. F. Cogliati. 1830.
Estratto dalla Rivista Italiana di Numismatica. III. 4. (1092). Geschenk des
Verfassers.

Rešetar, Paolo Cav. de. La zecca della repubblica di Ragusa. Spalato 1891—92. Estratto
dal Bullettino di archeologia e storia dalmata. (1090).

Sammler. Der. Herausgegeben von Dr. Hans Brendicke. Berlin. Aus dem Inhalte: Nr. 22.
Arthur Engel. Bemerkungen über einige Münzsammlungen in Süd-Frankreich.
Robert Koch-Medaille von Lauer in Nürnberg. Nr. 23. Silbermünzen in China.

Stenersen. Dr. L. B. Om et myntfund fra Imsland i Ryfylke. Mit 1 Tafel. Christiania.
Jakob Dybwad. 1889. (1089). Geschenk des Verfassers.

Serrure Raymond. La numismatique Féodale de Dreux & Nogent au XI siècle. Paris.
R. Serrure & C. (1891). Extrait de Bulletin de numismatique I. 8⁰ (1091). Geschenk
des Verfassers.

_____

Inhalt des demnächst erscheinenden XXII. Bandes der Zeitschrift der numism. Gesellschaft in Wien:

Tauber, Dr. Hans. Goldmünzen des Kaisers Ferdinand I. — v. Markl, A. Die Reichs-
münzstätten unter der Regierung des Quintillus und ihre Emissionen. — Peez, C. Die
einzige türkische Münze aus Bosnien. — Hofmann, K. B. Ueber eine Anzahl griechischer Gewichte. — Busson, A. Zur Geschichte der Münze von Trient unter Bernhard
von Cläs. — Busson, A. Numismatisches aus dem Wallfahrtsort Seefeld in Tirol. —
Nagl, A. Der Salzburger Rechenzettel für 1284 und das gleichzeitige Werthverhältnis
von Gold und Silber. — Fiala. E. Das Münzwesen der Grafen Schlik. — Schalk, C.
Der Ybbser Münzfund. — Schratz, W. Die Regensburger Breitränder-Denare.

Die Ausbreitung der Goldwährung im 13. Jahrhunderte.

Aus dem Festvortrage des Herrn Hof- und Gerichts-Advocaten Dr. Alfred Nagl vom 18. Jänner 1891.

Der Vortragende entwickelt die allgemeine Bedeutung des Goldes auf dem Gebiete des Geldwesens und sein Verhältnis innerhalb des letzteren zu den beiden anderen gebräuchlichen Währungen, dem Silber und dem Kupfer. Es wird sodann nach kurzer Darstellung der wahrscheinlichen Ursachen des nahezu gänzlichen Verschwindens der Goldwährung im christlichen Abendlande mit dem Beginne der Karolinger-Herrschaft und der Gestalt des von da an auf das Silber gegründeten Geldumlaufes übergegangen auf die eingeschränkte Bedeutung, welche das Gold als Währungsmetall in dieser Zwischenzeit nichtsdestoweniger auch im Abendlande stets behalten hat. Nach Darstellung der als Uebergangserscheinungen zu betrachtenden Goldausmünzungen jener Zeit in Unter-Italien, vornehmlich des sogenannte Augustalis, durch Kaiser Friedrich II. seit 1231, werden die drei Typen von Goldmünzen besprochen, deren Auftreten in der zweiten Hälfte des 13. Jahrhundertes ausschliesslich die Gestalt des ferneren Geldumlaufes im Abendlande, soweit er nicht durch untermünztes Metall erfolgte, bestimmt hat: Der fiorino d'oro der Stadtgemeinde Florenz seit 1252, die einige Jahre später erscheinende Goldmünze König Ludwig IX. des Heiligen von Frankreich und seiner Nachfolger in den Münzformen des écu d'or, des aigrel d'or und des chaise d'or, endlich des ducato d'oro der Republik Venedig von 1283. Nach Erwähnung der übrigen, damals noch zum Vorscheine, aber zu keiner Bedeutung gekommenen Goldausmünzungen, wurden die Wichtigkeit, das Ausdehnungsgebiet und die Nachahmungen der genannten drei Haupttypen erörtert, und schliesslich auf die besondere Bedeutung der Florentiner Münze, sowie auf die Ursachen dieser Bedeutung näher eingegangen, um auf dieser Grundlage zugleich die Ursachen der bald nach Mitte des 13. Jahrhundertes im christlichen Abendlande plötzlich hervortretenden Ausdehnung des Goldumlaufes aus dem Aufschwunge der italienischen Landesverhältnisse, sowie aus der hiefür unzulänglich gewordenen Gestalt des damaligen Silberumlaufes zu begründen.

Die Goldprägungen aus dem Wiener Münzhause.

Aus dem Vortrage des Herrn Historienmalers Ignaz Spöttl vom 18. Februar 1891.

Es ist heute nur meine Aufgabe, das hier factisch vorliegende Münzenmateriale zu besprechen, mögen berufene Männer seinerzeit manches hier noch uns unbekannte hieher gehörige archivalische Materiale publiciren.

Kein Zweifel kann obwalten, dass schon in der Zeit vor Kaiser Ferdinand I. in den niederösterreichischen Münzhäusern, so auch zu Wien, mehrere Male Gold ausgemünzt wurde. Doch erweislich kam erst vielleicht zwischen 1522—1529 Gold, wenn auch nicht in bedeutender Menge, hier zur Vermünzung. Wir kennen schon lange die verschiedenen Typen der Belagerungs-Klippe vom Jahre 1529 in Gold. Obwohl eine ganze Serie Goldgulden Kaiser Ferdinands I. bekannt ist, so nahm man sich doch bis heute kaum die Mühe, selbe nach Typen zu ordnen, sie nach dem Stempelschnitte mit gewissen Thalern, deren Münzstätte man kennt, zu vergleichen, um so auch ihnen eine sichere Stätte anzuweisen.

Zwei Typen dürften in die Wiener Münzstätte gehören : Jene mit dem stehenden Bilde des Erzherzogs im Averse, im Reverse die vier Wappen, ähnlich den tirolischen Goldgulden, doch ist ihr Stempelschnitt ein weitaus anderer.

In den späteren Regierungsjahren des Kaisers sehen wir auf der Goldmünze im Averse den St. Ladislaus, wie auf den Ob der Ennsischen Goldmünzen, im Reverse das grosse Wappen.

Es mag wohl auch sein, dass unter Hartmann einzelne Goldabschläge vom Thalerstempel abgeschlagen wurden, wie wir solche aus dem St. Veiter Münzhause kennen.

Es sind nur sehr spärliche Andeutungen über die Münzpräge in Wien unter Kaiser Maxmilian II. erhalten. Kein Münzbuch, kein Katalog führt Goldmünzen dieses Kaisers aus dem Wiener Münzhause an. Vergleichen wir das uns hier vorliegende Goldgepräge mit den Gulden-Thalern und $1/2$ Thalern dieses Münzherrn aus dem Münzhause zu Wien, so werden wir sehen, wie alle charakteristischen Merkmale des damaligen Eisenschneiders auch auf den Goldmünzen vorkommen; z. B. die typischen 7er, die auf ungarischen oder böhmischen Goldmünzen Kaiser Max II. ganz anders gebildet sind. Wir finden genau dieselben Jahreszahlen auf Gold und Silber. Ein und das andere grössere Goldstück dürfte auch zu dieser Zeit geschlagen sein, am ehesten die Medaillen dieses Kaisers.

Die Regierung Kaiser Rudolfs II. könnte man eine ziemlich geprägereiche nennen, kaum von einem zweiten Fürsten, Leopold I. ausgenommen, sind uns noch so viele Stücke erhalten.

In den ersten Regierungsjahren dieses Herrn sehen wir auch im Wiener Münzhause eine grössere Thätigkeit entfalten; die Thaler mit dem Schlagring, das Zeichen des Münzmeisters Lorenz Huebmer, sind ziemlich häufig, sie wurden früher irrig nach Böhmen eingelegt.

Dementsprechend sind auch die Dukaten mit dem obigen Zeichen häufig. In den letzten Jahren dieses Fürsten hat die Silberpräge im Wiener Münzhause ganz nachgelassen. mir ist auch bis jetzt in keiner Privatsammlung aus dieser späten Zeit eine Goldpräge vorgekommen.

Auch grosse Goldstücke von den verschiedenen Thaler- und Halbthaler-Stempeln aus unserem Wiener Münzhause sind mir bekannt, doch gehören selbe zu den Seltenheiten.

Wir müssen die Zeit Rudolfs II. als diejenige bezeichnen, in der zum ersten Male das Bestreben zu Tage tritt, das Wiener Münzhaus zum Centrum aller Prägeanstalten des Reiches zu machen, diese Idee kam erst unter den beiden Ferdinanden mehr und mehr ihrer Verwirklichung nahe.

Die verhältnismässig kurze und sturmbewegte Regierung Kaiser Mathias hat viele Proben ganz schöner Geldsorten uns hinterlassen. Auch das Wiener Münzhaus blieb nicht zurück. Wir sehen 5 Ducaten, 3 Ducaten, 2 Ducaten, 1 Ducaten der Münzmeister T. Hendl, M. Tillner und des etwas übel beleumundeten Jesaias Jessensky. und zwar in ziemlicher Zahl vorkommen.

Unter diesem Kaiser wurde im Wiener Münzhause zum ersten Male der Ducaten mit dem Brustbilde des Münzherrn geprägt, und zwar nach dem Entwurfe des Stempelschneiders V. Maler.

Trotz Kipperzeit, trotz der Stürme der Reformation und der Gegenreformation, war das Wiener Münzhaus unter Kaiser Ferdinand II., besonders bis zum Jahre 1526, sehr thätig. In den letzten Jahren, besonders 1634 und 1635, hörte das Ausprägen fast ganz auf. (3000–1000 fl. per Jahr.)   (Fortsetzung folgt.)

Groschenfund im Kremsthal (Oberösterreich).

Bearbeitet von Herrn k. u. k. Major A. Markl.

Anfangs October v. J. erhielt ich von einem hiesigen Tändler ungefähr 1 Kilo fundfrische Silbergroschen in zwei Partien zur Durchsicht, wovon die eine offenbar bereits ausgesucht, die andere hingegen noch unberührt war.

Meinen weiteren Nachforschungen über die Provenienz dieses Fundes gelang es bald, den eigentlichen Fund im Besitze eines hiesigen Goldarbeiters zu entdecken, welcher denselben angeblich von zwei Bauern aus dem Kremsthal gekauft hat. Erst nachträglich erfuhr ich, dass der Fund in der Nähe von Hall gemacht worden sein soll.

Dieser Fund, mit wenigen Ausnahmen nur Silbergroschen umfassend, soll ein Gesammtgewicht von 11 Kilo gehabt haben.

Vier Kilo hievon waren, als ich denselben in die Hände bekam, bereits nach Wien und 1 Kilo dem oberwähnten Tändler verkauft gewesen. Von dem Reste fand ich gleichfalls nur mehr die Hälfte unberührt, während die andere Hälfte von Kennern schon durchstöbert war.

Da dem Besitzer daran gelegen war, den Fund in kürzester Zeit und mit möglichstem Nutzen wieder loszuschlagen, so war mir bei dem grossen Umfange desselben und bei der kurzen Zeit von 24 Stunden, während welcher er mir zur Durchsicht überlassen wurde, die Möglichkeit benommen, denselben umfassend beschreiben zu können.

Aus den Notizen jedoch, welche ich mir hierüber machte, dürfte sich so ziemlich das Gesammtbild dieses Fundes ersehen lassen.

Nicht unerwähnt sei, dass ich nachträglich noch ca. 1 Kilo des gleichen Fundes in der hiesigen Bank für Oberösterreich und Salzburg entdeckte, welches von den Findern dorthin verkauft worden war, doch fand ich auch diese Partie bereits durchsucht.

Von diesen Silbergroschen wogen durchschnittlich 3 Stück 5 Gramm.

Es hat somit der 12 Kilo schwere Fund ungefähr 7200 Stück umfasst, wovon ca. 4800 Stück durch meine Hände gingen.

Die älteste darunter befindliche Münze war ein Weissgroschen Maximilians I. (II.) vom Jahre (15)73, die jüngste ein Groschen des Erzherzogs Carl Ferdinand von Tirol vom Jahre 1655.

Der Fund umfasst somit einen Zeitraum von 79 Jahren und dürfte aller Wahrscheinlichkeit nach noch vor dem Ende der Regierung Ferdinands III., d. i. vor 1657, vergraben worden sein.

Folgende Kaiser, sonstige Münzherren und Städte, waren in dem Funde vertreten:

Maximilian I. (II.) 1564–1576		2	Stück
Rudolf II. 1576—1612		4	„
Mathias 1612—1619	circa	50	„
Ferdinand II. als Erzherzog 1590—1619		8	„
Ferdinand II. als Kaiser 1619—1637	circa	4020	„
Ferdinand III. 1637—1657	„	400	„
Erzherzog Carl v. Steyermark 1556—1590		5	„
„ Ferdinand v. Tyrol 1564—1595		10	„
„ „ v. Elsass 1564—1595		2	„
„ Leopold v. Tyrol 1623—1632		30	„
„ Ferdinand Carl v. Tyrol —1662	circa	120	„
Paul Sixtus, Graf Trautson + 1620		1	„

Albert v. Wallenstein (Friedland) + 1634 . . . . 22 Stück
Heinrich Graf Schlick   + 1653 . . . . 19 „
Joh. Georg Herzog v. Jägerndorf 1606—1624 . . . . 1 „
Carl Fürst Liechtenstein (Troppau) 1614—1627 . . . . 1 „
Johann d. Ältere (Pfalz-Zweibrücken) + 1604 . . . . 2 „
Johann d. Jüngere (Pfalz-Zweibrücken) + 1635 . . . . 1 „
Augsburg Stadt . . . . 1 „
Wilhelm Ernst, Christian und Wollrath (Waldek) . . . . 1 „
Albert v. Wallenstein (Mecklenburg-Schwerin) 1628—34 . . . . . 13 „
Joh. Christian und Georg Rudolf (Fürstenthum Liegnitz) . . . . . 1 „
Joh. Graf v. Manderscheid-Blankenstein (Bisthum Strassburg) . . . . 1 „
Chur . . . . 1 „
Schaffhausen . . . . 4 „
Zug . . . . circa 80 „

Zusammen . . 4800 Stück

Nachstehend die Beschreibung dieser Münzen:

Maximilian I. (II.) 1564—1576.
Weissgroschen mit dem böhmischen Löwen.
    Münzz.: verwischt . . . . J. (15)73
      „   Bockkopf, Wellh. 11547 selten . . . . . . „ (15)76

Rudolf II. 1576—1612.
a) Groschen mit dem Reichsadler auf dessen Brust
   das österreichisch-burgundische Wappen.
    Münzz.: ○ leer; Münzmstr. unbesetzt. App. II. 36 . 7 . „ (15)92
b) Groschen mit den 3 Wappen von Oesterreich, Burgund und Tirol in Kleeblattform.
    Ohne Münzz.: die Jahreszahl unter dem Brustbilde. Wellh.
    9281 . . . . „ 1603
    Ohne Münzz.: die Jahreszahl bogenförmig im Mittel zwischen
    den Wappenschilden. Groschencab., Götz, Appel, Wellh.
    unbekannt . . . . „ 1603
c) Weissgroschen mit dem böhmischen Löwen.
    Münzz.: Delphin, Cat. Doneb. 2369 . . . . . . „ 15—81

Mathias 1612—1619.
a) Groschen mit dem Reichsadler wie vorher.
    Münzz.: „Baum“. Von verschiedenen Jahren.
b) Weissgroschen wie vorher.
    Münzz.: ꙮ C. Doneb. 1918 (2mal) . . . . . . „ 1617

Ferdinand II. als Erzherzog v. Steiermark 1590—1619.
Groschen mit den 3 Wappenschildern von Oesterreich, Burgund und Steiermark in Kleeblattform.
    Münzz.: Münzz.- wie App. II, 969. 133 v. J. 1605 (2mal) „ (1)601
    „   im R. AVSTRIÆ . . . . „ (1)606
    „   mit FERDINANDV, R. AVSTRIÆ u. BVRGVNDI „ (1)607
    „   mit FERNANDVS ✠ — D·G etc. AVSTRIÆ u.
       BVRGVNDI . . . . „ (1)608
    „   Aehnl. App. II. 971 . 138 . . . . „ 16—17

(Fortsetzung folgt.)

Verschiedenes.

Se. Excellenz Herr Sectionschef Arthur Graf Enzenberg wurde von Allerhöchst Sr. Majestät dem Kaiser durch Verleihung des Commandeurkreuzes des Leopold-Ordens ausgezeichnet.

Herr k. und k. Kammermedailleur Anton Scharff wurde vom königlich rumänischen Finanzministerium nach Bukarest berufen, um das Brustbild Sr. Majestät des Königs Carol nach der Natur zu modelliren.

Heinrich Walte, der langjährige Mitherausgeber des »Numismatisch-sphragistischen Anzeigers«. ist am 28. Februar l. J. zu Hannover im 68. Lebensjahre gestorben. Von dem genannten Fachblatte war derselbe, ebenso wie sein Redactions-Collega M. Bahrfeldt. Ende 1890 zurückgetreten; der Anzeiger wird jetzt von Herrn Friedrich Tewes in Hannover herausgegeben.

Alphonse de Witte: Note sur une médaille, rappelant l'édification à Bruxelles du couvent de Carméliter Thérésiennes. Brüssel 1887.

Die Infantin Isabella, welche in Spanien die heilige Therese de Jésus, Stifterin der Theresianischen Carmeliterinnen, gekannt hatte, wünschte auch in Brüssel ein Kloster dieses Ordens gegründet zu sehen. Sie veranlasste Anna de Jésus, eine Freundin der genannten Heiligen, mit sechs Schwestern in die Hauptstadt nach Brabant zu übersiedeln, wo Albert und Elisabeth dem Architekten Wenzel Cobergher die Erbauung des Klosters und der Kirche für den neuen Orden übertrugen. Am 25. März 1607 legte die Infantin den mit einer bezüglichen Inschrift versehenen Grundstein zu den Bauten, nachdem eine mit Goldmünzen gefüllte Bleibüchse versenkt worden war, und im Jahre 1611 hielten die Nonnen ihren Einzug in dem neuen Kloster. Der Verfasser bespricht an der Hand von Urkunden alle Umstände, die sich auf die Errichtung dieser religiösen Niederlassung beziehen, und beschreibt die schöne Medaille (Av. Ansicht der Carmeliterkirche. Rev. Schrift), welche zur Erinnerung an ihre Gründung geprägt wurde. Sie soll nur in einem Exemplar, das sich in der Sammlung des Verfassers befindet, bekannt sein. *E.*

Unentbehrlich beim Studium der griechischen Münzkunde ist das Werk von Barclay V. Head. Guide to the principal gold and silver coins of the Ancients. Third edition London 1889. 8°. VIII, 128 SS 70 Tafln. — Dieses innerhalb zehn Jahren in drei Auflagen erschienene Werkchen bringt die genaue Beschreibung von 792 antiken Münzen aus dem Britischen Museum, die chronologisch geordnet und in sieben Perioden vertheilt sind. Alle beschriebenen Münzen sind auf den beigegebenen Lichtdrucktafeln, die ähnlich schön sind wie die in den Imhoof-Blumer'schen Publicationen, mit überraschender Sorgfältigkeit abgebildet. Auch das Gewicht jeder Münze ist bei deren Beschreibung angeführt, und eine Tabelle am Ende des Buches gibt eine Übersicht über die Münzfüsse des Alterthumes und ordnet deren Nominale nach Gewicht. Kurz der »Guide« macht den Namen Heads Ehre und könnte füglich als Illustrationswerk zu dessen trefflicher »Historia numorum« dienen. — Das Werk ist in Kaliko gebunden für den Preis von 25 Shilling von der Buchhandlung Trübner & Co., 57, Ludgate Hill. London franco zu beziehen. *H. W.*

Die Costüm-Ausstellung, welche im k. k. Museum für Kunst und Industrie eröffnet wurde. bietet insbesonders in der prächtigen bosnischen Abtheilung einige interessante Beispiele der Verwendung von Münzen als Schmuck. Insbesonders reich an Münzen, meist 20 kr.- und 10 kr.-Stücken, sind die Costüme von Bauernmädchen aus Gerzovo Nr. 1 und aus Sarajevsko Nr. 34.

Kataloge. Adolf Weyl, Berlin, C, Adlerstrasse 5. Auctions-Kataloge Nr. 111. Sammlung des verstorbenen Justizrathes Pfeiffer, Nr. 113, meist neue Thaler und numismatische Werke, werden demnächst versandt. 112. Auctions-Katalog Venetianische, italienische Münzen und Medaillen. Medaillen auf Aerzte und Naturforscher, Freimaurer-Medaillen, Münzen verschiedener Länder. Die Auction fand am 24.—27. Februar statt. — Dupriez, R Bruxelles, 26 Place de Brouchére. Jetons. méraux, sceaux et cachets, 563 Nrn. mit Preisen. — Josef Beer & Co. Frankfurt am Main. Rossmarkt 18. 409. Bücherverzeichniss. Auch Numismatik. — Vendita della collezione Capo. Roma piazza di Spagna 23. monete grecche. romane primitive, consolari. imperiali. italiane medievali. moderne, per cuv. del cav. Ortensio Vitalini. Mit 10 Tafeln, 1154 St., die Auction beginnt am 9. März. Seltene und prächtige Stücke zeichnen die Sammlung aus. Aesgrave, römische Republik. Kaisermünzen, Byzantiner. Contorniatne, Tessere, ein pun. Tetradrachmon von Carthago, Griechen. mittelalterliche päpstliche Münzen. Italiener. 785 antike, 163 griechische und 296 italienische Münzen. — Adolf E. Cahn, Frankfurt a. M.. Eschersheimer Landstrasse 1. Katalog Nr. 11, 3129 Münzen und Medaillen. — Adolf Weyl, Berlin C. Adlerstrasse 5. 113. Auctions-Katalog. 281 Nrn. Versteigerung am 10. März 1891.

Herausgeber und verantwortlicher Redacteur: **Franz Trau.** — Verlag der numismatischen Gesellschaft in Wien. Druck von Kreisel & Groger, vorm. L. W. Seidel & Sohn, in Wien.

MONATSBLATT

der

numismatischen Gesellschaft in Wien.

Dieses Blatt erscheint monatlich ein Mal und wird den Mitgliedern der Gesellschaft
unentgeltlich zugesendet. Preis des Jahrganges für Nichtmitglieder 1 fl. Zuschriften
sind zu richten an die numismatische Gesellschaft, Wien. I., Universitätsplatz 2.

| Nr. 93. | April | 1891. |

Mittheilungen der Gesellschaft.

EINLADUNG.

zu der

am **Mittwoch den 15. April 1891**, Abends 7 Uhr, im grünen Saale der kais. Akademie
der Wissenschaften (I., Universitätsplatz 2) stattfindenden **3. ordentlichen Versammlung.**

Programm:

1. Mittheilung von Einläufen.
2. Vortrag des Herrn Historienmalers Ignaz Spöttl: Die Münzstätte Hall in Tirol.

Ausstellung von Haller Münzprägungen aus der Sammlung des Herrn Ignaz
Spöttl; ferner von römischen Kaisermünzen und des mit Federzeichnungen illustrirten
Original-Kataloges der Münzensammlung der verstorbenen Frau Gräfin Sylva-Tarouca in
Troppau (Aussteller Herr Juwelier Emil Fischer). — Zutritt frei.

Die p. t. Mitglieder werden ersucht, Veränderungen der Titel und des Wohnortes
mitzutheilen, da das Verzeichniss der Mitglieder demnächst erscheinen wird.

Es wird ersucht, Zuschriften und Sendungen bezüglich der Zeitschrift an
Herrn Rudolf Ritter v. Höfken, Währing b. Wien, bezüglich der Cassa an Herrn
Franz Trau, I., Wollzeile Nr. 1, alle anderen Briefe und Sendungen an die numismatische
Gesellschaft, I., Universitätsplatz 2 (kais. Akademie der Wissenschaften) zu richten.

Die Mitglieder der numismat. Gesellschaft entrichten eine Beitrittsgebühr von
2 fl., einen jährlichen Beitrag von 8 fl., erhalten die Zeitschrift und das Monatsblatt
kostenfrei zugesendet und haben Anspruch auf die von der Gesellschaft herausgegebenen
Gepräge zu ermässigten Preisen.

Am 28. März 1891 starb zu Abbazia Se. Excellenz Herr

FRANZ Graf von MERAN,

erbliches Herrenhansmitglied,

seit 1870 ordentliches Mitglied der numismatischen Gesellschaft, ein freundlicher Gönner derselben und ein eifriger Sammler und Förderer der Münzkunde.

Am 27. December 1890 starb auf der Herrschaft Gaztony in Ungarn Se. Hochgeboren Herr

ALBRECHT Graf WALDSTEIN,

seit 1889 ordentliches Mitglied der numismatischen Gesellschaft, der sich mit regem Eifer der Münzwissenschaft zugewendet hatte.

Die numismatische Gesellschaft ehrt in Trauer das Andenken der Verstorbenen.

Versammlung vom 11. März 1891.

Der Vorsitzende, Herr Eduard F o r c h h e i m e r, begrüsst die Versammlung, bringt die Einladung der königlich belgischen Numismatischen Gesellschaft in Brüssel zum internationalen numismatischen Congresse am 5. Juli 1891 zur Kenntniss, und verweist auf die zahlreichen für die Bibliothek eingelangten Geschenke und Tausch-Exemplare.

Herr Professor Leopold Szuk in Budapest hat für die Sammlung der Gesellschaft 3 Medaillen und 9 Münzen eingesendet.

Es werden sohin einstimmig gewählt zu ordentlichen Mitgliedern Herr Arnold D e u t s c h e r, Südbahnbeamter und Landesschützen-Oberlieutenant, Wien, V., Kohlgasse Nr. 1, über Vorschlag der Herren k. u. k. Lieutenant Hans Ritter v. K o b l i t z und Dr. Franz W a l l a, und Herr Arnold S k u t e t z k y, Fabrikant, Brünn, Zeile Nr. 44, über Vorschlag der Herren Consistorialrath Ambros P o y e und k. k. Oberlandesgerichtsrath Dr. Franz R. v. R a i m a n n; ferner zu correspondirenden Mitgliedern Herr Justizrath C. F. H e r b s t, Chef und Director sämmtlicher königl. Kunst-, Antiquitäten- und Münz-Sammlungen zu Kopenhagen, und Herr Dr. L. B. S t e n e r s e n, Universitätsprofessor und Director des Münzcabinets in Christiania, über Antrag des Herrn Dr. Adolf E h r e n f e l d und Vorschlag des Vorstandes.

Der Vorsitzende dankt sodann Sr. Durchlaucht dem Herrn Ernst Prinzen zu W i n d i s c h g r ä t z für die Ausstellung einer grossen und ausgezeichneten Collection von Herrenmünzen aus der Sammlung Sr. Durchlaucht, und dem Herrn k. u. k. Major Otto V ö t t e r für die mit grosser Sachkenntniss und Sorgfalt arrangirte Ausstellung von römischen Kaisermünzen der constantinischen Zeit, welche in 20 Tableaux nach Gruppen gesondert eine ausgezeichnete Illustration zu dem Vortrage des Herrn k. u. k. Majors Otto Vötter bildeten, welchen derselbe unter grossem Beifalle über die Feststellung der Augustus-Münzen Constantins des II. hielt.

Herrenmünzen aus der Sammlung Sr. Durchlaucht des Herrn Ernst Prinzen zu Windischgrätz.

In der Versammlung der Numismatischen Gesellschaft am 11. März 1891 hatte Se. Durchlaucht 201 Herren-Thaler, -Gulden und -Medaillen ausgestellt. Von denselben sind besonders hervorzuheben:

Auersperg, Johann Weichard. Thaler von 1654.

Burg-Milchling, Heinrich Hermann. Thaler 1611.

Dietrichstein, Gabriel Freiherr. Ovale Medaille, 1634, von grösster Seltenheit.

— Cardinal Franz, Graf.

— Siegmund Helfried. Thaler von 1664.

Ovale Georgsmünze mit dem Dietrichstein'schen Wappen.

Eggenberg, Johann. Ulrich. Doppelthaler 1629.

— Johann Anton, Doppelthaler 1642.

Erbach, Ludwig Graf. Thaler.

Fugger, Jakob. Halbthaler 1518.

Bernstein auf Helfenstein, Johann. Glatzer Thaler 1558.

Khevenhüller, Georg Freiherr. Medaillenförmiger Thaler 1566.

Kinsky, Leop. Ferd., Graf. Original-Jeton.

Leiningen, Georg Wilhelm. Halbthaler 1675.

Liechtenstein, Carl Eusebius. Thaler 1629. Unicat.

Lobkowitz, Wenzel Eusebius. Ovale Medaille.

Mansfelder Thaler, insbesonders die vom Grafen David Mansfeld.

Montfort, Wolfgang Graf. Thaler.

Nostitz, Johann Hartwig, Graf. Medaille.

— Johann Anton. Thaler und Halbthaler 1719.

Ortenburg, Joh. Widmann. Portrait-Medaille 1631.

— Cardinal Christof. Thaler 1656.

Öttingen, Friedrich mit Gottfried. Kupferabschlag eines Thalers.

— Ludwig Eberhard. Michaels-Thaler 1625.

— Wallerstein, Wolfgang. Thaler 1694.

— mit Ignaz. Thaler 1694.

— Ignaz. Thaler 1694.

— -Öttingen, Albrecht Ernst.

— -Spielberg. Andreasthaler und Gulden 1759.

Orsini-Rosenberg, Fürst. Thaler 1793. Nur noch ein zweites Exemplar bekannt, in der Münzsammlung des Allerhöchsten Kaiserhauses.

Schlick, Stephan. Doppelthaler 1526. Unicat.

— Thalerförmige Medaille 1526.

— Laurentius. Portrait-Medaille 1534.

Stollberg, Graf Wolfgang. 1544.

Burian Trczka v. Lippa. Thaler 1588.

Ventimiglia, Joh. comes. Halbthaler 1715.

Waldstein, Albrecht. Halbthaler 1626 (nicht bei Donebauer) Thaler 1627 (Donebauer Nr. 3979).

Windischgraetz, Leop. Victorin. Thaler 1732.

Zriny, Niclas. Batzen 1527.

Die Goldprägungen aus dem Wiener Münzhause.

Aus dem Vortrage des Herrn Historienmalers Ignaz Spöttl vom 18. Februar 1891.

Wir kennen aus der Zeit des Münzmeisters Fellner 1621—1635 10 Ducaten, 6 Ducaten, 5 Ducaten, 2 Ducaten und 1 Ducaten. Während die 10 Ducaten im Averse den Kaiser in ganzer gewappneter Figur und gekrönt uns zeigen, zu dessen Seiten die Wappen von Ungarn und Böhmen, sehen wir auf den 6 und 5 Ducaten den Herrscher nur im Brustbilde, die 2 und 1 weisen den Münzherrn wieder wie bei dem 10 Ducaten-Stück abgebildet, auf. Der Revers zeigt bei Allen den gekrönten Doppeladler, mit dem grossen Reichsschilde auf der Brust, unten zwischen der Umschrift der gekrönte österreichische Schild.

Wir kennen auch von dem letzten Münzmeister Ferdinands II., Virgil Constanz (1636—1637), 10 Ducaten-Stücke, in geringer Zahl; diese stammen vom Thalerstempel und sind ziemlich rohe Mache.

Kaiser Ferdinand III. war eifrig bestrebt, in die noch immer sehr verworrenen Münzverhältnisse Ordnung zu bringen. Wir kennen eine reiche Serie von Thalern und halben Thalern dieser Herrn aus dem Wiener Münzhause, unter diesen die uns so fremde Serie der Wiener Thaler 1650—1658.

Wir finden aus dieser Zeit 10 Ducaten, 5 Ducaten, 2 Ducaten und 1 Ducaten mit den Zeichen der Münzmeister Stadler und Richthausen von Chaos. Die 10 Ducaten sind alle von Thalerstempeln, die 5 Ducaten vom halben Thalerstempel, also mit dem Brustbilde des Kaisers, die 2 und 1 Ducaten hingegen weisen den Münzherrn in ganzer geharnischter Figur, mit der Krone auf dem Haupte, zu Seiten die beiden Wappen von Böhmen und Ungarn, oft auch Oesterreich und Ungarn.

Wir kennen auch Goldabschläge der sogenannten Wiener Thaler.

Immer und immer muss ich Kaiser Leopold nebst dem Titel des Siegreichen, auch jenen des Münzreichen, des Medaillenherrlichen beilegen. Ihm verdanken wir den Grund zu dem, was Oesterreichs Münze im Laufe zweier Jahrhunderte geworden ist, er baute auf sicherem Boden.

In der ersten Zeit zwischen den Jahren 1659—1678 finden wir unter diesem Kaiser im Wiener Münzhause eine grosse Anzahl der verschiedensten Goldprägungen. 12, 10, 6, 5, 3, 2, 1, $\frac{1}{2}$, $\frac{1}{4}$ bis $\frac{1}{12}$ Ducaten-Abschläge in Gold; zum ersten Male tritt hier das 12 Ducaten-Stück auf, sowie die Bruchtheile des Ducaten bis zum Zwölftel.

Wir sehen ausschliesslich auf den Goldgeprägen aus dem Wiener Münzamte aus dieser Epoche im Averse das Brustbild des Kaisers belorbert.

Auffallend muss es uns scheinen, dass von den beiden Münzmeistern Faber von Rosenstock (1659—1660) und (1665—1678) und Andree Cetto (1661—1665) uns so viele Goldprägen erhalten sind, während wir von deren Gross-Silbergeprägen nur eine geringe Zahl kennen, freilich die Groschen, Sechser und Fünfzehner in Massen. Wir kennen auch Ducaten aus dem Jahre 1683 und 1684, letzterer eine Nachbesserung des Stempels vom Jahre 1683.

Nach 1687 hört die Goldpräge, so weit mir Stücke bekannt sind, im Wiener Münzhause ganz auf.

Aus der kurzen Regierungszeit des weisen Kaiser Josef I. kennen wir nur wenige Goldmünzen, 1 Ducaten, $\frac{1}{2}$, $\frac{1}{4}$ und $\frac{1}{12}$ Ducaten mit dem Zeichen des Mittermeier von Waffenburg; aus den späteren Jahren ist mir keine Wiener Goldmünze dieses erlauchten Münzherrn vorgekommen, immerhin dürften einzelne Goldabschläge von Thalerstempeln in einzelnen, mir verschlossenen grossen Sammlungen zu finden sein.

(Fortsetzung folgt.)

Arneth-Medaille.

Zur Feier des 50jährigen Dienst-Jubiläums Sr. Excellenz des Herrn **Alfred**
Ritter von Arneth, des ausgezeichneten Forschers auf dem Gebiete der österreichischen Geschichte, wurde vom Kammer-Medailleur Anton **Scharff** die abgebildete
Medaille ausgeführt und von den Beamten des k. u. k. geh. Haus-, Hof- und Staatsarchives Sr. Excellenz gewidmet und überreicht.

Groschenfund im Kremsthal (Oberösterreich).

Bearbeitet von Herrn k. u. k. Major A. Markl.

Ferdinand II. als Kaiser 1619—1637.

Ueber $^5/_6$ der Münzen des ganzen Fundes gehören diesem Kaiser an. Die
Groschen mit dem Reichsadler sind unschön geprägt, dagegen jene von Steiermark und
Kärnten grösstentheils sehr zierlich ausgeführt und zumeist vorzüglich erhalten.

Die auf den Groschen dieses Kaisers vielfach vorkommenden Münzzeichen ver-
anlassten mich, diese herauszusuchen, ohne jedoch die jedem Münzzeichen angehörigen
Jahre wegen Mangel an Zeit notiren zu können; ebenso liess ich die ganz interesselosen
unsignirten Groschen mit weniger Ausnahme unberücksichtigt.

    a) Groschen mit dem Reichsadler wie oben.

Münzz.: Rosette (Kuttenberg)	. . . .	J.	1626
„ Hand mit Pfeilen (Kuttenberg). C. Doneb.	. . . .	„	1636
„ Hand mit Stern (Prag). C. Doneb. 2242	. . . .	„	1637
„ Halber Greif (Prag). C. Doneb. 2214	. . . .	„	1625
„ Eberkopf (Prag). C. Doneb.	. . . . .	„	1631
„ Adlerflügel (Joachimsthal). C. Doneb.	. . . .	„	1635
„ „ im Revers	. . . .	„	1629
Münzz.: „ Anker	. . . .	„	1632
„ „ im Revers	. . . .	„	1632
„ Prägestock (Prag). C. Doneb. 2235	. . . . .	„	1635

Münzz.:	⚒ (Kuttenberg). C. Doneb. 2287	1634
„	✳ (Kuttenberg). C. Doneb. 2257	1624
„	⚓ (Prag)	(1)630
„	∧	1630
„	∧ aber die Werthzahl 3 im Reichsapfel	1624
„	∨ verkehrt	1629
„	Doppellilie (St. Pölten) (nur in einem Exemplare vorhanden)	1625
„	B (Brünn)	1624
„	B im R zu Ende der Umschrift ⚭ C. Doneb. 2309	1624
„	C	1627
„	H	1631
„	N (Neisse). C. Doneb. 2328	1628
„	O (Olmütz)	1628
„	O im Revers	1629
„	R	1629
„	W (Wien)	1623
„	Z	1624
„	BL	1624
„	BL; im R zu Ende der Umschrift 𝕳 (Breslau)	1624
„	BZ (Olmütz). C. Doneb.	1624
„	⚭ (Brünn). C. Doneb. 2317	1624
„	IR (Prag). C. Doneb. 2220 Var.	(1)627
„	IR im R. C. Doneb. 2222	1628
„	IR im R; die Jahreszahl unter dem Brustbilde. C. Doneb. 2220	1627
„	IR im R; die Jahreszahl unter dem Brustbilde. C. Doneb. 2221	1628
„	H — R im Felde des Reverses. C. Doneb.—	1625
„	HZ (Breslau)	1632
„	H — Z, dazwischen ein Zainhaken	1636
„	MF (Olmütz). C. Doneb	1626
„	⚒	1630
„	SD (Nürnberg?)	1625
„	⋈	1663
„	⋈ darüber eine Krone	1636
„	DVB (Glatz)	1624
„	O leer; Münzmeisterstelle unbesetzt, C. Doneb. 2289	1635

b) **Groschen; der österreichische Adler nebst den Wappen von Burgund und Steiermark in Kleeblattform.**

Ohne Münzzeichen und verschiedene Jahre sehr stark vertreten.

(Fortsetzung folgt.

Vermählungs-Medaillen Seiner Durchlaucht des Herrn Fürsten Albert von Thurn und Taxis und Ihrer kaiserlichen Hoheit der Frau Erzherzogin Margaretha von Oesterreich-Ungarn. 1890.

1. VS. Die wohlgetroffenen Kopfportraits des hohen Paares, hintereinander gestellt und nach rechts (heraldisch) gewendet. Umschrift unten beginnend: ALBERTUS-PRINC: DE - TURRI - ET - TAXIS ✠ MARGARETHA - PRINC: NATA ARCHID: AUSTRIAE ✠ — Perlreif.

   RS. Das schraffirte Alliance-Wappen unter einem Fürstenhute, rechts von einem Löwen, links von einem Greif gehalten, auf einem, von gleichem Fürstenhute überragten Hermelinmantel ruhend. In dem reichverzierten Postamente der beiden Wappenschilde ist ein Spruchband mit der vertieften Umschrift: PERPETVA FIDE angebracht. Unten bogig: MDCCCXC. Profilirter Rand, in welchem unten ganz klein: L. CHR. LAUER. NÜRNBERG. 60 Millimeter Durchmesser. Gold. 144 Gramm. In der fürstlichen Sammlung zu Regensburg.

2. Wie Nr 1, gleichgross, in Silber, zu 82 Gramm. In der fürstlichen Sammlung zu Regensburg.

3. Wie Nr. 1, aber in Bronce. Probestempel in der Sammlung Schratz zu Regensburg.

4. VS Wie Nr. 1.
   RS. Wie Nr. 1, die Wappen nicht schraffirt; ohne Münzmeister-Namen und -Ort. 60 Millimeter. Blei, versilbert. (Im äusseren Münzrande vertieft: BLEI). Probestempel in der Sammlung Schratz in Regensburg und Ebner in München.

5. VS. Wie Rückseite von Nr. 4.
   RS. leer, glatt; mit profilirtem Rande. 60 Millimeter. Silber. 84·5 Gramm. Probestempel in der Sammlung Schratz in Regensburg.

6. Wie Nr. 5, aber die Wappenschilde sind leer (glatt) und die Jahrzahl fehlt. (PERPETVA FIDE auf dem Spruchband.) 60 Millimeter. Blei. Probestempel in der Sammlung Schratz in Regensburg.

7. VS. Die Brustbilder des hohen Paares, hintereinander gestellt und nach rechts gewendet; die kaiserliche Hoheit in hoher Frisur, eine Rose im Gürtel, der Herr Fürst in Civilkleidung mit umgeschlagenem Mantel. Umschrift unten beginnend (mit kleinen Buchstaben): ALBERTUS - PRINC: DE - TURRI - ET - TAXIS ✠ MARGARETHA - PRINC: NATA ARCHID: AUSTRIAE — Profilirter Rand.
   RS. Wie Nr. 4. 60 Millimeter. Blei. versilbert. (Im äusseren Münzrande vertieft: BLEI.) Probestempel in der Sammlung Schratz in Regensburg.

8. Wie Nr. 7, aber ohne Umschrift auf der VS. und ohne das Wort BLEI im Rande und nicht versilbert. Probestempel in der gleichen Sammlung.

9. VS. Wie Nr. 1. Umschrift unten beginnend wie Nr. 7, aber: NATA - ARCHID: statt: NATA ARCHID: Durch das zweite R im Worte TURRI läuft bis zum I ein feiner Querstrich. Profilirter Rand, in welchem unten ganz klein: LAUER.
   RS. Wie Nr. 4. 35 Millimeter. Gold. 25 Gramm. In der fürstlichen Sammlung zu Regensburg und in der Sammlung Schratz in Regensburg.

10. Wie Nr. 9, aber in Silber zu 35 Millimeter und 18 Gramm. In der fürstlichen und in der Sammlung Schratz in Regensburg.

11. Desgleichen (wie Nr. 10) in Bronce. Probestempel in derselben Sammlung.

12. Desgleichen (wie Nr. 9), aber ohne den Namen und den Querstrich im Worte TURRI auf der VS. 35 Millimeter. Blei. Probestempel in derselben Sammlung.

(Fortsetzung folgt.)

Verschiedenes.

Sr. Excellenz dem Herrn Alfred R v. Arneth. Director des k. u. k. Haus-, Hof- und Staats-Archivs, Präsidenten der kais. Akademie der Wissenschaften, stiftendes Mitglied der numismatischen Gesellschaft. wurde das Grosskreuz des grossherzoglich Badischen Ordens vom Zähringer Löwen und das Grossofficierskreuz des französischen Ordens der Ehrenlegion verliehen.

Rešetar: Die Münze der Republik Ragusa. In dem soeben ausgegebenen Januar-Hefte des »Bolletino di Archeologia e Storia Dalmata« hat unter dem Titel: »La Zecca della Republica di Ragusa« die Veröffentlichung einer Monographie über das Münzwesen dieser Republik begonnen, welches auch unser verewigtes Mitglied P. Norbert Dechant im 2. Bande der numismatischen Zeitschrift sehr ausführlich behandelt hat. Der Verfasser, k. k. Hofrath Paul R. v. Rešetar, hat durch jahrelange Bemühungen wie er sagt, wenn nicht die grösste, so doch eine der hervorragendsten Sammlungen Ragusäischer Münzen, und durch eifrige Forschungen in den Archiven ein reiches münzwissenschaftliches Materiale über Ragusa zusammengebracht. Er erklärt keineswegs widerlegen zu wollen, was Andere vor ihm über diesen Gegenstand veröffentlicht haben, sondern die aufgefundenen Gesetze und Verfügungen in Münzangelegenheiten, welche bisher zum grössten Theile unbekannt geblieben, zu veröffentlichen und durch die Münzen seiner Sammlung zu illustriren, um jenen Numismatikern, welche sich eingehenderen Studien über die Münze von Ragusa widmen wollen, neue Aufschlüsse über das Münzwesen dieser kleinen, aber einst mächtigen Republik darzubieten. Es liegt bisher der erste Bogen dieser Studie, welcher die erste Errichtung der Münze in Ragusa und die zu ihrem guten Betriebe erlassenen Verfügungen enthält, vor. Der Bogen ist für sich paginirt, so dass mit den, in den folgenden Heften erscheinenden Fortsetzungen, die Monographie ein selbständiges Werk bilden wird. Wir behalten uns vor, seinerzeit auf dasselbe eingehend zurückzukommen

E.

Voranzeige. Die Mitglieder der numismatischen Gesellschaft werden am 24. Mai 1891 einen Ausflug nach Carnuntum (Deutsch-Altenburg) unternehmen. Im römischen Amphitheater wird eine Versammlung der Gesellschaft abgehalten werden. Abfahrt 7 Uhr Früh mit Dampfboot, Rückkehr nach Wien circa halb 10 Uhr Abends, Besichtigung des Amphitheaters, der römischen Lagerstätte und Bäder, der Sammlungen im Schlosse Deutsch-Altenburg und des Carnuntum-Museums Sammlung Hollitzer und Vereinssammlung.

Aus dem Künstlerhause. In der XX. Jahresausstellung hat Herr Professor Josef Tautenhayn die Stiftermedaille des Clubs der Plastiker, gegossen von Herrn Prof Franz Pönninger, ciselirt von Herrn Carl Waschmann, ausgestellt. Ein Genius schüttet den Inhalt seines Füllhorns der sitzenden Gestalt der Plastik in den Schoss, im Reverse halten drei Putti eine Schrifttafel — Gruppen von edler Schönheit. Herr Carl Waschmann ist der Schöpfer eines prächtigen Porträt-Medaillons des verdienstvollen Secretärs des niederösterreichischen Gewerbevereins, Herrn kais. Rath Dr. Emil Auspitzer, welches auf das Zierlichste fünf Amoretten mit gewerblichen Attributen umgeben und bekränzen. Leider ist Meister Anton Scharff der Ausstellung ferne geblieben. Zu den besten Porträts der Ausstellung zählt das Bild des Numismatikers Herrn kais. Rath Wilh. Kraft.

IV. Reichenbach'sche Auction. Neuzeit: Böhmen, Mähren, Schlesien, Ungarn, Dalmatien, Siebenbürgen, Donaufürstenthümer, Griechenland. Beginn 9. April. Katalog 2 Mk (incl. Preisliste.) Aufträge übernimmt C. G. Thieme, Leipzig, Gewandgässchen Nr. 5

Münzauction bei Adolf Hess, Westendstrasse 7, Frankfurt a. M. Am 25. Mai und folgende Tage: 1. Griechische Münzen, Sammlung des Herrn A. Delbecke zu Antwerpen. 2. Kunst- und Porträts-Medaillen, Sammlung eines distinguirten ungarischen Kunstliebhabers. 3. Medaillen- und Münzensammlung eines kais. russischen Staatsrathes. Im Ganzen circa 4000 Nummern, darunter viele Seltenheiten ersten Ranges. Katalog ohne Tafeln gratis; illustrirter Katalog (3 Taf. Abbild.) à 3 Mk.; später erscheinende authentische Preisliste à 2 Mk. Zu beziehen vom Experten Adolf Hess, Westendstrasse 7, Frankfurt a. M.

Kataloge. Julius Hahlo, Berlin. W. Unter den Linden 13. Berliner Münzverkehr Nr. 18, 1748 Nummern. — A. Sattler, Basel, Blumenrain 7. 6. Verzeichnis verkäuflicher Münzen und Medaillen der Schweiz. 531 Nummern. — C. G. Thieme, Leipzig, Gewandgässchen 5. Numismatischer Verkehr. Nr 3 und 4. 3031 Nummern. — Bermann & Altmann, Wien, Johannesgasse 2. Der Wiener Antiquar. Nr. 165. Heraldik, Numismatik (sehr reichhaltig). Genealogie, Diplomatik, Urkundenlehre etc. — A. Einsle · Artaria & Co. Viennensia und Austriaca aus den Beständen von Artaria & Co. 3009 Nummern. Versteigerung vom 13. April. 5—8 Uhr Nachm. I. Kohlmarkt 9.

Herausgeber und verantwortlicher Redacteur: **Franz Trau** — Verlag der numismatischen Gesellschaft in Wien.
Druck von Kreisel & Groger, vorm L. W. Seidel & Sohn, in Wien.

MONATSBLATT

der

numismatischen Gesellschaft in Wien.

Dieses Blatt erscheint monatlich ein Mal und wird den Mitgliedern der Gesellschaft unentgeltlich zugesendet. Preis des Jahrganges für Nichtmitglieder 1 fl. Zuschriften sind zu richten an die numismatische Gesellschaft. Wien, I., Universitätsplatz 2.

Nr. 94.   Mai   1891.

Mittheilungen der Gesellschaft.

EINLADUNG

Sonntag den 24. Mai

Ausflug nach Carnuntum (Deutsch-Altenburg).

Abfahrt mit dem Dampfschiffe, Landungsplatz unter den Weissgärbern, 7 Uhr Früh.

Preise: I. Classe Schiff, II. Classe Bahn (Rückfahrt) 3 fl., II. Classe Schiff, III. Classe Bahn (Rückfahrt) 2 fl. 5 kr.

Ankunft in Deutsch-Altenburg 9 Uhr. Frühstück im Badhause.

10 Uhr Versammlung im Amphitheater. Vortrag des Herrn Director der Münzen- und Antikensammlung des Allerhöchsten Kaiserhauses Dr. Friedrich Kenner: Miscellen aus der römischen Geschichte von Carnuntum.

1 Uhr Mittagessen im Badhause.

Besuch der Sammlungen des Herrn Baron Ludwigstorff, des Herrn Carl Hollitzer, des Museums, der Kirche, Rundkapelle, des Tumulus, Quadenwalles, Lagers, der römischen Bäder, event. Spaziergänge nach Hainburg und Petronell.

Rückfahrt 7 Uhr, Ankunft in Wien $^3/_4$10 Uhr (Staatsbahnhof).

Die P. T. Mitglieder, deren Damen, und Freunde der Gesellschaft sind höflichst eingeladen. Es wird ersucht, die Theilnahme und Anzahl der Personen an Edmund Schmidel unter der Adresse Deutsch-Altenburg an der Donau Nr. 128 bis 23. Mai mit Correspondenzkarte bekannt zu geben.

Die p. t. Mitglieder werden ersucht, Veränderungen der Titel und des Wohnortes mitzutheilen, da das Verzeichniss der Mitglieder demnächst erscheinen wird.

Es wird ersucht, Zuschriften und Sendungen bezüglich der Zeitschrift an Herrn Rudolf Ritter v. Höfken, Währing b. Wien, bezüglich der Cassa an Herrn

Franz Trau, I., Wollzeile Nr. 1, alle anderen Briefe und Sendungen an die numismatische Gesellschaft, I., Universitätsplatz 2 (kais. Akademie der Wissenschaften) zu richten.

Die Mitglieder der numismat. Gesellschaft entrichten eine Beitrittsgebühr von 2 fl., einen jährlichen Beitrag von 8 fl., erhalten die Zeitschrift und das Monatsblatt kostenfrei zugesendet und haben Anspruch auf die von der Gesellschaft herausgegebenen Gepräge zu ermässigten Preisen.

Am 17. Februar 1891 starb plötzlich Herr
Sigmund Schlesinger
Privatier
welcher seit 1888 der numismatischen Gesellschaft angehört hatte.

Heinrich Rappe.

Am 27. April d. J. entriss uns der Tod unser corresp. Mitglied, Herrn Heinrich Rappe, k. u. k. Hauptmann i. R., und Secretär des böhm. patriot. Hilfsvereins in Prag. Der Verstorbene war ein höchst verdienstvoller Numismatiker und Forscher, namentlich auf dem Gebiete der Münzkunde Böhmens. Gerechtes Aufsehen machte namentlich die in unserer Numismatischen Zeitschrift vom J. 1888, Band XX, veröffentlichte Monographie der Münzstadt Kuttenberg, durchwegs auf neuen Forschungen des Stadt- und Bergarchivs von Kuttenberg und auf andern geschichtlichen und numismatischen Funden begründet, worunter namentlich die Feststellung der Münzmeister-Reihe und ihrer Zeichen. Es sollte noch eine Monographie der anderen böhm. Münzstätten, so namentlich von Prag, Joachimsthal und Budweis folgen, die er im Manuscripte hinterliess.

Hauptmann Rappe war auch Besitzer einer sehr bedeutenden Münzsammlung, worunter namentlich die Anzahl der Kuttenberger Stücke kaum von einer zweiten Sammlung übertroffen sein dürfte.

Nicht nur in seinem engeren Vaterlande, aber auch weit über dasselbe hinaus, ist ihm ein ehrendes Andenken bewahrt.

Versammlung vom 15. April 1891.

Der Vorsitzende Herr Director Dr. Friedrich Kenner begrüsst die Versammlung und theilt mit, dass am 28. März 1891 das ordentliche Mitglied, Se. Excellenz Herr Franz Graf von Meran erbliches Herrenhausmitglied, in Abbazia, und am 27. December 1890 das ordentliche Mitglied, Herr Albrecht Graf Waldstein, in Gaztony gestorben seien.

Die Versammelten erheben sich zum Zeichen der Trauer. Der Vorsitzende verweist auf die zahlreichen für die Bibliothek eingelangten Werke, insbesonders auf den Bücherkatalog der Firma Bermann & Altmann, welcher sehr viele numismatische Werke enthält, bringt das Dankschreiben des Bürgermeisters von Wien Herrn Dr. Johann Prix für die Betheiligung der numismatischen Gesellschaft an der Grillparzer-Ausstellung zur Kenntniss, theilt mit, dass am 24. Mai ein Ausflug nach Carnuntum stattfindet und dankt den Ausstellern und zwar Herrn Historienmaler Ignaz Spöttl für die Ausstellung von Münzen aus dem Haller Münzhause und des überaus gelungenen Portrait-Medaillons seiner Mutter, der Frau Walpurga Spöttl, vom k. k. Kammermedailleur Herrn Anton S c h a r f f, sowie dem Herrn Juwelier Emil F i s c h e r für die Ausstellung schöner, römischer Kaisermünzen, des Helfensteinthalers und des mit Federzeichnungen illustrirten hand-schriftlichen Kataloges der Münzensammlung der verstorbenen Frau Henriette Gräfin Sylva T a r o u c a. .

Sodann hält Herr Historienmaler Ignaz S p ö t t l unter grossem Beifalle den Vortrag über die Haller Münzstätte und bespricht Herr Emil F i s c h e r die Bedeutung der Frau Gräfin S y l v a-T a r o u c a als Sammlerin, deren Sammlung und den ausgestellten Katalog derselben.

Das Haller Münzhaus.
Vortrag des Herrn Historienmalers Ignaz S p ö t t l vom 15. April 1891.

Mit dieser Skizze im Wort und Bilde wollen wir die Reihe der Schilderungen der Münzhäuser des Oest.-Ungarischen Staates beginnen, selbe können des Raumes halber nur sehr flüchtig sein.

Hall hat den Ruhm, dass aus seinem Münzwerke eine neue, den Weltverkehr lange beherrschende Geldsorte, hervorging, dass dieses Münzhaus durch 331 Jahre ununterbrochen in Thätigkeit war.

Um das Jahr 1478 verlegte Erzherzog Siegismund seine Münze von Meran nach Hall im Innthale und zwar in die Hasenburg, und ernannte dem Herman Grünhofer zum Münzmeister.

1479 wurden schon vermünzt 10433 M. 14 L. 11 Q. und zwar zu Kreuzern und Vierern.

Die Münze musste des damalen auftretenden Silbersegens in den Alpen, eben höher hinauf verlegt werden.

Mangelhafte Einrichtung der Münze und Mangel an geschulten Arbeitern brachten es mit sich, dass in diesem Jahre ein noch weit grösseres Quantum Silbers nicht vermünzt werden konnte, sondern verkauft wurde.

1482 am 9. September kam die Leitung des Münzhauses an den tüchtigen Münzmeister Bernhardt Beheim.

Da zu dieser Zeit wie oben bemerkt in Tirol grosse Mengen Silbers producirt wurden und nur kleine Silbermünzen im Umlaufe waren, so musste der Erzherzog und seine Räthe bestrebt sein, eine neuere grössere Geldsorte zu schaffen die eben eine leichte Verwerthung dieses Edelmetalles möglich machte.

Es scheint, dass in dieser Richtung schon in den Jahren 1482 und 1483 Versuche gemacht wurden, doch erst mit dem Jahre 1484 kamen kleinere Guldengroschen und ½ Guldengroschen zur Auspräge. Die Stempel zu diesen Münzen schnitt Wenzel Kandl.

Doch erst mit dem Jahre 1486 sehen wir den ersten grossen Guldengroschen aus der Haller Münze kommen.

Erzherzog Siegismund interessirte sich selbst sehr für das neue Münzhaus und die Prägungen, er besuchte es mit seiner jugendlichen Gemahlin, Montag vor Georgi 1484.

Ereignisse, die der Weltgeschichte angehören, machten es wünschenswerth, dass der jugendliche Erzherzog Maximilian, der Sohn Kaiser Friedrich des III. am 16. Mai 1490 die Regierung des Landes Tirol übernahm. Mit dieser Zeit begann die erste wenn auch verhältnissmässig kurze Blüthe des Haller Münzhauses.

Dem Beheim folgte in seinem Amte ein nicht sehr bedeutender Eisenschneider Conrad Koch. 1495.

Diesem 1496 schon Bernhard Burghart. Durch die nicht festgesetzten Preise des Silbers bildeten sich in Tirol bald solche Uebelstände heraus, die mit zur Verarmung des Fürsten und des Landes wesentlich beitragen mussten, erst der weise und so energische Nachfolger Maximilian I., Kaiser Ferdinand I., sorgte, dass wenigstens eine Silberausfuhr im Grossen nicht leicht möglich war (1546).

Leider sehen wir unter dem kunstsinnigen Kaiser den Betrieb der Haller Münze zu wiederholten Malen eingestellt, hier dürfte wohl auch der Umstand mit ins Gewicht fallen, dass sich die neuen Geldsorten noch nicht in den Handel und dem Wesen des Volkes einbürgern konnten, der Kaiser selbst auch manche der Grossmünzen als Präsentstücke vertheilte.

Ich glaube hier auch mit Newald die Vermuthung aussprechen zu dürfen, dass die schönen Hochzeitsmünzen Kaiser Maximilians nicht aus dem Jahre 1479, sondern aus dem Jahre 1506 oder noch später stammen.

Mit dem Jahre 1508 sehen wir den Ulrich Ursenthaler als Münzeisen-schneider in Hall thätig, ein nicht nur technisch gut geschulter Eisenschneider, sondern auch ein tüchtiger deutscher Meister. Dem Bernhard Beheim, der am 2. September 1507 starb, folgte sein Sohn im Amte des Münzmeisters. (Fortsetzung folgt.)

Vermählungs-Medaillen Seiner Durchlaucht des Herrn Fürsten Albert von Thurn und Taxis und Ihrer kaiserlichen Hoheit der Frau Erzherzogin Margaretha von Oesterreich-Ungarn. 1890.

(Fortsetzung.)

13. VS. Wie Nr. 9, aber mit der unten beginnenden Umschrift: ALBERTUS-PR: DE-TURRI-ET-TAXIS ✠ MARGARETHA-PR: NATA-ARCHID: AVST ✠
   RS. Wie Nr. 9. 22 Millimeter. Gold. 7 Gramm. In der fürstlichen Sammlung in Regensburg.
14. Wie Nr. 13, aber in Silber zu 3·2 Gramm. Probestempel in der Sammlung Schratz in Regensburg.
15. Wie Nr. 14, in Bronce. In der gleichen Sammlung.
16. Wie Nr. 14, aber RS. ohne den Namen LAUER. 22 Millimeter. Blei. In der gleichen Sammlung.

Vorbeschriebene Medaillen entstanden in nachstehender Reihenfolge: Nr. 6 und 5 Dieses Stück wurde Seiner Durchlaucht zur Ansicht vorgelegt und fand höchstderen Genehmigung als Entwurf zur Rückseite der Medaille.

Sodann folgten Nr. 8 und 9 vom Brustbilder-Typus, deren Vorderseite wegen nicht ganz entsprechender Portrait-Aehnlichkeit und insbesondere deshalb refusirt worden sind, weil Brustbilder nicht gewünscht wurden.

Höchste Genehmigung fand sodann der hierauf gemachte Stempel des Kopftypus Nr. 4, auf welchem jedoch das Wappen noch schraffirt werden musste; dies geschah bei dem nun gefertigten Stempel Nr. 3, von welchem goldene und silberne Exemplare gemacht wurden, aus letzterem Metalle 6, aus ersterem 5 Stücke.

Da Seine Durchlaucht nunmehr auch zwei kleinere Sorten zu 35 und 22 Millimeter befahlen, entstanden nacheinander Nr. 12, 11, 10 und 9. Von letzterem Stempel wurden 12 Stück in Silber (Nr. 10) und 10 Stück in Gold gefertigt; die doppelte Anzahl da-gegen in gleichem Metall von Nr. 13, zu welcher als Proben vorher die Nummern 16, 15 und 14 gemacht worden sind.

Zur Ausgabe gelangen also vorerst Nr. 1, 2, 9, 10, 13 in einer Anzahl von 53 Exemplaren in Summa.

Es steht zu hoffen, dass Seine Durchlaucht auch noch die Nummern 3, 14 und wohl auch 11 herstellen lassen werden, so dass besonders den bayerischen und österreichi-schen Sammlern die Gelegenheit zur Erwerbung der hübschen Medaille, welche in den betheiligten Kreisen die höchste Anerkennung findet, wenigstens nicht völlig unmöglich ist.

Den Beschluss zur Herstellung der Medaille fasste Seine Durchlaucht der Herr Fürst bei Gelegenheit einer dem Unterzeichneten im November 1889 ertheilten huldvollen Audienz, in welcher Einsender die Verhandlungen der bayerischen numismatischen Gesell-schaft überreichte und Seiner Durchlaucht den Vorschlag für eine solche Medaille zu machen die Ehre hatte. Meine Wenigkeit wurde sodann auch mit der Durchführung des Planes betraut. Die Absicht, die Medaille zur hohen Vermählung fertig zu haben, konnte, da diese nicht zu der anfangs festgesetzten Zeit stattfand, nicht erreicht werden. Später wurde durch Reisen des hohen Ehepaares und andere Umstände die Vollendung der Medaille hinausgeschoben; deren definitive Fertigung in drei Grössen und in einer Anzahl von 41 Stück in einer Audienz vom 22. Januar heurigen Jahres befohlen ward. Die 41 Stück wurden heute an Seine Durchlaucht übergeben und sofort noch 12 Stück von Nr. 10 befohlen.

Die Herstellung der Medaille war auf Antrag des Einsenders der Firma L a u e r in N ü r n b e r g übertragen, welche die Portraitstempel durch Herrn Professor Schwabe, die Wappenstempel durch Herrn Lauer junior herstellen liess und in dieser Medaille einen neuen, sehr erfreulichen Beweis ihrer künstlerischen und technischen Leistungsfähigkeit geliefert hat.

Seine Durchlaucht der Herr Fürst aber, höchstwelcher für die Münzkunde hohes Interesse zeigend, schon 1885 persönliches Mitglied der bayrischen Gesellschaft geworden ist, hat sich durch dieses numismatische Denkmal den wärmsten Dank aller Fachgenossen sicher erworben.

Regensburg, 13. März 1891. *W. Schratz.*

Groschenfund im Kremsthal (Oberösterreich).
Bearbeitet von Herrn k. u. k. Major A. Markl.

c) Groschen; der österreichische Adler nebst den Wappen von Burgund und Kärnten in Kleeblattform.

Die Stücke ohne Münzzeichen von verschiedenen Jahren sind stark vertreten, nicht häufig die signirten:

Münzz.: HG	J. 1628
„ M Wellh. 9034 (unrichtig M)	„ 1624
„ HM Wellh. 9036 (unrichtig MM)	„ 1625
„ S	„ 1626
„ — die Jahreszahl unter dem Brustbilde. Wellh. 9033	„ 1624
„ — unter dem Brustbilde 1627. App. II. 977. 136 sehr selten.	„ 1629

Letztere Münze nur in einem Exemplar im Funde vertreten gewesen.

d) Groschen; die Wappenschilde von S t e i e r m a r k, Kärnten und Krain in Kleeblattform gestellt.

Ohne Münzz.: die Jahreszahl unter dem Brustbilde . . . . „ 1624

Dieser äusserst interessante Groschen von Krain, welcher gleichfalls nur einmal im Funde vertreten war, ist von Prof. Luschin in der Wiener numism. Zeitschrift beschrieben, denn weder das Groschencabinet, noch Götz, Appel und Wellenheim, führen denselben auf. Wellenheim (Nr. 9084) kennt nur einen einseitigen Pfennig dieses Kaisers vom Jahre 16—23 von Krain, aber mit den Wappenschilden von Oesterreich, Krain und Burgund.

Ich gebe daher nachstehend dessen vollständige Beschreibung:

Vs. FERDI : II : D : G : R : I : S : A : G : H : E : B : REX Rosette. Das lorbeerbekränzte Brustbild von der rechten Seite mit kurzem Haare, Kinn und Knebelbart im Harnisch und umgelegten Mantel, den Toison auf der Brust, darunter 1624.

Rs. ARCHI. AV . Æ . CARI . D . STYRI . CARN. Zwischen den oberwähnten Wappenschilden Verzierungen; ober dem Wappen von Kärnten die Werthzahl (3).

Ferdinand III. 1637—1657.

Auch von diesem Kaiser führe ich zumeist nur die mit Münzmeisterzeichen versehenen Stücke an.

a) Groschen mit dem Reichsadler wie oben.

Münzz.:	Kranich mit dem rechten Fuss einen Stein haltend	J.	1637
„	Schwan; im Felde des R. M—I ähnl. Wellh. 1176 5.	„	1639
„	Doppellilie; im Felde des R. G—H	„	1649
„	⚓ (Prag). C. Doneb. 2379	„	(1)627
„	G	„	1638
„	GW	„	1641
„	O (Olmütz). C. Doneb. 2421	„	1637

b) Groschen; der österreichische Adler nebst den Wappen von Burgund und Steiermark in Kleeblattform.

Ohne Münzzeichen; verschiedene Jahre stark vertreten.

c) Groschen; der österreichische Adler nebst den Wappen von Burgund und Kärnten in Kleeblattform.

Ohne Münzzeichen; verschiedene Jahre ebenfalls ziemlich stark vertreten.

d) Groschen; die Wappen von Oesterreich, Burgund, Ungarn und Böhmen in Kleeblattform gestellt.

Münzz.:	♜; im R. oben g App. II. 888 . 7. (2mal) . .	„	1628
„	♒ Aehnl. App. II. 889 . 9. (1mal)	„	1628

e) Groschen; gekröntes ungar.-böhm. Wappen mit dem österr.-burgund. Mittelschild.

Münzz.:	♜; ähnl. Wellh. 11763	„	1630
„	HR (Prag)	„	1636

f) Groschen; Reichsadler mit dem böhm. Wappen auf der Brust.

Münzz.:	Hand mit 3 Pfeilen (Kuttenberg). C. Doneb. 2396	„	1638
„	Knoblauchknolle (Joachimsthal). C. Doneb. — .	„	1644
„	Hand mit Stern. C. Doneb. 2379 . .	„	1647

g) Groschen; die Wappen von Oesterreich, Burgund, Ungarn und Castilien in Kleeblattform gestellt.

Münzz.:	♒ Wellh. 842. selten. Mont. —	„	1627
„	♒ Wellh. 842. selten. Mont. —	„	1627

Nur diese zwei Stücke im ganzen Funde.

Erzherzog Carl von Steiermark. 1556—1590.

Groschen; mit den 3 Wappenschilden von Oesterreich, Burgund und Steiermark in Kleeblattform.

Ohne Münzz.:	Wellh. 8846 (AVSTRI u. STYRI. Z) . .	o. J.
„ ‘ „	„ 8846 (AVSTRIÆ u. STYRI) 2mal .	o. J.
„ „	wie App. II. 964. 114 v. J. 1584. 2mal .	„	1582

(Fortsetzung folgt.)

40

Verschiedenes.

Herr Major **Otto Vötter** wurde zum Oberstlieutenant ernannt.

Alphonse de Witte: Note sur une médaille, rappelant l'édification à Bruxelles du couvent des Carmélites Thérésiennes. Brüssel 1887. Die Infantin Isabella, welche in Spanien die heilige Therese de Jésus, Stifterin der Theresianischen Carmeliterinnen gekannt hatte, wünschte auch in Brüssel ein Kloster dieses Ordens gegründet zu sehen. Sie veranlasste Anna de Jésus, eine Freundin der genannten Heiligen, mit sechs Schwestern in die Hauptstadt von Brabant zu übersiedeln, wo Albert und Elisabeth dem Architekten Wenzel Cobergher die Erbauung des Klosters und der Kirche für den neuen Orden übertrugen. Am 25. März 1607 legte die Infantin den mit einer bezüglichen Inschrift versehenen Grundstein zu den Bauten, nachdem eine mit Goldmünzen gefüllte Bleibüchse versenkt worden war, und im Jahre 1611 hielten die Nonnen ihren Einzug in dem neuen Kloster. Der Verfasser bespricht an der Hand von Urkunden alle Umstände, die sich auf die Errichtung dieser religiösen Niederlassung beziehen, und beschreibt die schöne Medaille (Avers: Ansicht der Carmeliterkirche, Revers: Schrift), welche zur Erinnerung an ihre Gründung geprägt wurde. Sie soll nur in einem Exemplare, das sich in der Sammlung des Verfassers befindet, bekannt sein. *E.*

Unregelmässige Umschriften bei Denaren des Königs Ludwig I. von Ungarn. Unlängst bekam ich eine Partie von ungarischen Denaren, welche grösstentheils aus dem XIVten Jahrhundert herstammen. Auf den ersten Anblick boten dieselben nichts von besonderem Interesse, denn sie repräsentirten hauptsächlich die häufig vorkommenden Typen des Königs Ludwig I. Rupp XXI und XXII und der Königin Maria Rupp III. Bei näherer Betrachtung fanden sich jedoch bei den Umschriften der Denare des Königs Ludwig derartige Unregelmässigkeiten und Entstellungen, dass ich nicht umhin kann, dieselben hier kurz anzugeben, umso mehr, da ich diesen Umstand weder bei Rupp, noch bei Montenuovo erwähnt fand. Die regelmässige, man könnte sagen, vorschriftsmässige Umschrift der Denare Rupp XXI LODOVJCJ R UNGARJE war bei manchen Exemplaren derartig entstellt, dass man daraus alles andere eher, als den Namen des Königs Ludovicus und das Land Ungaria herausbuchstabieren konnte. Hier eine kleine Auslese von dem, was ich noch halbwegs entziffern konnte: 1. OJOVDL . . . VJDJOVJOJ. 2. LODOJVJ R UGRJARJE. 3. LOODVJCJ R LODV. 4. LOJCOCJOCVJCOAR. 5. OCVJCJ R UNGARJE. 6. OABODUBV . . OUR, rückläufig. 7. LOCVJLOVDJ.

Wahrscheinlich dürften diese Curiosa das Product eines des Lesens unkundigen und mit der Pünktlichkeit wenig befreundeten oder mehrerer auf gleicher Bildungsstufe stehender, nachlässiger Stempelschneider sein. Zum Schlusse will ich erwähnen, dass ich bei der Species Rupp XXI bei einem Exemplare die regelmässige Umschrift LODOVJCJ R UNGARJE rückläufig vorfand, wobei auch das Schild in der Mitte derartig angebracht war, dass es das Spiegelbild des regelmässig vorkommenden repräsentirte. Ein anderes Exemplar hatte als Contremarke eine Lilie, ein drittes war eine Doppelprägung. *Dr. Franz Walla.*

Kataloge. Adolph Hess, Frankfurt a. M., Westendstrasse Nr. 7. Katalog der Sammlung. Katalog der Sammlung griechischer Münzen des Herrn Aug. Delbecke zu Antwerpen, der Kunst- und Portrait-Medaillen eines ungarischen Kunstsammlers und der Medaillen- und Münzen-Sammlung eines russischen Staatsrathes. 4443 N. Mit 3 Tafeln. Versteigerung vom 25. Mai an.

Edmund Rappaport, Berlin, Halle'sche Strasse 18. XVIII. Verzeichnis verkäuflicher Münzen und Medaillen. 945 N.

Adolph Weyl, Berlin C., Adlerstrasse 5., 114. Auctions-Katalog. Brandenburg-Preussen, übriges Deutschland, britisches Reich, Dänemark, Frankreich, Italien und Niederlande. 2525 N. Versteigerung 11.—14. Mai.

Adolph Weyl, Numismatische Correspondenz, Nr. 94. 551 N.

Zschiesche & Köder, Leipzig, Königstrasse 4 44. Verzeichnis verkäuflicher Münzen und Medaillen. 5544 N.

S. Kende, Wien, IV. Heumühlgasse 3. Bibliothek des Grafen Heinrich Daun und des Grafen Eugen Sylva-Tarouca. Auch Numismatik.

Gustav Fock, Leipzig, Neumarkt 40. Antiquar. Angebot wertvoller Werke. Kunstgeschichte, Archäologie, Architektur.

L. & L. Hamburger, Frankfurt a. M., Uhlandstrasse 56, Katalog. Münzauction vom 15. Juni an. Antike Münzen, erste Erhaltung (Sammlung Schennis in Düsseldorf). Würzburg, Bamberg etc. (Sammlung Lippert in Sulzfeld). Mittelalter und Neuzeit (bes. Hessen, Fulda, Frankfurt, Sammlung Köhler in Kassel). Mit zwei Tafeln. 2460 N.

Herausgeber und verantwortlicher Redacteur: Franz Trau. — Verlag der numismatischen Gesellschaft in Wien.
Druck von Kreisel & Gröger, vorm. L. W. Seidel & Sohn, in Wien.

MONATSBLATT

der

numismatischen Gesellschaft in Wien.

Dieses Blatt erscheint monatlich ein Mal und wird den Mitgliedern der Gesellschaft
unentgeltlich zugesendet. Preis des Jahrganges für Nichtmitglieder 1 fl. Zuschriften
sind zu richten an die numismatische Gesellschaft. Wien. I.. Universitätsplatz 2.

Nr. 95.   .   Juni   1891.

Miscellen aus der römischen Geschichte von Carnuntum.

Vortrag des Herrn Directors Dr. Friedrich Kenner.

»Siste viator, heroëm calcas«: »Stehe still, Wanderer, Du trittst auf eine
Heldenleiche.« In gewissem Sinne können wir diese Worte einer alten Grabschrift auf
den Boden von Carnuntum anwenden, auf dem wir uns heute befinden, jenem römischen
Grenzort, der im Frieden einer größeren italischen Landstadt geglichen haben mag, im
Kriege aber eine Rolle spielte, wie kein anderer in allen römischen Donauländern,
wenn man etwa Sirmium ausnimmt.

Ein uralter Handelsweg führte die Rohstoffe des Nordens, vorzüglich den Bernstein, längs der March herab, übersetzte in Carnuntum die Donau und lief dann über
Oedenburg, Steinamanger, Pettau, Cilli und Laibach nach Italien. Die Römer schufen
diesen Weg in eine Heeresstrasse um, welche das Hochgebirge umging, also ohne
Schwierigkeiten und in der kürzesten Linie die Verbindung mit Rom herstellte. Man
gelangte viel rascher von Carnuntum nach Italien, als von jedem anderen Punkte der
Reichsgrenzen, von welchen eine Feindesgefahr drohen konnte, wie vom Rheine oder
gar von Syrien aus, von keiner anderen Grenzstrecke konnte eine Gefahr so schnell
über Italien hereinbrechen, als von Carnuntum aus längs der Bernsteinstrasse. Bei den
grossen Verhältnissen des Reiches ist es also keine Uebertreibung, wenn schon die
Schriftsteller zur Zeit des Augustus und Tiberius betonen, dass durch die Eroberung
von Pannonien das Land der Germanen jenseits der Donau in die Nachbarschaft
Italiens gerückt sei.

In dieser örtlichen Situation liegt das Geheimniss der ungewöhnlich grossen
Bedeutung, die unsere Stadt zeitweise für das römische Reich erlangte; aus ihr erklärt
sich die gesammte Entwicklung von Carnuntum und seiner Umgebung: sie schreitet vor,
so lange die Stadt Rom selbst in ihrer Grösse besteht und die Einfälle der Germanen
über die oberpannonische Donaustrecke erfolgen; sie nimmt ab, sowie die Bedeutung
von Rom zu sinken beginnt und die Barbareneinfälle eine andere Richtung erhalten,
mit anderen Worten: Die Blüthe unserer Stadt besteht so lange, als ihre nahe Verbindung mit Rom einen actuellen Werth hat.

Wir werden, um dies zu zeigen, aus der Geschichte von Carnuntum zwei
Kriegszüge nach Italien herausgreifen und die Folgen betrachten, die sie für unsere
Stadt hatten: einen Zug der Germanen und einen Zug der römischen Legionen selbst.

Wer die Kopfstation der Bernsteinstrasse, d. i. Carnuntum, in der Gewalt hatte, beherrschte Pannonien, und wer Pannonien beherrschte, besass nach den damaligen Verhältnissen den Schlüssel zu Italien. Darum suchten die Kaiser Vespasian und Trajan, die zugleich bedeutende Feldherren waren, unseren Ort zu einer festen militärischen Position zu gestalten; die ganze Stromstrecke zwischen dem Kahlenberg und der Mündung des Waagflusses bei Komorn wurde in dieser Absicht zu einer befestigten Linie ausgebildet und in den Flankenpunkten Vindobona und Bregaetium mit Standlagern für je eine Legion besetzt; das dominirende Centrum bildete aber Carnuntum, gleichfalls mit einer Legion, anfänglich der XV. Apollinaris, die bei der Zerstörung Jerusalems mitgewirkt hatte und später Dacien erobern half, wo sie verblieb, dann der XIV. Gemina Martia Victrix, der kriegsberühmten und gefürchteten Bezwingerin von Britannien, die auch manche Söhne dieser stolzen Provinz in ihren Reihen zählte.

In militärischen Kreisen wusste man also schon längst, was für einen Werth der Besitz von Carnuntum für Rom habe; bald sollten dies auch die Einwohner der Hauptstadt selbst mit Schrecken erfahren, als einmal, in Folge einer unglücklichen Schlacht, dieser Posten in die Hände der Feinde gerathen war. Die erste Woge der Völkerwanderung warf neue Völkerstämme auf den Schauplatz der Geschichte, welche sich mit den Markomannen und Quaden verbündeten und von immer neu nachkommenden Stämmen nach Süden gedrängt wurden. Seit langer Zeit begann im Jahre 164 wieder die Beunruhigung der Grenze, nun aber öfter und heftiger als je früher, so dass sich die beiden Legaten von Pannonien kaum mehr halten konnten. M. Aurel, obwohl selbst in einen schweren Krieg im fernen Orient verwickelt, sandte im Jahre 166 eine neue Armee unter Macrinus Vindex, dem praefectus praetorio, d. h. dem höchsten römischen Militär, nach Pannonien, zur Hilfe. Vindex entschloss sich sehr bald, den Germanen eine grosse Schlacht zu liefern, um dem Lande Ruhe zu verschaffen. Damals war es, dass Alexander, ein Wahrsager aus Jonien, der in hohem Ansehen stand, den Rath gab, vor der Schlacht dem Stromgotte des Ister zwei Löwen zu opfern, dann werde ein grosser Sieg erfochten werden. Man warf also die Löwen in die Donau, allein statt zu Grunde zu gehen, schwammen sie über den Strom und wurden jenseits von den Germanen erschlagen. Dieses Löwenopfer wird, um nebenher davon zu sprechen, nicht bloss von Lucian erwähnt, sondern auch in den Reliefs der Antonius-Säule in Rom, welche die Thaten M. Aurel's im Markomannenkriege darstellen, wird darauf angespielt. Das Factum steht also fest, man wusste sich aber bisher nicht zu erklären, woher die Römer in unseren Gegenden, so schnell die Löwen zu dem Opfer hergenommen haben sollten. Seit das Amphitheater von Carnuntum aufgedeckt ist, erscheint auch diese Erzählung in einem helleren Lichte; man entnahm die Opferthiere offenbar den Käfigen dieser Arena, wo sie für Thierhetzen gehegt wurden. Es liegt darin zugleich ein chronologischer Anhaltspunkt, dass der weite Raum, in dem wir uns heute befinden, sicher schon zur Zeit jenes Opfers im Jahre 167 erbaut und benützt war.

Die auf das Opfer folgende Schlacht endete in der That mit einem grossen Siege, das traf zu; aber nicht die Römer, sondern die Germanen erfochten den Sieg. 20.000 Römerleichen bedeckten das Schlachtfeld, die Germanen waren Herren von Carnuntum und stürmten nun in zahllosen Schaaren die Bernsteinstrasse entlang nach Italien, wo sie vor Aquileia Halt machten. In Rom hatte man sich solches nicht träumen lassen, jetzt sah man plötzlich und mit Entsetzen die Tage des Brennus und Hannibal wiederkommen. Die Stadt selbst und Italien hatte keinerlei militärische Besatzung, weder jetzt noch später, ja durfte sie nicht haben, die Festungen waren verfallen und nur nothdürftig zu halten. Man begann daher aus der Hauptstadt zu flüchten, M. Aurel bildete, so gut es ging, ein neues Heer aus den Bestandtheilen der eben siegreich aus dem Oriente heimgekehrten Armee und führte es selbst gegen die Germanen, welche — in der Belagerungskunst unerfahren — Aquileia nicht einzunehmen vermochten und vor Ankunft M. Aurel's den Rückzug antraten, mit reicher Beute aus den römischen Städten beladen; wie sie damals und im folgenden Jahre in Pannonien gewirthschaftet, das beweist die Zahl der Gefangenen, die sie späterhin in den Friedensschlüssen zurückgeben mussten, sie betrug insgesammt 163.000 Mann. Der Kaiser holte sie nach dem Uebergange über das Gebirge ein und besiegte sie im Jahre 168 in einer grossen Schlacht, die in der Nähe von Carnuntum stattgefunden haben muss, da es dem Reste der Germanen gelang, über den Strom zu entkommen.

Der erste Kriegszug, der sich von Carnuntum nach Italien bewegte, war etwas Unerhörtes in den Annalen der Hauptstadt; er zeigte, welches Unglück entstehen konnte, wenn die Defensivanstalten, deren Mittelpunkt unsere Stadt war, durchbrochen wurde, wie verhängnisvoll in der That die Nachbarschaft der Germanen für Italien werden konnte.

Diese Erfahrung trug sehr gute Früchte. Mehr noch als früher wurde der Verschluss der Kriegsgrenze und der Bernsteinstrasse durch Vervollständigung der Festungswerke gesichert und in der That blieb auf lange Zeit unsere Stadt vor einem ähnlichen Missgeschicke bewahrt. Das Standlager bildete überdies in den nächsten zwölf Jahren — so lange der Markomannenkrieg dauerte — der Mittelpunkt aller kriegerischen Unternehmungen M. Aurel's. Er hatte hier sein Hauptquartier, Jahr für Jahr kam er hierher, ja auch mehrere Winter brachte er hier zu. Eine Reihe glänzender Siege krönte seine Bemühungen, er bildete in den so lange dauernden, an Mühseligkeiten und Gefahren reichen Feldzügen eine Armee heran, welche der Stolz des römischen Reiches war, nicht blos wegen ihrer Tapferkeit und Abhärtung, sondern vorzüglich wegen des vortrefflichen Geistes, der sie beseelte. Aus M. Aurel's Schule gingen ferner die grossen Generale der folgenden Decennien hervor, alle dem Kaiser enthusiastisch ergeben, der ja in der That ein hohes Beispiel von Pflichtgefühl und Ausdauer darbot. Er, der kränkliche Mann, der keine Speise ohne Schmerz, keinen Schlaf ohne Sorge und Kummer geniessen konnte, der zum Philosophen und Mann des Friedens geboren schien, brachte den grössten Theil seiner Regierung in unseren Gegenden, zumeist aber im Standlager von Carnuntum zu, um seiner Pflicht als Vertheidiger des Reiches zu genügen; seine Aufgabe war nahezu vollendet, als er auf dem Schauplatze seiner Thätigkeit, bei Vindobona, im Jahre 180 starb.

(Fortsetzung folgt.)

Das Haller Münzhaus.

Vortrag des Herrn Historienmalers Ignaz Spöttl vom 15. April 1891.

(Fortsetzung.)

Mit dem Tode Kaiser Maximilian I. kam im Haller Münzhause das künstlerische Element mehr in den Hintergrund, das Geschäftliche hingegen mehr und mehr zur Geltung.

Die Münzordnung v. 15. Feber 1524, hatte sowohl für Tirol wie für die Länder Oesterreichs manche und nicht eben die besten Folgen. Die deutschen Herren, die nicht selber Silberproducenten waren, thaten Alles um die für sie nicht angenehmen Folgen der weisen Verordnungen des Erzherzoges zu durchkreuzen und wir sehen dementsprechend langwierige Verhandlungen nun in Scene gesetzt. Der Erzherzog, so wie die

Bergbau besitzenden deutschen Fürsten, stellten sich diesen Machinationen gegenüber sehr entschieden, gegenüber der esslinger Münzordnung vom 10. November 1524 trotz vieler unfruchtbaren Verhandlungen kam erst 1533 ein leidlicher Vergleich zu Stande, so dass eigentlich im Grossen und Ganzen die Sache beim Alten blieb.

In den letzten zwanziger Jahren wirkte die herannahende Türkennoth und mit ihr das unter die Fahne treten der Bergleute sehr nachtheilig auf den Bergbau und auf den Betrieb des Haller Münzhauses.

Später in den letzten Jahren sehen wir auch die Wirren der neuen Lehre ihre Schatten werfen auf den friedlichen Segen des Tiroler Bergbaues.

1535 wird Ulrich Ursenthaler Münzmeister, der Münzbetrieb war um diese Zeit sehr gesunken. Er betrug 1538 nur 4847 M. 3 L. Die Münzrechnungen weisen nur Sechser, Vierer und Kreuzer als die ausgemünzten Geldsorten.

Nach der Münzordnung von 1546 sehen wir die Münzaussprä allmählich sich steigern, so dass selbe 1552 die ansehnliche Höhe von 706.571 fl. erreichte.

Ausgemünzt wurden Ganze, Halbe und Viertelthaler.

Das schwere zeitraubende Verfahren der bisherigen Hammerprägung war dem Ausprägen und guten Verwerthen des Silbers sehr hinderlich, um so mehr als die Silberbergbaue jetzt schon einen nie geahnten Schatz lieferten.

Es musste daher auf ein neues schnelleres Verfahren bei der Münzpräge gedacht werden. Schon auf dem Reichstage zu Augsburg 1550 tritt der König mit mehreren Münzkünstlern in Unterhandlung.

Der Haller Münzmeister Hans Schmelzer und Andere wurden ans Hoflager berufen, es handelte sich um eine neue Erfindung, die nachmalige sogenannte Walzenpräge, der Erfinder war Caspar Sell.

Als 1552 Kurfürst Moriz von Sachsen Tirol bedrohte, flüchtete man aus Hall alles geprägte und ungeprägte Silber in die Burg Ratteneck.

Die Errichtung von Münzhäusern zu Kempen und Kaufbäuern, die meist kleine schlechte Münzen, doch in Mengen lieferten, sowie Lohndifferenzen gaben die Veranlassung dass viele tüchtige Münzarbeiter Hall verliessen, so dass der Münzbetrieb in den Jahren 1552 und 1553 zu Hall sehr wesentlich abnahm.

Der tüchtige Münzer Ulrich Ursenthaler blieb bis 1560 im Amte.

Die Versuche mit den Walzmühlen scheinen erst im Jahre 1559 greifbare Resultate geliefert zu haben.

Die Ausprägung von Guldenthalern nach der Münzordnung vom Jahre 1557 (19. August) erfolgte in Tirol erst im Jahre 1562.

Auch diese Münzordnung, die gewiss auch nicht zur Blüthe des Landes beitrug, war einer der letzten Erlässe des Kaisers auf dem Gebiete des Münzwesens.

Kehren wir zur Geschichte des Walzenprägens wieder zurück. Wir sehen den Kaiser mit den beiden neu auftretenden Erfindern Rohrendorff und Johann Vogler in Verhandlung treten und selbe mit letzteren zu Ende führen.

Vogler hatte laut Resolution Kaiser Maximilian II. 23. October 1565 und 21. August 1567 eine Art Privilegio auf seine neue Münzkunst erhalten.

Am 21. Februar 1569 erhielt er erst ein eigentliches Privilegio auf 20 Jahre.

Anfangs standen die neuen Maschinen der grösseren Wasserkraft halber zu Mühlen, während dem wurde zu Hall weiter die Hammerpräge betrieben.

1567 kamen die neuen Maschinen in die Burg Hasenegg zu Hall.

Der neuen viel Silber consumirenden Maschine mussten auch neue besser-geformte Zeine geliefert werden.

Es entstand daher eine neue Silberwalzmaschine, die Zieh- und Streckbank, während früher der Zein einfach gehämmert wurde. Dieses neue Verfahren war be-greiflich bei den Silberschmieden nicht sehr beliebt und dem entsprechend kam es zu manchen Reibungen. Diese Maschine trat mit dem Jahre 1567 in Betrieb.

Wieder treten mit den misslichen Prägeverhältnissen in Deutschland für das Haller Münzhaus, für Tirol grosse Nachtheile zu Tage, die zu langwierigen Verhand-lungen führten und bis ins Jahr 1570 währten. Wie oben bemerkt sehen wir in den letzten Jahren des Erzherzogs Ferdinand II. auch die alte Münzordnung vom Jahre 1524.

1577 wurde der Münzmeister Thomas Krumpp entlassen und an seine Stelle trat Jakob Berdorf als Münzverwalter.

Die neuen Münzmaschinen steigerten das Fertigen der Münzen so sehr, dass 1579 383.266 Thaler geprägt wurden, bis 1590 steigerte sich diese Summe per Jahr auf 942.582 Thaler, 1595, dem Sterbejahr Erzherzog Ferdinand II., betrug die Aus-prägung 704.352 Thaler.

1591 sehen wir zu Hall den Eisenschneider Valentin Costka, einen sehr tüchtigen Meister thätig, er starb 1594.

Auf diesen folgte probeweise Wegerich aus Chur und Wolfgang Eggel.

Am 1. April 1595 tritt der beste Meister, den je das Haller Münzhaus hatte, ins Amt, Peter Hartenpeck.

Der eigentliche Erfinder der Walzenpräge starb im grössten Elend, da er sein eigenes Vermögen auf seine schöne Erfindung nicht nur verausgabte, sondern auch noch bedeutende Schulden machte. Wer gedenkt heute in der gebildeten Welt, die so kleinen modernen Grössen Monumente setzt, eines Johann Vogler.

1591 wurde der Münzverwalter Mathias Stellwag seiner Stelle enthoben ihm folgte Chr. Heid von Heidenspurg.

Wir müssen hier schon des auftretenden Protestantenstreites gedenken, Erz-herzog Ferdinand war ein sehr katholischer Herr und hart gegen die Bekenner der neuen Lehre, die viele Anhänger unter den Bergleuten hatte, so ging manche tüchtige Kraft ins Ausland und ins Elend.

(Fortsetzung folgt.)

Die Goldprägungen aus dem Wiener Münzhause.

(Schluss.)

Aus dem Vortrage des Herrn Historienmalers Ignaz Spöttl vom 18. Februar 1891.

Der Münzformer, der Schöpfer einer Kaiserstadt voll der herrlichsten Paläste, Karl VI., hat uns prächtige Goldmünzen, wenn auch in geringer Zahl, aus dem Wiener Münzhause überlassen. So 10-Ducaten vom Jahre 1716, die erste Spindelpräge in 2 Exemplaren, 5, 3 und 2-Ducaten (1735 und 1740), dann Ducaten, $^{1}/_{2}$ und $^{1}/_{4}$ Ducaten. Jedenfalls gehören nebst den 10 Ducaten-Stücken die 1 Ducaten-Stücke zu den grössten Seltenheiten.

Die grosse, für alles Gute und Schöne so sehr begeisterte Kaiserin Königin Maria Theresia, die Mutter ihrer Unterthanen, sie und ihr erlauchter Gemahl, haben die Münzkunst auf eine in Oesterreich nie nur geahnte Stufe gehoben.

Dementsprechend sehen wir das Wiener Münzhaus zur Centralstelle sich entwickeln.

Eine grosse Zahl von herrlichen Goldmünzen beider Herrscher kennt man aus unserem Münzhause: 10 Ducaten, 5 Ducaten, 2 Ducaten, Souverains, Halb-Souverains Viertel-Souverains und noch kleinere Bruchtheile des Ducaten.

Zum ersten Male sehen wir den Souverain im Wiener Münzhause prägen.

Alle diese Stempel, ob sie von M. Donner, Toda oder Würth stammen, sind gleich herrlich, besonders ihr flacher Schnitt ist zu bewundern.

Aus der Zeit Josef II. kennen wir nicht viele Goldmünzen vom Wiener Münzhause. Ein 4 Ducaten, ein eigener Stempel in Thalergrösse, dann 1 Ducaten und $^1/_2$. und $^1/_4$ Ducaten.

Hier tritt zuerst der sogenannte römische Königs-Ducaten auf (1764, 1765). Alle diese Goldmünzen sind Meisterleistungen des Stempelschnittes.

Von Kaiser Leopold II. kann es begreiflich nur eine ganz geringe Zahl von Goldmünzen geben; jedenfalls dürften 4 Ducaten zu den allergrössten Seltenheiten gehören, so auch der Souverain.

Der König- und Kaiser-Ducaten sind wahre Wunder des Stempelschnittes.

Da wir nun an die Zeit herantreten, die unserer Generation angehört, so wollen wir mit dem Goldgepräge der Wiener Münze hier schliessen, eben mit dem Wunsche, dass die, die nach uns kommen, recht vieles von unserem schönen, neuen Goldgepräge zu ihrem Nutzen und Frommen sammeln.

Verschiedenes.

Ausflug der numismatischen Gesellschaft nach Carnuntum am 24. Mai. Um 9 Uhr landete der Pester Dampfer an dem reich beflaggten Landungsplatze von Deutsch-Altenburg, wo die Herren Carl Hollitzer, Pfarrer Josef Maurer, Theodor Rohde, Vertreter der Gemeinde und viele Curgäste die Gesellschaft empfingen. Nach dem Gabelfrühstücke gings längs der Donau durch den prächtigen freiherrlich Ludwigstorff'schen Park und eine schattige Au zum Amphitheater.

Es war ein feierlicher Moment, als Herr Dr. Josef Scholz mit schönen und inhaltsreichen Worten in den Ruinen des Amphitheaters die Versammlung der numismatischen Gesellschaft eröffnete. Beim Eingange in die Arena, wo die gewaltigen Pfeiler sich erheben, in der Nähe des Altars der Juno nemesis, stand der Redner, in der Arena selbst und gelagert auf den noch die Spuren rother Bemalung tragenden Quadern der Einfassungsmauer des riesigen Kampfplatzes waren die Theilnehmer gruppirt. Frau Baronin Anna Ludwigstorff, geb. Gräfin Schönborn, beehrte mit den beiden Baronessen und dem Herrn Baron Ludwigstorff jun. die Versammlung.

An die Theilnehmer derselben wurde ein von Herrn Graveur Josef Schwerdtner ausgeführter hübscher Jeton vertheilt, der auf der einen Seite das römische Amphitheater zeigt und auf der anderen Seite die Worte: ERINNERUNG AN DEN AUSFLUG DER NUMISMATISCHEN GESELLSCHAFT NACH CARNUNTUM 1891 trägt. Leider war Herr Director Dr. Friedrich Kenner gehindert, den Vortrag: »Miscellen aus der Geschichte Carnuntums« selbst zu halten und wurde derselbe unter reichem Beifalle vorgelesen. Nach dem Vortrage hatte Herr Dr. R. Kulka die Güte, ein photographisches Bild der Gesellschaft aufzunehmen, welches ausgezeichnet gelang und ein reizendes Erinnerungszeichen für die Theilnehmer bildet.

Herr Historienmaler Ignaz Spöttl hat dem Ausfluge ein künstlerisch ausgeführtes Blatt gewidmet, welches in schöner Gruppirung die Stadtgöttin Carnuntum, das Amphitheater, Heidenthor und Fundgegenstände zeigt. Die Gesellschaft begab sich nun durch das reich beflaggte Deutsch-Altenburg in die Badhaus-Restauration, auf deren Terrasse unter schattigen Lindenbäumen beim Ausblicke auf den Donaustrom und dessen prächtige Auen an langer Tafel das Mittagmahl eingenommen wurde. Herr Dr. Josef Scholz brachte Toaste auf Herrn Carl Hollitzer, Deutsch-Altenburg, die Leitung des Ausfluges und die Damen aus, deren Einfluss auf die Numismatik und Numismatiker er in launiggeistreicher Tischrede behandelte. Herr Carl Hollitzer brachte ein Hoch auf die numismatische Gesellschaft aus, es wurde auf Dr. Scholz toastirt und gingen Telegramme an die Herren Director Dr. Kenner und Oberbergrath v. Ernst ab.

Nach dem Speisen machte ein Theil der Gesellschaft auf dem seeartig abgeschlossenen Donauarme eine Wasserfahrt.

Man begab sich dann in das Schloss Deutsch-Altenburg, wo die Sammlung des Herrn Anton Freiherrn von Ludwigstorff besichtigt wurde. Nebst den schönen Fundobjecten erregte natürlich die Münzensammlung die Hauptaufmerksamkeit der Besucher. Sie enthält nur Fundmünzen aus Carnuntum.

Die Zahl der griechischen Münzen ist nicht gross: Apollonia illiric., Stabi in Makedon., Kaisermünzen von Alexandria und Viminacium, keltische, im Lager gefundene Münzen mit dem Blattornament. Einige Denare der römischen Republik, von Marc Anton Denare mit LEG II und XXI. Ein Gr. Broncestück des Claudius I. mit Contremarke, Marc Aurel mit PRIMI DECENALES, von Sept. Sever. viele Silberdenare, ein Geta-Denar mit NOBILITAS, ein Diadumenianus mit PRINCIP IVVEN-TVTIS, viele Denare von Elagabal und Alex. Severus, Philippus I. und Trajan Decius, sehr viele Stücke von Gallienus, Claudius II., Probus, von Aurelian zweiundzwanzig, einzelne von Florian, Carus, Carinus, Numerianus, sehr viele von Diocletian und Maximianus, Constantin und seinen Söhnen, ein Delmatius, mehrere Julian Apostata, sehr viele Valens und Valentinian. Ein einziges Goldstück von Theodosius. Rev. IMP. XXXXII COS. XVII P P. conob. Roma sitzend, in der rechten Hand eine Kugel mit Kreuz,. in der linken Scepter und Schild, beim Fusse Vogel, unten Kugel mit Kreuz und achtstrahliger Stern. Den Schluss bildet Arcadius.

In dem sehr reichen und schön aufgestellten Museum des Carnuntum-Vereines befindet sich die grosse Sammlung römischer Kaisermünzen des Herrn Carl Hollitzer. Sie enthält viele Medaillons, sowie schöne und seltene Stücke. Die gleichfalls dort aufgestellte Sammlung des Herrn Nowatzi bietet viele interessante Münzen. Der Carnuntum-Verein besitzt eine Sammlung von über dreitausend Fundmünzen, eine Uebersicht ist ausgestellt und erregten der Denar der Kaiserin Dryantilla (Cohen 350 Francs), zwei sehr schöne Vetranio und andere Stücke die Aufmerksamkeit der Besucher. Nach Besuch der Kirche, Rundkapelle, des Tumulus und »Quaden«-Walles schloss ein Tänzchen den vom Wetter ausserordentlich begünstigten Ausflug.

Ein Goldstück Neros wurde in Petronell von einem Knaben unter einem Steine gefunden. Av. NERO CAESAR, belorbeerter Kopf nach rechts; Rev. AVGVS . GERMANICVS. Stehende Figur. Herr Bürgermeister Gassner in Petronell hat dasselbe erworben.

Die Generalversammlung des Carnuntum-Vereines fand am 9. Juni 1891 im wissenschaftlichen Club unter dem Vorsitze Sr Excellenz des Herrn Hofrathes Alfred Ritter v. Arneth statt.

Herr Baurath Hauser bespricht die Ausgrabungen des Vorjahres. Es wurde das Amphitheater gänzlich blossgelegt und die Umgebung desselben ausgegraben. Man fand viele Grundmauern, die römische Strasse, welche vom Lager an dem Amphitheater vorbei gegen Osten führte. In der Cavea des Amphitheaters wurden senkrechte Löcher entdeckt, in denen Kohlenreste bemerkbar waren, was schliessen lässt, dass eine Holzconstruction des Oberbaues vorhanden war. Gegen die Donau zu wurden Räume mit Hypokausten gefunden.

Herr Universitäts-Professor Dr. Eugen Bormann besprach ein im Amphitheater gefundenes Inschrift-Fragment mit MPX, und spricht sich dahin aus, dass dieses Bruchstück der Bauinschrift des Amphitheaters angehört, und wäre daher letzteres unter Vespasian erbaut worden. Doch sei nicht ausgeschlossen, dass das Fragment der Bauinschrift des benachbarten Lagers angehöre und von demselben zum Amphitheater verschleppt worden sei. Sodann erstattet Herr Dr. Ehrenfeld den Cassabericht und wird derselbe über Antrag des Mitgliedes des Revisions-Comités Herrn Oberlandesgerichtsrath Dr. Franz Ritter v. Raimann von der Versammlung genehmigt. Hierauf wird über Antrag des Herrn Regierungsrathes Dr. Alois Egger v. Möllwald das Curatorium einstimmig wiedergewählt. Es wird sodann der Geschäftsbericht erstattet. Derselbe führt als wichtigstes Ereigniss an, dass Allerhöchst seine kais und kön. apostolische Majestät dem Vereine einen Beitrag von 500 fl. allergnädigst zu spenden geruht haben. Das Interesse an Carnuntum steigert sich immer mehr. Hiezu haben vor Allem die Vorträge beigetragen, welche Herr Baurath Hauser im vergangenen Winter im Alterthums-, Gewerbe- und Volksbildungs-Vereine gehalten hat. Diese sowie weitere Vorträge im wissenschaftlichen Club, der Pionnierschule zu Hainburg und der numismatischen Gesellschaft waren durch Fundobjecte aus der Sammlung des Herrn Carl Hollitzer illustrirt. Herr Professor Dr. Wilhelm Kubiczek hat einen Wegweiser für Carnuntum verfasst, welcher demnächst erscheinen wird.

Im Museum ist ein grosser Kasten aufgestellt worden, welcher eine Ordnung der Fundobjecte nach Materialien gestattet. Es wurde eine Sammlung der verschiedenen Legionsziegel nach Localitäten angelegt, eine Collection der römischen Bodenpflasterungen zusammengestellt. Von den circa dreitausend Fundmünzen wurde eine Auswahl ausgestellt. Eine Abtheilung enthält jene Gegenstände, welche aus dem Erdwalle am Stein zu Tage gefördert worden sind: Reliefs, Inschriften und Ziegel römischen Ursprungs, Eisen- und Beingegenstände aus nachrömischer Zeit.

Nachdem noch die Photographie eines von Herrn Theodor Rohde erworbenen römischen Inschriftsteines vorgewiesen wurde, schliesst Seine Excellenz die Versammlung.

Funde in Mähren. Der Münzsammlung des Äh. Kaiserhauses sind vor ca. 8 Jahren zwei Münzfunde aus Mähren zur Durchsicht übermittelt worden, von denen der eine, in **Wisowitz** gehobene, dadurch ein Interesse gewährt, dass unter seinen 22 Silberstücken (thaler- und guldengrösse) nur 2 von 1695 und 1698, dem Kaiser Leopold I., alle übrigen dagegen Ludwig XIV. von Frankreich angehören. Letztere, aus den verschiedensten Münzstätten herrührend, stammen aus den Jahren 1682 bis 1706, so dass die Vergrabung dieses Fundes mitten in den spanischen Erbfolgekrieg gesetzt werden dürfte.

Der zweite, zu **Selowitz**, Bezirk Wischau, entdeckte Schatz zeichnet sich durch die grosse Zahl der verschiedenen Prägen aus: er vertritt mit seinen 54 Stücken nicht weniger als 28 Münzherren. Seine Zusammensetzung ist folgende:

a) Thaler, je einen von Kaiser Ferdinand II. vom Jahre 1620 (1 Stück),

Herzog Heinrich Julius von Braunschweig, Bischof von Halberstadt, vom Jahre 1606 (1 Stück).

b) Kleinere Münzen:

Kaiser Max II. für Böhmen, 1576.

Kaiser Ferdinand II. als Erzherzog für Steiermark, 1598.

Erzherzog Ferdinand von Tyrol (2 Stück).

Pfalz-Simmern, Richard (4 Stück).

Pfalz-Veldenz, Georg Johann (2 Stück).

Pfalz-Zweibrücken, Johann I. (2 Stück).

Brandenburg, Johann Georg, 1614 (2 verschiedene Stücke).

Lichtenstein, Carl, 1619.

Waldeck, Brudermünze, 1593.

Breslau, Karl v. Ostreich, 1618.

Cöln, Eb. Ferdinand I., vom Jahre 1615.

Halberstadt, anonym, bischöfl., 1617.

Olmütz, Eb. Franz, 1619.

Paderborn, Theodor, 1615.

Holstein-Schauenburg, Adolf XIII., 1590 (?), 1598 (2 Stück).

Schlesien, zu Münsterberg, Carl II., 1614—1615 (3 Stück).

    »   zu Liegnitz, Joh. Christian und G. Rudolf, 1615 und 1620 (2 Stück).

    »   Teschen, Adam W., 1619 und ? (2 Stück).

Solms-Eich, Ernest, 1614.

    »   »   anonym, 1593 und 1594 (2 Stück).

St. Gallen, Canton,

Zug,   »   1603, 4, 5, 6, 8 (5 Stück).

Polen, Sigismund III., 1594—1618 (7 Stück).

    »   Stephan Bathory, 1586.

Stadt Colmar (2 Stück).

Stadt Riga, 1586 und 1590 (2 Stück).

Stadt Worms, 1615.

Vergrabungszeit: nach 1620.   *Dr. Domanig.*

Kataloge. C. G. Thieme. Leipzig, Gewandgässchen 5. XXIX. Jahrgang, Nr. 5 und 6, Juli. 3138 Nummern. — Zschiesche & Köder. Leipzig, Königstrasse 4. Nr. 45. Niedersächsische Städtemünzen. 758 Nummern. — Adolph Weyl. Berlin C., Adlerstrasse 5. 115. Auctions-Katalog. Münzen und Medaillen, Mittelalter und Neuzeit. 2163 Nummern. Versteigerung 16. bis 19. Juni. — Eugen Seligmann. Frankfurt a. M., Jahnstrasse 43. 6. Verzeichnis von Münzen und Medaillen. 402 Nrn. — A. St. van Meyden. Genf, Hôtel de Ville 3. Monnaies et médailles suisses. 275 numéros.

Herausgeber und verantwortlicher Redacteur: Franz Trau. — Verlag der numismatischen Gesellschaft in Wien.
Druck von Kreisel & Gröger, vorm L. W. Seidel & Sohn, in Wien.

MONATSBLATT

der

numismatischen Gesellschaft in Wien.

Dieses Blatt erscheint monatlich ein Mal und wird den Mitgliedern der Gesellschaft
unentgeltlich zugesendet. Preis des Jahrganges für Nichtmitglieder 1 fl. Znschriften
sind zu richten an die numismatische Gesellschaft, Wien. I., Universitätsplatz 2.

Nr. 96.   Juli   1891.

Die Jubelfeier der königl. belgischen numismatischen Gesellschaft.

Im Juli 1891 feiert die königl. belgische numismatische Gesellschaft unter dem Protectorate Sr. königlichen Hoheit des Herrn Prinzen Philipp von Sachsen-Coburg-Gotha das Fest ihres fünfzigjährigen Bestandes. Als Ehrenpräsidenten fungiren die Herren de Burlet, Minister des Innern und des öffentlichen Unterrichts, Vergote, Gouverneur der Provinz Brabant, Buls, Bürgermeister von Brüssel und Baron Felix Bethune, Ehrenpräsident der Gesellschaft. Das Comité bilden die Herren Vicomte B. de Jonghe, Präsident der Gesellschaft, Comte Th. de Limburg-Stirum, Senator, Vicepräsident der Gesellschaft, G. Cumont, Secretär derselben, A. de Witte und Ed. van den Broeck.

Die hohe Bedeutung, welche die königlich belgische numismatische Gesellschaft für alle Gebiete der Münzwissenschaft hat, ist in der wissenschaftlichen Welt allseitig anerkannt. Die ausgezeichneten Münzforscher, welche an ihrer Spitze standen und welche jetzt die Gesellschaft leiten, die überaus wertvollen Arbeiten, welche in der Revue belge de numismatique niedergelegt sind, rechtfertigen diese Anerkennung. Es ist daher selbstverständlich, dass die Jubelfeier der königl. belgischen numismatischen Gesellschaft die wärmsten Sympathien und Wünsche hervorruft.

Die Wiener numismatische Gesellschaft hat ihrer Theilnahme durch Ueber-sendung einer vom Herrn Director Dr. Friedrich Kenner entworfenen und vom Herrn k. u. k. Hofwappenmaler Carl Gustav Krahl künstlerisch ausgeführten Adresse Ausdruck gegeben.

Möge die königl. belgische numismatische Gesellschaft gedeihen und wirken zum Gewinne der Wissenschaft, zur Ehre Belgiens.

Miscellen aus der römischen Geschichte von Carnuntum.

Vortrag des Herrn Directors Dr. Friedrich Kenner.

(Fortsetzung.)

Aber nicht blos um den Staat hat er sich unvergängliche Verdienste erworben, sondern auch um Carnuntum. Man kann zugeben, dass auch Kaiser Hadrian für letzteres das er selbst besuchte, viel gethan hat; aber vorzüglich gewann damals doch nur die Civilstadt. Diese erhob Hadrian zum Municipium, wahrscheinlich war er es, der das Amphitheater erbaute und Veranstaltungen traf, um die römische Cultur zu heben und den Verkehr zu beleben. Dagegen schädigte er die militärische Sicherheit des Ortes, indem er das Standlager der XIV. Legion nach Flexum (Ungarisch-Altenburg) verlegte, wo es Ptolemaeus aufführt.

Weit grösser hingegen ist M. Aurel's Verdienst um unsere Stadt. Er verlegte das Standlager wieder hieher zurück und machte es zu seinem Praetorium, zum Mittelpunkt aller seiner Unternehmungen. Dadurch gab er auch der Civilstadt jenes Ansehen und jene Sicherheit, deren sie zur weiteren Entwicklung bedurfte; in der That erhielt sie noch von ihm in seinen letzten Lebensjahren (178) den Titel einer Colonie, einer Provincialstadt ersten Ranges. Der Glanz seiner Siege, der Ruhm der Armee und seiner Generale strahlten auf unsere Stadt zurück und machte sie im ganzen Reiche bekannt. Dadurch wurde ohne Zweifel jene Blütheperiode vorbereitet, deren sie sich in den folgenden Zeiten erfreute, jene Periode, in der neben ihrer militärischen auch ihre politische Bedeutung hervortrat.

Auf lange Zeit waren Rom und Italien vor den Einfällen der erschöpften Germanen sicher. Nun aber tritt die Kehrseite der Medaille hervor, sie zeigt uns einen zweiten, weit tiefer in die Schicksale des Reiches und unserer Stadt eingreifenden Kriegszug nach Italien, als jener der Germanen war. Wenn es den Letzteren im Anfange des Markomannenkrieges gelang, von Carnuntum aus längs der Bernsteinstrasse in kurzer Zeit nach Italien zu gelangen, wie viel leichter musste diess für einen ehrgeizigen Legaten von Pannonien sein, der Carnuntum nicht erst zu erobern brauchte, sondern schon besass, drei Legionen und zwar kriegsgeübte, unter seinem Befehle hatte und überall Proviant vorfand. Ein friedlicher Aufmarsch von verhältnissmässig kurzer Zeit und — er war der Herr von Rom und Italien!

Es war einer der Generale des M. Aurel, Verennis mit Namen, später Praefectus praetorio in Rom, der veranlasst durch die Missregierung des Commodus zum ersten Male diesen Plan hegte. Er brachte es dahin, dass seine Söhne Legaten in Pannonien wurden, sie sollten einen solchen Zug zu seinen Gunsten nach Italien unternehmen, den Commodus stürzen, und den Vater zum Kaiser ausrufen. Schon ließen sie Münzen mit des letzteren Bild und Aufschrift prägen, da wurde die Sache verrathen und der Vater aus dem Wege geräumt. Ein anderer General M. Aurel's, Septimius Severus, der die gleichen Ziele verfolgte, fasste den Entwurf schlauer an, er brach die Gelegenheit nicht vom Zaune, sondern ließ sie herankommen. Als er zum Legaten von Pannonien ernannt war, gewann er vor allem die Gemüther der Soldaten und nährte in ihnen die Begeisterung, mit der sie an dem Andenken M. Aurel's hingen. Die Gelegenheit, von dieser Stimmung Gebrauch zu machen, kam dann auch wirklich und zwar sehr bald.

Ganz Italien hatte damals, wie gesagt, keine Besatzung, die einzige bewaffnete Schaar waren die Praetorianer in Rom, die Leibgarde des Kaisers, aus Italikern, Norikern und Macedoniern gebildet. Sie hatten einen bequemen Dienst, eine glänzende Rüstung, erhielten viele Geschenke, nahmen directen Einfluss auf die Besetzung des Thrones, wenn dieser erledigt war, und setzten sich als gemachte Männer zur Ruhe, während die Legionäre der activen Armeen der Grenzländer einen überaus harten Dienst hatten, ihr Leben für Rom preisgaben und nach 20 Dienstjahren mit einem Stück Landes an der Grenze verabschiedet wurden, das sie oft selbst erst urbar machen mussten. Zwischen beiden bestand begreiflich eine alte Eifersucht, die nur so lange nicht offen hervortrat, als die Praetorianer Zucht und Ordnung hielten. Unter der Herrschaft des Commodus verfiel aber ihre Disciplin. Sein Nachfolger Pertinax, ehedem der treueste Waffengefährte M. Aurel's und einer seiner siegreichsten Generale, wollte sie wieder herstellen. Da geschah es, dass ihn, den wehrlosen Greis, die eigene Leibgarde bei hellem Tage in seinem Palaste ermordete und dann den mit so vielem Blut der Legionäre gefestigten Thron des Weltreiches an den Meistbietenden — einen Wüstling Didius Julianus — versteigerten. (J. 192.)

Das empfand die Donauarmee als einen ihr und dem Andenken M. Aurel's angethanen Schimpf, der blutige Rache verlangte. Noch mehr! Der Senat, selbst über diese Vorgänge empört, suchte einen würdigeren Mann auf den Thron zu bringen. Die Wahl konnte nun selbstverständlich n u r auf den Legaten von Pannonien fallen, auf den Feldherrn jener Armee, die damals die erste an Bedeutung war, und in den letzten Kriegen gegen die Markomannen für Italien so viel geleistet hatte, er war auch wegen der örtlichen Nähe der zunächst Berufene. Allein der Senat fürchtete den Septimius Severus und knüpfte insgeheim Unterhandlungen mit dem Legaten des weit entfernten Syrien an, Pescennius Niger, einem persönlich tapferen, aber sonst unbedeutenden Mann, dessen Armee seit 25 Jahren kein Schlachtfeld gesehen hatte.

Wir können uns vorstellen, welche Aufregung und Erbitterung in Carnuntum herrschte, als nun auch diese Nachricht eintraf; nun hatte der Senat selbst den Legaten und die Armee von Pannonien ignorirt und dadurch beschimpft. Die XIV. Legion gab die einzige mögliche Antwort auf alle diese Vorgänge, indem sie den S e p t i m i u s S e v e r u s i n C a r n u n t u m z u m K a i s e r a u s r i e f; auch die Legionen am Rhein und jene von Moesien und Dacien stimmten zu und sofort trat Severus mit einer auserlesenen Armee seinen denkwürdigen Römerzug an. Schneller als die Nachricht seiner Proclamation kam er selbst nach Italien, das vor Schreck wie gelähmt war; unter der Stille allgemeiner Furcht und Erwartung durchzog er die italienischen Städte, deren Einwohner ihm allenthalben mit Lorbeerzweigen entgegenkamen. Der Senat in Rom erklärte ihn als Feind des Vaterlandes und schickte Gesandte ab, die ihm seine Soldaten abwendig machen sollten; Septimius Severus aber gewann sie, dass sie zu s e i n e n Gunsten sprachen. Didius Julianus schickte ihm Meuchelmörder entgegen, die aber nicht an ihn herankonnten, dann trug er ihm die Mitregentschaft an, was er ablehnte. Nun erst dachte man daran, Rom zu befestigen, Didius b a t seine Praetorianer, Wall und Graben aufzuwerfen, allein sie waren das nicht gewohnt und ließen die Arbeit durch — T a g l ö h n e r verrichten; man arbeitete noch daran, als die Vorposten des Severus verkleidet schon in die Stadt gekommen waren und die wichtigsten Punkte besetzt hatten. Nun erst erkannte der Senat den letzteren als Kaiser an und verurtheilte den Didius Julianus zum Tode. Severus, kaum vor Rom angelangt, liess die Praetorianer unbewaffnet auf ein Feld vor die Stadt kommen und umzingeln, hielt ihnen eine donnernde Strafrede, liess ihnen die glänzende Rüstung abnehmen und jagte sie mit Schimpf und Schande auseinander, auf 100 Meilen von der Stadt wurden sie verbannt. Es ist charakteristisch, dass, wie Dio Cassius erzählt, nur e i n Praetorianer diese Schmach nicht überleben wollte, sondern sich und sein Pferd, das ihm wiehernd nachgelaufen war, ums Leben brachte.

Derselbe Geschichtschreiber, ein Mitglied des Senates, versichert uns, dass der nun folgende vielumjubelte Einzug des neuen Kaisers in die ewige Stadt ein Schauspiel war, „so glänzend als ich je eines sah". Zu den ersten Verfügungen des Severus in

Rom gehörte die Neubildung der Garde, die viermal stärker als die alte sein und nicht aus Italikern, sondern aus allen activen Armeen der Grenzländer ausgewählt werden sollte. Das war eine Massregel von grosser politischer Tragweite; es wurde damit nicht blos den Legionären eine lange vorenthaltene Genugthuung gegeben, sondern die neue Garde war überdies einem ständigen Ausschuss aus allen Armeen vergleichbar, welcher in der wichtigsten aller damaligen politischen Fragen, in der Thronfrage, das Interesse der Militärparteien in Rom selbst vertrat. Eine zweite Handlung des neuen Kaisers bestand darin, den Legionen, die auf seine Seite getreten waren, eine ehrende Auszeichnung zu verleihen, wie sie bisher noch nicht erlebt worden war. Er liess eine Reihe von Silbermünzen prägen, welche auf der Rückseite Namen und Standarten der einzelnen Legionen trugen, der pannonischen, dacischen, moesischen und der germanischen vom Rheine. Die höchste Auszeichnung traf die XIV. Legion, die ihn in Carnuntum proclamirt hatte, und die I. Minerva am Rheine, nur auf diese beiden wurden nicht Denare in Silber, sondern Goldmünzen geschlagen.

(Fortsetzung folgt.)

Das Haller Münzhaus.

Vortrag des Herrn Historienmalers Ignaz Spöttl vom 15. April 1891.

(Schluss.)

Wir sehen nach dem Tode Erzherzog Ferdinands II im Hause Habsburg Differenzen ausbrechen, die erst nach langer Zeit nur nothdürftig geschlichtet wurden, deren Schatten viel vom Glanze des Haller Münzhauses nahmen.

Erst im Jahre 1596 trat insoferne eine Einigung ein, als Kaiser Rudolf II. von den übrigen Erzherzogen die Verwaltung über Land Tirol und die Erbhuldigung zugestanden erhielt. Schon 1602 wurde Erzherzog Maxmilian III. zum Gubernator ernannt.

1590 wurden zu Hall ausgeprägt 501.874 Thaler, 53 Kr., 3 Vierer,

1599 zuerst neue Dreier.

1601 wurde Ferdinand Leifler zum Münzmeister ernannt.

1602 begann man mit dem Ausprägen der neuen Thaler mit dem Brustbilde des Kaisers Rudolf II. Die ganzen Jahre seit dem Tode Erzherzog Ferdinands bis nun prägte man Münzen mit dem Bilde dieses Herrn, daher gewisse Thalertypen dieser Zeit noch so häufig vorkommen.

Den neuen Stempel fertigte Peter Hartenpeck in Gemeinschaft mit dem Innsbrucker Goldschmidt D. Zügl.

1603 wurden Thaler mit dem Bilde des Erzherzogs Maxmilian geprägt, diese gehören jedoch nicht dem Lande Tirol, sondern wie auch jene späterer Jahre dem deutschen Orden an.

1605 betrug zu Halle die Münzausprägе 710.579 Th. 57 Kr.

1612 übernahm der neue Münzmeister Abraham Linder sein Amt.

Mit dem Tode des Kaiser Rudolf II. musste selbstverständlich eine neue Vereinbarung der Erzherzoge getroffen werden.

Tirol erhielt dem entsprechend den Gubernator Erzherzog Maxmilian III. zum wirklichen Landesherrn.

Mit dem Jahre 1613 trat Christ. Oerber das Amt eines Münzmeisters an. In selbem Jahre betrug die Ausprägе 236.626 St. Th.

1616 und 1617 waren Zügl und Gross probeweise Münzeisenschneider.

Erst 1618 erhielt Gross dieses Amt definitiv. Am 2. November 1618 starb Erzherzog Maximilian III., ihm folgte Leopold V. im Jahre 1619.

Wir sahen noch in jüngster Zeit die Thaler dieses Herren, besonders mit der Jahreszahl 1632 in unglaublicher Menge im Umlaufe, dieses ist begreiflich, wenn wir denken, dass während der ganzen Vormundschaft seines minorennen Sohnes, also bis 1646, mit diesen Stempeln gemünzt wurde.

Während der Jahre 1619–1623 kam wieder das Verhandeln im Hause Oesterreich in den Vordergrund und dieses charakterisirt sich am besten durch die Thalerprägen des Erzherzogs Leopold V. und Ferdinand II. Tirol wurde auch um diese Zeit nicht ganz von dem Fluche der Kipperzeit verschont, wir finden in den Sammlungen 60-ger, 30-ger, 24-ger, 12-er etc.

Am. 4. December 1620 trat Maximilian König von Baumbhausen das Amt des Eisenschneiders an, er ward der Stammvater einer ganzen Künstlerfamilie, die bis zum Enkel das Amt der Eisenschneider zu Hall bekleidete. Unter Erzh. Ferd. Carl hatte dieses Amt sein Sohn Mathias.

Das Amt der Vormünderin über Erzherzog Ferdinand Carl hatte dessen erlauchte Mutter mit inne, die energische Claudia. Mit ihr scheint in Tirol viel italienischer Einfluss und nicht zum Heile dieses Landes sich Geltung verschafft zu haben. Wir sehen unter Ferdinand Carl und seinem Bruder Siegismund Franz in Innsbruck einen kleinen medicäischen Hofhalt sich ausbilden, mit all seinen Licht- und Schattenseiten, der auch dem Haller Münzbetrieb sehr nachtheilig gewesen sein muss.

Ein Schwarm kleiner unansehnlicher Münzen entströmt zwischen 1646 und 1665 dem Haller Münzhause, während die Thaler zu den seltenen Grössen gehören. Unter Erzherzog Ferdinand Carl ging in Folge des Westphälischen Friedens ein grosser Theil von den Tiroler Vorlanden verloren.

Ferdinand Carl starb 30. December 1662, ohne einen männlichen Erben hinterlassen zu haben, ihm folgte sein Bruder Siegismund Franz 1662—1665, eine kurze Regierung. — Mit dem Aussterben dieser Linie des erlauchten Hauses möchte ich sagen, hört auch die epochemachende Zeit des Haller Münzhauses auf; die Menge nimmt mehr und mehr ab. Die künstlerische Leistung am Stempel mit ihr. Tirol fällt an den Kaiser Leopold I. Es tritt ein besserer Münzbetrieb wohl ein, doch kein Flor des alten ehrwürdigen Hauses.

1688 ist Joh. Seb. Fenn Münzmeister zu Hall, mit 23. April 1718 tritt sein Sohn an dessen Stelle. 1687 bis 1716 ist Joh. Ant. König von Baumbhausen Eisenschneider zu Hall.

Es sei hier noch zu bemerken, dass etwa um die Mitte des 17. Jahrhundertes eine Verbesserung in den Prägevorrichtungen im Haller Münzhause eingeführt wurde, es ist die sogenannte Taschenwerk-Construction, die eben das Auswechseln eines oder des anderen Münzstempels ermöglichte.

Unter Josef I. ging die Münzpräge zu Hall sehr wesentlich zurück, so dass in einzelnen Jahren gar keine Thaler geprägt wurden, in anderen, mit den alten Eisen fortgearbeitet wurde.

Während der ersten Regierungsjahre Carl VI. sehen wir wohl eine ziemliche Menge, sogar 2- und 3-facher Thaler prägen, doch sind die Münzbilder von sehr geringem künstlerischen Werthe. In den späteren Jahren erhielt man Probemünzeisen aus dem Wiener Münzhause, von Genaro und Becker, letztere wurden sogar mit ziemlichem Kunstverständnisse copiert. (Nach 1730.)

Während der ganzen Regierungszeit Carl VI. wurde zu Hall mit dem Taschenwerke geprägt, trotzdem zu Wien und Kremnitz schon um 1716 durch Varou die Spindelpräge eingerichtet war.

Zu bemerken sei hier noch, dass laut Hofkammererlass vom Jahre 1711 dem Fürsten O descalchi gestattet wurde, zu Hall Ducaten und Thaler zu prägen. Ob der Fürst von diesem Rechte Gebrauch machte, lässt sich nicht erweisen, da keine diesbezüglichen Münzberechnungen vorliegen und uns auch keine Münzen bekannt sind.

Unter Kaiserin Maria Theresia nahm die Münzpräge zu Hall einen grösseren Aufschwung an, auch die Stempel wurden künstlerisch schön angefertigt. Bis etwa um das Jahr 1750 wurde jedoch noch mit dem Taschenwerke fortgeprägt.

Es sei noch zu erwähnen, dass die Stempel für die Tiroler Thaler Meister Mathäus Donner fertigte, vielleicht auch der heimische Meister J. Vinazer.

Um das Jahr 1770 sehen wir zu Hall als Wardein thätig Thobias Strodel, als Münzmeister Hubert Clotz.

In den ersten Mitregierungsjahren Josef des II finden wir eine ziemlich grosse Thalerpräge zu Hall, diese scheint jedoch mehr und mehr gegen 1790 abzunehmen. Wie es im Haller Münzhause zur Zeit Kaiser Leopold II. aussah, können wir nur nach den Münzstücken unserer Sammlungen ahnen. Die Münzakte dieser Tage sind noch nicht publicirt, obwohl sie sehr nahe verwahrt werden. Nur einzelne kleine Münzstücke, meist Kupfer, kennen wir.

Die letzten Thaler und zwar Kronenthaler sind unter der Regierung Kaiser Franz II. um 1796 zu Hall geprägt worden. Kleinsilber und hauptsächlich Kupfer wurde noch fortgemünzt bis zu den Invasionsjahren. Mit 1809 endet die Münzpräge zu Hall.

Verblasst ist im Laufe der Jahrhunderte der Ruhm, das stolze Bild des Haller Münzhauses. Vergangen der Silbersegen im Land Tirol, mit ihm vieler Wohlstand, die Kraft des schlichten Bürgers und Bauers.

Heute pocht man nicht mehr aus hartem Gesteine den Wohlstand des Volkes, heute liefert die Faser des Flachses, das Holz der Fichte das Materiale zu den schönen Zetteln, die den Volkswohlstand repräsentiren. Diese werden gewiss nie und nimmer zu so langwierigen Verhandlungen Anlass geben mit den deutschen Heeren, wie das schöne Silber.

Ehre dem Haller Münzhause, Ehre dem erlauchten Hause Habsburg!

Literatur.

Für die Bibliothek eingelangt.

Annuaire de la société française de numismatique. Nov.-Dec. 1890. Paris. L. Blancard. Le rapport de l'or a l'argent sous saint Louis et ses successeurs. D. Mater. Numismatique du Berry. L'atelier de Bourges sous les premiers capétiens. P. Ch. Robert. Monnaies et médailles des évèques de Metz. (Mémoire partiellement posthume par R. Serrure.) W. Froehner. Variétés numismatique. Chronique, correspondance, bibliographie, Société française de numismatique. Jänn. Feb. 1891. Roger Valentin. Trezain de mariage de Claude Vanisse, conseiller au parlement de Provence. A. de Belfort. Monnaies mérovingiennes. A. Vercoutre. Les types du denier frappé par Cassius Coecianus. J. Hermerel. Numismatique Lorraine. Arthur J. Sambon. Monnayage de Charles I. d'Anjou dans l'Italie méridionale

Adrien Blanchet. Notes de numismatique. Chronique etc. März-April 1891. Jaques de Rongé. Les personnages sur les monnaies des nomes. A. Heiss. A propos de médailles et des Portraits do Don Carlos, fils de Philippe II. roi d'Espagne. M. de Marchéville. Réponse a la lettre de 'M. L. Blancard sur le rapport de l'or a l'argent au temps de Saint-Louis. Chronique etc.

Annual report of the Board of Regents of the Smithsonian Institution. For the Year ending June 30, 1888. Report of the A. S. National-Museum, Washington, 1890. Annual report of the Board of Regents of the Smithsonian Institution. To July 1888. Washington, 1890. 2 Bd. geb.

Anzeiger des germanischen Nationalmuseums, 1891. N. 1. 2. 3.

Anzeiger, numismat. sphragistischer. Herausgeg. von Friedr. Tewes. N. 2. P. J. Meier. Der Brakteatenfund von Mödesse. Paul Joseph. Das Märchen vom Diner-Thaler. Elkan. Ein Doppelschilling Herzog August d. J. von 1620. Th. Stenzel. Goslar'sche Münzmeister. Münzfunde. Zum Schweinfurter Thalerfund. Münzenverkehr.

Archaeolog.-epigraphische Mittheilungen aus Oesterreich-Ungarn. Herausgegeben von O. Benndorf u. E. Bormann. Jahrgang XIV. Wien. F. Tempsky, 1891. 8⁰ (720).

Archiv für Brakteatenkunde. Herausgeg. von Rudolf von Höfken. II. Heft 2, 3. 4. Mit 1 Tafel und 19 Abbildungen. Literatur. Dr. H. A. Erbstein †. Meier, P. J. Beiträge zur Bracteatenkunde des nördlichen Harzes. Grabe v. Drei Petruspfennige. Höfken v. Zur Bracteatenkunde Süd-Deutschlands. VI.

Berichte und Mittheilungen des Alterthumsvereines in Wien. Bd. XXVI. 3. Heft. Wien, 1890. 4⁰.

Berliner Münzblätter. Herausgeg. von Adolph Weyl. N. 124—130.' Der Schweinfurter Münzfund von 1890. (124—126.) Inhaltsverzeichnis der Medaillen der Sammlung Duisburg. (124—130.) Der Hochzeitspfennig Herzog Heinrich des Löwen. (124—130.) Adolph Weyl. Die zweisprachigen (siamesisch-chinesisch) Münzen von Phattha-Lung in Süd-Siam.

Blätter für Münzfreunde, herausgegeben von Julius Erbstein. N. 172. Dr. A. Nagel. Ein Querfurter Bracteat. W. Schratz. Der Thaler des Regensburger Bischofs Albert von Törring von 1621. Dr. Eduard Bodemann. Nicolaus Seeländer, Medailleur und kurhannover'scher Bibliotheks-Kupferstecher. Personalnachrichten (Jos. Edgar Böhm, Heinrich Walte).

Blanchet, Andrien. Nouveau manuel de numismatique du moyenage et moderne. Mit Atlas. 8⁰. Encyclopédie-Roret. Paris, 1890. Geschenk des Herausgebers.

Bulletin mensuel de la Société suisse de numismatique, X. 1. Dr. Ladé. La marque de Claude de Savoie. J. Mayor. Médaille du Jubilé de M. Ernest Naville. Th. v. Liebenau. Médaille de la Société helvétique de Paris en 1821. Melanges. Zur Münzgeschichte von Macagno. C. G. Trachsel.

M. Cailler, un medaille Vaudoise. Paul Stroehlin, le concours Galland a Genève. Nécrologie. Mélanges.

Nr. 3. Dr. Ladé. La première marque d'Henri Goular Mélanges, etc. Nr. 4. Nécrologie. Dr. Ladé. Un esterlin de Louis II. Baron de Vaud. Imitations et falsifications de médailles genevoises. Mélanges. Bibliographie.

Bulletin de numismatique. 1. R. Serrure. Les monétaires normands au XI. siécle Monnaie de Louis XIV. mal attribuée à Montpellier. Livres nouveaux. Revue de Revues. Académies et Société. Les Musées. Les trouvailles. Les ventes. Nécrologie. Catalogue de monnaies.

Bulletin de numismatique. II. Livr. R Serrure, la numismatique féodale de Dreux et Nogent au XI. Siècle. E. Say, la monnaie de la grande Comore. Livres nouveaux, revue des revues. Lectures diverses, livres en préparation, académies et sociétés, les musées, nouvelles émissions, les trouvailles, les ventes, Catalogue de livres en vente aux pris marqués.

Bullettino di Archeologia e storia Dalmata 1890. Nr. 12, Nr. 13. 1891. Nr. 1—5.

Carinthia, Neue. Zeitschrift für Geschichte, Volks- und Alterthumskunde Kärnthens. Herausgeg. vom Geschichtvereine für Kärnthen Redig. von Simon Laschitzer. 1890. I. Jahrgang. Aus dem Inhalte: A. v. Jaksch. Münzenfund zu Heiligen-Gestade am Ossiacher-See.

Carinthia. Zeitschrift für Vaterlandskunde. Herausgeg. vom Geschichtvereine und naturhistor. Landesmuseum in Kärnthen. Red. von Marcus Frh. v. Jabornegg. 80. Jahrgang. 1890.

Chestret de Haneffe, Baron de. G. L. Hérard sculpteur et graveur. Extrait de la Revue belge de numismatique. 1891. 8°. (1098.) Geschenk des Verfassers.

Chestret de Haneffe, J., Baron de. Notice sur P. J. Jacoby, graveur liégeois du XVIII siècle. Mit 2 Tafeln. Bruxelles, J. Goemaere, 1891. Extrait de la Revue belge de numismatique. 8°. (1085.)

Dannenberg, H. Grundzüge der Münzkunde. Mit 11 Tafeln. Leipzig, J. J. Weber, 1891. (1087.) Geschenk des Verfassers.

(Fortsetzung folgt.)

Verschiedenes.

Sammlung Sylva-Tarouca. Durch den im Herbste des verflossenen Jahres in Spital am Pyhrn erfolgten plötzlichen Tod der Frau Henriette Gräfin Sylva-Tarouca, geborene Freiin Skrbensky. hat der Kreis der österreichischen Numismatiker einen empfindlichen Verlust erlitten. Von Natur aus mit vielfachen Talenten ausgestattet. hat die so geistreiche Dame seit Ende der Fünfziger-Jahre die Münzliebhaberei mit grossem Eifer und künstlerischem Verständnis gepflegt, so dass die von derselben hinterlassene Sammlung sehr bemerkenswerth durch den Reichthum an seltenen und schönen Geprägen ist. Die Hauptzierde der Collection bildet der berühmte Guldenthaler Georgs von Helfenstein-Gundelfingen vom Jahre 1565, von grösster Seltenheit und prächtigster Erhaltung. Av.: Im Doppelkreise das geschweifte vierfeldige Wappen. darüber die Jahreszahl 1565. GEORGIVS : CO . AB . HELFENSTEIN . BA . A . GVNDELFING + Rev.: Den gekrönten Doppeladler mit Kopfscheinen, auf der Brust den Reichsapfel mit 60. MAXIMILIANVS . IMP . AVG . P . F . DECRETO. Madais Exemplar Nr. 1715, datirt von 1562. und hat im Av. GEORGIVS CO AB HELFENST LI BARO IN GVNDELFINGEN, und im Rev. MAXIMILIANI . . . Madai citirt Adam Berg's Münzbuch f. 406, Hofmann's Münzschlüssel Tab. 58. und Koehl. P. XIV praef. p 22. Wellenheim führt unter 2511 (II. 2) einen Halbthaler von 1565 an und citirt App. III. Nr. 1248. — Dass es der Verstorbenen, obwohl sie den grössten Theil ihres Lebens zu Troppau, also nicht an den Hauptadern des Weltverkehrs, verbrachte, dennoch gelang, in ihrer Sammelthätigkeit so hochachtenswerthe Erfolge zu erzielen, ist neben einem gewissen Glücke in ihren Acquisitionen ihrem unermüdlichen Eifer und ihrer begeisterten Liebe zur Sache zuzuschreiben. Von der letzteren gibt namentlich der zu einer Berühmtheit gewordene dreibändige Katalog ein glänzendes Zeugnis. in welchem die Gräfin jede, auch die unbedeutendste Münze oder Medaille nicht nur genau beschrieb, sondern auf das Getreueste in Federzeichnung reproducirte. Gräfin Sylva-Tarouca erreichte ein Alter von 66 Jahren. Unser Mitglied, Juwelier Emil Fischer, welcher den Einzelverkauf der Sammlung übernommen, wird in einiger Zeit den Katalog derselben an Interessenten versenden.

Herausgeber und verantwortlicher Redacteur: Franz Trau — Verlag der numismatischen Gesellschaft in Wien.
Druck von Kreisel & Groger, vorm. L. W. Seidel & Sohn. in Wien.

MONATSBLATT

der

numismatischen Gesellschaft in Wien.

Dieses Blatt erscheint monatlich ein Mal und wird den Mitgliedern der Gesellschaft
unentgeltlich zugesendet. Preis des Jahrganges für Nichtmitglieder 1 fl. Zuschriften
sind zu richten an die numismatische Gesellschaft, Wien, I., Universitätsplatz 2.

| Nr. 97. | August | 1891. |

Miscellen aus der römischen Geschichte von Carnuntum.

Vortrag des Herrn Directors Dr. Friedrich Kenner im römischen Amphitheater zu
Deutsch-Altenburg.

. (Schluss.)

Der Senat konnte nun nicht zurückbleiben und ahmte das Beispiel des Kaisers
nach, auch er brachte die Namen der Legionen, vor allen der XIV., auf den Kupfermünzen, deren Präge ihm zustand, an. Den Wert dieser Art von Dankesbezeugung
können wir daraus ermessen, dass man im Alterthum kein besseres Mittel der Publication hatte, als die Münze. Sie drang in alle Länder, auch über die Grenzen des
Reiches, und verkündete überall in allen Schichten des Volkes, soweit sie circulirte,
den Ruhm der auf ihr genannten Truppenkörper. Es ist nun aber auffallend, dass
gerade die Nachbarlegion von Carnuntum, die X. von Vindobona, auf den Münzen
des Sept. Severus fehlt, also von jener Auszeichnung ausgeschlossen war. Sie hat
also der Proclamation des Severus nicht zugestimmt, was wohl unter dem Einfluss
ihres Commandanten geschah. Daraus, dass in der Nähe von Carnuntum eine solche,
dem Legaten persönlich feindselige Strömung bestand, lernen wir nun auch die Rasch-
heit im Vorgehen des Severus begreifen, der ja bestrebt sein musste, dieser Strömung,
noch bevor sie erstarkte, vollendete Thatsachen entgegenzustellen.

Der zweite Kriegszug, der von Carnuntum aus nach Italien in's Werk gesetzt
wurde, hat also den pannonischen Legaten, man kann sagen, unmittelbar vom Standlager auf den Thron geführt. Damit war seine Bedeutung noch weitaus nicht erschöpft.
Wie wir uns leicht vorstellen können, blieb die pannonische Armee, vor allen die
XIV. Legion, von nun an im Vordergrunde der Zeitgeschichte. Durch sie hatte er den
Thron erlangt, durch sie wollte er ihn auch gegen die Nebenbuhler behaupten und
auf seine Söhne vererben. Zuerst besiegte er den Pescennius Niger und seinen Anhang
ohne grosse Schwierigkeit, ebenso die Parther, zu welchen sich die Reste der geschlagenen Partei geflüchtet hatten. Schwieriger gestaltete sich der Gang mit Clodius Albinus
im südlichen Frankreich, Severus bedurfte der ganzen Hingebung seines Heeres um
denselben wagen zu können. Daher knüpfte er das geistige Band, das sie an ihn band,
die gemeinsame Pietät für ihr Ideal, den verewigten Kaiser M. Aurel noch enger, indem
er im Jahre 195 mit dem Vorgeben hervortrat, er sei ein Sohn dieses Kaisers. ja er

nahm officiell auf seinen Münzen die Bezeichnung: Divi Antonini Pii filius an. Im Standlager von Carnuntum hat man einen Broncemedaillon gefunden, der jetzt als Geschenk des Herrn Freiherrn von Ludwigstorff die Münzsammlung des a. h. Kaiserhauses ziert, und dieselbe Bezeichnung mit dem Bilde des Jupiter auf der Rückseite trägt. In der That gelang es ihm, auch den Albinus in mehreren grauenhaft blutigen Schlachten, zuletzt bei Lyon im Jahre 197, zu besiegen.

Das Ergebnis dieses großen Ringkampfes war für Severus die Sicherung des Thrones, für seine Armee ein neuer und noch größerer Kriegsruhm, da sie ihre Ueberlegenheit über alle anderen Armeen des Reiches glänzend dargethan hatte. Severus ist dadurch der Begründer des Primates der pannonischen Armee im römischen Reiche geworden, der als eine indirecte Folge seines Kriegszuges nach Italien aufgefasst werden muss und der ihr obwohl nicht ununterbrochen auch in der Folge gewahrt blieb. Die meisten Kaiser des III. Jahrhunderts wurden, wenn sie auch nicht gebürtige Pannonier oder Illyriker waren, doch von der Donauarmee proclamiert, unter ihnen die gewaltigen Kriegsmänner Claudius, Aurelianus und Probus, auch Diocletian darf hieher gerechnet werden, und bedeutsam ist, dass Constantin der Große, der Neugründer des römischen Reiches, ein Urenkel des Claudius aus einer Familie des Landes abstammte.

Der Römerzug des Septimius Severus war nur ein erstes Beispiel in dieser Entwicklung der Dinge. Wir dürfen nicht vergessen, dass ausser der Kriegstüchtigkeit der pannonischen Legionen die Nachbarschaft, in der sie zu Italien standen, eine der günstigsten Bedingungen dieses ihres Primates war und dass alle daraus sprießenden Vortheile auch unserer Stadt zu Gute kamen. Insbesondere gilt dies von der Zeit des Septimius Severus und seiner Söhne.

Carnuntum erlebte damals seine Blüthezeit. Der Kaiser liess Straßen und Brücken wieder herstellen, die Standlager restauriren, zahlreiche Bäder und Heiligthümer des Mithras erbauen; die überwiegende Menge der Fundobjecte: Sculpturen, Inschriften, Mosaiken, Thon und Bronzegeräthe u. s. w. gehören dieser Zeit an. Eine auffallend grosse Anzahl von Silvanus-Altären beweist die Entwicklung der Landwirtschaft. Auch die Germanen, belehrt durch die Erfahrungen ihrer Grossväter, zogen friedlichen Verkehr mit den Römern vor. Was sie vorher mit Waffengewalt nicht erreichten, bot sich ihnen nun von selbst, sie liessen sich in grösseren Schaaren in der Provinz ansiedeln, bebauten ihre Grundstücke, nahmen römische Kriegsdienste und römische Cultur an; ja einer ihrer Könige Aistomodius verlebte mit seinen Brüdern als römische Bürger und unter dem Familiennamen des Kaisers (Septimius) den Rest seiner Tage in Carnuntum.

Dieser gedeihliche Zustand der Civilstadt dauerte noch lange fort. Wir wissen zwar keine Details dafür vorzubringen, aber sicher ist, dass noch im Jahre 306 unsere Stadt ausersehen war, als Ort einer Zusammenkunft von vier Kaisern und eines feierlichen Regierungsactes, der hier vorgenommen wurde. In Gegenwart der beiden älteren Augusti Diocletian und Herculius ernannte der jüngere Augustus Galerius den bisherigen Caesar Licinius zum Kaiser und bekleidete ihn mit dem Purpur. Von den hohen Gästen wurde das Mithraeum von Carnuntum renoviert und ein Altar in demselben errichtet, der noch erhalten ist und als Geschenk des H. C. Hollitzer an die kais. Sammlungen gelangte. Ja, es ist nicht unwahrscheinlich, dass zur Erinnerung an dieses Ereignis der vierthorige Janus, dessen Ueberrest das Heidenthor ist, erbaut wurde; er gehört nach seinen Verhältnissen und nach dem Baumateriale eben dieser

Zeit an. Sicher wäre jene Zusammenkunft nicht gerade in unserer Stadt gehalten worden, wenn sie damals schon in Verfall gerathen wäre. Ja, wir entnehmen aus Ammianus Marcellinus, dass sie noch bis zu dem plötzlichen, aber von den Römern selbst verschuldeten Überfall durch die Quaden im Jahre 371, bei dem sie zerstört wurde, dass sie noch bis dahin in dem alten gedeihlichen Zustande gewesen sei; seine bündigen Worte, die eine ganze Elegie in sich schliessen, lassen dies erkennen: Desertum quidem nunc et squalens. „Jetzt zwar verlassen und schmutzig" nennt er noch 374 den Ort, der früher belebt und schön war, aber noch immer wichtig als Mittelpunkt für die Vorbereitungen, welche damals Valentinianus zu dem bevorstehenden Rachezug traf.

Das Standlager überdauerte diese Katastrophe, es erscheint noch 25 Jahre später in dem Staatshandbuche vom Jahre 399 als Quartier der XIV. Legion. Die Civilstadt jedoch konnte sich nicht mehr erholen, wie etwa nach dem Überfall vom Jahre 167 zu Anfang des Markomannenkrieges. Dies wird begreiflich, wenn wir berücksichtigen, wie sehr seit dem Beginne des IV. Jahrhunderts jene Verhältnisse, die ihr Emporblühen bedingt hatten, sich ins Gegentheil verändert haben. Die günstige örtliche Lage von Carnuntum in Beziehung zu Rom war natürlich noch immer dieselbe, aber sie hatte ihren actuellen Wert verloren, seit Rom selbst aufgehört hatte, der Brennpunkt des politischen Lebens zu sein und die reichere Schwesterstadt Constantinopel emporgekommen war. Auch bei den Germanen hatten die Markomannen und ihre Nachfolger, die Juthunger, die führende Stelle an jüngere Stämme abgetreten, an Alemannen und Franken im Westen, an die Gothen im Südosten, welch letztere ihre Einfälle gegen die untere Donau richteten. Die Rolle, die früher Carnuntum gegenüber von Rom spielte, war nun auf Sirmium als Vorhut von Constantinopel übergegangen. Endlich hatte die neue Reichsorganisation Diocletians die grosse Macht, welche früher die Militär-Gouverneure besassen, für immer gebrochen und kleinere Provinzen, sowie kleinere Competenzen geschaffen, so dass die Generale nicht wohl mehr in Versuchung kommen konnten, nach dem Throne zu streben.

Durch alle diese Umstände war die hervorragende militärische Bedeutung von Carnuntum schon seit geraumer Zeit zu einer blos localen herabgesunken. Das zeigte sich im Jahre 374; das Standlager vermochte weder die Katastrophe abzuwenden, durch welche der gedeihliche Zustand der Civilstadt plötzlich unterbrochen wurde, noch konnte ihre Geltung die Grundlage zu einem neuen Aufschwunge der Letzteren bieten.

Darin liegt etwas Charakteristisches für unsere Stadt, wie für die Römerorte an der Reichsgrenze überhaupt. Sie wachsen aus den Defensivanstalten hervor, nicht als ihr Hauptzweck, sondern als secundäre Begleiterscheinungen ihrer Entwicklung, und sind daher an letztere gebunden; sie erblühen rasch neben ihnen und erhalten sich ungeachtet aller Stürme, die über sie hereinbrechen, so lange die militärische Bedeutung der Standlager andauert; tritt letztere zurück, so gehen auch jene ein, indem sie sich von Katastrophen, wie sie an der Reichsgrenze immer vorkommen, nicht mehr zu erholen vermögen, sondern dem Siechthume anheimfallen.

Literatur.

Für die Bibliothek eingelangt.

Engel Arthur et Serrure Raymond. Traité de numismatique de moyen age. Tomme prem. depuis la chute de l'empire romain d'occident jusqu'a la fin d'l'époque carolingienne. 645 illustrations dans le text. Paris, Ernest Leroux, 1891. 8⁰. (1086.) Geschenk der Verfasser.

Jahresbericht des städtischen Museum Carolino-Augusteum zu Salzburg für 1889. 8⁰.

Fraccia Giovanni. Lettera al Cav. Francesco Gnecchi. 1890. 8⁰. (1058.) Geschenk des Verfassers.

Kirmis M. Chemische Winke für Numismatiker. Anleitung zur Kenntnis und zur Behandlung der Münzen. Berlin, Adolph Weyl, 1890. 8⁰. (1096.)

Kirmis Max. Einleitung in die polnische Münzkunde. IV. V. Sep.-Abdr. Geschenk des Verfassers.

Köhne, B. v. Berliner Blätter für Münz-, Siegel- und Wappenkunde. XIV. Heft. Berlin, W. Weber, 1870. 8⁰. (1097.)

Křiz, Martin Dr. Kůlna a kostelik. Dvě jeskyně v útvaru devonského vápence na Moravě. Mit 9 Tafeln. Brno, 1889—1891. (1099). Geschenk des Verfassers.

Löffelholz, vierte Fortsetzung der Nachträge und Berichtigungen der Oettingana. Geschenk des Verfassers.

Mayor Jaques. Notice des médaillons et modèles d'Antoine Bovy. Genève, 1891. (1088.) Geschenk des Verfassers.

Mittheilungen des Clubs der Münz- und Medaillenfreunde in Wien. Red. von J. Nentwich. Nr. 8. C. Österreicher. Regesten aus J. Newalds Publicationen. Grillparzer-Medaille. Denkmünzen auf die Oberammergauer Passionsspiele. Miscellen. Clubnachrichten. Neue Prägungen. Bibliograph. Rundschau. Verkäufliche Münzen.

Nr. 9. Zum Capitel der Nachprägungen. C. Österreicher. Regesten aus J. Newalds Publicationen über österr. Münzprägungen. Theod. Unger. Kleine Beiträge zur Münzkunde des Kronlandes Steiermark. Neue Prägungen. Clubnachrichten. J. Nentwich. Vortrag über die künstlerische Ausstattung der Siegelstempel österr. Regenten aus der Zeit des XI. bis Ende des XV. Jahrhunderts. Miscellen. Bibliographie. Rundschau. Verkäufliche Münzen.

Nr. 10. Hugo Schraml. Der Arbesbacher Münzfund (mit 1 Tafel). Miscellen. Clubnachrichten. Bibliogr. Rundschau.Preisverzeichnis. Nr. 11. Die Medaillen Kaiser Franz Joseph I. Dr. Spängler. Die Kremser Ausstellungs- und Festmedaillen. Neue Prägungen. Miscellen. Clubnachrichten. Bibliographische Rundschau. Nr. 12. Seltene neuere orientalische Münzen. Die Medaillen Kaiser Franz Josef I. Neue Prägungen. Das numismatische Sammeln. Miscellen. Clubnachrichten. Nr. 13. Die Medaillen Kaiser Franz Josef I. Die Wertschätzung von Medaillen. Denkmünze des X. internationalen medicinischen Congresses vom Jahre 1890. C. Österreicher. Die Münzen Sibiriens. Miscellen. Neue Prägungen. Clubnachrichten.

Mittheilungen des Musealvereines für Krain. 4. Jahrgang. Laibach 1891.

Mittheilungen, numismatische, Organ des Vereines für Münzkunde in Nürnberg Nr. 20.

Monatsblatt des Alterthumsvereines in Wien. III. Nr. 2 bis incl. 7.

The numismatic chronicle. 1890. Part. IV. London. Arthur J. Evans.
Some New Artists' Signatures on Sicilian Coins. Warwick Wroth. Greek Coins acquired
by the British Museum in 1889. Notices. Miscellanea.

Numismatic chronicle. 1891, Part. I. Mit 3 Tafeln. London. Barclay V. Head.
Archaic Coins probably of Cyrene. H. Montagu. The Anglo Saxon Mints of Chester and
Leicester. H. F. Crowther. Pennies of William I. and William II. A. E. Packe. Some
Notes on the coins of Henry VII. J. Rapson. Notes on Gupta Coins. H. A. Grueber.
English Personal Medals from 1760. Notices. Miscellanea. (728.)

Papadopoli Nic. Enrico Dandolo e le sue monete. Milano, L. F. Cogliati, 1890
Estratto dolla Rivista Italiana di Numismatica. III. 4. (1092.) Geschenk des Verfassers.

Peez Carl. Mostar und sein Culturkreis. Mit 3 Abbildungen und 1 Plan. Leipzig,
F. A. Brockhaus, 1891. (1092.) Geschenk des Verfassers.

Puschi, Alberto. Di una moneta Friulana inedita. Trieste, G. Caprin, 1891.
Estratto dall' Archeografo Triestino. XVI. 8°. (1084.) Geschenk des Verfassers.

Report of the proceedings of the numismatic and antiquarian. Society of Philadelphia for the years 1887—1889. Philadelphia, 1891. (550)

Rešetar, Paolo Cav. de. La zecca della repubblica di Ragusa. Spalato 1891—92.
Estratto dal Bullettino di archeologia e storia dalmata. (1090.)

Revue belge de Numismatique. 1891. II. Mit 4 Tafeln. Roger Vallentin. Deux
la cunes de la numismatique papale d'Avignon. J. Chautard. Étude sur les jetons au
point de vue de la reproduction du type du revers. Dancoisne. Tessires romaines de
plomb. Georges Cumont. Monnaies récemment découvertes dans les cimetières francs
d'Eprave. Alphonse de Witte. Doubles gros botdragers d'Adolphe III. de la Marck,
comte de Cléves. Georges Cumont. Un cachet inédit gravé par Théodore van Berckel.
V. B. de Jonghe. Un esterlin de convention de Jean I., duc de Brabant et de Thierry VII.,
comte de Cléves. Necrologie. Mélanges.

Revue numismatique, derigée par Anatole de Barthélemy, Gustave Schlumberger, Ernest Babelon. Mit 7 Tafeln. Paris, Rollin et Feuardent, 1890. Quatrième trimestre 1890. Babelon E. Alabanda et Antioche, villes de Carie. Rondot Natalis. La
monnai de Vimy on de Neuville dans le Lyonnaies. Caron E. Monnaies semi-royales
frappées au Puy. Un denier de Chateauvillain, sire de Bourbon-Lancy. Heiss Alois. Jean
de Candida, médailleur et diplomate sous Louis XI, Charles VIII. et Louis XII. Blanchet
J. Adrien. Remarques relatives aux signes gravés sur les médaillons contorniates. Chronique
IX. Premier trimestre 1891. S. A. le prince Pierre de Saxe-Cobourg, Monnaies
grecques inédites ou peu connues. Eduard Saglio, Sur un denier d'Hostilius Saserna
et sur le culte primitiv de Diane en Italie. J Guiffrey, les medailles de Carrare, seigneurs
de Padoue, exécutées vers 1390. E. Babelon, quatre medaillons de bronce d'Asie-Mineure.
M. Prou, Monnaie d'argent du VI. Siècle, avec la légende Dons Dei. A. Castan, la
concession menétaire de Charles de Chauve à l'église de Besançon. J. A. Blanchet,
le livre du changeur Duhamel. Chronique. Bulletin bibliographique, Périodiques. Mit 4
Tafeln. 9. Band. 2 Trimester mit 4 Tafeln. 1891. Sorlin Dorigny Al., Aurélien et la
guerre des monnoyeurs. Prou, M. Monnaies barbares d'argent trouvées dans le cimetière
mérovingien d'Herpes. Heiss, A. Essai sur le monnayage des Suéves. Blanchet, J. Andrien. Le livre du changeur Duhamel. Liénard, Felix. Note sur une trouvaille de monnaies faite dans les environs de Verdun. Marchéville, M. de. Restitution d'un gros-
tournois à Jean IV. duc de Bretagne. Drouin, E. Des monnaies touraniennes. Schlumberger, Gustave. Trois sceau francs de Terre-Sainte-Chronique. Bibliographie.

Revue suisse de numismatique publiée par la société suisse de numismatique sous la direction de Paul Stroehlin. I. 1891. 1. Genéve. 8⁰. Mit 9 Tafeln. Reber B., Fragments numismatiques sur l'Argovie. Ladé A. Un trésor des monnaies du moyen âge. Von Jecklin, F. Beitrag zur Münzgeschichte der Abtei Disentis. Roger Vallentin. Les monnaies d'or de compte en usage dans le Dauphiné à la fin du XIme siècle. Von Haller, G. E. Schweizerisches Münz- und Medaillen-Cabinet. Sandmeyer-Millenet. J. Die numismatische Sammlung von Herrn Julius Meili. Bibliographies.

Rivista italiana di Numismàtica diretta da Francesco ed Ercole Gnecchi. Anno IV. Fasc. I.—II. Milano 1891. Mit 15 Tafeln. Francesco Gnecchi. Appunti die Numismatica Romana. XV. Un medaglione inedito d'Adriano. XVI. Monete inedite del Museo Bottacin a Padova. Luigi A. Milani. Aes rude signatum e grave rinvenuto alla Bruna presso Spoleto. Arturo G. Sambon. Il Tari Almafitano. E. Gnecchi. Appunti di Numismatica Italiana. II. Il tesoro di Andros. Filippo Marignoli. Collezione Marignoli a Roma I. Zecchino di Papa Pio II. attribuito a Foligno. Camillo Brambilla. La Zecca di Pontestura? Solone Ambrosoli. Il ripostiglio di Como. Bernardo Monsolin. Camillo Marlani coniatore di Medaglie. Frédéric Marchand. Les monnaies de Confranchette. C. Luppi. Vite di illustri numismatici italiani IX. Bartolomeo Borghesi. Necrologie, Bibliographia, notizie.

Sammler. Der. Herausgegeben von Dr. Hans Brendicke. Berlin. Aus dem Inhalte: Nr. 22. Arthur Engel Bemerkungen über einige Münzsammlungen in Süd-Frankreich. Robert Koch-Medaille von Lauer in Nürnberg. Nr. 23. Silbermünzen in China. Nr. 24. Nr. 1. Dr. H. Brendicke. Über den Rückgang des Münzensammeln. Neue Medaillen. Reinhold Schmidt. Der Münzfund vom 24. Februar zu Zörbig, Brakteaten, 340 Gramm. jetzt im Provinzialmuseum zu Halle. Nr. 2. Medaille auf das 20jährige Bestehen des deutschen Reiches. Nr. 3, J. Spöttl. Nimmt die Sammelthätigkeit auf numismatischem Gebiete ab? Nr. 4, Nr. 5. Ein preussisch-kurmärkischer Münzschein vom Jahre 1800. Nr. 6. Jos. Nentwich. Das numismatische Sammeln. Nr. 7, Nr. 8. Numismatische Seltenheiten. ($\frac{1}{2}$ Thaler, Hildesheim v. 1532, Lüneburger Goldgulden 1532, Lüneburger Pfennig 1579 und Braunschweiger Pfennig-Klippe 1625.)

Serrure Raymond. La numismatique féodale de Dreux & Noget au XI. Siécle. Paris. R. Serrure & C. 1891. Extrait du Bulletin de numismatique I. 8⁰. (1091.) Geschenk des Verfassers

Schalk, Carl. Das Geld während Grillparzers Leben 1791—1872. S. A. 4⁰. (1090.) Geschenk des Verfassers.

Schratz, W. Die Denk- und die Weihe-Münzen der im Umfange des jetzigen Königreiches Baiern ehemals bestandenen und noch bestehenden Benedictiner- und Cistercienser-Nonnen-Klöster. 8⁰. S. A. aus den Studien und Mittheilungen aus d. Benedictiner u. d. Cistercienserorden. (1093.)

Stenersen, Dr. L. B. Om et myntfund fra Imsland i Ryfylke. Mit 1 Tafel Christiania, Jacob Dybwad, 1889. (1089.) Geschenk des Verfassers.

Viestnik hrvatskoga arkeologičkoga družtva. XIII. 2, 3. Agram, 1891. (731.)

Witte, Alphonse de. Un nouvel atelier monétaire artésien. Monnaies frappées par Philippe de Saint-Pol à Ruminghem et a Elincourt. Paris, C. Rollin et Feuardent, 1890. 8⁰. Estrait de la Revue numismatique. Geschenk des Verfassers.

Witte, Alphonse de. Supplément aux Recherches sur les monnaies des comtes de Hainaut. Mit 2 Tafeln. Bruxelles, R. Dupriez, 1891. 4⁰. (1094.)

Zeitschrift der deutschen morgenländischen Gesellschaft. 44. Band. 4. Heft, mit
4 Tafeln. 45. Band. 1. Heft. Leipzig F. A. Brockhaus. (729.)

Zeitschrift für Numismatik, herausgegeben von Alfred v. Sallet. Mit 19 Abbil-
dungen und 2 Tafeln. Berlin, Weidmann, 1890. XVII. Bd. Heft 3 und 4. 8⁰. A. v. Sallet.
Die Erwerbungen des königl. Münzcabinets. S. Alexi. Die Münzmeister der Calimala.
und Wechslerzunft in Florenz. H. Nützel. Mohammedanischer Münzfund von Pinnow.
F. Friedensburg. Die schlesischen Münzen König Ferdinands von 1546. H. Dressel.
Titakazos. Rud. Scheuner. Ein Groschenfund in der Oberlausitz. H. Dannenberg.
Zur pommerschen und mecklenburgischen Münzkunde. Literatur.

Verschiedenes.

Personalnachrichten. Unseren Mitgliedern Herrn k. u k. Hof-Kammerlieferanten Franz Thill
wurde von Sr. Majestät dem Kaiser das Ritterkreuz des Franz Josef-Ordens und dem Herrn k. und
k. Kammermedailleur Anton Scharff anlässlich der Exposition seiner Werke in der heurigen
Berliner Kunstausstellung die goldene Medaille verliehen

Justizrath Johann Friedr. Chr. Reimmann †. Die numismatische Gesellschaft hat abermals den
Verlust eines ihrer ordentlichen Mitglieder, eines hervorragenden Münzkenners und Sammlers zu
beklagen. Am 13. August l. J. starb in seiner Vaterstadt Hannover, im hohen Alter von 88 Jahren,
Justizrath Johann Friedr. Chr. Reimmann, der Besitzer einer sehr umfangreichen Münzsammlung. die er während einer durch fünfzig Jahre eifrig fortgesetzten Sammelthätigkeit geschaffen
hatte. Der Katalog derselben, von welchem der erste Band im Jahre 1877, der zweite 1879 unter dem
Titel »Münz- und Medaillen-Cabinet des Justizrathes Reimmann« in Druck erschien, wurde in diesen
Blättern seinerzeit angezeigt und mit einigen Worten erläutert. Seither hat der Dahingeschiedene
zwei weitere Bände seines Kataloges fertig gebracht, doch war es ihm nicht mehr vergönnt, auch
diese zur Veröffentlichung zu bringen. Der Wunsch des Verblichenen, seine Sammlung ungetheilt
erhalten zu wissen, zu welchem Zwecke er sie seiner Vaterstadt angeboten hatte, sollte nicht in
Erfüllung gehen. Trotz der günstigen Bedingungen, die Reimmann stellte, konnte wegen des hohen
Werthes der Sammlung auf den Ankauf nicht eingegangen werden und da auch der Versuch, sie als
Ganzes an einen Sammler zu veräussern, erfolglos blieb, wurde sie kurz nach seinem Tode nach
Frankfurt a. M. gesendet, wo sie im Auctionswege zur Versteigerung gelangen soll.

Die Sammlung des Justizrathes Reimmann, eine der ältesten und reichhaltigsten Deutschlands, wird Herr Adolph Hess in Frankfurt a. M. in 3 Abtheilungen á 3—4000 N. im kommenden
Winter zur Versteigerung bringen; ein Katalog mit 20 Tafeln ist in Vorbereitung.

Ein wichtiger Fund bei Auspitz. Dass unsere Umgebung Schätze für das numismatische Fach
in ihrem Schosse birgt, beweist wieder ein in jüngster Zeit gemachte Fund in Unter-Wisternitz bei
Auspitz. Als man nämlich am 5. d. M. am Marktplatze zur Aushebung der Erde für die hier anzu-
bringenden Pflöcke zum Behufe der landwirthschaftlichen Viehausstellung schritt, entdeckte man bei
den ersten Grabstichen ein thönernes Gefäss in der Grösse eines Viertel-Liters. Aus Neugierde der
hier beschäftigten Arbeiter wurde leider das Gefäss sogleich zertrümmert. Der Inhalt, bestehend aus
mehr als 200 Silberstücken aus der Zeit der Babenberger in der Grösse eines Zehn- bis Zwanzig-
Kreuzerstückes, wurde in einigen Augenblicken unter die Arbeiter getheilt, von denen er in einigen
Tagen als »nutzlose Blecheln« an die Bekannten der Umgebung verschenkt wurde. Diese Kunde kam
leider zu spät zu meinen Ohren, so dass ich nur einen Theil von dem Funde retten konnte. Ein
anderer Theil wurde von der k. k. Gendarmerie in Nikolsburg in Beschlag genommen und der
dortigen Bezirkshauptmannschaft abgeliefert. Der grösste Theil ging aber durch Händler in kurzer
Zeit verloren. *A. Schierl.*

Verschiedene Münzfunde. Wohl wenige Städte Italiens bieten so viele Münzfunde dar, wie
die Stadt Verona, und um desto mehr ist es zu beklagen, dass es dort ganz an Münzensammlern fehlt.
Es vergeht kein Monat, ja keine Woche, dass nicht bei den dortigen Etsch-Regulirungsarbeiten und
anderen sonstigen Ausgrabungen Münzen an's Tageslicht befördert werden und diese werden dann in
alle Welttheile zerstreut. Den besten Beweis haben wir an dem grossartigen Münzfund della Venera,
der glücklicherweise unversehrt in dem dortigen Museum aufbewahrt wird, der aus mehr als fünfzig-

tausend Stück römischen Kupfermünzen der Familie Constantin's besteht, dieser Münzfund wurde von Milani beschrieben (Milani, »Il Ripostiglio della Venera«). Im Februar 1887 wurde ein anderer Fund, aus römischen Denaren bestehend, in der Zahl von 2800 Stück an's Licht gebracht; dieser gerieth in unsere Hände und fand eine Beschreibung in der Person des Herrn Ancona (»Il Ripostiglio di S. Zeno in Verona Città). Vor ein paar Monaten wurde mir von einem anderen Denarenfund von dort berichtet; ich sah davon 150 Denare, stark mit Eisenoxyd bedeckt, da solche mit alten Eisengegenständen gefunden wurden, ich erwarb davon zwölf Denare von folgenden Kaisern und Kaiserinnen: Julia (Titus' Tochter), Sabina (Hadrian's Frau), Antoninus Pius, Faustina sen., Marc Aurel, Faustina jun., Caracalla. Als ich vorige Woche von einer kleinen Reise durch Verona fuhr, erwarb ich einen kleinen Münzfund und glaubte zuerst mit Mailänder Trillinen zu thun zu haben, da die Münzen stark oxydirt waren; als ich sie aber vom Oxyd befreite, staunte ich, in dem kleinen Münzfunde (es sind 50 Stück) lauter Nachahmungen Quattrini von Messerano, Coconato Castiglione delle Stiviere u. s. w. zu erblicken; auch befinden sich darunter einige Varietäten und eine unedirte Rarität. Ich werde darüber in einer der nächsten Nummern dieses Blattes eine kleine Beschreibung geben. Da ich von Inedita spreche, so erwähne ich, einen in Verona erworbenen Quattrino mit dem Kopfe Maximilians auf der Hauptseite und dem heil. Zeno, Stadtprotector, auf der Rückseite. Der mir bekannte einzige Quattrino von Verona des Kaisers Max (es existiren zwei Varietäten) trägt den Kopf des heil. Zeno auf der Hauptseite und den Adler auf der Rückseite. Rossi in seinem Katalog (»Catalogo delle Monete Italiane Componenti la Collezione del Cav. G. Rossi di Roma«), Verona, Nr. 5668, führt eine identische Münze an, nennt sie aber Soldo. Funde von Veroneser Münzen sind bei uns hier gar nicht selten. So wurden im Jahre 1885 bei Vadena (Pfatten) etwa 4000 Heinrichs-Denare, für Verona geprägt, gefunden, etwa 2000 Stück davon befinden sich noch in den Händen des Herrn von Ferrari und 200 solche Veroneser Denare wurden vor ein paar Jahren bei Salurn gefunden. Auch im hiesigen Stadtmuseum befindet sich eine grosse Anzahl Veroneser Parvuli, die unzweifelhaft von einem Münzfunde herrühren.

Trento, im September 1891. *Q. Perini.*

Britische Halb-Sovereigns. Die Prägung dieser Münzsorte wurde im Jahre 1885 suspendirt, daher dieselbe mit den Jahreszahlen 1886, 1887, 1888 und 1889 fehlt. 1890 wurde die Prägung wieder aufgenommen. Der kürzlich erschienene Ausweis der königlichen Münze in London gibt die Zahl der im Jahre 1890 geprägten Halb-Sovereign-Stücke mit 2.266.023 im Werthe von 1,133.011½ Pfund Sterling an. *E.*

Münzfund. Bei dem Baue des dem Herrn Josef Hörandtner gehörigen Hauses, Neubaugasse 59 in Wien, wurde unlängst in einer Tiefe von mehr als 2 Meter eine in Siscia geprägte Klein-Broncemünze des Kaisers Valentinian I. mit SECURITAS REI PUBLICAE, sowie ein steierischer Groschen Ferdinands I. von 1631 gefunden.

Kataloge.

Hahlo Julius, Berlin W., Unter den Linden 13. Berliner Münzverkehr, Nr. 19,1838 N.

Helbing Otto, München. Von der Tannstrasse 4. Münzen und Medaillen verschiedener Länder, darunter Schweizer Münzen und Medaillen, Sammlung des Herrn Wilh. Moos in Gralingen; Versteigerung am 6. October und die folgenden Tage, 1459 N. Mit 3 Abbildungstafeln.

Hess Adolph. Frankfurt a. M., Westendstrasse 7. Münzen und Medaillen-Sammlung des Herrn Heinrich Hahn in Frankfurt a M und andere Sammlungen; Versteigerung am 21. und 22· October 1891, 897 N.; — Mittelalter-Münzen, namentlich deutsche, englische und nordische des 10. und 12. Jahrhunderts 1329 N. Mit 1 Tafel Versteigerung am 19. October 1891 und an den folgenden Tagen.

Rappaport Edmund. Berlin, Halle'sche Strasse 18. XIX. Verzeichnis, 1271 N.

Seligmann Eugen, Frankfurt a. M.. Jahnstrasse 43. Nachtrag zum Katalog 6, 601 N.

Weyl Adolph, Berlin, C. Adlerstrasse 5. 116. Auctions-Katalog. Polnische Münzen, 1362 N.; Versteigerung am 15. und 16. September 1891; — 117. Auctions-Katalog. Münzen und Medaillen aller Länder, nebst der T. B. Bennel'schen Sammlung nordamerikanischer Papiermünzen. 1303 N.; Versteigerung am 17. u. 18. September 1891; — Numismatische Correspondenz. Periodisches Preisverzeichnis verkäuflicher Münzen und Bücher, Nr. 95—98, 1400 N.; Nr. 90 - 100: Bücher über Numismatik, 317 N.

Dr. Eugen Merzbacher, München, Residenzstraße 16. Verzeichnis der von Professor Dr. Otto Seyffer in Stuttgart hinterlassenen griechischen und römischen Münzen. 1. Abtheilung. griechische Münzen, mit 4 Tafeln, 252 Seiten, 1716 N.; 2 Abtheilung. römische Münzen, mit 2 Tafeln. 156 Seiten, 1851 N.; Versteigerung am 13. October 1891 und den folgenden Tagen

Herausgeber und verantwortlicher Redacteur: Franz Trau. — Verlag der numismatischen Gesellschaft in Wien.
Druck von Kreisel & Gröger, vorm. L. W. Seidel & Sohn, in Wien.

MONATSBLATT
der
numismatischen Gesellschaft in Wien.

Dieses Blatt erscheint monatlich ein Mal und wird den Mitgliedern der Gesellschaft unentgeltlich zugesendet. Preis des Jahrganges für Nichtmitglieder 1 fl. Zuschriften sind zu richten an die numismatische Gesellschaft, Wien, I., Universitätsplatz 2.

| Nr. 98. | September. | 1891. |

Mittheilungen der Gesellschaft.

Einladung
zu der
am Mittwoch den 14. October 1891, Abends 7 Uhr
im grünen Saale der kais. Akademie der Wissenschaften (I., Universitätsplatz 2)
stattfindenden
5. ordentlichen Versammlung.

Programm:

1. Mittheilung von Einläufen und Geschenken. — 2. Wahl neuer Mitglieder. — 3. Herr Regierungsregistrator Wilhelm Schratz aus Regensburg: Aeltere Medaillen der Fürsten Thurn und Taxis. — 4. Herr Historienmaler Ignaz Spöttl: Besprechung der ausgestellten Münzen und Medaillen Kaiser Max I. — 5. Herr E. Schmidel: Die neuesten Münzfunde in Carnuntum. — Ausstellung von Medaillen der Fürsten Thurn und Taxis aus der Sammlung des Herrn Regierungsregistrators Wilhelm Schratz; von Münzen und Medaillen Kaiser Max I. aus der Sammlung des Herrn Historienmalers Ignaz Spöttl und von römischen Münzen aus der Sammlung des Carnuntum-Vereines und des Herrn Realitätenbesitzers Carl Hollitzer. — Zutritt frei.

Einladung.

Vom October an bis Mai werden allmonatlich einmal Versammlungen der Gesellschaft im grünen Saale der kais. Akademie der Wissenschaften mit Vorträgen und Ausstellungen von Münzen und Medaillen stattfinden. Der Vorstand beehrt sich, die p. t. Herren Mitglieder und Freunde der Gesellschaft zur Theilnahme an diesen Vorträgen und Ausstellungen höflichst einzuladen. Es wird ersucht, die Anmeldungen an den Vorstand, oder eines seiner Mitglieder gelangen zu lassen.

Versammlungen der Gesellschaft mit Vorträgen und Ausstellungen: 14. October, 18. November, 16. December, 20. Jänner 1892, 17. Februar, 16. März, 13. April, 7 Uhr Abends im grünen Saale der kais. Akademie der Wissenschaften, I., Universitätsplatz 2. Der Zutritt ist für Jedermann frei.

Es wird ersucht, Zuschriften und Sendungen bezüglich der Zeitschrift an Herrn Rudolf Ritter v. Höfken, Wien, XVIII., Feldgasse 25, bezüglich der Cassa an Herrn Franz Trau, I., Wollzeile 1, alle anderen Briefe und Sendungen an die numismatische Gesellschaft, I., Universitätsplatz 2 (kais. Akademie der Wissenschaften), zu richten.

Das Bibliothekslocale der numismatischen Gesellschaft, I., Universitätsplatz 2, ist an jedem Mittwoch von 6 Uhr an geöffnet.

Am 27. September 1891 starb zu Oetz in Tirol

Herr Franz Maria Ritter v. Friese

Ministerialrath im Ackerbauministerium, Ritter des Leopoldordens etc etc., im 72. Lebensjahre. Der Verstorbene war seit 1885 ordentliches Mitglied der numismatischen Gesellschaft und gehörte seit 3 Jahren dem Vorstande derselben an, nahm regen Antheil an der Entwicklung der Gesellschaft und war mannigfach für dieselbe thätig.

Hofrath Friese sammelte Bergwerks-Medaillen und Jetone, sowie die Münzen seines Heimatlandes Tirol.

Die Gesellschaft wird dem Verstorbenen stets ein ehrenvolles Andenken bewahren.

Fünfter Vereinstag deutscher Münzforscher in Dresden 1891.

In der Zeit vom 8. bis 11. October 1891 wird der Vereinstag zu Dresden unter dem Protectorate Sr. königl. Hoheit des Prinzen J o h a n n G e o r g Herzog zu S a c h s e n versammelt sein.

Die I. Hauptversammlung findet am 9., die zweite am 10. October statt; es wird eine Festschrift und eine Medaille auf Director Julius Friedländer ausgegeben. Die numismatische Gesellschaft in Dresden veranstaltet eine numismatische Ausstellung. Ausflüge nach Loschwitz und Meissen reihen sich an. Wegen Erhalt der Legitimationskarten, à 3 Mark, wolle sich an den derzeitigen Präsidenten des Vereinstages, Hofrath Dr. Julius E r b s t e i n, Dresden, Dippoldiswalderstrasse 5ᵃ, gewendet werden.

Die Wiener numismatische Gesellschaft begrüsst mit reger Theilnahme und Freude den V. Vereinstag deutscher Münzforscher.

Seltene Gepräge Kaiser Maximilians I. und Ferdinands I. für Steiermark.

Ab und zu kommen uns z. B. $1/4$ Thaler Maximilians I. vor, auf denen im Reverse die Umschrift mit dem Worte Stiriae schliesst. Diese wahrhaft schönen Münzen sind mit dem Buchstaben B signirt, welches wohl den Wiener Münzmeister Beheim bedeuten soll. Es ist auch anzunehmen, dass diese seltenen Stücke aus dieser Münzstätte stammen, natürlich für Steiermark geprägt. Wir kennen das Stück Schulth. 28 vom Jahre 1511, mir sind ferner welche vom Jahre 1513 und 1516 zu Gesichte gekommen. Es gibt auch Goldabschläge von diesen Stempeln. Die fürstlich Montenuovoische Sammlung wies eine Zahl dieser Münzen auf.

Es wäre interessant, genau diese Stücke zu verzeichnen, und auch dem archivalischen Materiale nachzugehen.

Der hochinteressante Aufsatz des Herrn Dr. H. Tauber über steirische Ducaten Kaiser Ferdinands I., veröffentlicht in der Wiener numismatischen Zeitschrift, veranlasst mich zu folgenden Bemerkungen: Vor Allem gibt es auch Doppelgroschen mit dem Bilde Ferdinand I. im Av. und dem Pantherschilde im Rev. vom Jahre 1532 (siehe meine

Sammlung; selbe sind nicht selten, dem entsperchend dürfte es auch grössere Silbermünzen von diesem Jahre geben.

Betreff der Ducaten will ich mittheilen, dass die Montenuovoische Sammlung
deren mehrere aufwies; wir finden im Kataloge dieser Sammlung (A. Hess) noch 3 Stücke
à 25 Mark verzeichnet, und zwar die Jahre 1533, 1534, 1537. Die Stücke waren ziemlich
lange offerirt. Das Herrn Tauber nicht bekannte Exemplar von 1533 dürfte sich durch
die Güte des Herrn Münzhändlers A. Hess noch leicht eruiren lassen. Meiner Aufzeichnung nach dürften Av. und Rev. genau mit jenem von Herrn Forchheimer veröffentlichten Exemplar von 1537 stimmen.

Ich erinnere mich ferner in den Siebziger Jahren bei Herrn Banquier Krauss in
Budapest ein Stück mit der Jahreszahl 1538 gesehen zu haben, sowie eines, dessen
Jahreszahl etwas verwischt war und 1539 heissen konnte. Dieses besass in den letzten
Sechziger Jahren Herr Numismatiker Hirsch in München. Wo diese beiden Stücke hin-
kamen, ist mir nicht bekannt, es wurde nicht viel Wesens mit ihnen gemacht.

Betreff St. Ladislaus wäre vielleicht zu bemerken, dass er seinerzeit in Inner-
Oesterreich allenthalben wie ein Landespatron verehrt wurde. Wir finden ihn auch auf
den Kärntner und Obderennsischen Goldmünzen. Abweichend hingegen von dieser
Form sind die Ducaten, die wir den Münzstätten Wien und Hall zuzählen müssen;
hier finden wir entweder das Bild des Herrschers in ganzer Figur, oder im Brustbilde.

Ich bin der Ansicht, dass es eine recht lohnende Arbeit für die Mitglieder der
numismatischen Gesellschaft wäre, einmal eine Collection der Goldmünzen Kaiser
Ferdinands I. auszustellen, vieles unter ihnen gehört zu den grossen Seltenheiten, das
Meiste ist unedirt. Eine derlei Publication müsste eine Zierde des Jahrbuches werden.
Schon ein flüchtiger Durchblick zeigte mir, wie interessant dieses Thema ist. Nebenbei verweise ich auch auf die Ducaten aus dem Münzhause zu Linz 1536 und so fort. Diese
sind nur theilweise beschrieben, nicht minder jene von St. Veit.

Auf diesem Felde ist es nicht Einem möglich vieles zu leisten, weil das Materiale
zu zerstreut ist. Nur im Vereine stark ist hier die Devise.

J. Spöttl.

Münzfunde in Oesterreich.

Mitgetheilt von der k. k. Central-Commission für Kunst- und historische Denkmale.

I.

Die numismatische Gesellschaft ist der hochlöblichen k. k. Central-Commission
für Kunst- und historische Denkmale für die Mittheilung der Fundberichte zu wärmstem
Danke verpflichtet und erfolgt durch diese Mittheilungen eine höchst werthvolle Bereicherung der Publicationen der Gesellschaft.

I. Münzenfund zu Grobold.

Beim Abbruche der Frontmauer des am 3. April 1890 durch eine Feuers-
brunst zerstörten Hauses Nr. 24 des Dorfes Grobold (Bezirk Prachatitz) im südlichen
Böhmen wurden durch den Taglöhner Bartholomäus Rauscher in einer Nische ein-
gemauert ein Topf und eine Kanne voll Silbermünzen vorgefunden.

Leider ist die Mehrzahl dieser Fundstücke von den bei den Bauten in der
Nachbarschaft beschäftigt gewesenen Taglöhnern, welche auf die Kunde von der
gemachten Entdeckung herbeigeeilt waren, verschleppt worden, und hat es Herr Johann
Wallisch, der Eigenthümer des vorerwähnten Hauses, nur dem Eingreifen des Gerichtes
zu danken, dass er gegen 930 Stück der gefundenen Münzen zurück erhielt.

Der weitaus grösste Theil dieses letzteren Quantums (nämlich 913 Stück) ist es nun, der durch einen glücklichen Zufall dem Schreiber dieser Zeilen zu Gesichte kam und in der beifolgenden Tabelle nach den Münzörtlichkeiten, den Münzherren und der chronologischen Reihenfolge geordnet aufgeführt erscheint.

Grobelder Münzenfund.

Post-Nr.	Geprägt für d.	unter	Vertretene Jahreszahlen	Stück-zahl
1	Röm.-deutsche Reich	Kaiser Ferdinand II.	1624—1631, 1633, 1637	64
2	„ „ „	Kaiser Ferdinand III.	1637, 1640—1648, 1647, 1648, 1650	14
3	„ „ „	Kaiser Leopold I.	1659, 1660, 1664—1670	80
4	Erzhzgth. Oesterreich	Erzherzog Ferdinand[1])	1630, 1631, 1632	5
5	Herzogth. Steiermark	Erzherzog Karl[2])	ohne Jahreszahl (?)	1
6	„ „	Kaiser Ferdinand II.	1624—1627, 1629—1633, 1635—1637	26
7	„ „	Kaiser Ferdinand III.	1637, 1644, 1651, 1654, 1657	7
8	„ „	Kaiser Leopold I.	1659, 1661, 1665—1667, 1669, 1670	12
9	„ Kärnten	Kaiser Ferdinand II.	1624, 1632, 1634, 1636, 1637	9
10	„ „	Kaiser Ferdinand III.	1639, 1646, 1649, 1653	5
11	„ „	Kaiser Leopold I.	1658, 1659, 1670	4
12	Grafschaft Tirol	Kaiser Mathias I.	1618, 1619	2
13	„ „	Erzherzog Leopold[3])	ohne Jahreszahlen	11
14	„ „	Erzh. Ferdinand Karl[4])	1639-1643, 1645-1650, 1653, 1655-1662	88
15	„ „	Erzh. Sigmund Franz[5])	1663—1665	45
16	„ „	Kaiser Leopold I.	1667—1671, 1675	11
17	Königreich Ungarn	Kaiser Leopold I.	1661—1663, 1665, 1666	22
18	„ Böhmen	Kaiser Ferdinand III.	1638, 1640, 1644, 1648, 1652, 1657	10
19	„ „	Kaiser Leopold I.	1659, 1660, 1664, 1667—1670	32
20	Grafschaft Schlick	Graf Heinrich	1634, 1635, 1637	5
21	Markgrafschaft Mähren	Kaiser Ferdinand II.	1624—1637	46
22	„ „	Kaiser Ferdinand III.	1656, 1657	5
23	Bisthum Olmütz	Erzh. Leopold Wilh. von Oesterreich	1656, 1658, 1659	3
24	„ „	Karl Graf von Lichtenstein	1665—1670	45
25	Herzogthum Schlesien	Kaiser Ferdinand II.[6])	1624, 1630	2
26	„ „	Kaiser Leopold I.[6])	1659—1661, 1663—1670	204
27	„ „	Georg, Ludwig und Christian[7])	1656, 1657	8
28	„ „	Georg[8])	1660—1662	14
29	„ „	Ludwig[9])	1660—1662	11
30	„ „	Christian[10])	1660—1662, 1664, 1665, 1668—1670	112
31	„ „	Karl Eusebius Fürst zu Lichtenstein[11])	1629	1
32	„ „	Albert Herz. v. Friedland (Wallenstein)	1628, 1629	3
33	„ „	Evangelische Stände	1634	1
34	„ Mecklenburg	Alb. Herz. v. Friedland u. Sagan (Wallenstein)	1633	1
35	Grafschaft Hohenlohe-Neuenstein	Graf Philipp Ernst	1623	1
36	Stadt Strassburg		ohne Jahreszahl	1
37	„ Zug		1606	1
38	Bisthum Chur	Johannes Flug von Aspermout	1627	1
			Summe . .	913

[1]) Nachmals Kaiser Ferdinand III. [2]) Sohn Kaiser Ferdinand I. [3]) Bruder des Kaiser Ferdinand II. [4]) 1. Sohn des Erzherzog Leopold. [5]) 2. Sohn des Erzherzog Leopold. [6]) Oberster Herzog. [7]) Gemeinschaftlich zu Liegnitz, Brieg und Wolau. [8]) Zu Brieg. [9]) Zu Liegnitz. [10]) Zu Wolau, später auch zu Liegnitz und Brieg. [11]) Zu Troppau und Jägerndorf.

Wie ein Blick auf diese Tabelle lehrt, stammen 911 von den betrachteten 913 Münzen aus dem ehemaligen römisch-deutschen Reiche und die übrigen 2 (eine städtische Münze von Zug und eine bischöfliche von Chur) aus der Schweiz.

Als die bemerkenswertheren dieser Münzen erscheinen die 4 von Wallenstein, die eine Münze der evangelischen Stände Schlesiens und allenfalls noch die eine des Grafen Philipp Ernst zu Hohenlohe-Neuenstein.

Der Zeitraum, in dem diese Münzen geprägt worden sind, beginnt (wegen der jahrzahllosen? Münze Karls von Steiermark und der nicht älteren städtisch Strassburgischen Münze) frühestens mit 1564 und schliesst mit 1675.

Speciell 230 dieser 913 Münzen gehören der Periode des dreissigjährigen Krieges an, 3 Stück der Zeit vor demselben und die restlichen 680 Stück dem Abschnitte 1649—1675.

Zur Ergänzung der durch die Tabelle gegebenen Aufschlüsse muss noch die Mittheilung hinzugefügt werden, dass, mit alleiniger Ausnahme von drei Sechskreuzer-Stücken (2 kaiserliche Münzen Leopold I. vom Jahre 1665 und eine kärntnerische desselben Herrschers vom Jahre 1670) alle übrigen 910 Münzen Groschengrösse haben und selbe fast durchgängig durch die Zahl 3 als Geldstücke solcher Art auch ausdrücklich gekennzeichnet sind.

Das Gepräge aller dieser Münzen zeigt sich durchwegs gut erhalten, die Kunst des Stempelschnittes aber, sowie ihr Feingehalt, lässt — wie auch nicht anders zu erwarten — in den allermeisten Fällen sehr viel zu wünschen übrig.

Wird in letzterer Beziehung noch erwähnt, dass die unter den 913 Münzen befindlichen 4 Groschen vom Jahre 1665 und 2 Groschen vom Jahre 1666 des Olmützer Bischofes Karl Graf von Liechtenstein zu jenen gehören, die auf den Probationstagen von 1667 und 1668 verrufen worden sind, so dürfte damit der Referentenpflicht in dem vorliegenden Falle umsomehr Genüge geleistet sein, als es bei dem Fehlen aller näheren Anhaltspunkte über die besondere Veranlassung, aus welcher die besprochenen Münzen in ihr Versteck gelangt sind, müssig wäre, sich in Vermuthungen hierüber zu ergehen.

Jedlesee, am 27. Februar 1891.

Gustav Stockhammer.

2. Münzenfund in Blansko in Mähren.

Anlässlich eines Erweiterungsbaues im Hause Nr. 31 wurde im Monate April 1890 von dem Eigenthümer Ondroušek ein irdenes Gefäss mit Gold- und Silbermünzen gefunden. Das circa 0·5 Liter fassende Töpfchen lag in der geringen Tiefe von 60 cm unweit der alten Hofmauer vergraben. Von demselben liegt mir der untere 55 mm hohe Theil sammt Boden vor. Die Bruchflächen sind alt. Ob nun, was wahrscheinlich ist, auch die übrigen Theile des Gefässes gefunden wurden oder ob nur das erwähnte untere Fragment mit den Münzen vergraben ward, konnte nicht genau ermittelt werden. Das Töpfchen ist auf der Töpferscheibe gedreht, gut gebrannt, unglasirt und von grauschwarzer Farbe. Ueber den Umfang des Münzenfundes liegen widersprechende Nachrichten vor. So viel steht fest, dass gleich nach der Auffindung der Münzen mehrere Exemplare theils verkauft, theils verschenkt wurden und dass nur ein Theil des Fundes zur näheren Bestimmung und Untersuchung erworben werden konnte.

Im Ganzen liegen mir 4 Gold- und 70 Silbermünzen vor. Die ersteren sind ungarische Ducaten von Mathias Corvinus (1458—1490) und weisen drei verschiedene Stempel auf.

Die Silbermünzen waren zumeist mit einer Kruste von Grünspan überzogen und zu Klumpen zusammengekittet. Nach erfolgter Reinigung, beziehungsweise Lostrennung derselben konnte ich folgende Bestimmungen vornehmen. Zunächst liegen

12 Prager Groschen vor, und zwar 2 von Wenzel IV. (Wencezlaus tercius), 3 von Georg von Podiebrad und 7 von Wladislaw II. Ausserdem ist ein Meissner Groschen, wahrscheinlich von Ernst, Albrecht und Wilhelm III. (1465—1469) vorhanden. Die übrigen Exemplare sind insgesammt Kleinmünzen. Vertreten ist: Böhmen durch 1 Parvus pragensis von Johann von Luxemburg und 2 Hussitenheller, Mähren durch 8 Heller der Stadt Znaim, Oesterreich durch 7 Heller von Albrecht V und 17 Heller von Ladislaus Posthumus, Ungarn durch 3 Kreuzer von Mathias Corvinus, Görlitz durch 12 einseitige oder zweiseitige Heller und das Patriarchat von Aquileja durch 7 kleine Münzen, theils von Antonio Panciera de Portoguaro (1402—1412), theils von Ludwig von· Teche (1412 - 1435). Die untersuchten Münzen gehören grösstentheils dem 15., zum geringen Theile dem 14. Jahrhundert an, das älteste Exemplar ist die böhmische weisse Münze von Johann von Luxemburg (1310—1346), die jüngsten gehören dem Böhmen-König Wladislav II. (1471—1516). Der Schatz wurde am Ende des 15. Jahrhunderts vergraben. Nachträglich sei noch bemerkt, dass vor einigen Jahren in Blansko, und zwar beim Pfarrgarten. eine Goldmünze des Königs Georg von Podiebrad von Böhmen und bei dem nahen Marktflecken Jedovnic zahlreiche Prager Groschen von Karl I. (IV.) und Wenzel IV. gefunden wurden.

Prof. *Maska.*

3. Herr Conservator Clemens Čermak theilt mit:

In Potěh (1 Stunde südlich von Časlau) fand eine Magd im Garten des Bauers Havelka im Jahre 1887 bei dem Hofe Nr. 2, in einem kleinen Kruge 26 Ducaten und 5 Thaler.

In Folge Aufforderung der löbl. k. k. Bezirkshauptmannschaft besichtigte und untersuchte ich diese Münzen und fand:

10 Türkische Goldstücke,

  8 holländische Ducaten aus den Jahren 1591, 1593 (2 Stücke), 1603, 1607, 1608, 1613 und 1614,

  1 Ducaten der westfriesischen Stände,

  2   „   Ferdinand II. für Ungarn von 1626,

  1   „.   Mathias für Ungarn von 1610,

  1   „   Johann Jakob, Erzbischof von Salzburg 1565,

  1   „   Sigismund Fürst von Siebenbürgen und Moldau (Revers-Seite Ladislaus Rex), 1598,

  1   „   Karl Emanuel. Herzogs von Savojen 1603,

  1   „   Albertus D. G., Dux Friedlandiae 1627.

Blos dieser letzte hat einen grösseren numismatischen Werth.

Ferner 5 Thaler, und zwar:

1. Kaiser Mathias für Böhmen 1618,

2. Kaiser Ferdinand II. für Oesterreich 1621,

3. der Fürsten Johann und Moriz von Sachsen 1547, 4. Thaler der Stadt Schaffhausen 1620, und 5. Maximilian, Erzherzog von Oesterreich für Tirol 1616.

4. Herr Conservator Strnad in Pilsen theilt mit:

1887 im Monate August gerieth der Bauer Šedivec aus dem etwa eine Stunde östlich von Pilsen gelegenen Dorfe Bukowec beim Ackern seines Feldes, welches vor kurzer Zeit noch ein Wald war, auf zerstreute Silbermünzen. Das Feld liegt am nördlichen Abhange des westlich vom Dorfe zu einer ziemlichen Höhe von sich erhebenden bewaldeten Berges, Chlum. Weder ein Gefäss, noch ein Lederbeutel oder sonst etwas Aehnliches kam beim Nachsuchen zum Vorschein. Im Ganzen betrug dieser Fund 42 Münzen, welche grösstentheils noch sehr gut erhalten waren, ja manche sind so schön, dass sie auf den ersten Blick den Eindruck machen, wie wenn sie erst unlängst geprägt worden wären.

Der grösste Theil dieser Münzen — alle habe ich nicht gesehen — ist aus den Jahren zwischen 1620—1632, und zwar gibt es etwa 15 Stück bairische Münzen. 2 Stück Ferdinand's II., zu einem Stücke der Stadt Regensburg und Augsburg und 4 Stück der Graubündtner Republik.

Die bairischen Münzen in der Grösse unseres silbernen Zehnkreuzerstückes, tragen auf der Vorderseite das bairische Wappen mit der Umschrift: M. C. P. R. V. B. D. S. R. J. A. E. E. und die Jahreszahl, auf der Rückseite die Umschrift: Soli . Deo . Gloria . — in der Mitte die Ziffer 2 und über derselben ein Kreuz. Es waren da Münzen aus den Jahren 1623 bis 1629.

Die Regensburger Münze zeigt auf der Vorderseite zwei kreuzweise liegende Schlüssel mit der Umschrift: † MO : REI : RATISPONEN : 1632., auf der Rückseite ist der Reichsadler mit der Umschrift: DOMINE . DA . PACEM . NOBIS.

Die Augsburger Münze. Avers: Die Umschrift: † AUGUSTA . VIN-DELICORUM. in der Mitte die Jahreszahl 1623; Revers: der Reichsadler und die Umschrift: Ferdinan: Rom: Imp: S: AV:.

Vier grössere Münzen, etwa wie unsere Silbergulden, der Graubündtner Republik. Avers der Umschrift: MONETA . NOVA . CURIÆ . RETHI., in der Mitte ein links schauender, gekrönter, gepanzerter Mann (Kniestück), in der linken Hand den Reichsapfel mit dem Kreuze und in der rechten das Szepter haltend; Revers: der Reichsadler, auf dessen Brust man die Ziffer 10 sieht, dann die Umschrift: † DOMI: CONSER : 1631. — NOS : IN : PACE.

Endlich 2 Münzen Ferdinand's II. aus dem Jahre 1629. Die eine hat die Umschrift: † Ferd : II. D : G : RON : IM : S : A :, auf der Rückseite: MO : NO : HVG : I : M : FORT : 1629. Auf der Vorderseite sieht man die Ziffer 2, auf der Rückseite ein Zeichen, einer dreizackigen Fahne ähnlich; die andere Münze zeigt auf der Vorderseite das Brustbild des Kaisers mit der Umschrift: Ferdi : II. D : G : R : I : S : A : G : H : B : Rex., auf der Rückseite der gekrönte Reichsadler mit dem habsburgischen Wappen auf der Brust und mit der Umschrift: ARCH : AV : DV : BV : MA : M : 1629.

Einige von diesen Münzen gelang es mir für das städtische Museum in Pilsen zu erwerben, die anderen wurden schon früher verkauft und verschenkt.

Was die Zeit und den Umstand betrifft, wie die Münzen hingekommen seien, da kann man am wahrscheinlichsten dafür halten, dass sie von einem Soldaten aus dem dreissigjährigen Kriege herrühren, der sie hier bei einer Recognoscirung des Terrains oder bei einer anderen Gelegenheit verloren haben mochte. Es erschienen oftmals in der Pilsener Gegend schwedische Schaaren, welche die benachbarten Ortschaften rings um Pilsen herum verwüsteten und auch viele Abtheilungen des kaiserlichen Heeres passirten oftmals die Pilsener Gegend.

Jedoch andere Vermuthungen sind nicht ausgeschlossen.

———————— ·· ——

5. Vom k. k. Gendarmerie-Postencommando in Gross-Lukow (Bezirkshauptmannschaft Holleschau) ist dem Unterzeichneten mitgetheilt worden, dass Mitte Juni l. J.

ein achtjähriger Knabe zu Kostelec bei Štip im Garten, indem er beim Spielen die Erde seicht aufgrub, einen kleinen, blaugrauen Topf mit mehr als 100 Stück Silbermünzen gefunden habe, welche mit einem von einem Kopftuche herrührenden, grauen, baumwollenen Lappen zugedeckt waren.

Nach eingesandter Beschreibung sind es Prager Groschen, welche König Wenzel II. von Böhmen (im Jahre 1300) prägen liess.

Die Aversseite der Münzen zeigt eine Krone und die Umschrift: Wencezlaus secundus † Dei gratia rex Boemie; die Reverseseite einen Löwen und die Umschrift: Grossi Pragenses.

Hundert Stück von diesen Münzen hat sammt Topf und Lappen der Lehrer Herr B e c k in Holleschau käuflich erworben, während 10—15 Stück im Besitze einiger dortigen Insassen sich befinden sollen.

Olmütz, am 23. Juli 1891.
Dr. *Josef Kachnik*,
Conservator.

Literatur.
Für die Bibliothek der numismatischen Gesellschaft eingelangt.

A n n u a i r e de la Société française de numismatique. Paris, Mai-Juin. A. V e r c o u t r e. Identification d'un atelier monétaire lorrain. N. G o f f a r t: Numismatique ardennaise. La monnaie de Mouzon. J. H e r m e r e l: Numismatique lorrain. Lunéville, atelier monétaire de Ferri III. Roger V a l e n t i n: Les statuts des prévots généraux des ouvriers et de monnayers d'Avignon et du comtat venaissin. Louis B l a n c a r d: Encore la rapport de l'or à l'argent au temps de saint Louis. M. de M a r c h é - v i l l e: Réponse à M. Louis Blancard. Chronique. Denier inédit d'un archevêque d'Arles. Juli-August 1891. J. A. S a m b o n: Monnayage de Charles I. d'Anjou dans l'Italie méridionale. R. S e r r u r e: Médaille inédite de Jacques-Hannibal de Altaemps, commandant des troupes espagnoles à Anvers en 1574 et 1575. E. Z a y: La monnaie obsidionale de Mantoue (Au VII de la république française). Roger V a l l e n t i n: Pierre de Coucils et la maitrise de l'atelier monétaire de Villeneuve. Chronique.

A n z e i g e r des germanischen Nationalmuseums. 1891. Nr. 4.

A n z e i g e r, numism.-sphragistischer. Herausgegeben von Friedr. T e w e s in Hannover. Nr. 4. D ü n i n g: Zur Münzkunde des Stiftes Quedlinburg. Ueber Julius Löser. Otterndorf eine Münzstätte. Sammlung Capo. Virchow's Porträt-Medaille. Neue Münzen für Deutsch-Ostafrika. Robert E l l e: Ein Münzfund von Kleinromstedt. Nr. 5. J. I s e n b e c k. Eine Münze von Grubenhagen. Friedrich T e w e s: Ein Thalerfund von Rietze, Br. Peine. Zum Wilstedter Münzfunde. Zum Möbisburger Münzfunde. Aus der Sammlung Ed. Mertens, Hannover (Thaler der Stadt Hannover 1624). Münzfunde. Nekrolog. Nr. 6. Weingärtner: Der Müter. Fr. B a r d t: Grubenhagen. Franz A p e l l: Der Sterbeducaten Gustav Adolf's. Der Thalerfund von Lengerich. Nr. 8. Friedrich Reimmann †. Düring. Die Groschenfunde von Aschersleben. Neue bulgar. Münzen. Münzfunde.

Kataloge. A. St. v a n M u y d e n. Génève, rue de l'Hotel de Ville. Catalogue de Monnaies et Médailles. 1060 N. — C. G. T h i e m e. Leipzig, Gewandgässchen 5. Numismatischer Verkehr. Nr. 7 und 8. October. 3086 N. — Vyt, Camille, Gent. Bulletin mensuel de livres. Numismatique. Monnaies, jetons et médailles. 477 N. — Z s c h i e s c h e & K ö d e r, Leipzig. 4. Verzeichnis verkäuflicher Münzen und Medaillen. N. 46. 4775 N.

Herausgeber und verantwortlicher Redacteur: Franz Trau. — Verlag der numismatischen Gesellschaft in Wien.
Druck von Kreisel & Gröger, vorm. L. W. Seidel & Sohn, in Wien.

MONATSBLATT

der

numismatischen Gesellschaft in Wien.

Dieses Blatt erscheint monatlich ein Mal und wird den Mitgliedern der Gesellschaft
unentgeltlich zugesendet. Preis des Jahrganges für Nichtmitglieder 1 fl. Zuschriften
sind zu richten an die numismatische Gesellschaft. Wien. I.. Universitätsplatz 2.

Nr. 99.	October.	1891.

Mittheilungen der Gesellschaft.

Einladung

zu der

am Mittwoch den 18. November 1891, Abends 7 Uhr

im grünen Saale der kais. Akademie der Wissenschaften (I., Universitätsplatz 2)

stattfindenden

6. ordentlichen Versammlung.

Programm:

1. Mittheilung von Einläufen. — 2. Rudolf H ö f k e n Ritter von H a t t i n g s h e i m : Bericht
über den 5. deutschen Münzforschertag in Dresden. — 3. Herr Dr. Josef S c h o l z : Bericht
über die Ordnung der Münzsammlung der numismatischen Gesellschaft. — 4. Die M o z a r t -
Medaillen. Zur Feier des 100. Todestages Mozarts. — 5. Herr Historienmaler Ignaz
S p ö t t l : Die Münzstätte zu St. Pölten.
Ausstellung von Münzen Salzburgs und der St. Pöltner Münzstätte aus der Sammlung des
Herrn Historienmalers Ignaz S p ö t t l, von Mozart-Medaillen aus den Sammlungen der
k. k. Reichshaupt- und Residenzstadt Wien und der Herren k. u. k. Rittmeister Alois
B e i n s t i n g l, Historienmalers Stefan D e l h a e s, Landesgerichtsarzt Dr. Jos. H i n t e r-
s t o i s s e r und Privatier Gustav Z e l l e r. — Zutritt frei.

Versammlungen der Gesellschaft mit Vorträgen und Ausstellungen: 18. November,
16. December, 20. Jänner 1892. 17. Februar, 16. März, 13. April, 7 Uhr Abends im
grünen Saale der kais. Akademie der Wissenschaften. I., Universitätsplatz 2. Der Zutritt
ist für Jedermann frei.

Es wird ersucht. Zuschriften und Sendungen bezüglich der Zeitschrift an Herrn
Rudolf Ritt. v. H ö f k e n, Wien, XVIII., Feldgasse 25, bezüglich der Cassa und des Monatsblattes
an Herrn Franz T r a u. I., Wollzeile 1. alle anderen Briefe und Sendungen an die numismatische Gesellschaft, I., Universitätsplatz 2 (kais. Akademie der Wissenschaften), zu richten.

Das Bibliotheksclocale der numismatischen Gesellschaft, I., Universitätsplatz 2. ist
an jedem Mittwoch von 6 Uhr an geöffnet.

Am 6. September 1891 starb zu Kopen... hagen *im 83. Lebensjahre* das Ehrenmitglied der Wiener numismatischen Gesellschaft

Herr Dr. Carl Ludwig ... Müller,

Director des königl. Münz-Cabinets und des Antiken-Museums zu Kopenhagen, Staats-
rath etc., ein ausgezeichneter Gelehrter auf archäologischem und numismatischem Gebiete.

Am 9. November 1891 starb zu Wien das ordentliche Mitglied der numismatischen Gesellschaft

Herr Dr. Theodor Richter,

Vorstand der Hypothekar-Abtheilung der I. österr. Sparcasse, ein thätiger und eifriger
Sammler.

Wir bewahren den Dahingeschiedenen ein ehrenvolles Andenken.

Die Typen der österreichischen Ducaten im Jahre 1781.

Wie bekannt, waren in den letzten Jahrhunderten im südöstlichen Mitteleuropa
die Kremnitzer Ducaten die beliebtesten Goldmünzen.

Die Hauptursache der Beliebtheit war der gleichbleibende hohe Feingehalt dieser
Ducaten, nämlich von 23 Karat 9 Grän.

Ich sage die Hauptursache; dass diese aber nicht die einzige Ursache war,
ergibt sich aus dem Umstande, dass auch aus anderen österreichischen Münzstätten
damals Ducaten von gleichem Feingehalt wie die Kremnitzer hervorgingen, ohne dass
sie es an Beliebtheit mit den Kremnitzern aufnehmen konnten.

Die Nagybányer und die anderen österreichischen Münzstätten hatten vorschriftsmässig am Ende des vorigen Jahrhunderts die Ducaten mit demselben Feingehalt zu
prägen, wie die Kremnitzer Münzstätte, und es liegt nichts vor, was dafür sprechen
würde, dass nicht vorschriftsmässig ausgeprägt wurde — dennoch erhielt sich im
Publicum, und wie es scheint besonders im ausländischen, die Vorliebe für den Kremnitzer Ducaten.

Eine weitere Ursache der Beliebtheit scheint die Farbe der Kremnitzer Ducaten
gewesen zu sein. Diese ihre röthlich gelbe Farbe hat bei dem Publicum besonderes
Vertrauen erregt, »und Kremnitz war berühmt, weil man dort die Kunst das Gold zu
färben besonders gut verstand«. (Krünitz Encyclopädie, Berlin 1805, Seite 247.)

Wie heute die sogenannten Levantiner, die Thaler mit dem Bilde Maria There-
sias, so waren die Kremnitzer Ducaten zu einer besonderen Waare geworden, hatten
ihr Absatzgebiet, und schon wegen Gewinnung des Schlagschatzes, war man bedacht
dem Publicum hinreichend jene Waare zu liefern, welche es begehrte. So prägte Kremnitz
ruhig die Ducaten mit dem alten Bilde und unter Beisetzung der Buchstaben K—B
fort, trotzdem, wie ich im Monatsblatte Nr. 89 vom December 1890 gezeigt habe, dem
Münzamte Kremnitz schon mit Hofdecret vom 9. Juni 1766 der Buchstabe B zugewiesen
worden war.

Nach dem Vorhergesagten war es leicht erklärlich, dass man die Buchstaben
K—B nicht gern wegliess, denn diese waren das einzige wesentliche Unterscheidungs-
zeichen von den anderen österreichischen Ducaten, die auch das gleiche Bildnis des
stehenden Landesfürsten zeigten.

Wohl aber fiel dieser Grund, warum diese einzige Münze nicht nach der Vorschrift des Hofdecretes vom 9. Juni 1766 geprägt werden sollte, im Jahre 1781 weg, wie sich aus der nun folgenden Verordnung, welche sich im Archive der k. k. Statthalterei in Graz unter den ›gedruckten Gesetzen und Verordnungen‹ vorfindet, ergiebt. — Diese erklärt nämlich, dass nunmehr die Beisetzung der Buchstaben K—B auf den Kremnitzer Ducaten nicht mehr nöthig ist, da sie sich durch ihr Bild ohnedies von den Nagybányern und anderen Ducaten hinreichend unterscheiden. Während nämlich nun alle Ducaten auf der Hauptseite das Brustbild des Kaisers, auf der Kehrseite den Doppeladler zeigen, haben nur mehr die Kremnitzer Ducaten auf der Hauptseite das Bild des stehenden Kaisers, auf der Kehrseite das der Muttergottes.

Nachstehend der Wortlaut der Verordnung:*)

„Nachricht.“

Es sind bey dem Gepräge der unter Seiner jezt glorreichest regierenden Kais. Königl. Apost. Majest. ausgemünzt werdenden Kremnitzer, sowol einfachen, als doppelten Dukaten, die bey den unter den vormaligen Regierungen ausgemünzten derley Goldmünzen auf der Avers-Seite neben dem Königl. Bildniß gestandene zwey Buchstaben K. B. nunmehr als überflüßig von darumen ausgelassen worden, weil die seit der vorerwehnt dermaligen glorreichesten Regierung neu ausgemünzt werdende Nagybanier so, wie alle andern K. K. Dukaten, mit welchen sie auch in gleichem Werth stehen, nicht mehr wie ehe dessen mit dem Hungarischen Frauenbild, und dem stehenden Königl. Bildniß, und den dabey befindlichen Buchstaben N. B., sondern mit dem höchst verehrlichen Brustbild Seiner K. K. Apost. Majest. auf der einen, und mit dem K. K. Reichsadler auf der anderen Seite geprägt werden, folglich andurch die mehr besagte Nagybanier von den Kremnitzer Dukaten auch ohne den Buchstaben K. B. ohnedem schon wesentlich unterschieden, und viel leichter als ehedessen kennbar sind.

Ein welches also zur öffentlichen Wissenschaft in der Absicht hiemit erinnert wird, damit sich Jedermann zu bescheiden wisse, dass die vorerwehnten ohne den Buchstaben K. B. ausgemünzten einfach, und doppelten Kremnitzer Dukaten den nemlichen Werth, wie alle übrigen älteren mit diesen zwey Buchstaben versehenen derley Goldmünzen haben, folglich auch ohne mindesten Anstande oder Weigerung in ihrem dermaligen Werth zu 4 fl. 18 kr. die einfachen, und zu 8 fl. 36 kr. die doppelten in dem allgemeinen Umlauf so, wie bey den öffentlichen Kassen angenommen, und verausgabet werden können, und sollen.

Grätz, den 2. October 1781.   *Tauber.*

Literatur.

Archiv für Bracteatenkunde. Herausgegeben von Rudolf v. Höfken. II. Band. 2. und 3. Heft. Dieses Doppelheft des rüstig fortschreitenden Archivs enthält aus Dr. P. J. Meier's Feder unter dem Titel: „Beiträge zur Bracteatenkunde des nördlichen Harzes“ einen ziemlich umfangreichen Aufsatz: Zum Halberstädter Münzfunde von 1713, in welchem die in demselben vorgekommenen Bracteaten von Halberstadt, Goslar, Aschersleben und Wegeleben, sowie einer Frauenabtei, ausführlich besprochen und namentlich jene mit Luteger me fecit etc., sowie die controverse Frage der Arnstein'schen und Falkenstein'schen Bracteaten, dann die Halbbracteaten mit PETVS (Petrus), eingehend erörtert werden, wobei eine Tafel und zahlreiche Holzschnitte zur Erläuterung dienen. An den-

*) Den Sinn der Verordnung aus dem Wortlaut zu errathen, ist geradezu ein Kunststück.

selben knüpft der Aufsatz: Drei Petruspfennige von W. Graba an. Der Herausgeber bringt den VI. Artikel: „Zur Bracteatenkunde Süddeutschlands", die Funde bei Riedlingen (Constanz, St. Gallen, Lindau, Ueberlingen und unbestimmte Bracteaten), zu Günzburg (Augsburg, Constanz, St. Gallen, Lindau, Ueberlingen. Ravensburg) besprechend, und den Beginn der Beschreibung des Fundes zu Granheim enthaltend, ferner eine Recension von Dr. P. J. Meyer's Münzfund von Stroit. Dr. Th. Stenzel liefert zahlreiche Ergänzungen und Berichtigungen zu E. Bahrfeldt's Münzwesen der Mark Brandenburg, und schildert in dem Nekrologe Dr. H. A. Erbstein mit warmen Worten die Verdienste desselben um die Wissenschaft und insbesondere die Numismatik.   *Raimann.*

A. Weyl's Zeitschriften.

Herr Adolph Weyl in Berlin beabsichtigt von 1892 ab die von ihm herausgegebene, bisher ausschliesslich dem Münzenverkehre dienende „Numismatische Correspondenz" in der Art zu erweitern, dass unter dem Titel „Numismatische Mittheilungen" auch Abhandlungen und Notizen Raum gegeben und so zugleich der Wissenschaft und Praxis gedient werden soll.

Die Probenummer, mit 7 Bracteaten-Abbildungen geschmückt, verspricht das Beste.

Eine stehende Rubrik werden „Münzenfunde" bilden, bei welchen jedoch von solchen Funden, die auf uncontrolirbare Zeitungsnachrichten zurückzuführen sind, Abstand genommen wird, da diese „in vielen Fällen werthlos, ja oft den grössten Unsinn zu Tage fördern" — eine Ansicht, welcher wir vollkommen beistimmen.

Ferner enthält diese Nummer Nachrichten über neue Münzen und Medaillen, einen Nekrolog auf Dr. K. L. Müller, Berichtigungen, endlich Auctionspreise. Hierauf folgen verkäufliche Münzen etc.

Die Pränumeration auf die „Num. Corr.", welche jährlich mindestens 100 Seiten (8º) stark erscheinen wird, beträgt bei freier Zusendung nur 1 Mark; Abonnenten von Weyl's „Berliner Münzblätter" erhalten die „Num. Corr." kostenfrei. Uebrigens werden auch die „Berliner Münzblätter" von 1892 ab in doppeltem Umfange zum Jahrespreise von 6 Mark ausgegeben werden.

Das sichtliche Streben Herrn Weyl's, wie seinen Kunden, so auch seinen Lesern Gutes zu mässigem Preise zu bieten, verdient volle Anerkennung und Unterstützung.

H.

Für die Bibliothek der numismatischen Gesellschaft eingelangt.

Archiv für Bracteatenkunde. Herausgegeben von Rudolf v. Höfken. Wien, 1891. II. 4. Höfken v.: Zur Bracteatenkunde Süddeutschlands. Literatur. Meier, P. J.: Beiträge zur Bracteatenkunde des nördlichen Harzes.

Archivio Trentino. pubblicato per cura della direzione della Bibliotheca e del Museo comunali di Trento. Trento. Anno IX. Fasc. II. 1890, Anno X, Fasc. I. 1891. 8º.

Berliner Münzblätter, herausgegeben von Adolf Weyl. Nr. 131. Der Hochzeitspfennig Herzog Heinrich des Löwen. (Fortsetzung.) Medaillen der Duisburg'schen Sammlung (Forts.)

Blätter für Münzfreunde, herausgegeben von Julius Erbstein in Dresden. Nr. 173. Dr. J. Erbstein. Zu Nidda geschlagene Denare des Grafen Berthold I. von Ziegenhain und Nidda. Dr. Ed. Bodemann: Nikolaus Seeländer, Medailleur und Kurhannover'scher Bibliotheks-Kupferstecher, Nekrologe, numismatische Werke, Münz-Auctionen, Münzfunde, neue Medaillen, Preisausschreiben, Sammlungen, numismatische Gesellschaften, Personalnachrichten. Erbstein, Dr. Jul.: Drei Denare von Attendorn und Brilon. Numismatische Erinnerungen an das achthundertjährige Jubiläum des Hauses Wettin. Nr. 175. Erbstein, J. Der angebliche Gemeinschaftsgroschen des Kurfürsten Friedr. II. oder des Sanftmüthigen von Sachsen und des Landgrafen Ludwig I. von Hessen aus dem Funde von Aschersleben. Numismatische Abhandlungen und Aufsätze in Werken und Zeitschriften vermischten Inhalts.

Bulletin de numismatique. 3. R. Serrure: Jetons et méreaux rares ou inédites. Monnaies pour la Tunisie. Livres nouveaux. Revue des revues. Lectures diverses, livres en préparation, les musées; les collections privées, les trouvailles, les ventes, nécrologie, catalogue de monnaies.

Bulletin mensuel de la société suisse de numismatique. A propos de la médaille de Louis le Fort de Genéve. Une médaille philatélique. Dr. Ladé: Un projet de décentralisation monétaire. Congrés de Médicine de Berlin en 1890. La médaille officielle du VI. centenaire. Mélanges.

Bulletin de la Société suisse de Numismatique X. Nr. 6. Société suisse de Numismatique XI. Assemblée générale à Zoug. Congrès international de numismatique à Bruxelles. J. M. Médaille du congrés pénetentiaire international de 1890. Mélanges. Dr. E. A. Stückelberg: Römische Münzfunde in Frankreich etc. Bibliographie

Bulletino di Archeologia e storia Dalmata, pubbl. per cura di Fr. prof. Bulič. Nr. 5, 6, 7.

Chronicle, the numismatic. London 1891. Part. II. Mit 5 Tafeln. Warwick Wroth. Greek coins acquired bi the British Museum in 1890. Warwick Wroth: Eupolemus. Falkland Warren: Notes on coins found in Cyprus. John Evans: On some Rare or Unpublished Roman Medallions. G. F. Crowther: On a Pax Penny attributed to Witney. M. Montagu: On the Durham Pennies of Bishops de Bury and Hatfield. L. A. Lawrence: English Silver coins issued between 1461 and 1483. Miscellanea.

Ertesitö. VI. I. Temesvar 1891.

Izvestja muzejskega društva za Kranjsko. Izdal društveni odbor. V Ljubljani 1891. Prvi letnik (1101).

Literaturblatt, numismatisches, herausgegeben von M. Bahrfeldt in Rastatt. Nr. 60 und 61. Jahresverzeichniss der numismatischen Zeitschriften, selbständige Publicationen, Münz- und Bücherverzeichnisse, Bücherverkehr. Nr. 62. Zeitschriften. Publicationen in nicht numismatischen Zeitschriften.

Mittheilungen des Clubs der Münz- und Medaillenfreunde in Wien. Nr. 15. Die Medaillen aus des Regierungszeit Kaiser Franz Josef I. C. Oesterreicher: Regesten zu J. Newald's Publicationen über österr. Münzprägungen im 1. Viertel des XVIII. Jahrhunderts. C. Oesterreicher: Die Münzen Sibiriens. Numismatische Pikanterien. Miscellen. Neue Prägungen. Club-Nachrichten. Nr. 16. Nentwich: Der V. Vereinstag deutscher Münzforscher. Justizrath Reimmann in Hannover und seine Münzensammlung. Miscellen. Neue Prägungen. Club-Nachrichten. Bibliographische Rundschau.

Mittheilungen, numismatische. Organ des Vereines für Münzkunde in Nürnberg. Nr. 20—22: Aus dem Vereinsleben. Münzfunde. Münzverkehr.

Revue belge de Numismatique. 1891. III. Prince Philippe de Saxe Cobourg e Gotha. Curiosités orientales de mon cabinet numismatique. J. Adrien Blanchet:

Le titre de Princeps Juventutis sur les monnaies romaines. Th. M. R o e s t: Essai de classification des monnaies du comté, puis duché de Gueldre. Marie de Man. Monnaies trouvées sur la plage de Dombourg. Roger V a l l e n t i n: Pièces de fantaisie en plomb analogues aux méreaux du chapitre de Saint-Apollinaire de Valence. Baron de C h e s t r e t d e H a n e f f e: G. L. Hérard, sculpteur et graveur. Baron Jean B e t h u n e: Jetons au type de l'ours ou de ›La Male Beste‹. J. C h a u t a r d: Note relative à l'attribution d'un jeton au Type de l'oranger. Correspondance. Mélanges. IV. L. M a x e - W e r l y: Etat actuel de la numismatique verdunoise à l'époque gauloise et sous la période gallo-romaine. N. van W e r v e k e: Trouvaille de Beaufort, Grand-Duché de Luxembourg. Th. M. R o e s t: Essai de classification des monnaies du comté, paris duché de Gueldre. Vicomte B. de J o n g h e: Deux esterlins ou tiers de gros au lion, frappés en commun par Jean III., duc de Brabant (1312—1355) et par Louis de Crécy, comte de Flandre (1322—1346). Correpondance. Mélanges.

R e v u e numismatique, dirigée par Anatole de B a r t h é l e m y, Gustave S c h l u m b e r g e r, Ernest B a b e l o n. Paris. Mit 3 Tafeln. Troisième trimestre. S a x e - C o b u r g, Prince Pierre de: Monnaies grecques inédites ou peu connues. Le B l a n t, Edmond: Sur un medaille d'argent du temps de Charles VII. conservée à la Bibliotheque nationale. M. de M a r c h é v i l l e: Une monnaie bourguignonne de Jean duc de Normandie (1350). M o w a t, R.: Les prétendues figures de Pallor et de Pavor sur les deniers de L. Hostilius Saserna. B a b e l o n: Aradus. G u i f f r e y, J. J.: La monnaie des médailles. Histoire métallique de Louis XIV. et de Louis XV. Chronique.

R e v u e suisse de Numismatique. I année 1891. 2. L a d é, A.: Le gueules et le pourpre romaine, étude d'héraldique. C a h o r n, A.: Médailles des résidents de France à Genéve. R o y, L.: Edits et mandements concernant les monnaies étrangères en circulation dans l'ancienne principauté-evêché de Bâle. M o r i n P o n s. H.: Le sceau de Vautier Bonjour, Chanoine de Genéve. B u r r i, A.: Une nouvelle division du Sou d'or mérovingien. Quadrans inédit d'Agaune. Von H a l l e r, G. E.: Schweizerisches Münz- und Medaillencabinet (Forts.).

R i v i s t a i t a l i a n a di Numismatica. Diretta da Francesco ed Ercole Grecchi. Mit 3 Tafeln. Milano. Anno IV. Fasc. III. Francesco G r e c c h i. Appunti di numismatica Romana. XVII. Le novità degli scavi di Roma durante il 1890. XVIII. Contribuzional Corpus Numorum. G. F. G a m u r r i n i: Di un Semisse di Roma con etrusche iscrizioni. Arturo G. S a m b o n J.: ›Cavalli‹ di Ferdinando I d'Aragona re di Napoli. Luigi P i l a - C a r r o c i: Brevi cenni sullo zecchino di papa Paolo II battuto in Spoleto. Giuseppe R u g g e r o: Un Tallero di Sabbioneta. Ercole G n e c c h i: Appunti di numismatica Italiano. III. Un Tallero di Maccagno. IV. Due ducati d'oro di Maccagno. Constantino L u p p i: Una moneta inedita dei Vescovi di Volterra. Solone A m b r o s o l i: Una medaglia inedita di Giacomo Jonghelinck. Cronaca.

S a m m l e r, Der Herausgeg. von Dr. Hans B r e n d i c k e in Berlin. Nr. 9. Aus dem Inhalte: L. C l e r i c u s: Die Druckfirmen der Werthpapiere. Nr. 10. Aus dem Inhalte: L. C l e r i c u s: Die Druckfirmen der Werthpapiere. Nr. 11 und 12. Aus dem Inhalte: Hungermünzen.

W i t t e, Alphons de: Doubles gros Botdragers d'Adolphe III. de la Marck, comte de Cléves. 1368—1394. Bruxelles, J. Goemaere. 1891. 8⁰. Extrait de la Revue belge de numismatique.

Zeitschrift der deutschen morgenländischen Gesellschaft. 45. Bd., 2 Hft. Aus dem Inhalt: W. Pertsch. Verzeichnis der aus Fleischer's Nachlass der deutschen morgenländischen Gesellschaft überkommenen Münzen.

Verschiedenes.

Personalnachrichten. Aus Anlass der Eröffnung des k. k. Hofmuseums wurde von Allerhöchst Sr. k. u. k. Apostolischen Majestät in der Münz-, Medaillen- und Antiken-Sammlung des Allerhöchsten Kaiserhauses den ordentlichen Mitgliedern der num. Gesellschaft Herrn Director Dr. Friedrich Kenner der Titel eines Regierungsrathes, dem Herrn Custos der Antikensammlung Dr. Rob. R. v. Schneider das Ritterkreuz des Franz Joseph-Ordens verliehen und dem correspondirenden Mitgliedern der numismatischen Gesellschaft Herrn Custos der egyptischen Sammlung Dr. Ernst R. v. Bergmann und dem Herrn Custos der Münz- und Medaillen-Sammlung Dr. Karl Domanig den Ausdruck der Allerhöchsten Zufriedenheit bekannt geben lassen.

Sr. königl. Hoheit der Prinzregent von Bayern haben dem ordentlichen und correspondirenden Mitgliede der Wiener numismatischen Gesellschaft Herrn kön. bayer. Bezirksarzte Dr. Ludwig Fikentscher in Augsburg den Civilverdienst-Orden des heil. Michael 4. Classe verliehen.

Die einzige türkische Münze aus Bosnien. In dem vor Kurzem ausgegebenen XXII. Bande der Numismatischen Zeitschrift, 1890, S. 163 ff., bespricht Herr Carl Peez unter diesem Titel das bekannte, ungemein häufige Kupferstück Súleimân II. vom Jahre 1100 d. H., mit dem Prägeort Seráï. Was den Titel, die Münze und die beigebrachten Bemerkungen betrifft, verweise ich auf meinen vor 24 Jahren in den »Wiener Numismatischen Monatsheften«, Bd. III., 1867, S. 198—218, abgedruckten Aufsatz: »Geschichte der Kupferwährung unter Súleimân II. bis zu ihrer Aufhebung nach dessen Tode«, welches nach gleichzeitigen, grösstentheils bis dahin noch unbenützten türkischen Berichten den wahren Sachverhalt schildert. Aus dieser Abhandlung wird man zugleich entnehmen können, das die von Herrn Peez besprochene Münze nicht die »einzige« türkische Münze aus Bosnien ist.

J. Karabacek.

Eine neue Bergwerksmedaille. Unser Mitglied, Herr Dr. Franz Kupido in Stadt Liebau in Mähren, hat aus dem ersten Silber, das aus den in der Nähe seines Wohnortes im Jahre 1886 von ihm eröffneten Blei- und Silberbergbauen Altendorf und Bernhau gewonnen wurde, auf seine Kosten eine Erinnerungsmedaille prägen lassen.

Av. In der oberen Hälfte des Feldes Bergwerksansicht, darüber klein: FRANZEN'S-ZECHE | 1891, links unten über der Mittelleiste BERNHAU In der unteren Feldeshälfte abermals eine Bergwerkslandschaft, gegen die obere verkehrt gestellt. Darüber WILLIBALD-ZECHE | 1891, links unten über der Mittelleiste ALTENDORF.

Umschrift: ZUR ERINNERUNG AN DIE WIEDERAUFNAHME DES MÄHR. BLEI- u. SILBERBERGBAUES. *

Rv. Umschrift: ALTENDORF-BERNHAUER BLEI- u. SILBER-BERGBAU-GESELLSCHAFT. Innerhalb eines Eichenkranzes in 9 Zeilen: AUS | MÄHRISCHEM | FEINSILBER | —.— | BEGONNEN | AM | 24 Mai 1886 | * | ENT. v. Dr. F. KUPIDO. Darüber die Bergwerks-Embleme Schlägel und Eisen, darunter das mährische Wappen. Links und rechts von diesem: GRAV.—V.— A. NEUDECK. Dm. 39 m., Gew. 26·5 gr. beziehungsweise 10 gr.

Es wurden zu diesen Medaillen 2·430 kg. Feinsilber verwendet, das aus der ersten Waggonladung Erz der genannten Bergbaue dargestellt worden ist, u. zw. 7 Stück à 26, 5 gr. u. 203 Stück à 10 gr. Die Medaillen sind sämmtlich zu Geschenken für Museen, Gönner und Freunde bestimmt, daher käuflich nicht zu erwerben. An und für sich durch die nette künstlerische Ausführnng bemerkenswerth, erhalten diese Medaillen dadurch einen erhöhten Werth, dass sie einen neuen Abschnitt in der Bergwerksgeschichte Mährens, den nach langem Stillstande wieder aufgenommenen Blei- und Silberbergbau bezeichnen. Das Verdienst denselben zu neuem Leben gerufen zu haben, gebührt unserem Mitgliede Herrn Dr. Franz Kupido.

E.

Städtisches Museum in Krems. Wie wir seinerzeit berichteten, wurde im Herbste 1889 in Krems in einem kleinen Zimmer des Rathhauses ein städtisches Museum eröffnet. Da dasselbe lebhaftes Interesse bei der Bevölkerung fand, und demselben Widmungen zuflossen, so war dieses Locale bald zu enge geworden und es wurde nun über Veranlassung des Gründers des Museums, Herrn Probst Dr. Anton Kerschbaumer und durch seine rastlose und opferwillige Bemühung ein neues viel grösseres Locale für das Museum von der Stadtgemeinde eingeräumt und in Stand gesetzt. Dieses Locale. nämlich der westliche Theil des Hauptschiffes und der beiden Abseiten der ehemaligen Dominikanerkirche (zuletzt Getreideschüttknsten), bildet mit seinen frühgothischen Gewölben, der noch theilweise erhaltenen Polychromierung an den Pfeilern und Gewölbsrippen, den charakteristischen Sculpturen an den Pfeilercapitälern, den Resten von Fresken aus der Barokzeit an den Gewölben der rechten Abseite endlich dem grossen mit schönen neuen Glasmalereien der Tiroler Glasmalerei-Anstalt geschmückten Fenster der Westfaçade schon an sich eine hervorragende Sehenswürdigkeit. Das Museum selbst bietet in Berücksichtigung der kurzen Zeit seit dessen Gründung viel des Interessanten; wir erwähnen insbesondere: paläontologische Funde aus dem Lössboden von Krems und Umgebung, zahlreiche prähistorische Gegenstände, und zwar Urnen und kleinere Gefässe aus dem Gräberfelde von Hadersdorf am Kamp, Steinwerkzeuge und dgl. aus den Fundstätten von Willendorf (bei Spitz), Heiligenstein (bei Langenlois). aus der Gudenus- und Eichmayerhöhle im Kremsthale. einige Werkzeuge und Spangen aus der Bronce-Zeit. Römerfunde aller Art aus verschiedenen Theilen von Niederösterreich. insbesondere von Mautern; das Scepter und Schwert der ehemaligen Bürgermeister der vereinigten Städte Krems und Stein. welche mit dem Blutbanne begabt waren. die bis ins Mittelalter zurückreichenden Privilegien-Urkunden und Siegel der Stadt Krems; Fahnen, Laden und Privilegiumsurkunden der Innungen und Zünfte, ältere und neuere Ansichten von Krems und Umgebung. Bilder hervorragender Persönlichkeiten von Krems aus den letzten vier Jahrhunderten. Costüme. Waffen, kirchliche und Profan-Geräthe. zahlreiche 1848er Erinnerungen, eine sehr genaue Reliefkarte der Wachau und des südlichen Theiles des Waldviertels (von Augustin Weïgl), endlich Anfänge einer Sammlung von österreichischen Münzen. Medaillen und Papiergeld. *Dr. Sp.*

Münzfunde, Lerchenberg bei Göppingen in Württemberg Gulden vom Ende des 17. Jahrhunderts. brandenburg-fränkische Sechstellthaler, Sechser Kaiser Leopold I. für Böhmen, Steiermark, schlesische und württembergische Kreuzer. *Numismatische Mittheilungen Nr. 22. Nürnberg.*

Garitz (Unterfranken). Mehrere hundert Würzburger Kiliangroschen des 17. und 18. Jahrhunderts und Goldmünzen Ludwig XIV. von Frankreich. *Numismatische Mittheilungen Nr. 23. Nürnberg.*

Auf dem Theodulgletscher bei Zermatt unter dem Gletschereise wurden, wie der Berliner „Sammler" berichtet. circa 20 römische Kaisermünzen des Augustus und Diocletians. Bronce und Silber, gefunden. Der Fund lässt annehmen, dass in alter Zeit über den damals noch nicht vergletscherten. 3323 Meter hohen Theodulpass eine Strasse führte.

In Wien. Beim Baue eines Hauses. I., Grillparzerstrasse, wurde ein Silberkreuzer Leopold I. vom Jahre 1700 (F. N.) und ein Silbergroschen Karls VI vom Jahre 1721 gefunden. Das Brustbild dieses Kaisers ist ohne Bekleidung, auf der Brust des Adlers im Revers der gekrönte Schild mit dem böhmischen Löwen. darunter F. S., Ferd. Scharff, Donebauer 2720.

Kataloge. Brüder Egger. Katalog V, enthaltend Münzen und Medaillen der Griechen und Römer des Mittelalters und der Neuzeit (circa 5500 Nummern) ist erschienen und zu beziehen durch Brüder Egger, Wien, I., Opernring 7.

Adolf Hess. Frankfurt a. Main, Westendstrasse 7. Katalog des Münzen- und Medaillen- Cabinets des Justizrathes Reimmann; I. Band: Goldmünzeu aller Länder, Silbermünzen der Kaiser, Könige und geistlichen Herren. 3026 N. auf circa 37 Druckbogen eingehend und sorgfältigst beschrieben. mit 6 Tafeln und dem Porträt des Verfassers. Preis 6 Mark. Versteigerung am 7. December 1891 und folgende Tage.

G. Sambon. Florenz, via Martelli 4. Sammlung des verstorbenen Senators Thomas Corsi. Römer. Mittelalter, Medaillen, circa 15000 Stücke. Kataloge werden gratis versendet, Beginn der Versteigerung am 3. December 1891.

Adolf Weyl. Berlin C. Numismatische Correspondenz, N. 101. 1170 Nrn.

A. Einsle. Wien. I. Riemerstrasse 2. Katalog der Bibliothek des verstorbenen Directors der k. k. Hofbibliothek Dr. Ernst R. v. Birk. 1420 N. Versteigerung vom 23 November an. Auch Münzwerke.

Josef Baer & Co. Frankfurt a. Main. Rossmarkt 18 Bücherkatalog Nr. 228. Münzwesen und Siegelkunde. 536 N.

Emil Fischer's Juwelen-, Gold- und Silberwaaren-Geschäft, Münz- und Medaillen-Lager befindet sich nunmehr Wien, I. Bez., Kärntnerring Nr. 1.

Herausgeber und verantwortlicher Redacteur: Franz Trau. — Verlag der numismatischen Gesellschaft in Wien.
Druck von Kreisel & Gröger, vorm L. W. Seidel & Sohn, in Wien.

MONATSBLATT

der

numismatischen Gesellschaft in Wien.

Dieses Blatt erscheint monatlich ein Mal und wird den Mitgliedern der Gesellschaft
unentgeltlich zugesendet. Preis des Jahrganges für Nichtmitglieder 1 fl. Zuschriften
sind zu richten an die numismatische Gesellschaft. Wien. I., Universitätsplatz 2.

Nr. 100.   November.   1891.

Mittheilungen der Gesellschaft.

Einladung

zu der

am Mittwoch den 16. December 1891, Abends 7 Uhr

im grünen Saale der kais. Akademie der Wissenschaften (I. Universitätsplatz 2)

stattfindenden

7. ordentlichen Versammlung.

Programm:

1. Mittheilung von Einläufen. — 2. Wahl von Mitgliedern. — 3. Herr Joseph Nentwieh,
Redacteur der Mittheilungen des Clubs der Münz- und Medaillen-Freunde. Die Medaillen
des k. u. k. Kammermedailleurs Anton Scharff.
Ausstellung von Medaillen des k. u. k. Kammermedailleurs Anton Scharff aus den Sammlungen der Herren Adolf Bachofen von Echt und Jos. Nentwich. ferner von
$^1/_2$ und $^1/_4$ -Thalern aus dem Besitze der Herren Brüder Egger. Zutritt frei.

Versammlungen der Gesellschaft mit Vorträgen und Ausstellungen: 18. November,
16. December, 20. Jänner 1892, 17. Februar. 16. März, 13. April, 7 Uhr Abends im
grünen Saale der kais. Akademie der Wissenschaften, I., Universitätsplatz 2. Der Zutritt
ist für Jedermann frei.

Es wird ersucht, Zuschriften und Sendungen bezüglich der Zeitschrift an Herrn
Rudolf Ritt. v. Höfken, Wien, XVIII., Feldgasse 35, bezüglich der Cassa und des Monatsblattes
an Herrn Franz Trau, I., Wollzeile 1. alle anderen Briefe und Sendungen an die numismatische Gesellschaft, I., Universitätsplatz 2 (kais. Akademie der Wissenschaften), zu richten.

Das Bibliothekslocale der numismatischen Gesellschaft. I., Universitätsplatz 2, ist
an jedem Mittwoch von 6 Uhr an geöffnet.

Die ordentlichen Mitglieder der numismatischen Gesellschaft zahlen eine einmalige Eintrittsgebühr von 2 fl., einen Jahresbeitrag von 8 fl. und erhalten die Zeitschrift und das
Monatsblatt kostenfrei zugestellt. Abonnement der Zeitschrift 6 fl., des Monatsblattes

Warnung.

Es kam mir zur Kenntnis, dass Nachgüsse meiner Gussmedaillons und eben solcher Medaillen durch groben Vertrauensmissbrauch in Verkehr gesetzt und dadurch Sammler. die auf Erlangung meiner Arbeiten Werth legen, geschädigt wurden.

Im Interesse der Kunstfreunde und zur Wahrung meiner künstlerischen Ehre und Rufes erkläre ich, dass nur jene Güsse echt sind, welche von mir selbst abgegeben werden, da von mir niemand mit der Veräusserung meiner Werke betraut ist.

Vorgefundene, unbefugt hergestellte Nachgüsse liess ich behördlich confisciren. warne vor dem Ankaufe von eventuell noch vorhandenen und bitte. mich von eventuellen Anboten zu verständigen.   *Anton Scharff. k. u. k. Kammermedailleur.*

Am 22. November 1891 starb zu Regensburg an einem Schlaganfalle

Herr Wilhelm Schratz,

königl. bayerischer Regierungsregistrator, correspondirendes Mitglied der Wiener numismatischen Gesellschaft.

Vor wenigen Wochen hat uns der Verstorbene in einer Versammlung unserer Gesellschaft mit einem ausgezeichneten Vortrage über die Medaillen der Fürsten Thurn und Taxis erfreut. Wir haben ihn in Wien als einen treuen Anhänger. als ein liebes Mitglied der numismatischen Gesellschaft begrüßt und gefeiert. Wer konnte ahnen. dass wir in so kurzer Zeit seinen Tod betrauern müssen. Mit ihm ist ein ausgezeichneter Numismatiker dahin gegangen. seine Verdienste sollen in einer der nächsten Nummern gewürdiget werden.

Noch einen zweiten schmerzlichen Todesfall haben wir zu beklagen. Am 1. December starb im 73. Lebensjahre Herr

Karl Krahl,

k u. k Hof-Wappenmaler, Wappencensor und Maler des königl. ungar. Ministeriums am Allerhöchsten Hoflager.

Der Verstorbene hatte als Heraldiker und Genealog einen ausgezeichneten Ruf, mit seltener Liebenswürdigkeit hat er aus dem reichen Schatze seiner Erfahrungen und Sammlungen Mittheilungen gemacht, er war ein begeisterter Verehrer unserer heimatlichen Berge, ein rastloser Tourist. Zehn Jahre gehörte er der numismatischen Gesellschaft als ordentliches Mitglied an, seine Medaillensammlung birgt grosse Schätze an Seltenheiten und heraldisch wertvollen Stücken.

Sein Andenken sei stets geehrt!

Versammlung vom 14. October 1891.

Der Vorsitzende Herr E. Schmidel begrüsst die Anwesenden, verweist auf die zahlreichen als Geschenk und im Tauschwege für die Bibliothek eingelangten Werke Ausgestellt waren die von Herrn Regierungsregistrator Wilhelm S c h r a t z aus Regensburg der Gesellschaft geschenkte Medaille auf das Ursulinerinnenkloster in Regensburg, ferner als Geschenk des Herrn Historienmalers Ignaz S p ö t t l die Medaille auf dessen Mutter Walburga S p ö t t l, ein durch feinste Charakteristik ausgezeichnetes Meisterwerk des k. u. k. Kammermedailleurs Anton S c h a r f f, sodann aus der Sammlung des Herrn Dr. Jos. S c h o l z die neue schöne Medaille auf den Herrn Hofrath Karl L i n d von

Scharffs auf S. Exell. Freiherrn von Helfert, ferner eine reiche Collection von Medaillen des fürstlichen Hauses Thurn und Taxis aus der Sammlung des Herrn Regierungsregistrators Wilhelm Schratz in Regensburg, eine ausgezeichnete Reihe von Geprägen Kaiser Max I. aus der Sammlung des Herrn Historienmalers Ignaz Spöttl, sowie die im Jahre 1891 in Carnuntum gefundenen römischen Kaisermünzen aus der Sammlung des Herrn Bauunternehmers Carl Hollitzer in Deutsch-Altenburg und ein Abguss des in Carnuntum gefundenen Medaillons des Kaisers Septimius Severus, welches Herr Anton Baron Ludwigstorff den Sammlungen des Allerhöchsten Kaiserhauses geschenkt hat.

Der Vorsitzende theilt sodann das Ableben des Ehrenmitgliedes Dr. Karl v. Müller, Director der kön. Münz- und Antikensammlungen zu Kopenhagen und des ordentlichen Mitgliedes Franz Marie v Friese, Ministerialrath im k. k. Ackerbauministerium mit und schildert die grossen Verdienste derselben. Die Versammlung erhebt sich zum Zeichen der Trauer von den Sitzen.

Zu ordentlichen Mitgliedern werden sodann gewählt Herr J. B. Ulrich. Fabrikant, Chef der Firma Winiwarter, Wien, I., Johannesgasse 22, über Vorschlag der Herren Hoflieferanten Josef Klemm und Oberlandesgerichtsrath Dr. Franz Ritter v. Raimann, ferner Herr Johann Horsky. Ingenieur in Budapest, Huniadyplatz Nr. 10 über Vorschlag der Herren Heinrich Cubasch jun. und Dr. Rob. Fischer. Sodann hält Herr kön. Regierungsregistrator Wilhelm Schratz aus Regensburg einen durch reichen Inhalt und schöne Form ausgezeichneten Vortrag über die Medaillen der Fürsten Thurn und Taxis, Herr Historienmaler Ignaz Spöttl bespricht die von ihm ausgestellten, was Seltenheit und Erhaltung anbelangt gleich hervorragenden Münzen und Medaillen Kaiser Max I.

Der Vorsitzende schildert die im Jahre 1891 in Carnuntum gemachten Funde römischer Münzen. Nur einmal wurde ein eigentlicher Münzenfund gemacht; im Amphitheater lagen 88 Denare beisammen, vielleicht der Inhalt einer verlornen Börse, wie eine solche das Nationalmuseum in Neapel aus Pompeji bewahrt. Dieser Fund ist charakteristisch für die Geltungsdauer der römischen Münzen, er umfasst Gepräge von den Legionsdenaren des Marc Anton bis zu Lucius Verus, also einen Zeitraum von nahezu 200 Jahren. Sonst wurden nur einzelne Münzen gefunden, der Verein Carnuntum besitzt circa 30.000 Stücke, reich sind auch die Sammlungen der Herren Grafen Otto Abensperg-Traun in Petronell, Anton Baron Ludwigstorff und Carl Hollitzer in Deutsch-Altenburg. Die Münzen der früheren Kaiserzeit sind nicht so häufig, zahlreich jene der Spätzeit insbesonders Constantins des Grossen und seiner Nachfolger. Im Quadenwalle fand sich ein Probus mit Adventus Aug. und eine Zahl Münzen aus der constantinischen Zeit. Die Localität des Walles scheint zeitweise das Quartier der X. Legion oder einer Abtheilung derselben gewesen zu sein. Ein Steinblock im Museum zu Deutsch-Altenburg trägt die Bezeichnung LX und dieselbe entdeckte auch Herr Historienmaler Stefan Delhaes auf einer vor Kurzem im Quadenwalle ausgegrabenen römischen eisernen Sichel.

Das St. Pöltener Münzhaus.
Von J. Spöttl.

Kaum eine andere Epoche des österreichischen Münzwesens dürfte uns so mannigfaltige Gepräge in so grosser Zahl hinterlassen haben, als jene Kaiser Ferdinand II.: aber nicht eine hat so oft unheilvolle Ereignisse mit im Gefolge gehabt, wie eben diese.

Viele Münzverordnungen dieses Kaisers brachten Unheil, trotzdem es nicht zu leugnen ist, dass selbe der Zeit und den damaligen tristen Verhältnissen angemessen waren.

Wie die Gepräge von verschiedenem künstlerischen Werte uns erscheinen, eben so ist auch deren materieller Wert ein höchst ungleicher. Zu keiner anderen Zeit waren so viele und an so verschiedenen Orten in Betriebe stehende Münzstätten vorhanden. Deren Zahl dürfte etliche zwanzig sein. Manche derselben könnte man mit Recht Eintagsfliegen nennen, sie kamen und verschwanden, mit ihnen fast gleichzeitig ihre Gepräge, so gründlich, dass von denselben heute im Volke selbst eine Sage nicht mehr vorhanden ist. — Den Numismatikern zu Anfange unseres Jahrhunderts, war noch der Begriff einer österreichischen Münzgeschichte fremd, ihnen haftete auch, es ist hart das zu sagen, der Fluch des Oesterreichers an, sich immer um Fremdes zu bekümmern, es besser zu finden, als sein gutes Heimisches. Daher befassten sich diese fast gar nicht mit den österreichischen Münzstätten, deren Münzmeistern und deren Zeichen. Es ist ein Wunder zu nennen, wenn wir durch Zufall in einer oder der anderen alten Sammlung etwa ein Stück aus so einer, ich möchte sagen Zufalls- münzstätte finden.

Da viele dieser Münzstätten nur kleine unansehnliche Münzen in grosser Zahl prägten, und diese selten gesammelt wurden, so fehlen uns für viele, später aus den Acten, ich möchte sagen, wieder an's Tageslicht geförderte Münzstücken, das geprägte Materiale, als Beleg.

Wir wollen uns heute das wenige Münzmateriale einer solchen wiedergefundenen Münzstätte besehen, es besprechen. Es ist dies eine Stätte, die für uns Nieder-Oester- reicher um so mehr Wert hat, weil sie in unserem engeren Vaterlande lag. — Ich meine jene zu St. Pölten. Ziemlich lange erzählte man sich schon von diesem Münz- hause; oft wurde sogar von erprobten Fachmännern dessen Existenz bestritten, bis endlich unser ausgezeichneter Forscher Dir. Newald auf genügendes Actenmateriale gestützt, sicher sagen konnte:

In den Jahren 1624 bis 1626 bestand zu St. Pölten ein Münzhaus, und zwar in der sogenannten Hofstattmühle; dieses war mit einer Walzenpräge-Maschine ver- sehen. — Wir wollen an der Hand Director Newalds uns die Geschichte dieses Münz- hauses vergegenwärtigen.

Wir kannten nun zwar die Münzmeister dieses Hauses und deren Zeichen, wussten dass diese die Doppellilie, der Sparren und die gefüllte Rose sind.

Aus den Acten ergibt sich, dass eine grosse Zahl von Thalern dort geprägt wurde. — Ob auch Halb- und Viertelthaler gemünzt wurden, ob Groschen und Kreuzer, dass konnten uns einestheils nur die Sammlungen, andererseits neue Funde lehren.

Schulthes-Rechberg hatte wohl in seinem Kataloge Nr. 83 einen Thaler beschrieben, dieses Exemplar ging später in die Sammlung des Fürsten Montenuovo über, von jener in meinen Besitz. Dieses Stück ist im Averse mit der Doppellilie, unter dem Brustbilde, bezeichnet. — Zu deren Seite getrennt stehen die Buchstaben I . I und E der Name des Joh. Joachim Edlinger. Dieser war zwischen 1624 und 1625 Münzmeister zu St. Pölten.

Bald nach der Publication Newald's erwarb ich noch ein zweites Exemplar dieses Thalers mit noch fünf anderen österreichischen, der Zeit Ferdinand II. angehörigen Thalern, sie wurden beim Abbruche eines Hauses in der Krugerstrasse in den Fundamenten gefunden. Dies entspricht einer alten löblichen Sitte. Es waren Wiener Thaler und zwar je ein Stück vom Jahre 1624 und 1625, eines von 1633 und der hochrare Thaler des Virgil Constanz vom Jahre 1636. Nebstdem fand sich ein Thaler der die Jahreszahl 1625 wies und im Bilde ganz denjenigen der St. Pöltener Münzstätte unter Edlinger glich. Er hatte die Doppellilie unter dem Brustbilde im Averse, jedoch nicht die Buchstaben des Edlinger.

Wir haben hier also einen zweiten Stämpel dieses Münzhauses vor uns.

Bei der Durchsicht der Dr. Missong'schen Sammlung, wohl die schönste was Thalerprägen und deren Erhaltung betrifft, aber sicher auch die reichhaltigste an österreichischen Münzstätten und deren Münzmeistern — Papa Missong war so recht eigentlich der Vater des modernen Sammelns — da fand Dir. Newald noch zwei andere Stämpel, die sicher der St. Pöltener Münze zuzuzählen sind, nämlich jenen vom Jahre 1625 mit dem Sparren, dann den letzten Thaler dieser Prägestätte bezeichnet 1626. Er hat im Averse unter dem Brustbilde das Zeichen des M. Turba, die gefüllte Rose.

Wir kennen also bis nun vier Thalerstämpel dieses Münzhauses, und zwar von drei Münzmeistern, aus den Jahren 1625 und 1626. Diese Stämpelverschiedenheiten lassen schon auf einen ziemlich starken Münzbetrieb schliessen.

Vielleicht ist es erlaubt hier auch die Ansicht auszusprechen, dass schon im Jahre 1624 zu St. Pölten grössere Münzen geprägt wurden, ob diese ein gleiches oder ähnliches Münzbild wie die uns bekannten vom Jahre 1625 weisen, ist nicht bekannt, doch meine ich Grund zu haben, um annehmen zu können, sie haben sich den Münzbildern jener Zeit aus dem Wiener Münzhause mehr genähert oder seien mit diesem gleich.

Die grosse Frage, ob es Kleinmünzen aus der St. Pöltener Münze gäbe, war bei dem Erscheinen der Newald'schen Publication (188) noch nicht gelöst. Im Jahre 1882 erwarb ich von einem Linzer Sammler, einen Gulden mit d. J. 1625, er hat Zeichen des Edlinger, die Doppellilie und ist in allem gleich mit dem Thaler 2 v. J. 1625. — Fast zu derselben Zeit sah ich unter Kleinmünzen der fürstl. Montenuovo'schen Sammlung einen Silberkreuzer, auch mit der Jahreszahl 1625 und unter dem Brustbilde die Doppellilie, leider ging uns dieses Stück verloren.

Im Sommer des Jahres 1884 sandte mir mein Freund Donebauer aus Prag eine grosse Zahl Groschen der ferdinandinischen Zeit aus einem Funde in Westböhmen. Zu meiner grössten Freude fand ich unter diesen zwei Groschen v. Jahre

1625 mit dem Zeichen des Edlingers der (Doppellilie), sowie einen v. Jahre 1626 mit dem Beizeichen der gefüllten Rose, genau wie das Zeichen des Turba.

Wir können also durch Münzstücke die Auspräge von ½-Thaler-Groschen und Kreuzern in St. Pölten während der Jahre 1626 erweisen.

Im Jahre 1891 erhielt ich aus einem bei Hall in Ob.-Oesterreich gemachten Funde noch vier Groschen mit dem Zeichen der Lilie und zwei mit dem der gefüllten Rose.

Vor wenigen Wochen kam mir zur Bestimmung ein grösserer Groschenfund zu, hier fand ich eine neue Type der St. Pöltener Münze, dieser Groschen ist bezeichnet mit der Jahreszahl 1624. hat unter dem Brustbilde das Zeichen des M. Fellner, den Sparren. und, dicht unter dem Abschnitte der Büste die Buchstaben Edlingers I. I. E.

Wir müssen diese Form des Groschens aus dem St. Pöltener Münzhause als eine sehr zu beachtende ansehen, sie zeigt uns eben, dass schon 1624 Fellner die Oberaufsicht über das St. Pöltener Münzhaus hatte. Fellner. das kann man nicht oft genug rühmen, war ein Ehrenmann durch und durch, seine Oberaufsicht wird uns lehren, dass die später gegen das St. Pöltener Münzhaus erhobenen Beschuldigungen nur aus Gehässigkeit entsprungen sind.

(Fortsetzung folgt.)

Der V. Vereinstag deutscher Münzforscher.

Bericht des Herrn Ritter v. Höfken.

Nach einleitenden Worten über die liebenswürdigen Bemühungen der Dresdener numismatischen Gesellschaft, welche nichts unterlassen hatte, um den Theilnehmern an dem Congresse nach jeder Richtung hin nur das Beste zu bieten, berichtet der Vortragende über die am 9. October im Sitzungssaale der Stadtverordneten erfolgte I. Hauptversammlung. welcher ausser vielen Ehrengästen auch Prinz Georg und Prinzessin Mathilde von Sachsen beiwohnten. Senatspräsident Lossnitzer hiess die Anwesenden namens der numismatischen Gesellschaft willkommen, worauf Oberbürgermeister Dr. Stübel dieselben in schwungvoller Rede begrüsste. Nachdem Hofrath Erbstein den Congress für eröffnet erklärt hatte. berichtete er über die Thätigkeit des Deutschen Münsforschervereines, gedachte in warmen Worten des Hinscheidens des Protectors Prinzen Alexander von Hessen. sowie des Hofrathes Albert Erbstein und machte die freudigst aufgenommene Mittheilung von der Uebernahme des Protectorats seitens des Prinzen Johann Georg von Sachsen. ferner von der Zuweisung eines bleibenden Domicils für den Verein im Prinzenpalais zu Dresden. Bei der Neuwahl des Präsidiums wurden sodann die Herren Erbstein. Riggauer, Stenzel und Hölken gewählt. welche die Ehre hatten, von König Albert in Audienz empfangen zu werden. Den Dankesworten Doctor Riggauer's an die erlauchten Herrschaften, die Stadt Dresden und die numismatische Gesellschaft daselbst folgte ein Vortrag des Oberpostdirectors Halke über die Art. und Weise der Bracteatenerzeugung, welche zugleich praktisch auf einem kleinen Ambos vorgeführt wurde durch Prägung eines Bracteaten ähnlichst Cappe, R. M. II, Taf. III, Nr. 20 mit der Umschrift: ERADINVGSIDRE-Erinnerung an die numismatische Gesellschaft in Dresden. Dieser neuartige, wohlgelungene Erinnerungsjeton wurde an alle Anwesenden vertheilt. ebenso eine kleine Broschure, welche der uns indes so plötzlich entrissene Regierungs-Registrator Schratz dem Vereinstage unter dem Titel »50 Regensburger und Erlanger Medaillen. Münzen und Marken« widmete.

Dr. Riggauer sprach hierauf über die in Brüssel abgehaltene internationale Versammlung für Numismatik, Pastor Stenzel über die Entstehung, Entwicklung und den Bestand des herzoglichen Münzcabinets in Dessau, welches über 14.000 Gepräge aller Zeiten enthält.

Nachmittags eröffnete Hofrath Erbstein die numismatische Ausstellung im Kurländer Palais, welche etwa 10.000 Stück umfasste und sowohl für den Fachmann, wie für den Laien viel Interessantes und Lehrreiches bot. Ausser den trefflich zu einem Bilde des Entwicklungsganges der Münzen und Medaillen vereinigten Geprägen lagen auch zahlreiche numismatische Werke auf; ebenso erregte die einzig dastehende Sammlung des Regierungsrathes Dr. Posse von galvanoplastischen Abdrücken mittelalterlicher Siegel allgemeine Bewunderung. Die Kaisersiegel von Pipin bis Maximilian I. sind durch 500. die Siegel des Wettiner Stammes von 1123—1891 durch 250 Abdrücke vertreten.

Später vereinigten sich die Theilnehmer zu einem Ausflug nach Tolkewitz, welcher mit einem Tänzchen fröhlichen Abschlnss fand.

Der folgende Vormittag war Sitzungen, der Nachmittag einer Excursion nach Meissen, jener auch in numismatischer Beziehung so wichtigen Stadt, gewidmet. Die trefflich restaurirte Albrechtsburg und der altehrwürdige Dom, in welchem feierlicher Orgelklang ertönte, wurden mit grossem Interesse eingehend besichtigt und sodann nach gemeinsamem Mahle im Burgkeller die Sitzungen fortgesetzt. Auf dem Rückwege zum Bahnhofe wartete der Festgenossen eine gewiss Allen unvergessliche Ueberraschung: Raketen stiegen gen Himmel und plötzlich erglänzte der hochthronende Dom und die mächtige alte Burg in bengalischem Lichte, glühte es auf zwischen den Häusern und Rebengeländen herab bis zur Elbe, in deren Wellen sich all' der zauberhafte Glanz wiederspiegelte.

Am 11. October fand nach vorhergegangener letzter Sitzung die II. Hauptversammlung statt. In dieser wurden folgende Anträge gestellt:

1. Der V. Vereinstag deutscher Münzforscher spricht den Wunsch aus, die Zahl der kleineren im deutschen Reiche erscheinenden numismatischen Blätter nicht vermehrt, sondern möglichst verringert zu sehen, um den Ueberblick über die Tagesliteratur zu erleichtern. Nächstdem beschliesst der Vereinstag, an die historischen und ähnlichen Vereine des deutschen Reiches das Ersuchen zu richten, Abhandlungen numismatischen Inhalts ihrer Mitarbeiter nicht in ihren Vereinsschriften, sondern in einem numismatischen Blatte zu veröffentlichen. Sollten indess Gründe bestehen, derartige Arbeiten doch in einer der gedachten Vereinsschriften drucken zu lassen, so wird ersucht, wenigstens eine Notiz hierüber an das Präsidium des deutschen Münzforschervereins (d. H. Dr. Erbstein, Dresden) gelangen zu lassen.

2. Der Allgemeine deutsche Münzforscherverein hat durch die nunmehr seit 11 Jahren unternommenen Wanderversammlungen so viele Freunde und Mitarbeiter erworben, dass er neben seinen bisherigen Aufgaben das Endziel seiner Bestrebungen nunmehr glaubt ausführen zu können, welches er erblickt in der Schaffung eines nationalen Mittelpunktes für die Pflege des numismatischen Studiums. Er beabsichtigt, zur Erreichung dieses Zweckes eine umfassende Fachbibliothek und eine Studiensammlung von Münzen und Medaillen zu begründen, sowie diejenigen Vorrichtungen zu schaffen, welche den für dieses Studium sich interessirenden jungen Männern es ermöglicht, auf dem Gebiete der Numismatik unter fachmännischer Leitung praktisch sich auszubilden. Die Versammlung beauftragt das Präsidium, die einleitenden Schritte zur Durchführung dieses Unternehmens zu thun.

3. Die Commission hat mit der Frage sich beschäftigt, wie es verhindert werden könne, dass Nachbildungen von Münzen und Medaillen für Originale ausgegeben

92

Literatur.

Für die Bibliothek der numismatischen Gesellschaft eingelangt.

Annual report of the board of regents of the Smithsonian institution showing the operations expenditures and condition of the institution for the year ending June 30 1888. Report of the U. S. National Museum. 8⁰. Washington 1890.

Anzeiger des germanischen National-Museums. Nr. 5, September und October 1891. Nürnberg.

Archiv für Bracteatenkunde. Herausgegeben von Rudolf v. Höfken. II. Heft 5 und 6. Wien, 1891. 8⁰. Meier P. J.: Beiträge zur Bracteatenkunde des nördlichen Harzes. Scheuner R.: Bracteatenfunde in der Oberlausitz. I. Höfken: v. Zur Bracteatenkunde Süddeutschlands. VII. Literatur.

Bergsoe Vilhelm. Krigsminder fra felttogene i vore forste frihedsaar monter og medailler. Mit 4 Tafeln. Kjobenhavn, J. Jorgensen & C. 1890. Gross 4⁰. (1109.) Geschenk des Verfassers.

Dresdener Sammlungen, aus. 4. Heft. Festgruss, dem fünften Vereinstage deutscher Münzforscher dargebracht von der numismatischen Gesellschaft zu Dresden. Mit 6 Tafeln. Dresden, Wilhelm Baensch, 1891. (1104.) Geschenk der numismatischen Gesellschaft in Dresden.

Fiala Eduard. Beschreibung böhmischer Münzen und Medaillen. Mit 10 Tafeln. Prag. A. Haase, 1891. I. Bd. Gr. 8⁰. (1103.) Geschenk des Verfassers.

Numismatische Mittheilungen. Organ des Vereines für Münzkunde in Nürnberg. Nr. 22 u. 23. Aus dem Inhalte: Der Stempelschneider C. M. Münzverkehr.

Rivista italiana di numismatica diretta da Francesco ed Ercole Gnecchi. Milano 1891. Fasc. IV. Franc. Gnecchi: Appunti di numismatica Romana. Camillo Brambilla: Monete italiane inedite nella collezione Brambilla a Pavia. Arturo G. Sambon: I Carlini e la medaglia trionfale di Ferdinando I. d'Aragona re di Napoli. Giuseppe Castellani: Una medaglia Fanese del secolo XV. Bernardo Morsolin: Una medaglia di Carlo V. Costantius Luppi: Vite di illustri numismatici italiani. Celestino Cavedoni. Cronaca. Miscellanea.

Sachsen-Coburg-Gotha, Philipp Herzog zu. Curiosités orientales de mon Cabinet numismatique. Bruxelles, J. Goemaere, 1891. 8⁰. (1105.) Geschenk Sr. königl. Hoheit des Herzog Philipp zu Sachsen-Coburg-Gotha.

Sachsen-Coburg-Gotha, Philipp Herzog zu. Une médaille commémorative de la fondation et de l'achévement de la ville de Sultanije (1305—1313). Bruxelles, J. Goemaere. 1891. 8⁰. (1108.)

Vallier G. Sigillographie des chartreux et numismatique de Saint Bruno. Mit 54 Tafeln. Montreuil sur Mer. 1891. 8⁰. (1107.) Geschenk Sr. königl. Hoheit des Herrn Philipp Herzog zu Sachsen-Coburg.

(Fortsetzung folgt.)

Kataloge. Delestre Maurice und Serrure Raymond & C. Paris, rue de Richelieu 53. Monnaies romaines et françaises, jetons. 373 N. Die Versteigerung war am 21. Nov. — Gebert, C. F. Nürnberg, Karlsstrasse. 4. Münzen- und Medaillen-Sammlung des H. Adolf Meinhardt. 602 N. Die Versteigerung begann am 30. Nov. — Hahlo. Julius. Herlin. unter den Linden 13. Berliner Münzenverkehr N. 20. 2385 N. — Lau. Geo & C. Antiquariat, München, Blüthenstr. 12. Portraits von Fürsten und Adeligen. 1597 N. — Rappaport, Edmund. Berlin, Halle'sche Str. 18. XX. Verzeichnis von Münzen und Medaillen 1612 N. — Thieme. C. G. Leipzig, Gewandgässchen 5. Numismatischer Verkehr. N. 1 und 2. 3082 N. — Weyl, Adolf. Berlin, C. Adlerstr. 5. 119, Auctionskatalog. Schlesische Münzen- und Medaillen-Sammlung des Herrn K. zu L. 1092 N. Versteigerung 26., 27. u. 28. Jänner. — Wormser, Max. Wien, I. Kärntnerstr. 31. 2. Verzeichnis von Münzen und Medaillen. 822 N.

Herausgeber und verantwortlicher Redacteur: Franz Trau. — Verlag der numismatischen Gesellschaft in Wien. Druck von Kreisel & Groger. vorm L. W. Seidel & Sohn. in Wien.

MONATSBLATT

der

numismatischen Gesellschaft in Wien.

Dieses Blatt erscheint monatlich ein Mal und wird den Mitgliedern der Gesellschaft unentgeltlich zugesendet. Preis des Jahrganges für Nichtmitglieder 1 fl. Zuschriften sind zu richten an die numismatische Gesellschaft. Wien. I., Universitätsplatz 2.

Nr. 101.	December.	1891.

Mittheilungen der Gesellschaft.

Einladung

zu der

am Samstag den 30. Jänner 1892, Abends 7 Uhr

im grünen Saale der kais. Akademie der Wissenschaften (I., Universitätsplatz 2)

stattfindenden

Jahres-Versammlung.

Programm:

1. Mittheilung von Einläufen. — 2. Wahl von Mitgliedern. — 3. Festvortrag des Herrn Regierungsrathes und Directors der Münzen- und Antikensammlung des Allerhöchsten Kaiserhauses Dr. Friedrich Kenner: Die Ausstellung der Münzen und Medaillen im Hofmuseum. — 4. Rechenschaftsbericht. — 5. Cassabericht. — 6. Revisionsbericht. — 7. Wahl der Revisoren und Scrutatoren. — 8. Wahl des Vorstandes.

Ausstellung von Münzen und Medaillen.

Nach § 14 der Statuten ist die Anwesenheit von 20 Mitgliedern nothwendig.

Demnächst erfolgt der Neudruck der Adressen, und wird ersucht, Veränderungen der Titel und Wohnorte bekannt zu geben.

Zur gefälligen Beachtung! Herr von Höfken bittet, das Monatsblatt betreffende Zuschriften etc. nicht an ihn, sondern an Herrn Franz Trau, I., Wollzeile 1, zu richten, da Herrn von Höfken nicht die Redaction des Monatsblattes, sondern jene der Wiener numismatischen Zeitschrift obliegt.

Versammlungen der Gesellschaft mit Vorträgen und Ausstellungen: 30. Jänner 1892, 17. Februar, 16. März, 13. April, 7 Uhr Abends im grünen Saale der kais. Akademie der Wissenschaften, I., Universitätsplatz 2. Der Zutritt ist für Jedermann frei.

Es wird ersucht, Zuschriften und Sendungen bezüglich der Zeitschrift an Herrn Rudolf Ritt. v. Höfken, Wien, XVIII., Feldgasse 35, bezüglich der Cassa und des Monatsblattes an Herrn Franz Trau, I., Wollzeile 1, alle anderen Briefe und Sendungen an die numismatische Gesellschaft, I., Universitätsplatz 2 (kais. Akademie der Wissenschaften), zu richten.

Das Bibliothekslocale der numismatischen Gesellschaft, I., Universitätsplatz 2, ist an jedem Mittwoch von 6 Uhr an geöffnet.

Die ordentlichen Mitglieder der numismatischen Gesellschaft zahlen eine einmalige Eintrittsgebühr von 2 fl., einen Jahresbeitrag von 8 fl. und erhalten die Zeitschrift und das Monatsblatt kostenfrei zugestellt. Abonnement der Zeitschrift 6 fl., des Monatsblattes (12 Nummern) 1 fl.

Numismatische Gesellschaft in Wien.

Rechnungs-Abschluss

Soll		Cassaconto mit Ende			
	fl.	kr.	fl.	kr.	
Druck der Zeitschrift	1156	19			
Druck des Monatsblattes, der Einladungen etc.	298	85	1455	04	
Tafeln und Clichés			129	60	
Benützung und Reinigung des Locales			51	35	
Versendung des 22. Bandes und des Monatsblattes . .			85	22	
Correspondenz			30	60	
Remuneration und Trinkgelder			44	05	
Verschiedenes			75	95	
Saldo für 1892			694	95·5	
			2566	76·5	

Activa		Bilanzconto mit Schluss			
	fl.	kr.	fl.	kr.	
Cassa			694	95·5	
Rückständige Mitgliederbeiträge 1890	192	—			
» » 1891	458	—	650	—	
2 Schuldverschreibungen der Elisabeth-Westbahn vom					
1. Juli 1883 à 600 Mark und Zinsen . .	660	60			
1 Schuldverschreibung der Nordwestbahn vom 1. März					
1884 à 200 fl. und Zinsen	215	33	875	93	
			2220	88·5	

Geprüft und richtig befunden:

Wien, 30. Jänner 1892.

Die Rechnungsrevisoren:

Rudolf Appel m. p.　**Dr. Andreas Borschke** m. p.　**Josef Müller** m. p.

des Vereinsjahres 1891.

des Vereinsjahres 1891.	fl.	kr.	fl.	kr.	Haben
Saldo per 1. Jänner 1891			615	38·5	
Von Sr. Majestät dem Kaiser			100	—	
Vom k. k. Unterrichtsministerium			200	—	
Mitgliederbeiträge: Rückständige	204	—			
» des Jahres 1891	1032	—	1236	—	
Zinsen			34	88	
Verkaufte Zeitschriften			281	70	
Abonnements des Monatsblattes			34	—	
Verkaufte Medaillen			64	80	
			2566	76·5	

des Vereinsjahres 1891.	fl.	kr.	fl.	kr.	Passiva
Reserve für das Vereinsjahr 1892			2220	88·5	
			2220	88·5	

Wien, 31. December 1891.

Franz Trau m. p.
Cassier.

Edmund Schmidel m. p.
Vorstandsmitglied.

Am 7. Jänner 1892 starben in Wien Frau

Walburga Spöttl,

Hausbesitzerin,

seit 1885 ordentliches Mitglied der numismatischen Gesellschaft und deren Sohn Herr

Ignaz Spöttl,

Historienmaler, Correspondent der k. k. Commission zur Erhaltung der Kunst- und historischen Baudenkmale,

welcher durch seine Vorträge und Ausstellung der Schätze seiner herrlichen Sammlung
oft die Mitglieder der numismatischen Gesellschaft erfreute, die beiden ein ehrenvolles Andenken stets bewahren wird.

MEDAILLE AUF WALBURGA SPÖTTL
von Kammermedailleur Anton Scharff.

Versammlung vom 16. December 1891.

Der Vorsitzende, Herr Dr. Josef S c h o l z, bringt zur Kenntniss der Versammlung den am 15. December 1891 erfolgten Tod Seiner kaiserlichen Hoheit des durch-
lauchtigsten Herrn Erzherzogs S i g i s m u n d, welcher ein erfahrener Kenner der Münzkunde war, und eine an Seltenheiten reiche Sammlung besass. Am 22. November starb
Herr Regierungs-Registrator Wilhelm S c h r a t z in Regensburg, correspondirendes Mitglied der numismatischen Gesellschaft, und am 1. December 1891 deren ordentliches
Mitglied Herr Karl Gustav K r a h l, Hof-Wappenmaler in Wien.

Die Versammlung erhebt sich zum Zeichen der Trauer.

Der Vorsitzende weist auf die für die Bibliothek eingelangten und ausgestellten
Werke hin.

Es werden sodann Herr Gottfried H ü t t e m a n n, Bergdirector zu Wicklitz bei
Karlitz in Böhmen, über Vorschlag des Herrn Bergwerks-Directors Raimund W i e s n e r
und des Herrn k. und k. Lieutenants Hans K o b l i t z R. von W i l l m b u r g, ferner
Herr Josef W e h l e, Privatier in Wien, über Vorschlag der Herren Armin E g g e r und
Eduard F o r c h h e i m e r, endlich Herr Berthold W i l l n e r, Rentier in Wien, IX. Bez.,
Gavelligasse 3 über Vorschlag der Herren Eduard F o r c h h e i m e r und k. und k.
Oberstlieutenant Otto V ö t t e r zu ordentlichen Mitgliedern gewählt.

Herr Josef N e n t w i c h, Redacteur der Mittheilungen des Clubs der Münz-
und Medaillenfreunde hält sodann den Vortrag über die Medaillen des Kammer-
Medailleurs Anton S c h a r f f, welcher Vortrag mit grossem Beifalle aufgenommen wurde.
Herr Armin E g g e r spricht über einen sehr interessanten, von der Firma Brüder Egger
ausgestellten Fund von $^1/_2$- und $^1/_4$-Thalern.

Ausgestellt war eine vollständige Serie der Medaillen des Kammer-Medailleurs
Anton S c h a r f f aus den Sammlungen der Herren Adolf B a c h o f e n   v o n   E c h t und
Josef N e n t w i c h.

Ein Münzfund aus Schlesien.

Vor etwa zwei Jahren hörten wir schon von einem Funde, der bei T r o p p a u
gemacht wurde, er besteht aus einer grossen Zahl Kleinsilbermünzen.

Mir gelang es schon im vorigen Jahre etliche interessante Stücke aus demselben zu erwerben; doch erst heute bin ich durch die Güte eines Numismatikers zur
Ansicht wenigstens eines grossen Theiles dieses Münzfundes gelangt.

Es sind meist sehr gut erhaltene Stücke, ohne Grünspan: sie mögen in einem
Topfe aufbewahrt gewesen sein, und dieser wieder in einer Wand vermauert. Dem
Lande entsprechend finden wir auch die grösste Zahl der Münzen nach Schlesien
gehörig, nämlich 195 von etwa 670 Stücken des ganzen kleinen Schatzes. Die Groschen
überwiegen die Zahl der Kreuzer und Dreier bedeutend. Fast alle Münzen gehören
österreichischen Münzstätten an; es sind vertreten: Wien mit 63, Prag 60, Kuttenberg 36, Joachimsthal 3, St. Pölten 7, Graz 53, St. Veit 16, Hall 34, Breslau 195,
Nikolsburg 1, Glaz 20, Olmütz 23, Brünn 16, ferner sind fremde Münzen darunter:
Polen 21, Salzburg 2, Zug 5, Waldstein 2, Schaffhausen 1, Hanau 1, Baiern 2. Der
Rest entfällt auf Unbestimmbare, wegen mangelhafter Erhaltung. Was die Jahre anbelangt, so ist die erste Münze von 1567, ihr folgt 1583 eine fremdländische, die letzte
ist aus der Münzstätte Olmütz, vom Jahre 1639. Es ist also mit Sicherheit anzunehmen, dass dieser Fund entweder in diesem letzten Jahre, oder zu Anfang des
nächsten (1640) verborgen wurde.

Für den Münzforscher sind eine ziemliche Menge schöner und auch seltener
Stücke in diesem Funde enthalten; so die Glazer Groschen Ferdinands III. in einer
Zahl von 18 Stück.

Unter ihnen ist der Groschen vom Jahre 1628 mit dem Münzzeichen des
Andree Peter (A. P.) der seltenste, es ist dies der Meister, der den höchst raren Thaler
Ferdinands III. vom Jahre 1627, für Glatz fertigte (siehe die' Newald-Publication).
Meines Wissens ist dies mir hier vorliegende Exemplar das einzig bekannte und noch
unedirte. Ferner ist der Glazer Groschen vom Jahre 1630 mit H, das Zeichen des
P. Hema selten, gewöhnlich signirte er P. H. übereinander gestellt.

Für uns Oesterreicher ist das Vorkommen der St. Pöltener Groschen von
besonderer Wichtigkeit. Wir sehen hier z. B. eine sehr interessante Münze des J. J. Edlinger mit dem Buchstaben, Zeichen und Sparren des Münzmeisters M. Fellner. Es ist
ein Groschen, der wohl schon anfangs des Jahres 1625 geprägt wurde, man scheint in
Eile ein Wiener Eisen vom Jahre 1624 für den Revers benützt zu haben, daher die
Jahreszahl 1624. Er ähnelt in Allem dem Edlinger'schen Thaler. Die 3 Groschen
vom Jahre 1625 mit dem Zeichen des Edlingers, der Doppellilie, sind wohl uns Bekannte, doch variiren selbe hier im Stempel. Zu den Seltenheiten gehören die drei
St. Pöltener Groschen vom Jahre 1626 mit dem Zeichen einer gefüllten Rose. Es
dürften ausser der Sammlung S. Trukka kaum viele hier sein, die Münzen des
Meister Turba aufweisen. Mir sind im Ganzen 9 Stück bekannt, darunter 5 Stempel-

verschiedenheiten. Aus diesem Funde, sowie aus dem von Hall in Oberösterreich seinerzeit publicirten, wo auch 19 St. Pöltener sich befanden, ersieht man deutlich, dass auch die Groschenpräge in der St. Pöltener Münze stark betrieben wurde.

Die polnischen Münzen zeigen uns hinwieder, dass eben die Handelsbeziehungen mit diesem Lande lebhafte waren. Auffallend ist das Fehlen ungarischer Münzen. Nicht zu unterschätzen die Zahl der Wiener 63, und der Grazer 53, welches wohl auch auf starken Verkehr mit diesen Landen schliessen lassen.

Ich schliesse hier die Tabelle der Fundstücke, mit den betreffenden Jahreszahlen an. Das Verzeichnis ist nach Münzstätten angelegt, und sind die betreffenden Münzmeister leicht beizusetzen. J. Spöttl.

Wien.
Groschen.

1618	3
1619	1
1624	34
1625	8
1626	4
1627	2
1629	1
1632	1
1633	1
1634	1
1637	5
	61

Kreuzer.

1624	1
1630	1
	2

St. Pölten.
Groschen.

1624	1
1625	3
1626	3
	7

Graz.

1624	7
1625	9
1626	8
1627	5
1628	3
1629	6
1630	3
1631	3
1632	3
1633	1
1634	1
1637	3
1638	1
	53

St. Veit.
Groschen.

1624	5
1625	1
1628	4
1629	2
1632	1
	13

Kreuzer.

1627	3

Hall.
Erzh. Ferdinand.

Groschen	1

Erzh. Leopold.

vor 1626	8
nach 1626	21
	30

Kreuzer	3
Zehnkreuzer	1

Prag.
Groschen.

1624	12
1625	2
1626	4
1627	1
1628	1
	20

Kreuzer.

1624	1

Dubois-Groschen.

1630	1
1631	1
	2

1631	3
1632	2
1633	5
1634	8
1635	3
1636	5
1637	1
1637	8
1638	3
	38

Kuttenberg.
Groschen.

1625	3
1626	8
1627	7
1628	4
1629	4
1630	5
1630 (Anker)	3
1631	1
1632	1
	36

Joachimsthal.
Groschen.

1626	1
1629	1
1630	1
	3

Waldstein.
Groschen.

1629	1
1630	1

Zug.

Groschen	5

Salzburg.
Kreuzer.

1626	2

Breslau.
Groschen.

1625	5
1626	5
1627	13
1628	13
1629	9
1630	7
1631	8
1632	1
1633	1
1635	2
1636	2
1637	3
1637	3
	67

Kreuzer.

1624	2
1625	3
1626	2
1633	1
	8

24 Kreuzer.

1623	2

Dreier.

1624	96
1625	24
1626	2
1627	1
	123

Schles. Stände.
Groschen.

1635	7

Nikolsburg.
Kreuzer.
1627 . . . 1

Olmütz.
Groschen.
1628 3
1629 1
1637 9
1639 . ___ 1
       14
Kreuzer.
1629 3
1630 2
1631 3
1636 ___ 1
      9

Brünn.
Groschen.
1624 4
1625 . . . _ . 5
      9
Kreuzer.
1624 2
1626 4
1627 1
      7

Hanau.
Groschen.
1583 . . . 1

Schaffhausen.
Groschen.
1597 1

Glatz.
Groschen.
Ferd. III.
1628 . . . 2
1629 3
1630 5
1631 1
1633 . . . 1
1634 1
1637 . . . 3
1638 2
     18

Kreuzer.
1630 . . 2
Polen.
6-Groschen . 1
Groschen.
1620 1
1621 1
1622 . . . 3
1623 5
1624 7
1625 1
1626 1
1627 . . ___ 1
     20
87 schlecht erhaltene
Kreuzer, 18 Grosch.

Die Medaillen des k. und k. Kammer-Medailleurs Anton Scharff in Wien.

Vortrag des Redacteurs Josef Nentwich.

Die Kunstgeschichte weiss seit den weihevollen Tagen der Renaissance keinen Medailleur zu nennen, dem es zu seinen Lebzeiten beschieden gewesen wäre, den Ruf seines Namens so weit verbreitet zu sehen, wie Anton Scharff. Vom Süden zum Norden, in Ost und West kennt man ihn als einen der gefeiertsten Portraitkünstler unserer Zeit und dies mit Recht. Es ist bekannt, was Regierungsrath Dr. Friedrich Kenner, der berufenste Beurtheiler künstlerischer Qualitäten, in seiner Eröffnungsrede zur Franz Josef-Ausstellung über Anton Scharff sagte.

Ich möchte dem nur noch hinzufügen, dass selbst den anspruchslosesten Arbeiten des Meisters ein eigenthümlicher, nicht näher zu definirender Reiz innewohnt, für welchen der Franzose die zutreffende Bezeichnung charme hat, und welcher eine der charakteristischesten Eigenthümlichkeiten der Arbeiten dieses Künstlers bildete. Die so überaus anmuthige Frische seiner Darstellungen, sowie der vorerwähnte Reiz der Arbeiten Scharff's überhaupt sind nicht zum Wenigsten als ein Ausfluss seiner eigenen Persönlichkeit zu betrachten, in welcher sich echtes und schönes Wienerthum mit Bildung und Charakter gepaart wiederfindet.

Anton Scharff ist ein Wiener Kind, als Sohn des ausgezeichneten Medailleurs und Steinschneiders Johann Michael Scharff im Jahre 1845 geboren. Wenn von der Vererbung einer bestimmten Kunstauffassung die Rede sein könnte, so müsste man hier derselben erwähnen, denn der gesunde Realismus, welchen wir an Anton Scharff's, des Sohnes Portraits so sehr zu bewundern Gelegenheit haben, er findet sich schon an den Medaillen seines Vaters, der darob von der in starrem Classicismus sich bewegenden Wiener Schule nicht wenig Anfeindungen erlitt. Anton Scharff befand sich zur Zeit seines im Jahre 1855 verstorbenen Vaters im jugendlichen Alter von 10 Jahren, seine erst später beginnende künstlerische Entwickelung entbehrte demnach des väterlichen Rathes und Einflusses vollkommen, und unbewusst folgte daher der Sohn den Spuren seines Vaters, die ihn zu jener Höhe führten, auf der wir ihn heute sehen.

(Fortsetzung folgt.)

Verschiedenes.

Personalnachrichten. Se. k. u. k. Apostolische Majestät haben den k. k. Landesgerichtsrath in Linz Dr. Gandolf Grafen K u e n b u r g zum k. k Minister ernannt. — Herr Dr. Guido Edler von M e n d e wurde zum k. u. k. Hofsecretär im k. u. k. Ministerum des kais. Hauses und des Äußern. Herr Constantin D a n h e l o w s k y zum Rechnungsrathe bei dem k. u. k. gemeinsamen obersten Rechnungshofe ernannt.

Ignaz Spöttl, welcher uns so plötzlich entrissen wurde, hat in seinem Testamente Nachstehendes verfügt: III. Vermache ich meine Münzsammlung der Commune Wien abzugsfrei unter der Bedingung. dass sie dieselbe in einem dem Pu'likum zugänglichen Locale aufbewahre IV. Meine keltischen Bronzen vermache ich dem k. k. ethnographisch-naturhistorischen Museum in Wien.

Cav. Don Attilio Portioli, Professor in Mantua, unser correspondirendes Mitglied seit 1880, ist am 20. Oct 1891 gestorben. Er entwickelte als eifriger Forscher auf archäologischem und historischem Gebiete eine sehr fruchtbare publicistische Thätigkeit und hat auch die numismatische Literatur durch mehrere werthvolle Schriften bereichert, von denen hier nur seine Polemik mit Carlo Kurz über die Belagerungsmünze von Brescia aus dem Jahre 1515 und sein großes Werk über die Münzen von Mantua (La Zecca di Mantova. 7 Bände, von welchen leider nur 4 Bände erschienen sind) erwähnt sein mögen. Er starb in großer Dürftigkeit, wurde aber über Verwendung seines ihm bis zu seinem Tode treu und hilfreich zur Seite stehenden Freundes A. B. Bertolotti, Directors des Staatsarchivs in Mantua, auf Kosten der Stadtgemeinde unter grosser Betheiligung seiner vielen Verehrer und Freunde mit allen Ehren zu Grabe getragen. R. i. p. *E.*

Eine neue Bergwerks-Medaille verdanken wir unserem Mitgliede, Herrn Bergwerks-Director R. W i e s n e r, welcher dieselbe auf dem ihm unterstehenden Werke zu Fünfkirchen in Ungarn, zur Erinnerung an das von ihm veranstaltete Barbarafest anfertigen liess.

Av.: Das gekrönte Wappen von Ungarn mit den Wappen von Croatien, Slavonien und Siebenbürgen. Umschrift rechts: PÉCSBÁNYATELEP. (Fünfkirchen), links: 1891. DECEMBER 4.

Rev.: Innerhalb einer Cartouche Anker mit angelegtem Seile (die Kohlenwerke zu Fünfkirchen gehören der Donau-Dampfschiffahrt-Gesellschaft), darüber Schlägel und Eisen. Umschrift. links oben beginnend: A BORBÁLAÜNNEPÉLY EMLÉKÉRE. (Erinnerung an das Barbarafest). Eisen. Dm. 72 *mm* *E.*

Albus von Pfalz-Birkenfeld. In einer Anmerkung des Versuches einer Sammlung von pfälzischen Münzen und Medaillen, Band II., S. 142, berichtet Friedrich Exter, dass Pfalzgraf K a r l der Stifter der alten Birkenfelder Linie (Stammvater des erlauchten bayerischen Königshauses und der noch blühenden herzoglich bayerischen Linie) eine Münzstätte in Trarbach projectirt hatte, jedoch vom Tode übereilt worden sei. Dagegen habe sein Sohn und Nachfolger Ge o r g W i l h e l m im Jahre 1623 in der That mit Ausprägung von Albus und Pfenningen zu B i r k e n f e l d begonnen, die aber verschiedener Hindernisse wegen bald wieder eingestellt werden musste. — Exter beklagt, dass es ihm nicht gelungen wäre. ein Exemplar dieser Münzen aufzutreiben, um eine Beschreibung derselben in seinem Werke geben zu können und es ist eine solche meines Wissens bis jetzt auch von anderer Seite nicht erfolgt.

Erst in den jüngsten Tagen bin ich durch die Bearbeitung meines Repertoriums folgendem Albus auf die Spur gekommen:

∗ GEO . (orgius) WIL . (helmus) DG . C . (omes) P . (alatinus) R . (heni) D . (ux) B . (avariæ) C . (omes) V . (eldentiæ) E . (t) SP . (onhemii). Der Schild von Sponheim die ganze Münze bedeckend. in der Mitte der Löwe von Veldenz.

R. ∗ MONETA . NOVA . ARGENT . BIRK . (enfeldensis). Im Felde: ∗ 1 ∗ ALB: (us).

Diese schön gearbeitete Münze befindet sich im kgl. Münzcabinet zu München. *J. V. Kull.*

Münzfund. In R a v i n a nächst Triest wurden laut Mittheilung des Herrn Q. Perini neben einem Schädel 13 kleine Silbermünzen gefunden: Burgund 1560, Luzern o. J. St. Gallen 1566. Zürich 1555 und 1565, Kärnten o. J., Sachsen 1557. Schaffhausen 1551, Oesterreich, Ferd. III. 1559, Brandenburg 1567.

In Centralasien wurde bei Karki am rechten Ufer des Amu Darja nach Nr. 20 des S a m m l e r s (Berlin) eine Höhlenstadt gefunden, deren Gründung nach den gefundenen Inschriften und Münzen im zweiten Jahrhunderte vor Chr. Geb. stattfand. Leider ist nicht gesagt, was für Münzen gefunden wurden.

Münz-Ausstellung. In der im Jahre 1892 zu Philippopel stattfindenden Industrie-Ausstellung wird nach dem in Berlin erscheinenden »Sammler« die an Seltenheiten reiche Münzsammlung des Staatsmuseums zur Ausstellung gelangen.

Münz-Auctionen. A d. W e y l in Berlin C. Katalog Nr. 119, 1092 N. 26. — 28. Jänner Versteigerung einer schlesischen Specialsammlung.

MONATSBLATT

der

numismatischen Gesellschaft in Wien.

Dieses Blatt erscheint monatlich ein Mal und wird den Mitgliedern der Gesellschaft
unentgeltlich zugesendet. Preis des Jahrganges für Nichtmitglieder 1 fl. Zuschriften
sind zu richten an die numismatische Gesellschaft, Wien. I.. Universitätsplatz 2.

Nr. 103.	Februar.	1892.

Mittheilungen der Gesellschaft.

Einladung

zu der

am Mittwoch den 17. Februar 1892, Abends 7 Uhr

im grünen Saale der kais. Akademie der Wissenschaften (I., Universitätsplatz 2)

stattfindenden

1. ordentlichen Versammlung.

Programm:

1. Mittheilung von Einläufen und Geschenken. — 2. Wahl von Mitgliedern. — 3. Vortrag
des Herrn k. u k. Oberstlieutenants Otto Vötter: Das älteste Vorkommen christlicher
Zeichen auf römischen Münzen. — 4. Vortrag des Herrn Dr. Josef Scholz: Ueber
römische tesserae im Allgemeinen und die bleiernen im Besonderen.
Ausstellung von römischen Münzen aus der Sammlung des Herrn k. u. k. Oberstlieutenants
Otto Vötter und von tesserae aus den Sammlungen der Herren Heckscher, Dr. Scholz
und Trau. — Zutritt frei.   Der Vorstand.

Demnächst erfolgt der Neudruck der Adressen, und wird ersucht, Veränderungen der Titel
und Wohnorte bekannt zu geben.

Versammlungen der Gesellschaft mit Vorträgen und Ausstellungen: 17. Februar,
16. März, 13. April, 7 Uhr Abends im grünen Saale der kais. Akademie der Wissenschaften, I., Universitätsplatz 2. Der Zutritt ist für Jedermann frei.

Es wird ersucht, Zuschriften und Sendungen bezüglich der Zeitschrift an Herrn
Rudolf Ritt. v. Höfken, Wien, XVIII., Feldgasse 35, bezüglich der Cassa und des Monatsblattes
an Herrn Franz Trau, I., Wollzeile 1, alle anderen Briefe und Sendungen an die numismatische Gesellschaft, I., Universitätsplatz 2 (kais. Akademie der Wissenschaften), zu richten.

Das Bibliothekslocale der numismatischen Gesellschaft, I., Universitätsplatz 2, ist
an jedem Mittwoch von 6 Uhr an geöffnet.

Die ordentlichen Mitglieder der numismatischen Gesellschaft zahlen eine einmalige Eintrittsgebühr von 2 fl., einen Jahresbeitrag von 8 fl. und erhalten die Zeitschrift und das
Monatsblatt kostenfrei zugestellt. Abonnement der Zeitschrift 6 fl., des Monatsblattes
(12 Nummern) 1 fl.

Jahresversammlung vom 30. Jänner 1892.

Der Vorsitzende Herr Custos Dr. Carl S c h a l k begrüsst die Versammlung und theilt den Tod des ordentlichen Mitgliedes der Gesellschaft Walburga S p ö t t l und ihres Sohnes des Historienmalers Ignaz S p ö t t l, sowie des correspondirenden Mitgliedes Dr. Attillio P o r t i o l i, Directors des Archives zu Mantua, mit. Die Versammlung erhebt sich zum Zeichen der Trauer von den Sitzen.

Es werden sodann zu ordentlichen Mitgliedern über Vorschlag des Herrn k. u. k. Oberstlieutenants Otto V ö t t e r und des Herrn k. u. k. Lieutenants Hans Ritter v. K o b l i t z - W i l m b u r g Herr Ulrich Freiherr von B e r g, k. u. k. Lieutenant des 6. Huszaren-Regimentes in Pressburg, des Herrn k. k. Oberlandesgerichtsrathes Dr. Franz R. v. R a i m a n n und des Herrn k. u. k. Hoftheehändlers T r a u, Herr Carl Wilhelm H a l l a m a, k. k. Postbeamter in Saybusch, des Herrn k. k. Hofsecretärs im k. u. k. Ministerium des kaiserl. Hauses und des Aeussern Herrn Dr. Guido Edlen v. M e n d e und des k. k. Oberlandesgerichtsrathes Dr. Franz Ritter von R a i m a n n, Herr Theodor I p p e n. k. u. k. I. Vice-Consul des österreichisch-ungarischen Consulates zu Constantinopel. des Herrn kaiserlichen Rathes Wilhelm K r a f t und des Herrn Ingenieurs Arthur v. M i s e s. der Maler und Heraldiker Ernst K r a h l in Wien. Krugerstrasse 13, des Herrn Ingenieurs Arthur v. M i s e s und des Herrn Industriellen Georg W e i f e r t, Herr Georg P o l t e r, Leipzig, Rosenthalgasse 2 und des Herrn Münzen- und Antiquitätenhändlers Heinrich C u b a s c h jun. und des Herrn k. u. k. Hoftheehändlers Franz T r a u, Herr Victor v. R e n n e r, Gymnasialprofessor in Wien, III., Krieglergasse 6, gewählt.

Der Vorsitzende theilt sodann die für die Bibliothek eingelangten zahlreichen Geschenke mit und hebt besonders die von Sr. königl. Hoheit dem Herrn P h i l i p p H e r z o g z u S a c h s e n - C o b u r g gespendeten Werke, Une médaille commémorative de la fondation et de l'achément de la ville de Sultanije, von Sr. königlichen Hoheit selbst und G. V a l l i e r, Sigillographie des chartreux et numismatique de Saint Bruno. welches Prachtwerk von Sr. königlichen Hoheit angeregt und gefördert wurde, hervor. Der Vorsitzende dankt sodann Sr. Durchlaucht Herrn Ernst Prinzen zu W i n d i s c h - G r a e t z für die prächtige und sehr instructiv geordnete Ausstellung von Barbarenmünzen, theilt mit, dass mit dem Ferdinandeum zu Innsbruck der Schriftentausch eingeleitet worden ist, er begrüsst ferner den seit längerer Zeit zu Aller Freude wieder in der numismatischen Gesellschaft erschienenen Herrn Oberbergrath Carl R. v. E r n s t und das Mitglied Herrn Industriellen Georg W e i f e r t aus Belgrad.

Sodann hält Herr Dr. Friedrich K e n n e r, Director der Münzen-, Medaillen- und Antikensammlung des Allerhöchsten Kaiserhauses, den Festvortrag über die Münzen- und Medaillen-Ausstellung im k. k. Hofmuseum, welcher mit grossem Beifalle aufgenommen wurde.

Hierauf beginnt die Jahresversammlung, es wird die Anwesenheit von 29 Mitgliedern constatirt, der Jahresbericht und Cassabericht für 1891 erstattet, letzterer über Antrag des Rechnungsrevisors Herrn k. k. Bergrathes Josef M ü l l e r genehmigt, es werden sodann. da Herr Bankcassier Rudolf A p p e l erklärt, eine Wahl nicht mehr anzunehmen, die Herren Kaufmann Carl A n d o r f e r, Professor Dr. Andreas Borschke und k. k. Bergrath Josef M ü l l e r zu Rechnungsrevisoren und die Herren Rechnungsrevident Arnold D e u t s c h e r, k. u. k. Major Franz L a m p e und k. k. Bergrath Josef M ü l l e r zum Scrutinium gewählt.

Herr Bergrath Josef M ü l l e r erklärt, dass das baldige Erscheinen des Kataloges der Bibliothek der Gesellschaft wünschenswerth sei und interpellirt über den Stand dieser Angelegenheit. Aus der Beantwortung der Interpellation geht hervor, dass die

Verzögerung im Erscheinen des gewiss wünschenswerthen Kataloges durch anderweitige Arbeiten herbeigeführt wurde, dass der Katalog aber nahezu vollendet ist.

Es werden 29 Stimmzettel abgegeben und verkündet Herr k. k. Bergrath Josef Müller das Resultat, nach welchem in den Vorstand gewählt erscheinen die P. T. Herren:

Eduard Forchheimer mit 27 Stimmen;
Rudolf Ritter v. Höfken mit 28,
Dr. Friedrich Kenner mit 28,
Dr. Alfred Nagl mit 27,
Theodor Rohde mit 27,
Dr. Karl Schalk mit 27,
Edmund Schmidel mit 26,
Dr. Josef Scholz mit 26,
Franz Trau mit 29 Stimmen.

Die nächste Stimmenzahl erhielten die P. T. Herren Otto Vötter (5), Dr. Franz R. v. Raimann (3), Paul Gerin (1) und Raimund Wiesner (1).

Die Medaillen des k. und k. Kammer-Medailleurs Anton Scharff in Wien.

Vortrag des Redacteurs Josef Nentwich.

(Fortsetzung.)

Diese Neigung zu einer bestimmten Kunstauffassung wurde jedoch auf unbewusste Weise in dem werdenden Künstler von seinem Lehrer, dem Medailleur Josef Daniel Böhm gefördert; ein Einblick in seine Skizzenbücher und Studien aus seiner Lehrzeit, die mir der Künstler gewährte, bestätigte dies vollkommen; Holzschnitte von Dürer und Radirungen von Rembrandt bildeten zum grossen Theile die Vorlagen, welche Böhm seinen Schüler mit der Feder copiren liess, und deren genaue charakteristische Wiedergabe in Stil und Empfindung das zu lösende Thema bildete. Wie Scharff diese Aufgabe löste, sehen wir an seinen Arbeiten.

Ich sprach bis nun mit Absicht von den Arbeiten des Meisters Scharff; denn ausser seinen Medaillen entstanden seinen kunstgeübten Händen eine Anzahl von Grab-Medaillons und sonstigen Relief-Arbeiten, deren Consignirung im Interesse der Kunstgeschichte geboten erscheint. Von Ersteren will ich nur jener erwähnen, die auf Wiener Friedhöfen zu finden sind, so auf dem Central-Friedhofe das grosse Portraitmedaillon Albert R. v. Camesinas, auf dem Döblinger Friedhofe jenes des russischen Staatsrathes Gruber, in Ottakring das Medaillon mit dem Portrait des verstorbenen Bürgers und Feuerwehrhauptmannes Degen. Im Lainzer Jagdschlosse befinden sich die Portraitmedaillons der kaiserlichen Kinder, wo auch jenes Relief als Kaminschmuck angebracht ist, von welchem hier eine galvanoplastische Reproduction ausgestellt ist. —

Als eigentliche Objecte numismatischen Sammelns und als solche nicht blos höchst actuell, sondern im kunstgeschichtlichen Interesse geradezu sammelnothwendig, sind die Prägemedaillen Scharff's, sowie die von ihm, nach einzelnen Versuchen seines Vorgängers Prof. C. Radnitzky's mit grösstem Erfolge wieder eingeführte Gussmedaille anzusehen. Wohl befinden sich in den meisten Sammlungen einzelne hervorragende Scharff'sche Medaillen, doch blieb die Specialisirung derselben, worunter ich nicht blos das Sammeln derselben, wie und wann sie zu haben sind, verstehe, sondern auch das Nachforschen nach bisher nicht Bekanntem und Publicirtem, der jüngsten Zeit vorbehalten.

Als ich daran ging, die Scharff'schen Medaillen zum Gegenstande des Special-studiums zu machen, handelte es sich mir zunächst um die Beantwortung der Frage: Was hat Scharff alles geschaffen? Trotzdem ich nun durch nahezu $1^1/_2$ Jahre mich mit dieser Frage beschältige, trotz der werthvollen Aufschlüsse, die ich vom Künstler selbst, sowie dem hervorragenden Scharff-Sammler und Besitzer der hier aus-gestellten Suite Scharff'scher Gussmedaillen, Herrn Adolf Bachofen von Echt erhielt, bin ich noch immer nicht in der Lage, Alles zu kennen, was dieser fruchtbarste unter den österreichischen Medailleuren geschaffen. Er selbst weiss es nicht. Ich vermag deshalb nur über dasjenige zu referiren und es theilweise zur Anschauung zu bringen, was mir bis nun zu consigniren gelang, und spreche ich hier die Bitte aus, meine Nachforschungen in dieser Richtung gütigst unterstützen zu wollen.

Mit Ausnahme einiger Medaillen, von deren Existenz ich zwar Kenntniss habe, deren Ausstellung jedoch nicht möglich war, finden Sie hier jedenfalls den grösseren Theil der Scharff'schen Prägemedaillen, und etwa die kleinere Hälfte seiner Guss-medaillen, entstanden in dem Zeitraum von 1867 bis heute. Es erscheint als eine schöne Anerkennung des Talentes des erst 22 Jahre alten Künstlers, wenn er 1867 berufen ward, im Vereine mit dem schon in voller Schaffenskraft stehenden Josef Tautenhayn und dem weit älteren F. Leisek die Widmungsmedaille zum 50jährigen Jubiläum des k. und k. Münzamts-Directors R. v. Hassenbauer zu verfertigen, so-wie ihn auch bei der Modellirung der für seinen Professor den Bildhauer Franz Bauer im Jahre 1868 angefertigten Widmungsmedaille, die Wahl seiner Collegen traf. Es war dies die erste selbstständige Portraitmedaille Scharff's.

Das folgende Jahr 1869 finden wir mit zwei Medaillen vertreten, und zwar jener auf das 50jährige Jubiläum der Wiener Sparcasse, die nach einer Zeichnung aus dem Atelier des Lithographen Gruber modellirt wurde, sowie der Medaille, welche die Stadt Parma auf die Vermählung des Herzogs Robert von Bourbon mit der Prinzessin Maria della Grazia Pia anfertigen liess, mit den Doppelportraits des Brautpaares. Diese Medaille kann als der erste, so zu sagen officielle Auftrag des jungen Künstlers be-trachtet werden. (Fortsetzung folgt.)

Verschiedenes.

Personalnachricht. Dem Herrn k. k. Universitätsprofessor Dr. Josef Karabacek wurde das Comthurkreuz 2. Classe des herzoglich sächsisch Ernestinischen Hausordens verliehen.

Erwerbungen des k. Münzcabinetes in München seit 1886. Unser correspondirendes Mitglied, Herr Conservator Dr. Hans Riggauer, beschreibt in Heft 3 und 4 der Zeitschrift des Münchener Alterthumsvereines dieselben. Von den antiken Münzen ist vor Allem der Fund von Thüngersheim zu erwähnen: zwei Goldmedaillons Galiens und ein Gold-Quinar Valerians. Münzen der Vandalen-Könige Hilderich, Guntramund und Gelimer. Päpstliche Münzen von Anastasius III., Benedict VII., Nicolaus I. und Gregor IV. Daran reiht sich eine große Zahl wichtiger Münzen, von welchen ein Thaler des Grafen Ladislaus von Haag, des letzten aus dem Geschlechte der Frauenberger, † 1566, erwähnt sei.

Sammlung Sylva-Tarouca. Der Verkaufskatalog dieser Sammlung wird Anfangs März von Herrn Emil Fischer, Juwelier und Münzenhändler, Wien, I., Kärntnerring 1, ausgegeben und an die-jenigen Herren Reflectanten gratis versendet, welche dem Herausgeber ihre Adresse bekannt geben.

Kataloge. Eugen Seligmann, Frankfurt a. M. Jahnstraße 43. 7. Verzeichniss von Medaillen und Münzen 614 N. — Zschiesche & Köder, Leipzig, Königstraße 4, 47. Verzeichniss verkäuflicher Münzen und Medaillen. 6413 N. — A. Einsle, Wien, I., Riemergasse 11 und H. O. Miethke. Wien, I. Neuer Markt 13. Katalog der Kunst-Sammlung des Herrn Max Todesko. Oelgemälde, Aquarelle, Handzeichnungen, Kupferstiche, Antiquitäten, Bücher (auch Numismatik). — Josef Baer & Co. Frank-furt a. M. Rossmarkt 18, 284. Bücherkatalog Geschichte der Völker des Alterthums. Suppl. zu 288: Numismatische Literatur. — H. Bukowski in Stockholm, Katalog Nr. 74, am 5. Februar Versteigerung der Münzsammlung des verstorbenen Justizrathes F. F. Huss.

Herausgeber und verantwortlicher Redacteur: Franz Trau. — Verlag der numismatischen Gesellschaft in Wien.
Druck von Kreisel & Gröger, vorm L. W. Seidel & Sohn, in Wien.

MONATSBLATT

der

numismatischen Gesellschaft in Wien.

Dieses Blatt erscheint monatlich ein Mal und wird den Mitgliedern der Gesellschaft
unentgeltlich zugesendet. Preis des Jahrganges für Nichtmitglieder 1 fl. Zuschriften
sind zu richten an die numismatische Gesellschaft, Wien. I., Universitätsplatz 2.

Nr. 104.	März.	1892.

Mittheilungen der Gesellschaft.

Einladung

zu der

am Mittwoch den 16. März 1892, Abends 7 Uhr

im grünen Saale der kais. Akademie der Wissenschaften (I., Universitätsplatz 2)

stattfindenden

2. ordentlichen Versammlung.

Programm:

1. Mittheilung von Einläufen. — 2. Vortrag des Herrn Hof- und Gerichtsadvocaten
Dr. Alfred Nagl: Ein Mailänder Dukaten in der Münzensammlung des Allerhöchsten
Kaiserhauses. — 3. Vortrag des Herrn Custos des Museums der Stadt Wien Dr. Carl Schalk:
Nusmismatik und Nationalökonomie in ihrem Zusammenhange.
Ausstellung von Münzen und Medaillen aus dem Besitze der Herren Brüder Egger in
Wien. — Gäste willkommen.

Versammlungen der Gesellschaft mit Vorträgen und Ausstellungen: 16. März,
13. April, 7 Uhr Abends im grünen Saale der kais. Akademie der Wissenschaften,
I., Universitätsplatz 2. Der Zutritt ist für Jedermann frei.

Es wird ersucht, Zuschriften und Sendungen bezüglich der Zeitschrift an Herrn
Rudolf Ritt. v. Höfken, Wien, XVIII., Feldgasse 35, bezüglich der Cassa und des Monatsblattes
an Herrn Franz Trau, I., Wollzeile 1, alle anderen Briefe und Sendungen an die numismatische Gesellschaft, I., Universitätsplatz 2 (kais. Akademie der Wissenschaften), zu richten.

Das Bibliothekslocale der numismatischen Gesellschaft, I., Universitätsplatz 2, ist
an jedem Mittwoch von 6 Uhr an geöffnet.

Die ordentlichen Mitglieder der numismatischen Gesellschaft zahlen eine einmalige Eintrittsgebühr von 2 fl., einen Jahresbeitrag von 8 fl. und erhalten die Zeitschrift und das
Monatsblatt kostenfrei zugestellt. Abonnement der Zeitschrift 6 fl., des Monatsblattes
(12 Nummern) 1 fl.

Ueber mehrfach geäusserten Wunsch steht Mitgliedern der numismatischen
Gesellschaft die letzte Seite des Monatsblattes (Versendung 400 Exemplare) zu kurzen
fachgemässen Anfragen und Ankündigungen in Notizenform kostenfrei zur Verfügung.

Einladung.

Das im Auftrage des hohen k. k. Ministeriums für Cultus und Unterricht herausgegebene Handbuch der Kunstpflege in Oesterreich, Wien, k. k. Schulbücherverlag, 1891, 333 Seiten, hat in Folge der Reichhaltigkeit und trefflichen Anordnung die vollste Anerkennung gefunden. Es sollen in der demnächst erscheinenden neuen Auflage auch die hervorragenden Münzensammlungen aufgenommen werden. Die numismatische Gesellschaft beehrt sich demnach, die Herren Besitzer dieser Sammlungen um die gefällige Mittheilung des hauptsächlichen Inhaltes dieser Sammlungen, wenn möglich die Stückzahl in Gold, Silber und Kupfer, die Zahl der Medaillen unter der Adresse der numismatischen Gesellschaft I., Universitätsplatz 2 zu ersuchen.

Versammlung vom 17. Februar 1892.

Herr Regierungsrath Dr. Friedrich Kenner begrüsst die Versammlung, theilt den Einlauf an Büchern und Zeitschriften mit und bringt zur Kenntniss, dass Herr Dr. Karl Presl die über seine Veranlassung geprägte Medaille auf Dr. Johann Svatopluk Presl und Dr. Karl Bořiwoy Presl der Gesellschaft zum Geschenke machte.

Sodann hält Herr k. und k. Oberstlieutenant Otto Vötter, den Vortrag über das älteste Vorkommen christlicher Zeichen auf römischen Münzen, welcher auf strengen Forschungen des Vortragenden beruht, in ausgezeichneter Weise durch Ausstellung einer grossen Zahl trefflich geordneter römischer Münzen aus der Sammlung des Herrn k. und k. Oberstlieutenants Vötter illustrirt wird und in der nächsten Nummer des Monatsblattes zum Abdrucke gelangt.

Ferner hält Herr Dr. Josef Scholz einen Vortrag über römische Tesserae, in welchem das dem Vortragenden zur Verfügung stehende und in der Versammlung ausgestellte überaus reiche Materiale aus den Sammlungen der Herren Heckscher, Dr. Scholz und Trau übersichtlich und systematisch behandelt wird.

Beide Vorträge werden durch reichen Beifall ausgezeichnet.

Der Vortrag des Herrn Dr. Jos. Scholz über Tesserae.

Von der Etymologie des Wortes „tessera" (griechisch κυβος) Würfel, dann „Steinchen für Mosaikpflaster" ausgehend, schliesst der Vortragende, dass ursprünglich solche Steinchen mit einem Zeichen versehen, als Marken oder Personalzeichen für verschiedene Zwecke benützt wurden, so wie die Scherben beim Ostracismus in Athen. Bei grösserer Ausdehnung des Gebrauches wurden sie dann besonders gefertigt und nahmen die Form der Täfelchen an, die mit Zeichen, Namen, Zahlen u. s. w. versehen wurden und selbst als Erkennungszeichen für Personen dienten, so die Haus- und Familienzeichen der Griechen und Römer. In weiterer Folge dienten sie als Eintrittsmarken für Feste, als Anweisungen auf Gaben, auf Circussitze, als Zeichen für private Gesellschaften u. s. w.

Dem vermehrten Gebrauche folgte nach und nach die Aenderung in Form und Material. Anfangs Steinchen, wurden es später Täfelchen aus Bein oder Holz, dann geprägte Marken aus Kupfer oder Bronze, hauptsächlich aber aus Blei, dem billigsten und fügsamsten Materiale, und zeigten in den Prägebildern meist den Zweck, dem sie zu dienen hatten.

Der Vortragende wünschte, dass der Ausdruck Tesserae nur für Marken und Zeichen für Personen festgehalten würde und alle anderen Prägen aus Blei aus diesem Begriffe ausgeschieden würden, um Verwirrung zu vermeiden. Es wären auszuscheiden:

1. Die Medaillons aus Blei, welche in Grundsteine eingelegt wurden;
2. die Stempelproben für Münzen (aus Blei);
3. die Münzfälschungen aus Blei;
4. die Bullae oder Siegel.

Dagegen wären einzubeziehen die Täfelchen mit den Namen der Personen an Gräbern und Aschenurnen aus Holz oder Bein etc.

Die Form war bei Steinchen meist rundlich, bei Holz oder Bein viereckig oder rund, Stäbchen oder Täfelchen häufig mit einem Oere zum Anhängen, bei Blei meist rund, auch vier- und dreieckig, die Prägung einseitig, meist aber beidseitig.

Je nach dem Zwecke (da eine andere Eintheilung derzeit nicht möglich ist) theilt der Vortragende die Tesserae in verschiedene Reihen, und zwar:

1. Tesserae memoriales, Grabtäfelchen;
2. Familiares, Hauszeichen mit Namen, Zahl und manchmal auch Datum;
3. Imperatorum et caesarum, hauptsächlich um die von den Kaisern und Cäsaren geprägten in eine Gruppe zusammenzuziehen, weil diese geschichtlich am meisten Aufklärung erwarten lassen; dem Zwecke nach gehören sie unter die folgenden Reihen:
4. Privatorum;
5. Associationum. Private Gesellschaften, wie Christen, Unternehmer von Spielen, Frauenhäusern etc.;
6. Religiosae: Auf Tempel, Feste, Consecrationen deutende;
7. Distributoriae: Anweisungen für die Congiaria, Liberalitates, Festspiele, Gastmäler der Kaiser oder Privaten;
8. Militariae. Wohl auch Betheiligungsmarken der Soldaten, donativa genannt;
9. Circenses:
    a) Eintritsmarken in das Theater,
    b) Eintrittsmarken in den Circus,
        α) für Pferderennen,
        β) für Gladiatorenkämpfe,
    c) Victoriales. Auf im Circus errungene Siege bezügliche,
    d) Thiere, die im Circus zur Vorführung gelangten.
10. Deorum: Meist wohl als Schutzgötter der Gladiatoren zu deuten;
11. Lusoriae: Auf Glücksspiele bezügliche;
12. Signatae:
    a) mit Buchstaben bezeichnete, wahrscheinlich Namen der Gladiatoren,
    b) mit Zahlen, wohl zu 7, 9 und 11 gehörig.

Dann noch eine Anzahl von Typen, für deren Einreihung Anhaltspunkte fehlen, z. B. Rosetten, Blätter etc. Der Vortragende ist sich klar darüber, dass diese Eintheilung nur ein Nothbehelf für so lange ist, bis nicht eine bessere gemacht wird, ebenso dass die Eintheilung der Einzelnen in dieser oder jener Gruppe stattfinden könnte, findet aber für angezeigt, der weiteren Entwicklung das System vorzubehalten.

Er bemerkt, dass unter 2400 Stück, die er durchsah, nicht ein Einziges sich als Geld deuten liess, betrachtet also den Gebrauch der Tesserae als Geld ausgeschlossen.

Den Werth der Tesserae für die Alterthumskunde hält er nicht für so untergeordnet, wie Ekhel, Cohen und andere Münzforscher, er meint vielmehr, dass sie geeignet sind, für das Leben des Volkes ähnliche Aufklärungen zu bieten, wie die Münzen für das Leben der Kaiser und des Staates.

Diese Ausführungen waren unterstützt durch eine reiche Ausstellung. Tesserae in Steinchenform, Familienzeichen, Grabtäfelchen in Elfenbein, Eintrittsmarken in den Circus in Bein in verschiedenen Formen, selbst noch aufgereiht an den Original-Eisenring; an 850 Tesserae in Blei nach obigem System zusammengestellt und einige in Bronze. Der grösste Theil war durch die Güte des Herrn Trau, sehr interessante Stücke aus der Sammlung des Herrn M. Hekscher, einige Scherflein auch von Herrn Willner und dem Vortragenden beigestellt.

Die Medaillen des k. und k. Kammer-Medailleurs Anton Scharff in Wien.

Vortrag des Redacteurs Josef Nentwich.

(Fortsetzung.)

Im Jahre 1870 fertigte der Künstler im Vereine mit Jos. Tautenhayn die Schiess-Prämie für das Jubiläums-Schiessen des Reichenberger Schützen-Vereines an. 1871 erschien die Medaille zur Feier der goldenen Hochzeit des Banquiers Sal. Lippmann, 1872 jene mit dem Portrait des Dichters Mosenthal, 1873 die Medaille auf das 25jährige Regierungs-Jubiläum Seiner Majestät im Vereine mit J. Tautenhayn und F. Leisek, ferner die Wiener Weltausstellungsmedaille, 1874 die Widmungsmedaille für den Leobener Bergdirector Peter R. von Tunner. Zur Feier des 50jährigen Bestandes des Rudolfinums in Prag, 1875, fertigte A. Scharff eine monumentale Medaille an, bei welcher der ausgezeichnete Architekturen-Medailleur J. Neudeck an der auf der Medaille angebrachten Gebäudeansicht eine schöne Probe seiner Kunst ablegte. Im selben Jahre enstanden auch die Stempel zum Carl Ludwigspreis der Künstlergenossenschaft in Wien, durch dessen Verleihung der Künstler später selbst ausgezeichnet wurde. 1876 und 1877 brachten fünf diverse Richard Wagner-Medaillen, zu deren einer, dem sogenannten Wagnerorden, Gottfried Semper den Entwurf zeichnete.

Im gleichen Jahre erschienen die Potraitmedaillen des Wiener Bürgermeisters Dr. Cajetan Felder und des Donau-Dampfschiffahrts-Directors Ritter von Cassian Im darauffolgenden Jahre 1878 fertigte der Künstler ausser dem später zu erwähnenden herrlichen Gussmedaillon auf Albert R. v. Camesina einen Gedenkjeton für denselben an, ebenso entstanden in diesem Jahre die Medaillen auf die Errichtung des Erzherzogs Johann-Monumentes in Graz, den Astronomen Littrow und den Buchhändler Franz Wagner aus Leipzig. Im Jahre 1879 haben wir die Averse der Medaille an die silberne Hochzeit, sowie den aus diesem Anlasse vom Grafen Podstatzky-Lichtenstein, Oberschützenmeisters von Salzburg gestifteten Salzburger Schiessprämie zu verzeichnen, ferner die Medaille des k. k. obersten Gerichtshofes auf das 50jährige Dienstjubiläum seines Präsidenten Anton Ritter v. Schmerling. Ausser den genannten entstammen noch die Portraitmedaillen des Grafen Eugen Zichy, der Stadt Stuhlweissenburg, sowie die des Abtes Günther Kalliwoda von Stift Raigern in Mähren diesem Jahre. Der Prämien-Thaler zum I. österr. Bundesschiessen, Wien, 1880, sowie die Medaillen auf Josef Hyrtl's 70. Geburtsfeier, die Enthüllung des Beethoven-Monumentes, mit der Ansicht des Monumentes, ferner auf das Jubiläum des Präsidenten der Prager Handelskammer, Richard v. Dotzauer's, endlich die Preismedaille des niederösterreichischen Gewerbevereines (Revers J. Schwerdtner) für von A. Scharff angefertigt. Im selben Jahre modellierte er den ausgezeichneten Eckhel-Jeton, welchen die numismatische Gesellschaft zum 10jährigen Gedächtnisstage ihrer Gründung aus dem Metalle antiker Münzen prägen liess.

1881 fand in Wien die Vermählungsfeier Sr. kaiserl. Hoheit des Erzherzogs Rudolf weiland Kronprinzen, sowie aus diesem Anlasse ein Festschiessen in Salzburg statt, wozu Medaillen aus der Hand Scharff's hervorgingen. Dasselbe Jahr brachte noch die Medaillen auf das Sparcasse-Jubiläum in Krems, sowie auf die goldene Hochzeit des Industriellen Ad. Ig. Mauthner v. Markhof, letztere in 4 Varianten.

1882 beging Oesterreich die 600jährige Gedenkfeier der Belehnung des Hauses Habsburg mit der Ostmark; die vom Verein für Landeskunde aus diesem Anlasse herausgegebene historische Medaille entstammt der Meisterhand Scharff's. In dieses Jahr fallen auch die Medaillen der Triester Landesausstellung, des Fabriks-Etablissements Schreiber's Neffen, die Portraitmedaille des Bischoffes Dobrilla Juraj, sowie die Schiess-Silberprämie zum 2. niederösterreichischen Landesschiessen in St. Pölten.

Das Türkenjubiläum Wien 1883 brachte eine monumentale im Verein mit J. Tautenhayn angefertigte Medaille, sowie zwei Schiessprämien für den Wiener Schützenverein in Silber und Gold. Eine der hervorragendsten Leistungen der Kunst ist die Medaille auf die in diesem Jahre geschehene Vollendung des Rathhausbaues, deren Architektur nach Scharff's Entwurfe von J. Neudeck geschnitten wurde. Die weiteren Medaillen dieses Jahres und zwar die Prämienmedaillen der niederösterr. Handels- und Gewerbekammer, die Potraitmedaillen der Numismatiker Carl Friedrich Erbstein, Magnus v. Lagerberg, sowie der Gedenkjeton auf den Tod des Industriellen Freiherr von Reiningshaus zählen zu dem Besten was in der Art geschaffen wurde. Im selben Jahre entstand auch die Medaille auf Gottfried Semper nach dem später erwähnten einseitigen Gussmedaillon gemacht

1884 liess Herr Adolf Bachofen v. Echt zur Feier seinen silbernen Hochzeit eine vortrefflich gelungene Medaille mit seinem und dem Portrait seiner Gemahlin Albertine, sowie eine Gedenkmedaille auf den Tod seines Bruders Carl Bachhofen v. Echt, k. preussischer Corps-Auditeurs von diesem Meister anfertigen. Aus demselben Jahre stammen die Medaillen mit dem Brustbilde Sr. Excellenz des Grafen Adolf Podstatzky-Lichtenstein, nämlich jene auf sein 40jähriges Ordensjubiläum, auf seinen 80. Geburtstag und eine bezügliche Schiessprämie von Salzburg. Neben diesen Medaillen, sowie jenen der Historiker Franz Pulszky und Dr. Otto Hirschfeld bildet das bedeutendste Werk dieses Jahres jener auf das 400jährige Thaler-jubiläum der numismatischen Gesellschaft in Wien nur in 86 Stücken geprägte Gedenk-thaler. Nicht unerwähnt mag bleiben, dass in diesem Jahre auch eine reizende Gelegenheitsarbeit Scharff's das Licht der Welt erblickte, nämlich ein Jeton auf einen intimen Unterhaltungsabend der im Wiener Künstlerhause bestehenden Schützen-gesellschaft.

Im Jahre 1885 gaben die in Budapest und Klagenfurt stattgefundenen Landes-ausstellungen, sowie das II. österreichische Bundesschiessen in Innsbruck Anlass zum Entstehen schöner Arbeiten des Meisters. Die beiden Schiessprämien des letztgenannten Schützenfestes gaben dem Innsbrucker Numismatiker Prof. Arnold Busson Gelegenheit, seinen Namen neben dem Scharff's zu verewigen. Die Portraitmedaille auf Wilson in Gothenburg, sowie ein Gelegenheits-Scherz, mit welchem Scharff Frau Marie Werner, Realitätenbesitzerin in Perchtholdsdorf überraschte, sind ebenfalls aus diesem Jahre. Insbesonders die letztgenannte Medaille mit der Ansicht Werner's Familien-hauses im Reverse muthet uns wie ein reizendes Genrebildchen eines ausgezeichneten Miniaturisten an.

1886 kamen die Medaillen auf die 200jährige Gedächtnissteier der Befreiung Ofens von der Türkenherrschaft, auf das Jubiläum der Grazer Universität mit dem Porträte Carl II. zu Stande, desgleichen erschien aus Anlass des III. Vereinstages deutscher Münzforscher in München eine Medaille mit dem Portrait des Wiener Numismaten Dr. Josef Ritter v. Bergmann, ferner die Medaille zum Gedächtnisse Clemens Bachofen's v. Echt und eine Silberklippe zu dem Niederländischen Kirmesfeste der Wiener Künstlergesellschaft.

Das Jahr 1887 brachte die Portraitmedaillen des Cardinal-Bischofes von Agram Mihalovic, des Botanikers Friedrich Traugott Kützing, des Reichsrathsabgeordneten Oswald Nischelwitzer, des Joachimsthaler Bergdirectors Friedrich Engelhardt Schreiber und des Historikers Dr. Theodor Ritter v. Sickl. Die aus Anlass des Frühlingsfestes 1887 geprägte Medaille mit dem Portrait der Fürstin Pauline Metternich gelangte nicht zur Ausgabe, da selbe als specielles Geschenk des Comités nur Ihrer Durchlaucht in Gold übergeben wurde. Das bedeutendste Werk dieses Jahres, sowie vielleicht unter den Scharff'schen Prägemedaillen überhaupt, bildet die im Auftrage der City von London vom Meister modellirte Medaille auf das 40jährige Regierungs-Jubiläum der Königin Victoria, mit dem Doppelportrait der Königin im Averse. Ist schon die Idee, das Portrait der Königin in zwei Altersstufen zu bringen, als eine künstlerisch höchstoriginelle zu bezeichnen, so muss die Art, wie der Künstler diese überaus heikle und schwierige Aufgabe löste, den Kunstfreund geradezu zur Bewunderung hinreissen. Im darauffolgenden Jahre gaben das 40jährige Regierungs-Jubiläum Sr. Majestät des Kaisers Franz Josefs, die Errichtung des Maria Theresia-Denkmales und die aus diesen Anlässen stattgefundenen Ausstellungen der Wiener numismatischen Gesellschaft Anlass zum Entstehen ebensovieler als schöner Medaillen, neben welchen noch eine Reihe von Porträtarbeiten Scharff's, wie die Medaillen des Historikers Josef Alexander Freiherrn v. Hellert, des Dombaumeisters Friedrich Schmidt, und des Präsidenten des Abgeordnetenhauses Dr. Franz Ritter v. Smolka zu erwähnen sind. Im Jahre 1889 haben wir eine Reihe von Medaillen zu verzeichnen, von welchen ich nur die Medaille auf die Wiedererrichtung der schwarzen Meeresflotte durch Czar Alexander III., auf das 25jährige Regierungs-Jubiläum König Karl's von Würtemberg, die Medaille auf die Errichtung des Grillparzer-Denkmales, auf Gottfried Keller nach einem Entwurfe Böcklin's sowie eine reizende landwirthschaftliche Prämien-Medaille für Berndorf in Niederösterreich erwähnen will.

1890 entstanden die Medaillen auf Alfred R. von Arneth, den Numismatiker Eduard Forchheimer, die Vermählungsmedaille Ihrer kaiserlichen Hoheiten Erzherzogin Marie Valerie und Erzherzog Franz Salvator, die Medaille des Theresianums auf das Curatoren Jubiläum Anton R. von Schmerling's, auf das 50jährige Jubiläum des Pester Conservatoriums, sowie zwei Medaillen auf das Sängerbundesfest in Wien. Der Avers einer dieser letzteren (nicht officiellen), eine altdeutsch gekleidete Jungfrau, ein Reis in den Boden pflanzend, war ursprünglich zu einer Gedenkmedaille auf die Errichtung des deutschen Theaters in Prag mit dem von Neudeck geschnittenen Reverse, der Theateransicht, bestimmt, die Ausführung unterblieb leider. Das Jahr 1891 begann mit einer originellen Gelegenheitsarbeit für das 10jährige Geschäftsjubiläum der Firma Portois und Fix und erwähnen wir als in diesem Jahre erschienenen noch der Medaillen auf das 25jährige Regierungsjubiläum König Carl's von Rumänien, auf Albert Grunow, Ed. v. Sigmundt in Triest (eine Schiessprämie), der Portaitmedaille auf den 87. Geburtstag der greisen Mutter des Numismatikers Ignaz Spöttl, Frau Walburga Spöttl, endlich eines zweiten Stempels zur silbernen Hochzeitsmedaille des Herrn Adolf Bachofen von Echt. Eine grössere Anzahl von Portrait-Medaillen dieses Jahres ist im Stempel oder Modell fertig und harrt der Ausführung.

Ausser den von mir erwähnten Medaillen hat Scharff noch eine grosse Zahl von Ausstellungs- und Preismedaillen, sowie diverse Gelegenheitsarbeiten angefertigt oder wurden solche nach seinen Entwürfen und Zeichnungen durch andere Künstler ausgeführt und erübrigt mir daher um das Gesammtbild der unvergleichlich regen künstlerischen Thätigkeit Scharff's zu vollenden, noch einiges über seine Gussmedaillen, insbesondere über die von ihm eingeführte Specialität der einseitigen Gussmedaille zu sagen.

Ich muss mich in dieser Richtung vorläufig auf die Aufzählung einiger seiner hervorragendsten Arbeiten beschränken, da die ausführliche Behandlung dieser Seite der Scharff'schen Kunstthätigkeit die gesonderte eingehende Behandlung erfordert, was mich für heute zu weit führen würde. Ich will nur erwähnen, dass die Zahl der Scharff'schen Gussmedaillen jene seiner Prägemedaillen nicht um vieles nachstehen dürfte, zumal viele seiner Gussmedaillons die Grundlage zu einer nachfolgenden Prägemedaille bildeten. Das Sammeln in dieser Richtung, sowie die Erforschung des vorhandenen Materiales pflegt Herr Adolf Bachofen von Echt als eine überaus vornehme Specialität, und seiner Sammlung entstammen auch die hier ausgelegten Stücke mit wenigen Ausnahmen. Von diesen Medaillons finden wir auf den Prägemedaillen die Portraits: Albert R. v. Camesinas, des Czaren Alexander III., der Königin Victoria, Sir John West Wilson's, der Fürstin Pauline Metternich, des Dombaumeisters Schmidt, des Botanikers Kützing, Gottfried Sempers, des Historikers Franz Pulszky, Sr. Excellenz des Grafen Adolf Podstatzky-Liechtenstein und des Industriellen Herrn Adolf Bachofen von Echt, sowie das seiner Gemahlin, wie seiner beiden Brüder Carl und Clemens; die übrigen Medaillons bilden entweder specielle Widmungen des Künstlers, oder wurden über Auftrag grösstentheils nach der Natur modellirt.

Von den hier nicht zur Ausstellung gebrachten Werken Scharff's will ich anführen die bekannten Präsentmedaillons der Stadt Wien zur silbernen Hochzeit des Kaisers und der Vermählung des Kronprinzen, ferner die Portraits des Grafen Creneville und Cardinal Simor, die Medaillons der Frau Walburga Spöttl, der Kinder des sehr verehrten Mitgliedes Herrn Franz Trau, jene der Numismatiker Eduard Forchheimer in Wien und Adolf Meyer in Berlin, sowie das letzte Werk Scharff's das grosse in Gold ausgeführte Virchow-Medaillon.

In diesen Arbeiten tritt die Eigenart des Künstlers, seine geniale Veranlagung für's Portrait voll und ganz dem Beschauer entgegen. In der Consignirung dieser Meisterwerke liegt daher auch das Schwergewicht der specialistischen Thätigkeit des Scharff-Sammlers in kunstgeschichtlicher Hinsicht, welche sich allerdings durch die geringe Zahl der von jeder Medaille angefertigten Stücke, sowie den privaten Charakter der meisten derselben sehr schwierig gestaltet.

Ich habe Ihnen nun in gedrängtester Form einen Ueberblick über das gesammte Schaffensgebiet der Scharff'schen Muse gegeben, soweit dies meine bisherige Erfahrung ermöglichte, leider gestattet mir die karge Zeit nicht, zu einzelnen der von mir erwähnten Objecte den oft nicht unwichtigen Commentar über das Entstehen derselben, sowie sonstige, mir bekannte Nebenumstände mitzutheilen, nichtsdestoweniger jedoch dürfte es mir gelungen sein nachzuweisen, dass die specialistische Behandlung der Arbeiten dieses Meisters, ganz abgesehen von ihrem kunstgeschichtlichen und historischen Werte, auch vom Standpunkte des Interesses des Sammlers genügend gerechtfertigt erscheint. Hiefür spricht die enorme, bisher von keinem Medailleur erreichte Zahl derselben, die bei der schier unerschöpflichen Schaffenskraft und Schaffensfreudigkeit des im schönsten Mannesalter stehenden Meisters ungezählten Zuwachs erhoffen lässt.

Literatur.

Bulletin de la société suisse de Numismatique. Dixième Année Genéve 1891. Dr. Ladé. Les monnaies frappées à Gex par Charles Emanuel I. duc de Savoie. J. M. Les médailles du sixième Centenaire de l'Alliance helvétique. Descriptions de médailles suisses frappées en 1889, 1890 et 1891. Melanges.

Carinthia. Mittheilungen des Geschichtsvereines für Kärnten. Red. von Simon Laschitzer. 81. Jahrgang. Aus dem Inhalte: A. v. Jaksch. Der Münzfund bei Kleinrassach. Numismatisches über Kärnten.

Der Sammler. Herausgegeben von Dr. Hans Brendicke in Berlin. Aus dem Inhalte: Zörbiger Funde (Bracteaten etc.).

Fikentscher, Dr. L. Beiträge zur hennebergischen und hessischen Münzkunde des Mittelalters. Mit 1 Tafel. Sonder-Abdruck aus der Zeitschrift für Numismatik, herausgegeben von Alfred von Sallet. XVIII. Band. Berlin 1891. 8°. (1112.) Geschenk des Verfassers.

Meier Dr. P. J. Beiträge zur Bracteatenkunde des nördlichen Harzes. Heft I. Mit 4 Tafeln. Wien 1891. Sonderabdruck aus dem 2. Bande des Archivs für Bracteatenkunde. Wien 1891. 8°. (1113.) Geschenk des Herrn Rudolf Ritter von Höfken-Hattingsheim.

Schratz W. Aus der Sammlung Schratz-Regensburg. Fünfzig Regensburger und Erlanger Medaillen, Münzen und Marken. Regensburg 1891. 8°. (1111.) Geschenk des † Herrn W. Schratz.

Verschiedenes.

Denarfund. Laut der Zeitschrift des Münchner Alterthumsvereines, 1891, Heft 3 und 4 wurden in dem römischen Castelle Vetonianis bei Pfung an der Altmühl, welches zu den Befestigungen des römischen Limes gehörte, 95 Denare der zweiten Antoninischen Kaiserdynastie gefunden. Der Fund enthält Münzen aller Kaiser dieser Zeit und ihrer Frauen, der jüngste Denar datirt von 232, Alexander Severus, jüngere Fundstücke werden überhaupt nicht angetroffen und ist daher anzunehmen, dass bei dem Ansturm der Germanen 233 die Zerstörung von Vetonianis erfolgte.

Kataloge. Fischer Emil, Wien, I., Kärntnering 1. Collection Sylva-Tarouca. Verzeichniss verkäuflicher Münzen aus der Sammlung weil. Henriette Gräfin Sylva-Tarouca, † 1890. Griechische, römische Münzen. Mittelalter und Neuzeit. Medaillen 2901 Nummern. — Franz Lang, I., Singerstrasse 8 und Carl Neumann, I, Seilerstätte 30. Auction. Alt-Wien, eine Sammlung von Ansichten der Strassen, Plätze, Basteien, Thore, Linien u. s. w. des alten Wien. Aus der Sammlung des Regierungsrathes Franz Kutschera. 2784 Nummern. Versteigerung vom 14. März 5 Uhr an. Hôtel »goldene Ente«. — Zschiesche & Köder, Leipzig, Königstrasse 4. Verzeichniss Nr. 48. Neueste deutsche Thaler, Doppelthaler und Doppelgulden. 374 Nummern. — Bukowski H., Stockholm, Arsenalsgatan 2 D. F. F. Huss' Medalisamling samt en vald Samling Svenska Mynt. 1315 Nummern. F. F. Huss' Boksamlingar. 596 Nummern. — Fasoldt Clemens, Dresden, Johann Georgen-Allee Nr. 3 II und III. Moderne Thaler, Doppelthaler und Doppelgulden. 810 Nummern. — Baer Jos. & Co., Frankfurt a. M., Rossmarkt 18. Bücher-Lager-Katalog Nr. 84. Geschichte der Völker des Alterthums. 1325 Nummern. — J. Halle, München, Ottostrasse 3 a. Bildnisse deutscher Bischöfe. 891 Nummern.

Brüder Egger, Wien, I., Opernring 7, Mezzanin. Münzen-Katalog V. enthaltend Münzen und Medaillen der Griechen und Römer, des Mittelalters und der Neuzeit — circa 5500 Nummern — ist erschienen und wird den Herren Sammlern auf Wunsch gratis und franco zugesendet. Ein- und Verkauf von Münzen einzeln und in ganzen Sammlungen gegen Baar. Uebernahme von Versteigerungen, Schätzungen und wissenschaftlicher Bestimmungen von Münzensammlungen nach Uebereinkommen. Annahme von Aufträgen für Münz-Auctionen des In- und Auslandes. Aus der neuangekauften Münzsammlung des weiland Herrn Hofrath von Friese (enthaltend Bergwerks- und Ausbeute-Münzen und Medaillen) stehen Ansichtssendungen den Herren Sammlern zu Diensten.

Herausgeber und verantwortlicher Redacteur: Franz Trau. — Verlag der numismatischen Gesellschaft in Wien. Druck von Kreisel & Gröger, vorm L. W. Seidel & Sohn, in Wien.

MONATSBLATT

der

numismatischen Gesellschaft in Wien.

Dieses Blatt erscheint monatlich ein Mal und wird den Mitgliedern der Gesellschaft
unentgeltlich zugesendet. Preis des Jahrganges für Nichtmitglieder 1 fl. Zuschriften
sind zu richten an die numismatische Gesellschaft. Wien. I., Universitätsplatz 2.

Nr. 105.	April.	1892.

Mittheilungen der Gesellschaft.

Einladung

zu der

am Mittwoch den 13. April 1892, Abends 7 Uhr

im grünen Saale der kais. Akademie der Wissenschaften (I., Universitätsplatz 2)

stattfindenden

3. ordentlichen Versammlung.

Programm:

1. Mittheilung von Einläufen. — 2. Vortrag des Herrn Dr. Jos. Wilh. Kubitschek,
Universitätsdocent und Gymnasialprofessor: Der sogenannte Einundzwanziger der aurelianisch-
diocletianischen Münzordnung. — 3. Vortrag des Herrn Dr. Carl Domanig, Custos der
Münzensammlung des Allerhöchsten Kaiserhauses: Aelteste Medailleure in Oesterreich.
Ausstellung von Abgüssen von Medaillen der Münzsammlung des Allerhöchsten Kaiser-
hauses, von römischen Medaillons und Goldbarren aus der Sammlung des Herrn Adolf
Bachhofen v. Echt.

Versammlungen der Gesellschaft mit Vorträgen und Ausstellungen finden in den
Monaten October bis April in der kais. Akademie der Wissenschaften, I., Universitätsplatz 2
statt und sind die p. t. Herren Mitglieder und Freunde der Gesellschaft höflichst eingeladen sich an denselben zu betheiligen.

Es wird ersucht, Zuschriften und Sendungen bezüglich der Zeitschrift an Herrn
Rudolf Ritt. v. Höfken, Wien, XVIII., Feldgasse 35, bezüglich der Cassa und des Monatsblattes
an Herrn Franz Trau, I., Wollzeile 1, alle anderen Briefe und Sendungen an die numismatische Gesellschaft, I., Universitätsplatz 2 (kais. Akademie der Wissenschaften), zu richten.

Das Bibliothekslocale der numismatischen Gesellschaft, I., Universitätsplatz 2, ist
an jedem Mittwoch von 6 Uhr an geöffnet.

Die ordentlichen Mitglieder der numismatischen Gesellschaft zahlen eine einmalige Eintrittsgebühr von 2 fl., einen Jahresbeitrag von 8 fl. und erhalten die Zeitschrift und das
Monatsblatt kostenfrei zugestellt. Abonnement der Zeitschrift 6 fl., des Monatsblattes
(12 Nummern) 1 fl.

Ueber mehrfach geäusserten Wunsch steht Mitgliedern der numismatischen
Gesellschaft die letzte Seite des Monatsblattes (Versendung 400 Exemplare) zu kurzen
fachgemässen Anfragen und Ankündigungen in Notizenform kostenfrei zur Verfügung.

Am 21. März 1892 starb zu Berlin der Banquier und Numismatiker Herr

Julius Hahlo

welcher seit 1886 der numismatischen Gesellschaft als ordentliches Mitglied angehörte und stets einen fördernden Antheil an derselben nahm.

Versammlung vom 19. März 1892.

Der Vorsitzende Dr. Josef S c h o l z begrüsst die Versammlung, weist auf die eingelangten Werke hin und dankt der Firma Brüder E g g e r für die interessante Ausstellung von Münzen und Medaillen. Sodann hält Herr Custos Dr. Karl S c h a l k den Vortrag über Numismatik und Nationalökonomie in ihrem Zusammenhange und Herr Hof- und Gerichts-Advokat Dr. Alfred N a g l den Vortrag über den unten abgebildeten Mailänder Dukaten aus der Münzensammlung des Allerhöchsten Kaiserhauses.

Unter den von den Herren Brüder E g g e r vorgelegten griechischen Münzen wäre ein kleiner Fund von circa 40 Stück Tetradrachmen und Didrachmen in vorzüglicher Erhaltung, zumeist sicilianischer Prägungen hervorzuheben. Von römischen Münzen bemerkte man eine ausserordentlich schöne Grossbronze der Domitilla der Jüngeren (Cohen 3, Fs. 150.—) mit glänzender Patina, eine Grossbronze der Tranquillina, (Cohen 8, Fs. 2000.--) eine Seltenheit ersten Ranges, von reiner Prägung, runder Form und gleichzeitig sehr hübscher Patinirung; einige Silberquinare die Zeit von Domitian bis Geta umfassend und eine Reihe Goldmünzen aus der römischen Kaiserzeit. Weiters wurden die Thalerprägungen und die Medaillen des XVI. und XVII. Jahrhunderts in einigen typischen Exemplaren vorgeführt. Obwohl diese kleine Ausstellung als Ganzes keinen inneren Zusammenhang bilden sollte und konnte, dürfte sie dem numismatischen Beschauer doch grosses Interesse abgewonnen haben.

Münzenfund in Klapping nächst St. Anna am Aigen in Steiermark.

Von Gustav Budinsky. Custos am steiermärkischen Landesmuseum.

Am 3. Februar 1890 fand der Grundbesitzer Ignaz Hütter in der Gemeinde Klapping bei St. Anna am Aigen, anlässlich der Niederreissung eines Stallgebäudes einen angeblich „schwarzen, gewöhnlich geformten" Topf mit 103 Stück Silbermünzen.

Das gefundene Thongefäss, welches leider wie fast stets bei solchen Gelegenheiten zerbrochen wurde, lag nur etwa 20 Centimeter tief in schwarzer, mit Holzkohlen untermischter Erde gebettet. Diese Kohlenreste wohl deshalb, weil an der Fundstelle wie sich ältere Nachbarn noch erinnern wollen „vor alter Zeit" eine gezimmerte Keusche gestanden und abgebrannt sein soll.

Die Silbermünzen, eigentlich ein Groschenfund, nach dem Nennwerthe der weitaus meisten Findlinge, zerfallen zunächst in 99 Silbergroschen, dann in 3 Venetianer und 1 schlesischen Sechser und bestehen erstere aus nachstehenden Varietäten:

Oesterreich.*)

1. Kaiser Mathias
   Groschen
   Münzmeister: Isaias Jessensky; Münzzeichen: Baum (Wien) 1618 1
   Newald: Das österr. Münzwesen unter Max II., Rudolph II. und Mathias I., S. 209
2. Ferdinand II. als Kaiser 1619—1637.
   Münzmeister: Mathias Fellner von Feldegg; Münzzeichen: Sparren (Wien),
   Appel II, ...1624 8
   Ks. ARCHID . A . D . --- BV . CO . TY   1624 1
   „   „   „ .. — B . C . TYR   .1625 1
   „   „   „ „ — BVR . C . TY .   1627 ⎫
                                            1628 ⎬ 4
                                            1630 ⎭
   „   „   „ .. -- B . C . TY . . . 1632 1
3. Ferdinand III. als Kaiser.
   Münzmeister: Hans Jakob Stadler: Münzzeichen: Kranich, einen Stein haltend.
   (Wien), Katalog Marabini Nr. 547. 1637 1

Böhmen.

4. Ferdinand II. als Kaiser.
   Münzmeister: Sebastian Hölzl von Sternstein, Münzzeichen: Stern (Kuttenberg,
   1625 und 1626 2
   Donebauer**) 2259 und 2264
5. Münzmeister: Christoph Margalik; Münzzeichen: Anker (Prag) 1630 1
   Donebauer 2391, jedoch vom Jahre 1656.
9. Münzmeister: Jakob Wernhard Wolker; Münzzeichen: Hand mit Stern (Prag) 1637   3
   Donebauer 2242.
7. Münzmeister; Hans Bartel Suttner von Suttenbach; Münzzeichen: Halber Greif
   (Prag) 1624 3
   Donebauer 2206, jedoch das Münzzeichen nicht zwischen I—S. sondern
   zwischen R—I.

---

*) Die Groschen für Oesterreich, Böhmen und Nebenländer führen, insoweit nicht ausdrücklich eine hievon abweichende Type namhaft gemacht wird, alle auf der Vs. das belorbeerte Brustbild l. s. und auf der Ks. den gekrönten Doppeladler mit dem österr.-burgundischen Brustbilde.
**) Donebauer-Beschreibung der Sammlung böhmischer Münzen des M. Donebauer. K. Donebauer = Katalog Donebauer.

1*

8. Münzmeister: Benedikt Huebner von Sonnleithen; Münzzeichen: Mondsichel, darüber ein Stern (Prag).

Donebauer	2224	. . . . 1625	1
„	2214	. . . . 1626	1
„	2224	. . . . 1627	1
„	2224	. . . . 1628	1
„	ebenso	. . . . 1629	3
„	2214	. . . . 1629	1

9. Münzmeister: Tobias Schuster von Goldberg; Münzzeichen: Prägestock (Prag) 1635   1

1636   1
und 1637   1

Donebauer 2233.

Ferdinand III. als Kaiser 1637—1657.

10. Vs. L. s. Brustbild mit langen Haaren und breiten liegenden Spitzenkragen. Ks. Gekrönter Doppeladler. Brustschild mit dem r. springenden Löwen.
Münzmeister: Daniel Kafka von Tollenstein; Münzzeichen: Hand mit 3 Pfeilen (Prag) 1639 1
Donebauer 2397.

11. Münzmeister: Jakob Wernhard Wolker; Münzzeichen: Hand mit Stern (Prag).
Vs. und Ks. wie der vorige Nr. 10.

	1640 . . . . :	1
Donebauer 2361	1642	1
	1644	1
	1646	1

Mähren:

12. Ferdinand II. als Kaiser.
Münzmeister: Fellner von Feldeck; Münzzeichen: MF (Olmütz) 1627 1
Donebauer 2326, jedoch Vs. FERD . II D . G (Münzz.) R . . . Ks ARCHID . A . D — B . M . A . M.

13. Ferdinand III. als Kaiser.
Münzzeichen: G W. Brünn (?). Katalog Marabini Nr. 625. Vs. FERD . III . DGR — IS . AGH . B . REX * ARCHID . A . D . (Münzz.) B . C . TYR. 1645 1

Schlesien.

14. Ferdinand II. als Kaiser.
Münzmeister: Hans Rydell (aliis Rieger?); Münzzeichen auf Ks. unten HR. (Breslau?)
Vs. FER. II. D. G. RO. — I. S. A. G. H. B. REX *

Ks. ARCHID. AV. DV. AV. CO. T. (Münzzeichen HR) . . .	1628 . . .	1
Vs. FER. II. DG. R. — I. S. AG. H. B. REX (Münzzeichen:	1628 . . .	1
2 gekreuzte Zainhacken)	1629 . . .	3
Ks. ARCHID. AV. (Münzzeichen HR) DV. BV. C. T.	1630 . . .	1
Vs. wie die vorhergehende; Ks. AU-DU BU	1630 . . .	1
	1631 . . .	1
	1632 . . .	1

und bei den letzten beiden das Zainhacken-Münzzeichen undeutlich, als ob 3 (?) Hacken.

Vergleiche K. Donebauer S. 69, und K. Marabini Nr. 509.

15. Münzzeichen: W (Breslau). K. Marabini Nr. 507.
   Vs. FERD. II. D. G. R. I. S. AG. H. B. R *
   Ks. ARCHID. AD. — B. M. A. M. 1625   1
16. Münzzeichen: H/Z (Breslau). K. Marabini 510.
   Vs. FERD. II. D. G. R. I (Werthzeichen) S. A. G. H. B. REX DS *
   Ks. ARCHID. AV (Münzzeichen) D. B. C. O. T. . . . . 1636 . . .   1
17. Ferdinand III. als Kronprinz und gekrönter König von Böhmen.
                                   Schlesien.
   Münzzeichen: HR (Breslau).
   Vs. FERD. III. D. G. — HV. BO. REX.
   Ks. Gekröntes quadrirtes Schild: Ungarn und Böhmen mit dem österreichisch-
      burgundischen Mittelschilde. ARCHIDVX (Münzzeichen) AVST 1635 . . .   1
   Donebauer 2339.
18. Vs. und Ks. wie der vorige vom Jahre 1630, jedoch mit dem Münzzeichen des
   Peter Hema   1
   Ferdinand III. als Kaiser. Münzmeister: Hübner?
19. Münzzeichen: unten ein Schwan, rechts M, links H.
   Vs. FERD. III. D. G. R. I. — S. AVG. H. B. REX *
   Ks. ARCHIDVX A: (Münzzeichen) DVX B. C. T. . . . . . . 1639? . . .   1
   Vs. FERD. III. D. G. R. — I. S. A. G. H. B. REX * . . . . . . ⎰ 1643 . . .   1
   Ks. ARCHIDVX (Münzzeichen) A. D. B. C. T. . . . . ⎱ 1651 . . .   1
   Münzzeichen im K. Marabini, Seite 39.
                                   Kärnten.
20. Kaiser Ferdinand II. . . . . 1633 . . .   1
                                             und 1636 . . .   1
   Vs. Belorbeertes Brustbild l. s.; Ks. Drei Schilde in Kleeblattstellung, zwischen
      Feuereisen. Vgl. Wellenheim 9033.
                                   Steiermark.
21. Kaiser Ferdinand II. . . . . 1626 . . .   1
   Pichler Rep. III. S. 167, Nr. 91, Vs. und Ks. wie oben bei 20.
                                   Tirol.
22. Leopold III. († 1632) ohne Jahreszahl.
   Vs. LEOPOLDVS. D: G: AR. AVS. L. s. Brustbild mit dem Herzoghute bedeckt.
   Ks. DVX: BVRG: C — OMES: TYRO. Drei Schilde, oben eckig, unten abge-
      rundet, in Kleeblattform, zwischen Feuereisen   2
   Innerer und äusserer Perlenkreis.
23. Wie diese beiden, jedoch Vs. AR: A: — . . . Ks. TIR. Appel III. 3795,
      Wellenheim I. 9313—15   1
24. 3 Schilde, oval, in Kleeblattform, zwischen Rosetten.
   Vs. : LEOPOLDVS : D: G: AR: AVST * l. s. Brustbild im geistl. Gewande
      mit langen Haaren.
   Ks. DVX: BVR: C — OMES: TIRO * Wellenheim I. 9311   3
                                             ⎧ 1639 . . .   1
25. Ferdinand Karl.   ⎪ 1640 . . .   1
   Vs. Gekröntes Brustbild l. s.   ⎪ 1642 . . .   1
   Ks. 2 Schilde: Oesterreich, Tirol.   ⎨ 1647 . . .   3
   Wie Appel III. Nr. 3809 (vom Jahre 1639), jedoch AV — ⎪ 1649 . . .   2
   statt A —   ⎪ 1650 . . .   3
   Wellenheim Nr. 9333 und 9334.   ⎪ 1653 . . .   1
                                             ⎩ 1656 . . .   2

Jahreszahl links vom Brustbild. Appel III. Nr. 3813 (vom   Groschen

    Jahre 1654) . . . . 655 . . . 1

26. Der Type nach österreichische Groschen mit dem l. s. Brustbilde und Doppel-

    adler, jedoch mit ganz undeutlichen und vernutzten Münzzeichen, 5 Stück,

    und zwar Ferdinand II. vom Jahre 1624 · 3

    und muthmasslich vom Jahre 1635 1

    mit gleichfalls undeutlicher Jahreszahl 1

    und Ferdinand III. vom Jahre 1639 1

         Ausser den genannten österreichischen Groschen:

                                                              Stück

27. Schlesien. Linie zu Münsterberg: Karl II. 1613 1

    (Appel III. 3307.)

                   Linie Oels zu Bernstadt:

28. Georg Ludwig und Christian 1652 1

    Münzzeichen: 2 gekreuzte Bergschlägel mit Blume;

29. endlich 2 Wallensteiner Groschen. Meyer Ad. Wiener Num. Zeitschrift

    XVII. S. 504, Nr. 246 . . . . 1630 . . . 1

    und zweite Type mit dem kleineren Brustbilde. Nr. 324 . . . 1633 . . . 1

30. Dann Schweiz, Canton Zug:

    Appel IV. Nr. 3331 (von 1603) . . . . 1606 . . . 3

                                und 1608 . . . 1

    Endlich ausser diesen 99 Silbergroschen fanden sich ein Halb-Scudo des venetianischen Dogen

31. Franc. Contarini (1623—24), eine gleichwerthige Münze von Franc. Erizzo (1631—46) und ein Viertel-Scudo von

32. Aloys Mocenigo I. (1570—77) mit dem Münzzeichen † M † C †, Wachter, Num. Zeitschrift XVII, S. 150,

33. und 1 Sechser: Schlesien, Oels, Friedrich, 1674 (Appel III, 3317).

    Von diesen Münzen, welche also nicht weiter zurückreichen als bis zum Jahre 1570 und sich bis 1674 (Schlesien-Oels) erstrecken, dürften nur die beiden Wallensteiner Groschen das erstemal in einem Funde steirischer Herkunft nachgewiesen sein.

    Sämmtliche Stücke sind ziemlich gut erhalten und wiegen 0·2 Klg ; hievon die 3 Venetianer 0·04 Klg., die Kleinsilbermünzen somit 0·16 Klg.

Fund bei Essegg.

    Im Besitze des Herrn kgl. Gendarmerie-Wachtmeisters Ludwig Weiser in Vinkovce befindet sich eine Anzahl Münzen aus einem Funde auf der Pusta Orlovnjak bei Essegg 1887, deren Veröffentlichung er freundlichst gestattete. Mit wenigen Ausnahmen gehören sie der Friesacher Gruppe an, und zwar nach Wellenheim's Reihenfolge:

    1—9. Vs. ERIACENSIS. Bischofsbrustbild mit Stab und Buch. Rs. Gebäude. Wellenh. 9551 ff., ein Stück scheint alte Fälschung.

    10. Eberhard II. von Salzburg. Friesach 2. Gattung. Wellenh. 9564.

    11—16. Derselbe. Friesach 3. Gattung. Wellenh. 9590.

    17—18. Vs. : . ICAII Engelsbrustbild, den rechten Arm emporgehoben und ein Tuch ? haltend, darüber Thurm. Rs. E R . H . . . stehender Bischof mit Kreuzstab und Krummstab. Wellenh. 9598.

    19. Vs. wie Wellenheim 4. Gattung. Rs. . . . . . . R H h H E (?). Sitzende Figur im Mantel, rechts ein Schwert, links eine Fahne haltend. 0·75 Gr. 17—18 Mill. (Rev. wie Fund zu Dorosma Nr. WNZ. IX. Band, Nr. 117.) Hermann v. Kärnten 1161—81 (?).

20—23. Wie Wellenh. Friesach 4. Gattung. Eberhard II. Wellenh. 9602.

24. Eberhard I. von Salzburg 1147—64 wie Wellenh. Salzburg 1. Gattung. Wellenh. 9612.

25—26. Derselbe, Salzburg 2. Gattung. Wellenh. 9631.

27. Derselbe. 3. Gattung c) Wellenh. 9644.

28—29. Derselbe. 3. Gattung b) Wellenh. 9646.

30. Vs. wie Salzburg 3. Gattung a) Rs. . V A D . N A ? Gestalt in geistlichem Gewande, 2 Schwerter haltend, auf jeder Seite des Halses ein Punkt. 0·92 Gr. 16 Mill.

31—32. Eberhard II. Salzburg 4. Gattung. Wellenh. 9657.

33—38. Derselbe? 5. Gattung. Wellenh. 9665 und 9672.

39. Vs. ebenso. Rs. .... I ⋈ ... ╋ Bischof stehend mit rechts Krummstab, links Kreuzstab. 1·02 Gr. 17 Mill.

40—41. Derselbe, wie Wellenh. 9679.

42. Derselbe. Vs. wie Salzburg 3. Gattung a) Rs. Wellenh. 9679.

43—48. Nicht in Wellenheim. Vs. Inful. Brustbild zwischen 2 Thürmen, darüber ein doppelter Spitzbogen mit 2 Thürmchen. Rs. ... ⟍ H oder ꭒ A ꓤ ╋. Sitzende Figur, rechts Schwert, links Kreuzstab haltend.

49—51. Eberhard II. Wellenh 9684.

52. Varietät von Wellenheim 9657. Eberhard II. Vs. Inful-Brustbild zwischen 2 hohen Thürmen, oben ein fünfseitiger Stern. Rs. E B E R H A R D V .... Brustbild im Mantel mit Krone, in der Rechten ein Buch, in der Linken einen langen, in die Umschrift reichenden Krummstab haltend. 1·14 Gr. 16 Mill.

53—54. St. Veit 1. Gattung. Ulrich III. von Kärnten? Wellenh. 9697.

55. Detto 3. Gattung. Derselbe? Wellenh. 9711.

56—57. Detto. Hermann von Kärnten, 1161—81. Wellenh. 9717.

58. Detto. Ulrich III.? Wellenh. 9725.

59—60. St. Veit 4. Gattung. Derselbe? Wellenh. 9726.

61—62. Landestrost. Wellenh. 9769.

63—67. St. Andreae? Wellenh. 9776.

68. Markgrafen von Istrien? Wellenh. 9785.

69—70. Unbekannte Münzstätte. Bernhard von Kärnten, 1201—56. Wellenh. 9793.

71. Unbekannte Münzstätte. Wellenh. 9825.

72—73. Ebenso. Eberhard II. Wellenh. 9870.

74. Unbekannte Münzstätte. Vs. Ober einem Giebel, in welchem ein Kreuz, zwischen 2 Thürmen ein Kopf mit Krone? Rs. ... C ⟍ .... Sitzende Figur, ein Schwert quer über die Knie gelegt. 1·17 Gr. 18 Mill. (Siehe Fund zu Triebswetter im Monatsbl. Nr. 87, Nr. 423, Nr. 101—3.)

75. Pettau-Friesach. Leopold der Glorreiche von Oesterreich, † 1230. (W. N. Z. II. Bd., S. 494 ff.)

76. Unkenntlich, vielleicht Friesach ältester Typus, wie Wellenheim 9546 ff.

77—78. Bela III. von Ungarn, 1174—96. Prätext: B E L A R E X. Drei zusammengesetzte Köpfe in einem Kreise.

79. Heinrich III. von England, 1216—72. Vs. h E N R I C C V S R E X. Brustbild mit Kreuzstab. Rs. E L I S O N L V N D E Fadenkreuz, in den Winkeln Kugelkreuzchen.

Raimann.

Münzfund bei Chlistau.

Im Jahre 1891 wurde nach der freundlichen Mittheilung des Herrn Prof. Karabaček durch Knaben beim Spielen und Steinausgraben auf der Neuheide bei Chlistau, Bezirk Trebitsch, am Rande des dem Fürsten Collalto gehörigen Waldes Kobili hlava, in dessen Nähe einst eine Heerstrasse von Brünn nach Prag geführt haben soll, deren Ueberreste noch hie und da in den Feldern angetroffen werden, eine nicht bekanntgewordene Anzahl von Münzen gefunden, von welchen 73 Stücke an die fürstliche Gutsverwaltung gelangten. Diese 73 Stücke, deren Durchsicht mir der Vertreter des Gutsherrn, Dr. Raimund Karabaček, Hof- und Gerichtsadvocat in Wien, gestattete, waren folgende:

Schweiz. 1—16. Zug. Groschen von den Jahren 1600, 1601, 1602 (2), 1604 (4) 1606 (7), 1608.

Bisthum Chur. 17. Beatus de Porta, 1565—81, Silberkreuzer.

Steiermark, 18. Ferdinand, 1590—1637, eins. Pfenning vom Jahre (1)616.

Kärnten. 19. Derselbe, eins. Pfenning vom Jahre (1)616.

Salzburg. 20—30. Erzb. Matthäus Lang von Wellenburg, 1519—40, eins. Pfenninge von 1524, 1535?, 1536 und unkenntlichen Jahrgängen (8).

31—34. Erzb. Ernst von Baiern, 1540—54, eins. Pfenninge von 1540?, 1547, 15.. und mit unkenntlicher Jahreszahl.

35—36. Erzb. Michael von Kuenburg. 1554—60, eins. Pfenning o. J.

37—41. Erzb. Johann Jacob Khuen von Bellasi, 1580—86, eins. Pfenninge von den Jahren 1562, 1575, 15.. und mit unkenntlicher Jahreszahl (2).

Baiern. 42—45. Richard von Pfalz-Zimmern, † 1598, halbe Batzen von (15)82, (15)91, (15)92.

46. Johann II. von Pfalz-Zweibrücken, 1604—35, Groschen o. J.

47. Bisthum Passau. Ernst von Baiern, 1517—40, eins. Pfenning o. J.

Baden-Baden. 48. Eduard Fortunat, 1588—1600, halber Batzen vom J. (15)91.

Hessen. 49. Philipp von Hanau-Lichtenberg, † 1599, Groschen o. J.

Preussen. 50. Georg Friedrich von Brandenburg in Jägerndorf, 1543—1603, Silberkreuzer von 1·5·6·2.

Böhmen. 51—60. Wladislaus II., 1471—1516, Pragergroschen.

61—66. Ferdinand I., 1527—64, Pragergroschen von 1535?, 1536, 1540 (3) und mit unkenntlicher Jahreszahl.

67. Maximilian II., 1564—76, Groschen vom Jahre 1576 (?).

68. Derselbe, Kreuzer vom Jahre 1·5·6·7.

69. Rudolf II., 1576—1612, Groschen vom Jahre 1583.

70. Derselbe, Groschen vom Jahre 1589.

Polen. 71—72. Sigmund III., 1587—1632, Groschen von (16)06 und (16)23.

73 unkenntlich.

Aus der Jahreszahl von Nr. 72 ergibt sich, dass die Vergrabung um das Jahr 1625 stattfand, was durch die Kriegsbegebenheiten dieser Zeit erklärlich ist.   Raimann.

Münzenfund zu Heiligengestade am Ossiacher See in Kärnten.

Im Mai 1888 fand Josef Müller vulgo Mühlbauer zu Heiligengestade beim Abräumen eines Feldsteines, wie er berichtete, einen irdenen Topf mit 500 alten Silbermünzen. Derselbe übergab der k. k. Bezirkshauptmannschaft Villach den Fund, welchen sodann im Wege der k. k. Landesregierung der Kärntnerische Geschichtsverein in Klagenfurt zur Untersuchung erhielt. Es waren zusammen 465 Stücke, von welchen 404 genau untersucht werden konnten.

1. Denar. **Patriarch Bertrand von Aquileja**, 1334—1350. Schweitzer, Serie delle monete 6. 135 Stücke.

2. Denar desselben. Schweitzer 0. 53 Stücke. A. B E R - T R A N - D'. P A - Th 'A. R. S. h E M A - C O R A S. A. grosses Kreuz. R. Bischof sitzend, mit der Rechten segnend, in der Linken das Patriarchenkreuz, um das Haupt einen punktirten Heiligenschein. Gewicht 1·078 Gr.

3. Denar desselben. Schweitzer 5. 111 Stücke.

4. Denar. **Patriarch Nicolaus von Aquileja**. 1350—58. Schweitzer 1. 72 Stücke.

5. Denar desselben. Schweitzer 2. 44 Stücke.

6. Denar desselben. Schweizer 3. 34 Stücke.

7. Denar desselben. Schweitzer 0. 23 Stücke. A. ∴ M O N E T A ∴ N I C O L A I. R. † P A T h E ∴ A Q V I L E G E'. A. Gekrönter Löwe steigend mit Doppelschweif ohne N. R. Kreuz mit Lilienenden, Gewicht 0·93 Gr.

8. Denar desselben. Schweitzer 0. 2 Stücke, schlecht erhalten. A. ∴ M O N E...I C O L A I· R. † P A T h .. A Q V I L E G E'. A. Gekrönter Löwe steigend. R. Kreuz wie oben. Gewicht 1·097 Gr.

9. Denar. **Heinrich III. Graf von Görz**, 1338—64. Schweitzer, Abrégé de l'histoire des contes de Gorice No. 71. 19 Stücke.

10. Denar. **Patriarch Paganus von Aquileja**, 1319—34. Schweitzer, Serie 3. 3 Stücke.

11. Denar desselben. Schweitzer 4. 2 Stücke.

12. Denar. **Patriarch Ottobonus von Aquileja**, 1302—15. Schweitzer 2. 4 Stücke.

13. Denar. **Patriarch Peter**, 1299—1301. Schweitzer 2. 2 Stücke.

Eine Münze war vollständig unkenntlich. Im Ganzen war die Erhaltung der Münzen eine schlechte.

Klagenfurt. A. v. Jaksch.

Prägemedaillen des k. und k. Kammer-Medailleurs Anton Scharff in Wien.

In chronologischer Reihenfolge ihres Entstehens zusammengestellt von Hern Josef Nentwich und in den Mittheilungen des Clubs der Münz- und Medaillenfreunde in Wien publicirt.

1867 Hassenbauer, Johann R. v. Schiller, k. k. Münzamts-Director in Wien, 50jähr. Dienstjubiläum (im Vereine mit J. Tautenhayn und F. Leisek).

1868 Bauer Franz, Bildhauer in Wien, Widmungsmedaille von seinen Schülern.

1869 Bourbon Herzog Robert, und Maria delle Gracia Pia, Widmungsmedaille der Stadt Parma zur Vermählung.

— Wien, 50jähr. Jubiläum der Sparcasse (nach einem Entwurfe aus der lithographischen Anstalt Gruber).

— Eisenbahn Alföld-Fiume, Dienstzeichen.

1870 Reichenberg i. B., 200jähr. Jubiläum der Schützengesellschaft (A.: J. Tautenhayn).

1871 Lippmann, Salomon und Therese, in Wien goldene Hochzeit.

1872 Mosenthal, Dr. Sal. Herm., Dichter.

1873 Franz Josef I., Kaiser, 25jähr. Regierungs-Jubiläum. (R.: J. Tautenhayn).

-- Wien, Weltausstellung.

A.: Brustbild des Kaisers.

R.: Rotunde.

1873 Semper Gottfried, Architekt, Widmungsmedaille zu seiner 70. Geburtstagsfeier.
— Warschauer Robert, Bankier in Berlin.
1874 Tunner, Peter R. v., Bergdirector, Widmungsmedaille der Schüler der Leoben-Vordernberger Bergakademie.
1875 Prag, 50jähr. Jubiläum der Sparcasse, mit der Ansicht des Rudolfinums (geschn. von J. Neudeck).
1876 Karl Ludwig, Erzherzog, Preismedaille der Künstler-Genossenschaft in Wien.
— Wagner Richard, Medaillen auf die Bayreuther Festspiele.
    a) R.: 3 allegorische Figuren.
    b) „ Schrift.
    c) ,. Scene aus Parsifal (Anhänger).
    d) „ dto. dto. (kleineres Format).
1877 — Sogenannter Wagner-Orden (R : von Gottfried Semper entworfen.
— Cassian, Martin R. v., Widmungsmedaille zu seinem 25jähr. Dienstjubiläum.
— Felder, Dr. Cajetan, Bürgermeister von Wien, Widmungsmedaille.
1878 Johann, Erzherzog, Medaille auf die Errichtung seines Denkmales in Graz (R. geschn. von J. Neudeck).
— Camesina, Albert, R. v. San Vittore, k. k. Conservator in Wien, Jeton auf seine Ernennung zum Ehrenbürger.
— Littrow, Carl Ritter v., auf die Errichtung der k. k. Sternwarte.
— Wagner Franz, Buchhändler aus Leipzig.
1879 Wien, silberne Hochzeit Sr. Majestät des Kaisers Franz Josef, Huldigungsmedaille der Stadt Wien. (A.: J. Tautenhayn).
-- detto, Doppelgulden, R.: von Scharff.
— Salzburg, Festschiessen aus Anlass der silbernen Hochzeit des Kaisers.
— Schmerling, Anton R. v., 70jähr. Geburtsjubiläum. Widmungsmedaille des k. k. Obersten Gerichtshofes in Wien.
— Vitezić Johann Joseph, Bischof von Veglia, auf seinen Tod.
— Zichy, Graf Eugen, Widmungsmedaille der Stadt Stuhlweissenburg.
1880 Wien, I. österreichisches Bundesschiessen, Silberprämie.
— — Enthüllung des Beethoven-Monumentes.
— — Niederösterreichische Gewerbe-Ausstellung, Preismedaille (R.: J. Schwerdtner).
— Dotzauer, Richard v., Widmungsmedaille der Prager Handelskammer.
— Ekhel, Dr. Jos. Hilarius, Jeton der numismatischen Gesellschaft in Wien zur Feier ihres zehnjährigen Bestandes aus dem Metalle antiker Münzen geprägt.
— Hyrtl Josef, Anatom, Widmungsmedaille des Wiener Doctorencollegiums zu seiner siebzigsten Geburtstagsfeier.
— Günther Johann, Abt von Raigern (Mähren). (R.: Stiftsansicht, geschnitten von J. Neudeck)
1881 Wien, Vermählung des Kronprinzen Erzherzog Rudolf, Huldigungsmedaille der Stadt Wien.
— Pest, Ausstellung weiblicher Handarbeiten. Medaille mit dem Brustbilde der Herzogin von Coburg.
— Salzburg, Festschiessen aus Anlass der Vermählung des Kronprinzen.
— Krems, 25jähr. Jubiläum der Sparcasse (nicht signirt).
— Mauthner, Adolf Ignaz und Julie, in Wien, goldene Hochzeit.
    a) R.: Schrift im Kranze und 2 Wappen.
    b) „ dto. (kleineres Format).

    c) R.: Schrift allein.

    d) „ Wappenschild mit heraldischem Schmucke.

1882 St. Pölten, II. niederösterreichisches Landesschiessen Silberprämie.

— Triest, Landesausstellung (R.: J. Schwerdtner).

— Wien, Verein für Landeskunde, 600jähr. Jubiläum der Belehnung des Hauses Habsburg mit der Ostmark.

— Juraj Dobrila, Bischof von Triest.

— J. Schreiber und Neffen, 25jähr. Fabriksjubiläum, Widmungsmedaille der Beamten und Bediensteten.

1883 Wien, 200jähriges Jubiläum der Befreiung von den Türken (A.: J. Tautenhayn).

— — Vollendung des Rathhauses in Wien (R.: geschnitten von J. Neudeck).

— — Festschiessen des Wiener Schützenvereines.

    a) Silberprämie.

    b) Goldprämie.

— Erbstein Karl Friedrich Wilhelm, Medaille auf den II. deutschen Münzforschertag in Wien.

— Kincsem, Preismedaille des ungarischen Pferdezuchtvereines (in 2 Formaten).

— Lagerberg, Magnus Freiherr v., Widmungsmedaille des Künstlers.

— Reiningshaus, Freih. v., auf seinen Tod (Anhänger).

— Berndorf, Landwirthschaftl. Preismedaille.

1884 Wien, Künstlerhaus, Schützenkränzchen.

— Niederösterr. Handels- und Gewerbekammer, Preismedaille.

— Numismatische Gesellschaft, 400jähr. Thalerjubiläum.

— Bachofen von Echt, Adolf und Albertine, silberne Hochzeit (R.: Wappen).

— — Carl, k. preuss. Corps-Auditeur auf seinen Tod.

— Podstatzky-Liechtenstein, Adolf Graf, auf sein 40jähr. Jubiläum als Malteserritter.

1885 Pulszky Franz, zu seinem 50jähr. Schriftstellerjubiläum.

— Podstatzky-Liechtenstein, Adolf Graf, auf seinen 80. Geburtstag.

— Salzburg, Festschiessen aus vorerwähntem Anlass.

— Innsbruck, II. österr. Bundesschiessen, Silberprämie.

— — — 4 # Goldprämie (anderer Stempel).

— Klagenfurt, Kärntnerische Landesausstellung. Preismedaille.

— Pest, Ungar. Landesausstellung.

    a) R.: Ausstellungsgebäude.

    b) „ (Schrift) kleineres Format.

— — Ungarischer Staatspreis für Kunst.

— Hirschfeld, Dr. Otto, Geschichtsprofessor.

— Werner Marie, Widmung des Künstlers.

    A.: Kopf des Haushundes Diana.

    R.: Ansicht des Wohngebäudes.

— West Wilson in Gothenburg, John Numismate.

1886 Wien, Künstlerhaus, Niederländische Kirmessfest-Klippe.

— Graz, 300jähr. Universitätsjubiläum.

— Ofen, 200jähr. Jubiläum der Türkenbefreiung.

— Bachofen von Echt Clemens Maximilian, Medaille auf seinen Tod.

— Bergmann, Dr. Josef R. v., III. deutscher Münzforschertag in München.

— Bischof Klein von Limburg.

— Senefelder A., Preismedaille des Gremiums der Stein- und Kupferdrucker in Wien.

1887 Victoria, Königin von England, 40jähr. Regierungsjubiläum. Widmungsmedaille der City in London.
— Alexander III., Czar, Medaille auf die Wiedererweckung der russischen Meeresflotte.
— Grossfürst Georg von Russland, numismatische Medaille.
— Kützing Friedrich Traugott. Botaniker, Widmungsmedaille.
— Cardinal Josef Mihalovic v. Agram. Widmungsmedaille.
— Nischelwitzer Oswald, österreich. Reichsraths-Abgeordneter, Ehrenbürger von Mauthen.
— Oppolzer, Theodor R. v., Astronom, Medaille auf seinen Tod.

    a) R. : Schrift.

    b) „ (Jeton) Embleme.

— Schreiber Friedrich Engelhardt, Bergdirector in Joachimsthal. Erinnerung an die I. Silberausbeute des sächsischen Edelleutstollens
— Sickl, Dr. Theodor R. v., Historiker, Widmungsmedaille zu seinem 30jährigen Professorenjubiläum.
— Wien, Enthüllung des Maria Theresien-Monumentes.
— — Numismatische Gesellschaft Maria Theresia-Ausstellung (Porträt nach R. Donner).
— — 40jähr. Regierungsjubiläum Sr. Majestät des Kaisers Franz Josef, Huldigungsmedaille der Stadt (A.: J. Tautenhayn).
— — Numismatische Gesellschaft. Franz Josef-Ausstellung, Klippe (R.: J. Neuberger).

1888 Wien, Künstlerhaus, Jubiläumsausstellung.

    a) Silberprämie.

    b) Goldprämie (20 Frcs.).

— Oest. Touristen Club, Errichtung der Habsburgwarte auf den Hermannskogel (R.: geschn. v. J. Neudeck).
— Helfert, Josef Alex. Freih. v., Widmungsmedaille der Centralcommission zu seiner 25jähr. Mitgliedschaft.
— Schmidt, Friedrich Freih. v., Widmungsmedaille des Wiener Dombauvereines.
— Smolka Franz. Präsident des österr. Abgeordnetenhauses, auf seine 40jähr. politische Thätigkeit.

1889 Ferdinand Fürst von Bulgarien. Militärmedaille.
— — — Jeton (R.: Wappenschild).
— Stuttgart, 25jähr. Regierungsjubiläum des Königs Karl von Württemberg.
— Bleichröder, Wilhelm Freih. v., Jeton.
— Dewez, Wilhelm Freih. v., k. k. österr. Postdirector, Widmungsklippe zu seinem 40jähr. Dienstjubiläum (nicht signirt).
— Grillparzer Franz, zur Enthüllung seines Denkmales in Wien.
— Keller Gottfried (R.: nach einem Entwurfe Böcklin's).

1890 Erzherzogin Marie Valerie und Erzherzog Franz Salvator, Vermählungsmedaille (officiell).
— Arad, Errichtung des Denkmales an die gefallenen Freiheitskämpfer 1849.
— Pest. 50jähr. Jubiläum des Conservatoriums.
— Wien, IV. allgem. deutsches Sängerbundesfest, officielle Medaille (R.: J. Schwerdtner).
— A.: Jungfrau in altdeutscher Tracht, ein Reis in den Boden pflanzend (ursprünglich für das Prager deutsche Theater bestimmt).
— Arneth, Alfred Ritter v., Historiker. Widmungsmedaille der Beamten des kaiserl. Haus-, Hof- und Staatsarchivs in Wien.
— Forchheimer Eduard, Numismatiker in Wien. Widmungsmedaille seiner Kinder zum 70. Geburtstage.
— Schmerling, Anton R. v., Widmungsmedaille des Theresianums in Wien.

1890 Weifert Ignaz, Numismatiker in Pancsova, Widmungsmedaille seines Sohnes.

1891 Carol, König von Rumänien, 25jähr. Regierungsjubiläum.

— Bachofen von Echt, Adolf und Albertine, zur Feier ihrer silbernen Hochzeit, II. Stempel (R.: die Jubilare im altdeutschen Costüme).

— — — — Klippe mit der Ansicht von Nussdorf bei Wien.

1891 Grunow Albert, Director der Berndorfer Metallwaaren-Fabrik, zu seinem 40jährigen Dienstjubiläum.

— Portois und Fix, Anhängeklippe zum 10jähr. Geschäftsjubiläum.

— Siegmund, Ed. v., Jubiläumsschiess-Prämie des Triester Schützenvereines.

— Spöttl, Walburga in Wien, Widmungsmedaille ihres Sohnes zu ihrem 87. Geburtstage.

Diverse Prägemedaillen:

Frankfurt a. M., Internationale Patentausstellung.

Lackner, Dr. F., Widmung des Künstlers

Lewinsky Jos., k. k. Hofschauspieler. Widmung des Künstlers.

München, Preismedaille der Kunstausstellung (mit dem Brustbilde König Ludwig II.).

München, Preismedaille der Kunstausstellung (mit dem Brustbilde des Prinzregenten Luitpold).

Pohorschelek, Exporteur in Wien (einseitig).

O. Seibel (Kind), Widmung des Künstlers.

Tirka A., Grosshändler in Wien. Widmung des Künstlers.

Nationalökonomie und Numismatik in ihrem Zusammenhange.

Vortrag gehalten von Dr. Karl Schalk in der Versammlung vom 16. März.

Der Vortragende hebt den zweifachen Gesichtspunkt in der Numismatik, den materiellen: „die Münze als Geld" und den formellen: „die Münze als Gepräge" hervor und erläutert die Bedeutung des ersteren für die Cultur-, respective Wirthschaftsgeschichte, in der es sich nicht so sehr um die seltenen, schön geprägten, werthvollen Münzen, als um die kleinen, unansehnlichen, schlecht geprägten, aber typischen Repräsentanten der Geldcirculation im alltäglichen Leben des gemeines Mannes handelt. Man sollte meinen, dass gerade die historische Schule der Nationalökonomie aus diesem Grunde der Numismatik besondere Aufmerksamkeit schenke und doch ist dies in geringerem Masse der Fall als Seitens der Schule nach der exacten Methode. Leistet die Numismatik so der Nationalökonomie einen Dienst, empfängt sie anderseits ihre Fundamentirung aus letzterer. Die Frage nach der Entstehung des Geldes ist mit den Mitteln historischer Forschung nicht, sondern nur auf speculativem Wege zu lösen. Der Vortragende trägt nun die scharfsinnigen Auseinandersetzungen Carl Menger's (Untersuchungen über die Methode der Socialwissenschaften und der politischen Oekonomie, Seite 260 ff.) vor, dem zufolge der Ursprung des Geldes uns in Wahrheit nur dadurch zum vollen Verständnis gebracht zu werden vermag, dass wir die hier in Rede stehende sociale Institution als das unreflectirte Ergebnis, als die unbeabsichtigte Resultante specifisch individueller Bestrebungen der Mitglieder einer Gesellschaft verstehen lernen. Nunmehr wird aus einer Reihe von Beispielen der Beweis erbracht, dass gerade die historische Schule der Nationalökonomen, die Wirthschaftshistoriker die Numismatik vernachlässigen. Der Grund dieser Erscheinung scheint in dem Mangel einer akademischen Lehrkanzel für diese Wissenschaft zu liegen; um so grösser ist die Bedeutung der numismatischen Gesellschaft für die Pflege der Numismatik in unserem Vaterlande.

Eine reichhaltige und werthvolle Papiergeld-Sammlung,

lauter schöne Exemplare, viele grosse Seltenheiten, alle verschieden, Nennwerth M. 9000,
ist durch C. G. Thieme in Leipzig, Neumarkt (Gewandg. 5) für M. 1250 zu verkaufen.
Geschriebener Katalog steht auf Verlangen zur Durchsicht zur Verfügung. Stückzahl : 366.
Dieselben sind wohlgeordnet, herausnehmbar, auf weisse Foliocartons befestigt, nach dem
Alphabet, zwischen überzogenen Pappen, registermässig eingelegt in einem modefarbenen
Pappkasten.

Literatur.

Für die Bibliothek der numismatischen Gesellschaft eingelangt:

Anzeiger, numismatisch-sphragistischer. Herausgegeben von Friedrich
Tewes, Hannover 1891. Nr. 9 Th. St. Nachtrag zu den Ascherslebener Funden des
C.Heintzel. Ein Münzfund von Gr. Eicklingen (Hannover.) Auctionsnachricht; Miscellen.
Münzverkehr. Nr. 10 Zur Medaillenkunde. Münzfunde. Miscellen. Nr. 11. Th. Stenzel.
Ueber den Gemeinschaftsgroschen von Sachsen und Hessen. Düning. Zur Abwehr.
Zur Medaillenkunde. Die Sammlung Reimmann. Nr. 12 Düning. Zur Abwehr. Nach-
trag. Zur Medaillenkunde. Neue Münzen der Südafrikanischen Republik. Münzfunde
Nekrolog (Wilhelm Schratz). Auctionsnachrichten. Münzverkehr. (Mit dieser Nummer
schloss der 22. Band des Anzeigers. Jährlich 12 Nummern 2 Mk., mit Literatur-
blatt 3 Mk.) 1892 Nr. 1. Paul Weinmeister. Zwei Regelwidrigkeiten an deutschen
Reichsmünzen. Münzen des Mahdi. Nekrologe. Auctionsnachrichten. Münzverkehr.

Berliner Münzblätter, herausgegeben von Adolf Weyl. Menadier.
Der Hochzeitspfennig Herzog Heinrichs des Löwen (in 132—137). J. Grotefend.
Neuere unedirte Marken (133). Nadrowski. Welchen Ursachen verdanken nummi-
postumi ihre Entstehung? (134). Inhaltsverzeichnis der Medaillen aus der Sammlung
von Duisburg (in Nr. 134—139.) Emil Bahrfeld. Zur Münzkunde der Niederlausitz
im 13. Jahrhunderte (137, 38, 39). Hermann Dannenberg. Münzgeschichte
Pommerns bis zum Jahre 1524 (138—-39). Menadier. Ein Grünberger Pfennig des
Landgrafen Heinrich Raspe von Thüringen. Die Pfennige des Herzogs Albrecht I. von
Sachsen, aus dem Bünstorfer Funde (138).

Bulletin de la societé suisse de numismatique. Nr. 7. J. Mayor. Les médailles
du sixiéme centenaire de l'alliance helvétique. Mit 2 Tafeln. Nr. 8 und 9: J. Mayor.
Descriptions de médailles Suisses frappées en 1889, 1890 et 1891. Alb. Sattler. Ein
unedirtes Sechskreuzerstück von Johann Anton v. Federspiel, Bischof von Chur. Louis
Dufour. Deux contraits de graveurs en médailles genevois. Dr. Ladé. Note sur
quelques deniers sécusins d'Amadée III., comte de Savoie. E. Hahn: Römischer Münzfund in Arbon. Nr. 11 und 12. Dr. Ladé. Les monnaies frappées à Gex par Charles
Emanuel I., duc de Savoie. J. M. Les médailles du sixième centenaire de l'alliance
helvétique (supplément). Descriptions de médailles Suisses frappées en 1889, 1890 et
1891 (supplément). Mélanges.

Aus den numismatischen Gesellschaften.

Club der Münz- und Medaillenfreunde in Wien, 21. März. Herr Theodor Unger, Adjunct
am steiermärk. Landesarchive in Graz wurde zum correspondirenden Mitgliede gewählt. Dem Maler
Herrn Ludwig Hans Fischer wurde für den Entwurf des Erinnerungs-Jetons an Ignaz Spöttl der
Dank votirt. Herr Dr. Adolf Hofmann beantragt Einleitung von Schritten, dass die österr. Dukaten
für die Jahre 1848—1851 nachgeprägt werden. Herr Theodor Rohde hielt einen Vortrag über die
österreichischen Vereinsthaler-Prägungen.

Die vorliegende Nummer hat 16 Seiten, da Nr. 101 und 103 nur mit vier Seiten ausgegeben
wurden.

In der numismatischen Gesellschaft zu Dresden sprachen in den letzten Versammlungen Oberpostdirector Halke über Münzen der römischen Republik. Amtsgerichtsrath Schönert über päpstliche Münzen und königl. Bibliothekar Dr. B. Stübel über Gottfried Uhlich, den Verfasser der 1792 erschienenen Schrift »Versuch einer Numismatik für Künstler.«

Verschiedenes.

Römische Münzen in Wiener Funden. Nach gefälligen Mittheilungen des Herrn Adolf Bachofen von Echt, Bürgermeister von Nussdorf, wurden im Jahre 1872 in der Metternichgasse (III. Bezirk) Nr. 11, ein vorzüglich erhaltener Dupondius des Kaisers Augustus, restituirt von Kaiser Trajan (Coben 566) und ein Dupondius von Kaiser Antoninus Pius (Rv. stehende Salus) ausgegraben. — In Grinzing fand man beim Bau einer Brücke im Bette des Baches 1881 einen As von Kaiser Nero (Cohen 170) und einen Denar von Kaiser Alexander Severus (Cohen 261). Wenige Jahre später (1884) kam, wie Herr Franz Trau mitzutheilen die Güte hatte, an der Himmelstrasse in Grinzing beim Rigolen des Grundes eines der bekannten und häufigen Grosssilberstücke der Insel Thasos zum Vorschein und in den Besitz des Todtengräbers daselbst, Herrn Manhart. — In Klosterneuburg stiess man 1887 beim Rigolen eines Grundes auf der sogenannten Sommersiederin (hügeliger Ausläufer gegen die Donau, nahe der Kaserne mit herrlicher Fernsicht auf das linke Ufer) zwei Fuss tief auf drei nicht näher beschriebene Münzen. 1 von Posthumus, 2 von Valens. — Der Kirchenbau in Hernals (Uniongasse, Ecke der Mariengasse) führte gleichfalls zu Münzfunden. Beim Ausgraben der Fundamente für den Thurm stiessen die Arbeiter im October 1886 im Lehmboden auf eine Art Ablagerungsstätte für Schutt und in dieser auf folgendes Gepräge: 1 Dupondius von Kaiser Hadrian (verschliffen), 1 gefütterter Denar der Kaiserin Julia Domna (IULIA AVGVSTA) Rv. verschliffen, 1 Denar der Soaemias (Rv. Venus caelestis), 1 Kupferdenar von Kaiser Constantius († 361) und ein solcher von K. Constans (beide verschliffen). Zugleich kamen, wie das in Wien häufig beobachtet wird, moderne Münzen heraus: 1 Silberkreuzer Kaiser Ferdinands III. für Teschen (1647) und 1 Poltura Kaiser Leopolds I. (1700). Augenscheinlich sind diese Münzen mit Erdreich einer anderen Stelle, die allerdings in der Nachbarschaft zu suchen sein dürfte, überführt worden; Hernals ist ja an Ziegel- und Münzfunden römischer Zeit verhältnissmässig reich. Ich verdanke diese Notiz einer gefälligen Mittheilung aus dem hochw. Redemptoristen-Collegium.

In Laxenburg und zwar in der Fasanerie fand man bei Erdarbeiten im März 1887 einen As von Kaiser Hadrian mit COS III und der SALVS AVGVSTI von minderer Erhaltung. K.

Münzen- und Medaillen-Cabinet des Justizrathes Reimmann in Hannover. Die II. Abtheilung dieser berühmten Sammlung gelangt unter Leitung des unterzeichneten Experten in Frankfurt am Main, Westendstrasse 7, am 20. März 1892 und folgenden Tagen zur Versteigerung. Dieselbe enthält die Glanzpartien der Sammlung: die Thaler- und Medaillenprägungen der alt- und neufürstlichen Häuser und der Städte; ferner Italien, Schweiz und Niederlande. Die revidirte Ausgabe des von dem Verewigten verfassten, ausführlich beschreibenden Katalogwerkes 4118 Nrn. auf 45 Druckbogen, mit 46 Tafeln) erscheint Mitte Februar und ist vor der Auction à Mk. 6, von dem beauftragten Experten zu beziehen. Eine Gratis-Ausgabe desselben erscheint nicht.

Münzenfund. Ein Bauer nächst Pettau in Steiermark, welcher mit Beginne dieses Jahres im Hause seines Grossvaters eine Mauer durchbrechen liess, fand bei dieser Gelegenheit einen Topf mit 100 Thalern, darunter 88 Tiroler und Elsasser (Erzherzog Ferdinand), 1 steierischer, ohne Jahreszahl (Erzherzog Carl), 1 Kärntner (Carl, 1584) und 8 Salzburger (Wolfgang Theodor v. Raitenau), somit sämmtlich vom Ende des 16. oder Anfang des 17. Jahrhunderts, G. B.

Herr H. Halke. Oberpostdirector in Dresden, wurde durch den rothen Adlerorden 3. Classe ausgezeichnet.

Ludwig Clericus, Secretär des Kunstgewerbevereines zu Magdeburg, starb laut Mittheilung der Weyl'schen numismatischen Correspondenz am 1. März 1892. Seine Arbeiten waren vorzüglich der Heraldik und dem Papiergelde gewidmet, auch hat er sich in verständnissvoller Weise mit dem Zeichnen von Münzen und Medaillen beschäftiget. Kurz vor seinem Tode hat derselbe dem Monatsblatte einen Aufsatz über Kleinpapiergeld zur Verfügung gestellt.

Im naturhistorischen Hofmuseum und zwar in dessen mineralogischen Abtheilung, hat Herr Director Dr Aristides Brezina bei Neuaufstellung der den ersten Rang einnehmenden Meteoritensammlung eine sehr interessante Serie antiker Münzen, auf welchen Meteoriten dargestellt sind, ausgelegt. Die Sammlung Spöttl wurde in den Laden des allen Sammlern bekannten Mahagoni-Secretärs, der Spöttl's Hauptsammlung barg, und in einem Kästchen, das die prächtigen Salzburger enthält, durch Herrn Custos Dr. Carl Schalk für das Museum der Stadt Wien übernommen. Die Goldmünzensammlung und die Herren-Münzen der Mutter Spöttl's, sowie der Keutschach-Thaler wurden ausgeschieden und gelangen zum Verkaufe.

Das königl. Münzkabinet zu Berlin hat laut Nr. 102 der Weyl'schen numismatischen Correspondenz 1891 858 Münzen und Medaillen erworben, hervorgehoben werden ein ausgezeichnet schönes 2-Drachmenstück von Theben mit dem die Sehne an dem Bogen befestigenden Hercules, ein 4-Drachmenstück der Tyranna Nabis von Sparta, die 4 alt-römischen und um 17.000 Francs erworbenen Kupferbarren: fliegenden Pegasus mit ROMANOM und Adler mit Blitz im Revers, schreitender Stier auf beiden Seiten, Hermesstab und Dreizack, Anker und Dreizack. (Aus der Auction Capo.) Ein Unicum, Aureus des Marcus Antonius mit dem Kopfe der Octavia (nach Herrn Profess. v. Sallet), Schwester des Augustus. Diese Münze bezieht sich auf den zwischen Antonius und Octavianus geschlossenen Frieden von Brundusium. 2 kleinasiatische Silbermünzen aus dem Proconsulat des Cicero, ein Denar mit dem Kopfe des Germanicus. Viele und schöne Bracteaten. Unter den Medaillen ist ein Meisterwerk des Augsburger Medailleurs Hagenauer (1519) mit dem reizenden Brustbilde der 18jährigen Anna Rechlinger zu erwähnen.

Herr Siegfried Hahlo hat nach dem Tode seines Vaters Herrn Julius Hahlo dessen Bank- und Münzengeschäft in Berlin unter den Linden als alleiniger Inhaber der Firma Julius Hahlo übernommen.

Anfrage. Wohin gehört die in Folgendem beschriebene Klippe? Avers: Scepter und Schwert gekreuzt, ohne Kaiserkrone, zur Seite 15 . . . 97, unten R. (Rudolphus). Revers: Christus als Knabe, mit der Linken das Kreuz umfassend, auf einem Drachen stehend, in der Rechten den Reichsapfel. Umschrift VER · GI · · · · S · M NIT · 26/19 Mill. Silber 5·1 Gramm Das Stück fehlt bei Herrgott, hat es auf den Regensburger Reichstag von 1597 Bezug, ist es überhaupt in Regensburg geprägt? Auf Letzteres würde die dort sehr gebräuchliche Klippenform, die Darstellung des Christuskindes, welches auf Stücken vor 1620 gerade so vorkommt und die Eigenschaft als Spruchklippe schliessen lassen. Diese Anfrage hat Herr Regierungsregistrator W. Schratz kurz vor seinem Tode eingesendet.

Kataloge.

W. P. van Stockum & Fils. Haag. Buitenhof 36. Médailles et jetons historiques. Monnaies anciennes et modernes. Versteigerung 4. 5. und 6· April 1291 N.

S. Kende. Wien, IV, Heumühlgasse Nr. 2. Autographen, historische Urkunden österreichischer, ungarischer und deutscher Adelsfamilien. Länder- und Städteurkunden etc. 1086 N.

Kubasta & Voigt. Wien, I., Sonnenfelsgasse Nr. 15. 96. Antiquarischer Bücheranzeiger. (Auch Numismatisches.)

Emil Fischer, Juwelier und Numismatiker, Wien, I., Kärntnerring 1. Der Katalog der Münzen- und Medaillensammlung weil. Henriette Gräfin Sylva-Tarouca — bei 3000 Nummern, Antique, Mittelalter und Neuzeit — steht den P. T. Sammlern auf Wunsch gratis und franco zu Diensten. Ankauf von Münzen, sowohl einzeln als auch in ganzen Sammlungen oder Funden gegen Baar. Schätzungen und wissenschaftliche Bestimmungen von Münz-Sammlungen. Annahme von Aufträgen für Münz-Auctionen des In- und Auslandes.

Numismatica,

welche unterfertigter Antiquarhandlung zum Verkaufe übergeben wurden:

1. Numphilacium Schnellerianum. 235 Blätter, enthaltend zum Theil mit der Feder gezeichnete Münzabbildungen nebst 5 Octavheften und einzelne Blätter. Verzeichnis und Notizen. Alles in 1 Carton.

2. Romai Ermek, Dr. Schimko Dan. Katalogiz. Gyorik Marton Pozson. 1890. br. Gedruckter Katalog von 230 Octavseiten.

3. Romai Imperatorok Tüköre. Wáli Istvan. 8. Posonyban 1778. mit Titkpfr. Pppbd. von 326 SS., wovon Tit. bis pag. 8 handschriftlich ergänzt. Auch sonst finden sich eingebundene Blätter mit Münzabbildungen und handschriftlichen Notizen.

4. »Numismatische und auf Numismatik Bezug habende Anmerkungen.« 97 Blätter, gr. 4°. worunter einige unbeschriebene.

5. Heft in 4° von 28 Tafeln mit der Feder gezeichnete und roth; numerierte Münzabbildungen mit Bezeichnungen nebst 6 Blätter geschriebenes Verzeichnis.

6. »Münz-Protokoll«. 39 Blätter in 4° mit je 1 Seite Münzabbildungen in Bleistiftzeichnung und den handschriftlichen Bezeichnungen auf der Kehrseite.

Indem wir die hier verzeichneten 6 Piecen zusammen für 25 fl. offeriren, stellen wir unsern im vorigen Jahre erschienenen Fachkatalog Nr. 105 über Heraldik und Numismatik, Genealogie etc. noch gratis und franco zur Verfügung. **Bermann & Altmann,**

Wien, 1., Johannesgasse 2.

Herausgeber und verantwortlicher Redacteur: Franz Trau — Verlag der numismatischen Gesellschaft in Wien.
Druck von Kreisel & Groger, vorm. L. W. Seidel & Sohn, in Wien.

MONATSBLATT

der

numismatischen Gesellschaft in Wien.

Dieses Blatt erscheint monatlich ein Mal und wird den Mitgliedern der Gesellschaft unentgeltlich zugesendet. Preis des Jahrganges für Nichtmitglieder 1 fl. Zuschriften sind zu richten an die numismatische Gesellschaft, Wien, I., Universitätsplatz 2.

Nr. 106.	Mai.	1892.

Versammlungen der Gesellschaft mit Vorträgen und Ausstellungen finden in den Monaten October bis April in der kais. Akademie der Wissenschaften, I., Universitätsplatz 2 statt und sind die p. t. Herren Mitglieder und Freunde der Gesellschaft höflichst eingeladen sich an denselben zu betheiligen.

Es wird ersucht, Zuschriften und Sendungen bezüglich der Zeitschrift an Herrn Rudolf Ritt. v. Höfken, Wien, XVIII., Feldgasse 35, bezüglich der Cassa und des Monatsblattes an Herrn Franz Trau, I. Wollzeile 1, alle anderen Briefe und Sendungen an die numismatische Gesellschaft, I., Universitätsplatz 2 (kais. Akademie der Wissenschaften), zu richten.

Das Bibliothekslocale der numismatischen Gesellschaft, I., Universitätsplatz 2, ist an jedem Mittwoch von 6 Uhr an geöffnet.

Die ordentlichen Mitglieder der numismatischen Gesellschaft zahlen eine einmalige Eintrittsgebühr von 2 fl., einen Jahresbeitrag von 8 fl. und erhalten die Zeitschrift und das Monatsblatt kostenfrei zugestellt. Abonnement der Zeitschrift 6 fl., des Monatsblattes (12 Nummern) 1 fl.

Ueber mehrfach geäusserten Wunsch steht Mitgliedern der numismatischen Gesellschaft die letzte Seite des Monatsblattes (Versendung 400 Exemplare) zu kurzen fachgemässen Anfragen und Ankündigungen in Notizenform kostenfrei zur Verfügung.

Die p. t. Herren Mitglieder werden neuerlich und dringendst ersucht, die aus der Bibliothek der Gesellschaft entlehnten Werke zurückzustellen, da sonst die Fertigstellung des Bibliothekskataloges nicht möglich ist.

Die numismatische Gesellschaft bedauert den Verlust ihres ordentlichen Mitgliedes des Herrn

Ludwig August Ehinger,

Rentner,

welcher am 7. September 1891 zu Frankfurt a. M. und ihres correspondirendes Mitgliedes des Herrn

Dr. Ernst Ritter von Bergmann,

Custos der egyptischen Sammlung des Allerhöchsten Kaiserhauses,

welcher am 26. April 1892 zu Wien starb.

Einladung.

Mehrere Mitglieder der numismatischen Gesellschaft unternehmen am Sonntage nach Pfingsten (12. Juni) einen Ausflug nach Deutsch-Altenburg und Petronell (Carnuntum) und beehren sich, die P. T. Mitglieder und deren Damen ergebenst zur Theilnahme einzuladen.

7 Uhr, Abfahrt mit dem Dampfer, Weissgärberlände.

9 Uhr, Ankunft in Deutsch-Altenburg.

(Karten zur Hinfahrt per Dampfer und Rückfahrt per Bahn.)

Römische Bäder, Museum des Vereins Carnuntum und des Herrn Carl Hollitzer, Tumulus, Kirche, Rundkapelle, Sammlung des Herrn Anton Baron Ludwigstorff im Schlosse.

Halb 1 Uhr Mittagessen.

2 Uhr durch den Park zum römischen Amphitheater, durch das Lager nach Petronell, Heiligthum des Jupiter Dolichenus, Jause, Sammlung des Herrn Otto Reichsgrafen Abensperg-Traun im Schlosse, neueste Ausgrabungen im Thiergarten, romanische Rundkapelle, Heidenthor. 7 Uhr Rückfahrt, Ankunft am Staatsbahnhofe 10 Uhr.

Ludwig August Ehinger,

Anfangs der Dreissiger-Jahre in Frankfurt a. M. geboren, hatte schon frühzeitig ein reges Interesse an historischen Studien und legte auf einer Orientreise den Grund zu bedeutenden Sammlungen von Antiquitäten und Münzen der römischen und griechischen Welt.

Durch ausreichende Mittel unterstützt, vermehrte er letztere bis an sein Ende mit vielem künstlerischen und wissenschaftlichen Verständnisse und erweiterte dieselbe auch noch durch schöne Reihen von mittelalterlichen Münzen und Thalern.

Ehinger, welcher Junggeselle war, vermachte testamentarisch alle seine Sammlungen von Münzen, Antiquitäten, Gemälden, sowie seine reichhaltige Bibliothek dem historischen Museum seiner Vaterstadt.

Dr. Ernst Ritter von Bergmann,

geb. 4. Februar 1843 zu Wien, trat 1862 in den Dienst der kaiserlichen Sammlungen und wurde 1868 nach seiner Rückkehr von Göttingen als Custos der kaiserlichen egyptischen Alterthümer mit der Katalogisirung derselben betraut. Er studirte die grossen ähnlichen Sammlungen in Berlin, Leyden, Paris und Turin, bereiste 1877–1879 Egypten und war von jener Zeit an mit der Vereinigung der egyptischen Alterthümer der kaiserlichen und der Sammlung zu Miramar, mit ihrer wissenschaftlichen Durchforschung und der Vorbereitung ihrer Aufstellung im neuen k. k. kunsthistorischen Hofmuseum, die er 1891 in trefflich gelungener Weise durchführte, ununterbrochen beschäftigt. Bergmann, der Ritter des Franz Joseph-Ordens und correspondirendes Mitglied der k. Akademie der Wissenschaften war, starb, von Allen, die ihn näher kannten, wegen seiner wissenschaftlichen Bedeutung, seines biederen Charakters und seiner gewissenhaften Pflichttreue im Dienste hoch geachtet und betrauert.

Versammlung vom 13. April 1892.

Der Vorsitzende, Herr Regierungsrath Dr. Friedrich Kenner, begrüsst die als Gäste erschienenen Mitglieder des in Wien versammelten Mittelschultages, die Herren Landes-Schulinspector Dr. Huemer aus Wien, Landes-Schulinspector Schumann aus

Laibach, Professor Z i c h a aus Wien, theilt die Einläufe an Büchern mit und weist insbesonders auf die von der königl. belgischen numismatischen Gesellschaft eingesendeten Abhandlungen des in Brüssel abgehaltenen Congres international de Numismatique hin.

Der Vorsitzende gibt bekannt, dass am 21. März 1892 zu Berlin das ordentliche Mitglied der Gesellschaft, Herr Bankgeschäfts-Inhaber Julius H a h l o gestorben sei. Die Versammlung erhebt sich zum Zeichen der Trauer von den Sitzen.

Es werden sodann einstimmig über Vorschlag des Vorstandes der numismatischen Gesellschaft, die Herren Ernest B a b e l o n und Anatole de B a r t h è l e m y in Paris zu correspondirenden und Herr Siegfried H a h l o, Bankgeschäfts-Inhaber in Berlin, Unter den Linden 13, zum ordentlichen Mitgliede, letztgenannter über Vorschlag der Herren Regierungsrath Dr. Friedrich K e n n e r und Custos Dr. Carl S c h a l k gewählt.

Hierauf dankt der Herr Vorsitzende dem Herrn Realitätenbesitzer B a c h o f e n v o n E c h t für die prächtige Ausstellung römischer Kaisermedaillons.

Herr Universitäts-Docent und Gymnasial-Professor Dr. W. K u b i t s c h e k hält sodann den Vortrag über den sogenannten Einundzwanziger der Aurelianisch-Diocletianischen Münzordnung, welcher durch zahlreiche Münzen illustrirt wird.

Herr Dr. Carl D o m a n i g, Custos der Münzsammlung des Allerhöchsten Kaiserhauses, spricht über die ältesten österreichischen Medailleure. Zu diesem Vortrage waren zahlreiche Abdrücke nach Medaillen der Münzsammlung des Allerhöchsten Kaiserhauses ausgestellt.

Die Münzkunde im Dienste der Schule.

(Ausstellung von Münzen und Medaillen zu Schulzwecken. 14. und 15. April 1892.)

Der in den Tagen vom 13.—15. April d. J. in Wien abgehaltene vierte deutschösterreichische Mittelschultag beschäftigte sich auch mit der Münzkunde. Der Unterzeichnete hatte das Referat übernommen und so wie im vorigen Jahre bei Gelegenheit des dritten Mittelschultages auch heuer eine Ausstellung von Münzen und Medaillen, sowohl Originalen als auch Reproductionen veranstaltet.

Im vorigen Jahre hatte es sich nur darum gehandelt, die am Leopoldstädter Communal-Real- und Obergymnasium beim Unterrichte in der Philologie und alten Geschichte in Verwendung stehenden, zum Theile der Anstalt selbst gehörigen Münzen des Alterthumes in einer Auswahl den Berufsgenossen vor Augen zu führen. Heuer war das Ziel mit Rücksicht auf den Wortlaut des Referates ein wesentlich weiteres. Die Münzkunde leistet nicht blos den Philologen und Historikern im weitesten Umfange beim Unterrichte gute Dienste, die Mathematiker in Hinsicht auf die moderne Münze ja auch die Vertreter der deutschen Literatur und selbst anderer Gegenstände, soweit sie das Porträt zur Veranschaulichung ihres Lehrstoffes heranziehen, können sich ihrer nicht ohne Nutzen bedienen.

Dementsprechend sollte die Ausstellung nicht blos eine Art Mustersammlung für Zwecke der Mittelschulen zeigen, sie sollte den Beweis erbringen, dass es dem Einzelnen möglich ist, eine solche zusammenzubringen und in den Dienst der Schule zu stellen, sie sollte aber auch erweisen, dass nach dieser oder jener Richtung hin, dergleichen Sammlungen an einzelnen Mittelschulen Wiens bereits bestehen oder im Entstehen begriffen sind und mit Nutzen beim Unterrichte verwendet werden. So wuchs aber auch das zur Ausstellung gebrachte Materiale sehr bedeutend an. Hatten im vorigen Jahre 201 Stück Münzen (84 Stück Griechen, 30 Stück Republikaner, 76 Stück Kaisermünzen, 1 Vandale und 10 Stück Ostgothen) in einem Schaupulte der numismatischen Gesellschaft dem damaligen Zwecke vollständig genügt, so verzehnfachte sich die Zahl der heuer ausgestellten Stücke (2022), welche zusammen in fünfzehn Schautafeln, Pulten und Kästen zur

Ausstellung kamen, von welch' letzteren die numismatische Gesellschaft allein acht Schaupulte zur Verfügung gestellt hatte. Ihr sowohl wie auch den verschiedenen Lehranstalten
und Privaten, welche ihre Sammlungen dem Referenten zu Zwecken der Ausstellung
bereitwilligst darboten, sei denn auch hier gleich der gebührende Dank ausgesprochen.

Ausgestellt hatten: Herr Franz Trau, Kaufmann, eine Sammlung antiker Charakter-
köpfe in getriebener Arbeit, wie solche zur Zeit Napoleon I. in Gelehrten-Schulen im Gebrauche standen. in zwei Schaukästen. zusammen 56 Stück.

Das k. k. Gymnasium zu den Schotten in Wien in einem Kästchen eine Sammlung von 42 Stück Originalmünzen des Alterthums. wie selbe an der Anstalt beim Unterrichte aus der Geschichte seit den Sechziger-Jahren unseres Jahrhunderts verwendet
werden. Darunter persischer Golddareikos; äginetischer Silberstater aus dem 6. Jahrhundert, vorzüglicher Erhaltung; ein sogenannter vorsolonischer athenischer Silber-obolos
nach äginetischem Münzfusse; Makedonien, goldener Philippos und goldener Alexander;
Thrakien, Lysimachus Tetradrachme mit dem Bilde Alexander des Grossen; vom aes grave
romanum drei verschiedene Asse, worunter besonders das schwerste (289 Gr.) und das
reducirte Triental-as Aufsehen erregten; Dioskurendenar, Quinar und Sestertius; Aureus des
Augustus (I Coh. [2]42) und des Trajanus (II Coh. [2]90); von Trajan ein Aurichalkus
(Sestertius) (II Coh. [2]351), der bei der Fundamentirung des neuen Schottenhofes 1872
gefunden wurde etc.

Das k. k. Staatsgymnasium im II. Bezirke in Wien stellte die für den Schulgebrauch ausgewählte bekannte Sammlung galvanoplastischer Abdrücke antiker Münzen,
30 Stück in dem dazu gehörigen Münzkästchen aus.

Das Leopoldstädter Communal-Real- und Obergymnasium eine Auswahl von
150 Stück Silber-, Kupfer- und Bronzemünzen des Alterthums nebst einigen neueren
Medaillen aus der Anstaltssammlung. (Dieselbe enthält über 600 Stück.) Darunter be-
fanden sich 70 Stück, welche von Schülern und Schulfreunden der Anstalt geschenkt
wurden, so: äginetische Didrachme aus dem 6. Jahrhundert v. Chr., athen. Tetradrachme
III. Ordnung, athen. Drachme, silberner Philippos in barbarischer Nachprägung, Drachme
Alexander des Grossen, eine Reihe römischer Münzen, darunter ein Hannibalianus
VII Coh. [2]2) und dergl.

Das Mariahilfer Communal-Real- und Obergymnasium stellte im eigenen Kästchen
40 Medaillons des Alterthums und der Neuzeit aus, darunter ein Caligula-Medaillon (I Coh. [2]1):
„ADLOCVT COH", die Medaille auf die Eroberung von Sidon unter Erzherzog Friedrich
Ferdinand (1841), auf den Regierungsantritt Sr. Majestät Kaiser Franz Josef I. (2. December
1848) von Lange und dergl. Leider war es nicht möglich, aus der überaus reichen Münzensammlung dieser Anstalt (sie umfasst über 2000 Stück, durchaus Geschenke) mehr zur
Ausstellung zu bringen.

Die Communal-Oberrealschule in Gumpendorf hatte in zwei Bilderrahmen unter
Glas eine Sammlung von 162 Stück gangbarer europäischer Münzen mit Ausschluss Oesterreichs, wie sie in der Mathematik an der Anstalt als Anschauungsmittel verwendet werden,
zur Ausstellung gebracht. Die eine Tafel enthält die Münzen der Länder, welche sich des
Francfusses bedienen, wie Frankreich, Italien, Belgien, Schweiz, Griechenland etc., auf der
anderen Tafel waren die Münzen der übrigen Staaten (Deutschland, England, Niederlande,
Russland etc.) in übersichtlicher Weise ausgestellt. Durchweg häufig vorkommende kleinste
und kleine Nominale, ausnahmsweise bei Frankreich auch ein goldenes Zehnfrancsstück.

Der Referent hatte aus seiner eigenen Sammlung in 7 Pulten 903 Stück Münzen,
15 Stück Rechenpfennige und 569 Denkmünzen und Medaillen, die seit einer Reihe von
Jahren von ihm am Leopoldstädter Communal-Real- und Obergymnasium beim Geschichts-
unterrichte verwendet werden, ausgestellt, dazu einen ganzen Fund syrakusanischer Tetra-

drachmen (Demarate-typus), der ihm vom Eigenthümer in der freundlichsten Weise zur Verfügung gestellt worden, und die merkwürdigen zwei Theilstücke eines römischen Falschmünzerapparates zur Herstellung gegossener Probusmünzen, welche Herr Theodor Rohde, Realitätenbesitzer, bei dieser Gelegenheit ausstellte. Die Münzen dieser letzten Abtheilung der Ausstellung zerfielen in dreissig verschiedene Unterabtheilungen. von denen das Alterthum 10 Gruppen umfasste mit 260 Stück Griechen [I. 44 Stück, Kleinasien: Milet drittel Elektronstater, Kroisos halber Silberstater, Persien, Phönizien, Judaea. II. 71 Stück Europäisches Griechenland: äginetische, euböisch-athenische Währung. III. 51 Stück, Syrakusanische Tetradrachmen (500—478 v. Chr. nach B. V. Head hist. num. S. 151). IV. 36 Stück Makedonien: Philippos II. Gold- und Silberstater, Alexander III. und Diadochen. V. 41 Stück Grossgriechenland, besonders Syrakus. VI. 17 Stück, Karthago, Numidien), 18 Stück aes grave latinum (VII.) et romanum (VIII.) darunter eine vollständige Suite des Libralas und seiner Theile) und ·270 Stück geprägten Römern [IX. 69 Stück Römische Republik, Kupfer nach dem Sextantar-, Uncial- und Semiuncialfusse, Denare: Titus Tatius, Ancus, Marcellus, Pompejus, Caesar (Aureus I. Coh. ²3), Antonius, Fulvia, Octavia (Silber-Medaillon), Cleopatra, Lepidus, Augustus (Silber-Medaillon). X. 201 Stück, Römisches Kaiserreich, beinahe sämmtliche Namen nach Hannak's Geschichte des Alterthums für Oberclassen bis auf Valentinian III. (Aureus des Nero (I. Coh. ²118), Solidus der späteren Zeit; Denar, Quinar, Antoninian, Siliqua; Doppelsestertius (Claudius Gothicus), Sestertius, Dupondius, As, Semis; Mittel- und Kleinbronzen seit Diocletian, darunter auch der XXIᵉʳ)] Daran schlossen sich in Gruppe XI (36 Stück) die Byzantiner und Münzen der Völkerwanderungszeit, XII a. 20 Stück Kaiserdenare von Karl dem Grossen bis Albrecht II., XIII. 27 Stück Wiener und Friesacher Pfennige des 13. bis 15. Jahrhunderts, XIV. 18 Stück Böhmische Pfennige, Bracteat und Groschen bis zum Auftreten des Joachimsthalers, XII b. 81 Stück Römisch-deutsches Reich von Maximilian I. (Doppelthaler vom Jahre 1509) bis 1806 (Thaler Franz II. als deutscher und österreichischer Erbkaiser). XV. 14 Stück, Oesterreich: Wiener- und Conventionswährung, daneben Thaler und Vereinsthaler. XVI. Tyrol (31 Stück): Meinhard-Denare, Thaler von 1486, Sigismund-Goldgulden, Erzherzog Ferdinand, Maximilian der Deutschmeister, Leopold V. und seine Söhne. XVII. Ungarn (23 Stück): Denar Stefan des Heiligen, Obolen, halbe Obolen, Halbbracteaten, Ducaten: Florentiner Typus (Ludwig der Grosse) und ungarischer Typus (Sigismund), Gabriel Bethlen, Rákoczy, Michael Apafy (Thaler) etc. XVIII. Geistliche (8 Stück): Aquilejenser, Triester Denare, Bracteaten: Halberstadt, Magdeburg etc. — Wallenstein-Groschen (2 Stück). XIX. Preussen-Brandenburg von dem Kurfürsten Friedrich Wilhelm bis auf König Wilhelm I. (11 Stück). XX. Neues Deutsches Reich (15 Stück): Markwährung (Friedrich III. Fünf-Markstück in Silber). XXI. Spanien (13 Stück): Alphons X., Ferdinand der Katholische und Isabella Dublone, Nothkupfer und Papier Acht-Realenstücke. XXII. Italien (22 Stück): Doppia Leo X., Silber-Scudo: Innocenz XI., Pius VI., Venetianische Matapanen, Silber-Ducatus, Giustina, Fünf-Lirestücke etc. XXIII. Frankreich (21 Stück): Tournose, Testons, Heinricho IV., Écu Ludwig XIV. etc. XXIV. Schweden (8 Stück): Gustav Adolf-Thaler, Oere 1626, Salvatorthaler Christine, 1/2 Kupferthalerplatte 1715 unter Karl XII. etc. XXV. England (12 Stück): Sceatta, Angelsächsischer Denar, Token des 18. und 19. Jahrhunderts etc. XXVI. Polen (7 Stück): Groschen und Thaler. XXVII. Russland (7 Stück): Rubel von Peter dem Grossen bis Katharina II. XXVIII. Neugriechenland (4 Stück): Kapodistrias, Otto, Georg. XXIX. Serbien (3 Stück): Urosch, Obrenowitsch, Milan. XXX. Ueberseeische Staaten (25 Stück): China (Pu), Japan (Silber und Kupfer vor und nach der Münzreform), Sarawak, Kambodscha, Siam (Silber-Tikal und 1/16, Porzellanspielhausmünzen), Arabien (Glasmünze), Congomünzen, Deutsch- und Italienisch-Afrika, süd- und centralamerikanische Pesós (Maximilian von Mexico 1867), Gold-Dollar, 1/2 Silber-Dollar Kalakawa.

In dieser Auswahl von charakteristischen Münzen hatte der Referent hauptsächlich möglichst ganze Funde zur Ausstellung gebracht, neben den Syrakusaner-Tetra-
drachmen, die durch gütige Vermittlung des Herrn Directors Bulich seinerzeit erworbenen
römischen Münzen aus Spalato, römische Münzen aus Carnuntum (in den Sechziger-Jahren
erworben) aus Bregetio, Sabaria, Arelape, Javavum, Riva (aus dem Jahre 1878), vom Zoll-
felde etc., den Fund Wiener Pfennige aus Marchegg vom Jahre 1816, die Kaisergroschen
aus dem Krumnussbaumerfunde (1889), die polnischen und geistlichen Münzen aus dem
Zwettlerfunde (1891), Münzen aus dem Hainburgerfunde (1889) etc.

Die Denkmünzen und Medaillen schlossen sich den Münzen in chronologischer
Reihenfolge an. Sie begannen mit der Medaille auf die Gründung Kremsmünsters, auf den
Tod Friedrich des Streitbaren, dem Denkpfennige auf die Vermählung Ottokar II. mit
Margarethe von Babenberg und der Medaille auf die Belehnung der Habsburger mit
Oesterreich, und beleuchteten meist in Originalen, vielfach aber auch in Reproductionen
der verschiedensten Art, die geschichtlichen Ereignisse, die in Hannak's Lehrbüchern Erwähnung finden. Dazwischen waren Medaillen auf eine Menge historischer Persönlichkeiten
nach denselben Leitfäden eingereiht, wobei selbstverständlich Oesterreichs Geschichte
besonders hervortrat. Verhältnissmässig stark leuchteten hervor der Fall Konstantinopels
(Johannes VIII. Paläologus von Vittore Pisano und Muhammed II. von Gentile Bellini),
die Zeiten Karl V. und Ferdinand I. (25 Stück), das Jahr 1683 (allein an 20 Stück) und
die Türkenkriege, Maria Theresia (etwa 50 Stück), die Errichtung des Kaiserthums Oesterreich und die Zeiten Sr. Majestät Kaiser Franz Josef I. (an 150 Stück) von der Uebernahme der Regierung durch denselben am 2. December 1848 bis zur zweiten Wiener
Stadterweiterung 1891.

Die beigegebene kleine Ausstellung von Erzeugnissen der numismatischen Literatur,
die zur Einführung in diese Wissenschaft dient, verursachte vielfache Nachfragen von
Seite der überaus zahlreich die Ausstellung besuchenden Collegen des Referenten.

Victor v. Renner.

Aus Carnuntum.

Am 20. Mai 1892 fand im Vortragssaale des wissenschaftlichen Club unter dem
Vorsitzer Sr. Excellenz des Herrn Alfred R. v. Arneth die Generalversammlung des
Vereines Carnuntum statt. Aus dem Geschäftsberichte, dem Berichte der Rechnungs-
Revisoren, erstattet von dem k. k. Oberlandesgerichtsrathe Dr. Franz v. Raimann, dem
von Herrn Dr. Adolf Ehrenfeld vorgetragenen Cassaberichte, geht das sich immer
mehr steigende Interesse für die Ausgrabungen der römischen Stadt und des Lagers
von Carnuntum hervor. Se. Durchlaucht der regierende Fürst Johann von und zu
Liechtenstein, der hohe n. ö. Landtag, Se. Excellenz der Minister für Cultus und
Unterricht Herr Paul Baron Gautsch von Frankenthurn, Se. Excellenz der
Herr Statthalter Erich Graf Kielmannsegg, der Gemeinderath der Stadt
Wien haben die Bestrebungen des Vereines durch Subventionen gefördert; das Interesse
an den Ausgrabungen steigert sich und findet in der Vermehrung der Mitgliederzahl Aus-
druck. Tausende besuchen jährlich Deutsch-Altenburg und Petronell, Gymnasien, zuerst
das Staatsgymnasium im II. Bezirke über Anregung des damaligen Directors, jetzigen
Landes-Schulinspectors Dr. Johann Huemer, führen ihre Schüler auf die Stätte römischer
Cultur. Die Herren Otto Reichsgraf von Abensperg-Traun in Petronell, Anton
Baron Ludwigstorff und Carl Hollitzer in Deutsch-Altenburg fördern auf das
Wärmste die Ausgrabungen. Ueber dieselben berichtete Herr Architekt Dell. Das
Jahr 1891 hatte beim Eingange in den Markt Petronell ein Heiligthum mit der trefflich
erhaltenen, fast lebensgrossen Marmorstatue, dann einem Relief des Jupiter Dolichenu.

Artläen, einen Ziegel-Mosaikboden zu Tage gefördert, es wurde ein mausoleumartiger Bau und in Mitten der vier Pfeiler des Heidenthores ein Piedestal entdeckt, dessen Auffindung die bisherige Ansicht, man habe in dem Heidenthor ein über einer Strassenkreuzung erbautes Monument vor sich, erschüttert und die Annahme gerechtfertigt, der mächtige Bau sei ein Denkmal. Herr Architekt D e l l hat eine Reconstruction desselben entworfen, welche das Resultat der bisherigen Ausgrabungen und seine in Italien und Griechenland gesammelten reichen Erfahrungen zur Grundlage hat. Sicherlich werden die weiteren Ausgrabungen auf dem hoch mit Schutt bedeckten Terrain zu Lösung der interessanten Frage beitragen. Herr Professor und Baurath Alois H a u s e r sprach sodann über das von ihm unter den Arkaden des Rathhauses von Gumpoldskirchen entdeckte römische Monument, einer Säule aus Hundsheimer Stein — also aus der Gegend von Carnuntum stammend — welche im Mittelalter als Prangersäule Verwendung fand und unter Förderung des Bürgermeisters Herrn Ferdinand H e y d und der Gemeindevertretung von Gumpoldskirchen wieder vor dem Rathhause Aufstellung fand.

Herr Universitätsprofessor Dr. Eugen B o r m a n n bespricht ein Inschriften-Fragment, welches nächst der kaiserlichen Loge im Amphitheater zu Deutsch-Altenburg gefunden wurde und annehmen lässt, dass dieses Theater unter der Regierung des Kaisers Vespasian im Jahre 73 n. Chr., in welchem auch das römische Lager von Carnuntum errichtet worden ist, erbaut wurde. Der Vortragende erwähnt weiters der im Heiligthume des Jupiter Dolichenus gefundenen zwei Marmorplatten mit einem Alphabete und dem Beisatze ex visu. Letzterer lässt schliessen, dass die Tafel in Folge einer Erscheinung dem Gotte geweiht wurde. Die Schulen waren mit den Heiligthümern verbunden und das Alphabet für die Schule bestimmt.

Herr Professor B o r m a n n führt weiter an, dass vor wenigen Tagen mit Bewilligung des Herrn Otto Reichsgrafen A b e n s p e r g - T r a u n im Thiergarten des Schlosses Petronell unter Leitung der Herren Josef B o r t l i k und N o w a l s k y de L i l i a mit den Grabungen begonnen und sogleich ein Privatheiligthum mit 25 Altären, wovon 15 Inschriften tragen und dem Silvanus, der Diana etc. gewidmet sind, aufgedeckt wurde. Die Localität sei nicht, wie auch gemeint wurde, ein Steinmetzlager und seien die jetzt inschriftlosen Altäre mit den Widmungen bemalt gewesen. Auf den Altären lagen einige trefflich erhaltene Münzen des Kaisers Probus.

Als neueste Fundobjecte wurden vorgelegt: eine viereckige Thonlampe mit fünf Dochtöffnungen, eine Thonlampe, deren Griff ein kleines Pferd bildet, mit jener gelblichen Glasur, die sich auch auf kleinen Gefässen im Museum zu Deutsch-Altenburg findet, eine weibliche Terracotta-Figur, drei Bleifiguren in einem tempelartigen Gebäude, wahrscheinlich Darstellung von Nymphen, eine rohe Steinsculptur mit drei Gesichtern, Stucco mit Gold-überzug.

Herr Universitäts-Docent und Gymnasial-Professor Dr. W. K u b i t s c h e k bespricht ältere Werke über Carnuntum und erwähnt, dass auf Stichen aus dem Ende des 17. Jahrhunderts die Mauern des Lagers noch über der Erde erscheinen. Der 1680 verstorbene Director der kais. Hof-Bibliothek Petrus Lambeck, dessen Nachlass in der Hof-Bibliothek aufbewahrt wird, machte am 2. Mai und 17. August 1668 Ausflüge nach Carnuntum, er besuchte das Heidenthor, die „Burg von Deutsch-Altenburg" (das römische Lager), kauft Inschriften und Münzen, nahm einen Maler mit, schickt denselben allein nach Carnuntum und es ist urkundlich constatirt, dass Abzüge von zwei Platten mit zwei Darstellungen der Gegend von Carnuntum existirt haben, von welchen aber jetzt keine Spur mehr zu finden ist.

136

Verschiedenes.

Herr Franz Pechan, R. v. Prägenberg wurde von Sr. k und k. Apost. Majestät zum Director des Hauptmünzamtes in Wien ernannt. Diese Ernennung ist gerade jetzt, da ein neues Münzsystem eingeführt werden soll, von grösster Bedeutung und hat der Vorstand der numismatischen Gesellschaft ein Gratulationsschreiben an den Herrn Regierungsrath von Pechan gerichtet.

Herr Consular-Eleve Carl Peez wurde zum Vice-Consul und Leiter des k. k. Consulates in Varna ernannt.

Herr Rudolf Höfken v. Hattingsheim wurde durch die Verleihung des Ritterkreuzes des sächsich-ernestinischen Hausordens ausgezeichnet.

Collection Flesch. Münzen und Medaillen. 611 Nr. Auction vom 30 Mai an (2$^{1}/_{2}$—6 Uhr). Unter-St. Veit, Hauptstrasse 9. Commissionen übernimmt H. Cubasch, I., Kohlmarkt 11.

Münzauction. Antike, Mittelalter und Neuzeit. Doubletten des Grossherzoglichen Münzcabinets in Darmstadt und reiche Sammlung des Herrn Dr. G. J. Suhm in Constanz (Baden, Schweiz, Elsass). 2114 Nr. 13. Juni und folgende Tage. Frankfurt a. M., Uhlandstrasse 56 Durch L. & B. Hamburger. Kataloge gratis.

Münzauction. (Katalog 121). Münzen, Medaillen, numismatische Werke aus dem Nachlasse des Münzhändlers Julius Hahlo. 7. bis 13. Juni, 2377 N., durch Adolf Weyl, Berlin, C. Adlerstrasse 5.

Edmund Rappaport, Berlin, Halle'sche Strasse 18. XXI. Verzeichnis verkäuflicher Münzen und Medaillen. Altfürstliche Häuser. 1765 Nr. Mai 1892.

J. Schulmann, Amersfoort. Collection de M. de Cisternes. Première partie. Monnaies des empereurs, rois, prélats, signeurs et villes de l'Europe. Monnaies de l'Asie. de l'Afrique, et de l'Amerique. Monnaies obsidionales et de nécessité. Medailles historiques. 3196 Nr. Versteigerung Amsterdam, Doelenstraat 10, vom 13. Juni an.

Eugen Seligmann. Frankfurt a. M., Jahnstrasse 43. VIII. Verzeichnis verkäuflicher Münzen und Medaillen. 372 Nr. Mai 1892.

Maximilian Wormser. Das seit 1874 bestehende Wechsler- und Münzengeschäft des Maximilian Wormser, Wien, I., Kärntnerstrasse 31, versendet gratis und franco ein Verzeichnis von 822 verkäuflichen Münzen und Medaillen an die geehrten Interessenten.

Zschiesche & Röder, Leipzig. Königstrasse 4. XLIX. Verzeichnis verkäuflicher Münzen und Medaillen. 5076. Nr. Mai 1892.

Richtigstellung. In Nr. 105 Fund bei Esseg, hat der Name des Herrn Besitzers k. Gendarmerie-Wachtmeister Ludwig Kaiser zu lauten.

Medaillen Louis Oscar Roty, ausgestellt in der XXI. Jahres-Ausstellung des Wiener Künstlerhauses. Die Besichtigung dieser Meisterwerke gewährt einen hohen Kunstgenuss. Feine Charakteristik der Portraits, edle Schönheit der Gruppen, eine hohe Technik vereinigen sich in denselben. Roty wählt meist die Form der Plaques und erreicht damit Vortheile. welche die runden Medaillen nicht gewähren. Von diesen seien jene mit dem ausdrucksvollen Greisenkopf des 100 jährigen Chemikers Mich. Eugene Chevreul; der edle Kopf der Republique Française, der Trotzkopf einer schönen Dame Jeanne Louise Henriette Herbette, das charakteristische Brustbild des Sir John Pope Hennesy, das Bildnis des Präsidenten der Akademie der Wissenschaften. Heinrich Bouley, erwähnt. Höchste Lebenswahrheit erreicht Roty in den Plaques. Jener mit seinen Eltern wirkt wie ein Gemälde, minder scheint das Bild seiner Gattin ›ut et semper ante oculos habeam juvenem semper et felicem.‹ Dann die Köpfe des Ehepaares Pierre et Caroline Boulanger, die feinste Charakteristik in den Brustbildern Georges Duplessis von der Nationalbibliothek, Gustav Adolf Hirn, Louis Pasteur und Leon Gosselin, der reizende Knabenkopf Pierre Soyer's. Welche Schönheit Roty in den Gruppen erreicht, beweist die Medaille mit Concordia et labore und jene auf die Union franco-americaine, wie er die Landschaft behandelt, das Stück mit dem lesenden Mädchen und die Schafheerde. Die Collection wurde von dem Museum für Kunst und Industrie angekauft, der Künstler erhielt den Reichelpreis. Wir beneiden Frankreich um Riot und sind glücklich, dass wir einen Ebenbürtigen in Anton Scharff besitzen.

Die internationale Ausstellung für Musik- und Theaterwesen birgt reiche Schätze von Medaillen. In den Abtheilungen der einzelnen Künstler und Schriftsteller liegen die zugehörigen, leider oft nur in Abgüssen. Weimar hat eine prächtige Serie von Göthe-Medaillen ausgestellt. eine Zierde der Ausstellung der Stadt Wien bildet eine grosse Collection von Medaillen, welche der Club der Münz- und Medaillenfreunde durch die Herren Heinrich Cubasch und Josef Nentwich exponirte.

Dr. Eugen Merzbacher, Numismatiker in München, hat sein Geschäftslocale nach dem Maximilianplatz 4, II. verlegt und lautet dessen Briefadresse: Dr. Eugen Merzbacher. München I., Brieffach.

Herausgeber und verantwortlicher Redacteur: **Franz Trau.** — Verlag der numismatischen Gesellschaft in Wien. Druck von Kreisel & Gröger, vorm L. W. Seidel & Sohn, in Wien.

MONATSBLATT
der

numismatischen Gesellschaft in Wien.

Dieses Blatt erscheint monatlich ein Mal und wird den Mitgliedern der Gesellschaft unentgeltlich zugesendet. Preis des Jahrganges für Nichtmitglieder 1 fl. Zuschriften sind zu richten an die numismatische Gesellschaft, Wien, I., Universitätsplatz 2.

| Nr. 107. | Juni. | 1892. |

Versammlungen der Gesellschaft mit Vorträgen und Ausstellungen finden in den Monaten October bis April in der kais. Akademie der Wissenschaften, I., Universitätsplatz 2 statt und sind die p. t. Herren Mitglieder und Freunde der Gesellschaft höflichst eingeladen sich an denselben zu betheiligen.

Es wird ersucht, Zuschriften und Sendungen bezüglich der Zeitschrift an Herrn Rudolf v. Höfken, Wien, XVIII., Feldgasse 35, bezüglich der Cassa und des Monatsblattes an Herrn Franz Trau, I., Wollzeile 1, alle anderen Briefe und Sendungen an die numismatische Gesellschaft, I., Universitätsplatz 2 (kais. Akademie der Wissenschaften), zu richten.

Das Bibliothekslocale der numismatischen Gesellschaft, I., Universitätsplatz 2, ist an jedem Mittwoch von 6 Uhr an geöffnet.

Die ordentlichen Mitglieder der numismatischen Gesellschaft zahlen eine einmalige Eintrittsgebühr von 2 fl., einen Jahresbeitrag von 8 fl. und erhalten die Zeitschrift und das Monatsblatt kostenfrei zugestellt. Abonnement der Zeitschrift 6 fl., des Monatsblattes (12 Nummern) 1 fl.

Ueber mehrfach geäusserten Wunsch steht Mitgliedern der numismatischen Gesellschaft die letzte Seite des Monatsblattes (Versendung 400 Exemplare) zu kurzen fachgemässen Anfragen und Ankündigungen in Notizenform kostenfrei zur Verfügung.

Die p. t. Herren Mitglieder werden neuerlich und dringendst ersucht, die aus der Bibliothek der Gesellschaft entlehnten Werke zurückzustellen, da sonst die Fertigstellung des Bibliothekskatologes nicht möglich ist.

Der sogenannte Einundzwanziger der aurelianisch-diocletianischen Münzordnung.

Auszug aus einem am 13. April von Professor Dr. J. Wilhelm Kubitschek gehaltenen Vortrage.

— — Wahrscheinlich hat schon vor Ablauf des ersten Drittels des 3. Jahrhunderts der römische Staat sich gezwungen gesehen, der übergrossen Menge der cursirenden minderwerthigen Silbermünze sich dadurch zu entledigen, dass er an seinen Cassen Goldzahlung verlangte. Damit war der Silberdenar allerdings nicht werthlos geworden, denn er repräsentirte immer noch einen gewissen Metallwerth und hatte daher auf eine entsprechende Tarifirung Anspruch. Da der Staat den Denar in genere damals nicht aufgab, vielmehr seine Prägung stetig fortsetzte, muss diese Tarifirung irgendwie staatlichen Ausdruck erhalten haben. Wie, wissen wir nicht; das Material für die Beantwortung dieser vielleicht überhaupt noch nicht aufgeworfenen Frage steht noch aus. Aber es ist klar, dass im Laufe des 3. Jahrhunderts alle Waren, abgesehen von anderen Umständen, die ihre Production beeinflussten, ungleich mehr Denare als vordem gekostet

1

haben müssen; darauf weist z. B. entschieden der Rückgang des Kupfergeldes in Korn und Schrott hin, darauf deuten auch die im allgemeinen höheren Gräberbussen dieser Zeit.

Da aber jener Bankerott lediglich ein Symptom und eine temporäre Erleichterung der argen chronischen Krankheit darstellte, an der der römische Staat dahinsiechte, da ferner die inneren und äusseren Bedrängnisse zunahmen, und keine feste Hand ehrliche Ordnung zu schaffen begann, gingen die Dinge im gewohnten Geleise, natürlich in immer rascherem Tempo, weiter. Wir müssen ein förmliches Wettrennen zwischen dem abwärts strebenden Denar und seinem sinkenden Curswerthe annehmen. In der Zeit des Gallienus, aus dessen Münzen der ganze Jammer dieser traurigen Zeit spricht, war der Process nahezu vollendet. Wir können zwar nicht sagen, wie viele Denare damals auf ein Goldpfund gerechnet wurden; aber dass das alte Verhältnis, nach welchem seit Cäsar durch dritthalb Jahrhunderte das Goldpfund mit 1000 Silberdenaren geglichen worden war, nicht mehr bestehen konnte, sollte nicht einmal in Zweifel gezogen werden.

Ein sicheres Hilfsmittel für die Werthung des Denars besitzen wir erst aus einer noch etwas späteren Epoche. Es ist dies das Capitel vom Preise des Goldes, das auf einem 1885 gefundenen Marmorfragment sich erhalten hat, welches zu dem in der Stadt Elateia aufgestellten Exemplar des diocletianischen Maximaltarifs vom Jahre 301 gehörte. Wir wissen daraus jetzt, dass damals auf das Goldpfund 50.000 Denare gerechnet wurden. Wir werden nicht fehl gehen, wenn wir annehmen, dass diese oder eine nicht allzuweit von ihr verschiedene Tarifirung des Denars schon zu Aurelians Zeit, der auch die Münze in den Kreis seiner Reformen gezogen hatte, bestand. Der seit Aurelians Reform bis auf Diocletian währenden Continuität im Habitus der Billonmünze, die so wohlthuend von der Münze der fünfziger und sechziger Jahre des dritten Jahrhunderts absticht, entsprach sicherlich eine ungefähre Continuität ihres Curswerthes.

Freilich wurde damals im Pseudosilber nicht mehr der Denar geprägt; sondern Aurelian knüpfte an das seit 215 n. Chr. bestehende Multiplum desselben, an den sogenannten Antoninian, an. Er prägte ihn in einem Gewichte anfangs von circa 3·36, später von 3·7 Gramm und mit 3·42%, später 3.98% fein und in der herkömmlichen Form (Strahlenkranz am Kaiserkopfe, Halbmond unterhalb der Büste der Kaiserin) aus. Sein Aequivalent im Kupfer betrug, rund den Silberwerth etwa zum Hundertfachen des Kupfers gerechnet, 15 und später 18·5 Gramm und wurde, wie es scheint, auch thatsächlich in diesem Metall geprägt. So dürften wenigstens die von Rhode unter Nummer 447 und 448 verzeichneten Stücke mit IMPAVRELIANVSAVG Brustbild mit Strahlenkrone und Kürass (SEVERINAAUG) Brustbild mit Diadem und Stola, darunter der Halbmond, Durchschnittsgewicht 12·2, Maximum 15·1 Gramm, aufzufassen sein. Doch blieb der Denar als Rechnungseinheit bestehen. Es ist nicht nöthig, in diesem Zusammenhange auf die strittigen Fragen über das ursprüngliche Verhältnis zwischen Denar und Antoninian einzugehen. Aber es muss constatirt werden, dass der sonst um das römische Münzwesen hoch verdiente Gelehrte Hultsch seinen Ansatz: 1 Antoninian $= 20$ As $= 1\frac{1}{4}$ Denar auf eine sehr fragwürdige Interpretation des in der Vita Probi erwähnten Tribunengehaltes basirt hat, und dass sein Versuch, eine Bestätigung seiner Hypothese in der seit Aurelian in zwei oder drei Münzstätten, allerdings nicht consequent, gesetzten Werthzahl XX zu finden, von vorneherein Misstrauen erwecken muss. Aurelian setzte eine Werthzahl auf die Münze, um ihr einen Curs zu sichern; sie hatte imperativen Werth und war überflüssig, sobald sie nur etwas durch langes Herkommen Festgewordenes formulirte. Zudem war der As seit Jahrhunderten nicht mehr Einheit für die Silberrechnung, und damit wird diese Art von Werthfixirung noch unverständlicher.

Diocletian, der 9 Jahre nach Aurelians Tod zur Herrschaft gelangte und, ein zweiter Augustus, die Grundfesten des Reiches sicherte, prägte das Billon zunächst in der von Aurelian begonnenen Weise. Dann, etwa 295, ersetzte er es durch eine schwerere Sorte (circa 11 Gramm und mit 2—4$^1/_2$%, also pflichtmässig vielleicht mit 4% Feingehalt), die den gleichen Habitus, doch ohne Strahlenkranz, und dieselbe Werthzahl zeigte. Zugleich devalvirte er, nach Ausweis der Funde, die älteren Zwanziger. Es muss demnach der spätere Zwanziger des Diocletian mit dem aurelianischen der Geltung nach identisch sein; sein XXer war also der des Aurelian, nur besser, wahrscheinlich der volle Ausdruck des indicirten Werthes, den Aurelian seiner etwas minderwerthigen Münze durch Zwang (daher das Aufkommen der Werthzahl) hatte sichern wollen. Ist dies richtig, so kann die Werthzahl XX umso weniger auf den As als die Einheit bezogen werden.

Die von Christ schon 1865 beobachtete Thatsache, dass alle Sätze des Maximaltarifs durch 2 und 5 theilbar seien, ist wichtig; sie zwingt zur Annahme, dass Diocletians Münzsystem kein Denar- und kein Dreidenarstück kannte, sondern auf der Grundlage des Zweiers und des Fünfers erbaut war. Dass Diocletian für seinen Tarif neue Währungsverhältnisse hätte schaffen sollen, wird in keiner Weise durch irgend eine einschneidendere Aenderung des Münzwesens in der Zeit nach 295 beglaubigt. Als Zweier kann man ein kleines Kupferstück mit dem Durchschnittsgewicht von 2·5 Gramm ansehen; dass es selten ist, thut nichts; zu grösseren Zahlungen und zum Aufbewahren eigneten sich die grösseren Stücke, die Zwanziger = 5 Denare, besser zumal wegen des besseren Gewichtes.

In XX mögen 5×4, nämlich Sesterzen, sein. Freilich ist man gegenwärtig der Ansicht, dass die letzten Zeugnisse für die Sesterzenrechnung in die Mitte des dritten Jahrhunderts fallen. Darüber hinaus liegen die wenig Vertrauen erweckenden Rescripte in der Vita Valeriani und der Vita Aureliani, sowie jene bekannten Angaben des Rhetors Eumenius (297 n. Chr.) über sein Professorengehalt = 600.000 *hs* und sein Gehalt als magister sacrae memoriae = 300.000 *hs*. Aber, wäre letztere Summe, entsprechend dem Ansatze des Maximaltarifs, gleichbedeutend mit 6 Goldpfunden, so wäre die Tagesquote, die Eumenius vormals als magister sacrae memoriae bezogen hatte: $\frac{300000}{365}$ *hs* = 822 = 205·2 Denare, also nur wenig höher z. B. als die eines Zimmermalers (ausser der Kost ein Tageslohn von 150 Denaren), also ganz unwahrscheinlich niedrig.

Der in letzter Zeit vorgeschlagene Ausweg, diesen Betrag dadurch zu vervierfachen, dass man für die diocletianische Zeit den Sesterz für vollständig antiquirt und nur einer leidigen Unart des Rhetors wegen, sich am unrechten Orte in classischen terminis technicis auszudrücken, statt „Denare“ verwendet annehmen müsse, ist an und für sich bedenklich, da doch niemandem beikommen wird, in unbefangener Rede sein Einkommen oder seine Schulden in irgend einer verflossenen Münzgattung auszudrücken, oder gar alte mit neuen Münznamen dabei unbesehen zu vertauschen. Zudem steht diese Bezeichnung auch in dem von Eumenius angeführten kaiserlichen Rescript, in dem jene Unart noch weniger am Platze war, und bis an das Ende der diocletianischen Zeit reichen auch sonst jene Bezeichnungen der Beamten, die von den in Sesterzen ausgedrückten Geldsummen stammen, als ducenarii, trecenarii u. s. w. Und da mindestens in diesen titularen Bezeichnungen eine Fortdauer des Sesterz beurkundet wird, schwindet die Möglichkeit der Annahme, dass damals im Sprachgebrauche Sesterz und Denar als gleichbedeutend genommen worden wären, vollends dahin. Aber man wird gut thun, zu erwägen, ob, wie 3 Jahrhunderte nach der Reform von 217 v. Chr., die

den Denar in 16 Asse zerlegte, dem Soldaten immer noch nach der ursprünglichen
Werthung schon für je 10 Asse 1 Denar gegeben wurde, und wie heutzutage beispielsweise in Oesterreich der Ertrag gewisser älterer Stiftungen, dann Gehalte, Ein-
zahlungen u. a. unter Umständen nach einer älteren Währung, z. B. Gulden Conventionsmünze berechnet werden, auch den römischen Beamten irgend wann ein die
übliche Tarifirung des Sesterz übersteigender Berechnungsmodus aus der besseren Zeit
des Denars gerettet worden ist.

Allerdings wäre es ein widersinniges Bemühen, wenn man der Vermuthung
das Wort reden wollte, dass die exorbitante Höhe der Beamtengehalte, wie wir sie
für die beiden ersten Jahrhunderte unserer Zeitrechnung kennen oder voraussetzen,
in ihrem effectiven Werthe sich bis in die Misère am Ende des dritten Jahrhunderts
hätte erhalten können. Im Gegentheile wären die Gehaltssummen dieser Zeit mit
Rücksicht auf die starke Vermehrung der Beamtenstellen sowie auf die ebenso starke
Verminderung der Agenden und der Machtstellung der Beamten und auf die drückende
Geldnoth des Staates gar nicht anders verständlich als unter der Voraussetzung, dass
der Wert der Jahrgehalte durch den Niedergang der Münze gleichfalls erhebliche
Einbussen erhalten habe. Sie aber dann bis auf das Minimum gedrückt zu glauben,
das die Denareinheit der diocletianischen Münze bezeichnet, scheint nicht blos wegen
des oben angedeuteten Grundes nicht räthlich zu sein. Wenigstens dürften die gelegentlichen Andeutungen von einer theilweisen oder vollständigen Auszahlung des nach
Sesterzen berechneten Gehaltes in Gold erst durch die Annahme einer dem Sesterzen
günstigen Relation, deren Höhe zu fixieren nur factisch die Mittel fehlen, in richtigere
Beleuchtung zu bringen sein. Die ungleich niederen fixen Jahrgehalte, die wir aus
Constitutionen der Zeit Justinians erfahren, können schon wegen der wesentlich verschiedenen Art der Amtseinkünfte, und da sie nicht direct an die ältere Uebung
anknüpfen, gar nicht hier mit in Betracht kommen.

Von diesem Gesichtspunkte aus dürften die 300.000 und 600.000 *hs* des
Eumenius ihre Erklärung finden. Es muss also mit anderen Hilfsmitteln bewiesen
werden, dass der Sesterz noch am Ende des 3. Jahrhunderts und speciell in der
Zeit Aurelians Rechnungseinheit war. Leider hörte kurz vorher die lange geübte naive Sitte auf, die Kosten der Weihegeschenke oder der für öffentliche Zwecke
gemachten Leistungen auf den Gedenksteinen ausdrücklich zu nennen. Damit verringert sich die Zahl der Inschriften mit Angaben von Geldsummen ausserordentlich.
Obendrein sind die übrig bleibenden nur sehr selten annähernd oder genau datirbar.
Namentlich mögen auch unter den Gräberbussen, die in Sesterzen ausgedrückt sind,
nicht wenige dem Ende des 3. Jahrhunderts angehören, ohne dass dies jedesmal im
einzelnen mit Sicherheit gesagt werden könnte. Doch fehlt es nicht ganz an den nöthigen
Zeugnissen. So hat ein Bürgermeister von Tichilla (im proconsularischen Africa), wie
der erhaltene Rest einer Weiheinschrift zeigt, die im Supplement des achten Bandes der
grossen Inschriftenpublication der Berliner Akademie abgedruckt ist (N. 14891), dem
Genius seines Municipiums für das Heil des Kaisers Probus und dessen Hauses für
irgend eine Anzahl von Tausenden Sesterzen eine Statue und vielleicht noch anderes
geweiht. Und noch später fällt die leider ebenfalls sehr verstümmelte Inschrift eines
Epistyls aus Calama (in derselben Provinz gelegen), die „saeculo beatissimo dd. nn. C. Aureli
[Valerii Diocletian]i felicis invicti Aug. [et M. Aureli Valeri Maximiniani pii felicis
invicti] Aug." geschrieben wurde, in der gleichfalls nach Sesterzen gerechnet wird.
Also kann die Vermuthung, dass die Werthzahl XX auf der Münze von Aurelian bis
Diocletian 20 Sesterzen bedeute, von dieser Seite her keine ernstliche Anfechtung
erleiden.

Nehmen wir das im 4. Jahrhundert übliche Verhältnis von Gold:Silber ungefähr wie 1:14 und Silber zu Kupfer ungefähr wie 1:120, also Gold zu Kupfer wie 1:ca. 1700, so wäre 1 Denar als $\frac{1}{50000}$ Goldpfund = ca. $\frac{327 \times 1700}{50000}$ Gr. = 11·1 Gr. Da der diocletianische XXer gewöhnlich bis 11 Gramm wiegt und bis 4°/₀ und mehr Silber enthält, so entspricht er einem Kupfergewichte von etwa 55 Gramm, sein Fünftel also, das oben mit dem Denar gleichgesetzt wurde, einem Kupfergewichte von etwa 11 Gramm, somit dem soeben als Kupferäquivalent von $\frac{1}{50000}$ eines Goldpfundes berechneten Gewichte. Es wird dann vortrefflich dazu passen, dass Diocletian, der auch zuerst wieder Geld aus reinem Silber schlug und Silber wie Gold nicht so sehr als Münze denn als Waare behandelte, dem Billon die Rolle der eigentlichen Werthmünze vorbehielt, und somit auf die Ausgabe eines Creditgeldes gänzlich verzichtete. Nur unter dem Gesichtspunkte einer derartigen ehrlichen Münzpolitik scheint die unter seiner Regierung vollzogene Steigerung des Gewichtes des XXer verständlich.

Die Frage nach der Bedeutung des XX wird bekanntlich dadurch wesentlich erschwert, dass in den meisten Münzstätten ausschliesslich, in den übrigen neben K oder XX, mit XXI oder KA oder AK geprägt worden ist. Dass kein Verfechter der Gleichung mit 20 As die Ansicht ausgesprochen hat, dass mit I oder A das lateinische, resp. das griechische Zeichen des As, wie beispielsweise auf dem Kupfer von Lakedaimon gemeint sei, muss nebenbei bemerkt eigentlich Wunder nehmen. Freilich würde jene Hypothese dadurch mit nichten an Wahrscheinlichkeit gewinnen.

Dass mit XX und XXI zwei verschiedene Werthzahlen gemeint seien, die einen zwischen 20 und 21 liegenden Werth zum Ausdruck bringen sollen, ist eine von den bedeutendsten Autoritäten vertheidigte Ansicht. Aber es erscheint unbegreiflich, dass trotz der bis in alle Einzelheiten hinein streng geregelten Gleichheit der Münzprägung in allen Officinen des Reiches einigen Münzstätten die viel wichtigere Freiheit zugestanden gewesen wäre, die Werthrelation dieses Münzstückes nach eigenem Gutdünken festzustellen. Obendrein aber steht ein Münzstück von 21 Denaren (respective genauer von 20⁵/₆ Denaren), wie bereits betont worden ist, in gar keinem Einklang zu den aus dem Habitus der Preismaxima im Tarif des Jahres 301 gewonnenen Schlüssen auf die Art der damals geltenden Münze. Ausserdem hat Missong, dem Milani und Seeck wohl mit vollem Rechte zugestimmt haben, die Thatsache festgestellt, dass neben XXI und KA auch die interpungirten Formen XX·I und K·A vorkommen, sowie dass mitunter XX und I im Felde durch das Münzbild getrennt erscheinen, und hat daraus consequenter Weise den Schluss gezogen, dass in XXI (KA) zwei disparate Elemente stecken, jene XX (K), die unserer vorherigen Erwägung zur Grundlage diente, und eine I (A). Nach unserer Auffassung bezeichnete also XXI (KA), einmal 20 Sesterzen als Werth des Münzstückes, andererseits mit I (A), dass dasselbe eine höhere Einheit bilde. Rohde und Seeck haben wohl den richtigen Weg eingeschlagen, als sie in dieser Richtung die Bedeutung der I (A) festzustellen suchten; auch, dass ihr Vorschlag, den Follis als diese Einheit anzusehen, das Richtige trifft, ist nicht unmöglich, wenn gleich der Rest der Erklärung Seeck's: XX d. h. „Denar + Denar", aus manchen Gründen, schon auch, weil X nicht gleich durchstrichenem X ist, rundweg abgelehnt werden muss. Aber dass der Name jener Einheit vorläufig nicht festgestellt ist, kann kein Hindernis für unsere Behandlung dieser Frage bilden.

Die Aussicht, in nicht allzu ferner Zeit die Grundlage der Detailforschung auf diesem Gebiete ausgiebig zu erweitern, ist mehr denn je gewachsen. Vor allem dürfen wir erhöhte Hoffnung auf die Ergänzung des bisher nur mit seinem Anfange bekannten Capitels über die Metallpreise des diocletianischen Preistarifs setzen. In den

Zwanziger-Jahren dieses Jahrhunderts wurde das erste Fragment eines (allerdings weit früher gefundenen) Exemplars desselben vollständig publicirt, und heute, nach noch nicht 70 Jahren, kennen wir bereits 17 Exemplare in bald grösseren, bald geringeren Bruststücken, und immer rascher folgen sich die Nachrichten von der Auffindung neuer Fragmente. Sonst müssen wir hauptsächlich auf die wachsende Zahl neuer Inschriften und Papyri der aurelianisch-diocletianischen Zeit ein wachsames Auge haben. Dass wir diese mit grosser Wahrscheinlichkeit zu erwartenden Ergänzungen unseres Wissens sofort mit einem in chronologischer und meteorologischer Hinsicht geordneten Ueberblick der römischen Münzen von Claudius Gothicus bis auf Constantin den Grossen werden verbinden können, ist das grosse Verdienst des opferwilligen und selbstlosen Fleisses Missongs und seiner Freunde, deren Publicationen, so weit sie noch ausstehen, wir dem Vernehmen nach für die allernächste Zeit entgegensehen dürfen.

Literatur.

Anzeiger, numismatisch-sphragistischer. 23. Jahrg. Herausgeg. v. Friedr. Tewes, Hannover. Nr. 4. Friedr. Tewes. Ein Thaler der Stadt Lüneburg von 1568. M. Bahrfeldt. Der Gratulationsthaler der Stadt Lüneburg vom Jahre 1703. H. Buchenau. Der Wildstedter Fund. Nachtrag. Münzfunde. Auctionsnachrichten. Im Beiblatt: Bücher- und Münzenverkehr. — Nr. 5. Friedr. Tewes. Die Wappendarstellung auf dem Göttinger 1/4 Thaler von 1626. Th. Stenzl. Der Münzfund von Gross-Salze. Auctionsnachrichten. Bücher- und Münz-Verkehr.

Bahrfeldt, M. Neue Beiträge zu den Einstempelungen auf römischen Denaren aus der Zeit der Republik und der ersten Kaiser. Mit 1 Tafel. Bruxelles, 1891. 8° Extrait des Mémoires presentés au congrés international de Numismatique. (1130.) Geschenk des Verfassers.

Bullettino di Archeologia e Storia Dalmata pubblicato per cura di Fr. professore Bulič. 1891. 8. 9. 10. 11. 12. 1892. 1. Beilage der Hefte: La Zecca della Repubblica di Ragusa.

Congrés international de Numismatique Bruxelles 1891. Procésverbaux et mémoires publiées par G. Cumont et A. de Witte. Bruxelles. T. Goemaere, 1891. Mit Tafeln. 8° (1119). Geschenk der kön. belgischen numismatischen Gesellschaft in Brüssel.

Correspondenz, Numismatische. Herausgegeben von Adolf Weyl, Berlin. C. Jährlich 1 Mark. X. Jahrgang. Nr. 101. Münzfunde. Neue Münzen und Medaillen. † Dr. Karl Ludwig Müller. Auctionspreise. Verkäufliche Münzen, 1170. Nr. 102 und 103. Numismatische Mittheilungen. Auctionspreise. Verkäufliche Münzen. 900 Nummern.

Dannenberg, H. Die Siegesmünzen König Heinrichs II. und Herzog Gottfrieds I. von Nieder-Lothringen. Mit 1. Tafel. Bruxelles, 1891. Extrait des mémoires presentés au congrés international de Numismatique. 8° (1128). Geschenk des Verfassers.

Fikentscher L. Die ältesten Münzen der Landgrafen von Leuchtenberg und der Grafen von Württemberg. Mit 1 Tafel. München, F. Straub, 1890. 8° Separat-Abdruck aus den Mittheilungen der Bayerischen numismatischen Gesellschaft zu München. IX. Jahrg. 1890. (1129.) Geschenk des Verfassers.

Literaturblatt, numismatisches. Herausgeg. v. M. Bahrfeld, Rastatt. Nr. 65. (Beginn des 13. Jahrganges.) Inhaltsverzeichnis der numismatischen Zeitschriften. Selbständige Publicationen und Aufsätze in nichtnumismatischen Zeitschriften. Münz- und Bücherverzeichnisse.

Mittheilungen, numismatische. Organ des Verein für Münzkunde in Nürnberg. Redact. C. F. Gebert. Nr. 25 (April). Aus dem Vereinsleben. Münzfunde, Münzauctionspreise, Münzverkehr.

Sammler, der. Herausgeg. von Dr. Hans Brendicke, Berlin. Nr. 6.

Serrure, R. Médaille inédite de Jacques-Hannibal de Altaemps, commandant des Troupes espagnoles a Anvers en 1574 et 1575. Paris, 1891. 8° Extrait de l'Annuaire de la Société de Numismatique (1132). Geschenk des Verfassers.

Witte, Alphonse de. Numismatique Brabançonne. Les deniers Bruocsella et Niviella Mit 1 Tafel. Bruxelles, J. Goemaere, 1891. 8° (1131). Geschenk des Verfassers.

Erinnerungsmünzen der Weltausstellung zu Chicago.

Der Generaldirector der Münzen in den Vereinigten Staaten, M. Edward C. Leech, hiess soeben einen der amerikanischen Regierung unterbreiteten Vorschlag gut, nach welchem 10—20 Millionen silberner Halb-Dollarstücke eines eigenen Gepräges zu schlagen seien, welche als Eintrittszeichen für die Weltausstellung in Chicago 1893 dienen sollen. Wenn der Congress zu Washington diesen Gesetzentwurf annimmt, so werden diese Marken auf der einen Seite das Bild Christoph Columbus', auf der anderen eine Inschrift zeigen, welche die Umstände der Prägung und Ausgabe erklärt. — Obwohl diese Münz-Tickets einen Nominal-Wert von 50 Cent. erhalten sollen, würde das Stück dem Staate nicht mehr als 30 Cent. kosten. Da man sich auf circa 20.000.000 Besucher der Ausstellung gefasst macht, und hofft, dass der grösste Theil derselben sein Billet als Andenken behalten werde, so dürfte dem Staate ein Reingewinn von nahezu 4.000.000 Dollars zufallen. — Vielfach wird angenommen, dass die Stücke nach Schluss der Ausstellung von Seiten der Sammler ein ebensolches Aufgeld erfahren werden, wie z. B. die in England auf das 50jährige Regierungs-Jubiläum der Königin Victoria geschlagenen Münzen, die zur Stunde sehr hoch im Preise stehen. Dieser Ansicht muss man jedoch entgegenhalten, dass jene Jubiläumsmünzen in nur beschränkter Anzahl ausgegeben wurden, während die projectirten Halb-Dollarstücke in einer so ungeheuren Menge geprägt werden sollen.

Immerhin ist es aber möglich, dass die Ausstellungsmarken sich bald einer grossen Popularität erfreuen werden, da die geplante Ausstellung gewiss das bedeutendste Unternehmen ist, welches die Vereinigten Staaten in Friedenszeiten jemals ins Leben riefen. (Nach Serrure's „Bulletin Numismatique", Robert S. Hatscher.)

Aus den numismatischen Gesellschaften.

Club der Münz- und Medaillenfreunde in Wien. Versammlung vom 25. April. Von Professor Radnitzky ist ein Dankschreiben für die vom Club mit seinem Bildnisse herausgegebene, und von Herrn Kammer-Medailleur Anton Scharff meisterhaft ausgeführte Medaille eingelangt. Herr Redacteur Josef Nentwich hielt einen Vortrag über numismatische Erinnerungen an Vater Radetzky, welcher durch eine Ausstellung von Medaillen auf Radetzky illustrirt wurde.

Verein für Münzkunde in Nürnberg. Nach dem Ergebnisse der Hauptversammlung am 4. Jänner 1892, kann das erfreuliche Gedeihen des Vereines constatirt werden. Mitgliederzahl 45. Heuer feiert derselbe seinen 10jährigen Bestand. In den Vorstand wurden die Herren Gebert, W. Lauer, Müller und Hertlein wieder gewählt und die Prägung eines Gedenkthalers auf die Vollendung des Rathhausneubaues in Aussicht genommen, zu welchen in den Versammlungen vom 1. Februar und 7. März Entwürfe von Herrn W. Lauer vorgelegt wurden.

Die Münzzeichen der mexikanischen Dollars. Die eilf Münzstätten in Mexiko werden durch Münzzeichen unterschieden, welche aus dem Anfangsbuchstaben und dem darüber gestellten End-buchstaben des Namens der betreffenden Stadt bestehen. M und darüber ein kleines O ist das Münzzeichen für die Münzstätte Mexiko, Z und darüber S Zacatecas, G mit O Guanajato, P mit I Potosi, C mit A Chihuahua, G mit A Guadalajara, D mit O Durango, A mit S Alamos, C mit N Culiacán, H mit O Hermosillo und O mit A Oaxaca.

Münzen des Transvaal in Südafrika. Im Jahre 1891 liess die Regierung des Transvaal in der Berliner Münze Goldmünzen im Gewichte und Feinhalte des englischen Sovereign prägen, welche auf der Vorderseite das Bildnis des Präsidenten Paul Krüger und auf der Rückseite das Wappen der Republik aufweisen. Es ist dies übrigens das zweite Mal, dass solche Goldmünzen für das Transvaal geprägt werden, denn auch im Jahre 1874 wurden 1000 Stück mit dem Bilde des damaligen Präsi-denten der Republik Burgus in der Prägeanstalt von Ralph Heaton and Sons in Birmingham erzeugt.
E.

Preisausschreibung. Die Académie des Beaux-Arts in Paris hat für das Jahr 1892 als Gegen-stand des Bordin-Preises die Aufgabe gestellt: Geschichte der Medaille in Frankreich seit dem Ende des 15. Jahrhunderts bis 1850.

Schenkung. Dr. Jaquet, geheimer Sanitätsrath in Berlin, hat seine Sammlung von 50.000 preuss. Münzen zur inneren Ausstattung des Marienburger Hochschlosses geschenkt. Sie ist reich an Ordens-münzen, 1800 Münzen des deutschen Ordens, darunter als Unicum ein Viertelthaler des Hochmeisters Albrecht v. Brandenburg, 1700 ostpreussische Münzen, gegen 550 Danziger, circa 450 Thorner, circa 350 Elbinger Münzen und Medaillen etc. *Numismatisch-sphragistischer Anzeiger Nr. 6.*

Durch Münzen wurde unlängst das Alter von Wein bestimmt. In Strassburg fand man beim Abbruche des Drachenschlösschens eine konische Glasflasche mit einer Flüssigkeit, die wahrscheinlich Wein ist. Die mitgefundenen Münzen weisen auf das 14. Jahrhundert.
Anzeiger des germanischen Nationalmuseums.

Münzfunde. Leutmannsdorf, Kreis Schweidnitz. Beim Baue des katholischen Schulhauses wurden in einem Topfe 500 Silbermünzen Kaiser Ferdinand II. von 1620 bis 1630 gefunden, 12 Thaler und kleinere Münzen.

In der Flur Feldengel (Schwarzburg-Sondershausen), Gefäss mit Münzen Kaiser Ferd. I., der Grafen Schlick, Mansfelder, Sachsen, Hohenstein, Halberstadt. 1522 bis 1560. Der Finder und Besitzer heisst Wacker. *Numismatisch-sphragistischer Anzeiger Nr. 6.*

Anglefort bei Seyssel an der Rhone, Dep. Ain. 2 Broncevasen mit römischen Antoninianen des Trajan Decius, Valerian, Gallien und Tetricus pater.

Aurillac, Depart. Cantal. Urne mit Goldstücken des 15. und 16. Jahrhunderts. Spanien, Italien und Karl IX. und Heinrich III. von Frankreich, *Blätter für Münzfreunde 181.*

Aus Petronell (Carnuntum) stammt laut einer Notiz des Herrn Professors Dr. J. Wilhelm Kubitschek in den archäologisch-epigraphischen Mittheilungen aus Oesterreich-Ungarn ein in die Sammlung des Herrn Pfarrers Eisterer gelangtes Kupferstück der Τύρον μητροπόλεως (Herakles-kopf — Keule) mit der Jahreszahl ητ, also 182/183 n. Chr. Münzfunde griechischen Localcourants des Ostens sind in Carnuntum sehr selten.

Neue Medaillen. Das numismatische Sammelgebiet ist wiederum um zwei neue Gelegenheits-medaillen, die aus der Berliner Medaillen-Prägeanstalt Otto Oertel, Gollnowstrasse, hervorgegangen sind, bereichert worden. Die Erstere auf den Dreibund geprägt, zeigt auf der Vorderseite die Bildnisse der drei Herrscher: Kaiser Franz Josef I., Kaiser Wilhelm II., sowie König Humbert von Italien Auf der Reversseite sieht man als Symbol der vereinigten, den Frieden beschützenden Kraft die von Eichenzweigen umschlungenen Wappen der drei Staaten und als Inschrift: »Einigkeit macht stark«, sowie die Jahreszahl 1892. Die andere Medaille wurde anlässlich der Feier der Wiederkehr des 300. Geburtstages des berühmten Pädagogen Comenius geprägt. Die Aversseite bringt das Brustbild Comenius', umgeben von der Inschrift: »Zum 300jährigen Comenius-Jubiläum 1892«; die Rückseite ein Sinnbild, welches die Weltall darstellt und als Umschrift den Wahlspruch Comenius': »Omnia sponte fluant, absit violentia rebus«. Die Dreibund-Denkmünze hat ungefähr die Fünfmarkstück-Grösse, die andere ist etwas kleiner; beide gelangen sowohl in Silber, als auch in Bronze zur Ausgabe.
K. Hallama.

Eine Sammlung von Medaillen Kaiser Karls VI. ist billig zu verkaufen. Auskunft durch die numismatischen Mittheilungen, Nürnberg, Pfannenschmiedgasse 25.

Kataloge. Helbing Otto, München, von der Tannstrasse 4. IX. Verzeichnis von Münzen und Medaillen. 3303 N.

Thieme, C. G. Leipzig, Gewandgässchen Nr. 5. Numismatischer Verkehr. XXX. Jahrgang, Nr. 5 und 6 (Juli). 3099 N.

Herausgeber und verantwortlicher Redacteur: Franz Trau. — Verlag der numismatischen Gesellschaft in Wien.
Druck von Kreisel & Groger, vorm L. W. Seidel & Sohn, in Wien

MONATSBLATT

der

numismatischen Gesellschaft in Wien.

Dieses Blatt erscheint monatlich ein Mal und wird den Mitgliedern der Gesellschaft unentgeltlich zugesendet. Preis des Jahrganges für Nichtmitglieder 1 fl. Zuschriften sind zu richten an die numismatische Gesellschaft, Wien, I., Universitätsplatz 2.

Nr. 108.	Juli.	1892.

Versammlungen der Gesellschaft mit Vorträgen und Ausstellungen finden in den Monaten October bis April in der kais. Akademie der Wissenschaften, I., Universitätsplatz 2 statt und sind die p. t. Herren Mitglieder und Freunde der Gesellschaft höflichst eingeladen sich an denselben zu betheiligen.

Es wird ersucht, Zuschriften und Sendungen bezüglich der Zeitschrift an Herrn Rudolf v. Höfken, Wien, XVIII., Feldgasse 35, bezüglich der Cassa und des Monatsblattes an Herrn Franz Trau, I., Wollzeile 1, alle anderen Briefe und Sendungen an die numismatische Gesellschaft, I., Universitätsplatz 2 (kais. Akademie der Wissenschaften), zu richten.

Das Bibliothekslocale der numismatischen Gesellschaft, I., Universitätsplatz 2, ist an jedem Mittwoch von 6 Uhr an geöffnet.

Die ordentlichen Mitglieder der numismatischen Gesellschaft zahlen eine einmalige Eintrittsgebühr von 2 fl., einen Jahresbeitrag von 8 fl. und erhalten die Zeitschrift und das Monatsblatt kostenfrei zugestellt. Abonnement der Zeitschrift 6 fl., des Monatsblattes (12 Nummern) 1 fl.

Ueber mehrfach geäusserten Wunsch steht Mitgliedern der numismatischen Gesellschaft die letzte Seite des Monatsblattes (Versendung 400 Exemplare) zu kurzen fachgemässen Anfragen und Ankündigungen in Notizenform kostenfrei zur Verfügung.

Die p. t. Herren Mitglieder werden neuerlich und dringendst ersucht, die aus der Bibliothek der Gesellschaft entlehnten Werke zurückzustellen, da sonst die Fertigstellung des Bibliothekskataloges nicht möglich ist.

Einladung.

Die Besitzer grösserer Münzen- und Medaillen-Sammlungen in Oesterreich werden eingeladen, der numismatischen Gesellschaft kurze Mittheilungen über ihre Sammlungen (Stückzahl, womöglich nach Metallen, Hervorhebung der wichtigsten Partien, Zeit der Gründung der Sammlung etc.) zu machen, da in dem Handbuche der Kunstpflege in Oesterreich, welches im Auftrage des hohen k. k. Ministeriums für Cultus und Unterricht in neuer Auflage herausgegeben wird, die Münzensammlungen eine ausgedehntere Würdigung erfahren sollen.

1

7, 8, wie 17—18 ebenda. (bei Wellenh. 9598 offenbar irrig Eberhard III. von Salzburg statt Eberhard II. zugewiesen.

9, wie 25—26 ebenda.

10. Vs. wie Wellenheim 9631 Rs. $EP \infty \ldots \cancel{E}LCRN$ Löwe nach r. laufend, mit grossem vorwärts gekehrten Kopfe und emporstehenden Ohren. 16 Mill. 0·81 Gr.

11, 14, wie 28, 29 des Fundberichts.

15. Vs. ebenso Rs. . . . $V + VH \ldots \varsigma$ roh ausgeführte stehende infulirte Figur, in jeder Hand einen Stab haltend, neben dem Halse beiderseits ein Punkt, 16 Mill. 1·13 Gr.

16, wie 31—32 des Fundberichts.

17, wie 33—38 ebenda.

18, 19, Eberhard II. von Salzburg 5. Gattung, wie 9677 bei Wellenheim.

20—22, wie 56—57 des Fundberichts.

23, wie 59, 60, ebenda.

24, Windischgratz, Ulrich II.? wie Wellenheim 9761.

25, wie 63—67 des Fundberichts.

26, 27, wie 69—70 ebenda.

28, Bernhard von Kärnten 1201—56 wie Wellenheim 9832 (irrig Berthold v. Meran),

29, Vs. Gebäude bestehend aus einem Bogen, auf welchem ein dreizinniger Thurm und 2 Thürmchen, im Bogen ein Stern, darunter 3 Kugeln, doppelter Perlring. Rs. ∞ .... stehende? Figur mit blossem Kopfe, r. ein kurzes Schwert haltend, l. einen Schild, dessen Innenseite mit der Faust sichtbar ist, darüber eine Rosette. 15—16 Mill, 0·84 Gr.

30, 31, wie 72, 73, des Fundberichts.

32, Unbekannte Münzstücke wie Wellenh. 9880—81.

33, wie 74 des Fundberichts.

34, Vs. Brustbild mit blossem Kopfe zwischen 2 Thürmen, die auf einen Bogen, in dessen Wölbung Kügelchen sind, ruhen, darüber eine Rosette. Rs. . . . . I . . . Sitzende infulirte Figur mit 2 Krummstäben. 14 Mill. 0.59 Gr.

35, Salzburg? Vs. Doppelbogen, auf welchem ein dreizinniger Thurm zwischen zwei Thürmchen mit Spitzdach, ausser jedem ein Sternchen, unter jedem Bogen ein infulirter Kopf, breiter und gezähnter Ring. (Der heil. Rupert und heil. Virgilius?) Rs Nach r. gewendeter knieender Engel mit vorwärts gekehrtem Kopf einen Kreuzstab? vor sich haltend, einfacher Ring, aussen Sternchen, 18 M. 0·81 Gr.

36, Bela III. 1174—96. Bracteat, Kopf nach r. in aufgetriebenem und gezähntem Ringe. 15. Mill. 0.25 Gr.

37. Theodorich Ezb., Köln, 1208—14 wie Wellenheim.   Raimann.

* * *

Der **Münzenfund** am Fusse des Oswaldigebirges bei Kleinvassach in Kärnten.

Am 13. März 1889 bemerkte der Schulknabe Mathias Roth am Fusse des Oswaldigebirges bei Kleinvassach (Bez. Villach) unter einem vorspringenden Felsen den Rand eines Topfes, welcher aus dem Boden hervorragte. Als der Knabe sodann den Topf aufhob, brach ein Stück des Randes aus und im Begriffe den Fund nach Hause zu tragen, stürzte der Finder auf dem vereisten Boden, wobei der Topf entzweibrach und der grössere Theil der Münzen herausfiel, welche liegen gelassen wurden, so dass der Knabe nur den im Topfscherben verbliebenen Rest der Münzen nach Hause brachte. Am nächsten Tage ging der Knabe wieder zur Fundstelle, füllte seine Säcke mit einer Anzahl verstreuter Münzen und verschenkte diese an seine Mitschüler, während die übrigen von vorbeigehenden Mädchen aufgelesen und in die Stadt Villach verkauft wurden. Die k. k. Bezirkshauptmannschaft

Villach nahm sodann, nachdem sie von dem Funde erfahren, ein Protokoll mit dem Finder auf, woraus das Wesentlichste eben mitgetheilt wurde. Durch Vermittlung der k. k. Landes-regierung erwarb sodann der Geschichtsverein für Kärnten in Klagenfurt die vom Knaben heimgebrachten Münzen sammt dem Topfe in Summe 3411 Stücke und konnten, nachdem dem Verein noch von anderen Seiten solche Münzen zugekommen waren, zusammen 3437 Stücke vom Schreiber dieser Zeilen untersucht werden. Die Münzen sind durchaus kleine, schüsselförmige Silbermünzen mit starkem Kupferbeisatze und zwar folgenden Gepräges.*)

I. Venedig.

1. Doge Sebastiano Ziani 1173—1178.

Schweizer: Serie delle monete d'Aquilegia e di Venezia S. 71, Nr. 92, I. 35

2. Doge Orio Malipiero 1178—1192.

a) Schweizer l. c. S. 73, Nr. 94, I. 129
b) Schweizer l. c. S. 73 Nr. 95, II, 99, VI. 445

3. Doge Enrico Dandolo 1192—1205.

Schweizer l. c. S. 76, Nr. 101, II, 103, IV. 397

4. Unbestimmte doch einem der vorgenannten Dogen an-hörige 1173—1205 131

II. Verona 1167—1250.

Welzl Nr. 3609 2300

3437

Klagenfurt   A. v. Jaksch.

Fund bei Nyiregyháza. In Folge der Verwüstung unserer Weingärten durch die Reblaus, kaufte Paul Merey, Weinproducent in Miskolcz, um sich einen Weingarten zu gründen, der diesen Verwüstungen Widerstand leisten kann, ein grosses Grundstück Sandboden. Bei den 70 cm tiefen Grabungen wurden auf einem Hügel viele Menschengebeine zu Tage befördert, darunter kamen noch an's Tageslicht: 2 kleine Thongefässe, 5 Bronce-Nadel-theile, wie solche für Sicherheitsnadeln noch ganz gut verwendet werden könnten, darunter 2 Stück wie ganz neu; ein flacher Broncering mit 4 cm Durchmesser, 75 Stück erbsen-grosse Thonperlen, roth, weiss und grün und 4 Stück vergoldete Silber-Ohrgehänge und eine einzige Silber-Münze „Dux Bela". Am interessantesten sind die Perlen in der ungarischen Nationalfarbe, — und 4 Stück flache Knöpfe mit gleichem eingelegten Muster Silber in Kupfer. — Nachdem die Erdarbeiten noch nicht beendigt sind, sind weitere Funde noch in Aussicht.   *Paul Mahr.*

Zu Maydambeck in Serbien wurden vor einiger Zeit in dem bereits von den Römern betriebenen Kupferbergwerke nach Mittheilung des Herrn Josef Leistler römische Denare gefunden. 20 derselben gelangten nach London, 4 befinden sich noch im Besitze des genannten Herrn. 1 Legionsdenar des Marc Anton, die Zahl der Legion ist nicht mehr lesbar.

2. Domitian. Im Reverse Minerva. IMP XXI COS XVI CENS P P P.

3. Domitian. Im Reverse Tisch mit Kranz. T R P COS VII DES VIII P P.

4. Nerva, Avers: IMP NERVA CAES AVG P M TR P II COS III. Revers: AEQVITAS AVGVST.

Museen.

Graz. Nach dem für 1891 ausgegebenen Berichte hat das steiermärkische Landesmuseum Joanneum, welches in jenem Jahre das Fest seines 80jährigen Be-standes gefeiert hat, im abgelaufenen Jahre 607 Münzen, darunter an steiermärkischen 2 in

*) Der Verein beabsichtigt eine Anzahl dieser Münzen zu veräussern und bittet man An-gebote an A. v. Jaksch, Cassier des Geschichtsvereines Klagenfurt Rudolfinum zu richten.

156

Gold, 411 in Silber und 16 in Kupfer erworben. Als Fundmünzen sind zu erwähnen eine Julia Domna für Macedonien aus Pickerndorf, 9 Bronzemünzen von Augustus bis Constans aus Unter-Haidin bei Pettau, 6 röm. Bronze- und eine Silbermünze aus Gleisdorf, 6 röm. Münzen aus Pettau, ein Gordian III. Br. aus Sittich in Krain, und ein Aureus des Trebonianus Gallus (Juno martialis) aus Unter-Haidin, aus dem Ankensteinerfunde wurden 315 Stücke, meist steierische Gepräge in 31 Typen, angekauft, 35 Stücke dieses Fundes schenkte Se. Exellenz Herr Graf Wurmbrand. Die Neuordnung und Katalogisirung der steierischen Münzen ist vollendet.

Linz. Nach dem 50. Berichte des Museums Francisco-Carolinum in Linz für das Jahr 1891 hat jenes Museum im abgelaufenen Jahre an Fundmünzen erworben: 60 Silbergroschen aus dem Münzfunde auf der Strasserau bei Linz, Sesterz von Hadrian, Coh. 954, gefunden im Haiderbauernhofe zu Pinsdorf bei Gmunden, 33 Passauerdenare von dem Münzfund von Niederranna, 14 breite Groschen und 6 kleine Silbermünzen aus dem Münzfunde in Fürling, Gemeinde Erdmannsdorf, Bezirkshauptmannschaft Perg.

Der Verwaltungsrath des Museums, Herr k. u. k. Major d. R. Andreas Markl beschreibt in demselben Berichte den im April 1891 in der Strasserau gemachten Münzfund. Es wurden in der Tiefe von 279 cm. 78 Silbergroschen und halbe Batzen gefunden, einige dürften verschleppt worden sein. Die Münzen stammen aus den Jahren 1551—1599, kaum 1/6 der Münzen gehört den österr. Erblanden an. Die Münzen lagen in einer Tiefe von 279 cm. Vertreten sind Österreich (Nieder- und Oberösterreich, Steiermark, Tirol Böhmen), Frankreich, Schweiz, Belgien, Würtemberg, Baden, Nassau, Hessen, Waldeck, Stollberg u. Kyrburg.

Aus den numismatischen Gesellschaften.

Paris. Französische numismatische Gesellschaft. In der Sitzung vom 1. April 1892 berichtete Herr Bordeaux über die von ihm besuchten Münzsammlungen Südfrankreichs, Herr Grégoire bespricht das seltene Gross-Bronze-Stück Nervas mit CALVMNIA SVBLATA FISCI IVDAICI und Herr Ad. Blanchet ein Tetradrachmon mit NABIOΣ, das dem Nabis, Tyrannen von Sparta, zugetheilt wird, aber zweifelhaft erscheint. Am 6. Mai 1892 theilte Herr Delattre aus Carthago mit, dass er für das Museum „un plomb portant sur la face l'effigie de Constant II. et celle de Constantin-Pogonat, ce qui lui donne la date de 654 à 659" erworben habe. Der Minister des öffentlichen Unterrichts und der schönen Künste hat der Gesellschaft unter anderen den Catalogue des monnaies grecques de la Bibliothéque nationale, Roi de Syrie, Arménie et de Commagéne, publié par M. Babelon, sous-conservateur du Cabinet des medailles, Rollin et Feuardant, 1890, gespendet.

Nadelburger Fabriksmarken.

Wer von den Sammlern österreichischer Münzen hätte nicht wiederholt Nadelburger Fabriksmarken in die Hand bekommen? Es sind dies jene von dünnem Messingblech hergestellten grösseren oder kleineren Marken, die in der Regel als Bild ein Segelschiff, als Sinnbild der Industrie, oder eine Sonne im Strahlenschein oder sonst ein Sinnbild weisen und die mehr oder minder deutliche Umschrift k. k Nadel- oder Natelburger Fabrique tragen. Welches der Zweck dieser Marken war, ist, wie ich glaube, noch nicht festgestellt. Waren es Zahlmarken, waren es Rechenpfennige, Waarenmuster, Ankündigungsmarken oder dergleichen. Sie scheinen im vorigen und diesem Jahrhundert geprägt worden zu sein. Leitzmann erwähnt sie in seinem Wegweiser auf dem Gebiete der deutschen Münzkunde, Seite 633. In den Provinzialnachrichten Nr. 104 des Jahres 1785 (Siehe Seite 436 dieses Monatsblattes) finde ich über diese „Nadel und Messingfabrik zu Nadelburg" einige Nachrichten, die vielleicht von Interesse sein können. Sie lauten: „Die Nadel- und Messingfabrik zu Nadelburg beschäftiget 400 Menschen ohne die 50 Waisenknaben mitgerechnet, welche an der Fabrik in der Lehre stehen. An Materiale werden bis jetzt verarbeitet im Durchschnitte 950 Centner Kupfer und 640 Centner Gallmay zur Erzeugung des Messings und 14 Centner Eisendraht zu Nähnadeln. Zu diesen Arbeiten werden verwendet 300 Stücke Schmelztigel, 368 Klafter Holz, 14000 Stüber Kohlen, 41 Centner Blei und 11 Centner Zinn. Der jährliche Debit bestund bisher in 279 Centnern Messingdraht, 50 Centnern Stuck- und geschlagenes Messing, und 500 Centnern Gusswaaren von verschiedener Art, als Leuchter, Glocken, Schellen, Fuhrmannsringe, Gewichte, Fingerhüte u. s. w. Gegenwärtig steigt der Verschleiss durch alle Rubriken um ein Viertel höher, und die Bestellungen an Nadeln allein belaufen sich wöchentlich auf 6—7,000.000 Stücke. Abermals ein Beweis, welche günstige Folge das Josephinische Mauthsystem auf Fabriken und Industrie hat."

Wie bekannt ist Nadelburg ein Dorf in Nieder-Oesterreich bei Wiener Neustadt und hat circa 400 Einwohner. Die Messing- und Nadelfabrik daselbst war bis in den letzten Jahren thätig.

Literatur.

Für die Bibliothek eingelangte Werke.

Annuaire de la Société française de Numismatique. Paris, 1892, Mai-Juin. F. Mazerolle. Notes sur les médailles et les médailleurs français. Baron de Ponton d'Amécourt. Attribution à Vendome d'un denier au type chinonais. E. Caron. Répertoire chronologique des principaux enfouissements intéressant la numismatique française. A. de Belfort. Essai de classification des tessères romaines en Bronze. A. de B. Monnaies mérovingiennes. Ch. Farcinet. Un triens mérovingien attribué à tort à Aizenay (Vendée). Chronique.

Anzeiger, numismatisch-sphragistischer. Herausgegeben von Friedrich Tewes in Hannover. Nr. 7. Th. Stenzel: Der Münzfund von Gross-Salze. Fortsetzung Dr. Arnold Busson †. Auctionsnachrichten.

Archiv für Bracteatenkunde. Herausgegeben von Rudolf v. Höfken. II. Band, 4. Heft. Es enthält in Fortsetzung des früheren Heftes, die Abhandlung des Herausgebers über den Fund zu Granheim, welcher interessante Bracteaten von Constanz, St. Gallen, Lindau, Ravensburg und Ueberlingen, dann einen unbestimmten Typus enthielt; von Dr. P. J. Meier: Beiträge zur Bracteatenkunde des nördlichen Harzes. B. Der Münzfund in der „ehemaligen Halberstädtischen Diöcese" von 1765, mit einer wie immer vorzüglichen Tafel und zahlreichen Abbildungen im Texte, Bracteaten von Hildesheim, Halberstadt und Heinrichs des Löwen enthaltend, endlich Gegenbemerkungen Emil Bahrfeldt's zu Stenzel's Recension: „Münzwesen der Mark Brandenburg", sowie Besprechungen von Dr. Karl Curtius: der Münzfund von Travemünde und Dannenberg's Grundzüge der Münzkunde durch Bardt, sowie von Dr. C. F. Trachsel's: Monnaies et médailles de Lindau durch v. Höfken. — Heft 5 und 6. Dieses mit drei vorzüglichen Tafeln und vielen Holzschnitten versehene Doppelheft enthält die Fortsetzung der Aufsätze von Dr. P. J. Meier: Beiträge zur Bracteatenkunde des nördlichen Harzes und zwar: C. Anhalt-Bernburgischer Münzfund von 1839, welcher Gepräge von Wernigerode, Blankenburg-Regenstein, Goslar, Brandenburg, Quedlinburg, Würzburg, Sachsen und namentlich von B. Conrad v. Halberstadt 1202—8, sowie von Magdeburg enthielt; dann D. ein königlicher Bracteat des nördlichen Harzes, wahrscheinlich in Quedlinburg 1181 geprägt; E. Arnstein und Falkenstein: die dahin gewiesenen Bracteaten besprechend; endlich F. verschiedene unedirte Bracteaten des nördlichen Harzes, Stücke von Blankenburg-Regenstein und Quedlinburg, beziehungsweise Gandersheim behandelnd. Rudolf Scheuner bespricht in: Bracteatenfunde in der Oberlausitz I. 1. den Fund von Reudnitz 1793; 2. den Fund von Linda 1793, Bracteaten der zweiten Hälfte des XIII. Jahrhunderts aus den Münzstätten Bautzen und Görlitz enthaltend. In dem Aufsatze: Zur Bracteatenkunde Süddeutschlands, VII., A. Kempten? weist der Herausgeber einige Bracteaten mit Strichelkreis rücksichtlich mit Halbmond-Einfassung Kempten zu und spricht die Ansicht aus, dass die Bracteaten mit Strichelkreis nicht Baden, sondern Oberschwaben entstammen, und theilt in B. Biberach, den S. 116 des B. erwähnten Bracteaten Nr. 9 mit Rücksicht auf die Uebereinstimmung mit Nr. 79 des Federseer Fundes, welcher sich als zweifellos Biberach angehörig herausstellte, derselben Münzstätte zu. Derselbe bespricht in der Literatur die Publication F. Gull's, die Grafen von Montfort, von Werdenberg-Heiligenberg und von Werdenberg-Sargans. *Raimann.*

Chestret, baron de. Numismatique de la principauté de Stavelot et de Malmédy. Mit 4 Tafeln. Bruxelles. J. Goemaere. 1892. (1133). Geschenk des Verfassers.

Correspondenz, numismatische. Herausgegeben von Adolph Weyl in Berlin C; X. Jahrgang, Nr. 104—106. Goldgulden Wilhelms von Fürstenberg. Vom Büchertisch. Münzen und Bücher. (Aussereuropäisch) 957 N.

Cumont Georges. Un jeton d'or inédit de Pierre d'Enghien, seigneur de Kestergat. Bruxelles, J. Goemaere 1892. 8° (1122). Geschenk des Verfassers.

Izvestja muzejskega društva za Kranjsko. Drugi letnik. Ljubljani, 1892. 8°.

Mittheilungen, archäologisch-epigraphische aus Österreich-Ungarn. Herausgegeben von O. Benndorf und E. Bormann. Wien F. Temsky, 1892. XV. 2. 8°.

Mittheilungen des Musealvereines für Krain. 5. Jahrgang. Laibach. 1892. 8°.

Museum, kunstgewerbliches, der Handels- und Gewerbekammer in Prag. Bericht des Curatoriums für die Verwaltungsjahre 1890 und 1891. Prag. J. Otto 1892. 8°. Geschenk des Museums.

Nützel Heinrich. Münzen der Rasuliden nebst einem Abriss der Geschichte dieser jemenischen Dynastie. Inaugural-Dissertation. Berlin, W. Pormetter, 1891. 8°. (1123). Geschenk des Verfassers.

Revue numismatique dirigée par la Anatole de Barthélemy, Gustave Schlumberger, Ernest Babelon. Paris. C. Rollin & Feuardent. III. Scr. Tome IX. Quatrième trimestre 1892. Mit 2 Tafeln. Reinach. Th. Monnaies inédites d'Asie Mineure. Babelon. E. Aradus. Vienne, M. d. Des transformations successives du sou. Vallentin R. Un double denier inédit de Louis le Bon, prince d'Orange. Drouin E. Sur quelques monnaies turco-chinoises des VIe — VIIIe siècles. Chronique, Nécrologie, Bulletin bibliographie. Periodiques. Tome X. 1892. Mit 14 Tafeln. Babelon E. Monnaies grecques récemment acquises par le cabinet des Medailles. Villaret. E. de numismatique japonaise. Heiss Alois Coup d'oeil sur l'état actuel de la numismatique de l'Espagne antique. Bapst Germain. Médaille du grand Condé par Chéron. Blanchet J. A. Jetons du XVIIIe siècle aux types des monnaies de Chio. Babelon E. Les monnaies araméennes de la Cappadoce: Datame, Abrocomas, Aviarathe. Chronique. Bulletin bibliographique, Périodiques.

Revue suisse de Numismatique publiée par la société suisse de numismatique sous la direction de Paul Stroehlin. Genéve, 1892. I. livr. Adolf Inwyler Zur schweizerischen Medaillenkunde. 1. Oberst Alois zur Gilgen, goldene Hochzeit 1861. 2. Betheiligung der Luzerner am Feldzug der verbündeten Mächte gegen Napoleon I. 1815. Hartmann Caviezel. Verzeichniss der im rantischen Museum zu Chur aufbewahrten Münz-Präge-Stempelstöcke und Walzen. G. E. v. Haller. Schweizerisches

Münz- und Medaillen-Cabinet. (Forts.) Roger Vallentin. Du mode de nomination des prévots généraux de la monnaie d'Avignon. J. Andrien-Blanchet. Ecu d'or inédit des trois cantons. J. Guillaumet-Vaucher. Ancienne monnaie brésilienne. II. livr. Mit 3 Tafeln. H. Morin-Pons. Encore le sceau de Vautier Bonjour. Jules Feist. Medaille inédite de Strasbourg. L. Le Roy. Edit relatif au des eriement des monnoyes de Vaulvilliers, Francmont et Montoye. von Jecklin F. Der Münzfund von Schleins. Dr. Th. v. Liebenau. Das Münzwesen im Lande der Rhucantier. A. Feuri. Bernisches Münzmandat von 1566. E. Th. Haller. Collectanea ad Rhaetiam numismaticam mit einer Einleitung von F. v. Jecklin. G. E. von Haller. Schweizerisches Münz- und Medaillen-Cabinet. (Forts.) A. Ladé. Les monnaies anonymes des comtes de Savoie. F. v. Jecklin. Ein gefälschter Bluzger des Bisthums Chur. Mélanges.

Revue philatélique suisse. Publié sous la direction de Paul Stroehlin. Prémière année. Genève 1891. 8⁰ (1136).

Rivista italiana di numismatica. Diretta da Franceso ed Ercole Gnecchi. Milano, Lodovico Felice Cogliati, 1892. Anno V, Fasc. I. Mit 3 Tafeln. Gnecchi Francesco. Appunti di numismatica Romana· XXI Contribuzioni al Corpus Numorum Lattes Elia. Postilla all' iscrizioni etrusca del Semisse Romano d'Arezzo. Gnecchi. Ercole. Appunti di numismatica Italiana. V. I Luigini di Giulia Centurioni Serra principessa di Campi VI. Un mezzo Testone die Francesco Gonzaga marchese di Castiglione. VII. Un obolo inedito di Pouzone. VIII. Uno zechino die Leone X. per Ravenna. IX. Un mezzo grosso di Paolo III. per Camerino. Gavazzi Giuseppe. Grosso inedito die Gian Galeazzo Visconti per Verona. Morsolin. Bernardo. Una medaglia di Alfonsia Orsini. Capobianchi Vincenzo. Pesi proporzionai 1 desunti dai documente della Libra Romana, Merovingia e di Carlo Magno. Tagliabue Emilio. Tariffa monetaria mesolcinese. Luppi Constantino. Vite di Illustri Numismatici Italiani. XI. Giorgio Viani. Necrologie, Bibliografia. Notizie varie.

Rondot Natalis. Les orfévres de Troyes du XII au XVIII. siècle. Paris 1892. 8⁰. (1120). Geschenk des Verfassers.

Verschiedenes.

Personalnachrichten. Se. kais. und königl. Apostol. Majestät haben Sr. Excellenz dem k. k. Minister, Herrn Dr. Gandolf Grafen Kuenburg, die Würde eines geheimen Rathes, dem Pater Hofmeister und Archivar des Stiftes Heiligenkreuz, Herrn Dr. Benedikt Gsell, das Ritterkreuz des Franz Josef-Ordens und dem k. k. Oberwardein und Vorstand des Punzierungsamtes in Graz, Herrn August Wittik, den Titel und Charakter eines Bergrathes verliehen, Herr Universitäts-Professor in Graz, Dr. Arnold von Luschin-Ebengreuth, wurde zum ordentlichen Mitgliede der kaiserl. Akademie der Wissenschaften in Wien gewählt und Herr k. und k. Kammermedailleur Anton Scharff wurde durch die Verleihung des Ordens ›Stern von Rumänien‹ ausgezeichnet.

Erinnerung an Josef v. Kolb. Unser verehrtes Mitglied, Herr Theodor Rohde, hat vor einiger Zeit der Gesellschaft für ihre Sammlungen den bereits seltenen Silber-Jeton unseres verstorbenen Mitgliedes, des Tacitus- und Florianus-Sammlers Josef v. Kolb, zum Geschenke gemacht. Der Jeton mit 31 *mm* Durchmesser zeigt im Averse das Kolb'sche Wappen in einem Dreipass, oben im Bogen IOS. SOSTH. DE KOLB mit Mönchsschrift, unten im Bogen, von dem Namen durch Kreuzchen getrennt, MDCCCLXXV, unter dem Wappen NER, von einem Schwerte durchstossen — Joh. Schwerdtner in Wien. Im Reverse in ·7 Zeilen: IMPP. — TACITO — ET — FLORIANO — AD SAEC XVI — COLL . NVM EORVM.

Werner Wippo, langjähriger Conservator des Münzcabinets des Vereines für Geschichte und Alterthumskunde Westphalens, starb nach einem in Nr. 2 des von Friedr. Tewes in Hannover herausgegebenen numismatisch-sphragistischen Anzeigers enthaltenen warmen Nachrufe des Universitätsprofessors Dr. Arnold Busson in Graz, am 21. Jänner 1892 zu Münster i. W. — ein eifriger Numismatiker und insbesondere ein ausgezeichneter Kenner des westphälischen Münzwesens.

Todesfall. Vor Kurzem starb Gustave Vallier, ein ausgezeichneter Numismatiker, von welchem wichtige und gründliche Arbeiten in der Annuaire de la société française de numismatique, Revue belge erschienen sind. Die Bibliothek der numismatischen Gesellschaft besitzt viele seiner Werke, darunter die vor Kurzem erschienene Sigillographie de l'ordre des chartreux et numismatique de Saint Bruno, welches über Veranlassung Sr. königl Hoheit des Herrn Philipp Herzog zu Coburg-Gotha herausgegeben wurde.

Die Dannenberg'sche Sammlung ist, wie bereits mitgetheilt wurde, für das königl. Museum in Berlin erworben worden. Der Kaufpreis betrug nach dem Sammler c. 60.000 Mark. Sie ist vorzüglich reich an artistischen Medaillen und Mittelaltermünzen aus den in den letzten Jahrzehnten gemachten Funden. Die Stückzahl beträgt rund 6000.

Das »Annuaire de la société française de numismatique 1891« enthält einen Aufsatz von E. Zay: »Die Belagerungsmünzen von Mantua 1799«, in welchem mitgetheilt wird, dass General Froissac-Latour während der Belagerung durch die österreichische Armee in zwei Münzstätten »La Virgilienne« und »La Spartiate« nicht allein Münzen mit den republikanischen Emblemen, sondern mit Rücksicht auf die sehr zahlreiche österreichische Partei auch solche mit dem Bilde der K. Maria Theresia prägen liess. Aus einem von der Ortsbehörde aus Anlass der Wiedereinnahme am 17. Prairial des Jahres IX. (6. Juni 1801) aufgenommenen Inventare ergibt sich, dass in dem Atelier »La Virgilienne« während der Belagerung im Jahre 1799 ausser 12.465 Stücken zu 10 Soldi und 43.200 Stücken zu 5 Soldi mit den republikanischen Abzeichen, 774.405 Stücke zu 5 Soldi und 5870 Stücke zu $^1/_2$ Soldo mit den österreich'schen Typen von 1758 und 1777 geprägt wurden, daher auch diese Stücke zu den Belagerungsmünzen gezählt werden müssen. Die beigegebenen Abbildungen zeigen die 5 Soldi-Stücke mit dem Bilde der K. Maria Theresia und im Rev.: MDLNI DVX 1758 und die $^1/_2$ Soldi-Stücke mit dem lombardischen Wappen und im Rev : MEZZO SOLDO 1777.

Raimann

Inhalt des im Druck befindlichen XXIII. Bandes der Wiener numismatischen Zeitschrift. Dr. v. Schlosser: Kleinasiatische und thrakische Münzbilder der Kaiserzeit.) — B. Pick: Inedita der Sammlung Mandl in Budapest. (Beiträge zur griechischen Numismatik der Kaiserzeit). — B. Pick: Zwei neue Medaillons von Thyateira. — Josef Hampel: Der Münzfund von Bregetio. — Dr. Friedrich Kenner: Nachtrag zum Funde von Bregetio. — Otto Voetter: Die ersten christlichen Zeichen auf römischen Münzen. — M. Bahrfeldt: Ueber die Münzen der römischen Republik in der grossherzoglich badischen Münzensammlung zu Karlsruhe. — Dr. Jos. Scholz: Bericht über meine Anzahl beim Baue des k. k. kunsthistorischen Museums ausgegrabene Münzen. — Dr. Carl Domanig: Der Fund zu Thomasberg. — Dr. Arnold Busson: Ein Münzfund im Kirchthurmknopf zu Sterzing in Tirol. — Dr. Alfred Nagl: Ueber eine Mailänder Goldmünze nach dem Typus des Venetianer Ducatens. — Eduard Fiala: Das Münzwesen des Grafen Schlick. II — Eduard Forchheimer: Der Thaler des Fürsten Carl Eusebius von Liechtenstein. — Theodor Stenzel: Seltene anhaltische Münzen und Medaillen aus der Ballenstedter Sammlung im herzoglichen Münzcabinet zu Dessau. — Dr. Friedrich Kenner: Die Münzen und Medaillen im k. k kunsthistorischen Hofmuseum. — Dr. Carl Schalk : Nationalökonomie und Numismatik in ihren Wechselbeziehungen. — Literatur. — Jahresbericht. — XI Tafeln und Textabbildungen.

Münzen- und Medaillen-Cabinet des Justizrathes Reimann zu Hannover. Die III. (letzte) Abtheilung der berühmten Sammlung gelangt unter Leitung des Unterzeichneten in Frankfurt a. M., Westendstrasse 7, am 17. October 1892 und die folgenden Tage zur Versteigerung. Der nach dem Handkatalog des Verewigten verfasste Katalog beschreibt in gleich ausführlicher Weise wie die beiden ersten Bände weitere 3000 Nummern (auf 41 Druckbogen, mit 6 Taf. Abbildungen) und ist vor der Auction à Mk. 6.— von dem beauftragten Experten zu beziehen. Eine Gratis-Ausgabe desselben erscheint nicht; nach der Auction erhöht sich der Preis dieses III. Bandes auf Mk. 10.—

Frankfurt a. M., Westendstrasse 7. *Adolf Hess.*

Am 22. October beginnend, versteigere ich die Sammlung schweizerischer und anderer Münzen und Medaillen des Herrn C. v. Hettlinger in Schwyz (aus J. C. Hettlinger's Nachlass). Ferner die brandenburgisch-preussischen Medaillen des Herrn P. M. in B., Braunschweig'sche und andere Münzen und Medaillen und eiserne Präge-Stempel des Herrn R. B. in H., und die numismatische Bibliothek des † Justizrathes Reimann zu Hannover. Katalog gratis durch den beauftragten Experten

Frankfurt a. M, Westendstrasse 7. *Adolf Hess.*

Herausgeber und verantwortlicher Redacteur: Franz Trau. — Verlag der numismatischen Gesellschaft in Wien
Druck von Kreisel & Gröger, vorm. L. W. Seidel & Sohn, in Wien

MONATSBLATT

der

numismatischen Gesellschaft in Wien.

Dieses Blatt erscheint monatlich ein Mal und wird den Mitgliedern der Gesellschaft unentgeltlich zugesendet. Preis des Jahrganges für Nichtmitglieder 1 fl. Zuschriften sind zu richten an die numismatische Gesellschaft, Wien, I., Universitätsplatz 2.

Nr. 110.	September.	1892.

Mittheilungen der Gesellschaft.

Versammlungen der numismatischen Gesellschaft mit Vorträgen und Ausstellungen finden am 19. October, 16. November und 14. December 1892 Abends 7 Uhr im grünen Saale der kais. Akademie der Wissenschaften, I., Universitätsplatz 2 statt und sind die p. t. Herren Mitglieder und Freunde der Gesellschaft höflichst eingeladen, sich an denselben zu betheiligen.

Es wird ersucht, Zuschriften und Sendungen bezüglich der Zeitschrift an Herrn Rudolf v. Höfken, Wien, XVIII., Feldgasse 35, bezüglich der Cassa und des Monatsblattes an Herrn Franz Trau, I., Wollzeile 1, alle anderen Briefe und Sendungen an die numismatische Gesellschaft, I., Universitätsplatz 2 (kais. Akademie der Wissenschaften), zu richten.

Das Bibliothekslocale der numismatischen Gesellschaft, I., Universitätsplatz 2, ist an jedem Mittwoch von 6 Uhr an geöffnet.

Die ordentlichen Mitglieder der numismatischen Gesellschaft zahlen eine einmalige Eintrittsgebühr von 2 fl., einen Jahresbeitrag von 8 fl. und erhalten die Zeitschrift und das Monatsblatt kostenfrei zugestellt. Abonnement der Zeitschrift 6 fl., des Monatsblattes (12 Nummern) 1 fl.

Ueber mehrfach geäusserten Wunsch steht Mitgliedern der numismatischen Gesellschaft die letzte Seite des Monatsblattes (Versendung 400 Exemplare) zu kurzen fachgemässen Anfragen und Ankündigungen in Notizenform kostenfrei zur Verfügung.

Ueber Papier-Kleingeld.

Von L. Clericus.

Von vielen Seiten und von den verschiedensten Standpunkten aus wird heutzutage dafür agitirt, dass für den immer mehr sich ausdehnenden internationalen Verkehr, zum Ausgleich im Einzelnen geringfügiger, aber bei oft wiederholten Anlässen doch ganz bedeutende Summen repräsentirender Zahlungs-Verpflichtungen eine neue Sorte papierener Scheidemünze geschaffen würde, die sich bequem den Correspondenzen beilegen liesse, ohne das subalterne Postbeamtenthum in besondere Versuchung zu führen, die in der ganzen Welt Geltung hätte und dem Unwesen der Verwendung von Briefmarken zu gleichem Zwecke ein Ende machte. Bei dieser Gelegenheit erscheint es nicht unangemessen zu sein, die mehrfachen Suiten ähnlicher, freilich von Privatpersonen ausgegebener und immer nur für ein beschränktes Umlaufsgebiet berechnet gewesener Aushilfezettel Revue passiren zu lassen, die nicht die uninteressantesten Specialitäten für Papiergeldsammler bilden.

Von dieser Uebersicht mögen, um Herrn Dr. Ehrenfeld, dem in dieser Beziehung reichsten und kenntnissreichsten Sammler, nicht vorzugreifen, die Nothscheine ausgeschlossen werden, welche in Kriegszeiten während der Belagerung fester Plätze von den militärischen Befehlshabern, oder bedrängten Communen zur Bestreitung der unumgänglichsten Bedürfnisse zwangsweise eingeführt wurden. Anlass zur Verausgabung von Privat-Papiergeld hat es in wirthschaftlichen Krisen genug gegeben, ein solcher Anlass kann jeden Augenblick überall eintreten. Am Ende nimmt ja jeder Bon, den ein Beamter für einen empfangenen Vorschuss in die Casse legt, den ein sonst als gut situirt und jederzeit zahlungsfähig bekannter Geschäftsmann aus Mangel an baarem Kleingelde verausgabt, den Charakter von Privat-Papiergeld an, wenn man sich dazu besonderer, graphisch bemerkenswerth ausgestatteter Formulare bedient, dieselben ausser der Unterschrift mit einem Geschäftsstempel beglaubigt und wenn solche Anweisungen im Publikum unbeanstandet weiter circulieren.

Eine erste Sorte solchen Privat-Papiergeldes habe ich in Schweden gefunden, wo z. B. 1766 die Alaunfabrik von Andrarum (Schoonen) gedruckte, mit einem Wappen verzierte Zettel von 8 Oere ausgab. Ein ebenfalls in die Kategorie der Privatemissionen fallendes Papiergeld sind die ziemlich genau den officiellen Banknoten der „General-Assembly von Pennsylvania" nachgebildeten Noten eines wohlthätigen Vereines zu Philadelphia vom Jahre 1769. Sie sind wie jene mit dem Wappen William Penn's in Holzschnitt versehen und tragen die Unterschriften ebenfalls von drei Beamten [Stephan Collins, Luko Morray (?) und James Peintre (?)]. Aus dem Texte geht hervor, dass ihre Verausgabung von der obersten Landesbehörde genehmigt wurde und dass der Inhaber vom Schatzmeister des „Vereines für Hilfe und Beschäftigung der Armen in der City von Philadelphia" die verzeichnete Summe — im vorliegenden Falle 2 Shillings — jederzeit erheben durfte. Ein gleiches Beispiel der Emittirung von Werthzetteln zu wohlthätigen Zwecken findet sich in meiner Sammlung nur noch einmal unter den Assignaten, Mandats, Billets de confiance u. s. w. und Bons der französischen Communen während der ersten Revolution (1791—1793). Auch in dieser Schreckenszeit verleugnet sich aber der französische Charakter nicht — man ging tanzen, um den Armen „ein Kilogramm geröstetes Brodes" zukommen zu lassen! der den Preis dafür repräsentirende, gedruckte Bon der Mairie de Nismes (gez.: F. Girard) trägt die Ueberschrift: Bal des Pauvres. Das daneben bei mir eingereihte Billet über 1 Sol (Sou) der Stadt Nismes, von starkem, fast pappartigem Papier, ist weit das hübscheste der ganzen revolutionären Suite, da es mit dem eigenartigen Wappen der alten Stadt, dem an einer Palme angeketteten Krokodil, verziert ist. Die übrigen, sehr zahlreichen Aushilfszettel der Communen, Mairien, Municipalitäten, patriotischen Cassen etc. — ich habe zur Zeit deren erst 60 vertreten — zeigen dagegen durchschnittlich ein ziemlich nüchternes Gepräge und beweisen, wie schnell in schwerer Noth auch der Geschmack verarmt. Interessant sind noch am meisten die Papiergelder von St. Maixent, zu deren Herstellung entweder gleich ursprünglich die Rückseiten von Spielkarten mit den betreffenden Werthangaben bedruckt wurden, oder aber welche während ihres Umlaufes einen bezeichnenden Werthschätzungsstempel dadurch erhielten, dass man umgekehrt die leer gebliebenen Reverse der Bons mit den Spielkarten-Typen versah.

(Fortsetzung folgt.)

Concurs-Ausschreibung.

Bei dem k. k. Hauptmünzamte in Wien ist die Stelle eines Graveur-Eleven mit einem Adjutum jährlicher sechshundert (600 fl.) Gulden an einen sich dem Münz- und Medaillenfache widmenden Künstler zu vergeben.

Bewerber um diese Stelle, welche von gesunder Körperconstitution, nicht über 30 Jahre alt und ledig sein müssen, haben ihre mit den Beweisen über die mit Erfolg gemachten Studien im Medaillenfache durch figuralische Gravirungen, Modellirungen und Studien nach der Natur belegten Gesuche, in welchen ausserdem das Alter und das bürgerliche Wohlverhalten nachgewiesen sein muss, bis längstens 1. October d. J. bei der Direction des k. k. Hauptmünzamtes einzubringen.

Die zur Bewerbung befähigten Gesuchsteller werden zu einer Preisarbeit zugelassen, welche darin besteht, einen für alle Concurrenten gleich gewählten Kopf nach der Natur in der k. k. Hauptmünzamts-Graveur-Akademie unter Ueberwachung in einem ihnen bekannt gegebenen Zeitraume zu modelliren.

Demjenigen, welcher diese Aufgabe am befriedigendsten löset, wird die Graveur-Eleven-Stelle provisorisch zuerkannt, die definitive Aufnahme in den Staatsdienst kann jedoch erst dann stattfinden, wenn der Betreffende ausreichende Beweise seines Talentes und seiner Verwendbarkeit gegeben haben wird.

K. k. Hauptmünzamt Wien, am 25. August 1892.

Der Münzfund von Monnetier.

Beim Graben eines Tunnels auf der electrischen Linie Veyrier — Monnetier fanden die Arbeiter ein Gefäss (Topf) enthaltend alte Münzen, auf welche die Leute anfangs wenig achteten und die sie für einige Centimes weggaben.

Diese Münzen von der Größe eines Fünf Centimes-Stücks rühren von dem Genfer Bischof Friedrich (1020—1073 nach Mocyer). Von diesem Bischof war nur eine Münze bisher bekannt, welche als eine Kostbarkeit im Genfer Münzcabinet verwahrt wurde. Der Monnetierfund enthielt nach verschiedenen Angaben 1500 und gar 4000 Stück. Es sind zwei Haupttypen vorhanden, nämlich:

1. mit dem Namen Fridericus und 2. mit dem St. Petrus-Kopf.

Ich beschreibe die beiden in meinen Besitz gelangten Stücke folgendermassen.

1. Hs. † FRIDERICVS EPS mit einem inneren Perlenkreise. Im Felde ein gleichschenkeliges Krückenkreuz.

R. † GENEVA CIVITAS ohne inneren Kreis. Im Felde der carolingische Tempel mit vier Säulen auf zwei Stufen. Im Giebel-Durchmesser 17 Mm. Gew. 1·140 Mgr.

2. Hs. † SCS PETRVS mit einem feinen inneren Kreise. Im Felde der Kopf des heiligen Petrus im Profil nach Links.

R. † GENEVA CIVITAS mit einem inneren Perlenkreise. Im Felde ein gleichschenkeliges Krückenkreuz mit einem viereckigen Punkte in jedem Winkel. Durchmesser 17 Mm. Gw. 1·300 Mgr. Von dem ersten Typus sind mehr als 50 Varianten bekannt, von dem zweiten mehr als 30. Auf einem Exemplar vom ersten Typus steht rückwärts geschrieben SVOIЯƎCIЯℲ.

Beide Exemplare sind sehr scharf erhalten und haben nicht coursirt.

Lausanne, den 24. August 1892.   Dr. C. F. Trachsel.

Münzen (Pfenninge) aus einem Münzfunde, der um 1300 vergraben worden sein dürfte.

Im historischen Museum der Stadt Wien fand ich bei meinem Amtsantritt separat aufgehoben 125 Stücke Silberpfenninge in ungereinigtem Zustande, stark von Grünspan überzogen. An einem derselben hafteten ausserdem Fasern eines rohen Gewebes. Gereinigt untersuchte ich dieselben, wobei ich mich der Beihilfe des Herrn Oberlandesgerichtsrathes Dr. von Raimann, des wohlwollenden treuen Gönners und Förderers unseres Museums erfreute. Das Gesammtgewicht betrug 75·22 Gramm. Die Typen des Fundes bilden den Grundstock der Sammlung älterer Typen daselbst. Da ich über dessen Provenienz nichts erfahren konnte, bezeichnete ich ihn mit Ä. Pf. (Älterer Pfenningfund). Der Fund zeigte folgende Zusammensetzung:

I. Münzstätte Wien aus der Zeit Ottokars 1251—76 (auf Grund der Tabelle von Luschin Num. Zeitschrift 16, 480—484).

1	Luschin Nr. 11	Abb. Nr. 8	Pfenning 3 Stücke	Dm. —		Ges.-Gewicht	1·955 Gramm
2	„ „ 13	„ „ 43	„ 2 „	„ —		„	0·88 „
3	„ „ 17	„ „ 51	„ 2 „	„ 15 Mm. 1 Stück			0·67 „
4	„ „ 26	„ „ 56	„ 3 „	„ 15 „	{2 Stücke (a u. b) 1·15 — / 1 Stück (c)		0·67 „
5	„ „ 36	„ „ 65	„ 1 „	„ 13·5 1 „			0·71 „
5a	„ „ 36	„ „ 65 Halbling 1	„ „ 13·5 „ 1 „				0·48 „
6	„ „ 38	„ „ 64 Pfenning 1	„ „ 16.- „ „ „				0·69 „
7	„ „ 47	„ „ 68	„ 3 „	„ — „ Ges.-Gew. v. 2 St. (a u. b)		1·02 „
8	„ „ 52	„ „ 70	„ 1 „	„ 13.- „ „ „			0·64 „
9	„ „ 98	„ „ 97 Halbling 1	„ „ 14.- „ „ „				0·23 „
10	„ „ 101	„ „ 98 Pfenning 2	„ „ 15.- „ Ges.-Gew.			1·25 „
11	„ „ 117	„ „ 17	„ 3 „	„ — „ „		2·07 „
11a	Variante zu 117	„ „ 27	„ [?] 1	„ „ 14·5 „ „			0·43 „
12	„ 139	„ „ 117	„ 2 „	„ 13·- „ Gew. 1 St. (a)		0·58 „
13	„ 141	„ „ 118	„ 1 „	„ 15.- „ „		0·6 „

Summe 13 Typen mit 27 Stücken.

II. Nicht näher zu bestimmende österr. Münzstätten aus dem Ende des 13. und dem Anfange des 14. Jahrhunderts.

1. Hauptgruppe a)

14	Luschin Nr. 3	Abb. Nr. 42	Pfenning 5 Stücke	Dm. —		Ges.-Gew. v. 3 St.	1·97 Gr.
15	„ „ 19	„ „ 52	„ 2 „	„ 15/14 Mm.		„ 2 „	1·05 „
16	„ „ 20	„ „ 137	„ 1 „	„ 14 „	{Gew. v. (a b) 2 „	0·5 „
17	„ „ 24	„ „ 55	„ 5 „	„ 16 „	{ „ „ (c) 1 „	1·35 0·65 „
18	„ „ 49	„ „ 69	„ 1 „	„ 14 „	. . . .	0·61 „
19	„ „ 55	„ „ 72	„ 1 „	„ 14 „	. . . . . .	0·67 „
20	„ „ 58	„ „ 73	„ 11 „	„ — „	. . . . . .	7·01 „
21	„ „ 64	„ „ 77	„ 1 „	„ 14 „	. . . . . .	0·7 „
22	„ „ 66	„ „ 78	„ 2 „	„ — „	Ges.-Gew.	1·05 „
23	„ „ 70	„ „ 81	„ 1 „	„ 15 „	. . . . . .	0·62 „
24	„ „ 71	„ „ 153 Halbl.[?] 1	„ „ 14·5 „		. . . . . .	0·53 „
25	„ „ 87	„ „ 37 Pfenning 2	„ „ — „		Ges.-Gew. . . .	1·15 „
26	„ „ 91	„ „ 39	„ 5 „	„ — „	. . . . . .	3·15 „
26a	„ „ 91	„ „ 39 Halbling 1	„ „ — „		. . . . . .	0·53 „
27	„ „ 110	„ „ 12 Pfenning 2	„ Dm. 15 Mm.		. . . .	1·33 „

28 Luschin Nr. 112 Abb. Nr. 100 Pfenning 12 Stücke Dm. — Mm. . . . . 7·08 „
29 „ „ 114 „ „ 102 „ 1 „ „ 15 „ . . . . 0·56 „
30 „ „ 119 „ „ 21 „ 3 „ „ 14 „ 1 Stück (a) . . . 0·55 „
31 „ „ 127 „ „ 119 Halbling 1 „ „ 12 „ . . . . 0·3 „
32 „ . „ 128 „ „ 35 Pfenning 4 „ „ — „ 3 Stück (a, b, c) . 1·58 „
33 . „ „ 135 „ „ 112 „ 11 „ . . . . Ges.-Gew. . . . 7·33 „
34 „ „ 137 „ „ 114 „ 4 „ . . . . . . „ . . . 2·23 „

Summe 21 Typen mit 77 Stücken.

2. Hauptgruppe b)

35 Luschin 143. Abb. 120. Pfenn. 1 Stück Dm.: 15 Mm. . . . . . . Gew.: 0·64 Gr.

3. Ausser der Gruppeneintheilung

36 Luschin Num. Z. 16, 83 N. III Pf. 1 Stück Dm.: 16 Mm. . . . . . Gew.: 0·59 Gr.

III. Fremde ausländische Münzstätten.

37 Heinrich I. v. Niederbayern 1253—90 Beierlein Nr. 24, 2 St. Dm. $^{15}/_{14}$ Mm. G.-Gew. 1·13 Gr.
38 Rudolf I. v. Oberbayern 1294—1317 gemeinsam mit Ludwig dem Bayer 1294—1347
Beierlein Nr. 41, 3 St. Dm. $^{16}/_{15}$ Mm. G.-G. 1·6 Gr.
39 Rudolf I. v. Oberbayern 1294—1317 Beierl. Nr. 39, 3 „ „ $^{16}/_{15}$ „ „ 1·62 „
40 Bayer.-Gepräge Luschin Nr. 261, Abb. Nr. 250, 3 „ „ 15 „ „ 1·89 „
41 „ „ „ 244, „ „ 240, 1 „ „ $^{15}/_{14}$ „ „ 0·6 „
42 „ „ (Hirschkopf) Luschin (Mitth. d. Ctr.-Comm. 1877, (XLIII Nr. XXV)
1 Dm. $^{16}/_{15}$ Mm. Gew. 0·73 Gr.
43 Passauer Gepräge Luschin W. Pf. Nr. 263, Abb. Nr. 247 4 „ $^{16}/_{14}$ „ G.-G. 2·03 „

Summe 7 Typen mit 17 Stücken.

Da 2 Schrötlinge ihrem Gepräge nach nicht kenntlich waren, verteilen sich die 125 Pfenninge auf 43 Typen.

Zeitmünzen sind wohl die bayerischen Nr. 37, 38 und 39 und habe ich auf Grund derselben die Vergrabungszeit um das Jahr 1300 verlegt.

Wien, im Jänner 1891. K. Schalk.

- - - - - - - -

Museen.

Für das Museum der Eremitage zu St. Petersburg wurde laut Mittheilung der Revue numismatique die mehr als 2000 Stücke enthaltende Sammlung orientalischer Münzen des Generals Komarof, früheren Gouverneurs von Turkestan, angekauft. Hervorzuheben sind: 4 unedirte Sassanidenmünzen in Gold (1 von Hormuz d. II, 3 von Sapor II.), ein Dinar von Nasr I. ben Ali, ein Dinar Kharezmi de Tamerlan, ein Dinar von Abdallah ben Khazim. W. Tiesenhausen hat mehrere der Münzen in der Revue numismatique 1892 beschrieben.

- - - - - - - -

Numismatische Seltenheiten.

Wolfgang Graf zu Montfort gest. 1540. Breitgroschen 1536, WOLFG: COM. DE. MONTFORT Wappen dar: 1536 R.: CAROL. V. IMPERATOR D'adler. K. Münz-Cab. München.

Johann Graf zu Montfort, Bruder des vor. gest. 1547. Thaler 1539. IOHAN + COMES + IN + MONTFORT + ET + ROTHENFEL Brustbild v. l. S., daneben: 15—39 R. FIA — T + VO — LVNTA -- S DOMIÑ — + dazwischen gleichmässig vertheilt vier Wappenschildchen. Im Felde: St. Johannes der Täufer, zu dessen Füssen das Lamm mit der Fahne. Ein kostbares Gepräge im K. Münz-Cab. München.

Johann Rudolf von Leiningen, geb. 21. Juli 1594. Ovale Medaille mit dem Brustbilde des Kurfürsten Friedrich IV. von der Pfalz u. mit Umschrift (zu Exter

I, 67) auf deren glatten Rückseite eingravirt: IOHAN/RUDOLFF VON/LEININGEN. NA/ TVS. 21. IVLII/ANNO. 94. EX/DONO HEINRICI/TRIGELII. P./ (Arabeske). Silber in einem Kordelreif gefasst. Im Cabinet des Herrn Max von Wilmersdoerffer in München.

Ob diese zweifellos zu einem Pathengeschenke benützte Medaille dem gräflichen Hanse Leiningen oder einer zu Leiningen gebürtigen Privatperson namens Johann Rudolff angehört, vermögen wir nicht zu entscheiden. In Brinckmeiers geneal. Geschichte ist ein Graf von Leiningen dieses Namens nicht zu finden. Immerhin ist es möglich, dass der junge Sprössling, dem die Medaille gegolten hat, sehr frühzeitig gestorben ist und demzufolge in den Stammtafeln des vielgliedrigen gräflichen Hauses keine Aufnahme gefunden hätte.

Maximilian I. von Bayern, seit 1623 Kurfürst, gestorben 1651. Pfenning einseitig, Im Strichelkreis die Schilde von Pfalz (rechts) und Bayern (links) unten dazwischen der Reichsapfel. Oben quer: M. P. C. In Sammlung des Herrn Landger.-Director Fr. Bardt in Frankfurt a. Oder, dem ich Anzeige und Stanniolabdruck verdanke.

Die oberpfälzischen Münzen Maximilian I. erhalten durch diesen Pfenning einen neuen Beitrag. Die Münze ist genau den Dreipfennigen u. Pfennigen mit M. D. E. (Maximilianus Dux Elector) nachgebildet (Kull die oberpfälzischen Münzen Nr. 232 bis 33, 244—46) oder diese jenem Stücke mit den Buchstaben M. P. C., welche wir nur mit M(aximilianus) P(alatinus) C(omes) oder deutsch gelesen mit »Maximilian Pfalzgraf, Churfürst« zu erklären vermögen. Wir geben der ersteren Lesart den Vorzug und möchten den Pfenning am liebsten nach Heidelberg verweisen, wenn der Strichelkreis dazu kein Hinderniss böte.

München.   J. V. Kull

Literatur.
Für die Bibliothek eingelangte Werke.

Anzeiger, numismatisch-sphragistischer. Herausgegeben von Friedrich **Tewes** in Hannover. Nr. 8. Th. **Stenzel**: Der Münzfund von Gross-Salze. Fortsetzung **Elkan.** Zwei Kipper-Doppelschillinge Friedrich Ulrich's von Braunschweig-Lüneburg. Reinhard **Schmidt.** Anfrage. (Medaille auf die Einführung des verbesserten Kalenders für das evangelische Deutschland. 1700). Münzfunde. Auctionsnachrichten.

Berliner Münzblätter. Zeitschrift für Verbreitung der Münzkunde. Herausgegeben von Adolf **Weyl.** N. 142—143. **Menadier.** Die Goslarer Pfennige des 12. Jahrhunderts. Emil **Bahrfeld.** Nicht Teschen sondern Goslar. Inhaltsverzeichniss der Medaillen aus der Duisburg'schen Sammlung. N. 144. H. **Dannenberg.** Münzgeschichte Pommerns. **Menadier.** Gittelder Johannispfennige.

Blätter für Münzfreunde. Correspondenzblatt des Deutschen Münzforscher-Vereins und Vereinsorgan der numismatischen Gesellschaft zu Dresden. Herausgegeben von Jul. **Erbstein.** 28. Jahrgang, N. 182. J. **Erbstein.** Die Denkmünze auf den Besuch Sr. Majestät des Königs Albert von Sachsen in der königl. Münzstätte Muldner Hütte am 16. Juli 1892. Dr. **Burkhardt.** Die Münzen und Medaillen des Herzogs Ernst August von Sachsen-Weimar. 1731—1748. Der Medailleur Jakob Friedrich **Aberli.** Münzfunde. Neue Medaillen. Numismatische Abhandlungen und Aufsätze in Werken und Zeitschriften vermischten Inhalts.

Blanchet J. Adrien. Nouveau manuel de numismatique du moyen age et moderne. Encyclopédie Rovet. Mit Atlas. Paris, 1890. 8° (1166).

Heiss, Alois. Le médailleurs de la Renaissance. Paris. 8° Extrait de la Revue archéologique, Mars 1884. (1153.)

Milani, Luigi A. Vittore Pisano (detto Pisanello). Verona 1881. Fol. Estratto dalla protomoteca veronese di G. Sartori. Fasc. XXII (898) Geschenk des Verfassers.

Mittheilungen des Clubs der Münz- und Medaillenfreunde in Wien. Redig. von Josef Nentwich. N. 27. Die Medaillen aus der Regierungszeit Sr. Majestät des Kaisers Franz Josef I. Otto Voetter. Reisebrief aus dem Orient. A. v. Loehr. Geldzeichen, Jetons, Gedächtnissmünzen und Medaillen von und für Eisenbahnen. Neue Prägungen. Miscellen. Bibl. Rundschau. Clubnachrichten.

Monatsblatt des Alterthumsvereines in Wien. III. Bd. N. 9.

Revue Numismatique dirigée par Anatole de Barthélemy, Gustav Schlumberger, Ernest Babelon. Trois. Serie, Tome dixième. Trois. Trimestre 1892. Paris. Mit 12 Tafeln. Marquis de Vogué. Note sur quelques monnaies des rois d'Édesse. Jean Svoronos. Monnaie inédite de la Cyrénaïque au type d'Éros. E. de Villaret. Numismatique japonaise. Moïse Schwab. Médailles et amulettes à légendes hébraïques conservées un Cabinet des Médailles. Natalis Rondot. Les graveurs de la monnaie de Troyes du XIIᵉ au XVIIIᵉ siècle. Ernest Babelon. Les monnaies de satrapes dans l'empire des Perses Achémenides. Jules Rouyer. Théophraste Renaudot. Rectification biographique à propos d'un jeton et description de quelques autres jetons parisiens. Chronique, Nécrologie, Bulletin bibliographique.

Ryszard, Antoni. Monety z alchemicznego złota, ślady bicia takowych w. Polsce oraz Recepta na pomnażanie złota i bicie zeń dukatów. W. Krakowie Fr. Kluczykiego, 1892. 8⁰ (1158.)

Sammler, der. Herausgegeben von Dr. Hans Brendicke. Berlin. XIV. 10 und 11.

Stark. Drei Denkmünzen Philipp II. 8⁰. In den Monatsblättern der Gesellschaft der Pommerschen Geschichte und Alterthumskunde. N. 2, 1889. (1155.)

Stark. Georg I. und Barnim XI. als Münzherren. 8⁰. In den Monatsblättern der Gesellschaft für Pommersche Geschichte und Alterthumskunde 1889. N. 8. (1154.)

Schimmelfennig, v. Die Einführung des Papiergeldes in Preußen. 8⁰. Sonder-Abdruck aus „Der Sammler" Berlin. 1888. (1157.)

Schwalbach. C. Die neuesten deutschen Thaler, Doppelthaler und Doppelgulden. Mit 3 Lichtdrucktafeln. Leipzig. Zschiesche & Köder. 1892. 4⁰. 4. vermehrte Auflage. (1117). Geschenk der Firma Zschiesche & Köder.

Trachsel C. F. Expertise d'un tableau original inédit peint en France par Léonard de Vinci au point de vue de l'estétique. 8⁰ (1144). Geschenk des Verfassers.

Viestnik hrvatskoga arkeologičkoga družtva. Zagrebu, 1892. 8⁰ XIV. 2 u. 3.

Witte, Alphonse de. Trouvaille de Beverent. Six mille deniers flamands et allemands du XIIᵉ siècle. Mit 1 Tafel. Bruxelles, J. Goemaere, 1892. Extrait de la Revue belge numismatique (1142). Geschenk des Verfassers.

Deux jetons a l'effigie de Don Carlos fils de Philippp II. roi d'Espagne. Paris, 1891. Extrait de l'Annuaire de la Société de Numismatique (1124).

Zeitschrift der Deutschen morgenländischen Gesellschaft. Leipzig, 1891. 8⁰ 45. Band, 4. Heft. 46. Bd. 1. Heft.

Zeitschrift, numismatische, herausgegeben von der numismatischen Gesellschaft in Wien. 1891. XXIII. Band, 392 S. Mit 8 Tafeln und 20 Textabbildungen. Dr. J. v. Schlosser. Kleinasiatische und thrakische Münzbilder der Kaiserzeit. B. Pick. Inedita der Sammlung Mandl in Budapest. B. Pick. Zwei neue Medaillons von Thyateira. Dr. J. Hampel. Ein Münzfund aus Bregetio. Dr. F. Kenner. Nachtrag zu dem Münzfunde aus Bregetio. M. Bahrfeldt. Ueber die Münzen der römischen Republik in der grossherzoglich badischen Münzsammlung zu Karlsruhe. Dr. J. Scholz. Bericht über eine Anzahl beim Baue des kunsthistorischen Hof-Museums ausgegrabener Münzen. Dr. K. Domanig. Der Fund zu Thomasberg. Dr. A. Nagl. Zum Werthverhältniss zwischen Gold und Silber im 14. Jahrhundert. Dr. A. Nagl. Ueber die Mailänder Goldmünze nach dem Typus des Venetianer Dukatens. Dr. Arnold Busson. Ein Münzfund im Kirchthurmknopf zu Sterzing in Tirol. Eduard Fiala. Das Münzwesen der Grafen Schlick II. E. Forchheimer. Der Thaler des Fürsten Karl Eusebius von Liechtenstein. Th. Stenzel. Seltene Anhaltische Münzen und Medaillen aus der Ballenstedter Sammlung im herzoglichen Münz-Kabinet zu Dessau. Dr. F. Kenner. Die Münzen und Medaillen im k. k. kunsthistorischen Hof-Museum. Dr. K. Schalk. National-Oekonomie und Numismatik in ihren Wechselbeziehungen. Literatur. Jahresbericht.

Verschiedenes.

Die Münzen von 1805—1809 mit D wurden bisher allgemein Graz zugeschrieben, obzwar man darüber in Zweifel war, wo sie geprägt worden seien, da ja die steirische Münzstätte schon unter Maria Theresia in den Siebziger-Jahren aufgehoben wurde. Es ist mir nun gelungen den Prägeort dieser Ducaten und Zwanziger mit dem Münzbuchstaben D zu ermitteln. Den Sammlern österreichischer Münzen diene vorläufig zur Kenntnis, dass jenes D das **k. k. Münzamt Salzburg** bedeutet. Da ich über meine Entdeckung in einer der nächsten Versammlungen der numismatischen Gesellschaft ausführlich zu sprechen beabsichtige, so wird sich die Gelegenheit bieten in einer späteren Nummer des Monatsblattes den Beweis für meine Behauptung zu erbringen.   *Ernst.*

Wiener Raitpfenninge. Bekanntlich hat die Stadt Wien erst im Jahre 1571 einen Raitpfenning, zu welchem Nicolaus Engel den Stempel geschnitten hat, in eigener Regie herstellen lassen; jenes bekannte Stück, das beispielsweise auch im historischen Museum der Stadt Wien Abth. III, Nr. 328 und Nr. 329 ausgestellt ist. In den städtischen Aemtern bediente man sich aber schon im Mittelalter der Raitpfeninge, wie folgende Stelle aus der Kammeramts-R. d. J. 1486 Folio 58a beweist: »Item dem Remenn umb LX raitpfening in die Stewrstuben   L d.«

Es können diese nur sehr werthlosen und in Massen erzeugten Producte, wohl Nürnberger gewesen sein, da ein Stück weniger als einen Pfenning kostete.   *K. Schalk.*

Berichtigung. Von dem Referenten N. werden wir ersucht zu berichtigen, dass es auf Seite 344 des oben erschienenen Bandes XXIII der Numismatischen Zeitschrift, in Zeile 10 von oben anstatt 0·875 (Ansatz für 21 Karat) heissen muss: 0·96875.

Die Münz-Auction Rostron in London hatte nach dem Berliner Sammler schöne Preise erzielt: Karl I., 1 Shilling, 1643 mit ungewöhnlicher Kehrseite 29 L., eine Goldkrone 1662, 112 L. Silberkrone 1662, Probesatz 28 L. 10 S., ein 5 Guineen-Stück 1686, 14 L. 5 S., ein 2 Guineen-Stück 1687 38 L., 1 Penny, Probesatz 1714, mit Büste der Königin auf beiden Seiten 15 L. Ein Farthiny, Probesatz, Georg I. 21 L. 5 Guineen-Stück, Probesatz, 1770, nach Tauner, 75 L., ein 5 Pfundstück 1820, nach Pistrucci, Probesatz 63 L. Der Katalog Durant, 1847, mit Randbemerkungen von Dymoik, Bergne u. A. wurden mit 360 Mark bezahlt.

Herausgeber und verantwortlicher Redacteur: Franz Trau. — Verlag der numismatischen Gesellschaft in Wien.
Druck von Kreisel & Gröger, vorm L. W. Seidel & Sohn, in Wien

MONATSBLATT ·

der

numismatischen Gesellschaft in Wien.

Dieses Blatt erscheint monatlich ein Mal und wird den Mitgliedern der Gesellschaft
unentgeltlich zugesendet. Preis des Jahrganges für Nichtmitglieder 1 fl. Zuschriften
sind zu richten an die numismatische Gesellschaft, Wien. I., Universitätsplatz 2.

Nr. 111.	October.	1892.

Mittheilungen der Gesellschaft.

Einladung

zu der

am Mittwoch den 19. October 1892, Abends 7 Uhr

im grünen Saale der kais. Akademie der Wissenschaften (I., Universitätsplatz 2)

stattfindenden

4. ordentlichen Versammlung.

Programm:

1. Mittheilung von Einläufen und Geschenken. — 2. Vortrag des Herrn Hof- und Gerichts-
advocaten Dr. Alfred Nagl: Ueber die Contierungen der Goldwährung im Mittelalter. —
3. Herr Ingenieur Arthur v. Mises: Medaillen Galiziens.
Ausstellung von galizischen Medaillen aus der Sammlung des Herrn Arthur v. Mises.
Gäste willkommen.

Versammlungen der numismatischen Gesellschaft mit Vorträgen und Ausstellungen
finden am 19. October, 16. November und 14. December 1892 Abends 7 Uhr im grünen
Saale der kais. Akademie der Wissenschaften, I., Universitätsplatz 2 statt und sind die
p. t. Herren Mitglieder und Freunde der Gesellschaft höflichst eingeladen, sich an denselben zu betheiligen.

Es wird ersucht, Zuschriften und Sendungen bezüglich der Zeitschrift an Herrn
Rudolf v. Höfken, Wien, XVIII., Feldgasse 35, bezüglich der Cassa und des Monatsblattes
an Herrn Franz Trau, I., Wollzeile 1, alle anderen Briefe und Sendungen an die numismatische Gesellschaft, I., Universitätsplatz 2 (kais. Akademie der Wissenschaften), zu richten.

Das Bibliothekslocale der numismatischen Gesellschaft, I., Universitätsplatz 2, ist
an jedem Mittwoch von 6 Uhr an geöffnet.

Die ordentlichen Mitglieder der numismatischen Gesellschaft zahlen eine einmalige Eintrittsgebühr von 2 fl., einen Jahresbeitrag von 8 fl. und erhalten die Zeitschrift und das
Monatsblatt kostenfrei zugestellt. Abonnement der Zeitschrift 6 fl., des Monatsblattes
(12 Nummern) 1 fl.

Ueber mehrfach geäusserten Wunsch steht Mitgliedern der numismatischen
Gesellschaft die letzte Seite des Monatsblattes (Versendung 400 Exemplare) zu kurzen
fachgemässen Anfragen und Ankündigungen in Notizenform kostenfrei zur Verfügung.

Ueber Papier-Kleingeld.

Von L. Clericus.

(Schluss.)

Die in der Zeitfolge nächsten Privat-Aushilfszettel sind jene interessanten Anweisungen auf die gräflich Esterhazy'sche Rentamts-Casse zu Dorda (bei Essegg in Ungarn) aus dem Jahre 1811, von denen erst kürzlich eine kleine Anzahl, über 30 und 15 Kreuzer lautend, als vergessene Lesezeichen in einer alten Bibel entdeckt wurde. Wie drastisch illustriren diese grünen und gelben Kreuzer-Zettel des vor dem Aufschiessen der modernen Plutokratie notorisch als eines der allerreichsten bekannten Hauses Esterhazy die damalige financielle Zerrüttung des österreichisch-ungarischen Staates! Jedenfalls ist dagegen die Scheidemünz-Calamität, die ungefähr 35 Jahre später in Böhmen, Mähren und den angrenzenden Provinzen die ungeheuerlichste Papier-Kleingeld-Fabrikation hervorrief, wie sie kaum jemals anderswo stattgefunden hat, eine harmlosere Nothstandszeit gewesen. Die nahezu 900 verschiedenen Kreuzerscheine, welche die Donebauer'sche Sammlung in Prag umfasste, mögen vielleicht noch nicht einmal vollständig die ganze Summe dieser seltsamen Umlaufswerthe repräsentirt haben. Denn die meisten derselben gleichen den Eintagsfliegen, deren Species nur die fleissigsten und glücklichst operirenden Sammler zu fixiren im Stande sind. Ich habe derselben erst etwa 220 aufgespiesst, sehne mich aber auch gar nicht nach zu massenhafter Bereicherung auf diesem Gebiete, da die lithographische Herstellungsmethode Ende der vierziger Jahre durchschnittlich eine so öde ist, dass man keine rechte Freude an den bunten Zettelchen hat. Im Allgemeinen zerfallen sie auch in zwei sehr voneinander abstechende Sorten, in solche, die durch schnelle Abnützung im ärmlichsten Kleinverkehr ein überaus schmutziges Aussehen bekommen haben, und in noch gar nicht in den Verkehr gebracht gewesene, unausgefertigte Formulare, welche wiederum völlig der „papierenen Patina" entbehren, die als ein Kennzeichen der Echtheit aufgefasst werden muss. Erheiternde Lichtblicke in dieser Ueberproductionswüste bringen einzelne Papiere, wie beispielsweise die nur geschriebenen und abgestempelten, unorthographischen und unkalligraphischen „Solawechsel" eines Weinschänkers in Nachod, und die mit dem für Fremde so drollig klingenden Firmanamen Löbl. Rindskopf. Interessant war mir auch eine allerneueste Erwerbung, des Zwanzigkreuzer-Scheines einer Firma in Wiesen, der zwar undatirt ist, aber — wahrscheinlich in Leipzig — offenbar erst neuerdings mit allem Raffinement modernster Guillochir- und mikroskopisch arbeitender Gravirmaschinen hergestellt, so dass man zu der Annahme berechtigt ist, dass diese Aushilfezettel auch heutzutage noch hie und da im Umlaufe seien. Immerhin ist es bedauerlich, dass gerade bei den Versteigerungen von Papiergeldsammlungen eine sehr überflüssige Geheimnisskrämerei im Schwange ist. Ich habe bisher nicht erfahren können, ob die Donebauer'sche Sammlung in Frankfurt a. M. im Ganzen verkauft worden ist und an wen (an ein öffentliches Institut?), oder ob sie wieder in zahllose kleine Partikel verzettelt wurde, deren Einzelbesitzer vielleicht nicht in der Lage und willens sind, ihre Sammlungen zu einem Alles umfassenden Bilde der Privat-Papiergeldwirthschaft von 1848|49 abzurunden.

Noch störender macht sich diese Geheimnisskrämerei in Bezug auf die polnischen Privat-Zahlanweisungen fühlbar. Die Hauptinteressenten an derselben sind weniger im alten Lande ansässige Patrioten, die freilich ihre guten Gründe haben mögen, nicht als pietätsvolle Sammler jener einzigen Zeugen von revolutionären Epochen bekannt zu werden, als im Auslande lebende Emigranten. Aber eben dieser Umstand bietet eine überaus schwache Garantie dafür, dass die Resultate ihres löblichen Sammeleifers dereinst nicht völlig verloren gehen. Gerade wenn es ihnen Ernst ist mit dem Wunsche, dass auch diese eigenartigen Belege für die jüngste Geschichte ihrer Nationalität der Nachwelt aufgehoben werden sollen, so thäten sie wohl daran, sich und ihre discreten

Ankaufsaufträge nicht so ganz mit dem Schleier des Geheimnisses zu verhüllen, sondern mit Gleichgesinnten in Verbindung zu treten zum Austausche und zur Ergänzung der Lücken. Der politische Zollgraben und der blaue Strich auf den Landkarten scheidet niemals die gesellschaftlichen Kreise benachbarter Völkerschaften haarscharf, sondern in mehr oder minder breiten Zonen, ebenso im Osten, wie im Westen, im Norden, wie im Süden, existiren Ueber- gangsschichten, die mit dem eigenen Patriotismus gerechte Sympathien für ihre Nachbarn zu vereinigen im Stande sind. Als geborenen Westpreussen interessiren mich zum Beispiel die polnischen Werthpapiere ganz ungemein, die, mit der Dictatur Kosciuczko's anhebend, das Herzogthum Warschau, das russische Königreich Polen, die Insurrectionen von 1830/31, 1848 und 1863 u. s. w. in drastischer Gestalt im Bilde vorführen und eine eigenartige Illustration der letzthundertjährigen Geschichte der ehemaligen Republik geben. Während aber die Kosciuszko-Noten ziemlich leicht zu erhalten sind, gehören die kleinen Aushilfszettel Privater aus dem Jahre 1863 schon zu den Seltenheiten. Ich habe deren kaum ein halbes Dutzend erst auftreiben können und daher lebhaft bedauert, dass auf einer neuerlichen Papier- geld-Auction in Berlin eine ganze Menge dieser interessanten Ephemeriden wieder spurlos verschwunden ist. Das heisst, ich bedauere nicht, dass ein Mehrbietender sie erworben hat, sondern dass derselbe ungreifbar ist, dass man von ihm nicht einmal die mitgekauften, ihm gleichgiltigen Doubletten eintauschen darf. Denn nicht, wie in Böhmen 1848/49, einzelne Hôteliers, Specereihändler, Kattunfabrikanten und andere Gewerbetreibende, sondern meist grössere Associationen von Landwirthen „im Gouvernement Kalisch", „im Weichselgebiete von Lublin und Sandomir", „von Posthaltern der Chausséen in Siwadz" u. s. w. schienen 1863 in Polen die Beschaffung von Zwischenwerthen nach Unsichtbarwerdung des staatlichen Metallgeldes in die Hände genommen zu haben und diesen Zuständen weiter nachspüren zu können, bietet eben ein besonderes Interesse. Wie sich nichts in der Welt so leicht ganz genau wiederholt, so sind auch die polnischen Papiergeld-Verausgaber zuweilen auf ganz ungewöhnliche Mittel verfallen, um ihre Zahlanweisungen trotz aller Einfachheit und Billigkeit der Herstellung vor Fälschung zu sichern. Beispielsweise hat der Besitzer einer Herrschaft die Seiten eines alten Wirthschaftsbuches in zwei Hälften zerschnitten und quer über die alte Schrift, die jederzeit an ihrer Stelle wieder angepasst werden kann, den neuen Text lithographiren lassen, der die Zettelabschnitte zu Werthpapieren stempelt. Das sieht zwar nicht sehr schön aus, mag aber einmal praktisch gewesen sein. — Die Obligationen der Pariser „Nationalen Regierung von Polen", welche dieselbe 1863 emittirte, gehören aller- dings nicht ganz hierher, weil sie alle über höhere Beträge bis zu 10.000 Gulden, aus- gestellt sind, da ich aber glücklicherweise kürzlich in den Besitz einer Suite derselben gelangt bin, so kann ich nicht unterlassen, zu erwähnen, dass diese Papiere überaus hübsch, fast künstlerisch schön ausgestattet sind und demgemäss sich sehr vortheilhaft von den dilettantenmässig ornamentirten Schuldscheinen der „deutschen Republik von 1849" unter- scheiden, deren einen ich im „Sammler" publicirte.

Die einst über Minimalbeträge ausgestellten Noten der zahlreichen Zettelbanken Italiens, durch welche bis in die Siebziger-Jahre hinein fast ausschliesslich der Kleinverkehr vermittelt wurde, sind hier ebenso zu übergehen, wie die gesetzlich sanctionirten Banknoten- Emissionen mehrerer grösserer deutschen Städte, Breslau, Chemnitz, Hannover etc., der ver- schiedenen Banken in Braunschweig, Cassel, Cöln, Bückeburg, Eutin, Gera, Weimar u. s. w. und einiger industrieller Gesellschaften, wie der Leipzig-Dresdener und der Bernburg-Cöthener Eisenbahnen. Unter den Begriff des Privat-Papiergeldes fallen hier nur die, übrigens nie in Umlauf gesetzten, Markscheine vereinigter Nürnberger Corporationen um 1871, die Thaler- scheine des Homöopathen Dr. A. Lutz in Cöthen, die von 1854 bis 1856 circuliren durften und die Fünfthalerscheine des landwirthschaftlichen Grossindustriellen Nathusius auf Hundis- burg, die nach Ablauf ihrer Präclusionsfrist gewissenhaft vernichtet wurden und schon überaus selten geworden sind.

Von recht eigentlichen Kleingeld-Papieren habe ich ausserdem auf den Bildflächen meiner Sammlung erscheinen lassen können nur einen 20 Centesimi-Zettel eines Kaufmannes in Carrara, die Tickets der vorjährigen Pariser Ausstellung, die thatsächlich ebenso als Kleingeld circulirten, einem wechselnden Tagescurse unterworfen, wie — höchst reglementswidrig — die Zuschlags-Zahlmarken des Schimmelpfennig'schen Auskunfts-Bureaus in Berlin nach wie vor an der Börse dort zum Ausgleich kleiner Differenzen aus einer Tasche in die andere wandern, die Noten eines vermuthlich arg verkrachten industriellen Etablissements in Skultum-Bruk in Schweden, die sehr raren Aushilfezettel von Finlayson & Co. in Tammosfort (1861), ganz banknotenartig ausgestattet, und neben einigen südamerikanischen Aushilfescheinen — meist über 10 und 20 Centavos aus Lujuij, dem Gran-Chaco und Rio Janeiro — die meist in Form von Postage-Currencys auftretenden Minimalanweisungen auf die eigene Casse seitens einiger (wahrscheinlich in Wirklichkeit aber vieler) kaufmännischer Firmen in Nordamerika.

Man wolle diese flüchtige Zusammenstellnng als nichts Anderes auffassen, denn als eine Anregung, auch die winzigsten und unscheinbarsten Repräsentanten der Grossmacht des Geldes nicht gleichgiltig und sorglos verkommen und verschwinden zu lassen, sondern aufzuheben für die verhältnissmässig noch immer nicht allzu zahlreichen Sammler, die nicht blos im Banne des geprägten Metalles stehen, sondern auch aus gedruckten Werthzetteln Belehrung und Vergnügen zu gewinnen veranlagt sind. Den Banknoten-Nabobs habe ich sicherlich nichts Neues gebracht, aber vielleicht habe ich einige kleine Krämer und Leute für einen neuen Sammel-Industriezweig gewonnen, der sie auch einst reich machen kann. Wissenschaftliche Abhandlungen für die gelehrte Welt kommen immer zur Zeit, aber populäre Essays können sehr leicht zu spät kommen! Als mir seitens eines Mitarbeiters dieser Zeitschrift das freundliche Ansinnen gelegentlicher Mitarbeiterschaft gestellt wurde, erinnerte mich die Namensähnlichkeit an meinen ersten numismatischen Lehrmeister, ein Handbuch von Schmieder, das ungefähr 1819 oder 1820 erschienen sein mag. Es hat schon in jener unbefangenen Zeit sicherlich keinen wissenschaftlichen Werth gehabt, aber es war ganz dazu angethan, die Münzforscherkeime in zehnjährigen Knaben zu erwecken und manche dieser Keime haben sich, wie ich weiss — ich spreche in diesem Falle wahrhaftig nicht von mir — zu Früchte tragenden Bäumen auf dem Felde der Bracteatenkunde und anderer gelehrter Disciplinen entwickelt. Doch der Mann, an den ich dabei denke, gehört zu den allerbescheidensten und anspruchslosesten Naturen und deswegen sei sein Name verschwiegen.

L. Clericus—Magdeburg.

Münzfunde.

Münzfund in Balaton-Füred. Von einem Händler (J. Berger) wurde am 6. Mai 1891 durch das I. Münzen- und Antikencabinet des Joanneums in Graz eine Parthie Münzen erstanden, welche von einem grösseren, nächst dem Dorfe Balaton-Füred in Ungarn, gelegentlich einer Strassenröhren-Legung gemachten Funde, herrühren.

Der eine Theil dieser Münzen besteht aus einer Serie von Wiener Hälblingen und zwar (nach Prof. R. v. Luschin):

1. Hälblinge, (wovon 2 runde), im Durchmesser von 12 und 13 mm, wiegen 0·44, 0·56 und 0·57gr, Luschin, Abbildung 133*), Beschreibung 16 . . . 3 Stück

2. Hälblinge, Dm. 12 und 13 mm, wiegen 0·42 und 0·425 gr, L. 134/12a 3 „

3. Hälblinge, (hievon 2 rund), Dm. 11—12 und 12—13 mm, wiegen 0·44, 0·49 und 0·51gr, L. 44/7 . . . . 4 „

4. Hälbling, halbrund, Dm. 12/13 mm, wiegt 0·64 gr. L. 277/264 . . 1 „

*) Wiener numismatische Zeitschrift, Band VI.

5. Hälblinge, hievon 1 rund, Dm. 12/13 *mm*, wiegen je 0·45 *gr*, L. 241/245 2 Stück

6. Hälbling, rund, Dm. 12 *mm*, wiegt 0·51 *gr*, L. 59/30 . . . . 1 „

7. Hälblinge, hievon 1 Stück eckig, Dm. 12/13 *mm*, L. 79/69 . . . . 3 „

8. Hälbling, rund, Dm. 12 *mm*, wiegt 0·44 *gr* (Pfennig), L. S. 82 Nr. 5 1 „

9. Hälblinge, rund, Dm. 12 und 12/13 *mm*, wiegen 43 und 50 *gr*, L. 148/57 . . . . 2 „

10, Hälbling, stumpfeckig, Dm. 12/13 *mm*, wiegt 53 *gr*, L. 62/34 . . . 1 „

11. Hälblinge, rund. Dm. 12 *mm*. wiegen 42 und 47 *gr*, L. 91/89 . . 2 „

12. Hälbling, rund, Dm. 12/13 *mm*, wiegt 0·54 *gr*, L. 110/132 . . . . 1 „

13. Hälbling, rund, Dm. 13 *mm*, wiegt 0·49 *gr*, L. 145/50 . . . . . 1 „

14. Hälblinge, ziemlich rund, Dm. 12/13 und 13 *mm*, wiegen 0·53 und 0·58 *gr*, L. 132/4 . . . . 2 „

15. Hälbling, rund, Dm. 13 *mm*, wiegt 0·58 *gr*, L. 242/246 . . 1 „

16. Pfennig? ziemlich rund, Dm. 14/15 *mm*, wiegt 0·48 *gr*, L. 23/116 1 „

17. Hälblinge, rund, Dm. 11/12 und 12 *mm*, wiegt 0·41, 0·43 und 0·47 *gr*, L. 168/108 . . . . 3 „

18. Hälblinge, rund, Dm. 12 *mm*, wiegen 0·40, 0·44 und 0·58 *gr*, L. 75/61 3 „

Die zweite Gattung dieses Münzfundes bestand ausschliesslich aus ungarischen Silber-Pfennigen (oboli, etc.), 18 Stück, von welchem der älteste bis in das XI. Jahrhundert zurückreicht u. zw.

19. Bela I., als Herzog (1060—1063), Dm. 17 *mm*, wiegt 0·685 *gr*, Rupp·I, Abbildung 16—18 . . . . 1 Stück

20. 1 Brakteat, Obolus, König Bela III., Dm. 12·5 *mm*, wiegt 0·2 *gr*, R. I/117, (Welzl II, Nr. 59, 60) . . . . 1 „

21. Obolus, Andreas II. (1205—1235), Dm. 15 *mm*, wiegt 0·56 *gr*, R. I/162 1 „

22. Obolus, Bela IV. (1235—1270), Dm. 12 *mm*, wiegt 0·465 *gr*, R. I/193 1 „

23. Oboli, Bela IV., Dm. 13 *mm*, wiegen 0·61, 0·62, 0·64 und 0·85 *gr*, R. I/178 . . . . 4 „

24. Oboli, Stephan V. (1270—1272), Dm. 12 *mm*, wiegen 0·29, 0·49 und 0·54 *gr*, R. I/205 . . . . 3 „

25. Obolus, Stephan V., Dm. 12 *mm*, wiegt 0·45 *gr*, R. I/208 . . . . 1 ›

26. Obolus, Stephan V., Dm. 12 *mm*, wiegt 0·45 *gr*, R. I/252 . . . 1 „

27. Obolus, Stephan V., Dm. 12·5 *mm*, wiegt 0·449 *gr*, R. I/254 . . 1 „

28. Andreas III. (1290—1301), Dm. 12 *mm*, R I/272 . . . . . 1 „

29. Pfennige Stephan V. für Slavonien (1270—1272), Dm. 15—16 *mm*, wiegen 0·88 bis 0·99 und 1 *gr*, R. I/225 . . . . 8 „

30. Karl I. für Slavonien (1308—1342), Dm. 15 *mm*, wiegt 0·88 *gr*, R. II/389 . . . . 1 „

31. Maria I. (1382—1386), Dm. 14 *mm*, wiegt 0·449, R II/428 . . . 1 „

32. Emerich für Slavonien (1196—1204), Dm. 14/15 *mm*, wiegt 1·5 *gr*, R. I/137 . . . . 1 „

33. Bela IV. für Slavonien (1235—1270), Dm. 15/16 *mm*, wiegt 0·9 *gr*, R. I/197 . . . . 1 „

34. Obolus, Bela IV., Dm. 12 *mm*, wiegt 0·40 *gr*, R. I/198 . . . . . 1 „

Ausser diesen genannten Münzen wurden endlich angeblich vom gleichen Funde erworben: 2 Friesacher Pfennige und zwar 1 Eberhard II., Rückseite wie Welzl II. Nr. 9611 und Vorderseite Welzl II. Nr. 9590 und 1 Eberhard II (?) Welzl II. Nr. 8864 Gattung *n*, dann 1 Hälbling, wie Luschin numism. Zeitschrift, Seite 82, Nr. 8 (Wiener Pfennige zu Zeiten K. Otakars, und endlich 1 Hälbling, alte Fälschung. (Einseitig, nach rechts spr. Panther (?).

Gustav Budinsky

Custos am steierm Landesmuseum.

In **Bierbaum** nächst Fürstenfeld in Steiermark wurde anlässlich der Herstellung eines neuen Stallgebäudes im April d. J. ein Topf mit 453 Stück Münzen gefunden. Zumeist ˌThaler des XVIII. Jahrhunderts. Baiern, Brabant, Frankreich, Sachsen Salzburg, Venedig, u. s. w.; dann 1 Goldmünze Maria Theresia, 3½ Ducaten schwer, von 1749, endlich österr. Kleinsilber, darunter 113 Zwanziger und nahezu je 100 Stück Siebzehner, Zehner und Sechser.

In **Urlass**, einem Dorf nächst Kirchberg a. d. Raab, nahe der Friedhofmauer wurden fast um die gleiche Zeit zwei Töpfe mit mehreren hundert Münzen ausgegraben. Durchgehends österr. Kupfermünzen aus den Jahren 1800—1807, also wahrscheinlich zur Zeit der französischen Invasion vergraben. *Gustav Budinsky.*

Bielitz. Ein bei der Erdaushebung des Theaterbaues in Bielitz beschäftigter Arbeiter fand im Monate Juni 1888 am Bauplatz eine Goldmünze. Es ist ein Wallenstein-Ducaten vom Jahre 1628. Die Münze ist etwas verbogen, die Prägung jedoch vollkommen gut erhalten.

Auf der Vorderseite sehen wir das Brustbild Wallenstein's, darunter am Rande einen Stern, sowie die Umschrift: Alber. D. G. D. Fri. et Saga.

Auf der Reversseite befindet sich in der Mitte ein Wappen und die Umschrift: Sac. Ro. Imp. Princeps 628.

Die Münze ist Eigenthum der Stadtgemeinde.

Jaslo. Am 5. August 1892 fanden beim Graben von Fundamenten nächst der Stadt Jaslo in Galizien am Wege zur dortigen Ziegelei, unweit des Flüsschens Jasiolka zwei Mädchen ein irdenes Gefäss von circa 1½ Liter mit alten belgischen und holländischen Goldmünzen aus den Jahren 1600 und 1650. Die Münzen sind ziemlich gross, etwa vierfach wie unsere Ducaten. Da der Fund von verschiedenen Händlern um einen Spottpreis erworben wurde, veranlasste die Bezirkshauptmannschaft in Jaslo, diesen den gewissenlosen Käufern wieder abzunehmen, welche Anordnung bis jetzt die Eruirung circa von 300 solchen Stücken seitens dortiger Gendarmerie ergeben hat. *K. Hallama.*

Bei **Sauvoigny-le-Courtot,** Arrondissement de Montluçon, wurden laut einer Nachricht des von Raymond Serrure in Paris herausgegebenen Bulletin de Numismatique in einem irdenen Gefässe nebst einer goldenen Halskette, einem eisernen silberplattirten, einem silbernen und drei goldenen Ringen, 100 Grossbronze-Münzen von Tiberius bis Postumus und 52 Silber- und Billon-Münzen der Antonine bis Gordian III gefunden.

Aus den numismatischen Gesellschaften.

Mailand. Der Directionsrath der Società italiana di Numismatica hielt am 9. Juni die erste Sitzung unter dem Präsidium der Vicepräsidenten Herren Ercole u. Francesco Gnecchi. Es wurde der Antrag des Herrn Dr. Umberto Rossi, eine Sammlung von Bildnissen der Numismatiker, womöglich in Medaillen anzulegen,. angenommen, für die nächste Versammlung wurde die Berathung über die Uebernahme der Rivista italiana di Numismatica durch die ital. numismatische Gesellschaft angekündet und ferner mitgetheilt, dass die Rivista in der Ausstellung zu Palermo durch die Verleihung der silbernen Medaille ausgezeichnet worden ist.

Museen und Sammlungen.

Graz. Der verdienstvolle Münzforscher und Verfasser des bekannten Werkes über Virunum, Herr Universitätsprofessor Dr. Fritz Pichler, hat eine Brochure über „Das epigraphisch-numismatische Cabinet der Universität Graz" herausgegeben. Nach derselben besitzt die Universität in Graz 917 griechische (7 Gold, 259 Silber, 615 Bronze und 36 Imitationen), 88 Münzen, (16 Silber, 72 Bronze) Roms, Mittel- und Unter-Italiens vor Einführung des consularen Silber-Münzwesens, 195 consulare Münzen (162 Silber, 33 Bronze) 2463 römische Kaisermünzen (10 Gold, 293 Silber, 2160 Bronze) und 86 neue Medaillen.

Literatur.

Für die Bibliothek eingelangte Werke.

J. de Chestret de Haneffe: Rénard de Schönau, Sire de Schon-vorst. Ein adeliger Financier des XIV. Jahrhunderts wird Rénard de Schönau auf dem Titelblatte dieses Werkes genannt und in der Einleitung bemerkt, dass er als tapferer Ritter, Finanzmann, Edelmann und Diplomat die Welt mit seinen Ruhme erfüllt habe. Die Herrschaft Schönau, damals Sconhowen, Schonouwen, Schoynauwen etc., im Norden von Aachen gc'egen, bildete ein freies Allodialgut. Vom römischen Könige Albrecht I. war Gerha1d von Schönau, einem Onkel Rénard's, 1302 das Münzrecht verliehen worden. Der Verfasser liefert nebst dem Stammbaume des Namens Schönau eine ausführliche Biographie des im Titel genannten Rénard und beschreibt ausser seinen verschiedenen Siegeln zum Schlusse die einzige Münze, welche ihm mit Sicherheit zugeschrieben werden kann, einen Goldgulden, dem ersten, der unter diesem Typus in Belgien geprägt wurde, und der mit dem Goldgulden des böhmischen Königs Johann von Luxemburg vollkommen übereinstimmt. Wir behalten uns vor, das vorliegende Buch des um die Münzkunde seines Landes hochverdienten Verfassers in der numismatischen Zeitschrift eingehender zu besprechen.   **M.**

Annuaire de la Société française de Numismatique. Paris. Juillet-Aout 1892. Mit 2 Tafeln. Ch. **Farcinet.** Etude sur les monnaies mérovingiennes attribuées à la Vendée. A. de **Belfort.** Essai de classification des Tessères romaines en bronze. (Suite.) E. **Chaix.** Les monnaies coloniales romaines non décrites dans l'ouvrage de H. Cohen. R. **Serrure.** Les monnaies frappées a Wessem par l'abbée de Saint-Pantaléon. Chronique (711).

Blätter für Münzfreunde. Correspondenzblatt des deutschen Münzforscher-Vereines und Vereinsorgan der numismatischen Gesellschaft in Dresden. Herausgegeben von Julius **Erbstein** (949).

Bulletin de numismatique. Paris, Raymond **Serrure & Co.** Dixième livraison. Raymond **Serrure.** Jetons rares ou inédits. Emo **Farge.** Différent d'un maitre particulier de la monnaie l'Angers sous Charles VII. Livres nouveaux. Revue des Revues. Lectures diverses. Livres en préparation. Les trouvailles. Les nouvelles émissions. Académies et sociétés. Les expositions. Nécrologie. Catalogue de monnaies et jetons (1135).

Bulletino di Archeologia e Storia Dalmata pubbl. per cura di Fr. prof. Bulić. Anno XV. 7 (713).

Chestret de Haneffe, Baron J. de. Rénard de Schönau, Sire de Schoonvorst. Un financier gentilhomme du XIVᵉ siècle. Bruxelles, F. Hayez, 1892. 8⁰ Extrait du tome XLVII des Mémoires couronnées et autres Mémoires publiés par l'Academie royale de Belgique (1167). Geschenk des Verfassers.

Ertesitö, történelmi és régészeti. Temesvar, 1892, 2. und 3. Heft (714).

Jahresbericht des kärntnerischen Geschichtsvereines in Klagenfurt. 1890 (1170).

Jahresbericht des steiermärkisch-landschaftlichen Ioanneums in Graz über das Jahr 1886. Graz.

Katalog der Ausstellung von Münzen und Medaillen, sowie der Papierwerthzeichen aus der Regierungszeit Sr. Majestät Kaisers Franz Josef I. 1848—1888, veranstaltet von der numismatischen Gesellschaft in Wien. Wien, Paul Gerin, 1888. 8⁰ (1169).

Museum Francisco-Carolinum, 50. Bericht über das. Nebst den 44 Liefer. der Beiträge zur Landeskunde von Oesterreich ob der Enns. Linz 1892. 8⁰. Aus dem Inhalt: Andreas **Markl:** Münzfund auf der Strasserau.

Numismatic chronicle. Mit 6 Tafeln. London, 1892. Part II. F. B. Baker. Coin Types of Asia Minor. A. Cunningham. Coins of the Kushâns or Great Yueti. S. Lane-Poole. Fasti Arabici. Notices. Miscellanea (728).

Pichler, Fritz Dr. Das epigraphisch-numismatische Cabinet der Universität Graz. Graz, „Styria", 1892. 8° (1173). Geschenk des Verfassers.

Verschiedenes.

Personalnachricht. Dem Herrn Graveur Johann Schwerdtner in Wien wurde die kaiserlich ottomanische Medaille für Kunst verliehen. — Herr Dr. Julius v. Schlosser, Custos-Adjunct in der Münzen-, Medaillen und Antiken-Sammlung des Allerhöchsten Kaiserhauses wurde zum Privatdocenten für neuere Kunstgeschichte an der Universität in Wien ernannt.

Die Ausgrabungen am römischen Limes in Deutschland haben nach Nr. 12 des Berliner Sammler auf der hessischen Strecke am 22. August, am raetischen Limes am 19. August und auf der ganzen Strecke Anfangs September begonnen; das Römerlager in Bünte bei Camen wird auf Anordnung des preussischen Kriegsministeriums durchforscht und soll erhalten werden. Es ist mit Sicherheit zu erwarten, dass auch interessante Münzfunde bei diesen Ausgrabungen gemacht werden.

Numismatik und Geschichte des Steigbügels. Es steht wohl die Ansicht fest, dass .Römer und Griechen noch keine Steigbügel hatten, dieser Meinung ist auch Major A. Schlieben, der unlängst in dem 24. Bande der Annalen des Vereines für nassau'ische Alterthumskunde und Geschichtsforschung eine gediegene, reich illustrirte Abhandlung über die Geschichte der Steigbügel veröffentlichte. Der Autor weist auf eine Münze der Familie Atia hin. Sie trägt den Namen des Q. Labienus Parthicus imp. und zeigt im Revers ein Pferd, von dessen Rücken etwas herabhängt, das von manchen als Steigbügel gedeutet wird. Das Stück ist bei Babelon auf Seite 225 abgebildet, einen Aureus besitzt das Britsch Museum (1500 Fr.), der Denar wird mit 400 Fr. bewerthet.

Adolf E. Cahn, Numismatiker in Frankfurt a. M., theilt mit, dass seine Geschäftslokalitäten sich nunmehr in seinem Hause. Frankfurt a. M., Niedenau 55 befinden.

Kataloge Rappaport Edmund, Berlin, Halle'sche Straße 18, XXII. Verzeichnis verkäuflicher Münzen und Medaillen. 1549 N. Neufürstliche gräfliche und freiherrliche Häuser, Westphalen, Geistliche Abteien. Klöster, Wallfahrtsorte, Städte.

Hess Adolf. Frankfurt a. M. Westendstr. 7, Katalog der Sammlung des Herrn Carl v. Hettlingen in Schwyz (aus J. C. Hedlinger's Nachlass) enthaltend Schweizerische und andere Münzen und Medaillen, ferner Brandenburgisch-preussische Medaillen (Eigenthum des Herrn P. M. in B.) und Braunschweigische und andere Münzen und Medaillen und eiserne Präge-Stempel. (Eigenthum des Herrn R. B. in H.) sowie die numismatische Bibliothek des verstorbenen Justizrathes Reimmann in Hannover (darunter Cinagli, Donebauer, Grote, Köhler, Madai, Schultess-Rechberg, Wellenheim). Versteigerung vom 22. Oktober 1892 an.

Weight, W. C. Brighton, Western, Road 117. Catalogues of coins, II. Ser. Roman and Byzantine coins. 329 N. IV. Ser. Greek coins, 300 N.

Hahlo Julius, (Inhaber Siegfried Hahlo) Berliner Münz-Verkehr. Berlin, W. Unter den Linden 13. N. 22, 2086 N.

Cahn, Adolf E. Frankfurt a. M., Niedenau 55. Periodischer Katalog N. 12, enthaltend griechische, römische und byzantinische Münzen, 2240 N. aus der Sammlung des Landesgerichtsrathes Emundts in Aachen ist erschienen und steht Sammlern zur Verfügung.

Bergwerksmedaille aus mährischem Feinsilber. Die in Nr. 99 des Monatsblattes der numismatischen Gesellschaft in Wien im October 1891 beschriebene, auf die Wiederaufnahme des mährischen Blei- und Silberbergbaues in den von Herrn Dr. Franz Kupido im Jahre 1886 eröffneten Franzenszeche zu Bernhau und Willibaldzeche zu Altendorf geprägte Medaille aus dem gewonnenen ersten Silber, welche bisher käuflich nicht zu erwerben war, ist nunmehr durch die Münzenhandlung H. Cubasch. Wien, I. Bez., Kohlmarkt 11, um öst. W. fl. 3.50 pr. Stück, so weit der kleine Vorrath reicht, zu beziehen.

Münz-Auction. Die Sammlung eines Stuttgarter Münzfreundes enthaltend: Conventionsthaler, Doppelthaler, Thaler und kleinere Münzen des 18. u. 19. Jahrhunderts, 1153 Nummern, darunter viele Seltenheiten, wird am 27. October u. ff. bei dem Unterzeichneten zur Versteigerung gelangen. Katalog gratis zu beziehen bei dem Leiter der Auction Adolf E. Cahn, Frankfurt a. M., Niedenau 55.

Herausgeber und verantwortlicher Redacteur: Franz Trau. — Verlag der numismatischen Gesellschaft in Wien.
Druck von Kreisel & Gröger, vorm L. W. Seidel & Sohn, in Wien

MONATSBLATT

der

numismatischen Gesellschaft in Wien.

Dieses Blatt erscheint monatlich ein Mal und wird den Mitgliedern der Gesellschaft unentgeltlich zugesendet. Preis des Jahrganges für Nichtmitglieder 1 fl. Zuschriften sind zu richten an die numismatische Gesellschaft, Wien, I., Universitätsplatz 2.

Nr. 112.	November.	1892.

Mittheilungen der Gesellschaft.

Einladung

zu der

am Mittwoch den 16. November 1892, Abends 7 Uhr

im grünen Saale der kais. Akademie der Wissenschaften (I., Universitätsplatz 2)

stattfindenden

ordentlichen Versammlung.

Programm:

1. Mittheilung von Einläufen.
2. Wahl von Mitgliedern.
3. Vortrag des k. k. Oberbergrathes Carl von Ernst: Ueber die neue Kronenwährung.

Ausstellung von Gold- und Silbermünzen der neuen Kronenwährung. — Gäste willkommen.

Versammlungen der numismatischen Gesellschaft mit Vorträgen und Ausstellungen finden am 16. November und 14. December 1892 Abends 7 Uhr im grünen Saale der kais. Akademie der Wissenschaften, I., Universitätsplatz 2 statt und sind die p. t. Herren Mitglieder und Freunde der Gesellschaft höflichst eingeladen, sich an denselben zu betheiligen.

Es wird ersucht, Zuschriften und Sendungen bezüglich der Zeitschrift an Herrn Rudolf v. Höfken, Wien, XVIII., Feldgasse 35, bezüglich der Cassa und des Monatsblattes an Herrn Franz Trau, I., Wollzeile 1, alle anderen Briefe und Sendungen an die numismatische Gesellschaft, I., Universitätsplatz 2 (kais. Akademie der Wissenschaften), zu richten.

Das Bibliothekslocale der numismatischen Gesellschaft, I., Universitätsplatz 2, ist an jedem Mittwoch von 6 Uhr an geöffnet.

Die ordentlichen Mitglieder der numismatischen Gesellschaft zahlen eine einmalige Eintrittsgebühr von 2 fl., einen Jahresbeitrag von 8 fl. und erhalten die Zeitschrift und das Monatsblatt kostenfrei zugestellt. Abonnement der Zeitschrift 6 fl., des Monatsblattes (12 Nummern) 1 fl.

Ueber mehrfach geäusserten Wunsch steht Mitgliedern der numismatischen Gesellschaft die letzte Seite des Monatsblattes (Versendung 400 Exemplare) zu kurzen fachgemässen Anfragen und Ankündigungen in Notizenform kostenfrei zur Verfügung.

178

Die numismatische Gesellschaft betrauert den Tod ihres correspondirenden Mitgliedes, des Herrn Geheimrathes

A. Essenwein

ersten Directors des germanischen Museums in Nürnberg

geboren am 2. November 1811 in Karlsruhe, gestorben am 13. October 1892. Der ausgezeichnete Gelehrte war von 1856 bis 1864 Architekt der österreichischen Staats-eisenbahn-Gesellschaft und 2 Jahre hindurch Baurath und Professor der technischen Hochschule in Graz

Versammlung der numismatischen Gesellschaft vom 19. October 1892.

Der Vorsitzende begrüsst die Versammlung und theilt die zahlreichen Ein-läufe an Büchern und Zeitschriften mit. Ueber seine Einladung erhebt sich die Versammlung zum Zeichen der Trauer über den Tod der im Sommer 1892 ver-storbenen Mitglieder.

Sodann wird über Antrag der Herren Eduard Forchheimer und Dr. Josef Scholz, Herr J. Rüsch, Maschinenfabrikant in Dornbirn, zum ordentlichen Mit-gliede gewählt.

Herr Hof- und Gerichtsadvocat Dr. Alfred Nagl bespricht in Fortsetzung seiner Vorträge über die Geschichte der Goldwährung im Mittelalter die damaligen Contirungs-Einrichtungen auf diesem Gebiete. Das gänzliche Verschwinden des regelmässigen Gold-umlaufes im Abendlande seit dem Auftreten der Karolinger bis in die Mitte des 13. Jahr-hunderts schliesst jede unmittelbare Tradition solcher Einrichtungen vom antiken Leben her völlig aus. Bemerkenswerth ist der Gegensatz der heute herrschenden Anschauungen über das Verhalten der Goldwährung zu der im Verkehre concurrirenden Silberwährung. Dieser Gegensatz datirt erst aus der allerneuesten Zeit und muss beachtet werden, um die Einrichtungen früherer Zeiten in Bezug auf die Goldwährungsweise zu verstehen. Die Goldwährung war stets das Verkehrsmittel des internationalen und des einheimischen Grosshandels. Denoch bestand allezeit die Nöthigung, das jeweils übliche Goldwährungs-system in ein festes Verhältniss zum Silbergelde zu bringen und eine ständige Rechnungs-weise darnach einzurichten. Die Störungen solcher im Enstehen stets auf die eben herrschende Relation beider Metallwerthe gegründeten Einrichtungen infolge der Schwankungen dieser Werthe und anderseits der Münzverschlechterungen bedingen mannigfach für das Verständniss der alten Geldsysteme sehr wichtige Erscheinungen. In der Betrachtung derselben beginnt der Vortragende mit der Stadt Florenz, als dem eigentlichen Ausgangs-punkt der Goldwährung des abendländischen Mittelalters.

Der fiorino d'oro von Florenz vom Jahre 1252 war genau als Aequivalentmünze des Pfundes der eben umlaufenden, oder wahrscheinlich aus diesem Anlasse neuregulirten Silberwährung, also einer Summe von 20 Stücken der silbernen Währungsmünze, nämlich des als Soldo ausgeprägten fiorino d'argento, emittirt worden. Das Erscheinen der neuen Goldmünze bedingte also in der Rechnungsweise, sei es im Verkehre selbst, sei es in den Buchungen der Florentiner Grosskaufleute und Bankhalter keine andere Aenderung als etwa einen die Goldwährung bezeichneten Beisatz (lire, saldi, denari a fiorino). In der That finden sich mehrfache Anhaltspunkte, dass man, für gewisse Zwecke wenigstens, den fiorino d'oro fortwährend in 20 soldi zu je 12 denari (a oro) getheilt hatte, um so auffallender ist die Erscheinung, dass in den Banken und· Handelsbüchern von Florenz im 13., 14. und noch im 15. Jahrhundert, sowie in der Gesetzgebung fortdauernd von einer obligatorischen Rechnung des fiorino d'oro zu dem ganz irrationalen stabilen Fusse von 29 soldi die Rede ist. Giovanni Villari erwähnt dieser Rechnungsweise nicht, auch nicht die Handelsbücher, offenbar weil selbe ohnehin allgemein bekannt gewesen. Aber zwei für die Werthrelationen höchst wichtige Stellen Villaris sind von diesem Standpunkte aus richtig zu erklären (vergl. die Abhandlung des Vortragenden im XXIII. Bande der Zeitschrift S. 177 ff). Der genauere Nachweis dieser Rechnungsweise, sowie ihre Veranlassung und ihre Grundlagen bildeten den weiteren Inhalt des Vortrages, der demnächst auf die entsprechenden Erscheinungen im mittelalterlichen Geldverkehr der Stadt Venedig sich erstrecken soll.

Sodann sprach Herr Ingenieur Arthur v. Mises über die auf Galizien geprägte Medaillen, welche der Vortragende aus seiner Privatsammlung in schöner Folge zur Ausstellung gebracht hatte. Beide durch Inhalt und Form ausgezeichneten Vorträge wurden mit grossem Beifalle aufgenommen.

Münzfund in Jaslo.

Der im Monatsblatte Nr. 111 berichtete Münzfund in Jaslo wurde gelegentlich des Baues eines neuen Hauses auf dem Grundstücke des Herrn Carl Lubelski durch zwei Mädchen Namens Marie Ochwat und Maria Duszynska aus Sobniow gemacht. Hauptsächlich bestand der Fund aus Goldmünzen, daneben waren aber auch etwa 53 Stück Silbermünzen, die aber mit Ausnahme der 3 grösseren derart oxydirt sind, dass dieselben bei leichtestem Drucke auseinanderfallen, infolge dessen auch deren Unterscheidung sehr schwierig ist. Der Fund befindet sich theils in Privathänden, theils bei der Bezirkshauptmannschaft in Jaslo, durch deren gütiges Entgegenkommen mir die Beschreibung der dort noch erliegenden 40 Goldmünzen möglich gemacht wurde.

I. Belgisch-holländische Ducaten.

Campen.	1. FERD. II. D. G. RO. UNG. BO. REX. 1649 . . 4 Stück	
	Rv: MON AUREA CIVITA. IMPER. CAMPEN	
	2. dto. jedoch Rv: MO. NOV. AUREA CIVITA.	
	IMPER. CAMPEN 1648 und 1652 . . . 2 „	
Flandern.	3. CONCORDIA RES PARVAE CRES. „FLA" 1647	
	Rv: MO. ORDI. PROV. FOEDER. BELG. AD LEG. IMP. 1 „	
	dto 1648 . . . . 4 „	
	dto. 1649 . . . . 2 „	
	dto. 1550 . . . . 3 „	
	4. wie 3, jedoch „FLAN" 1631 . . . . 1 „	
Geldern.	5. Legende wie bei 3, jedoch „GEL" 1646 . . . . . 1 „	
	dto. 1648 . . . . 1 „	
	dto. 1649 . . . . 3 „	
	dto. 1650 . . . . 1 „	
Holland.	6. Legende wie 3, jedoch „HOL" 1634 . . . . . . 1 „	
	dto. 1645 . . . . 1 „	
Westfriesland.	7. Legende wie 3, jedoch „WEST" 1636 . . . . . 1 „	
	dto. aus den Jahren 1641, 1643, 1646, 1650, 1652,	
	1645 . . . . 6 „	
Zeeland.	8. CONCORDIA RES. PARVAE CRES. ZEL. 1651	
	Rv: MO. AUR. PROVIN. CO. DE. BELG AD LEG. IMP. 1 „	
Zwolle.	9. FERDINA. II. G. R. J. H. BO. 1648.	
	Rv: MON. AUREA. CIVIT. ZWOL. . . . . 1 „	

II. Andere Ducaten.

Deutsch-röm.Reich.	10.	LEOPOLD D. G. I. S. A. G. H. B. REX. K. R.	
		Rv: AR. AU. DU. BU. M. MO. CO. TY. 1700 . . . 1 Stück	
Frankfurt a. M.	11.	DUCATUS NO. R. P. FRANCOFURT AD MO. 1644	
		Rv: NOMEN DOMINI TURRIS FORTI . . . . . . 1 „	
	12.	DUCATUS NOVUS REI. PUBL. FRACOFURT	
		Rv: wie bei 11. 1642 . . . . 1 „	
Polen (Danzig)	13.	SIGIS. III. D. G. REX. POL R. R.	
		Rv: MONE. AUREA. CIV. GEDANE . . . . . . 1 „	
Sardinen.	14.	EMANUEL. D G. DUX. SAR. 1602	
		Rv: PAX IN VIRIT. TUA (Muttergottes) . . . . 1 „	
Türkei	15.	Eine türkische Goldmünze . . . . 1 „	

Summa . 40 Stück

Auch beim k. k. Kreisgerichte in Jaslo erliegen 12 Stück Goldmünzen, welche aus diesem Funde stammen.

Der Fund scheint, nachdem die jüngste Fundmünze aus dem Jahre 1700 datirt, zu Anfang des 18. Jahrhunderts vergraben worden zu sein.

K. Hallama.

Aus den numismatischen Gesellschaften.

Brüssel. Die königlich belgische numismatische Gesellschaft hielt am 3. Juli 1892 unter dem Vorsitze des Präsidenten des Herrn Vicomte B. de Jonghe ihre General-Versammlung ab. Der Secretär Herr G. Cumont berichtet über die zahlreichen und wichtigen Arbeiten der Mitglieder der Gesellschaft auf numismatischem Gebiete, der Bibliothekar Herr A. de Witte berichtet über die reiche Vermehrung der Bibliothek.

Die Herren Professor Arnold v. Luschin-Ebengreuth in Graz, Graf Nicolaus Papadopoli in Venedig und Joseph Langier, Conservator des Münzcabinetes zu Marseille wurden zu Ehrenmitgliedern, in die Commission der „Revue belge de numismatique" wurden die Herren C. Maus und G. Cumont gewählt.

Literatur.

Für die Bibliothek eingelangte Werke.

Archiv für Bracteatenkunde, herausg. von Rudolf v. Höfken, II. Band, Heft 7—10, Wien 1892. Den grössten Theil dieser Publication nimmt ein sehr interessanter Aufsatz von Dr. P. J. Meier ein: „Der Münzfund von Mödesse", welcher im September 1890 gemacht wurde und etwa 3000 Münzen meist Bracteaten enthielt. Seine Bedeutung besteht in der beträchtlichen Zahl von 68 theilweise bisher unbekannten Geprägen meist von vorzüglichem Stempelschnitte. Es sind unter andern Helmstadt, Magdeburg, Halberstadt, Merseburg, Brandenburg, Braunschweig, Gandersheim, Goslar; insbesondere aber in einer umfassenden Gruppe Hildesheim. Anhang I behandelt unter der Ueberschrift: „Kannte das Mittelalter Denkmünzen?" in gründlicher, strengsachlicher Weise diese streitige Frage; Anhang II befasst sich mit der Vergrabungszeit der Funde vom Aegidienkloster in Braunschweig und von Michendorf. Th. Stenzel bespricht: „Anhaltische Bracteaten aus dem Funde zu Piesdorf; Revisionsrath Wunderlich liefert die Beschreibung des „Münzfundes von Alt-Bauhof D. A. Dargun" vom November 1878, welcher 1098 Bracteaten von Demmin, Stralsund, Stettin, Greifswald, Hamburg, Mecklenburg, Bisth. Schwerin (?) Gnoyen (?) Parchim (?) Malchin (?) dann unbestimmte, ferner 7 Denar, Christopher I von

Dänemark (1252—59) in Lund geprägt enthielt. Th. Stenzel hebt in dem Nekrologe Wilhelm Schratz's dessen Verdienste um die Numismatik hervor; der Herausgeber bespricht die auf Bracteaten bezüglichen Aufsätze aus dem IV. Hefte „Aus Dresdner Sammlungen". Sechs wie immer vorzügliche Tafeln bringen die Abbildungen der interessantesten Stücke aus dem Mödesser und Alt-Bauhofer Funde.

Raimann.

Anzeiger des germanischen Nationalmuseums Nr. 4.

Anzeiger, numismatisch-sphragistischer, herausgegeben von Friedr. Tewes in Hannover Nr. 9. Heye. Die Münzen der Grafen von der Hoye. Friedr. Tewes. Proben der Stadt-Hannoverschen Münze aus den Jahren 1502. 3, 4 und 1505. Th. Stenzel. Der Münzfund von Gross-Salza. Münzfunde. Beiblatt: Münzverkehr. (723).

Carinthia, neue Zeitschrift für Geschichte, Volks- und Alterthumskunde Kärntens. Herausgegeben vom Geschichtsvereine für Kärnten, redigirt von Simon Laschitzer. Klagenfurt, Joh. Leon sen., 1890, I. Jahrgang. 8⁰ (1175).

Die Gepräge der numismatischen Gesellschaft.

Von denselben stehen den Mitgliedern noch einige Exemplare zur Verfügung und wolle sich wegen Erhalt derselben an den Cassier Herrn k. u. k Hof-Thee-händler Franz Trau, Wien, I., Wollzeile 1 gewendet werden.

Maria Theresia Thaler, mit Randschrift (Medailleur Anton Scharff) nur
   mehr ein Exemplar . . . . 10 fl.
Maria Theresia-Medaille in Silber ohne Randschrift . . . . 5 „

Kaiser Franz Josef-Medaille (Avers F. Leisek, Rev. A. Neudek) in Silber
   5 fl., in Bronze . . . . 2 fl.

Kaiser Franz Josef-Klippe (Avers Anton Scharff, Revers R. Neuberger)
in Bronze . . . . 2 fl.
Eckhel-Medaille (Medailleur Anton Scharff) Bronze, aus antiken Münzen
geprägt . . . . 1 „
Erbstein-Medaille (Medailleur Anton Scharff) der III. Versammlung deutsche.
Münzforscher in Wien, Nickel 1.80
Der bei derselben Gelegenheit im k. k. Hauptmünzamte bei Anwesenheit d.r Mitglieder
des III. Münzforschertages geprägte Jeton (F. Leisek und A. Neudck' Nickel — 80

Verschiedenes.

Personalnachrichten. Se. Excellenz Herr A r t h u r G r a f E n z e n b e r g wurde durch die
Verleihung des Großkreuzes des Leopold-Ordens' ausgezeichnet. — Herr Dr. A r n o l d L u s c h i n
v o n E b e n g r e u t h, k. k. Universitäts-Professor in Graz, wurde zum membre honoraire der königl.
belgischen numismatischen Gesellschaft gewählt

Napoleon-Medaille. Im Besitze des hochverdienten Gründers und jetzigen Custos der in ihrer
Art einzigen, bereits 3200 Nummern zählenden Messersammlung zu Steyr, Herrn A n t o n Peter-
m a n d l, befindet sich ein Exemplar der sehr seltenen kleinen Medaille, welche den Ruhmesgenossen
Napoleons I. gewidmet wurde. Im Averse der Kopf des Kaisers von der rechten Seite. Umschrift:
NAPOLEON I — EMPEREUR. Unter dem Kopfe ein Anker. Im Reserve umzogen von einem Kreise
in 9 Zeilen: A SES COMPAGNONS DE GLOIRE SA DERNIERE PENSEE STE HELENE 5 MAI 1821.
Umschrift außerhalb des Kreises: CAMPAGNES DE 1792 à 1815 Die Fassung der Medaille besteht
aus einem Lorbeerkranze, der oben die Kaiserkrone trägt. Breite 19 *mm*, Höhe 32 *mm* Silber.

Kataloge. C a h n Adolf E, Frankfurt a. M., Niedenau 55. Periodisch erscheinender Katalog
verkäuflicher Münzen. Griechische, römische und byzantinische Münzen aus der Sammlung des verstorbenen Landesgerichtsrathes Emundts in Aachen. 2241 N.

R a p p a p o r t Edmund, Berlin, Halle'sche Straße Nr. 18. XXII. Verzeichniss verkäuflicher
Münzen und Medaillen. 1549 N.

S e l i g m a n n Eugen, Frankfurt a. M, Jahnstr. 43. IX. Verzeichniss verkäuflicher Münzen
und Medaillen. 515 N.

T h i e m e C. G., Leipzig, Gewandgässchen Nr. 5. Numismatischer Verkehr. XXX. Jahrgang,
Nummer 7 und 8. 3130 N.

W a l l a Franz, Wien, I. Plankengasse 4. Katalog von Münzen und Medaillen.

W e y l Adolf, 122. und 123. Auctions-Katalog. Münzen des Mittelalters und der Neuzeit,
Münzen und Medaillen von Magdeburg, Westphalen, Porträt- und Kunstmedaillen, Siegel- und Präge-
stempel, numismatische Bibliothek. Mit 1 Tafel. 1635 und 1856 N.

Z s c h i e s c h e & K ö d e r, Leipzig, Königstraße 4. 50. Verzeichniss verkäuflicher Münzen
und Medaillen. 7198 N., darunter eine reiche Serie griechischer, römischer und byzantinischer Münzen.

Herausgeber und verantwortlicher Redacteur: Franz Trau. — Verlag der numismatischen Gesellschaft in Wien.
Druck von Kreisel & Gröger, vorm. L. W. Seidel & Sohn, in Wien

MONATSBLATT

der

numismatischen Gesellschaft in Wien.

Dieses Blatt erscheint monatlich ein Mal und wird den Mitgliedern der Gesellschaft
unentgeltlich zugesendet. Preis des Jahrganges für Nichtmitglieder 1 fl. Zuschriften
sind zu richten an die numismatische Gesellschaft. Wien. I., Universitätsplatz 2.

Nr. 113.	December.	1892.

Mittheilungen der Gesellschaft.

Einladung

zu der

am Mittwoch den 14. December 1892, Abends 7 Uhr

im grünen Saale der kais. Akademie der Wissenschaften (I., Universitätsplatz 2)

stattfindenden

ordentlichen Versammlung.

Programm:

1. Mittheilung von Einläufen.
2. Herr Regierungsrath Dr. Friedrich Kenner, Director der Münzen-, Medaillen-
und Antikensammlung des Allerhöchsten Kaiserhauses: Worte der Erinnerung an die im
Jahre 1792 erfolgte Vollendung des I. Bandes der Doctrina numorum veterum von
Joseph Eckhel.
3. Herr Gymnasialprofessor Victor v. Renner: Die Münzkunde in der Schule.
Ausstellung von Funden aus Taormina, Constantinopel, Eggenburg und Krummnuss-
baum: Syrakus, Alexander der Grosse, Wiener Pfennige und Kaisergroschen aus der
Sammlung des Herrn Victor v. Renner und Ausstellung von Manuscripten Eckhels
aus der Sammlung des Herrn Bankbuchhalters Adolf Meyer in Berlin. — Gäste
willkommen.   Der Vorstand.

Versammlungen der numismatischen Gesellschaft mit Vorträgen und Ausstellungen
finden am Mittwoch den 18. Jänner, 15. Februar, 15. März und 19. April 1893 Abends
7 Uhr im grünen Saale der kais. Akademie der Wissenschaften, I., Universitätsplatz 2
statt und sind die p. t. Herren Mitglieder und Freunde der Gesellschaft höflichst eingeladen, sich an denselben zu betheiligen.

Es wird ersucht, Zuschriften und Sendungen bezüglich der Zeitschrift an Herrn
Oberbergrath Carl von Ernst, Wien, III., Ungargasse 3 oder Herrn Rudolf v. Höfken-
Hattingsheim, Wien, XVIII., Feldgasse 35, bezüglich der Cassa und des Monatsblattes
an Herrn Franz Trau, I., Wollzeile 1, alle anderen Briefe und Sendungen an die numismatische Gesellschaft, I., Universitätsplatz 2 (kais. Akademie der Wissenschaften), zu richten.

Das Bibliothekslocale der numismatischen Gesellschaft, I., Universitätsplatz 2, ist
an jedem Mittwoch von 6 Uhr an geöffnet.

Die ordentlichen Mitglieder der numismatischen Gesellschaft zahlen eine einmalige Eintrittsgebühr von 2 fl., einen Jahresbeitrag von 8 fl. und erhalten die Zeitschrift und das
Monatsblatt kostenfrei zugestellt. Abonnement der Zeitschrift 6 fl., des Monatsblattes
(12 Nummern) 1 fl.

Ueber mehrfach geäusserten Wunsch steht Mitgliedern der numismatischen
Gesellschaft die letzte Seite des Monatsblattes (Versendung 400 Exemplare) zu kurzen
fachgemässen Anfragen und Ankündigungen in Notizenform kostenfrei zur Verfügung

184

Versammlung der numismatischen Gesellschaft
vom 16. November 1892.

Der Vorsitzende, Vorstandsmitglied Dr. Carl Schalk, begrüsst die zu dieser Versammlung sehr zahlreich erschienenen Mitglieder und Gäste, weist auf die ausgelegten Bücher und Schriften. welche der Gesellschaft geschenkweise oder im Tausche zugekommen sind, hin, und widmet dem am 13. October l. J. verstorbenen correspondierenden Mitgliede der numismatischen Gesellschaft, A. Essenwein, ersten Directors des germanischen Museums in Nürnberg, einige Worte ehrender Erinnerung, worauf er die Anwesenden einladet, zum Zeichen der Theilnahme an dem Verluste, den die Gesellschaft und Wissenschaft durch diesen Todesfall erlitten, sowie zur Ehrung des Dahingeschiedenen, sich von den Sitzen zu erheben.

Hierauf beantragt der Vorsitzende Namens des Vorstandes die Aufnahme der nachstehenden Personen und Institute als ordentliche Mitglieder:

Se. Gnaden P. Ubald Kostersitz, infulirter Propst und Abt des Stiftes Klosterneuburg,

Herrn Johann Piskovich in Orawicza,

Herrn Heinrich Blüthe in Frankfurt a. M.,

Herrn Adolf Willy Wirsing in Frankfurt a. M.,

das fürstl. Fürstenberg'sche Münz-Cabinet in Donau-Eschingen.

Die statutengemäss von je zwei ordentlichen Mitgliedern beantragte Aufnahme dieser neuen Mitglieder wird einstimmig beschlossen.

Der Vorsitzende ladet hierauf Oberbergrath C. v. Ernst ein, den angekündigten Vortrag: Ueber die neue Kronenwährung, zu halten, welchem die zahlreich Anwesenden mit Aufmerksamkeit und sichtlichem Interesse folgten. Zur Illustration desselben hatte der Vortragende 1. die Gold-, Silber-, Nickel- und Bronzemünzen der neuen Währung, welche ihm über Ermächtigung Sr. Excellenz des Herrn Finanzministers Dr. Emil Steinbach vom k. k. Hauptmünzamte theils in geprägten, bisher noch nicht ausgegebenen Münzen, theils in Abschlägen der halbfertigen Patrizen und Matrizen, zur Verfügung gestellt worden waren; 2. sämmtliche Münzen der österreichischen Währung, 3. die Vereins-, Gold- und Silbermünzen vom Jahre 1857 (aus der Sammlung Rohde), 4. die Acht- und Viergulenstücke vom Jahre 1870, und 5. die österr. Handelsmünzen, Ducaten, Maria Theresiathaler und 4fache Ducaten, in durchwegs stempelglänzenden Stücken, ausgestellt.

Ueber die neue Kronenwährung.
(Auszugsweise nach dem in der Versammlung der numismatischen Gesellschaft am 16. November 1892 von Oberbergrath C. v. Ernst gehaltenen Vortrage.)

Der Vortragende bemerkt zunächst, dass er die Fragen der Valutareform, des Währungswechsels und der Valutaregulierung in Oesterreich-Ungarn nicht berühren, sondern nur das neue Münzsystem und die neuen Münzen besprechen wolle, welchen beiden Hauptbestandtheilen der neuen Währung von der Publicistik, vom Parlamente und überhaupt von der öffentlichen Meinung weitaus nicht die gleiche Sorgfalt, die gleiche Eindringlichkeit der Betrachtung zugewendet wurde, wie den erwähnten Fragen. Indem er der Aussprüche gewiegter Fachschriftsteller gedenkt, dass über das Münzwesen eine genügende Kentniss im Publikum und selbst in den gebildeten Kreisen keineswegs bestehe, spricht er sein Bedauern aus, dass in allen Fällen, in welchen in- und ausserhalb des Parlaments die Valutareform zum Anlasse der Erörterung gemacht worden, die auf das Münzsystem und auf die Münzen bezüglichen Fragen fast gar nicht berücksichtigt werden, wogegen eine eingehende Discussion derselben, insbesondere

wenn sich sachkundige Männer daran betheiligt hätten, zur Aufklärung über dieselben beigetragen hätte. Auf das neue Münzgesetz vom 2. August 1892 übergehend, weist der
Vortragende nach, dass die Bezeichnungen K r o n e n w ä h r u n g und G o l d w ä h r u n g
gewissermassen im Widerspruche stehen, weil die Rechnungseinheit, die K r o n e nicht
in Gold, sondern in Silber ausgeprägt wird. Es hätte, nach dem Beispiele Gross-
britanniens, ebensogut eine Goldmünze zur Münzeinheit gewählt werden können, unter
irgend einem Namen, z. B. Adler, Pfund, Aureus, deren 20. Theil dann ebenfalls die
Krone sein konnte. Redner ist überzeugt, dass eine Vertheuerung aller Lebensbedürfnisse,
wie sie vielfach als Folge einer solchen grossen Münzeinheit befürchtet wird, nicht
eingetreten wäre, da auch dann die silberne Krone ganz die gleichen Functionen als
eigentlicher Werthmesser erfüllt hätte, wie es die jetzt zur Rechnungseinheit erklärte
Silberkrone thun wird.

Unsere Gesetzgebung hatte die Aufgabe, den Uebergang von der bisherigen
Silberwährung, oder besser von der Notenwährung, zur Goldwährung durchzuführen.
Sie musste also zunächst die vielbesprochene R e l a t i o n zwischen dem bisherigen Gelde
und dem Golde ermitteln. Dabei stellte es sich heraus, dass 1 Kilogramm Feingold
um fl. 1640 in Noten zu beschaffen sei. Es bot sich nun die Möglichkeit. die ver-
schiedenartigsten Münzsysteme mit der Ziffer 1640 in Beziehung zu bringen, d. h. jede
beliebige Menge Einheiten aus 1 Kilogramm Gold hervorgehen zu lassen, von welchen
dann eine jede einen anderen Werth in österreichischer Währung gehabt hätte,
während ihre Gesammtheit dem Betrage von 1640 fl. gleichgekommen wäre. Wohl
nur der Einfachheit wegen entschied man sich für 3280 Einheiten, also das Doppelte
von 1640. Dadurch ist die Umrechnung jedenfalls ausserordentlich erleichtert, denn
1640 fl. = 3280 Kronen, 1 fl. = 2 Kronen, 1 Krone = 50 Kreuzer. Zwanzig dieser
Münzeinheiten gelangen in dem 20-Kronenstücke zur Ausprägung, von welchem also
164 Stück aus 1 Kilogramm Gold hervorgehen, so dass ein jedes 6,775067 Gramm
Feingold enthält. Das Gewicht dieses 20-Kronenstückes ist in Ziffern nicht auzudrücken,
und noch viel weniger durch die Wage genau festzustellen. Redner erinnert an die im
Jahre 1857 durch den deutsch-österreichischen Münzvertrag geschaffene Vereinsgold-
münze. die »Krone«, welche genau 10 Gramm Gold enthielt und deren Zweckmässigkeit
von hervorragenden Fachgelehrten wiederholt dargethan worden, und spricht sein Befremden aus, dass man weder im Deutschen Reiche noch jetzt bei uns nach derselben
zurückgegriffen habe. Er entwickelt das Münzsystem, welches bei der Wahl dieser
Goldmünze entstanden wäre, weist nach. dass dann 2000 Einheiten (statt 3280) und
100 Goldstücke zu 20 Einheiten (statt 164) aus 1 Kilogramm Feingold hätten ausgebracht werden müssen, und dass jede Einheit 82 kr. $\left(\frac{1640}{2000}\right)$ österr. Währung werth
gewesen wäre. Nachdem der Vortragende den Werth aller übrigen Münzarten dieses Systems
angesetzt und erörtert hatte, fügt er bei, dass jene Hauptgoldmünze, wenn sie auch noch
aus ganz feinem Golde (nicht wie jetzt aus Vorurtheil und Gewohnheit überall üblich,
aus legirtem Golde) ausgeprägt worden wäre und daher auch äusserlich das Gewicht
von 10 Gramm erhalten hätte, gewiss früher oder später in allen Ländern eingeführt
worden wäre, weil sie alle Eigenschaften besessen haben würde, zur Weltmünze
zu werden.

Redner wendet sich nun den das neue Münzsystem wirklich darstellenden
7 Münzen zu, und legt ausführlich dar, dass mit denselben das Auslangen nicht
wird gefunden werden können, wenn einmal die Goldwährung zur That geworden
sein wird. Es werde sich dann sehr bald die Nothwendigkeit herausstellen, das vom
Abgeordnetenhause verworfene Halbkronen- oder 50-Hellerstück, und gewiss auch das

2- und das 5-Kronenstück einzuführen. Endlich werde auch die Ausprägung des goldenen 10-Kronenstückes für Private freigegeben werden müssen.

Auf das Gepräge der neuen Münzen übergehend, lässt der Vortragende der künstlerischen Auffassung der bildlichen Darstellungen auf denselben, sowie der tadellosen Gravierung volle Gerechtigkeit wiederfahren und unterzieht dann die einzelnen Münzsorten einer kritischen Betrachtung. Er tadelt zunächst die moderne Darstellungsweise des Münzherrn mit entblösstem Halse, welche angeblich eine Nachahmung der Antike ist, aber der heutigen Sitte nicht entsprechen kann, da wir uns den Münzherrn doch immer nur bekleidet vorstellen können. Die jetzt überall übliche Darstellung des Münzherrn sei im vorigen Jahrhunderte aufgekommen, könne aber nur als eine Verirrung des Geschmacks bezeichnet werden. Redner betont jedoch, dass er mit diesen allgemeinen Ausführungen keineswegs einen Vorwurf gegen den Künstler beabsichtige, welcher das vortreffliche Bild des Kaisers auf unseren neuen Münzen geschaffen hat. Es sei eben diese Art der Darstellung überall so gebräuchlich, dass eine Abweichung davon einen Eingriff in die althergebrachte Uebung bedeutet haben würde. Die tatellose Ausprägung des reliefgehaltenen Bildes müsse als Erfolg der Graveurkunst und Prägetechnik bewundert werden, denn es könne nicht leicht sein, dasselbe auf dem 20-Kronenstücke hervorzurufen, ohne die vorher in den Schrötling vertieft eingedruckte Randschrift zu zerstören. Da das 10-Kronenstück, statt mit der Randschrift mit einer aus 10 kleinen Kronen bestehenden Verzierung versehen werden wird, so schlägt Redner vor, auch den Rand des 20-Kronenstückes in gleicher Weise, nämlich mit 20 Krönchen zu verzieren. Dadurch würde auch dem Uebelstande abgeholfen, dass die neuen 20-Kronenstücke mit den 8-Guldenstücken vom Jahre 1870 verwechselt werden, weil beide den gleichen Durchmesser, die gleiche Randschrift und auch die gleiche Zahl 20 tragen.

Da die Rückseite der neuen Goldmünzen die Werthbezeichnung und die Jahreszahl zweimal aufweist, was gewiss auffallen muss, glaubt Redner, dass dies abgeändert werden sollte.

Die neue Rechnungseinheit, die silberne Krone, welche auf der Hauptseite ebenfalls das Bild des Kaisers trägt, zeigt auf der Rückseite keinerlei Legende, sondern nur eine 1 unter einer Krone, und wird dadurch wohl allen Völkern unserer vielsprachigen Heimat verständlich. Redner ist jedoch der Ansicht, dass die Verständlichkeit nicht gelitten hätte, wenn in Uebereinstimmung mit den Goldmünzen, auch hier die Werthbezeichnung: Una Corona gelautet hätte. Jedenfalls habe das vorliegende Gepräge der Krone für uns etwas fremdartiges, von den bisherigen österreichischen Münzen abweichendes, was umso deutlicher in die Augen springe, wenn die ganze Serie der Münzen der neuen Währung überblickt und mit den nebenan ausgestellten Münzen der österreichischen Währung verglichen würde. Alle sind mit dem österreichischen Doppeladler versehen, nur auf der, für den Grossverkehr bestimmten neuen Silberkrone fehlt derselbe.

Von den neuen Scheidemünzen werden die 20- und 10-Hellerstücke aus reinem Nickel ausgeprägt; der Vortragende zollt der Wahl dieses Münzmaterials den vollsten, Beifall, indem er die Ueberzeugung ausspricht, dass sich die neuen Nickelmünzen im Publikum allgemeiner Beliebtheit erfreuen werden. Das reine Nickel lasse, wie die ausgestellten Exemplare beweisen, ein sehr vollendetes Gepräge zu und bewahre seine gefällige Farbe. Die geschmackvolle Zeichnung der Reversseite der beiden Nickelmünzen, welche innerhalb einer, an die prachtvollen Kupferkreuzer der Kaiserin Maria Theresia erinnernden Cartouche, die Werthbezeichnung 20, bezw. 10 aufweist, trete auf diesen Münzen aus reinem Nickel, sehr vortheilhaft hervor. Aber noch eine sehr bemerkenswerthe Eigenschaft besitzen diese beiden Scheidemünzen. Da das reine Nickel vom Magnete angezogen werde, was jedoch nicht der Fall ist, wenn ihm fremde Metalle beigemengt sind, so lassen sich Fälschungen sehr leicht erkennen.

Die untersten Werthmesser des neuen Münzsystems, die 2- und 1-Hellerstücke, bestehen aus Bronze, einer Mischung von 95% Kupfer, 4% Zink und 1% Zinn. Der Vortragende bespricht diese Münzlegierung, welche durch Zufall gefunden wurde, als in Frankreich unter Napoleon III. alle alten Scheidemünzen aus Kupfer, Messing, Kanonen- und Glockenmetall seinerzeit zusammengeschmolzen wurden. Da sich diese Legierung sehr widerstandsfähig erwiesen hat, wurde sie in vielen Ländern, zuletzt im deutschen Reiche und jetzt in Oesterreich-Ungarn eingeführt. Die neuen Bronzemünzen tragen auf dem Reverse die Werthbezeichnung innerhalb einer cartoucheartigen Verzierung. Der Vortragende bemerkt, es sei aufgefallen, dass diese Bronzemünzen ebenso wie die Nickelmünzen jeder Aufschrift und der näheren Bezeichnung ihres Werthes entbehren. Sie könnten vielleicht dadurch als österreichische Münzen legitimirt werden, dass, um keinerlei Anstoss zu erregen, die lateinische Ueberschrift: Austria (entsprechend dem Helvetia auf Schweizer Münzen) oder: Moneta Austriaca, gewählt würde. Ferner könnte man den Werthzahlen das Wort Hallenses (Heller) oder Centicoronae beifügen. Ist doch heute jedem Kinde aus dem Volke der Centimeter, das Dekagramm geläufig; ganz leicht würde man sich also an das anfangs fremdklingende Centicorona gewöhnen, für welches das abgekürzte Cent, wie in Amerika, gebräuchlich werden würde.

Nicht unerwähnt will der Vortragende lassen, dass das neue Münzgesetz zwei wichtige den Handel Oesterreichs mit dem Oriente wirksam fördernde Bestimmungen enthalte, nämlich die Zulassung der fortgesetzten Ausprägung des kaiserlichen Dukatens und des Maria Theresien-Thalers mit der Jahreszahl 1780. Diese der weisen Fürsorge der Regierung und der Vertretungskörper entspringende Massregel könne nicht hoch genug angeschlagen werden. Als einen anderwärts vorher kaum jemals beobachteten Fall, macht der Vortragende darauf aufmerksam, dass wir es im Augenblicke mit Münzen zu thun haben, welche nicht weniger als vier verschiedenen Münzfüssen angehören: dem Levantiner Thaler und dem Dukaten des Conventions-Münzfusses von 1753, den Münzen der österreichischen Währung vom Jahre 1857, den 8- und 4-Guldenstücken vom Jahre 1870 und den Münzen der neuen Kronenwährung.

Redner betont zum Schlusse, dass er bei seiner kritischen Betrachtung des neuen Münzgesetzes eigentlich nur Weniges hervorgehoben habe, das ergänzungsbedürftig und verbesserungsfähig wäre und dass es daher keine grosse Mühe kosten würde, Abhilfe zu schaffen. Derartige kleine Abänderungen hätten sich bei den Münzreformen aller Länder, u. A. auch im Jahre 1857 bei Einführung der österreichischen Währung als nothwendig herausgestellt. Dass wir es dank dem Zusammenwirken ausgezeichneter Künstler und tüchtiger Fachleute erreicht haben, vollendet schöne Gepräge zu liefern, zeigen die neuen Münzen auch in ihrer gegenwärtigen Beschaffenheit; jedes Stück für sich betrachtet, sei ein Meisterwerk der Glyptik und Prägetechnik. Auch ohne die wünschenswerthen kleinen Zuthaten und Abänderungen werden sonach unsere neuen Münzen dem Zwecke entsprechen, den zu erfüllen, sie ebenfalls bestimmt sein sollen, nämlich, für alle kommenden Zeiten Zeugniss abzulegen von der Geschmacksrichtung, von dem Kunstsinne, von der Gesittung, welche zu Ende des XIX. Jahrhunderts in Oesterreich herrschten, einem Lande, das in seiner natürlichen Beschaffenheit, in der angeborenen Begabung seiner Bewohner, in seinen geschichtlichen Erinnerungen, in dem Schwunge seines geistigen Lebens, alle Voraussetzungen edlen künstlerischen Schaffens und hervorragender Thaten im Reiche des Schönen gewährt!

188

Aus österreichischen Münzensammlungen.

I. Münzensammlung des Stiftes Zwettl. Unter vielen andern Merkwürdigkeiten besitzt das altehrwürdige Stift Zwettl im weltabgelegenen Waldviertel auch eine Münzensammlung, die wenigstens für gewisse Partien ihres Gleichen sucht. Die Sammlung, welche vom derzeitigen Prior des Stiftes, dem hochwürdigen Herrn P. Julius Zelenka mit einem wahrhaften Bienenfleisse geordnet, beschrieben und katalogisiert wurde, ist eine sogenannte universelle Sammlung. Sie umfasst über 12.000 Münzen und Medaillen, von denen ungefähr ein Drittheil auf das Alterthum, zwei Drittheile auf das Mittelalter und die Neuzeit entfallen. Sind auch der griechischen Münzen nur wenige vorhanden, so sind doch die römische Republik und besonders das Kaiserthum in der 1. Gruppe vorzüglich vertreten. Vom Schwergeld nur Triens, Quadrans, und Sextans umfassend sind Antonius. Caesar, Augustus, Galba, Otho, Vitellius, Trajanus sehr schön und reichhaltig vertreten. Von den späteren Kaisern wären erwähnenswerth Pescennius Niger (4 Stück), Pertinax (etwa ein Dutzend), Valerianus und Postumus in Grossbronzen, Diocletianus (MONETA AUGG. VI. Coh.² 323), Valerianus etc. Eine Besonderheit bilden die vielen schönen griechischen Colonialmünzen, welche unter dem etwas absonderlichen Titel: Alexandrini dem Kaiserreiche als Anhang beigegeben sind. Darunter die seltenen Antinoos (5 Stücke, darunter II. Coh.² 1).

Dieser ersten Abtheilung. in 2 grossen Kästen untergebracht, schliesst sich im 3. Kasten als Abtheilung Nr. II, die Serie der geistlichen Prägungen an, zunächst die Päpste (meist Suitenmedaillen), dann Erzbisthümer, Bisthümer und Abteien (darunter die beiden seltenen Medaillen der Aebte Ulrich II., Hackel 1586—1607 und Melchior Zaunak 1706—1747).

Kasten Nr. 3 enthält die Münzen und Medaillen der Kaiser Deutschlands (von Konrad II. bis Franz II., darunter eine Riesengoldmedaille zur Erinnerung an Kaiser Sigismund), Oesterreichs (besonders Babenberger und Maximilian I.), Russlands, der Türkei. Daran schliesst sich China, Brasilien und Mexiko, Arabien, Hindostan (sehr seltene Stücke), Persien und Java (schöne Colonialmünzen); den Beschluss macht Afrika.

Kasten 4 enthält die Königreiche. (Kaum dürfte eine zweite Sammlung Oesterreichs die bayrischen Geschichtsthaler König Ludwig I. in so vollständiger Reihenfolge aufweisen); Kasten 5 die Fürstenthümer und Städte. Der Kasten 6 ist für Ergänzungen der Abtheilung Nr. II bestimmt.

Mit einem Worte, Stift Zwettl besitzt eine Münzen- und Medaillensammlung, die nach mehr als einer Richtung Anregung vollauf bietet demjenigen, der für Münzenkunde Interesse besitzt. Der ausserordentlich ausführliche und genaue Katalog in sechs Bänden erleichtert das Studium derselben in hervorragender Weise.

II. Münzensammlung im städtischen Museum zu Budweis. Bei Gelegenheit eines Besuches der freundlichen Stadt Budweis hatte ich Gelegenheit das geradezu staunenswerth reiche städtische Museum und die daselbst unter anderem ausgestellte Münzensammlung zu besehen. Die Sammlung — grösstentheils Geschenke Budweiser Bürger — zählt über 5000 Stück Münzen und Medaillen und zwar sowohl des Alterthumes, als auch des Mittelalters wie der Neuzeit in allen Metallen. Es dürfte kaum eine zweite Sammlung geben, in der die fürstlich Schwarzenbergischen Gepräge so vollständig vertreten sind wie hier. Die musterhafte Ordnung der Sammlung und die Schönheit der ausgestellten Stücke wird jedem Numismatiker umsomehr Freude bereiten, als man dergleichen nicht überall antrifft. —

V. v. Renner.

Aus den numismatischen Gesellschaften.

Wien. Club der Münz- und Medaillenfreunde. 21. November. Ueber Antrag des Herrn Josef Nentwich wurde beschlossen, die nächste Jahresmedaille auf den Kammermedailleur Herrn Anton Scharff prägen zu lassen, da derselbe vor 25 Jahren seine erste Medaille modellirte. Mit der Ausführung wurde der Medailleur Herr F. Pawlik betraut.

Münzfunde.

Lainz. Im Juni 1892 wurden in der Nähe der Haltstelle der Verbindungsbahn, laut Mittheilung der Octobernummer des Monatsblattes des Wiener Alterthumsvereines, zwei Römergräber entdeckt. Das eine derselben enthielt ein As des Kaisers Antoninus Pius und eine Bronzemünze der Kaiserin Helena, Gemahlin des Kaisers Julianus Apostata.

Steyr in Oberösterreich. Im Flusssande der Enns nächst der Neuthorbrücke wurde 1892 eine Gross-Bronze-Münze des Kaisers Trajan gefunden. Avers: NERVAE TRAIANO AUG GER DAC . . . Revers: FELICITAS AUGUST SC Stehende weibliche Figur, in der erhobenen Rechten den Caduceus, in der Linken ein Füllhorn haltend. Unterhalb der Stadt, am linken Ennsufer, auf dem sogenannten Schlüsselhoffelde, wurde gleichfalls vor Kurzem eine Mittel-Bronze-Münze des Kaisers Trajan gefunden, welche im Reverse die Inschrift S P Q R OPTIMO PRINCIPI SC trägt und einen Krieger zeigt, der die Linke auf die Lanze stützt, in der ausgestreckten Rechten eine Victoria trägt und zu dessen Füssen rechts eine kniende Figur die Hände flehend emporhebt. Beide Münzen sind im Besitze des städtischen Museums, das mit Unterstützung der Stadtvertretung einer rastlosen Vereinigung von Alterthumsfreunden sein Entstehen und seine Vermehrung verdankt.

Literatur.
Für die Bibliothek eingelangte Werke.

Kull J. V. Studien zur Geschichte der Münzen der Herzoge von Bayern vom XIII. bis Anfangs des XVI. Jahrhunderts, insbesonders aus der Münzstätte von Ingolstadt. Ingolstadt, A. Ganghofer. Geschenk des Verfassers.

Mittheilungen des Clubs der Münz- und Medaillenfreunde in Wien. Redigirt von Jos. Nentwich. Nr. 29. Die Medaillen aus der Regierungszeit Sr. Majestät des Kaisers Franz Josef I. (Fortsetzung). Th. Unger. Numismatische Streifzüge auf archivalischem Gebiete. Joh. Nentwich. Eine unbekannte Medaille aus dem Jahre 1848. Neue Prägungen. Miscellen. Club-Nachrichten. Bibliographische Rundschau. Nr. 30. Victor Conradi †. Medaillen aus der Regierungszeit Sr. Majestät Kaiser Franz Josef I. Forts. Josef Nentwich. Das belagerte Belgrad und die hierauf geprägten Medaillen. Hugo Weifert. Meine Sammlung von Medaillen auf die Eroberung Belgrads. Neue Prägungen. Miscellen. Clubnachrichten.

Mittheilungen, numismatische. Organ des Vereines für Münzkunde in Nürnberg. Nr. 27. Aus dem Vereinsleben. Münzverkehr.

Raccoglitore Romano. Bollettino Mensile. Anno I. Nummer I. Am 1. October 1892 erschien die erste Nummer dieser Monatsschrift, deren Leitung den bewährten Händen des Dr. Tommaso Capo anvertraut ist. Der Inhalt ist reich und mannigfach. Bücher, Münzen, Autographen, Kameen, die unvermeidlichen Briefmarken etc. reihen aneinander; von den beschriebenen Münzen seien hervorgehoben: ein Carlino von Camerino (500 L.), eine Madonnina von Fano (150 L.) und ein Bolog-

190

nino Alfonso von Aragonien aus Sulmona (500 L.), eine Reihe Asses, päpstliche und römische Kaisermünzen.

Revue belge de numismatique. Mit 3 Tafeln. Bruxelles, 1892, IV. livr. E. Babelon. Numismatique d'Édesse en Mésopotamie. V. B. de Jonghe. Un triens signé par un monétaire mérovingien inconnu jusqu'à ce jour et frappé dans un atelier nouveau. Th. M. Roest. Essai de classification des monnaies du comté puis duché de Gueldre. Cte. Maurin de Nahuys. Thaler commémoratif frappé à Emden en 1571 et se rapportant aux troubles des Pays-Bas. Auguste Delbeke. Monnaies grecques et médailles modernes. V. Lemaire. Les procédés de fabrication de monnaies et medailles depuis la Renaissance. Necrologie. Mélanges. Societé royale de Numismatique.

Rivista italiana di Numismatica diretta da Francesco ed Ercole Gnecchi. Milano, Cogliati, 1892. Anno V. Fasc. II. Francesco Gnecchi. Appunti di Numismatica Romana. XXII. Scavi di Roma nel 1891. Medaglione di Severo Alessandro e Giulia Mammea. XXIII. Numi plumbei. Ettore Gabrici. Pocche Osservazioni sul denaro di L. Memmi. Nicolò Papadopoli. Il Bimettalismo a Venezia nel Medio Evo. Bernardo Morsolin. Tre medaglie in onore di Frate Giovanni da Vicenza. Cesare Poma. Di una monetina inedita della zecca di Messerano. Alfredo Comandini Medaglie Italiane del 1890. Constantino Luppi. Vite di illustri Numismatici italiani. XII. Giulio Cordero di S. Quintino. Bibliografia. Notizie varie. Atti della società Numismatica Italiana.

Rondot, Natalis. Les graveurs de la monnaie de Troyes du XII. au XVIII. siècle. Paris 1892. Die Münzstätte zu Troyes ist eine der ältesten Frankreichs, denn sie bestand bereits zur Zeit der Merovinger, aus welcher eine Reihe von Monetarii bekannt sind. Der Verfasser, durch seine zahlreichen Veröffentlichungen als fruchtbarer Forscher auf dem Gebiete der Münzengeschichte französischer Städte uns allen wohl bekannt, stellte in dem vorliegenden Werke die Ergebnisse seiner archivalischen Studien, die Münze zu Troyes betreffend, zusammen, wobei er, von der ältesten Urkunde aus dem Jahre 1100 ausgehend, alle Münzmeister bis zum Jahre 1417 in zusammenhängender Reihenfolge, alle über die genannte Münze aufgefundenen geschichtlichen Daten und schliesslich die Namen von 31 Graveuren anführt, welche für dieselbe thätig waren. Der meisten der letzten sind biographische Skizzen beigefügt, auch werden die wichtigeren im Werke genannt. Auch diese neueste Publikation des hochverehrten Verfassers bietet einen wichtigen Beitrag zur Geschichte des Münzwesens in Frankreich.　　　　　　　　　　M.

Sammler, der. Herausgegeben von Dr. Hans Brendicke in Berlin. Aus Nr. 13. Münzfunde. Aus Nr. 14. Christoph Columbus-Medaille.

Saurma'sche Münzsammlung deutscher, schweizerischer und polnischer Gepräge. I. Text, II. Abbildungen. Geschenk des Herrn Adolf Weyl in Berlin.

Zeitschrift der deutschen morgenländischen Gesellschaft. 46. Band, 2. Heft.

Zeitschrift für Numismatik. Herausgegeben von Alfred v. Sallet. XVIII. Band, Heft 1. Mit 9 Abbildungen und 3 Tafeln. M. Hartmann. Zwei unedirte Silbermünzen des Mamelukensultans Salâmisch. M. Fränkel. Die Münzen von Pergamon mit Bilde der Drusilla. L. Fikentschr. Beiträge zur hennebergischen und hessischen Münzkunde. Rudolf Scheuner. Ein Groschen der Stadt Görlitz. Derselbe. Einige Fragen zur schlesischen Münzkunde. Derselbe. Ein Wendenpfennigfund in der Oberlausitz. Derselbe. Die Münzen der Stadt Görlitz. J. V. Kull. Niederolm, eine Münzstätte des Pfalzgrafen Ludwigs I. von Zweybrücken-Veldenz 1464—1465. Literatur.

Verschiedenes.

Das Wiener Hauptmünzamt bestand um die Mitte des vorigen Jahrhunderts: 1. Aus dem eigentlichen Münzhause in der Himmelpfortgasse, welches 1754 eröffnet wurde. 2. Aus den Werkstätten im Münzgraben (jetzt Kolowratring) mit einer Abtreibhütte, dem Silberhammer, Stampf- und Streckwerk, Krätzmühle und Schlosserei. 3. Aus dem Münzamtsgebäude auf den sogenannten Ochsengries vor dem Stubenthore mit dem Scheidgaden, zwei Prägstuben mit 6 Stosswerken, dem Gold- und Silber-Drahtzug. 4. Aus den von der gräflich Mollart'schen Herrschaft gepachteten Hammer- und Stampfwerk sammt Krätzmühle in Gumpendorf. Ausserdem wurde das Abtreiben aus geringhaltigen Pagamentsilber in Kremnitz zu St. Annaberg (N.-Oe.) und zu Brixleg in Tirol, das Auswalzen eines Theiles der Zaine zu den Zwanzigern auf den Kupferhammerwerk zu Wöllersdorf vorgenommen. (Promemoria des Münzmeisters M. P. Klemmer v. d. Jahre 1763). *E.*

Mathäus Donner, k. k. Münzgraveur-, Instructions-Director und Münz-Eisenschneider, auch k. k. Münz-Graveur-Kunst-Scholaren-Director, wurde auf Grund kais. Resolution vom 25. Febr. 1749 vom k. k. Münz- und Bergwesens-Directions-Hof-Collegium zum Ober-Münz-Eisenschneider ernannt. Anlass hierzu gab die Einführung von Kupfermünzen, welche neben den, im Küstenlande bereits bestehenden kupfernen Soldi, geschaffen wurden, um an Stelle der silbernen Scheidemünzen, von den Polturaken angefangen, zu treten. Es wurde bestimmt, dass die kupferne Polturaken, Kreuzer, Gröschl, Hungrisch und Pfennig, zu 130 fl. per Ctr. Kupfer auszumünzen seinen. M. Donner wurde die bis dahin bezogene Besoldung von 1000 fl. und vom 1. Januar 1748 in praeterito 24 fl. Holzgeld zur Beheizung der Akademie-Zimmer und für Wohnung zugesichert. Zu seiner Unterstützung wurde ihm ein Münz-Eisen-Schneider in der Person des Joseph Toda, mit 500 fl. Besoldung und freier Wohnung oder in Ermanglung einer solchen mit 100 fl. Quartiergeld, ferner 4 Münz-Graveur-Kunst-Scholaren, wovon die 2 ersten jährlich 250 fl., die 2 letzteren die bis dahin üblichen 150 fl. erhielten, beigegeben. Zu den 2 ersteren bestimmte man Maximilian König und Johann Michael Dauterling, zu letzteren die Frequentanten der Münz-Graveur-Kunst-Instruction Heinrich Anreither und Peter Wagner. *E.*

Das sorgfältige Gepräge der Münzen zur Zeit der Kaiserin Maria Theresia war der Aufmerksamkeit mit zu verdanken, mit welcher dieselben vor ihrer Ausgabe, sowie die Prägestempel vor ihrer Verwendung untersucht wurden. In einem Promemoria des Münzmeisters Mathias Paul Klemmer aus dem Jahre 1763 findet sich unter den Obliegenheiten, welche er sich auferlegt hatte, auch die nachstehende verzeichnet: »Damit eine reine und zierliche Müntz unter das Publicum komme, so werde wie bishero, also auch künftig fortfahren, um 6 Uhr in der Fruhe die auf allen Müntzwerkern sowohl im Müntz-Haus als in dem Scheid-Gaaden aufgestossene Müntz-Gattungen zu besichtigen,· und zu betrachten, ob von denen Aufschiessern der Präg-Stöcke egal eingerichtet, ob im Aufstossen die erforderliche Force angewendet worden, und wegen Mangel derselben die Müntzen nicht etwan blind, oder eine sonstige Ausstellung daran seye, so verbesseret werden müssen. Und zumahlen die von sammtlichen Müntz-Eisen-Schneidern, und Scholaren verfertiget werdende Präg-Stöcke nach der von mir vorgeschlagen und von hoher Instanz approbirten Ordnung sammt deren Abdrücken in das Amt geliefert werden müssen; So ist, und wird auch künftig meine Obliegenheit seyn, dieselbe zu revidiren, ob die an den Umschriften befindlichen Buchstaben recht, und nicht versetzet worden, ob die Gravierung ihre erforderliche Zierlichkeit habe und was deme noch weiteres anhängig ist, nach wessen Beschehen erst solche dem Müntz-Schlosser zum Härten übergeben und sodann denen Graveurn zum Poliren zurückgestellet werden. *E.*

Eine Schratz-Medaille. Von unserem verewigten Freunde Wilhelm Schratz in Regensburg besteht eine, etwa zehn Jahre vor seinem so plötzlichen Hinscheiden angefertigte Gussmedaille, welche zwar nicht zu den hervorragendsten Ergebnissen der Medailleurkunst zählt, da sie aber seine Züge ziemlich getreu wiedergibt, als Erinnerung an den unermüdlichen und allgemein beliebten Fachgenossen von Werth ist. Dieselbe zeigt auf der Vorderseite sein Brustbild von d. r. S., dann seinen Namen W. SCHRATZ, dahinter die Worte ÆT. XLVI. und ein Kleeblatt. Die Rückseite enthält ein reich ornamentiertes Wappen mit einem stehenden Fische in rothem Felde und obenauf zwei Adlerflügel, in welchen sich der Fisch wiederholt (ohne Umschrift). Durchmesser 52 Millim. Mein Exemplar besteht aus Weissmetall. Die Medaille soll aber ursprünglich in Silber gegossen worden sein. *E.*

Anfragen an Fachgenossen. In dem der Wiener Schlossergenossenschaft gehörigen im Jahre 1420 angelegten Buche der Wiener Sand Lienhartszeche steht auf dem Rückdeckel folgende Eintragung von einer Hand des 15. Jahrh.: »Eingenomen die zechmaister 19½ schill. den; 2 pehemisch gross, 7 plapharden dicti alt egkchser, ain Regenspurger.« Was mag mit den »alt egkchsern« gemeint sei, etwa alte Etschkreuzer aus der Münzstätte Meran? *K. Schalk.*

Das „Ozon" in Wasser suspendirt: seine Verwendung in der Numismatik. Folgende Notiz ist der Nummer 27 der Mittheilungen des Clubs der Münz- und Medaillen-Freunde in Wien entnommen: Es beleidigt das Auge, wenn antike Silbermünzen oder auch alte Thaler und Medaillen blank geputzt in den Schaukästen der Museen oder in den Privatsammlungen zu sehen sind. Es geht nicht immer an, nur fundreine Münzen zu sammeln — man bekommt sie eben sehr selten und wenn auch, so sind sie zumeist so incrustirt mit Schmutz, Oxydschichte oder kohlensaurem Kupferoxyd, dass das Gepräge unkenntlich oder wenigstens in vielen Fällen die oft künstlerische Ausführung der antiken Münzen sehr beeinträchtigt wird. Daher müssen diese Münzen geputzt werden, was bei Silbermünzen am besten mit verdünnter Schwefelsäure geschieht. Dadurch wird zwar Schmutz, Oxyd und kohlensaures Kupferoxyd gründlich entfernt, aber die Münze glänzt wie neu, und es gehört für den Anfänger eine etwas starke Illusion dazu, sich zu denken, die Münze in dieser reinen Erhaltung sei 1000 bis 2000 Jahre alt. Legt man nun diese Münze $1/4$, $1/2$ bis 1 Stunde in Ozon, zu haben in W. Twerdy's Apotheke, Wien, I., Kohlmarkt 11, so überzieht sich dieselbe mit einer Silberoxydschichte, genau die natürliche Patina des Silbers, und die Täuschung ist eine vollkommene. Fährt man mit Fliesspapier oder einer Bürste darüber, so werden die hervorragenden Stellen etwas lichter, wodurch Zeichnung und Schrift deutlicher hervortreten und die Münze ein feines Aussehen erhält.

Dr. Ch. Robert Fischer.

Graz. Der historische Verein für Steiermark, der auch auf dem Gebiete der Steiermärkischen Numismatik schon Ausgezeichnetes geleistet hat und in der Reihe seiner Mitglieder hervorragende Numismatiker zählt, hat am 20. November in der sogenannten grünen Landstube die siebenhundertjährige Vereinigung der Steiermark mit Oesterreich durch eine Festversammlung gefeiert, in welcher Herr Regierungsrath Dr. Ilwolf die Geschichte der Steiermark bis zum Vertrage vom 17. August 1186. der zwischen Herzog Leopold von Oesterreich und Herzog Ottokar auf dem Georgsberge bei Enns abgeschlossen wurde und die Vereinigung der Steiermark mit dem Stammlande der Monarchie staatsrechtlich begründete, worauf nach dem am 8. oder 9. Mai 1192 eingetretenen Tode des Herzogs Ottokar auf dem Hoftage zu Worms, 24. Mai 1192 Herzog Leopold V. von Oesterreich und sein Sohn Friedrich mit dem Herzogthume Steiermark durch Kaiser Heinrich VI. belehnt wurde. Se. Excellenz der Herr Landeshauptmann Graf Wurmbrand besprach jene Ereignisse, durch welche Oesterreich und Steiermark vereinigt wurden, welches stets in zuverlässiger Treue zum erlauchten Hause der Habsburger halten werde.

Brüder Egger. Wien, I., Opernring 7. Mezzanin. VI. Verkaufskatalog von Münzen und Medaillen der Griechen und Römer, des Mittelalters und der Neuzeit. 4079 N.

J. Florange, Paris, Quai Malaquais 21. 2. Catalogue de monnaies et médailles anciennes du Moyen-age et modernes. Collection R. G. de Voiron. Isère.

G. Sangiorgi, Rom. Hôtel de Ventes. Vendita della Collezione Caputi. Alterthum, Mittelalter, Neuzeit 902 N. Beginn der Versteigerung am 23. November. -- Catalogo della collezione Battigalli di monete di zecche italiane. medaglie ponteficie e monete estere, medioevali e moderne, monete romane, carta moneta, piombi ecc. 1988 N. Versteigerung vom 12. December an.

Albin Sattler, Basel, Blumenrain 7. IX. Verzeichniss verkäuflicher Münzen und Medaillen. Römische Silbermünzen, Schweiz, verschiedene Länder und Städte. 976 N.

Dr. Franz Walla, Wien, I., Plankengasse 4. I. Preis-Liste verkäuflicher Thaler, Goldmünzen, Medaillen und Papiergeldes. 601 N.

Gilhofer & Ranschberg, Wien, I., Bognergasse 2. Bücherkatalog Nr. 39. Austriaca und Hungarica. 1525 N. Auch Numismatisches.

Simon Schott, Münzen- und Medaillenhandlung, Frankfurt a. M., Grünestr. 30. empfiehlt sein reichhaltiges Lager.

Mionnet, Description de médailles antiques etc. nebst »Poids des médailles grecques d'or et d'argent«, zusammen 17 Bände (höchst selten so complet) hat preiswürdig abzugeben F. J. Wesener, zur Zeit in Ueberlingen am Bodensée, Villa Szuhany.

In G. Sangiorgi's Hôtel de ventes zu Rom. Palais Borghese, we rden in den nächsten Monaten ausser mehreren grossen Sammlungen von Kunstgegenständen und Bibliotheken die Münzensammlungen P. Battigalli (im December, s. Kataloge), Bartolomeo Borghesi, römische Consular- und Kaisermünzen, darunter 200 Unicate und Inedita (Jänner) und Comte de l'Aubépin, römische, italienische und mittelalterliche Münzen (Mai) zur Versteigerung gelangen. Kataloge auf Verlangen.

Herausgeber und verantwortlicher Redacteur: Franz Trau. — Verlag der numismatischen Gesellschaft in Wien. Druck von Kreisel & Gröger, vorm L. W. Seidel & Sohn, in Wien

MONATSBLATT
der
numismatischen Gesellschaft in Wien.

Dieses Blatt erscheint monatlich ein Mal und wird den Mitgliedern der Gesellschaft unentgeltlich zugesendet. Preis des Jahrganges für Nichtmitglieder 1 fl. Zuschriften sind zu richten an die numismatische Gesellschaft, Wien, I., Universitätsplatz 2.

| Nr. 114. | ~~December.~~ *Jänner* | 1893. |

Mittheilungen der Gesellschaft.

Einladung
zu der
am Mittwoch den 18. Jänner 1893, Abends 7 Uhr
im grünen Saale der kais. Akademie der Wissenschaften (I., Universitätsplatz 2)
stattfindenden
JAHRES-VERSAMMLUNG.

Programm:

1. Mittheilung von Einläufen, Wahl von Mitgliedern. Antrag des Herrn Professors Victor von Renner. — 2. Festvortrag des Herrn k. k. Oberbergrathes Carl von Ernst: „Die Münzbuchstaben und Münzmeisterzeichen auf österreichischen Münzen." — 3. Rechenschaftsbericht. — 4. Cassabericht. — 5. Revisionsbericht. — 6. Wahl der Revisoren und Scrutatoren. — 7. Wahl des Vorstandes.

Ausstellung von österreichischen Münzen mit Münzbuchstaben und Münzmeisterzeichen aus den Sammlungen der Herren kais. Rath W. Kraft, Dr. Victor von Miller zu Aichholz, Dr. Hanns Tauber und C. v. Ernst.

Nach §. 14 der Statuten ist die Anwesenheit von 20 Mitgliedern nothwendig.

Der Vorstand.

Demnächst erfolgt der Neudruck der Adressen und wird ersucht, Veränderungen der Titel und Wohnorte bekannt zu geben.

Versammlungen der numismatischen Gesellschaft mit Vorträgen und Ausstellungen finden am Mittwoch den 18. Jänner, 15. Februar, 15. März und 19. April 1893 Abends 7 Uhr im grünen Saale der kais. Akademie der Wissenschaften, I., Universitätsplatz 2 statt und sind die p. t. Herren Mitglieder und Freunde der Gesellschaft höflichst eingeladen, sich an denselben zu betheiligen.

Es wird ersucht, Zuschriften und Sendungen bezüglich der Zeitschrift an Herrn Oberbergrath Carl von Ernst, Wien, III., Ungargasse 3 oder Herrn Rudolf v. Höfken-Hattingsheim, Wien, XVIII., Feldgasse 35, bezüglich der Cassa und des Monatsblattes an Herrn Franz Trau, I., Wollzeile 1, alle anderen Briefe und Sendungen an die numismatische Gesellschaft, I., Universitätsplatz 2 (kais. Akademie der Wissenschaften), zu richten.

Das Bibliothekslocale der numismatischen Gesellschaft, I., Universitätsplatz 2, ist an jedem Mittwoch von 6 Uhr an geöffnet.

Die ordentlichen Mitglieder der numismatischen Gesellschaft zahlen eine einmalige Eintrittsgebühr von 2 fl., einen Jahresbeitrag von 8 fl. und erhalten die Zeitschrift und das Monatsblatt kostenfrei zugestellt. Abonnement der Zeitschrift 6 fl., des Monatsblattes (12 Nummern) 1 fl.

Ueber mehrfach geäusserten Wunsch steht Mitgliedern der numismatischen Gesellschaft die letzte Seite des Monatsblattes (Versendung 400 Exemplare) zu kurzen

Anton Jaroslaw Vrtatko

correspondirendes Mitglied der numismatischen Gesellschaft. gest. 19. December 1892.

Anton Jaroslaw Vrtatko, correspondirendes Mitglied der numismatischen Gesellschaft seit dem Jahre 1886, war Bibliothekar des böhmischen Museums in Prag, er hatte sich neben seinen Berufsgeschäften die Ordnung der reichhaltigen Münzsammlung des böhmischen Museums zur Aufgabe gestellt. Vrtatko war auch als Schriftsteller thätig und unterrichtete seinerzeit die Söhne weiland Erzherzogs Rainer, der als Vicekönig in Mailand weilte, in der böhmischen Sprache. Der Tod ereilte ihn im 78. Lebensjahre infolge schwerer Verletzungen, die ihm beim Ueberfahrenwerden zugefügt worden waren. Vrtatko war Besitzer der goldenen Medaille für Kunst und Wissenschaft.

Versammlung der numismatischen Gesellschaft vom 14. December 1892.

Der Vorsitzende, Vorstandsmitglied Regierungsrath Dr. Friedrich Kenner, begrüsst die zur Versammlung ausserordentlich zahlreich erschienenen Mitglieder und Gäste des Vereines. Unter den letzteren bemerkten wir die Herren Landesschulinspector Dr. Huemer, Director Dr. Hannak, die Mittelschul-Professoren Feodor Hoppe, Hanna, Filippsky, Dr. Kubitschek, Schmidt, Ziwsa, Zycha, Dr. Patsch vom epigraphischen Seminar der Universität etc.

Sodann hält der Vorsitzende Herr Regierungsrath Dr. Kenner seinen Vortrag: Ueber die im Jahre 1792 erfolgte Vollendung des I. Bandes der Doctrina numorum von Joseph Eckhel. Der festlichen Rede entsprechend waren in einem Schaupulte die beiden Eckhelmedaillen aus der Sammlung eines Wiener Eckhelenthusiasten mit Lorbeer umkränzt, nebst mehreren Manuscripten Eckhels aus der Sammlung des Herrn Bankbuchhalters Adolf Meyer in Berlin ausgestellt.

Herr Gymnasialprofessor Victor v. Renner hatte seinen hierauf gesprochenen Vortrag: Die Münzkunde in der Schule, ebenfalls durch eine kleine Ausstellung bereichert. In zwei Schaupulten wurden vorgeführt 61 Stück Syrakusaner Tetradrachmen 485—478 v. Ch. (Fund vor Taormina), 10 Stück Reproductionen von Deschler in München mit Originalen aus der königlichen Sammlung daselbst, 236 Stück Tetradrachmen Alexander des Grossen und 36 Stück Tetradrachmen Philippus Aridäus aus der Sammlung des Herrn Oberstlieutenant Otto Voetter (Fund von Aleppo), 38 Stück Wiener Pfenninge des ausgehenden 13. und des beginnenden 14. Jahrhunderts (Eggenburger Fund) und 52 Stück Groschen aus dem 16. Jahrhunderte, Karl V. bis Rudolf II. (Fund von Krumnussbaum) aus der Sammlung des Herrn Professor Victor v. Renner. Die Anträge, die der Vortragende der numismatischen Gesellschaft für die Generalversammlung zur Berathung und Beschlussfassung auf Grund des §. 14, Absatz 4, der Statuten vorlegte, finden sich am Schlusse eines unten mitgetheilten Vortrages.

Als neue ordentliche Mitglieder werden angemeldet vom Herrn Professor Victor v. Renner Herr Professor P. Clemens Bauswek, Capitular des Stiftes Zwettl; vom Herrn k. k. Oberlandesgerichtsrath Dr. Franz Ritter v. Raimann Herr Gerichtsadjunkt Dr. Jos. Coloman Binder; vom Herrn Dr. Victor von

195

Miller zu Aichholz Herr Dr. Ritter v. Dierzer in Gmunden; vom Herrn
k. u. k. Major a. D. Franz Lampe Herr Universitätsdocent und Gymnasialprofessor
Dr. J. Wilh. Kubitschek und vom Herrn Dr. Jos. Scholz Herr Max Wormser jun.

Dr. H. Grote's 90. Geburtstag.

Der Altmeister deutscher Münzforscher, unser hochverehrtes Ehrenmitglied
Dr. H. Grote in Hannover, feierte am 28. December 1892 seinen 90. Geburtstag.
Der Vorstand der numismatischen Gesellschaft hat anlässlich dieses freudigen Er-
eignisses den Jubilar mit dem nachstehenden Telegramme begrüsst:

„Dem unermüdlich thätigen Förderer der numismatischen Wissenschaft,
„dem leuchtenden Vorbilde Nachstrebender, ihrem berühmten und hochgeehrten
„Ehrenmitgliede bringt die Numismatische Gesellschaft in Wien zum 90. Ge-
„burtstage die ergebensten, wärmsten Glückwünsche dar."

Die Münzkunde in der Schule.

Vortrag, gehalten in der Versammlung der numism. Gesellschaft am 14. December 1892 von Gymn.-
Prof. Vict. v. Renner.

Im Sinne Eckhels, des soeben in so hervorragender Weise Gefeierten, der
durch mehr als zwanzig Jahre auch als Lehrer der Numismatik an der Schule wirkte,
will der Vortragende zur Versammlung sprechen zunächst im Auftrage der historischen
Section des IV. deutsch-österreichischen Mittelschultages.

Die Münzkunde gilt uns Lehrern an den österreichischen Mittelschulen auch
jetzt noch, gerade so wie Eckhel seinerzeit, als eine nützliche Wissenschaft im edel-
sten Sinne des Wortes. In ihr wird nicht blos die Erklärung eines im Staatsleben
der Völker sowohl, wie im Leben der einzelnen Menschen seit jeher sehr wichtigen
Factors gegeben, denn das Geld war eben niemals blos Chimäre, sie ist auch als
wichtigster Theil der archäologischen Wissenschaft, als Hilfsmittel für Geschichte,
Chronologie, Geographie, Mythologie und Kunstgeschichte bestimmt auch im Unterrichte in diesen Gegenständen an der Schule zu wirken, sie ist aber auch vom rein
pädagogischen Standpunkte aus ein wichtiges Mittel der Erziehung. Sie gewöhnt den
jugendlichen Geist an Genauigkeit und Ordnung und lehrt ihn das Grosse und
Bedeutende auch im Kleinen — und dies tritt ja im späteren Leben am häufigsten
an ihn heran — nicht zu übersehen, sie fördert endlich nicht blos den historischen,
sondern auch den Sinn fürs Vaterland.

Wie den Anwesenden vielleicht bekannt sei, habe der Vortragende in ähn-
lichem Sinne am IV. deutsch-österreichischen Mittelschultage gesprochen und empfohlen,
an den Mittelschulen Münzensammlungen zu Zwecken des Unterrichtes anzulegen.
Infolge dessen sei von der historischen Section des Mittelschultages folgende Zusammenfassung einstimmig angenommen worden:

„Die historische Section des IV. deutsch-österreichischen Mittelschultages
begrüsst es, dass der Vortragende darauf aufmerksam gemacht habe, welch' greifbarer
Erfolg für die Weckung des bei uns so wichtigen historischen Sinnes zu erwarten
sei, wenn man Münzensammlungen an unseren Mittelschulen anlege und ersucht den
Vortragenden, er möge in einer Schrift darlegen, von welch' hoher Bedeutung eine
solche Münzensammlung sei, wie man bestrebt sein müsse, die Anschaffung von
einzelnen Münzen den Anstalten zu erleichtern; er möge angeben, welche die wichtigsten Typen seien, möge eine Anleitung zur Sammlung beifügen und möge sich
mit der numismatischen Gesellschaft und mit besonders berufenen Herren

Numismatische Gesellschaft in Wien.

Rechnungs-Abschluss

Soll	Cassaconto mit Ende			
	fl.	kr.	fl.	kr
Saldo per 1. Jänner 1892			694	95
Von Sr. Majestät dem Kaiser			100	—
Vom k. k. Unterrichtsministerium			200	—
Mitgliederbeiträge : Rückständige			426	—
„ des Jahres 1892			1194	—
Zinsen			34	88
Verkaufte Zeitschriften			412	05
Abonnements des Monatsblattes			24	—
Verkaufte Medaillen			10	—
			3095	88

Activa	Bilanzconto mit Schluss			
	fl.	kr.	fl.	kr.
Cassa			917	69
Rückständige Mitgliederbeiträge 1891			155	—
„ „ 1892			358	—
2 Schuldverschreibungen der Elisabeth-Westbahn vom				
1. Juli 1883 à 600 Mark und Zinsen . . .	660	60		
1 Schuldverschreibung der Nordwestbahn vom 1. März				
1884 à 200 fl. und Zinsen	215	33	875	93
			2306	62

Geprüft und richtig befunden :

Wien, 17. Jänner 1893.

Die Rechnungsrevisoren:

Karl Andorfer m. p. **Dr. Andreas Borschke** m. p **Josef Müller** m. p.

des Vereinsjahres 1892.

des Vereinsjahres 1892.	fl	kr.	Haben fl.	kr.
Druck der Zeitschrift			1000	—
Druck des Monatsblattes, der Einladungen etc. . . .			380	20
Tafeln und Clichés			373	83
Benützung und Reinigung des Locales			54	04
Versendung des Monatsblattes			59	88
Correspondenz			128	39
Remuneration und Trinkgelder			70	54
Verschiedenes			111	31
Saldo für 1893			917	69
			3095	88

des Vereinsjahres 1892.	fl.	kr.	Passiva fl.	kr.
Reserve für das Vereinsjahr 1893			2306	62
			2306	62

Wien, 31. December 1892.

Franz Trau m. p.
Cassier.

Theodor Rhode m. p.
Vorstandsmitglied.

des Faches in Verbindung setzen, um eine Centralstelle für Beschaffung und Austausch von für den Unterricht nöthigen Münzen zu schaffen."

Die Collegen des Vortragenden erwarten vom Vortragenden ziemlich viel, vielleicht mehr als er zu leisten im Stande wäre. Einzelnes von dem Geforderten ist aber möglicher Weise gar nicht nothwendig. So zunächst eine besondere Schrift über die Bedeutung der Münzensammlung für den Unterricht. Darüber haben schon Berufenere gesprochen und geschrieben. Es handle sich also zunächst um die Feststellung der nothwendigen Typen, aus denen solche Sammlungen zu bestehen hätten. Ein sehr schöner Anfang liege hierzu bereits in den „Erläuterungen zu einer für den Schulgebrauch ausgewählten Sammlung galvanoplastischer Abdrücke antiker Münztypen" von Prof. Dr. Wilhelm Kubitschek und in der durch die archäologische Commission des III. deutsch-österr. Mittelschultages zusammengestellte Sammlung galvanoplastischer Abdrücke wenigstens fürs Alterthum vor. Es sei ja natürlich, dass man nicht lauter Originale werde anschaffen können, denn selbst wenn nur an die 160 Gymnasien Oesterreichs zunächst gedacht werde, so würden sich für einzelne Typen wohl nur sehr schwer so viele Exemplare ohne sehr bedeutende Kosten auftreiben lassen. Aber es gibt in besagter Sammlung auch Münztypen, von denen die Originale billiger zu haben seien, als die Reproductionen. Die Reproductionen sollten nur die Originale ergänzen. Der Werth des Originals dürfe für die Schule nicht gering angeschlagen werden! Die Münzen sind gleichsam Mitzeugen der durch sie beleuchteten Zeiträume. Sie verstärken nicht blos den Eindruck des vom Lehrer Gesagten, sie erhöhen auch den Autoritätsglauben des kindlichen Gemüthes.

Bei den beschränkten Mitteln, die den einzelnen Anstalten bei uns zur Verfügung stehen, lässt sich auch so nicht erwarten, dass jede Anstalt bald in den Besitz der genannten Reproductionen gelange. Eine verhältnismässig geringfügige Summe aber würde genügen, um sämmtliche Anstalten mit den nothwendigsten Originalen zu versehen, um so leichter, als an Münzfunden, wie die vorliegende kleine Ausstellung zeige, weder im In- noch Auslande Mangel sei. Eine Aufzählung jener Typen, die unbedingt in Originalen anzuschaffen seien, im Einzelnen jetzt schon zu geben, werde sich der Vortragende hüten. Abgesehen davon, dass eine solche, als Meinung eines Einzelnen, immer anfechtbar sei, würde eine solche nur unnöthiger Weise vielleicht die Preise derselben auf dem Markte in die Höhe treiben. Es handle sich nicht nur um Münzen des Alterthums (Griechen und Römer, jedoch mit Ausschluss etwa der Serien der in den Lehrbüchern genannten röm. Kaiser; diese seien so billig zu haben, dass selbe jede Anstalt um eine wahrhaft geringe Summe in gut erhaltenen Originalen sich verschaffen könnte), sondern auch um Münzen des Mittelalters und der Neuzeit, mindestens bis zum 16. Jahrhundert.

Alle diese Münzen können durch die einzelnen Anstalten nicht selbst erworben werden. Es sei etwas anderes ob 160 Käufer ein und dieselbe Waare begehren, oder ob ein Käufer 160 Exemplare derselben Waare, also gewissermassen en gros beziehe. Nirgends sei so viel Vorsicht nothwendig, wie beim Kaufen von Münzen, um sich vor Fälschungen zu hüten und endlich seien auch, wie erwähnt, die Mittel der einzelnen Anstalten zu beschränkt.

Hier könne nur der Staat wirklich Erspriessliches leisten, durch Schaffung einer Centralstelle zur Beschaffung der nothwendigen Originale, zur Ordnung der in einzelnen Anstalten bereits vorhandenen, aber vielleicht noch ungeordneten Sammlungen (in den Schulprogrammen des Jahres 1892 weisen bereits mehr als 60 Mittelschulen Oesterreichs Münzensammlungen aus), dann aber auch zur Herstellung nothwendig werdender Reproductionen.

Zu diesem Zwecke erbitte sich der Vortragende im Auftrage der historischen Section des IV. deutsch-österr. Mittelschultages die Unterstützung der numismatischen Gesellschaft. Sie könnte hier in mancherlei Hinsicht eingreifen. Etwa durch Delegierung eines Mitgliedes als Berather in die zu schaffende Centralstelle, durch Unterstützung beim Ankaufe ganzer Funde etc. Für jetzt handle es sich dem Vortragenden jedoch nur darum, sich auf die Geneigtheit der numism. Gesellschaft, an dem guten Werke mitzuwirken, stützen zu können, und deshalb habe er sich erlaubt, eine Entschliessung derselben in dieser Sache anzurufen.

Der Vortragende sieht sich jedoch genöthigt auch als Mitglied der numismatischen Gesellschaft hier zu sprechen. Wir Numismatiker können uns ja freuen, wenn der Versuch unternommen wird, die Münzkunde unter den Gebildeten in Zukunft bekannter zu machen, wir können aber auch vielleicht vom exclusiven Standpunkte des Sammlers es bedauern, wenn möglicher Weise infolge dessen es in zehn, zwanzig Jahren dem einzelnen Sammler nicht mehr so leicht sein wird, schöne Stücke um billiges Geld zu erwerben. Ganz anders aber muss die numismatische Gesellschaft diese Bewegung auffassen. Zweck unserer Gesellschaft ist „die Pflege der numismatischen Wissenschaft!"

Wenn wir uns nun fragen, was ist in dieser Hinsicht im Geburtslande der numismatischen Wissenschaft und was ist auf diesem Gebiete im Auslande geschehen? Dann müssen wir uns sagen, das Ausland hat uns weit überflügelt. Englands und Frankreichs grossartige Sammlungen dienen ausschliesslich Studienzwecken, Deutschland hat in den letzten Decennien einen gewaltigen Anlauf genommen Studium und Wissenschaft der Numismatik zu fördern, in Italien wurde erst vor Kurzem eine Lehrkanzel für Numismatik an der Accademia Scientifico-Letteraria zu Mailand errichtet, selbst im kleinen Belgien sucht man die Wissenschaft der Münzkunde allgemein nutzbar zu machen.

Oesterreich, das sich rühmen darf nicht blos das Geburtsland der numismatischen Wissenschaft zu sein, sondern auch die erste Lehrkanzel für dieselbe hier in Wien errichtet zu haben, besitzt zwar die grossartige Münzensammlung des kaiserlichen Hauses, aber selbe ist nicht für wissenschaftliche Zwecke eingerichtet, es hat heute an keiner Universität mehr eine Lehrkanzel für Numismatik. Mag auch die Begeisterung unserer Mittelschullehrer eine noch so grosse sein, nirgends findet dieselbe von der Lehrkanzel herab eine berufsmässige Anregung. Es können die schönsten Münzensammlungen an den einzelnen Lehranstalten vorhanden sein, sie werden nur dann ein fruchtbares Werkzeug in der Hand des Lehrers sein, wenn sie mit Verständnis benützt werden. Während für das Verständnis der Archäologie Anregung in Hülle und Fülle auch dem begeisterten älteren Lehrer durch die Universität geboten wird, kann man dies von der Numismatik gewiss nicht sagen. Wenn der Staat nicht zugleich wenigstens eine Lehrkanzel für allgemeine Münzkunde errichtet und zwar in Verbindung mit einer ausschliesslich Studienzwecken dienenden Mustersammlung, so könnte es sehr leicht geschehen, dass ein künftiger Gymnasialprofessor, der durch Zufall Begeisterung für Numismatik empfindet und Münzen seinen Schülern zeigen wollte, selbe erst aus dem versiegelten Packe herauslösen müsste, in den sie sein unmittelbarer Vorgänger aus Sorge, dass sonst etwas verloren gehen könnte, einpetschierte.

Und wozu sind denn wir zur Numismatischen Gesellschaft zusammengetreten, wenn wir nicht Forderungen im Namen der numismatischen Wissenschaft erheben sollten! Es ist der Augenblick gekommen, dass auch die Numismatik an die Thore der Alma mater pocht und Einlass fordert! Die Errichtung einer Lehrkanzel für allgemeine Numismatik in Verbindung mit einer Mustersammlung ausschliesslich für Studienzwecke ist unbedingt nothwendig, wenn die Münzkunde für die Zukunft mehr werden soll, als eine blosse Geheimwissenschaft einzelner Weniger, wenn sie fruchtbringend wirken soll für die Gesammtheit! Könnte das zweite Jahrhundert des Bestandes unserer Wissenschaft schöner und besser eingeleitet werden? Gibt es ein würdigeres Denkmal für den Begründer und Altmeister der Numismatik als dieses? Wie die Geister dem schlafenden Faust, rufe ich ihnen darum die Worte zu:

>Säume nicht dich zu erdreisten,
Wenn die Menge zaudernd schweift;
Alles kann der Edle leisten,
Der versteht und rasch ergreift!

In diesem Sinne erlaube ich mir der heutigen Verammlung auf Grund des § 14, Abschnitt 4 der Statuten der numismatischen Gesellschaft in Wien, folgenden Antrag zur geschäftsordnungsmässigen Behandlung und Beschlussfassung vorzulegen. Nehmen Sie ihn an, unbekümmert um den Erfolg, denn das Gute auch nur gewollt zu haben ist schon ein Verdienst!

Antrag:

1. „Die numismatische Gesellschaft begrüsst die von der historischen Section des IV. deutsch-österreichischen Mittelschultages in Wien ausgehende Anregung zur Schaffung von Münzensammlungen an den österreichischen Mittelschulen und erklärt sich bereit, an der Letzteren im Sinne des von der historischen Section des IV. deutsch-österreichischen Mittelschultages geäusserten Wunsches sich insoferne mitzubetheilen, als ihr dies innerhalb der durch die eigenen Satzungen gezogenen Grenzen möglich sein wird.

2. Die numismatische Gesellschaft erklärt es im Interesse der Wissenschaft für ausserordentlich wichtig, dass von Seite der hohen Regierung zum mindesten an der philosophischen Facultät der Wiener Universität ehebaldigst eine Lehrkanzel für allgemeine Münzkunde errichtet werde.

3. Sie ist von der Ueberzeugung durchdrungen, dass mit dieser Lehrkanzel auch eine staatliche Mustersammlung ausschliesslich zum Zwecke des Studiums der Münzkunde verbunden sein sollte."

Verschiedenes.

Se. Majestät der Kaiser haben dem Herrn Josef Klemm, k. u. k. Hoflieferanten in Wien, den Titel eines kaiserlichen Rathes zu verleihen geruht.

Kataloge. Cubasch, H. Wien, I., Kohlmarkt 11. Verkaufs-Katalog von Münzen und Medaillen der Neuzeit zu den beigefügten Nettopreisen in Kronen-Währung. 2974 Nummern; derselbe steht Sammlern auf Verlangen gratis und franco zur Verfügung. — Rappaport, Edmund. Berlin, Halle'sche Straße Nr. 18, XXIII. Verzeichniss verkäuflicher Münzen und Medaillen. 1673 Nummern. — Thieme, C. G. Leipzig, Gewandgässchen 5. Numismatischer Verkehr, Nummer 1 und 2 (Januar). 3072 Nummern; — Kende, S., Wien, IV., Heumühlgasse 3. Historische Urkunden, Briefwechsel, Autographen, Brüdertypen etc. 404 Nummern. Auch Numismatik. — >Münzcatalog VI, enthaltend Münzen u. Medaillen der Griechen und Römer, des Mittelalters und der Neuzeit — über 4000 Nummern — ist erschienen und steht den H. H. Münzensammlern gratis und franco zu Diensten. Brüder Egger, Wien, I., Opernring 7, Mezzanin.<

Berichtigung. In Nr. 113 des Monatsblattes, Seite 190, Zeile 12 von unten, soll es richtig heissen: Saurma'sche Münzsammlung deutscher, schweizerischer und polnischer Gepräge. I. Text, II. Abbildungen. Geschenk des Verfassers Hugo Freiherrn von Saurma-Jeltsch auf Jürtsch bei Carth in Schlesien

Herr Q. Perini, Apotheker, Trento (Südtirol) ersucht alle Sammler, ihm Abdrücke von Tridentiner Münzen und Medaillen behufs Studien zukommen zu lassen. Auch ist er gerne bereit, solche Münzen und Medaillen zu kaufen.

Herausgeber u. d. verantwortlicher Redacteur: Franz Trau. — Verlag der numismatischen Gesellschaft in Wien. Druck von Kreisel & Gröger. vorm L. W. Seidel & Sohn. in Wien

MONATSBLATT

der

numismatischen Gesellschaft in Wien.

Dieses Blatt erscheint monatlich ein Mal und wird den Mitgliedern der Gesellschaft unentgeltlich zugesendet. Preis des Jahrganges für Nichtmitglieder 1 fl. Zuschriften sind zu richten an die numismatische Gesellschaft, Wien, I., Universitätsplatz 2.

Nr. 115.   **Februar.**   **1893.**

Mittheilungen der Gesellschaft.

Einladung

zu der

am Mittwoch den 15. Februar 1893, Abends 7 Uhr

im grünen Saale der kais. Akademie der Wissenschaften (I., Universitätsplatz 2)

stattfindenden

ordentlichen Versammlung.

Programm:

1. Mittheilung von Einläufen. — 2. Vortrag des Herrn Custos am Museum der Stadt Wien, Dr. Carl Schalk: Eine Holzmedaille auf eine Wiener Patricierstochter aus dem Jahre 1533. Der Wiener Münzverkehr in der Zeit von 1575—1650. — Gäste willkommen.

Demnächst erfolgt der Neudruck der Adressen und wird ersucht, Veränderungen der Titel und Wohnorte bekannt zu geben.

Versammlungen der numismatischen Gesellschaft mit Vorträgen und Ausstellungen finden am Mittwoch den 15. Februar, 15. März und 19. April 1893 Abends 7 Uhr im grünen Saale der kais. Akademie der Wissenschaften, I., Universitätsplatz 2 statt und sind die p. t. Herren Mitglieder und Freunde der Gesellschaft höflichst eingeladen, sich an denselben zu betheiligen.

Es wird ersucht, Zuschriften und Sendungen bezüglich der Zeitschrift an Herrn Oberbergrath Carl von Ernst, Wien, III., Ungargasse 3 oder Herrn Rudolf v. Höfken-Hattingsheim, Wien, XVIII., Feldgasse 35, bezüglich des Monatsblattes an Herrn Franz Trau, I., Wollzeile 1, bezüglich der Cassa an Herrn Theodor Rhode, I., Wallfischgasse 11, alle anderen Briefe und Sendungen an die numismatische Gesellschaft, I., Universitätsplatz 2 (kais. Akademie der Wissenschaften), zu richten.

Das Bibliothekslocale der numismatischen Gesellschaft, I., Universitätsplatz 2, ist an jedem Mittwoch von 6 Uhr an geöffnet.

Die ordentlichen Mitglieder der numismatischen Gesellschaft zahlen eine einmalige Eintrittsgebühr von 2 fl., einen Jahresbeitrag von 8 fl. und erhalten die Zeitschrift und das Monatsblatt kostenfrei zugestellt. Abonnement der Zeitschrift 6 fl., des Monatsblattes (12 Nummern) 1 fl.

Ueber mehrfach geäusserten Wunsch steht Mitgliedern der numismatischen Gesellschaft die letzte Seite des Monatsblattes (Versendung 400 Exemplare) zu kurzen fachgemässen Anfragen und Ankündigungen in Notizenform kostenfrei zur Verfügung.

Jahres-Versammlung der numismatischen Gesellschaft am 18. Jänner 1893.

Den Vorsitz in dieser Jahres-Versammlung führte das Vorstands-Mitglied Herr Regierungsrath Kenner. Derselbe begrüsste die zahlreich erschienenen Mitglieder und Gäste namens des Vorstandes, wies auf die eingelangten, der Gesellschaft seit der letzten Versammlung zugegangenen numismatischen Werke und Zeitschriften hin und beantragt die Aufnahme der folgenden Herren als ordentliche Mitglieder: Dr. Josef Coloman Binder, k. k. Gerichtsadjuncten in Wien (vorgeschlagen von den ordentl. Mitgliedern Regierungsrath Dr. F. Kenner und Hofrath Dr. v. Raimann), Dr. R. v. Dierzer in Gmunden (vorgeschlagen von Dr. v. Miller-Aichholz und Dr. Kenner), Dr. Jos. Wilh. Kubitschek, Universitätsdocent und Gymnasialprofessor in Wien (vorgeschlagen von Major F. Lampe und Dr. Scholz), Cajus Flavius Nuber, Privatier in Esseg (vorgeschlagen von Dr. Scholz und E. Forchheimer). Die Aufnahme dieser neuen ordentlichen Mitglieder wird von der Versammlung einstimmig genehmigt.

Es beantragt dann der Vorsitzende im Namen des Vorstandes die Wahl zweier correspondirender Mitglieder, indem er die statutenmässig begründeten, schriftlich eingebrachten Vorschläge zur Kenntnis der Versammlung bringt. Dieselbe betrifft die Herren G. Budinsky, Custos des Münzcabinets am Joanneum in Graz und Dr. Julius R. v. Schlosser, Custos-Adjuncten der kunsthist. Sammlungen des A. h. Kaiserhauses in Wien. Auch diese Wahlen werden einstimmig genehmigt.

Hierauf ladet der Vorsitzende Herrn Oberbergrath C. v. Ernst ein, den angekündigten Vortrag: Ueber Münzzeichen und Münzmeisterbuchstaben auf österreichischen Münzen zu halten. (Dieser Vortrag wird s. Z in der numismatischen Zeitschrift zur Veröffentlichung gelangen.) Als Belegstücke für seine Ausführungen hatte der Vortragende mehrere schöne Suiten österr. Gold-, Silber- und Kupfermünzen aus seiner Sammlung und aus den Sammlungen der Herren kais. Rath Kraft, Dr. v. Miller, Dr. H. Tauber ausgestellt.

Nach Beendigung dieses mit Beifall aufgenommenen Vortrages gelangt durch Herrn Dr. Scholz der Jahresbericht über das abgelaufene Vereinsjahr 1892 zur Verlesung, welchem durch den Cassier der Gesellschaft Herrn F. Trau die Mittheilung des Cassaberichtes und durch Bergrath J. Müller der Bericht des Revisions-Ausschusses folgte.

Der Vorsitzende bringt hierauf den in der letzten ordentlichen Versammlung von Herrn Professor Victor v. Renner vorgelegten Antrag über eine an das k. k. Ministerium für Cultus und Unterricht von Seite der numismatischen Gesellschaft zu richtende Petition wegen Errichtung einer Lehrkanzel für Numismatik an der Wiener Universität, zur Discussion, indem er die Abänderungen bekannt gibt, welche an dem von Herrn Prof. v. Renner eingebrachten Antrage vom Vorstande vorgenommen wurden. Nach eingehender Erörterung der aufgeworfenen Frage, an welcher sich die Herren Dr. Scholz, Oberbergrath Ernst, Dr. Fischer und der Antragsteller betheiligen, werden die Anträge des Vorstandes angenommen, welchen zufolge die Errichtung der gedachten Lehrkanzel erbeten werden soll, während die im ursprünglichen Antrage enthaltene Forderung, dass gleichzeitig an der Universität eine Münzensammlung angelegt werde, nicht im Schlusspetitum, sondern im Texte der Petition aufzunehmen sei.

Bei der hierauf vorgenommenen Neuwahl des Vorstandes wurden mit Stimmen-mehrheit die Herren Ed. Forchheimer, Dr. F. Kenner, R. v. Höfken, Dr. A. Nagl, Th. Rohde, Dr. C. Schalk, Dr. J. Scholz, F. Trau wiedergewählt und O. Voetter neugewählt.

Worte der Erinnerung an die im Jahre 1792 erfolgte Vollendung des I. Bandes der Doctrina numorum veterum von Joseph Eckhel.

Aus dem in der Wiener numismatischen Gesellschaft am 14. December 1892 gehaltenen Vortrage des Herrn Regierungsrathes Directors Dr. Friedrich Kenner.

Der Vortragende schildert die Wirkungen, welche das Erscheinen der Doctrina auf die numismatische Fachliteratur ausübte und stellt die Aeusserungen zusammen, die von hervorragenden Vertretern derselben bis in unsere Tage herauf über das grosse Werk Eckhels ausgesprochen wurden.

Zunächst gab die Doctrina der publicierenden Thätigkeit eine nachhaltige Anregung; aus lange unbeachtet gebliebenen Sammlungen und durch Neubearbeitung schon bekannter wurde neues Materiale zu Tage gefördert, dessen Umfang bald auf das zwei- und dreifache desjenigen stieg, welches Eckhel zur Verfügung gestanden war. Dieser vorwiegend descriptiven Literatur gibt das Hauptwerk aus der Zeit nach Eckhels Tode, die Description des Médailles antiques von Mionnet (1806—1808) und ihr Supplement (1819—1837) ihre eigentliche Signatur. Auch die Detailforschung wurde durch das neuaufgetauchte und übersichtlich gesammelte Materiale so wesent-lich gefördert, dass die Gründung mannigfaltiger Zeitschriften als Sammelstellen der Einzelstudien nöthig wurde; abgesehen von den ersten Versuchen dieser Art in Deutschland und Italien, sind zwischen 1832 und 1850 acht in verschiedenen Sprachen herausgegebene namhaft zu machen, von denen die wichtigsten noch heute bestehen. Wenn gleich sie von vorneherein auch das Mittelalter und die neuere Zeit in ihren Bereich ziehen, ja zum Theile vorwiegend behandeln, so giengen sie doch ihrem Ursprunge nach aus dem Aufschwunge hervor, den das Erscheinen der Doctrina in unserer Literatur bewirkte.

Gleichzeitig entwickelte sich die Sammelthätigkeit in den gebildeten Kreisen des Mittelstandes, namentlich in Wien, wo Eckhel gelehrt und gewirkt hatte; eine grosse Anzahl von Privatsammlungen ist zwischen 1800 und 1840 entstanden. Dieser neue Zug der damaligen Zeit führte zu einem Aufblühen der Katalog-literatur und zur Abfassung von Compendien, welche die Einleitung in das Studium der Numismatik zum Gegenstande hatten. Lateinische Uebersetzungen der „kurz-gefassten Anfangsgründe", welche Eckhel 1787 im Auftrage Kaiser Josephs II. heraus-gegeben hatte, erschienen 1799 und 1807 in Wien, 1808 in Rom. Mit den Ergebnissen der berühmten Prolegomena aus dem ersten Bande der Doctrina und der neueren Einzelforschung bereichert, aber durchaus auf Eckhel gestützt, erweisen sich der Traité Élementaire von Gerard Jacob Kolb (Paris 1825) und das Manuel von Michel Hennin (Paris 1830), nicht minder das Numismatic Manual von John Jonge Ackermann (London 1840), der seinem Werke eine gutgewählte Stelle der Doctrina als Motto voransetzt, es aber auch mit dem Namen Eckhels beginnt, so dass dieser das erste Wort des Manual bildet. Zwei Jahre später folgte für den Gebrauch gelehrter Kreise ein unveränderter Abdruck der Prolegomena in Leipzig; die Herausgabe besorgte Pinder in Berlin.

Die wichtigsten beschreibenden Werke, die Handbücher und Kataloge bewegen sich, soweit es sich um Münzen des classischen Alterthums handelt, in dem Systeme Eckhels; auch von den Einzelnforschungen gilt dies. Die Numismatiker sind Schüler und Anhänger der Doctrina, sie folgen ohne Frage ihrem gefeierten Begründer, sie arbeiten nicht an der Richtigstellung derselben, sondern bereiten ihre Ergänzung vor; auch der gesammte Nachwuchs reit unter der Autorität Eckhels heran. Für alle gilt ohne Widerrede, was der gelehrte Minorit Katancsich schon ein Jahr nach Eckhels Tode öffentlich aussprach, indem er ihn den ersten Meister in der Münzkunde nennt (magister hac in arte princeps). Gleichwohl finden wir in dieser Periode unserer Literatur nur wenige Aeusserungen über Eckhel selbst, wie es ja an sich erklärlich ist, einestheils weil seine Führerschaft überall, wo antike Numismatik betrieben wurde, ausser Zweifel stand, andererseits, weil die Versplitterung in Detailstudien wenig Anlass dazu bot.

Anders in der zweiten Hälfte des Jahrhunderts! Die intensive Pflege der classischen Philologie in Norddeutschland hatte inzwischen der Alterthumswissenschaft eine neue Gestalt gegeben; ihre einzelnen, für die Numismatik so wichtigen Disciplinen: Mythologie, Epigraphik, Kunstarchaeologie, Staats- und Privatalterthümer, vor allem die Meteorologie, für welche Eckhel das Materiale fehlte, alle diese Hilfsfächer nahmen einen früher nicht geahnten Aufschwung. Dazu waren die Befreiung Griechenlands und sein Wiedereintritt in den Verkehr mit den Culturländern, die Steigerung des Verkehres mit Vorderasien, die Entwickelung des Fundwesens in den europäischen Ländern selbst gekommen, wodurch abermals zahlreiche neue Gepräge und mit ihnen neue Probleme in den Gesichtskreis der Forschung eintraten; hat doch François Lenormant schon im Jahre 1878 den Umfang des heute gebotenen Materiales auf das Fünffache des von Eckhel benützten geschätzt.

Mittheilungen aus der Sammlung der Stadt Wien.

Die Salvator-Medaille der Stadt Wien, gestiftet im Jahre 1575, weist bekanntlich 3 Haupttypen auf und zwar:

I. Haupt-Typus 1575—1580.

Avers: Wappen der Stadt Wien.

Revers: Allegorische Darstellung.

Ausführl. beschr. Appel IV/2. 1031 Nr. 3792.

Schöpfer dieses Typus: Niclas Engl i. J. 1575. (Oberkammeramts-R. d. J. 1575· (Ausg. 530b.)

II. Haupt-Typus 1581—1662.

Avers: Wappen der Stadt Wien.

Revers: Brustbild des Erlösers (Salvator).

Schöpfer dieses Typus: Charnel (Cornelius) Glocknicz (Khlocknicz) i. J. 1581. (Ob.-K.-R. d. J. 1581. Ausg. F. 214a.)

III. Haupt-Typus 1663 bis auf unsere Zeit.

Avers: Ansicht der Stadt Wien.

Revers: Brustbild des Erlösers (Salvator).

Schöpfer dieses Typus: Andrea Cetto i. J. 1663. (Ob.-K.-R. d. J. 1663. Ausg. Fol. 173b.)

Von diesen Haupt-Typen besitzt das hist. Museum der Stadt Wien folgende, sämmtlich in Abth. III, Schaukasten X ausgestellte Stempel-Varietäten 13 (respective 14) an Zahl, dabei ist der Zuwachs aus dem Nachlasse Spöttl's, der wohl einzelne bessere Exemplare, aber keine neuen Stempel ergab, schon berücksichtigt.

Haupt-Typus I. Kupferabdrücke der grossen u. kl. Medaille, jeder in 2 Stücken; also 1 Variante.

Haupt-Typus II: 5 Varianten; und zwar 3 ohne Siglen, die auf den Medailleur hindeuten und 2, resp. 3 mit solchen, nämlich mit C. H. (Caspar Haindler) aus d. J. 1614. (Ob.-K.-R. 1614. Ausg. Fol. 223ᵇ.) Wellenh. II/1, Nr. 11.192; und mit M. P. Mathias Pichler aus d. J. 1635. (Ob.-K.-R. 1635. Ausg. Fol. 258ᵃ.)

Haupt-Typus III.: 7 Varianten; und zwar 2 ohne Siglen oder Namen und 5 mit solchen, nämlich mit M. H. (Michael Hoffmann) aus d. J. 1681. (Sammler d. J. 1681. Ausg. Fol. 180ᵃ); H. Fuchs aus d. J. 1729. (Ob.-K.-R. 1729. Ausg. Fol. 311ᵇ); M. D. (Matthäus Donner). Wellenh. II/1, Nr. 11.197. A. W. (Anton Widemann) aus d. J. 1777. Wellenh. II/1, Nr. 11.198 und K. Lange aus diesem Jahrhunderte, und noch im Gebrauche.

Ich hatte die Absicht, das urkundliche Material für die Geschichte der Salvator-Med. zusammenzustellen und hatte die Arbeit bis zum Jahre 1640 gebracht, als ich erfuhr, dass der Archivar Herr Dr. K. Uhlirž schon seit Langem das Materiale gesammelt hatte, das er mir freundlichst zur Ordnung der städt. Sammlung zur Verfügung stellte.

Mir handelt es sich hier vor Allem darum, einem Vorwurfe zu begegnen, der in den Mitth. des Clubs d. Münz.- u. Medaillenfr. Jgg. III (1892) Nr. 26, S. 263, in einem Aufsatze: „Zur Geschichte der Salvator-Medaille", dem Neuigkeits-Weltblatt entnommen, ausgesprochen war, als vernachlässigten die städt. wissenschaftlichen Beamten ihre Pflicht. Der Inhalt obcitirten Aufsatzes erscheint durch meine Mittheilungen wohl hinlänglich berichtigt.

Ausser den aus dem Besitze Spöttl's stammenden Salvator-Medaillen sind auch die Silbergussmed. auf Karl V. aus d. J. 1521, die schöne Präsentmed. der Kärnthner-Stände mit d. Erlöser, und die grosse Silbermed. auf Karl VII. und seine Gemahlin Maria Amalia von Schega aus d. J. 1742, alle drei aus Spöttl's Nachlass. ausgestellt.

K. Schalk.

Münzfunde.

Feldengel. *) Bei dem Wegräumen der Grundmauern eines vor Kurzem niedergebrannten Stalles in Feldengel wurde am 2. Juni v. J. unter einem Eckstein eine Urne von Zinn gefunden, in welcher sich 139 Stück gut erhaltene Thaler befanden. Da die Thaler aus der Zeit von 1515 bis 1539 stammen, so müssen die Münzen wohl anfangs der vierziger Jahre des 16. Jahrhunderts an der Fundstelle verborgen worden sein. Ob dies nun aus Furcht vor den Unruhen der Vorläufer des schmalkaldischen Krieges oder von einem katholischen Geistlichen aus Furcht vor den Folgen der Einführung der Reformation in unserem Lande, welche 1541 bewirkt wurde, oder aus irgend einem anderen Grunde stattfand, ist für den Numismatiker nebensächlich, da alle Münzen bezüglich der Zeit ihrer Prägung leicht zu bestimmen sind, sofern sie mit einer Jahreszahl nicht versehen sind. — Die Münzen sind fast sämmtlich gut erhalten. Nur wenige sind durch den Umlauf etwas undeutlich oder etwas eingerissen oder haben eine undeutliche Umschrift, welche durch eine Unsicherheit der Hand des Münzmeisters und dadurch hervorgerufene Doppelprägung herbeigeführt wurde. Einige zeigen noch Spuren, dass sie sehr wenig. im Verkehr gewesen sind. Der Besitzer, welcher durch alsbald stattgefundene Besuche von Münzhändlern den Werth der Münzen schätzen gelernt hat, ist vorerst noch wenig geneigt, dieselben aus der Hand zu geben. Die Stücke konnten daher nur einer allgemeinen Betrachtung unterzogen werden. Es befinden sich unter den Thalern: 1) 28 Joachimsthaler und zwar 6 Stück ohne Jahrangabe mit dem heiligen Joachim in ganzer Grösse mit bedecktem Haupte, den Stab in der linken Hand, auf dem Wappenschilde der Grafen von Schlick

---

*) Feldengel ist ein Dorf im Fürstenthum Schwarzburg-Sondershausen.

206

stehend, neben ihm S. J.; 3 Stück aus dem Jahre 1525 mit gleicher Prägung; 5 Stück. der heil. Joachim wie vorbeschrieben, den Stock aber in der rechten Hand, das Wappen-schild neben dem linken Fusse, S. J. in kleineren Buchstaben; 14 Stück, auf der Vorder-seite mit dem Schlick'schen Wappen mit drei Helmen und über dem mittelsten das Bildnis des heil. Joachim und ganz unten die Jahreszahl. Sie stammen aus den Jahren 1526, 1527 und 1528. Die Rückseite hat auf allen den böhmischen gekrönten Löwen mit den Umschriften: Ludovicus prim. d. Gracia R. Bo. Die Umschrift der Vorderseite lautet: Ar. Domi. Sle. Ste. et. Fra. Co. D: B.; 2) 34 kaiserliche Thaler, und zwar 13 ohne Jahresangabe, auf der Vorderseite das Brustbild des Kaisers Ferdinand, auf der Rückseite der einköpfige Reichsadler mit dem Wappenschilde auf der Brust. Die Umschrift der Rückseite endet mit & und hat ein Kleeblatt in der Umschrift über dem Kopfe des Adlers; 10 Stück desgl. mit einem † in der Umschrift über dem Kopfe des Adlers: 3 Stück auf der Rückseite mit dem grossen österreichischen Wappenschilde, welches vier-theilig und ausgeschweift ist; die Krone des Wappenschildes geht in die Umschrift hinein, neben dem Wappen befindet sich getheilt die Jahreszahl 1529; 3 Stück auf der Rückseite mit einem kleineren viertheiligen Wappen; die Krone reicht nur bis zum Umschriftsrande; 1 Stück desgl., die Krone hat aber Doppelbügel und ein kleineres Wappenschild in der Mitte; 4 Stück mit dem viertheiligen Wappenschilde, welches in der Mitte das Wappen und Verzierungen an beiden Seiten hat; 3) 25 Mansfeldische der Vorderortischen Linie, und zwar: von Ernest. Hoyer. Gebhardt und Albert, Vorderseite: das mansfeldische Wappen, Rückseite: St. Georg; und zwar 1 von 1526, 1 von 1531, 4 von 1532, 1 mit abgekürzter Jahreszahl 26 neben dem Wappen; ferner mit der Umschrift: Hoyer, Gebhard, Albert, Philipp: 3 mit der Jahreszahl 1531 unten; 10 mit der Jahreszahl 1531, aber oben: 3 ohne Jahreszahl; 2 von 1532; 2 von 1533; 1 mit der Umschrift auf der Vorderseite: Mone Argen. Cm. do De. Mansf., auf der Rückseite: Sanctus Georgius Pa. Do. De. Mansf. 1525; 2 von 1526; 1 von 1522; 1 von 1528; 4) 28 sächsiche Thaler, und zwar: 2 sogen. Klappmützenthaler des Churfürsten Friedrich des Weisen und der Herzöge Johann und Georg; 8 von Johann Friedrich und Georg, auf jeder Seite ein Brustbild, von 1531, 1532, 1534, 1536, 1537, 1539; 5 von Johann dem Beständigen ohne Jahresangabe; 3 von Georg dem Bärtigen aus den Jahren 1530 und 1533; 8 von Johann und Georg von 1539; 2 von Johann Friedrich, Heinrich und Johann Ernst von 1539; 5) 2 brandenburgische mit der Umschrift: D. G. Georg u. Albert Margg. Brandenb., zwei gegen einander gestellte Brustbilder; Rückseite: ein Lilienkreuz, in dessen Mitte ein Adler und in den vier Ecken vier kleine Wappenschilder; Umschrift: Si deus pro nobis, quis contra nos, Jahr 1539; 6) 5 halberstädter, und zwar: 1 von 1526, Vorderseite: das halberstädter Wappen mit dem Cardinalshute und der Umschrift Albert. Card. Admin. Halber, Rückseite: der heil. Stephan, in der rechten Hand drei Steine und in der linken Hand einen Palmenzweig haltend, Umschrift: S. Steffan Proto Martyr. und die Jahreszahl 1526; 2 desgl. vom Jahre 1537, die Jahreszahl aber neben dem Heiligen; ebenso 1 von 1538 und 1 von 1539; 7) ein landgräfich hessischer, des Landgrafen geharnischtes Brustbild von der linken Seite mit unbedecktem Haupte und geschorenen Haaren, den Regimentsstab in der Rechten haltend, die Linke an den Degen legend; Umschrift: Philipp. D. G. Landg. Hass. Com. Carc. Dig. Tig. Nid., Rückseite: der gekrönte hessische Löwe und zu beiden Seiten die Jahreszahl 1537; zwischen der Umschrift vier kleine Wappenschilder, Umschrift: Si Deus nobiscum quis contra nos.; 8) 1 Thaler der pfalzgräflich beim Rhein'schen Chur-Linie, Vorderseite: das geharnischte Bild des Pfalzgrafen, in der rechten Hand den Degen unter sich haltend und den linken Arm in die Seite stützend, Friedericus D. G. Comes Pa. Rhe. Et Ba. Dux. 1537, Rückseite: das mit dem Fürstenhute bedeckte und mit der Ordenskette vom goldenen Vliess umgebene viertheilige Wappen und der Umschrift: Non. Michi,

Domine Sed Nomini Tuo. Da Gloriam; 9) 2 hohnsteinsche Thaler von 1537 und 1539, Vorderseite: das hohnsteinsche Wappen mit zwei Helmen. Moneta Nova Argentea Ernesti comitis de Hohnsten, Rückseite: der heilige Andreas mit dem Kreuze, neben ihm die Jahreszahl; Umschrift: Sanctus Andreas.

Deutsch-Altenburg. 1892 wurde nächst dem Bahnkörper ein Sarkophag, zusammengestellt aus römischen Dachziegeln der XIV. Legion, gefunden, 4 derselben bildeten den Boden, je weitere 4 die Wände, zu Füssen und beim Haupte des ziemlich gut erhaltenen Skelettes machte je ein Dachziegel den Abschluss des Sarges, der oben mit gleichen Ziegeln gedeckt war. Jeder Dachziegel misst in der Länge 56, in der Breite 42 cm.; die Länge des Sarges 2·24 Meter. Im Sarge fand sich eine Bronze-Münze des Kaisers Probus. Av. IMP PROBVS P F AVG Kopf nach links, Rev. CONCORDIA MILITVM XXII ... Der Sarg sammt Inhalt wurde im Museum des Carnuntum-Vereines und zwar in der Sammlung des Herrn Bauunternehmers Carl Hollitzer aufgestellt.

Petronell. Es wurde wieder ein Denar der Kaiserin Driantilla — seit Jahresfrist der zweite — mit dem gewöhnlichen Reverse IVNONI REGINAE gefunden. Das wohlerhaltene und sehr seltene Stück befindet sich in der Sammlung des Herrn Carl Grafen Abensperg-Traun im Schlosse Petronell.

Enns. Das römische Lauriacum war stets eine reiche Fundstätte von Römermünzen, doch wurden sie meist in alle Welt zerstreut. Dem ist aber jetzt Einhalt gethan, indem unter der Aegide Sr. Erlaucht des Herrn Landgrafen Vincenz Fürstenberg die Herren Schulleiter Bukonig und Med. Dr. Appenauer die Ausgrabungen systematisch durchführen. Auf dem in municentester Weise von Sr. Erlaucht überlassenen Grunde nächst dem gräflichen Maierhofe wurde ein Hypokaustum aufgedeckt, dessen den Fussboden tragende Säulchen mit Basis und Capitäl nicht wie in Carnuntum aus Ziegeln, sondern aus Granit hergestellt sind. Es sind 67 solche Säulchen blossgelegt. Auf denselben ruhen nicht, wie in Carnuntum grosse Ziegelplatten, sondern Wölbungen, welche den Estrich tragen. Es fanden sich Münzen der Kaiser Gordian III., Claudius II., Probus, Aurelian, Constantin d. Gr., Constans und als ältestes Stück eine Münze der Kaiserin Lucilla. Am 3. December 1892 versammelte sich in Enns eine zahlreiche Gesellschaft, Frau Gräfin Rechberg, Frau Baronin Kast, das Officierscorps des 4. Dragonerregimentes, die Herren Dr. Appenauer, Schulleiter Bukonig, Custos Petermandl aus Steyr, Administrator Postl, Bürgermeister Schuhbauer, Advokat Dr. Zeitlinger, viele Bürger, ein Kreis liebenswürdiger Damen aus Enns und Se. Erlaucht Herr Landgraf Fürstenberg hielt einen mit grossem Beifalle aufgenommenen Vortrag über die 2000jährige Geschichte von Enns, seine Bedeutung und die Nothwendigkeit, in Enns ein Localmuseum zu gründen, die Ausgrabungen zu fördern und zu verhindern, dass für Enns, wichtige Alterthümer an Händler und auswärtige Sammler weggegeben werden. Auch wurde die Wichtigkeit der zahlreichen Münzfunde besonders hervorgehoben. Herr Schulleiter Bukonig besitzt eine ca. 1000 Stücke enthaltende Sammlung römischer Münzen, darunter einige Seltenheiten in durchwegs trefflicher Erhaltung.

Römische Bronze-Münzen. (Crispus und Constantin) wurden laut Mittheilung des Herrn Professors Fahrngruber (Monatsblatt des Wiener Alterthumsvereines, 1893, Nr. 1), zu St. Agatha bei Amstetten und angeblich ein Goldstück Trajans bei Strengberg gefunden.

Bregenz. Nach dem XXX. Jahresberichte des Vorarlberger Museumsvereines, 1891, erwarb das Museum einen kleinen in einem zu Brigantium ausgegrabenen römischen Hause gemachten Münzfund. Ein Legionsdenar Marc Antons mit Bronzemünzen von Domitian, Trajan, Hadrian, Marc Aurel und Claudius Gothicus. Der Fund ist nicht ohne Interesse für die Bestimmung der Geltungsdauer römischer Münzen. Auch in Carnuntum wurden in dem sicherlich courantes Geld enthaltenden Denarfunde des Amphitheaters Legionsdenare Marc Antons mit Münzen, die bis Lucius Verus reichen, gefunden.

Literatur.
Für die Bibliothek eingelangte Werke.

Die Saurma'sche Münzsammlung deutscher, schweizerischer und polnischer Gepräge von etwa dem Beginne der Groschenzeit bis zur Kipperperiode, von Hugo Freiherrn von Saurma. Berlin 1892, Verlag von Adolph Weyl.

Selten ist ein numismatisches Werk in so prachtvoller Ausstattung vorgelegen, wie das hiergenannte, das ausser dem 151 Folioseiten füllenden Texte nicht weniger als 104 Tafeln mit Münzabbildungen darbietet. Indem wir uns vorbehalten auf dasselbe in dem demnächst erscheinenden neuen Bande der numismatischen Zeitschrift ausführlicher zurückzukommen, sei hier nur erwähnt, dass sich Verfasser darin die Aufgabe gestellt hat, seine grosse Sammlung vornehmlich deutscher, schweizerischer und polnischer Kleinmünzen bekannt zu machen, in dem Buche jedoch nur die verschiedenen Typen aufgenommen, alle Varianten aber unberücksichtigt gelassen hat. Der durch seine frühere Veröffentlichung über seine Sammlung schlesischer Münzen und Medaillen wohlbekannte Verfasser, liefert in diesem schönen Werke einen neuen Beweis seines erfolgreichen Sammeleifers; dass er die Ergebnisse desselben zum Gemeingute Aller gemacht hat, verdient mit Dank hervorgehoben zu werden. 	M.

Annuaire de la société française de numismatique. Sept. Oct. 1892. Mit 2 Tafeln. Paris. E. Chaix. Recherche des monnaies coloniales romaines non décrites dans l'ouvrage de H. Cohen. (A suivre). A. de Belfort. Essai de classification des tesséres romaines en Bronze. (Suite.) R. Serrure. Essai de numismatique Luxembourgeoise. (A suivre.) Comte de Castellane. Testons de François I au type barbu. E. Caron. Trouvaille de Pontoise. Chronique.

Anzeiger des germanischen Nationalmuseums, Nürnberg, 1892. Nr. 5 u. 6.

Carinthia I. Mittheilungen des Geschichtsvereines für Kärnten. 82. Jahrgang. Klagenfurt. In Nr. 6: Karl Baron Hauser: Keltische Münzen im historischen Museum zu Klagenfurt. (1175.)

Wegweiser für Sammler. Herausgegeben von Louis Stefke, Leipzig, Täubchenweg 9. V. Jahrgang. 24 Nummern eine Mark, bei Zusendung in Deutschland und Oesterreich-Ungarn 1 Mk. 50 Pf. Notizen und Aufsätze aus allen Sammelgebieten, Literaturberichte und eine grosse Zahl von Annoncen empfehlen diese Publication. Nr. 1 enthält unter Anderem: Münzfunde (Streckewalde bei Annaberg, Blankenhain). Von derselben Firma wurde auch ein Taschenbuch für Sammler pro 1893 herausgegeben, das neben einem Kalender eine Anzahl von Notizen enthält, welche dem Sammler wichtig sind. (Genealogie, Tarife, Münztabelle, Münzmesser etc.)

Verschiedenes.

Herr Dr. Franz R. v. Raimann wurde von Sr. k. u. k. Apostol. Majestät zum Hofrath des k. k. obersten Gerichts- und Cassations-Hofes ernannt.

Aus dem Jahresberichte der numismatischen Gesellschaft für 1892. Der vom Vorjahre übernommene Baarbetrag bezifferte sich auf fl. 694·95. Unter den Einnahmen stehen oben an der Beitrag Sr. k. u. k. Apostolischen Majestät per fl. 100 und die Subvention des k. k. Unterrichts-Ministeriums per fl. 200. An rückständigen Mitgliederbeiträgen wurden fl. 426 eingebracht, für 1892 giengen an Mitgliederbeiträgen fl. 1194 ein, für verkaufte Zeitschriften wurden fl. 412·05 erzielt, so dass sammt Zinsen, Abonnement des Monatsblattes und verkauften Medaillen der Gesellschaft im Ganzen fl. 3095·88 zur Verfügung standen. An Druckkosten für Zeitschrift, Monatsblatt und Einladungen wurden fl. 1754·03 und für die gesammten Regieauslagen fl. 424·16 verausgabt, sodass ein Baarüberschuss von fl. 917·69 verblieb In den Bilanzconto wurden ausser diesem Betrage nur die von 1891 und 1892 rückständigen Mitgliederbeiträge per fl. 513 und die der Gesellschaft gehörigen und bei der k. k. Hof- und Staatsdruckerei als Caution erliegenden Schuldverschreibungen der Elisabethwestbahn und Nordwestbahn aufgenommen, so dass, da alle eingelangten Rechnungen bezahlt sind, für das Jahr 1893 ein Betrag von fl. 2306·06 als Reserve eingesetzt werden konnte. Es waren im Jahre 1892 4 ordentliche Mitglieder gestorben, 8 ausgetreten, 12 beigetreten, so dass mit Rücksicht auf den Mitgliederstand von 1891 mit 192, die Zahl der ordentlichen Mitglieder um 5 auf 197 stieg. Hiezu kommen 61 correspondirende, 6 lebende Ehrenmitglieder und 15 lebende. Stifter. Da 16 Stifter u. corr. Mitgl. zugleich ordentliche Mitglieder sind, so beträgt die Gesammtzahl der Mitglieder 263. In den sieben Versammlungen wurden 12 Vorträge gehalten und haben sich viele Mitglieder an den Ausstellungen betheiligt, welche ein bedeutendes Materiale aus Wiener Sammlungen zur Anschauung brachten. Die Bibliothek hat eine Vermehrung auf 1185 Werke erfahren, ist neu geordnet und an jedem Mittwoch, von 6 Uhr an, den Mitgliedern geöffnet, welche dieselbe fleissig benützen. In der Münzensammlung wurden die Oesterreicher geordnet und die Ordnung der übrigen Partien in Angriff genommen. Von der Zeitschrift erschien der XXIII. Band, vom Monatsblatte Nr. 102—114.

Umgrenzungszeit der Wiener Raitpfennige von 1571 (1571—1607). Der von Nicolaus Engel geschnittene Stempel blieb in Verwahrung des Oberkämmerers der Stadt und wurde mit diesem Stempel auch in späteren Jahren geprägt. Bezeugt ist uns eine solche Prägung im Jahre 1597. In den Ausgaben der Rechnung dieses Jahres heisst es auf Fol. 275a: »Item so stell ich in aussgab, so ich, wegen 200 rechenpfenning dem Veith Obersmüllner münzschmitmaister allhie bezalt und dieselben auf gemainer statt puechhalterei erlegt benentlichen ain gulden Reinisch vermug herrn Georgen Prager buechhalters bekanntnuss hiebey id est fl. 1 β — d —«. Dagegen heisst es schon im Inventar der Rechnung des Jahres 1607 Empfang Fol. 21b: Item stokh und eissen zu gemainer statt Khupffern rechenpfening ist nit vorhandten.   *Karl Schalk.*

Die Goldanschaffungen der Oesterr.-Ung. Bank. Vom 11. August bis 17. November 1892, das ist bis zu dem Tage, an dem der letzte grössere Goldeingang stattgefunden hat, sind bei der Oesterreichisch-ungarischen Bank in runden Summen eingeflossen: an Goldbarren fl. 17,020.000 und an Goldmünzen fl. 23,319.000, zusammen fl. 40,339.000. Davon entfallen auf die ersten sechs Wochen allein fl. 31,390.000.

Bemerkenswerth ist dabei, dass der grösste Theil des Goldes amerikanischen Ursprungs war, und dass die Bank von England und die Bank von Frankreich in der letzterwähnten Zeitperiode eine bedeutende Zunahme ihres Goldbestandes ausweisen, während die mit dieser Zunahme gleichlaufende Abnahme im Metallschatze der Deutschen Reichsbank nur in entferntem und sehr beschränktem Zusammenhange mit den Goldbezügen der Oesterreichisch-ungarischen Bank steht.

Unter den angekauften Goldmünzen befanden sich: fl. 18,761.000 in amerikanischen Eagles, fl. 1,917.000 in Deutschen Reichsgoldmünzen. fl. 1,230 000 Sovereigns, fl. 729.000 in 20 Francs-Stücken, fl. 434.000 in japanischen Yens und fl. 246.000 in diversen Münzen.

Bis 31. December 1892 war ein Theil der Goldbarren und Goldmünzen, insges. fl. 5,580.510 in Zwanzigkronenstücke umgeprägt.   *Aus d. Rechenschaftsberichte d. Ö.-U. Bank.*

Münzmeister Thomas Meygass. In meiner Münzmeisterliste Wiener Münzmeister des 15. Jahrhunderts (Num. Zeitschr. Bd. 12) verzeichnete ich zum Jahre 1499 Thomas Mongus mit der Bemerkung, vielleicht Maigas zu lesen; dies ist die richtige Lesung, wie ich mich aus Cod. d. Hofb. Nr. 8019, Fol. 46a überzeugte, wo ein Thomas Meygass als Mitglied des inneren Rathes zum Jahre 1498 verzeichnet ist.   *Karl Schalk.*

Gold- und Silber-Münzen von Carl VI. und Maria Theresia mit dem siebenbürgischen Wappen kauft Adolf Resch in Kronstadt, Siebenbürgen.

Ein numismatischer Maulwurf hatte in der Nähe der deutsch-dänischen Grenze, laut des von Louis Stefke in Leipzig herausgegebenen Wegweisers, in einem seiner Maulwurfshügel eine grosse Silbermünze ausgeworfen. Ein Knabe fand sie, auf dem nächsten Hügel lag wieder eine Münze, man grub nach, und siehe da, der Schatz des Maulwurfes bestand aus Hamburger und Nürnberger Münzen des 17. Jahrhunderts, dänischen aus der Zeit Friedrich III. und spanischen der Könige Philipp II., III. und IV.

Zu den oberpfälzischen Prägungen 1621—1627. Von geehrter Hand ist mir im vergangenen Herbste der Abdruck und die Beschreibung des folgenden Doppelthalers zugekommen:

MAXIMILIAN. DG. CO-M. PAL. R. V. B. D. S. R. I. A. ET. E. Reichverziertes vierfeldiges Wappen unter dem Kurhute, genau wie Schulth. 5536.

Rev.: FERDINANDVS II ROMANORVM. IMPERATOR. (Drei Zainhaken.) Der Doppeladler, darüber Krone, unten zwischen den Flügeln und den Fängen 16—26.

Nachdem diese Münze, wie ich bestimmt erfahren habe, inzwischen ihren Besitzer gewechselt hat, besteht für mich kein Hindernis mehr, dieselbe für meine Studien zu verwerthen und bekannt zu geben. Unterm 21. Juni 1626 erhielt der Münzmeister Claus Oppermann zu Amberg von München aus die Weisung, »für das ganze, halbe und viertel zugleichen Sechstel u. Neuntel der Reichsthaler« auszuprägen. Oppermann hat nachweisbar seine Thätigkeit bis gegen November 1627 fortgesetzt, dennoch war es bis jetzt nicht möglich, ein Thalergepräge aus dieser Zeit beizubringen, welches entschieden der Oberpfalz angehört.

Unser Doppelthaler zerstreut jeden Zweifel. Seine Aehnlichkeit mit dem Thaler Schulth. 5566 lässt sogar auf Genossen ohne Jahrzahl schliessen, während die drei Zainhaken die wiederholten Versuche über Vertheilung der Münzzeichén auf die oberpfälzischen drei Münzstätten und deren Münzmeister hinfällig machen. *J. V. Kull, München.*

Eine neue und doch sehr seltene Münzbesuchs-Münze. Die kgl. sächsische Münze wurde vor einigen Jahren aus Dresden nach Freiberg übertragen und dort in der Muldner Hütte eingerichtet. Anlässlich des Besuches der neuen Münzstätte durch den König wurde ein silbernes Zwei-Markstück geprägt. A v. Kopf des Königs v. d. r. S. darunter E. Umschrift: ALBERT KOENIG VON SACHSEN. Rev. In 8 Zeilen: GEPRÄGT | IN GEGENWART | S. M. DES KÖNIGS | —•— | MÜNZSTÄTTE | MULDNER HÜTTE | D. 16. JULI | 1892. Gerippter Rand. Diese Denkmünze wird, zu Gunsten eines Fonds, an Sammler zum Preise von 20 Mark abgegeben, und verspricht, da sie nur während des kurzen Aufenthaltes des Königs in der Muldner Hütte, also in verhältnissmässig wenigen Exemplaren hergestellt wurde, eine gesuchte und kostspielige Seltenheit zu werden. *E.*

Medaille auf Christof Wallpach zu Schwanenfeld. Der Canonicus des Stiftes Mattsee Otto Max v. Wallpach hat 1892 eine werthvolle Chronik seiner Familie herausgegeben, nach welcher 1692 auf Christof v. Wallpach aus Hall in Tirol von seinen Mitbürgern eine Medaille geschlagen wurde, weil er zu Zeiten der Noth zweimal mit Getreideeinkäufen in Niederösterreich betraut worden war. Die silberne und vergoldete Medaille zeigt auf einer Seite den egyptischen Joseph, wie er unter seine Brüder Korn vertheilt und auf der anderen Seite die Inschrift:

Gleichwie	hat er das Landt erfreut mit Brot
vorzeit Egypten Landt	und solches wolfail geben,
Josephus that verwalten,	dadurch erworben insgemein den Nam
also Tirol: Wie ist bekandt	Prottvater gnannt zu werden,
von Wallpach hat erhalten,	der gütig Gott erhelt sei Stam
von Theuerung und Hungersnoth,	im Himmel und auf Erden. 1692.
damit man konnte leben,	*S. Wiener-Zeitung vom 6. Jänner 1893.*

Elliot — Metastasio. Auf diese Beiden sind zwei Denkmünzen geprägt, die Wellenheim Nr. 13603 und 14278 anführt. In den Provinzialnachrichten Nr. 84 de 1783 (Siehe Seite 436 dieses Blattes I. B.) werden dieselben beschrieben. Hier lautet ein Artikel:

Belohnungen.

Es ist auf den General Elliot eine Münze geprägt worden, mit dem Profil des Generals und den Worten: Elliot au Martis socius? Non: Jupiter ipse est. (Ist Elliot der Bundesgenosse des Kriegsgottes? Nein: Er ist der Donnergott selbst.) Die andere Seite stellt den Felsen von Gibraltar vor, von dessen Spitze die feurigen Kugeln auf die feindlichen Batterien fliegen, mit der Umschrift: Victrix in flammis, victrix Gibraltar in undis. (Gibraltar in Flammen und Wellen unüberwindlich.) Auf den berühmtesten der italienischen Dichter Metastasio hat zu Wien der Medailleur Herr Wirth eine Schaumünze gearbeitet. — Sie zeigt das Brustbild mit der Umschrift: Sophocli italo Vindobona. Unten steht: Nat. Romae 1698, obiit Vindob. 1782. Auf der Rückseite sind die Sinnbilder der Dramatik, die Leyer, der Lorbeerzweig, Flöte, Maske, Krone, Dolch und zwei Bücher zu sehen. *Tauber.*

Kataloge. Florange J. Paris, Quai Malaquais 21. 2. Catalogue de monnaies & médailles Collection R. G. D. Voiron (Isére), 1125 Nummern.

Sangiorgi G., Rom. Vendita del Museo Bartolomeo Borghesi. Monete romane consolari ed imperiali. 19 Januar u. f. 1587 Nummern.

Helbing Otto, München, von der Taunstrasse 4/I. Münzauction, 6. März 1893 u. f. Die nachgelassene Sammlung des Schiffscapitäns E. Dil zu Thiel in Holland, der Münzfund von Muchodin und zwei kleinere Münzsammlungen. Numismat. Bücher. Katalog (1800 N.) mit 3 Tafeln. à 3 Mark, ohne Tafeln gratis.

Herausgeber und verantwortlicher Redacteur: Franz Trau. — Verlag der numismatischen Gesellschaft in Wien.
Druck von Kreisel & Gröger, vorm. L. W. Seidel & Sohn, in Wien

MONATSBLATT

der

numismatischen Gesellschaft in Wien.

Dieses Blatt erscheint monatlich ein Mal und wird den Mitgliedern der Gesellschaft
unentgeltlich zugesendet. Preis des Jahrganges für Nichtmitglieder 1 fl. Zuschriften
sind zu richten an die numismatische Gesellschaft, Wien, I., Universitätsplatz 2.

| Nr. 116. | März. | 1893. |

Mittheilungen der Gesellschaft.

Einladung

zu der

am Mittwoch den 15. März 1893, Abends 7 Uhr

im grünen Saale der kais. Akademie der Wissenschaften (I., Universitätsplatz 2)

stattfindenden

ordentlichen Versammlung.

Programm:

1. Mittheilung von Einläufen. — 2. Aufnahme neuer Mitglieder. — 3. Vortrag
des Herrn Regierungsrathes und Directors der Münzen-, Medaillen- und
Antikensammlung des Allerh. Kaiserhauses, Dr. Friedrich Kenner: Die
Kaisertitel der römischen Münzen. — Gäste willkommen.

Demnächst erfolgt der Neudruck der Adressen, daher wird ersucht, Veränderungen
der Titel und Wohnorte bekannt zu geben.

Versammlungen der numismatischen Gesellschaft mit Vorträgen und Ausstellungen
finden Mittwoch 15. März und 19. April 1893 Abends 7 Uhr im grünen Saale
der kais. Akademie der Wissenschaften, I., Universitätsplatz 2 statt und sind die p. t.
Herren Mitglieder und Freunde der Gesellschaft höflichst eingeladen, sich an denselben zu
betheiligen.

Es wird ersucht, Zuschriften und Sendungen bezüglich der Zeitschrift an Herrn
Oberbergrath Carl von Ernst, Wien, III., Ungargasse 3 oder Herrn Rudolf v. Höfken-
Hattingsheim, Wien, XVIII., Feldgasse 35, bezüglich des Monatsblattes an Herrn Franz
Trau, I., Wollzeile 1, bezüglich der Cassa an Herrn Theodor Rhode, I., Wallfischgasse 11,
alle anderen Briefe und Sendungen an die numismatische Gesellschaft, I., Universitätsplatz 2
(kais. Akademie der Wissenschaften), zu richten.

Das Bibliothekslocale der numismatischen Gesellschaft, I., Universitätsplatz 2, ist
an jedem Mittwoch von 6 Uhr an geöffnet.

Die ordentlichen Mitglieder der numismatischen Gesellschaft zahlen eine einmalige Eintrittsgebühr von 2 fl., einen Jahresbeitrag von 8 fl. und erhalten die Zeitschrift und das
Monatsblatt kostenfrei zugestellt. Abonnement der Zeitschrift 6 fl., des Monatsblattes
(12 Nummern) 1 fl.

Ueber mehrfach geäusserten Wunsch steht Mitgliedern der numismatischen
Gesellschaft die letzte Seite des Monatsblattes (Versendung 400 Exemplare) zu kurzen
fachgemässen Anfragen und Ankündigungen in Notizenform kostenfrei zur Verfügung.

Ordentliche Versammlung der numismatischen Gesellschaft am 15. Februar 1893.

Das Vorstandsmitglied Herr Dr. Josef Scholz, eröffnet die Versammlung mit der Hinweisung auf die für die Bibliothek eingelangten Werke und beantragt nach einigen geschäftlichen Mittheilungen folgende Herren als ordentliche Mitglieder der Numismatischen Gesellschaft aufzunehmen: P. Clemens Bausweck, Capitular des Stiftes Zwettl, Professor zu Heiligenkreuz (vorgeschlagen von den Herren Regierungsrath Dr. Friedrich Kenner und Professor Victor von Renner), Dr. Heinrich Reiniger, Rechtsanwalt in Eger (vorgeschlagen von den Herren Regierungsrath Dr. Friedrich Kenner und Hofrath Dr. Franz R. v. Raimann) und Max Wormser jun., Wien, Kärntnerstrasse Nr. 31 (vorgeschlagen von den Herren Th. Rohde und E. Forchheimer.)

Hierauf ladet der Vorsitzende Herrn Custos Dr. Carl Schalk ein, die angemeldeten Vorträge zu halten.

Derselbe bespricht 1. eine geprägte Holz-Medaille auf Anna Fronleitner, Tochter des Benedict Fronleitner, Bürgers zu Wien, mit der Jahreszahl 1533 die sich im Besitze der Firma Merzbacher in München befindet.

Benedict Fronleitner ist aus archivalischen Quellen als Wiener Bürger, Besitzer mehrerer Häuser, Tuchhändler, und in den Jahren 1509, 1510 und 1522 als Mitglied des inneren Rathes nachweisbar. Im Jahre 1527 wird er als verstorben bezeichnet; im Jahre 1510 war er Witwer, seine Tochter war also im Jahre 1533 mindestens 23 Jahre alt. Holzmedaillen auf Private sind selten; die schöne Holzmedaille im Stifte Melk, von ganz anderem Charakter als das vom Vortragenden angeführte Stück, könnte Vorlage für die ein in Metall zu prägende Medaille gewesen sein. Unser Stück dürfte wohl als Selbstzweck zu betrachten sein.

(Ausgestellt waren eine wohlgelungene Photographie der Holzmedaille von 1533, Geschenk der Firma Merzbacher und ein Abdruck der Melker Medaille in schwarzem Wachs, Geschenk Seiner Hochwürden des Herrn Professors E. Katschthaler an das historische Museum in Wien.)

2. Wiener Münzverkehr in den Jahren 1575 bis 1650. Der Vortragende betrachtet es als seine Aufgabe, die Formeln für die Umrechnung des jeweiligen alten Geldes in die geltende Währung zu finden. Er sucht nachzuweisen, dass der Münzfuss der Münz-Instruction des Jahres 1524 bis zur Einführung des Conventions-Münzfusses 1753 für die Berechnung des Kreuzers (Pfennigs) und Rechenguldens, soweit es sich um Wien handelt, der massgebende war. Ist die Zahl der Kreuzer, die in einen bestimmten Jahre auf den Thaler gerechnet werden, n, so ist der Werth eines Kreuzers in dem betreffenden Jahre $\frac{2 \cdot 31 \text{ fl. ö. W.}}{n}$; des Pfennigs $= \frac{2 \cdot 31 \text{ fl. ö. W.}}{4\,n}$ und des Guldens $\frac{60 \times 2 \cdot 31 \text{ fl. ö. W.}}{n}$.

Aus den Oberkammeramts-Rechnungen der Stadt Wien lässt sich nämlich nachweisen (die Rechnung des Jahres 1575 bietet allein schon zahlreiche Belege dafür) dass die Coursschwankungen innerhalb eines Jahres, nicht ihren Grund darin haben, dass wir es mit Thalern aus verschiedenen Münzstätten von verschiedenem Korn und Schrot zu thun haben, sondern in dem durch die Creditbedürftigkeit der Stadt beeinflussten Gesetze von Angebot und Nachfrage. Dass man in der Wiener Münzstätte immer und immer wieder auf den Münzfuss von 1524 zurückkehrte, hat schon Newald bewiesen.

3. Gibt der Vortragende auf Grund der von ihm zusammengestellten Tabelle im Communal-Kalender 1893 einen Überblick über den Bestand der Spöttl'schen Sammlung.

––––––––––

Münzbuchstaben und Münzmeisterzeichen auf österreichischen Münzen.

Auszug aus dem vom k. k. Oberbergrathe C. v. Ernst in der Jahresversammlung am 18. Jänner 1893 gehaltenen Festvortrage.

In der Einleitung erwähnt der Vortragende die Beizeichen von Magistrats-personen auf den späteren Athener-Münzen, auf jenen der macedonischen Könige und der ersten Ptolomäer, die Namen der Monetarii auf den Münzen der römischen Republik, die zwei und ein halbes Jahrhundert später wieder auf römischen Münzen vorkommenden Bezeichnungen der Münzstätten und Münzmeister, die Münzmeister-zeichen auf merovingischen, angelsächsischen und nordischen Münzen, die wappen-artigen Münzzeichen auf den bayerischen und österreichischen Pfennigen vom XII. bis XV. Jahrhundert, die Beizeichen auf den Joachimsthalern und auf anderen Silber-münzen des XVI. und XVII. Jahrhunderts. Als Münzmeisterzeichen treten im XVII. Jahrhundert die Initialen der Namen der Münzmeister immer häufiger auf, um jedoch im ersten Viertel des XVIII. Jahrhunderts plötzlich zu verschwinden. Erst in der Regierungszeit der Kaiserin Maria Theresia, nach 40 Jahren, kommen wieder Buchstaben als Beizeichen auf einigen Münzen vor, auf anderen Münzen der gleichen Gattung nicht. Diese Buchstaben bezeichnen die Münzstätten, während 20 Jahre später abermals die Anfangsbuchstaben der Münzmeister auftauchen, um mit dem Regierungsantritte Kaiser Josefs II. wieder zu verschwinden, wogegen neue Buchstaben für die Münzstätten eingeführt werden.

Diese Thatsachen sind allen Sammlern österreichischer Münzen bekannt, doch ist es bisher nicht aufgeklärt, welchen Ursachen das Verschwinden und Wiederauf-tauchen und der wiederholte Wechsel der Münzzeichen zuzuschreiben sei. Den Nach-forschungen des Vortragenden ist es endlich gelungen, diese Ursachen festzustellen. Seinen diesfälligen Mittheilungen sendet er die Bemerkung voraus, dass ihm dies nur durch die Unterstützung möglich wurde, welche ihm die Herren Franz Kreyczy, I. Archivs-Concipist im k. u. k. Reichs-Finanzministerium und Bergrath Josef Müller, Vice-Director des k. k. Haupt-Münzamtes zutheil werden liessen.

Die Anfangsbuchstaben der Münzmeisternamen entfielen nach dem Regierungs-antritte Kaiser Carls VI., in Folge eines Vortrages des Hofkammer-Präsidenten Grafen Gundaker vom 12. October 1712, auf Befehl des Kaisers, welcher unter vielen anderen das Gepräge der Münzen betreffenden Bestimmungen, anordnete, dass im Hauptschilde des Doppeladlers auf dem Reverse der Münzen „ein Herzschiltl" mit dem Wappen des Landes, für welches die Münze geprägt worden ist, angebracht werde, und dass die Beizeichen der Münzmeister als überflüssig wegzulassen seien. Nur Kuttenberg sollte zur Unterscheidung von Prag auch fernerhin die drei Berge mit den gekreuzten Bergwerkshämmern fortführen, Kremnitz *K B*, Nagy Bánya *N B* und Pressburg *C H* (camera hungarica) gebrauchen. Trotz dieses Befehles wurden doch noch Münzmeisterbuchstaben hie und da beigesetzt und daher erging mit Art. 118 der Münzinstruction vom 1. Juli 1717 das Verbot, diese Beizeichen anzu-bringen, vom Neuen. Thatsächlich tragen seither die Münzen keine Buchstaben mehr; nur einige Prager Thaler kommen mit den verschlungenen Buchstaben *F S* (Ferdinand Scharf) bis zum Jahre 1728, und ebenso Münzen von Kuttenberg mit den Buchstaben *I. F. W.* (Johann Franz Weyer) bis zum Jahre 1721 vor, worauf aber auch diese, wahrscheinlich nachdem jenes Verbot wieder eingeschärft wurde, entfallen. — In der ersten Münzinstruction, welche Maria Theresia im Jahre 1742 erliess, wird das Verbot den Münzen die Anfangsbuchstaben beizusetzen im Art. 148 mit der Begründung abermals erneuert, dass die Herkunft der Münzen durch das im Herzschilde des

Adlers vorkommende Landeswappen ohnehin kenntlich sei. Um diese aber auch bei den mit dem Bilde ihres Gemahls Kaiser Franz I. feststellen zu können, wurde mit Hofkammer-Verordnung vom 11. Februar 1746 befohlen, dass denselben die Anfangsbuchstaben des Münzortes beizusetzen seien. Dadurch gelangten die Doppelbuchstaben W—I für Wien, H—A für Hall, P—R für Prag, G—R für Graz und C—A für Carlsburg in Gebrauch.

Kupfermünzen wurden seit 1733 für Görz in Wien, später in Graz, und nach der Verordnung vom 22. October 1748 abermals zu Wien geprägt, weil Graz auf den Taschenwerken nicht rasch genug fortkam. Mit dieser Verordnung wurde zur Bezeichnung der Münzstätte in Wien der Buchstabe W eingeführt, der auch auf den von Mathäus Donner zur Probe hergestellten Pfennigen von 1748 und 1749 steht. Als erste Kupfermünzen kamen im Jahre 1759 grössere Pfennige in Umlauf, von welchen jene des Kaisers Franz I. wieder die Doppelbuchstaben W—I, H—A und C—A aufweisen. 1760 gelangten auch Kreuzer aus Kupfer zur Ausprägung, welche mit den Anfangsbuchstaben der Prägeorte W, P, G, H, K, S (Schmölnitz) und C zu bezeichnen anbefohlen wurde.

In der Hofkammer-Verordnung vom 9. Juni 1766 wurden die Buchstaben A für Wien, B für Kremnitz, C für Prag, D für Graz, E für Carlsburg, F für Hall, G für Nagy-Bánya und H für Günzburg eingeführt. Dies bezog sich aber nur auf die Münzen des Mitregenten Kaiser Joseph II. (und die, auch nach dem Tode Franz des I. mit der Jahreszahl 1765 fortgeprägten Münzen dieses Kaisers), weil jene der Kaiserin nach wie vor durch das Landeswappen im Herzschilde kenntlich waren.

Aus eigener Initiative befahl gleichwohl die Kaiserin, als ihr über gewisse Mängel in der Ausmünzung der Wiener Thaler berichtet worden war, mit Entschliessung vom 25. August 1766, dass Münzmeister und Wardein den Münzen die Anfangsbuchstaben ihrer Namen beizuschlagen haben. Dies dauerte bis 1780. Nur auf Kremnitzer Zwanzigern und Thalern mit dem Bilde oder Namen der Kaiserin erscheint seit 1772 der Buchstabe B, was der Vortragende damit erklären zu können glaubt, dass diese Münzen dadurch von jenen unterschieden werden sollten, die aus dem Silber von Privatbergbauen geprägt und mit K—B bezeichnet wurden.

Nach dem Tode der Kaiserin wurde mit kais. Verordnung vom 9. December 1780 verfügt, dass auf allen Münzen ohne Unterschied des Prägeortes statt der Landeswappen im Herzschilde das österreichisch-lothringische Wappen beizubehalten sei, dass die Beisetzung der Anfangsbuchstaben der Namen als überflüssig zu entfallen habe und dass die Münzbuchstaben, A für Wien, B für Kremnitz, C für Prag, E für Carlsburg, F für Hall, G für Nagy-Bánya, H für Günzburg, einzuführen seien. Für Graz erging keine Verordnung, das dortige Münzamt bestand daher nicht mehr und so fehlt auch der Buchstabe D in der angeführten Reihe. Es gelangte dieser Buchstabe aber doch wieder zur Anwendung, u. z. für Salzburg, das 1805 an Oesterreich fiel. Mit Verordnung vom 19. März 1806 wurde der Münzbuchstabe D, welcher, wie dort erwähnt wird, »das längst aufgehobene Gräzer Münzamt« bezeichnete auf das k. k. Münzamt zu Salzburg übertragen.

Der Badener Münzenfund.

Mittheilung von Dr. Hermann Rollett.

Bekanntlich hat sich an einem der ersten Tage des Monates September 1892 zu Baden bei Wien, als man das Haus mit den Nummern 3 und 5 in der Wassergasse, zum Zweck des Neubaues eines Sparcasse-Gebäudes demolirte, im ersten Stock — unter dem Fussboden — eine ziemlich große Anzahl· älterer kleiner S i l b e r m ü n z e n gefunden. Nur ein Theil davon wurde jedoch von den Arbeitern abgegeben, und der grösste Theil (mehrere Hundert Stücke), darunter wahrscheinlich auch grössere, gelangte in die verschiedensten Hände. Die Anzahl von 131 Stücken des Fundes, welche amtlich eingeschickt und mir, nach Rückstellung derselben von Seite der k. k. Hofmuseums-Direction, vom Baumeister durch den Sparcasse-Verein, zur Bestimmung und zur Auswahl von entsprechenden Exemplaren für die betreffende Sammlung der S t a d t g e m e i n d e B a d e n übergeben wurde, desgleichen eine Anzahl aus Privatbesitz erhaltener Exemplare, zeigen durchaus mannigfaltige Gepräge aus dem XVI. und aus der ersten Hälfte des XVII. Jahrhunderts, mit einer einzigen Ausnahme (siehe Tirol). Die · älteste · der · übrigen · Münzen ist vom Jahre 1510, die jüngste vom Jahre 1638, woraus erhellt, dass die Verbergung des kleinen Schatzes nicht viel früher als um 1640, und — nach dem abgenützten Zustand auch der jüngsten Stücke — wahrscheinlich noch später erfolgte, sowie dass die niedergerissene Baulichkeit mindestens gleiches Alter hatte und dass der Bau, im Bereich des Fundes wenigstens, seither unberührt geblieben ist. Die bis jetzt in meine Hände gekommenen zweihundert und einige Fundstücke, worunter aber augenscheinlich mehrere a n g e b l i c h e und nicht dazu gehörige sind, habe ich bereits sämmtlich bestimmt, und es umfassen dieselben — wie das nachstehend folgende V e r z e i c h n i s s erweist — D e u t s c h l a n d, O e s t e r r e i c h und österreichische Länder (die wenigsten), P o l e n, S a l z b u r g (die meisten) und die S c h w e i z.

Dieser durch die Verschiedenartigkeit der Stücke auffallende Münzenvorrath — den man, wenn nicht so überwiegend viele S a l z b u r g e r Pfennige von einerlei Prägung dabei wären, als Theilbesitz eines damaligen Münzensammlers vermuthen könnte — ist vielleicht von einem zu jener Zeit hier als Badegast weilenden Kaufmann aus S a l z b u r g, bei nahender Gefahr während des 30jährigen Krieges, verborgen worden, ohne Gelegenheit zu haben, ihn wieder zu Tag zu bringen, und es hat dieser Fund — soweit er vorliegt — betreffs des numismatischen Werthes, keine besondere Bedeutung, ist aber für B a d e n, als örtlicher Fund, entschieden interessant.

Die verschiedenen, sämmtlich mit Sicherheit bestimmbar gewesenen Stücke des Fundes, von welchen eine kleinere Anzahl sehr gute Erhaltung zeigt, sind folgende:

Römisch-Deutsches · Reich.

S t ä d t e.

C o n s t a n z. 1573. (Maximilian II.) Im Reichsapfel im Doppeladler : 2.
C o l m a r. (Rudolph II.) Im Doppeladler : 2.
N ü r n b e r g. 1573. Einseitiger Silberpfennig.
S c h w e i d n i t z. 1526. (Ludwig II., König von Ungarn und Böhmen). Silberkreuzer.
S t r a s s b u r g. XVI. Jahrhundert. Silberkreuzer.

F ü r s t e n u n d S t a n d e s h e r r e n.

B a r b y. Albert Friedrich. 1610. Im Reichsapfel : 24.
B r a n d e n b u r g - A n s p a c h.
    Albert († 1557). Silbergroschen.
    Georg Friedrich. 1563. Im Reichsapel im Doppeladler : 1.
H a n a u. Philipp IV. 1589. Im Reichsapfel : 2.
N a s s a u - W e i l b u r g. Albert. 1588. Im Reichsapfel im Doppeladler : 2.
P f a l z - N e u b u r g. Otto und Philipp. 1516. Silbergroschen.
P f a l z - S i m m e r n. Richard. 1570. 1571. Im Reichsapfel : 2.
P f a l z - V e l d e n z. Georg Johann. 1579, 1582. Im Reichsapfel : 2.
P f a l z - Z w e i b r ü c k e n. Johann. 1586, 1587. Im Reichsapfel im Doppeladler : 2.

Pommern. Philipp II. 1616. Im Reichsapfel : 24.

Sachsen. Friedrich, Johann und Georg. Um 1535. Silbergroschen.

Schlick. Heinrich. 1638. Silbergroschen.

Solms. (Gemeinschaftlich.) Ernst, Eberhard und Hermann. 1590. Im Reichsapfel : 2.

Solms-Lich. Eberhard und Hermann. 1591, 1594. Im Reichsapfel : 2.

Stolberg. Ludwig 1571. Im Reichsapfel im Doppeladler : 2. — 1573. Im Reichsapfel : 2.

Waldeck. (Gemeinschaftlich.) Wilhelm. Ernst, Christian und Wolrath. 1589, 1593. Im Reichsapfel : 2.

Oesterreichische Länder.

Erzherzogthum Oesterreich. Maximilian II. 1567, 1574. Im Reichsapfel : 2.

Kärnten. Rudolph II. 1600, 1601. Einseitige Silberpfennige.

Schlesien. Ferdinand I. 1563. Im Reichsapfel im Doppeladler : 1.

Steiermark. Ferdinand I. Einseitiger Silberpfennig. Erzherzog Karl. 1572. Unter dem Wappen : 2.

Tirol. Sigismund. († 1496). Silberkreuzer.

Ferdinand I. 1531. Einseitiger Silberpfennig.

Erzherzog Ferdinand. († 1595.) Silberkreuzer.

Böhmen. Maximilian II. 1572. Silberkreuzer.

Rudolph II. 1601. Einseitiger Silberpfennig.

Bischöfe und Erzbischöfe.

Magdeburg. Christian Wilhelm. 1614. Im Reichsapfel : 24.

Olmütz. Franz von Dietrichstein († 1639). Unter dem Doppelwappen : 2.

Passau. Ernst, Herzog von Bayern. 1529, 1534. Einseitige Silberpfennige.

Salzburg. (Sämmtlich einseitige Silberpfennige.)

Leonhard von Keutschach. 1512, 1514, 1519.

Matthäus Lang von Wellenburg. 1520, 1521, 1524, 1525, 1531, 1532, 1535, 1536, 1537, 1539.

Ernst, Herzog von Bayern. 1541, 1548, 1550, 1555.

Michael von Kuenburg. 1555, 1558.

Kuen von Bellasi. 1565, 1567, 1571, 1574, 1575, 1576, 1578, 1579, 1580, 1582.

Wolfgang Theodor von Raitenau. 1590, 1593, 1594, 1604, 1611.

Marcus Sitticus von Hohenembs. 1612.

Strassburg. Johann Graf von Manderscheid. 1579. Im Reichsapfel im Doppeladler : 2.

Schweiz.

Chur. 1550. Silberkreuzer.

Bisthum Chur. Beatus a Porta. († 1590.) Silberpfennig.

Polen.

Johann Albert. (1492—1501.) Silberkreuzer.

Alexander. (1501—1506.) Silberkreuzer.

Sigismund I. 1510, 1526. Silberkreuzer.

Münzfunde.

Im Golf von Egina brachten Taucher, die nach Schwämmen auf dem Meeresgrunde suchten, ungefähr 7 Kilogramm Münzen Alexander des Grossen herauf. — In Hoppers bei Giesenkirchen fand sich in einem Fussboden aus gestampfter Erde ein Topf mit Silbermünzen aus der Zeit von 1650 bis 1653. — In Würgendorf bei Siegen wurde unter einer Tenne eine Urne mit über 70 Goldmünzen aus den Jahren 1630 bis 1657 gefunden; Kaiser Ferdinand, König Mathias von Ungarn, Philipp II. von Spanien, Holland, Köln, Mainz und Trier, sowie Frankfurter Dukaten sind vertreten. — In der Nähe von Latum bei Crefeld wurden römische Münzen mit Hausgeräthen und Schmucksachen gefunden. (Wegweiser für Sammler, herausgegeben von Louis Stefke in Leipzig, Nr. 3.)

Verschiedene Münzfunde. Nach der in Stuttgart erscheinenden Antiquitätenzeitung Nr. 6, wurden zu Traisdorf in Bayern in einem Garten 1800 Silbermünzen, die sich in einem Topfe befanden — Bracteaten und zu Tours geprägte Münzen Ludwig des Frommen gefunden. — Zu Polsnitz in Schlesien fand man beim Ackern einen Topf mit 475 Silbermünzen Ferdinand III., Sigismund III., Leopold von Tirol von 1620—1640. — Zu Hohenlauben in Thüringen fanden sich in einem Backofen Thaler, $1/4$- und $1/6$-Thaler von Sachsen, Frankreich etc. aus der Zeit von 1594—1848.

Literatur.
Für die Bibliothek eingelangte Werke.

W. Bahrfeldt: Die Münzen und das Münzwesen der Herzogthümer Bremen und Verden unter schwedischer Herrschaft 1648—1719. Zugleich Beiträge zur deutschen Geld- und Münzgeschichte des XVII. Jahrhunderts. Hannover 1892. 8 Bogen Text und 5 Tafeln, 8°. Nach mehrfachen früheren numismatischen Arbeiten, Niedersachsen betreffend, liefert der Verfasser in obigem Buche eine actenmässige Darstellung des Münzwesens von Bremen-Verden während der Jahre 1648 bis 1719, die nach jeder Richtung hin als vollständig bezeichnet werden muss und einen bisher mangelnden Überblick über dieses Münzgebiet gewährt. Die Zeichnerin, Frl. Steinmann, wird durch eingehendere Behandlung von Licht und Schatten den Abbildungen mehr Leben verleihen. Bahrfeldt's neuestes Werk wird in der num. Zeitschrift besprochen werden.

Antiquitätenzeitung. Herausgegeben von Udo Beckert in Stuttgart. Nr. 6. Aus dem Inhalte: Münzfunde, Traisdorf in Bayern, Polsnitz in Schlesien, Hohenleuben in Thüringen.

Anzeiger, numismatisch-sphragistischer. Herausgegeben von Friedrich Tewes in Hannover. Nr. 12. Dr. P. J. Meier. Die Münzstätten Bodenwerder und Stadtoldendorf. August der Jüngere zu Hitzacker. Friedeborn. Th. Stenzel. Der Münzfund von Gross-Salza. Schluss. Münzfunde. Die Sammlung Reimmann. Auctionsnachrichten.

Berliner Münzblätter. Herausgegeben von Adolf Weyl. Hermann Dannenberg. Münzgeschichte Pommerns bis zum Jahre 1524. (Forts.) Menadier. Die Pfennige des Grafen Luteger. (Schluss). Ein Eichstädter Pfennig König Heinrich II. Eine kupferne Kölner Münzprobe Kaiser Konrad II. Ein Hammer Englisch mit deutscher Umschrift. 145—147). Menadier. Thüringer Pfennigbüchsen des 13. Jahrhunderts. Menadier. Ein Pfennig Kaiser Heinrich VI. vom Mainzer Reichstage des Jahres 1196. Menadier. Ein Kupferzeichen der Stadt Braunschweig aus dem 14. Jahrhundert. Menadier. Hälblinge (145). Die Pfennige der Grafen Luteger 145—147). Menadier. Der angebliche Stephanspfennig vom Gepräge der Otto-Adelheidpfennige. A. W. Unbekannter Stüber des Fräuleins Marie v. Jever (147).

Blätter für Münzfreunde. Herausgegeben von Hofrath Julius Erbstein in Dresden. Mit 1 Tafel. Dr. N. Norddeutsche Kreuzer oder Körtlinge mit

Kreuzertypus. Dr Burkhardt. Die Münzen und Medaillen des Herzogs Ernst August von Sachsen-Weimar. 1731—1748. (Forts.) Paul Joseph. Der Medailleur Fernand Dubois und seine Arbeiten. Neue Ausmünzungen. Währungsfrage. Münz polizei. Sammlungen. Personalnachrichten. Numismatische Abhandlungen.

Bulletin de numismatique. Raymond Serrure. Paris, Nov. 1892. R. Serrure Jetons rares ou inedits. Comte de Castellane. Différent d'un maître particulier de la monnaie d'Angers sous Louis XI. Serrure. Méreaux de Warneton et d'Ath. Livres. Revue. Lectures, Académies, Musées etc.

Dirks, Jacob. Atlas behoorende bij de beschrijving der Nederlandsche of op Nederland en Nederlanders betrekking hebbende Penningen, geslagen tusschen November 1813 en November 1863. Uitgegeven door Teylers Tweede Genootschap Mit 26 Tafeln. Haarlem, F. Bohn, 1892. 1. und 2. Stuck. Fol. (1159). Geschenk der Directoren des Musée Teyler in Harlem.

Jahresbericht des kärntnerischen Geschichtsvereines in Klagenfurt für 1891. 1892.

Jahresbericht, XXX., des Vorarlberger Museum-Vereines über das Jahr 1891. Bregenz.

Mittheilungen des Clubs der Münz- und Medaillenfreunde in Wien. Redigirt von Josef Nentwich. Nr. 31. Die Medaillen aus der Regierungszeit Seiner Majestät des Kaisers Franz Josef I. (Forts.) Hugo Weifert. Meine Sammlung von Medaillen auf die Eroberungen Belgrads. (Forts.) Miscellen. Clubnachrichten. — Nr. 32 Hugo Weifert. Meine Sammlung auf die Eroberungen Belgrads. (Forts.) Mit 2 Tafeln. Anhängepfennig des Klosterneuburger Stiftpropstes Balthasar Prä- torius. Miscellen. — Nr. 33. Jos. Nentwich. Ein österreichisch-ungarischer Münz- forschertag. Hugo Weifert. Meine Sammlung (Forts.) mit 1 Tafel. Neue Prägungen. Miscellen. Bibliographische Rundschau. Auction Spöttl.

Monatsblatt des Alterthumsvereines in Wien, 1893. Nr. 1.

Revue belge de numismatique. Mit 3 Tafeln. Bruxelles. 1893. I. E. Babelon. Numismatique d'Edesse en Mésopotamie. A. de Witte. Une monnaie belge de convention du commencement du XI. siècle. Th. M. Roest. Essai de classification des monnaies du compté, puis duché de Gueldre. C. F. Trachsel. Philibert II. duc de Savoie. Liste monographique de ses monnaies et de ses médailles. Edmond Vander-Straeten. La Maille audenardaise. Fréd. Alvin. Léopold Wiener, graveur en médailles et son oeuvre. Cte. Maurin de Nahuys. Encore un mot sur les mémoire d'Isaac Newton du 21. Steptembre 1771, concernant la monnaie. Nécrologie. Mélanges. Société Royale de Numismatique.

Revue numismatique dirigée par Anatole de Barthélemy, Gustave Schlumberger, Ernest Babelon. 1892. 4. Mit 10 Tafeln. Paris, C. Rollin et Feuardent. E. de Villaret. Numismatique japonaise. E. Babelon. Les monnaies des satrapes dans l'empire des Perses Achéménides. Jules Rouyer. Théophraste Renaudot. Rectification biographique à propos d'un jeton et description de quelques autres jetons parisiens. Henri de la Tour. Médailles modernes récemment acquises parle cabinet de France. Chronique. Nécrologie. Bulletin bibliographique.

Sammler, der. Herausgegeben von Dr. Hans Brendicke in Berlin. Nr. 15. Aus dem Inhalte: Aeltere und neuere Portrait-Medaillen. XIV. Nr. 16—21.

Wegweiser für Sammler. Herausgegeben von Louis Stefke. Leipzig. Nr. 3. Aus dem Inhalte: Münzfunde: Athen, Hoppers, Würgendorf, Latum. Nr. 4. Aus dem Inhalte: Die ersten Columbus-Halbdollars.

Verschiedenes.

Neujahrsmünze Franz Josephs I. Kurz nach der Thronbesteigung unseres Kaisers wurde der damalige Hauptmünzamts-Graveur Karl Radnitzky nach Olmütz berufen, um für «Neujahrsmünzen» das Bild des Kaisers aufzunehmen. Ob diese Münzen auch geprägt wurden, möchte ich bezweifeln, denn es ist mir eine solche aus den ersten Regierungsjahren des Kaisers niemals vorgekommen. Aus dem Jahre 1852 war eine »Neujahrsmünze« in der von der numismatischen Gesellschaft veranstalteten Franz Joseph-Ausstellung aus der Sammlung des Herrn Richter ausgelegt. Da dieselbe im Ausstellungs-kataloge nur genannt ist, so sehe ich mich veranlasst eine solche »Neujahrsmünze« zu beschreiben, welche sich in meinem Besitze befindet, zumal dieselbe zu den grössten Seltenheiten gehört: Das Brustbild des Kaisers v. d. l. S. in Marschallsuniform, das goldene Vliess am Halse, einen Stern auf der Brust, mit Ordensband und umgelegtem faltigen Mantel. Darunter zwei Lorbeerzweige. Umschrift r. seitw. beginnend: FRANZ JOS · I · KAIS · — V · OESTERREICH. Rev. Der gekrönte Doppeladler, im Mittelschilde 1852; Umschr. l. oben beg.: KÖN · V · UNG · BÖHM · D · LOMB · U · VEN · — DALM · GAL · LOD · ILL · ERHZH V · ÖST · [Silber, Durchm. 29 mm, Gw. ¹/₃ Loth. Die Stempel zu dieser Neujahrsmünze sind von dem Hauptmünzamts-Graveur Joh. Roth geschnitten; ob die Bossirung Radnitzky's dabei benützt wurde, konnte ich bisher nicht feststellen. *Ernst.*

Die Chronik der Familie Wallpach erwähnt auf Seite 6 einer weiteren Medaille der Familie Wallpach (s. Monatsblatt der numismatischen Gesellschaft in Wien, Nr. 115, Febr. 1893, Seite 120). Diese Medaille existirt nur in 2 Exemplaren, wovon eines Herr Theodor von Wallpach, Herr und Landstand von Tirol, Patronatsherr der Pfarre Absam bei Hall in Tirol, d. Z. k. k. Postverwalter a. D. in Graz - d. Z. Senior aller Wallpach, und das zweite Herr Rudolf von Wallpach Consistorial-Stiftungen-Verwalter in Salzburg, besitzt; sie ist von Silber und trägt das Brustbild nebst Umschrift des «Hanns Walpach A 27 Jar.» Hanns, Tischler, Bürger u. Rathsherr von Hall (von 1600 bis 1619, da er starb, war er erster Rathsherr) trägt einen Vollbart und ist mit einem Barett bedeckt. Unterhalb der linken Schulter steht die Jahreszahl 1558 Dieses Jahr ist das seiner Vermälung mit Katharina Angerer und darf man vielleicht annehmen, dass seine Mitbürger (in Hall) aus diesem Anlasse ihm ihre Verehrung bezeugend, die Medaillen in der Haller Münze prägen liessen. Die Revers-Seite trägt nur Arabesken. Der k. k. Theologie-Professor Dr. Mathias Kaserer in Salzburg fertigte einige sehr hübsche Abdrücke dieser Medaille 1892 an; auch aus Gyps existiren einige andere.

Ein Salzburger Rübenthaler von 1504 wird zum Kaufe ausgeboten. Es ist unnöthig, auf die enorme Seltenheit der Rübenthaler hinzuweisen denen Gustav Zeller in seiner werthvollen Abhandlung über dieselben, nur 7 anführt. Hiebei sei erwähnt, dass das Exemplar der Sammlung Spöttl. an die Sammlung der Stadt Wien übergegangen ist. Bezüglich des nunmehr verkäuflichen Exemplares, wolle man sich an Juwelier Karl Seeger in Augsburg. Judenberg, wenden.

Zainhaken. J. V. Kull erwähnt im letzten Monatsblatte (Nr. 115, Februar 1893, Seite 209 und 210) der Zainhaken, indem er sie, wie ich die von ihm wiedergegebene Nachricht auffasse, als Münzzeichen (Münzmeisterzeichen?) hinstellt. Das ausserordentlich häufige Vorkommen dieser Zainhaken auf deutschen Münzen während des 16., 17. und 18. Jahrhunderts, hatte schon lange in mir die Vermuthung erweckt, dass dieselben keine Münzmeisterzeichen sein können, wohl aber sonst irgend eine mit den Münzmeistern im Zusammenhange stehende Bedeutung haben müssen. Ich theile nun nachstehende, in den Mittheilungen des Vereines für Münz-, Wappen- und Siegelkunde in Dresden, I. Heft, Dresden 1839, auf Seite 31 enthaltene Bemerkung des mit *Hg* gezeichneten Verfassers mit: Als Münzzeichen führte er (Hans Jakob, Münzmeister in Dresden, vom 27. Juli 1624 — 24. Jänner 1685) die Buchstaben H. I und zwei kreuzweise gelegte Ohmhaken. Diese Ohm- oder Zainhaken auf Münzen der Harzgegend und Sachsens, sind übrigens keine Zeichen des Münzmeisters oder der Münzstätte, sondern beziehen sich nur auf den Rang als Münzmeister und darauf, dass derselbe die Münzausprägung nach der im römischen Reiche giltigen Münzordnung erlernt habe.« Mir erscheint die Richtigkeit dieser Nachricht sehr glaubwürdig, schon deswegen, weil ja der Zain das Wahrzeichen der Münzmeister, des Handwerkes der «Zainer» war. *Tauber.*

Neue holländische Münzen. Die Münze zu Utrecht hat im Jahre 1892 die ersten Münzen mit dem Bilde der Königin Wilhelmine ausgeprägt. Sie zeigen den Kopf der jugendlichen Königin von der linken Seite mit langen Haaren, einem Perlencollier um den Hals und der Umschrift: WILHELMINA KONINGIN DER NEDERLANDEN. Der Revers ist derselbe wie unter Wilhelm III. Bisher wurden Stücke zu 1 Gulden, zu 25 und 10 Cents geprägt. Unter dem Bilde auf den Gulden befinden sich die Buchstaben W. S., die Anfangsbuchstaben des Graveurs. Auf den Scheidemünzen sind die Buchstaben durch ein Röschen ersetzt. *F.*

Ein seltener Dietrichstein'scher Thaler. In meiner Hand befindet sich nachstehender Thaler. der in Arneth, Schulthess Katalog, Wellenheim, Donnebauer, Montenuovo etc. etc. nicht beschrieben. daher jedenfalls sehr selten ist.

Hauptseite: SIGISMVND ⁹˙ LVDOVICVS COMES A ◇ DIETRICHSTAIN ✤ Das Brustbild nach links mit Spitzenkragen, auf der Brust das goldene Vliess an der Kette. Unter der Achsel 1653, innen Linien, aussen Strichelrand.

Kehrseite: ✤ LIBER BARO IN ✿ — ✿ HOLLENBVRG. ✤

Unter der Brust des zweiköpfgen, bescheinten, mit der Reichskrone bedeckten Adlers das Dietrichsteinische Wappen, mit den 2 Winzermessern, darüber die Freiherrnkrone, herum die Kette, an der unten das Vliess. Zwischen den Adlerklauen auf einem Band eingravirt: SVBALIS—PROTEGENTI—BVS—TVIS. Innen Perl-, aussen Strichelkreis. Grösse 44.

Vielleicht erklärt sich die Seltenheit dieses Thalers durch den starken Stempelriss auf der linken Seite unten, der Stempel mag durch einen Sprung bald unbrauchbar geworden sein. Es dürfte jedenfalls der letzte Thaler Sigismund Ludwigs gewesen sein. *Tauber.*

Amerikanische Gedächtnismünzen. In einem Aufsatz in Nr. 95 der Provinzialnachrichten des Jahres 1783 (Siehe Seite 436 dieses Blattes) heisst es unter Anderem: »Der Congress der vereinigten amerikanischen Staaten ist in Erwartung der gänzlichen Räumung des Staates von Seite der britischen Armee und der Ankunft des definitiven Friedensschlusses zum Theil damit beschäftigt, den Männern welchen der Staat seine glückliche Unabhängigkeit zu verdanken hat, verschiedene angemessene Merkmale der öffentlichen Dankbarkeit zu ertheilen. Noch während des Krieges hat der Congress bei verschiedenen Gelegenheiten verdienstvolle und grosse Handlungen mit Dank und Ehrenmünzen belohnt, welche eigens dazu geprägt worden sind. Eine solche erhielt im Jahre 1776 General Washington bei der Eroberung von Boston; im Jahre 1777 General Gates bei der Gefangennehmung der englischen Armee bei Saratoga; im Jahre 1779 General Wayne nach der Eroberung von Stony-Point, sowie auch die Obristlieutenante von Fleury und Steward für den Antheil, so sie dabei hatten, und in dem nämlichen Jahre der Oberst Lee für die Eroberung von Paulus—Hook; im Jahre 1780 General Morgan und Obristlieutenant Howard für die Gefangennehmung des englischen Corps unter Commando des Obersten Tarleton«; weiter heisst es: »Vor Kurzem hat Herr Franklin dem Herrn von Fleury, Major bei dem Regiment Saintonge, bisherigen Obristlieutenant bei den vereinigten Staaten, eine schöne Gedächtnismünze zugestellt, welche der Congress zum Andenken der durch diesen Herrn in Amerika ausgeübten Tapferkeit hat prägen lassen. Bekanntlich war Fleury der erste. welcher bei der am 15. des Heumonats 1779 erfolgten Einnahme des Forts Stony-Point den Vorderhaufen eingeführt, des Feuers der Engländer aus vielen Kanonen ungehindert den ersten Sprung in die Verschanzung gewagt und dort der englischen Fahne sich bemächtigt hat. Deswegen stellt die eine Seite der Münze bemeldte Schanze vor, mit der Aufschrift: Aggeres, paludes, hostes virti, und der Unterschrift: Stony-point expug. 15. Jul. MDCCLXXIX. Auf der anderen Seite sieht man einen Soldaten, welcher eine Fahne erobert mit den Worten: Virtutis & audacia monum. praemium. (Denkmal und Belohnung der Kühnheit und Tugend.) Auf der Umschrift (!) steht: D. de Fleury Equiti Gallo primo super muros Resp. Amer DD. (Herr von Fleury franz. Ritter, als dem ersten auf den feindlichen Werken). *Tauber.*

Auction Spöttl in Wien. Die aus dem Nachlasse des Herrn Ignaz und der Frau Walpurga Spöttl stammenden Sammlungen, soweit dieselben nicht in das Eigenthum des kais. Hofmuseums und der Stadt Wien übergingen, von Gold- und Silbermünzen und Medaillen, darunter hervorragende Seltenheiten österreichischer, geistlicher und weltlicher Herren-Münzen und Barbarenmünzen, prähistorischen Fundgegenständen, Antiquitäten, Mineralien, Gemälden, Zeichnungen ,v Grabkreuzen, Schild-trägern, Baudenkmälern, Marterln, Erdställen, Tumuli u. dgl.) etc. etc. kommen unter der Leitung des Herrn H. Cubasch, Wien. I., Kohlmarkt 11, von Montag, 10. April d. J. an zur öffentlichen Versteige rung. Das Auctions-Verzeichniss steht Interessenten auf Verlangen gratis zur Verfügung.

Auction Farina. Die höchst bedeutende Münzen- und Medaillensammlung des Herrn Carl Farina in Cöln, enthaltend Brandenburg—Preussen—Westphalen und die rheinischen Länder (Mittelalter und Neuzeit) gelangt am 1. Mai und folgende Tage in Frankfurt a. M., Westendstrasse 7 (Kataloge [3922 Nummern] mit 6 Tafel-Abbildungen à 4 Mark, ohne Tafeln gratis), durch den Experten Adolph Hess zur Versteigerung.

Herausgeber u d verantwortlicher Redacteur: Franz Trau. — Verlag der numismatischen Gesellschaft in Wien.
Druck von Kreisel & Gröger, vorm L. W. Seidel & Sohn, in Wien

MONATSBLATT

der

numismatischen Gesellschaft in Wien.

Dieses Blatt erscheint monatlich ein Mal und wird den Mitgliedern der Gesellschaft unentgeltlich zugesendet. Preis des Jahrganges für Nichtmitglieder 1 fl. Zuschriften sind zu richten an die numismatische Gesellschaft, Wien, I., Universitätsplatz 2.

Nr. 117.	April.	1893.

Einladung

zu der

am Mittwoch den 19. April 1893, Abends 7 Uhr

im grünen Saale der kais. Akademie der Wissenschaften (I., Universitätsplatz 2)

stattfindenden

ordentlichen Versammlung.

Programm:

1. Mittheilung von Einläufen. — 2. Vortrag des Herrn Eduard Forchheimer: Die Conventionsmünze ausserhalb Oesterreich. — Gäste willkommen.

Versammlung am 15. März 1893.

Nach Eröffnung der Sitzung durch das Vorstandsmitglied Dr. C. Schalk und Begrüssung der Versammelten, bringt der Vorsitzende ein Dankschreiben des in der Jahresversammlung zum correspondirenden Mitgliede erwählten Custos des Münzcabinetes am Joanneum zu Graz, G. Budinsky, zur Verlesung und lenkt, nach einigen geschäftlichen Mittheilungen, die Aufmerksamkeit der Anwesenden auf eine Anzahl ausgestellter Medaillen und auf die vielen ausgehängten Tafeln mit vortrefflichen photolithograpischen Medaillen-Abbildungen, welche die Gravir- und Prägeanstalt Wilhelm Mayer in Stuttgart der Gesellschaft zum Geschenke gemacht hat.

Dann verliest der Vorsitzende einen von den Mitgliedern Dr. H. Tauber und C. v. Ernst eingebrachten Vorschlag zur Aufnahme des Herrn Dr. Peter Mitteregger, Gymnasialprofessor in Graz, als ordentliches Mitglied, und den von den Mitgliedern Dr. Jos. Scholz und C. v. Ernst vorgelegten und statutenmässig begründeten Antrag, folgende Numismatiker zu correspondirenden Mitgliedern der Gesellschaft zu wählen: Vicomte Baudoin de Jonghe in Brüssel, Präsidenten der königl. belgischen numismatischen Gesellschaft, Eduard Van den Broeck in Brüssel, Schatzmeister derselben Gesellschaft und Marcel François Léon Naveau in Schloss Bommershoven bei Tongres in Belgien. Alle diese Wahlvorschläge werden von der Versammlung einstimmig genehmigt.

Hierauf ladet der Vorsitzende Herrn Regierungsrath Dr. Friedrich Kenner ein, den angemeldeten Vortrag: Die Kaisertitel der römischen Münzen zu halten. (Derselbe wird nachstehend im Auszuge wiedergegeben.)

Die Kaisertitel der römischen Münzen.

Auszug aus dem in der Versammlung der numismatischen Gesellschaft am 15. März 1893 vom Director der Münzen-, Medaillen- und Antiken-Sammlung des Allerhöchsten Kaiserhauses Herrn k. k. Regierungsrath Dr. Friedrich Kenner gehaltenen Vortrage.

In einem Vergleiche der Titulaturen der Münzherren auf Geprägen des Mittelalters und der neueren Zeit mit jener der römischen Kaisermünzen zeigt der Vortragende die Verschiedenheit derselben nach Inhalt und Zusammenstellung. Die Aufschriften der römischen Münzen enthalten weder einen prägnanten Gesammttitel des Kaisers, noch den Namen des Reiches, noch jenen einzelner Länder, noch geben sie einen Hinweis auf die Quelle der Souveränität, sondern sie führen eine Reihe von Amtstiteln und Ehrennamen an, welche zusammen genommen die Machtfülle des Princeps darstellen; sie spiegeln die Entwicklung der Monarchie aus der republikanischen Staatsform nicht als abgeschlossenes Factum, sondern in ihrem Werdegange. dessen Tendenz die zunehmende Macht des Princeps ist, gegenüber der des Senates, welcher ursprünglich berufen war mit und neben ihm zu regieren.

Es werden sodann die einzelnen Aemter der Reihe nach behandelt, deren im vollständigen Titel Erwähnung geschieht, zunächst die proconsularischen Befugnisse, d. i. der Oberbefehl über das gesammte Heer in den Provinzen. über die Prätorianer in Rom und die Flotten in Misenum und Ravenna, das Münzrecht, die Verwaltung der wichtigsten Provinzen mit dem Rechte der Besteuerung und der Recrutenaushebung, endlich das Entstehen eines unermesslichen Bodenbesitzes zum Vortheile des Fiscus. Diese Befugnisse, welche die militärische Stellung des Princeps begründen, werden nach dem wichtigsten Theile, dem imperium, durch das Prädicat Imperator ausgedrückt, welches aber aus bestimmten Gründen nicht in der Reihe der Amtstitel, also nicht hinter dem Namen des Princeps erscheint, sondern als eine Art von Vornamen vor ihnen zu stehen kommt und den Beginn der Münzaufschriften bezeichnet. Nach Vollendung der Monarchie tritt an seine Stelle das neue Prädicat Dominus noster. Dagegen erscheint der Titel Proconsul auf den Münzen nur selten und macht dann den Schluss der gesammten Titulatur. Im Gegensatze zur proconsularischen Gewalt begründet die tribunicia potestas die Civilstellung des Princeps. Sie wird nicht wie jene durch Senat und Armee, sondern durch das Volk in den Comitien übertragen und schliesst in sich das Veto gegen missliebige Verfügungen des Senates, das Recht der legislatorischen Initiative und das Recht der Unverletzlichkeit des Princeps und seiner Angehörigen. Den Consulat pflegte Augustus und vieler seiner Nachfolger nur in den Jahren anzunehmen, in welche der Census, die Musterung der Bürger nach ihrem Wohlverhalten und ihrem Vermögen einfiel; der vorige Consulat zählt auf den Münzen so lange mit, bis die Erneuerung stattfindet. Die meisten seiner Nachfolger verhielten sich ähnlich. Nur wenige liessen sich die Censur direct übertragen (Claudius 1. und die Flavier) und führen dann auch den Titel Censor (censoria potestate), nach dem Consulate, die meisten übten die Censur als alte Befugniss der Consulen, sie hatten dadurch den Senat in der Gewalt, indem sie missliebige Mitglieder entfernen, gefügige aufnehmen lassen konnten. In der Titelfolge geht die tribunicia potestas dem Consulate, dieser der Censur voraus. Mit der Uebernahme des imperium war stets auch die Uebernahme der Vorstandschaft im angesehensten Priestercollegium (der pontifices) verbunden. Da dieselbe dem Princeps eine religiöse Weihe gab, wurde der Titel Pontifex maximus an erster Stelle, vor allen übrigen Amtstiteln geführt.

In ähnlicher Weise werden auch die Ehrennamen des Princeps: Caesar und Antoninus, Augustus, pater patriae, optimus, Pius, Felix, ferner die

Triumphaltitel und die imperia erörtert. Der Vortragende stellt das Schema der gesammten Titulatur auf, welches, abgesehen von Schwankungen in einzelnen Fällen in der Regel eingehalten wurde. Es zerfällt in zwei Theile; der erste beginnt mit dem Prädicat Imperator und fügt daran die Namen und Ehrennamen sowie die Triumphaltitel des Princeps; im zweiten Theile, meist auf der Rückseite der Münze, folgen die Amtstitel: des Oberpontificates, der tribunicischen Gewalt, der imperia, des Consulates, der Censur, nach welcher der Ehrenname Pater patriae eingeschaltet zu werden pflegt, und der proconsularischen Gewalt (letztere und die Censur sehr selten). Die tribunicische Gewalt, die imperia und der Consulat werden meist, aber nicht immer, mit den entsprechenden Iterationsziffern versehen.

Dieser complicirte, namentlich bezüglich des richtigen Gebrauches der Iterationsziffern schwierige „grosse" Kaisertitel ist frühzeitig verkürzt worden; man beschränkte sich auf die wichtigsten Glieder des ersten Theiles und liess den zweiten Theil hinweg. Dadurch entstanden die undatirbaren Münzen (nummi vagi). Im Laufe des III. Jahrhunderts nahmen die letzteren sehr rasch zu, so dass datirte Stücke von 250 ab zu den Seltenheiten gehören, im IV. Jahrhundert nur mehr eine kleine Gruppe bilden (wahrscheinlich Auswurfsmünzen zum processus consularis).

Die Gründe dieser Erscheinung sind die mit dem Fortschreiten der Monarchie stets schwächer werdende Theilnahme für die republikanischen Aemter, die Abnahme, endlich das Aufhören der senatorischen Kupferpräge, welche auf die Titulatur noch ein grösseres Gewicht gelegt hatte, endlich mannigfache technische Schwierigkeiten. Die grössere Thätigkeit der Feldpräge — der Princeps lag ja fast immer im Felde — das Entstehen von provinzialen Münzstätten mit einem Personale, das weniger geschult war, als jenes der Hauptstadt, der schnelle Wechsel der Regierungen, der hastige Gang der Ereignisse erschwerte das Einstellen der richtigen Iterationsziffern, der kleine Durchmesser der so sehr überhandnehmenden Billonmünzen machte die Darstellung langer Aufschriften unmöglich, zumal die Figuren der Rückseiten, in denen sich nicht selten ein ganzes Programm ausspricht, selbst eine erklärende Umschrift erheischten. So kam es, dass man sich schliesslich auf die sich in jedem Falle gleichbleibenden Glieder des ersten Theiles der Titelfolge beschränkte; sie waren zugleich die wichtigsten, wir lernen sie aus den Aufschriften späterer Kaiser kennen: es sind das Prädicat Imperator, der Name oder die Namen des Princeps und der Ehrenname Augustus, meist mit dem Beisatze P. F. (Pius, Felix). Alle übrigen Glieder der Titulatur sind zur Zeit der Vollendung der Monarchie von den Münzen verschwunden oder treten doch nur in sehr seltenen und sporadischen Fällen auf.

Literatur.
Für die Bibliothek eingelangte Werke.

Mayer, Wilhelm. Gravier- und Prägeanstalt in Stuttgart. Metallwaarenfabrik. Inhaber Wilhelm Mayer & Franz Wilhelm. Katalog der Denkmünzen. Geschenk der Firma.

Auf 28 photolithographischen Tafeln sind 229 Medaillen und Jetons, welche aus dieser Anstalt hervorgegangen sind, abgebildet. Die künstlerische Ausführung die Mannigfaltigkeit der Darstellungen, die technische Vollendung rechtfertigen den ausgezeichneten Ruf der gedachten Prägeanstalt.

Ambrosoli, Solone. Breve relazione di un viaggio ad Atene e Constantinopoli. Milano, Lombardi, 1892. 8⁰. Geschenk des Verfassers.

Bahrfeldt, E. Münzkunde der Niederlausitz im XIII. Jahrhundert. Mit 4 Tafeln. Berlin, 1892. Geschenk des Verfassers.

B l a n c h e t, J. Adrien. Études de Numismatique. Tome 1. Mit 4 Tafeln, Paris, C. Rollin et Feuardent, 1892. 8⁰.

C a s t e l l a n i, Giuseppe. Madaglia del Porto di Fano. Milano. L. F. Cogliati, 1892. Rivista Italiana di Numismatica. A. V. F. III. Geschenk des Verfassers.

E y b, Otto Freih. v. Die Münzen und Medaillen der Stadt München, sowie jene, welche auf diese Stadt Bezug haben. Mit 2 Tafeln. München, C. Wolf und Sohn. 1875. Oberbayerisches Archiv, XXXV.

F i a l a, Eduard. Beschreibung der Sammlung böhmischer Münzen und Medaillen des Max D o n e b a u e r. Mit 21 Tafeln. Prag, A. Haase, 1888. 8⁰. Geschenk des Verfassers.

J o s e p h, Paul. Die Münzen des gräflichen und fürstlichen Hauses Leiningen. Mit 2 Tafeln. Wien, 1884. 8⁰. Wien. Num. Zeitschr. XVI. Geschenk des Verfassers.

M u s e u m, kunstgewerbliches, der Handels- und Gewerbekammer in Prag. Bericht des Curatoriums für die Verwaltungsjahre 1890 und 1891. Prag, J. Otto, 1892. 8⁰. Geschenk des Museums.

Münzfunde.

Fund barbarischer Nachgepräge von nordgriechischen Tetradrachmen.
Im Münzen- und Antiken-Cabinete des „Joanneum“ in Graz wurden 30 Stück Silbermünzen zum Kaufe angeboten, welche nach den Mittheilungen des Verkäufers G. Berger in Graz, in der g l e i c h e n Anzahl im Jänner d. J. in Ograd, nächst Szegsard in Ungarn, anlässlich der Umgrabung eines Weingartens u. zw. „in mehrere parallele Reihen einen halben Meter tief gelagert“ ausgegraben wurden. Die Findlinge sind durchgehends barbarische Nachahmungen der nordgriechischen Tetradrachmen (K. Philipps II. von Macedonien), fast alle von gleichem Stempel mit dem bekannten Typus: Kopf auf der Vorder- und Pferd auf der Rückseite; alle Stücke mit mehreren Beizeichen, aber buchstabenlos, stumm, sämmtlich gut, einzelne sehr gut erhalten. *B.*

Geschenke für die Münzensammlung.
Von der Gravier- und Präge-Anstalt Wilhelm M a y e r in Stuttgart sind folgende Medaillen als Geschenk eingelangt:

Av.: H. M. G. M. QUEEN VICTORIA. Brustbild der Königin von England von der linken Seite. Unten . L. — W. MAYER. Rev.: Lorbeerkranz mit leerem Felde. Umschrift: INTERNATIONAL EXHIBITION FOR HYGIENE, PHARMACEUTICS AND FOODS. LONDON 1893. Bronze. Durchm. 65 *mm.*

Av.: KARL KÖNIG VON WÜRTTEMBERG. Brustbild des Königs von der linken Seite, vor demselben MDCCCLXIV, rückwärts das gekrönte Wappen von Württemberg mit einem Lorbeerzweige, unter dem Brustbilde auf einem Bande FURCHTLOS u. TREW. Rev.: EBERHARD IM BART WÜRT-TEMBERGS ERSTER HERZOG. Brustbild desselben von der rechten Seite. Im Felde MCDXCV, im Rücken des Brustbildes das gekrönte Wappen mit einem Lorbeerzweige, unten auf einem Bande ATTEMPTO. Bronze. Durchm. 90 *mm.*

Av.: OLGA KÖNIGIN VON WÜRTTEMBERG. Im äusseren Kreise des Averses: WIR ALLE — IUNG UND ALT — GROSS UND KLEIN WIR STEHEN IM DIENSTE EINES HERRN. Brustbild der Königin von der rechten Seite, unten zwei Palmzweige. Vor denselben W. M. Rev.: Ein schwebender Engel, in der Rechten einen Palmzweig, in der Linken einen Kranz haltend. Ueber dem Engel ein Stern. Im Felde † 30 OCTOBER 1892. Bronze. Durchm. 50 *mm.*

Av.: Kopf des Fürsten Ferdinand von Bulgarien von der linken Seite, am Halsabschnitte ein Lorbeerzweig. Rev.: Ein Denkmal. 1892. Bulgarische Umschriften. Bronze. Oval. Durchm. 47 zu 60 *mm.*

Av.: FÜRST OTTO VON BISMARCK KANZLER DES DEUTSCHEN REICHES Stern. Kopf des Fürsten von der rechten Seite. Rev.: Das gekrönte Wappen des Fürsten von zwei Adlern gehalten, unten auf einem Bande IN TRINITATE ROBVR, im Felde W. M. Im äusseren Kreise unten das eiserne Krenz in einem Lorbeerkranze und 11 Cartouchen. In demselben; GEBOREN 1813, FRANK-FURT 1831. SCHL. HOLST. 1864. D. ÖST. KRIEG 1866. D. FRZ. KRIEG 1870. ELS. LOTHRING 1871.

GR. D D REICHS 1871. REICHSKANZL. 1871. DREIBVND 1879. AFRIKA 1884. RÜCKTRITT 1890. Bronze. 50 *mm*.

Av.: ZUR 600 IÄHRIGEN FEIER DER GRÜNDUNG DER SCHWEIZERISCHEN EIDGENOS-SENSCHAFT Stern. In einem Lorbeerkranze das mit Strahlen umgebene Kreuz mit dem Wappen der Urcantone, einem Eichenzweiglein und 1291—1891. Rev.: DURCH KAMPF ZUM SIEG UND FRIEDEN.˙ Ein Engel hält einen mit dem Löwenfelle bekleideten Krieger aufrecht, der seine Rechte auf das Schwert stützt. In seiner Linken die Fahne. Unten 1291—1891. Goldbronze. Durchm. 60 *mm*.

Av.: CHRISTOFORO COLOMBO. Stern. NATO 1456, Stern. MORTO 1506, Stern. In einem Lorbeerkranze das Brustbild des Columbus, eine Karte entrollend. Rev.: RICCORDO DELL' ESPOSI-ZIONE ITALO-AMERICANA. GENOVA. 1882 zwischen 2 Sternchen. Vor dem Ausstellungsgebäude die sitzende Italia, das Wappen mit dem Kreuze haltend. Neben ihr steht eine Frauengestalt mit indianischer Federkrone, welche auf drei Schiffe zeigt, die auf dem im Hintergrunde sichtbaren Meere segeln, über dem die Sonne aufgeht. Im Abschnitte 1492—1892 IV. CENTENARIO. Oben das ge-krönte, von Greifen gehaltene italienische Wappen auf einem Bande. Goldbronze. 50 *mm*.

Av.: CRISTOFORO COLOMBO zwischen zwei Sternen. Brustbild des Columbus, eine Land-karte aufrollend, rechts davon NATO 1456, links MORTO 1506. Rev. wie bei der vorhergehenden Medaille. Bronze. Durchm. 88 *mm*.

Av.: I. Elsass-Lothr. Sänger-Bundesfest Strassburg 1891 in einer wappen-artigen, von einem Lorbeerkranze umgebenen Cartouche. Rev.: In einem Lorbeerkranze oben der Strassburger Münster von Thor, Thürmen und Mauern umgeben, darunter mit einem Kranze ver-bunden das Wappen von Elsass-Lothringen und das Sängerwappen mit der Harfe im Felde, unten das Strassburger Wappen. Bronze. Durchm. 55 *mm*.

Av.: DETECTIVE INSPECTOR R. I. CHILD. CITY OF LONDON POLICE. Brustbild des Genannten von der linken Seite. Rev.: JN REMEMBRANCE ON MY RETIREMENT AFTER 32 YEARS SERVICE. RETIRED 25. MARCH 1891. Ein von Greifen gehaltenes Wappen, auf einem Bande: DOMINE DIRIGE NOS. Goldbronze. 70 *mm*.

Verschiedenes.

Ein Salzburger Rübenthaler. In die unter dieser Ueberschrift im letzten Monatsblatte, Nr. 116. März 1893, erschienene Notiz, hat sich eine Unrichtigkeit eingeschlichen, die geeignet ist, die Numis-matiker irrezuführen, weshalb es dringend erscheint, eine Berichtigung noch rechtzeitig erfolgen zu lassen, da die Spöttl'sche Münz- und Medaillen-Auction schon Anfangs April stattfindet. Es ist unrichtig, dass der in der Sammlung Spöttl befindliche Salzburger Rübenthaler durch Legat an die Stadt Wien übergegangen ist, da nur die Münz-Sammlung des Herrn Ignaz Spöttl testamentarisch der Stadt Wien vermacht wurde. Der Salzburger Rübenthaler fand sich in der Sammlung seiner Mutter Frau Walpurga Spöttl vor und wird daher mit den übrigen Münzen und Medaillen der Frau Walpurga Spöttl in der Auction am 10. April und folgende Tage versteigert werden.

Es ist seit der berühmten Auction Welzl von Wellenheim, welche im Jahre 1846 stattfand, das erste Mal, dass diese eminente numismatische Seltenheit zum öffentlichen Verkaufe ausgeboten wird, und darf man mit Recht begierig sein, welchen Preis diese für alle Sammler begehrenswerthe Rarität erzielen wird.

Schliesslich noch die Mittheilung, dass der Spöttl'sche Rübenthaler aus der Schultheis-Sammlung stammt.

Es macht mir ein Vergnügen, diese Mittheilungen noch rechtzeitig zur Kenntniss aller Inter-essenten gelangen zu lassen und so einen Fehler gutzumachen, der durch ein unliebsames Uebersehen, an dem ich ganz unschuldig bin, entstanden ist. *Franz Trau.*

Notiz über Spöttl's Sammlung aus dem Jahre 1823. Spöttl weist in seiner im Monatsblatte Nr. 26 veröffentlichten, von mir im Communal-Kalender für 1893 wieder abgedruckten Uebersicht über seine Sammlung darauf hin, dass dieselbe in älteren topographischen Werken über Wien erwähnt wird. Eine solche Erwähnung findet sich in Böckh, Merkwürdigkeiten der Haupt- und Residenz-Stadt Wien. Wien 1823 Theil I, Seite 154: «Spötl (der Frau Maria Anna), bürgerlichen Spe-cerey-Händlers-Witwe, Münzensammlung. Auf dem Kohlmarkte Nr. 260 [heute Kohlmarkt Nr. 12] im eigenen Hause. Diese sehr reichhaltige Thalersammlung ist (wie mir die Frau Besitzerin versicherte) nach Madai geordnet.« Im Theil II. S. 33 heisst es: »Spötl (der Frau Maria Anna) siehe I, Th., S. 154, Münzensammlung wurde nach dem Tode der Frau Besitzerin verkauft. Deren hinterlassene Familie besitzt aber eine zweite Sammlung dieser Art.» *K. S.*

Eine italienische Münzprobe. Das «geeinigte» Italien war alsbald darauf bedacht die vielen verschiedenen Münzen, welche in jedem der früher selbstständigen Gebiete in Gebrauch waren, durch einheitliche Münze zu ersetzen. Bezüglich der am meisten umlaufenden Scheidemünzen wurden lange Verhandlungen darüber gepflogen, ob für dieselben das Kupfer beizubehalten oder eine Bronzelegierung einzuführen sei. Da man sich für die letztere entschied, so entstand die Frage, welche Legierung zu wählen wäre. Zum Studium dieser Frage wurden die Münzbeamten Maurizio Galletti aus Turin und Achille Voltolini aus Venedig nach Paris und Brüssel entsendet. Dieselben beantragten nach ihrer Rückkehr auf Grund der gewonnenen Erfahrungen, eine von der französischen abweichende Legierung, nämlich die Bronze nicht aus 95 Procent Kupfer, 4 Procent Zink und 1 Procent Zinn, sondern bloss aus Kupfer und Zinn herzustellen, was auch angenommen wurde. — Schon früher waren im Lande selbst auch andere Legierungen erprobt worden. Eine solche Probe ist mir von Herrn Theodor Rohde freundlichst überlassen worden. Da sie wohl nur in wenigen Exemplaren existiren und selbst in ihrem Heimatlande ziemlich unbekannt sein dürfte, gebe ich nachstehend deren Beschreibung: Av.: Das von der Königskrone bedeckte italienische Reichswappen (das weisse Kreuz im rothen Felde), zwei Lorbeerzweige zu beiden Seiten. Unten: 1860. Rev.: Obenauf R. ZECCA DI MILANO (Kön. Münze zu Mailand). Im Felde in 6 Zeilen: SAGGIO | DI | BRONZO | NICHELIFERO | .— | CU. 95 Ni. 5. (Probe von nickelhaltiger Bronze, 95 Procent Kupfer und 5 Procent Nickel). Durchm. 16 *mm*. Die Münze ist von hellgelber schöner Farbe und sehr scharf geprägt.   *Ernst.*

Aus Lauriacum. Der Musealverein für Enns und Umgebung hat sich am 15. December 1892 unter dem Protectorate Sr. Erlaucht des Herrn Vincenz Landgrafen zu Fürstenberg constituirt. Advocat Dr. Julius Zeitlinger wurde zum Obmann, Schulleiter Theodor Boukonig zum Custos, Güterinspector Heinrich Postl zum Cassier, Lehrer Karl Summereder zum Secretär, ferner wurden Stadtarzt Dr. Josef Appenauer, die Ingenieure der Staatsbahn Georg Eckl und August Hauser zu Ausschussmitgliedern gewählt. Der Verein wird auch den römischen Münzfunden, sowie der mittelalterlichen Münze von Enns, dessen Rathhaus einst das Münzhaus war, volle Aufmerksamkeit zuwenden.   *Linzer Tagespost vom 18. Jänner 1893.*

Kataloge. Weyl Adolph, Berlin, C. Adlerstr. 5. 124. Auctions-Katalog. Münzen. Medaillen und numismat. Werke. 2132 N. Versteigerung 20. — 23. Februar.

— 125. Auctions-Katalog. V. Verzeichniss der Dubletten des königl. Münzcabinets zu Berlin. Mit 3 Tafeln. 2715 N. Versteigerung 27. Februar bis 3. März.

— 126. Auctions-Katalog. Verzeichniss einer kleinen, aber gewählten Sammlung antiker Münzen. 450 N. Versteigerung 27. und 28. Februar.

— R. Schumacher, Berlin. Königstrasse 14 a. Verzeichniss verkäuflicher Münzen und Medaillen. Nr. 1. 496 N.

Gold- und Silbermünzen von Karl VI. und Maria Theresia mit dem Siebenbürgischen Wappen kauft Ad. Resch, Kronstadt (Siebenbürgen).

Mittheilungen der Gesellschaft.

Versammlungen der numismatischen Gesellschaft mit Vorträgen und Ausstellungen finden in den Monaten October bis Mai statt und sind die p. t. Herren Mitglieder und Freunde der Gesellschaft höflichst eingeladen, sich an denselben zu betheiligen.

Es wird ersucht, Zuschriften und Sendungen bezüglich der Zeitschrift an Herrn Oberbergrath Carl von Ernst, Wien, III., Ungargasse 3 oder Herrn Rudolf v. Höfken-Hattingsheim, Wien, XVIII., Feldgasse 35, bezüglich des Monatsblattes an Herrn Franz Trau, I., Wollzeile 1, bezüglich der Cassa an Herrn Theodor Rhode, I., Wallfischgasse 11, alle anderen Briefe und Sendungen an die numismatische Gesellschaft, I., Universitätsplatz 2 (kais. Akademie der Wissenschaften), zu richten.

Das Bibliothekslocale der numismatischen Gesellschaft, I., Universitätsplatz 2, ist an jedem Mittwoch von 6 Uhr an geöffnet.

Die ordentlichen Mitglieder der numismatischen Gesellschaft zahlen eine einmalige Eintrittsgebühr von 2 fl., einen Jahresbeitrag von 8 fl. und erhalten die Zeitschrift und das Monatsblatt kostenfrei zugestellt. Abonnement der Zeitschrift 6 fl., des Monatsblattes (12 Nummern) 1 fl.

Ueber mehrfach geäusserten Wunsch steht Mitgliedern der numismatischen Gesellschaft die letzte Seite des Monatsblattes (Versendung 400 Exemplare) zu kurzen fachgemässen Anfragen und Ankündigungen in Notizenform kostenfrei zur Verfügung.

Herausgeber und verantwortlicher Redacteur: Franz Trau. — Verlag der numismatischen Gesellschaft in Wien. Druck von Kreisel & Gröger, vorm L. W. Seidel & Sohn, in Wien

MONATSBLATT

der

numismatischen Gesellschaft in Wien.

Dieses Blatt erscheint monatlich ein Mal und wird den Mitgliedern der Gesellschaft
unentgeltlich zugesendet. Preis des Jahrganges für Nichtmitglieder 1 fl. Zuschriften
sind zu richten an die numismatische Gesellschaft. Wien. I., Universitätsplatz 2.

Nr. 118.	Mai.	1893.

Ordentliche Versammlung der Numismatischen Gesellschaft am 19. April 1893.

Der Vorsitzende, Vorstandsmitglied Dr. Josef Scholz begrüsst die hiesigen sowohl, wie auch die zur Versammlung zahlreich erschienenen auswärtigen Mitglieder und Gäste, erwähnt der ausgelegten Bücher und numismatischen Zeitschriften, welche seit der letzten Versammlung eingelaufen sind. und theilt mit, dass Herr Eduard Forchheimer für den heutigen Abend einen Vortrag: Ueber die Conventionsmünze ausserhalb Oesterreichs zugesagt habe, und dann Herr Doctor Alfred Nagl Mittheilungen über den neuesten Herzogenburger Münzfund machen werde.

Nachdem der Vorsitzende noch die Aufmerksamkeit der Anwesenden auf die ausgestellten Thaler, Gulden, Zwanziger und anderen Theilmünzen des Conventionsfusses vieler deutschen Länder, geistlicher und weltlicher Herren und Städte gelenkt, welche grösstentheils von den Herren Brüdern Egger beigestellt wurden und zum Theile aus der Sammlung des Dr. Scholz herrührten, und ferner erwähnt hatte, dass auch ein, anlässlich der Chicagoer Ausstellung geprägter neuer Dollar mit dem Bilde Christoph Columbus' ausgelegt sei, ladet er Herrn Ed. Forchheimer ein, den oben angekündigten Vortrag zu halten. (Derselbe folgt unten.)

Der Vorsitzende spricht Herrn Forchheimer den Dank der Versammlung für den ebenso interessanten als belehrenden Vortrag aus und ertheilt dann Herrn Doctor Alfred Nagl das Wort zu den zugesagten Mittheilungen über den Herzogenburger Münzfund, welche an anderer Stelle dieser Nummer veröffentlicht werden.

Hierauf erinnert der Vorsitzende, dass mit der heutigen letzten Versammlung das für die diesjährige Wintersaison aufgestellte Programm erschöpft sei. Indem er den Wunsch ausspricht. es mögen alle Vereinsgenossen den nahenden Sommer angenehm verbringen, schliesst er die Versammlung, Allen ein frohes Wiedersehen im Herbste zurufend.

Ueber die Conventionsmünze ausserhalb Oesterreichs.

(Vortrag, gehalten von Eduard Forchheimer in der Versammlung am 19. April 1893.)

Der Conventionsfuss, der seinen Namen von der 1753 geschlossenen Convention zwischen Oesterreich und Bayern erhielt, ward bald (1760 – 1763) in einem grossen Theile Deutschlands eingeführt und seit 1766 bis 1786 wurden auch in Polen die grösseren Münzsorten nach diesem Fusse geprägt. Es hatten somit die grossen Sorten des Conventionsfusses gesetzlichen Zahlwerth in einem Gebiete, welches von der französischen Grenze bis tief in das heutige Russland reichte. Erst mit dem Schlusse des Jahres 1892 hörten die Münzen dieses Münzfusses auf, noch irgendwo als gesetzliches Zahl-mittel zu dienen; die in Wien noch heute als Handelsmünze zur Ausprägung gelan-genden Maria Theresiathaler mit der Jahreszahl 1780 sind die letzten Repräsentanten dieses Fusses. Sic transit gloria monetae!

Uns Oesterreichern, die wir diesen Münzfuss schufen, und ihn länger als ein Jahrhundert festhielten, geziemt es auch, seine Ausbreitung jenseits unserer Grenz-pfähle zu betrachten und die Gründe seiner Entstehung, Ausbreitung und seines end-lichen Verfalles zu prüfen, da ja auch in Währungsangelegenheiten die Geschichte der freilich vielfach verleugnete Lehrmeister ist.

Ich darf wohl bei allen meinen Zuhörern voraussetzen, dass sie insofern ihre Studien oder ihr Sammelfach die neuere Numismatik berührt, die alte Reichs-münzordnung K. Ferdinand's des Ersten vom Jahre 1559 kennen. Nach den Bestim-mungen derselben sollen Thaler zu 72 Kreuzern, Gulden zu 60 Kreuzern geprägt werden und von der erstern 8 auf die rauhe, 9 auf die feine Cöln. Mark gehen; der Thaler hat demnach fast 26 Gramm (genauer 25·98) feines Silber zu enthalten und die deutschen Ausprägungen entsprachen denn auch im Allgemeinen diesem Gesetze. Aber im Verkehre spielten die Thaler eine nebensächliche Rolle; die Zahlungen wurden zum kleinsten Theile mit solchen Thalern zum Nennwerthe geleistet, und als mit dem 30jährigen Kriege die Kipper- und Wipperzeit eintrat, ward bei der Wieder-einführung der guten Münzsorten der nominelle Werth derselben erhöht, und so entstand, unterstützt durch die fortwährende Ausprägung leichter Sorten, ein grosser Unterschied zwischen dem Rechnungsthaler und dem Reichsthaler „nach altem Schrott und Korn", wie manche als Aufschrift tragen. Ich werde daher, wenn ich von diesem alten Thaler spreche, ihn als Speciesthaler bezeichnen; tragen ja auch manche diese Bezeichnung als Aufschrift.

Nach der Ferdinandeischen Münzordnung sollte der Thaler 72 Kreuzer gelten, da man das Dreikreuzerstück auch Groschen nannte, so enthielt der Thaler 24 Groschen. Mit der Verschlechterung der Währung aber nannte man auch eine Summe von 24 Groschen einen Reichsthaler, obwohl diese viel weniger als einen alten Speciesthaler werth waren, und bei der Einführung des Conventionsfusses in Sachsen, Braunschweig und anderen Theilen Norddeutschlands, ward der Speciesthaler zu 32 Groschen gerechnet, also zu 1 und $1/_3$ Reichsthalern. Wir finden diese Rechnung auf den Theilstücken des Speciesthalers ausgedrückt; der halbe Species ist mit $^2/_3$, nicht mit $1/_2$, der Viertel-Species mit $1/_8$, nicht mit $1/_4$ bezeichnet, wie Sie es bei einigen der ausgestellten Münzen bemerken können.

In den Ländern, in welchen die Guldenwährung herrschte, nahm die Münz-verschlechterung einen etwas rascheren Verlauf. Nach der Ferdinandeischen Münz-ordnung sollte der Gulden, wie oben erwähnt, 60 Kreuzer, der Thaler 72 Kreuzer gelten, der Gulden war daher ursprünglich $^5/_6$ eines Speciesthalers. Aber während die Ausprägungen der Thaler so ziemlich nach dem alten Fusse erfolgten, hielten die Münzstände sich für berechtigt, den Gulden als Landesmünze immer leichter und leichter auszuprägen. Vor Einführung des Conventionsfusses war in Oesterreich der Species auf 2 Gulden gestiegen, und da man hier unter einem Rechnungsreichsthaler $1^1/_2$ Gulden oder 90 Kreuzer verstand und 3 Kreuzer einen Groschen nannte, so hatte dieser Rechnungsreichsthaler 30 Groschen. Zum Unterschiede von den sächsischen und den gleichen norddeutschen Groschen ward dieser kleinere Groschen Kaiser-groschen, der bessere Groschen zu $1/_{24}$ Reichsthaler aber guter Groschen genannt. In einigen Theilen Norddeutschlands gab es aber neben dem guten Groschen noch einen viel kleineren, der aus der fortwährenden Verminderung der Scheidemünzen entstand und nach dem Bilde (der Madonna), welches die Urstücke trugen, Mariengroschen genannt wurde; von diesen giengen $1^1/_2$ Stück auf dem guten Groschen, 36 auf den Rechnungsthaler. Manche halbe und Viertel-Species, oder nach anderer Benennung $^2/_3$ und $^1/_3$ Reichsthaler, haben die Werthzahl 24, respective 12 zur Bezeichnung. Sie sehen, dass also eine völlige Einigung in Bezug auf das Münzwesen Deutschlands und Oesterreichs eine kaum erreichbare Sache war. Dazu kam noch, dass Preussen das 1741 einen sehr leichten Münzfuss, den XIV.-Thalerfuss annahm, sich allen nicht von ihm ausgehenden Einheitsbestrebungen gegenüber stets ablehnend verhielt, und da auch Holstein, Mecklenburg, die Hansestädte auf ihrem schwereren Fuss beharrten, war eine einheitliche Prägung aller Conventionssorten im Voraus ausgeschlossen.

Von den Reichsständen, die den Conventionsfuss zur Grundlage ihres Rechnungswesens machten, hatten Hessen-Kassel und einige kleinere Gebiete eine eigene Eintheilung des Rechnungsreichsthalers, der 32 Albus enthielt; in Folge dessen wurden daselbst $^1/_2$, $^1/_4$, $^1/_8$ Reichsthaler, nicht Speciesthaler geprägt, die also eine vereinzelte Münzsorte bildeten. Ebenso prägte Sachsen-Coburg Stücke zu 15 und 30 auf eine feine Mark (also 2 und 4 Conventionszwanziger werth), die im Zusammenhang mit einer in Thüringen üblichen Abusiv-Währung standen, wo man den Speciesthaler zu 36 statt zu 32 guten Groschen, also zu $1^1/_2$ Reichsthaler rechnete. Es gab sohin schon in den erwähnten nördlichen Gebieten der Rechnungsarten nur zu viele. Noch verwickelter waren die Verhältnisse in Süddeutschland, wo aber die Münzen des Conventionsfusses freilich unter Aenderung des Werthes der einzelnen Sorten doch wirklich ausgeprägt wurden. Dieser Zustand erhielt sich daselbst in der Hauptsache bis 1837.

Ich sprach bisher noch nicht von dem Golde. Auch für dieses hatte der Conventionsfuss ursprünglich, wie die meisten älteren Münzgesetze, ein festes Verhältniss zum Silber feststellen wollen. Es ward damals auf 1 zu $14^{11}/_{71}$ angenommen. Aber nur kurze Zeit ward diese Bestimmung eingehalten; der Ducaten hätte nach diesem Vertrage $4^1/_6$ fl. oder 2 Thaler $18^2/_3$ gute Groschen gelten sollen. Das Gold ward jedoch ganz unabhängig vom Silber im Verkehre valvirt, die Zahlungen erfolgten in Silber oder in Gold nach Uebereinkunft. Auch die Valvation der Caroline zu 9 fl. 12 kr. blieb auf dem Papiere.

Der Conventionsmünzfuss, dessen Grundlage die Bestimmung bildete, dass aus einer cölnischen Mark feinen Silbers 20 Gulden zu prägen waren, ward von Churbayern noch vor Jahresfrist gekündigt, indem sich der Churfürst schon am 30. Juli 1754 von demselben lossagte. Derselbe gab an, dass die nöthige Herabsetzung vieler Geldsorten für die Staats- und Privatcassen höchst schädlich wäre und dass der Verkehr zwischen Bayern und den Nachbarländern völlig gestört würde.

Die Kaiserin Maria Theresia liess sich das aber nicht gefallen, drohte mit einem Verbote aller bayerischen Münzen u. s. w., und so ward ein Vergleich dahin geschlossen, dass Bayern seine Münzen im Schrot und Korn des Conventionsfusses auszuprägen habe, der äussere Werth der Stücke jedoch um $^1/_5$ erhöht werde, so dass der Conventionsthaler (Species) 2 fl. 24 kr., der Conventionsgulden 1 fl. 12 kr., der Zwanziger 24 kr., der Zehner 12 kr. gelten solle. Diese Bezeichnung der Conventionssorten blieb bis zur Einstellung der Prägung von Conventionsmünzen nicht nur in Bayern, sondern auch in den anderen Ländern, die nach dessen Vorgang den Conventionsfuss mit um $^1/_5$ erhöhter Währung id est den 24 fl. Fuss angenommen hatten, allgemein aufrecht; nur wenige wurden geprägt, auf welchen der erhöhte Werth ganzer und halber Conventionszwanziger, 24 resp. 12 Kreuzer ersichtlich gemacht ist. Bei den kleineren Nominalen, den Stücken zu 6 und zu 3 Kreuzern süddeutscher Währung, ward aber zumeist der erhöhte Werth genannt.

In Vorderösterreich (Burgau, Breisgau, Vorarlberg), wo man ebenfalls nach dem 24-Guldenfuss rechnete, bezeichnete man dessen Stück zu 3 Kreuzer = 2½ Conventionsmünze mit 48 einen Conventionsthaler, id est Speciesthaler, um nicht auf kaiserliche Münzen die Werthzahl 3 zu setzen, die doch nur 2½ Kreuzer Conventionsmünze werth waren.

Die Conventionsmünzen wurden bald von den meisten Ständen des deutschen Reiches eingeführt; sie dürften von nahe an 100 verschiedenen Ländern, Gebieten und Städten geprägt worden sein. Ausserhalb des heutigen Deutschlands hat nächst Polen, das ich schon erwähnte, die Abtei St. Gallen, das Bisthum Chur Münzen dieses Fusses geprägt; auch die Thaler des Fürsten Barbian Belgiojoso entsprechen diesem Fusse, und ebenso sollten die Tallari der Republik Venedig mit dem Kopfe der Republik, speciell dem Maria Theresia-Thaler entsprechen und ihn im orientalischen Handel ersetzen.

Was die Bezeichnung der Conventionsmünze betrifft, so finden wir theils die Anzahl der Stücke auf die feine Mark angegeben, z. B.: X ex marca pura, X eine feine Mark, X eine Mark fein Silber, theils die Bezeichnung: ad normam conventionis, nach dem Conventionsfusse, aber auf vielen Thalern und Gulden ist der Münzfuss gar nicht erwähnt, oder nur mit $^2/_3$, $^1/_3$, $^1/_6$ id est Rechnungsthalern oder 20, 10, 5 id est Kreuzern bezeichnet.

Die österreichischen Münzen trugen seit ihrer Einführung im Jahre 1750 und noch unter Leopold II hinter der Jahreszahl ein Andreaskreuz, was bezeichnete, dass sie nach dem 20 fl.-Fusse (oder eigentlich, da ihnen in Oesterreich die um $^1/_5$ schwerere Wiener Mark zu Grunde lag, nach dem 24 fl.-Fusse) geprägt waren.

Zwei Umstände hatten dem 20 fl., resp. 24 fl.-Fuss das Ende bereitet: einestheils der grosse Umlauf ausländischer Münzsorten, und anderntheils die zu hohe Bewerthung derselben. Da diese von vorneherein unter Ausnützung des vollen Remediums ausgeprägt und überdies durch den Umlauf minderwerthig geworden waren, und dann, gleichwohl aber zu ihrem ursprünglichen Werthe oder auch zu höheren Sätzen cursirten, so thaten sie den Conventionsmünzen vielfachen Eintrag. Es war dies besonders mit den französischen Laubthalern, dann den Kronenthalern der Fall.

Auch dass daneben ein Münzfuss bestand, der nur um 5% minderwerthig war, nämlich der preussische 14-Thaler oder 21-fl. Fuss, war von schädlichem Einflusse, denn bald trat ein Anfangs geringes Ueberschätzen dieser leichteren Münzen ein, das aber langsam stieg, um zuletzt die schwerere Währung ganz zu verdrängen. Hüten wir uns, dass jetzt nicht wieder der Frank unsere neue Krone verdrängt: der Centime und der Heller sind so kleine Werthe, dass sie an der Grenze als gleichwerthig im Kleinhandel werden betrachtet werden, aber der unbeachtete Unterschied steigt langsam und drückt später auf das schwerere Geld. Als Sachsen zuletzt von den deutschen Thalerstaaten vom 20- zum 21-Guldenfuss überging, hatte die Conventionsmünze gegen die leichtere Währung nur mehr ein Agio von $^7/_8$ statt 5%.

Der Herzogenburger Münzfund.

(Aus den Mittheilungen des Herrn Dr. Alfred Nagl vom 20. April 1893.)

Vor einigen Tagen berichtete die „Deutsche Zeitung", dass bei der Demolirung des alten Rathhauses in Herzogenburg ein Topf mit Goldmünzen aufgefunden worden sei. Diese Nachricht musste das Interesse des Vortragenden in hohem Grade wachrufen, einestheils, weil er neues Materiale für seine Studien über die Währungsverhältnisse im Mittelalter von dem Funde erhoffte und anderseits, weil er Herzogenburg, wo er seit seiner Kindheit gelebt hatte, als zweite Vaterstadt betrachtet. Herr Doctor Nagl reiste infolge dessen sofort dahin und erfuhr vom Bürgermeister, dass thatsächlich beim Abbrechen des Mauerwerks in einer Zimmerecke des ersten Stockes unter dem Fussboden ein Topf blosgelegt worden war, welcher ausser einer grossen Anzahl von Silbermünzen mehrere Goldmünzen enthalten hatte. Der Topf war zerschlagen worden und die Münzen lagen weithin im Schutte zerstreut. Wie gewöhnlich in solchen Fällen, waren die Münzen auch hier grossentheils enttragen und von vielen Bewohnern Herzogenburgs an sich genommen worden. Der Gemeindevertretung gelang es indess, vier Goldmünzen und eine erhebliche Menge von Silbermünzen für den Besitz der Gemeinde zu retten. Diese Goldmünzen sind:

3 Ducaten des Königs Sigismund (1387—1437) und 1 des Königs Ludislaus V. Posthumus (1452—1457).

Unter den Silbermünzen befindet sich eine grosse Anzahl von Wiener Pfennigen aus dem XV. Jahrhunderte und von Kreuzern (Zwanzigern) des Erzherzogs Sigismund von Tirol, welche beide Münzgattungen offenbar den Hauptbestand dieses Schatzes gebildet hatten; weiterhin aber Mailänder Groschen des Galleazzo II. Visconti (1354 bis 1378) für Pavia, des Giov. Maria Visconti (1402—1412), Estore Visconti (1412) für Monza, letztere zu den Seltenheiten gehörend, drei Gattungen böhmischer Groschen von Wenzel III. (recte IV.) u. v. A. Es ist gewiss bemerkenswerth für die Ausbreitung des Geldumlaufes der damaligen Zeit, dass Münzen so verschiedener Länder in einer Hand vereint erscheinen.

Der Vortragende weist auf die Wichtigkeit hin, welche derlei Funde für die allgemeine Culturgeschichte des Landes sowohl, als für die Specialgeschichte des Fundortes besitzen und beschliesst seine Mittheilungen mit dem Ausdrucke des Bedauerns, dass auch diesmal die Fundobjecte in alle Winde zerstreut worden seien, indem er die Ansicht ausspricht, dass es Aufgabe der Behörden wäre, die Bevölkerung auf die Bedeutung ähnlicher Münzfunde aufmerksam zu machen und über die Pflichten zu belehren, die ihr in solchen Fällen im Interesse der Geschichte ihres Heimatsortes erwachsen.

Wir müssen diesen Aeusserungen vollinhaltlich beipflichten, und können es der Gemeinde Herzogenburg, die wir zu dem interessanten Funde aufrichtigst beglückwünschen, nur nahe legen, den Patriotismus der Bewohner dahin anzuregen, dass die in den Besitz Einzelner übergegangenen Münzen abgeliefert werden, damit der Fund möglichst vollständig, wenn schon nicht in's Eigenthum der Gemeinde, was wohl am Erwünschtesten wäre, so doch wenigstens zur Beschreibung und wissenschaftlichen Verwerthung gelange.

Münzfunde.

Am Eisernen Thor bei Orsova. Bei den Sprengarbeiten im abgesperrten trockenen Eisernen Thor-Canal zwischen Salaria und Sipp am serbischen Ufer unterhalb Orsova wurden in den letzten Jahren zwei grössere Münzfunde gemacht, die ich, soweit dieselben zu meiner Ansicht gelangten, mit kurzen Worten beschreibe. Da beide Funde durch Dynamit-Sprengungen, also während der Arbeit an die Oberfläche gebracht wurden, so ist leider der grösste und werthvollste Theil durch die Arbeiter versteckt und verschleppt worden, was schon daraus hervorgeht, dass beide Male mehrere Arbeiter mit Zurücklassung ihres Halbmonatslohnes nach dem nahen rumänischen Ufer nach Turn-Severin durchgingen. Auch wurde Vieles durch die serbische Gendarmerie den Arbeitern abgenommen. Man kann mit Sicherheit annehmen, kaum der zehnte Theil des I. Fundes und der hundertste des II. kam zur Kenntniss der Ingenieure und der Behörden.

I. Fund im Herbst 1891. Die grösste Menge bestand aus holländischen Münzen, hauptsächlich aus Ducaten von Zwolle und Thalern, ferner aus ungarischen XVKreuzer-Stücken des Kaisers Leopold, dann aus kleineren Stücken von Ragusa und Massen von türkischen Aspern. Die abgelieferten und der k. ung. Bauleitung übergebenen, später aber der k. serbischen Regierung abgelieferten Münzen bestanden aus 1 Ducaten und $1\frac{1}{2}$ kg Silber, woraus man auf die Grösse des ganzen Fundes schliessen kann.

Da die so häufig vorkommenden Zwoller Ducaten, die ungarischen XVer. so wie die kleinen Ragusaner nichts Besonderes bieten, so beschränke ich mich nur darauf, zu erwähnen, dass sich unter den mir zugegangenen holländischen Thalern ein 28-Stüberstück mit 83 über der Krone, ein Löwenthaler von Utrecht vom J. 1647 befanden; ausserdem erhielt ich ein 28-Stüberstück von Oldenburg des Grafen Anton Günther (1637—57).

Wenn ich noch hinzufüge, dass besonders die Reichsstädte Deventer, Kampen und Zwolle häufig Schiffe nach der Levante sandten, und dass einmal der Bürgermeister von Zwolle einen langen Briefwechsel wegen eines beim Eisernen Thor untergegangen Schiffes führte, so bin ich über diesen Fund wirklich „au bout de mon latin".

II. Fund vom Sommer 1892. Der im Sommer v. J. gemachte zweite Fund kam genau auf dieselbe Art, wie der frühere, zum Vorschein, nur dass die Arbeiter noch vorsichtiger und klüger waren, so dass nur wenige Stücke zur Kenntniss der Ingenieure kamen. Dieser Fund bestand aus römischen Münzen, und zwar fanden sich darin sehr gut erhaltene Silber-Denare der römischen Kaiser Nero, Galba, Vitellius, Vespasianus, Titus und Domitianus. Dass auch römische Goldmünzen dabei waren, möchte ich daraus vermuthen, dass wieder mehrere Arbeiter nach Rumänien durchbrannten, die ihren Lohn wegen der minderwerthigen Silbermünzen kaum zurückgelassen hätten.

Im Jahre 1893 sind mir von dort zwei vereinzelte Mittelbronzen von Nikopolis Moesiae und Serdica Thraciae zugekommen.

Avers: *AVKMAVPEA — ANTΩNINO* belorbeerter Kopf des Caracalla n. r.
Revers: . . . . *AA ION NIKOΠOAI* und im Abschnitte . . . *POCIC* stehende Nike in einer Biga.

Avers: *IOYAIA AOMNA* Kopf der Domna n. r.
Revers: *OYAΠIAC CEPDIKIIC* stehende Figur mit Mauerkrone n. l. mit Stab und Schale.

Ferner sah ich einen sehr interessanten, ziemlich gut erhaltenen römischen Siegelring aus Eisen, im Innern mit Gold gefüttert, auf der Siegelfläche (achteckig) einen reitenden, die rechte Hand vorstreckenden Imperator vertieft eingravirt.

Orsova, im April 1893.   Oberlieutenant *Neudeck*, Ingenieur.

Enns. In der Villa Sr. Durchlaucht des Herrn Prinzen Kraft Hohenlohe wurde beim Baue eines Pferdestalles ein kleiner Münzfund gemacht, der sich nicht durch Seltenheit der Stücke, aber durch den Umstand auszeichnet, dass unter den 14 Fundmünzen 11 Kaiser vertreten sind. Commodus, Gr.-Br. Rev.: PMTRPX . . . ITAL. 2 Silber-Denare Gordians III. mit AETERNITAS AVG und SAECVLI FELICITTAS. Ein Denar des Philippus p. mit SAECVLVM NOVVM, Tempel. Ein Denar Volusians. Ein Denar Valerians mit IOVI CRESCENTI und Knäblein auf einem Bocke. Bronze-Münzen von Constantius, Constans, Carinus und Jovianus. Ein Silber-Denar von Valentinian mit RESTITVTOR REIP. Endlich Bronze-Münzen von Valentinian und Valens.   *S.*

Verschiedenes.

Petition der Numismatischen Gesellschaft um Errichtung einer Lehrkanzel der Numismatik.

Dem in der Jahresversammlung am 18. Jänner l. J. gefassten Beschlusse gemäss, hat der Vorstand der Numismatischen Gesellschaft ein Gesuch um Errichtung einer Lehrkanzel der Numismatik an der Wiener Universität verfasst, welches durch eine Deputation der Numismatischen Gesellschaft, bestehend aus den Herren: Reg.-R. Dir. Dr. Kenner, Dr. Scholz und F. Trau, Samstag den 22. April Sr. Exc. dem Herrn Unterrichtsminister überreicht wurde. Se. Excellenz empfing die Deputation sehr freundlich, betonte seine eigene Ueberzeugung von der Nützlichkeit einer solchen Lehrkanzel und versicherte die Deputation seines Wohlwollens bezüglich ihrer Wünsche. *J. S.*

Der XXIV. Band der „Numismatischen Zeitschrift",

welcher in den nächsten Tagen zur Ausgabe gelangt, wird enthalten: Victor v. Renner: Fund Syrakusaner Tetradrachmen (mit 1 Tafel). — Otto Voetter: Erste christliche Zeichen auf Münzen (mit 3 Tafeln). — Dr. Carl Domanig: Die deutsche Privatmedaille der älteren Zeit (mit 3 Tafeln und 15 in den Text eingefügten Abbildungen). — Eduard Fiala: Die Münzungen des ständischen Directoriums und des Königs Friedrich von der Pfalz (1619—1620). — Dr. Hans Tauber: Zur Geschichte des steirischen Münzwesens in der Zeit nach dem Tode Leopold I. (1705) bis zum Ende der Grazer Münzstätte (mit 2 Plänen). — Miscellen. — Numismatische Literatur. — Jahresbericht der Numismatischen Gesellschaft. — Mitgliederverzeichniss. — Verzeichniss der im Jahre 1892 gehaltenen Vorträge, der eingegangenen Münzen, Bücher und Schriften, Rechnungsabschluss. *E.*

Zwei Münz-Auctionen in Wien.

Nach langer Pause hatten wir in Wien zwei unmittelbar aufeinander folgende Münz-Auctionen. In den Jahren 1845 bis 1847 war hier die Versteigerung der berühmten Sammlung des Hofraths Welzl von Wellenheim; die Zustände im Jahre 1848 waren der Sammelthätigkeit nicht günstig und viel werthvolles Materiale, an welches heute manch selten gewordenes Stück erinnert, ward damals dem Schmelztiegel überliefert. Nach zehnjähriger Unterbrechung folgten die Auctionen de Traux 1857, W. Killian 1858, Freiherr Maretich de Riv-Alpon 1863/4, dann später durch die Firma Brüder Egger: G. Minus aus Riga und Adolf Preiss aus St. Petersburg 1874. Die im verflossenen Jahre abgehaltene Auction Friedrich Flesch betraf fast nur Porträtmedaillen, so dass eigentlich zwei Decennien verflossen sind, seitdem in Wien die letzte, alle Sammler interessirende Münzversteigerung erfolgte. Um so bemerkenswerther ist, dass uns der Monat April l. J. zwei bedeutendere Auctionen brachte, und zwar die der Sammlungen Spöttl und seiner Mutter, soweit über dieselben nicht testamentarisch verfügt worden war, und der Goldmünzen-Sammlung eines österreichischen Cavaliers. Erstere zeichnete sich durch die mit bekanntem Münzverständniss und Geschmack gesammelten Stücke des leider zu früh Hingegangenen aus; hingegen war die Letztere in numismatischer Hinsicht mehr originell als lehrreich. Die Betheiligung der Sammler und Händler des In- und Auslandes an beiden Auctionen war eine rege; insbesondere benützten unsere heimischen Sammler und Museen die Gelegenheit zu Anschaffungen aus der Spöttl'schen Sammlung. Nachstehend einige der erzielten Verkaufspreise: Nr. 80, Leopold I., Stammbaum-Medaillon im Gewichte von 50 Ducaten, fl. 504; Nr. 185: Tirol, Leopold und Claudia, Goldabschlag des Vermählungs-Doppelthalers, fl. 336; Nr. 189: Goldabschlag (6 Ducaten) des Rax-Alpenthalers, fl. 340; Nr. 213: Salzburg, Leonhard von Keutschach-Thaler 1504, fl. 755 (an das Museum in Salzburg); Nr. 216: Salzburg, Wolfgang Theodor von Raitenau, Porträtmedaille (5 Ducaten), fl. 451; Nr. 323 Albert v. Waldstein, Halbthaler-Klippe 1633, fl. 365. Aus der Goldmünzen-Sammlung erzielten: Nr. 118. Franz Joseph I.-Klippe der Numismatischen Gesellschaft von A. Scharff (18 Ducaten), fl. 175; Nr. 1080, Mainz, Lothar Franz Graf Schönborn, Medaille (50 Ducaten), fl. 400; Nr. 1087, Olmütz. Leop. Wilhelm Erzherzog, Medaille (11 Ducaten), fl. 152; Nr. 1088, Goldabschlag des Thalers desselben Herrn (10 Ducaten), fl. 130; Nr. 1224, Würzburg, Johann Philemon von Greiffenklau, Medaille (50 Ducaten), fl. 350. *A. E.*

Die kgl. belgische Numismatische Gesellschaft

wird ihre Jahresversammlung am 14. Mai, diesmal in Ypres, abhalten. Herr Chev. G. de Stuers, in dieser Stadt gebürtig, versandte kürzlich an alle Mitglieder der Gesellschaft die Einladung zur Versammlung mit dem Programme, das vom Vorstande der Gesellschaft mit dem Bürgermeister von Ypres, Senator und Mitgliede der Numismatischen Gesellschaft, Baron Surmont de Volsberghe, vereinbart wurde und folgende Punkte enthält: Empfang der Gäste auf dem Bahnhofe; Begrüssung derselben im Stadthause durch den Bürgermeister; Luncheon daselbst; Sitzung im Prachtsaale der Stadtverordneten; Besichtigung des Rathhauses und seiner Schätze an Documenten, sowie der berühmten Wandmalereien von Pauwels und Delbeke; Besuch der Kathedrale, des Stadtmuseums, der Münzsammlung des Barons Surmont de Volsberghe mit der fast vollständigen Serie der Medaillen Van Berckel's und schliesslich Festmahl im Saale der Châtellenie, diesem in der Geschichte der Stadt Ypres so berühmten Baudenkmale. *E.*

Die 42. Versammlung deutscher Philologen und Schulmänner,

welche in den Tagen von Mittwoch den 24. bis Samstag den 28. Mai d. J. in Wien stattfindet, wird sich auch mit der Münzenkunde in ihrem Verhältnisse zum Unterrichte beschäftigen. Bei der hohen Bedeutung, die dem von ganz Deutschland,

Oesterreich und den angrenzenden Ländern wie es scheint diesmal besonders zahlreich besuchtem Schulmännertage innewohnt, ist es gewiss sehr erfreulich und zugleich bezeichnend, dass nicht weniger als zwei Sectionen die Münzkunde in den Kreis ihrer Berathungen ziehen werden. Es ist im Interesse der von uns vertretenen Sache gelegen, wenn auch aus den Kreisen der Numismatiker eine möglichst zahlreiche Betheiligung an den beiden Vorträgen und der sich an dieselben anschliessenden Discussion stattfinden würde. Die Sitzungen der Philologen- und Schulmänner-Versammlung finden im neuen universitäts-Gebäude statt. Herr Dr. Alfred Nagl wird in der historischen Section, die unter der Leitung des Herrn Universitäts-Professors Dr. Engelbert Mühlbacher steht, im Hörsaale Nr. 38 sprechen über: „Die Numismatik und ihre akademische Lehre". Herr Gymnasial-Professor V. v. Renner spricht in der unter der Leitung des Herrn Dr. Emanuel Hannak, Directors des Wiener städtischen Pädagogiums, stehenden pädagogisch-didactischen Section im Hörsaale Nr. 41 über: „Werth der Münzkunde für den Unterricht an unseren Mittelschulen".

Kataloge: Auctions-Verzeichniss der Sammlung J. Spöttl und Walpurga Spöttl in Wien. — Katalog einer Goldmünzen-Sammlung in Wien. Die Versteigerungen fanden am 10. und 15. April und die folgenden Tage statt.

A. Hess. Die Sammlung Carl Farina in Cöln, enthaltend Brandenburg-Preussen, Westphalen und die rheinischen Länder. Mit 6 Tafeln. — 3982 Nummern. Versteigerung Montag den 1. Mai und die folgenden Tage in Frankfurt a. M.

A. Hess. Sammlung Hamburger Münzen und Medaillen des H. Henri des Arts. Hamburger Münzen und Medaillen. 845 Nummern. Versteigerung Montag den 8. Mai u. d. folgenden Tage in Frankfurt a. M.

A. Weyl. Verzeichniss verkäuflicher Münzen in: „Numism. Correspondenz" Nr. 109 und 112.

C. G. Thieme. Numismatischer Verkehr. 1893. Nr. 3 u. 4. 3116 Nummern Münzen und Medaillen. 15 Nummern Bücher.

Carl Theodor Völcker in Frankfurt a. M., Römergasse 3. Städtenachrichten des XVI. bis XIX. Jahrhunderts.

G. Theodor Bom & Zon. Auctions-Katalog.

Carl W. Hiersmann, Leipzig. Königsstrasse 2. Katalog numism. Bücher. 489 Nummern.

Julius Hahlo (Sigfried Hahlo) in Berlin, W. Unter den Linden 13. Berliner Münzverkehr. Nr. 23. Münzen, Medaillen und Bücher. 2341 Nummern.

L. u. L. Hamburger. Katalog der Sammlung griechischer und römischer Münzen des Geheimraths Dr. Nicolaus Kosloff in Petersburg, der Mittelalter- und modernen Münzen, sowie der numism. Bibliothek des Giuseppe Tambosi etc. Mit 2 Tafeln Abbildungen. 4489 Nummern. Auction am 29. Mai u. d. folgenden Tage in Frankfurt a. M.

A. Bock, Rudolstadt. Katalog des antiquarischen Lagers. Numismatik, Heraldik etc. 1514 Nummern.

S. Kende. Wien, IV. Heumühlgasse 3. Wiener antiquarischer Büchermarkt. Nr. 3. Seltene Werke. 300 Nummern (auch Numismatik).

J. Schumann, Amersfort. Auctions-Katalog, Medaillen, Jetons, mittelalterliche Münzen etc. 1500 Nummern. Auction am 15. und 17. Mai.

Mittheilungen der Gesellschaft.

Versammlungen der numismatischen Gesellschaft mit Vorträgen und Ausstellungen finden in den Monaten October bis Mai statt und sind die p. t. Herren Mitglieder und Freunde der Gesellschaft höflichst eingeladen, sich an denselben zu betheiligen.

Es wird ersucht, Zuschriften und Sendungen bezüglich der Zeitschrift an Herrn Oberbergrath Carl von Ernst, Wien, III., Ungargasse 3 oder Herrn Rudolf v. Höfken-Hattingsheim, Wien, XVIII., Feldgasse 35, bezüglich des Monatsblattes an Herrn Franz Trau, I. Wollzeile 1, bezüglich der Cassa an Herrn Theodor Rhode, I., Wallfischgasse 11. alle anderen Briefe und Sendungen an die numismatische Gesellschaft, I., Universitätsplatz 2 (kais. Akademie der Wissenschaften), zu richten.

Das Bibliothekslocale der numismatischen Gesellschaft, I., Universitätsplatz 2, ist an jedem Mittwoch von 6 Uhr an geöffnet.

Die ordentlichen Mitglieder der numismatischen Gesellschaft zahlen eine einmalige Eintritts-gebühr von 2 fl., einen Jahresbeitrag von 8 fl. und erhalten die Zeitschrift und das Monatsblatt kostenfrei zugestellt. Abonnement der Zeitschrift 6 fl., des Monatsblattes (12 Nummern) 1 fl.

Herausgeber und verantwortlicher Redacteur: Franz Trau. — Verlag der numismatischen Gesellschaft in Wien.

MONATSBLATT

der

numismatischen Gesellschaft in Wien.

Dieses Blatt erscheint monatlich ein Mal und wird den Mitgliedern der Gesellschaft
unentgeltlich zugesendet. Preis des Jahrganges für Nichtmitglieder 1 fl. Zuschriften
sind zu richten an die numismatische Gesellschaft, Wien, I., Universitätsplatz 2.

Nr. 119.	Juni.	1893.

An die ordentlichen Mitglieder der numismatischen Gesellschaft.

Der XXIV. Band, Jahrgang 1892 der numismatischen Zeitschrift ist in den letzten Tagen des verflossenen Monats versendet worden. Jahrgang 1893 soll wieder in zwei Halbjahrheften erscheinen. Das erste Heft, welches im Drucke bereits vorgeschritten ist, dürfte im Monate Juli ausgegeben werden. **Die ordentlichen Mitglieder, die mit ihrem Jahresbeitrage von 8 fl. pro 1893 noch im Rückstande sind, werden ersucht, denselben ehestens an den Cassier der Gesellschaft, Herrn Director Theodor Rohde, I., Wallfischgasse 11, einzusenden, da ihnen nur dann die numismatische Zeitschrift zugestellt werden kann.**

Numismatische Gesellschaft.

Die Sr. Excellenz dem Herrn Minister für Cultus und Unterricht am 22. April l. J. überreichte Petition um Errichtung einer Lehrkanzel für Numismatik an der Wiener Universität, hat folgenden Wortlaut:

Hohes k. k. Ministerium für Cultus und Unterricht! In Ausführung eines von der numismatischen Gesellschaft in Wien in der Jahresversammlung vom 18. Jänner d. J. gefassten Beschlusses, erlaubt sich der ehrerbietig unterzeichnete Vorstand im Namen der Gesellschaft und unter Hinweis auf das beiliegende Promemoria, die Bitte auszusprechen, das hohe Ministerium geruhe, einem immer dringender hervortretenden Bedürfnisse entsprechend, die Errichtung einer Lehrkanzel für die gesammte Münzkunde an der k. k. Universität in Wien in Erwägung zu ziehen und nach Thunlichkeit in Ausführung zu bringen.

Wien, April 1893.

Der Vorstand der Numismatischen Gesellschaft.

Promemoria

über die Errichtung einer Lehrkanzel für die gesammte Münzkunde an der k. k. Universität in Wien.

1. Die von den Fachgenossen stets gehegte Ueberzeugung von der Wichtigkeit der Numismatik für historische Forschungen kommt in weiteren Kreisen zur Geltung, seit sich Letztere nicht mehr blos auf geschriebene Quellen beschränken, sondern auch jene heranziehen, welche die Ueberreste der künstlerischen und gewerblichen Thätigkeit vergangener Zeiten darbieten.

Unter diesen Ueberresten nimmt die Münze in der That eine hervorragende Stelle ein. Sie hat überall, wo sie auftritt, bestimmte culturgeschichtliche und politische

Verhältnisse, die in der Geschichte ihrer Zeit wurzeln, zur Voraussetzung; sie ist nicht das Product einer einzelnen Kunst oder Kunstfertigkeit, sondern vereinigt in Gepräge, Aufschrift, Metallmischung, Gewicht und technischer Ausstattung eine Summe von Thätigkeiten, die sie in der hierin erreichten Stufe jedes Zeitalters zum Ausdrucke bringt. Zugleich hat sie für alle genannten Beziehungen den Werth einer officiellen Geltung, da sie nicht von einem einzelnen Angehörigen eines Staates nach seinem Belieben, sondern von der Gesammtheit oder ihrem rechtlichen Vertreter ausgegeben wird. Sie tritt endlich nicht in einem bestimmten Zeitpunkte allein und vereinzelt, sondern, sobald eine gewisse Machtstufe erreicht ist und so lange diese besteht, stetig in grösserer oder geringerer Menge auf und gibt eine zusammenhängende Reihe von gleichzeitigen Originalbelegen für die Entwicklung der politischen wie der Kunstgeschichte, ferner in Hinsicht auf Mythologie, Palaeographie, Chronologie und Metrologie. Die bahnbrechenden neueren Werke in diesen Disciplinen haben — und zwar nicht blos für die Zeit des classischen Alterthums, sondern auch für alle späteren Zeiträume — die Numismatik als Quelle erkannt und mit grösstem Vortheile benützt; wo es unterlassen wurde, geschah es zum Nachtheil der geistigen Arbeit des Autors.

2. Ueber die Kreise der gelehrten Forscher hinaus und durch sie angeregt, musste die Ueberzeugung von der Wichtigkeit der Münze zum Durchbruche in weiteren Kreisen kommen, sobald man sich in den Mittelschulen dem Anschauungsunterrichte zuwendete. Für diesen ist die Münze von unschätzbarem Werthe, indem sie auf einen Blick eine lebendigere Veranschaulichung des Charakters einer bestimmten Epoche gewährt, als lange Beschreibungen vermöchten, indem sie ferner vermöge des kleinen Volumens, das sie einnimmt, handsamer und auch in grösserer Anzahl leichter zu bewahren ist, als alle anderen Denkmäler. Es ist daher begreiflich, dass auf dem letzten Mittelschullehrertage in Wien (Frühjahr 1892) auf die Wichtigkeit kleiner Münzensammlungen als Lehrapparat an Mittelschulen aufmerksam gemacht wurde.

3. Von den gleichen Anschauungen ging die Regierung der Kaiserin Maria Theresia glorreichen Andenkens aus, indem sie im Jahre 1773 den Director des k. k. Münz- und Antikencabinetes, Abbé Josef Hilarius v. Eckhel, den berühmten Begründer der Numismatik als Wissenschaft, zum öffentlichen Lehrer der Alterthümer und der historischen Hilfsmittel an der k. k. Universität in Wien ernannte, an welcher er fast ausschiesslich Numismatik lehrte und 1789 zum Decan der philosophischen Facultät gewählt wurde. Kaiser Josef ertheilte ihm den Auftrag, ein Handbuch der Numismatik für die Studierenden zu verfassen, welches 1787 unter dem Titel „Kurzgefasste Anfangsgründe zur alten Numismatik" erschien und in Verbindung mit seinen Prolegomena (aus dem 1. Bande seiner Doctrina nummorum veterum) die Grundlage aller späteren Handbücher der Numismatik in deutscher, französischer und englischer Sprache gebildet hat.

Die gleiche Vorsorge für numismatische Studien bewährte die Regierung auch in der folgenden Zeit. Die Professur für Numismatik und für Archäologie blieb seither bis in die Sechziger Jahre unseres Jahrhunderts mit dem Directorate des k. k. Münz- und Antikencabinetes verbunden; auf Eckhel folgte 1798 Abbé Franz Neumann, als „Professor der Münz- und Alterthumskunde" an der Universität, 1816 Anton v. Steinbüchel, der den ersten und ältesten Abriss der Alterthumskunde herausgab, 1840 Josef v. Arneth.

Inzwischen veränderte sich der Umfang der beiden genannten Disciplinen, von welchen die Numismatik in Folge der Anregung, die Eckhel's Doctrina gegeben, in Frankreich, England und später auch in Deutschland einen ungeahnten Aufschwung nahm, während die Archäologie durch die norddeutsche Schule eine gänzliche Umgestaltung erfuhr. Es war nicht mehr möglich, sie in einer Professur vereinigt zu halten, noch weniger diese mit dem Directorate des Münz- und Antikencabinetes, das gleichfalls immer geschäftlicher wurde, zu verbinden.

Aus diesem Grunde wurde die Professur vom Directorate, als v. Arneth 1863 gestorben war, getrennt; bei der Neubesetzung wurde für classische Archäologie durch Berufung von Alexander Conzi gesorgt; die Numismatik blieb sowohl damals, als auch späterhin, unberücksichtigt, indem ihr durch die Berufung von Otto Hirschfeld auf die Lehrkanzel für Geschichte des Alterthums, die Pflege der Staatsalterthümer und der Epigraphik vorgezogen wurde. Während daher Kunst, Archäologie und Epigraphik grossen Aufschwung nahmen, bleibt die Numismatik, die im Oesterreich ehedem eine so grosse Rolle spielte, von Seite der Regierung durch nun bald dreissig Jahre vernachlässigt. Es besteht allerdings eine ausserordentliche Professur in Graz, in welcher Fritz Pichler über antike und moderne Numismatik vorgetragen hat. Allein bei aller Aufopferung, die er seinem Beruf widmet, liegt doch auf der Hand, dass eine ausserordentliche Professur in der Provinz nur eine beschränkte Wirkung zu erzielen vermag.

4. Daher werden nicht blos im Allgemeinen der gesammten historischen und archäologischen Wissenschaft die Vortheile der Bereicherung, Vervollständigung und Vertiefung entzogen, wie sie die gleichzeitige Pflege der Numismatik gewähren würde, sondern es macht sich auch der Mangel an einem wissenschaftlich ausgebildeten Nachwuchse immer schmerzlicher fühlbar in jenen Richtungen, welche speciell für Oesterreich von Bedeutung sind.

Die Monarchie ist vermöge ihrer geographischen Lage in der Mitte Europas und an der Grenzscheide verschiedener Völkerstämme eines der wichtigsten und vielseitigsten Fundgebiete für Gepräge aller Art und aller Zeiten, da sie Länder umfasst, welche von jeher verschiedenen Verkehrskreisen angehörten. Die südlichen und nördlichen, die westlichen und östlichen Systeme und Währungen berührten sich in ihren Ausläufern im Gebiete der österreichisch-ungarischen Monarchie, dadurch erhalten ihre Münzfunde den mannigfachen Inhalt, den sie vor jenem anderer Länder Europas voraus haben. Daher wieder kommt ihre grosse Bedeutung für historische Forschungen und für vielseitige Ausbildung der Numismatiker, soferne ihnen nur die nöthige Anregung und Vorbildung gegeben wird. So lange dies an der Universität möglich war, fehlte es nicht an Kräften, diese Vortheile auszunützen. Heute wird aber der Rückschritt immer wahrnehmbarer.

Dies ist erklärlich, insoferne als sich aus den zahlreichen ausgedehnten Funden unserer Länder in der Hauptsache die Sammlungen der Provinzialmuseen und die Privatsammlungen bilden; sie bergen ein für die Geschichte der österreichischen Länder bedeutsames Materiale. Dieses bleibt nun nahezu unverwerthet, da der stetige lebendige Contact mit der Wissenschaft fehlt. Nachdem die alten Numismatiker, die sich noch eines solchen erfreuten, weggestorben sind, finden sich nur selten an Provinzialmuseen durch eigene Studien und durch die Praxis gebildete Fachleute; die Privatsammlungen pflegen nach dem Tode ihrer Besitzer aufgelöst zu werden, ohne dass sie, so lange sie noch ein Ganzes bildeten, für die Wissenschaft ausgebeutet worden wären. Welch' schwerer Verlust daraus für die Erforschung insbesondere der vaterländischen Geschichte erwächst, braucht nicht dargelegt zu werden.

Auch das Fundwesen selbst leidet darunter. Die Behörden üben heutzutage kaum mehr eine Ingerenz auf die Sicherung der Funde, die besten und wichtigsten Stücke fallen dem Handel anheim und gehen in's Ausland, anstatt im eigenen Lande zu verbleiben. Der Staat verliert damit ehrwürdige Zeugen seiner Vergangenheit, die ihm zum Schmucke dienen würden und deren Bewahrung ein Ehrenpunkt wäre; er verliert auch die günstigste Gelegenheit, die so nothwendige Bildung kleiner Sammlungen für Mittelschulen mit den denkbar geringsten Mitteln aus dem Materiale, welches in den Funden der eigenen Länder geboten ist, durchzuführen. Hierin könnte der Beamte und der Mittelschullehrer sehr viel wirken, indem er in Amt und Schule einen wohlthätigen Einfluss auf die Erweckung der Pietät für solche Ueberreste vergangener Zeiten ausübte. Er selbst aber dürfte in diesem Zweige des Wissens kein Fremdling sein und müsste während der Studien an der Universität Gelegenheit erhalten, sich mit der Münzkunde vertraut zu machen; seine eigene Theilnahme müsste dafür geweckt werden, dann würde er auch die Theilnahme anderer anregen.

5. Der geschilderte Zustand wird von Tag zu Tag beklagenswerther. Eine Abhilfe nach den verschiedenen hier berührten Beziehungen lässt sich kaum anders denken als durch Heranbildung eines Nachwuchses, durch welchen der so lange unterbrochene Contact mit dem wissenschaftlichen Leben, wie es sich auf einer Universität entfaltet, wieder hergestellt würde. Die numismatische Gesellschaft in Wien, welche 1870 gegründet worden ist, hat es nach der Natur der Sache, nicht mit dem eben genannten Zwecke zu thun; sie wendet sich in den Vorträgen, wie in den Abhandlungen ihrer Zeitschrift, für deren Subvention sie dem h. Ministerium stets zu Danke verpflichtet bleibt, nicht an Anfänger, sondern an schon vorgeschrittene Numismatiker, die zumeist als Sammler praktisch thätig sind und sucht den gegenseitigen Austausch der Ergebnisse ihrer Bemühungen vorwiegend in wissenschaftlicher Richtung zu vermitteln.

Sie glaubt aber aus ihren eigenen Erfahrungen sicherer als andere Instanzen constatiren zu können, dass die Errichtung einer Lehrkanzel für die gesammte Münzkunde an der Universität in Wien ein Bedürfniss unserer Zeit und zwar ein dringendes Bedürfniss ist.

Sie ist ferner der Ansicht, dass eine numismatische Mustersammlung als Lehrapparat der gedachten Kanzel in Oesterreich mit verhältnissmässig geringen Kosten gebildet werden könnte; der überwiegende Theil würde aus dem inländischen Fundmateriale leicht zusammengestellt und allmählich completirt werden können, während für seltene und schwer zugängliche Stücke galvanoplastische Nachbildungen, die leicht zu beschaffen sind, so lange genügen würden, bis Originale an ihre Stelle gesetzt werden können.

6. Diese Erwägungen haben die numismatische Gesellschaft bestimmt, einem Antrage, den ihr Mitglied Herr Gymnasialprofessor Victor v. Renner einbrachte, in der Jahresversammlung vom 18. Jänner d. J. beizutreten und die Errichtung einer Lehrkanzel für Numismatik von dem h. Ministerium für Cultus und Unterricht zu erbitten.

Numismatische Literatur.

Der numismatischen Gesellschaft sind zugegangen:

Nagl, Alfred. Der Kremser Guldenfund und die Anfänge der Goldwährung in Oesterreich. Wien, 1892. Blätter des Vereines für Landeskunde von Niederösterreich. Geschenk des Verfassers.

Rondot, Natalis. Les graveurs de la monnaies de Troyes du XII. au XVIII. siècle. Paris, C. Rollin et Feuardent, 1892, 8⁰. Revue numismatique, 1892. Geschenk des Verfassers.

Rondot, Natalis. Jéronyme Henry. Orfévre et médailleur à Lyon. 1503 bis 1538. Mit 1 Tafel. Lyon, Mongin-Rusard, 1892. 8⁰. Geschenk des Verfassers.

Serrure, R. Les monnaies frappées a Wessem par l'abbé de Saint Pantaleon de Cologne. Paris, 1892. L'annuaire de la Société de Numismatique. Geschenk des Verfassers.

M. Bahrfeldt, Numismatisches Literaturblatt. Rastatt. 1893. April. Nr. 71. Inhalt: Inhaltsverzeichniss der numismatischen Zeitschriften. — Selbstständige Publicationen und Aufsätze in nicht numismatischen Zeitschriften. — Münz- und Bücher-Verzeichnisse.

Berliner Münzblätter von A. Weyl. 1893. Jan.-Febr. Nr. 149 u. 150.

Blätter für Münzfreunde. Correspondenzblatt des deutschen Münzforschervereines und Vereinsorgan der Numismatischen Gesellschaft zu Dresden. Herausgegeben von Julius Erbstein. 29. Jahrgang, 1893, Nr. 187. R. Schnecke, Der Währungswechsel in Oesterreich-Ungarn. Dr. N., Norddeutsche Kreuzer oder Körtlinge mit Kreuzertypus? (Nachtrag). Währungsfrage. Numismatische Gesellschaften: Dresden. Versteigerungen und Verkäufe.

Prof. Fr. Bulić, Bullettino di archeologia e storia Dalmata. 1893, März. Anno XVI, N. 3.

Bulletin de numismatique. Raymond Serrure, Paris. 2 vol., 2 livr. März 1893. Le comte de Castellane, Différents de l'atelier de Nantes sous les règnes de François I et de Henri II, Livres nouveaux. Revue des Revues. Lectures diverses. Livres en préparation. Académies et Sociétés. Musées etc.

Bulletin de la société Suisse de numismatique. XI. Jahrgang, Genf, 1892. Inhaltsverzeichniss.

Rudolf v. Höfken-Hattingsheim, Archiv für Bracteatenkunde. Wien. 1893. II. Band, Heft 11 u. 12 (Schluss). Inhalt: E. Fiala, Der Fund zu Hermsdorf. Rudolf v. Höfken, Zur Bracteatenkunde Süddeutschlands VIII, IX, X. Literatur. Index.

Vte. de Jonghe: Trouveille de monnaies du moyen âge fait à Walfergem. Brüssel 1889. — Quelques monnaies rares et inédites du Brabant et de ses fiefs. Brüssel 1890. — Deux esterlins ou Tiers de Gros au Lion. Frappés en commun par Jean III, duc de Brabant (1312—1355) et par Louis de Crécy, comte de Flandre 1322—1346. Brüssel 1891. — Déscription de quelques monnaies inédites ou peu connues d'Anne de la Marck abesse de Thorn. Brüssel 1890. — Deux monnaies frappées en Flandre en 1581. Brüssel 1890. — Un demi-gros à l'aigle frappé par Henry V Comte de Salm inférieure, ou Salm en Ardennes 1297—1306. Brüssel 1893. — Un triens signé par un monétaire Merovingien inconnu. Brüssel 1892.

Mittheilungen des Clubs der Münz- und Medaillenfreunde in Wien. Redacteur Jos. Nentwich. N. 34, März 1893. Hugo Weifert, Medaillen auf die Eroberungen Belgrads in den Jahren 1688, 1717 und 1789 und den Frieden von Passarowitz (Fortsetzung). Moriz Markl, Ducaten Ferdinands I. aus den Siebenbürger Münzstätten. Karl Schalk, Der Geldumlauf Wiens im Mittelalter und unter Maximilian I. bis 1521. Auctionen. Neue Prägungen. Miscellen. Clubnachrichten. N. 35, April 1893. Hugo Weifert, Medaillen auf die Eroberungen Belgrads in den Jahren 1688, 1717 und 1789 und den Frieden von Passarowitz (Fortsetzung). Karl Schalk, Der Geldumlauf Wiens im Mittelalter und unter Maximilian I. bis 1521 (Fortsetzung und Schluss). Wiener Münzauctionen. Neue Prägungen. Miscellen. Clubnachrichten. Beilage: Ergebniss der Müzenauction „Spöttl" vom 10., 11. und 12. April 1893.

Monatsblatt des Alterthumsvereines zu Wien, IV. Band, 10. Jahrgang Nr. 4, April 1893.

Numismatisch-sphragistischer Anzeiger, herausgegeben von Fried. Tewes in Hannover. 1893 Nr. 3. Th. Stenzel, Die Münzen und Medaillen des

Fürsten Friedrich August von Anhalt Zerbst (Schluss). Dr. P. J. Meier, Helmstedter Münzen Heinrichs d. Ae. von Braunschweig (Schluss). Berichtigung. Münzfunde. Beiblatt.

Besprechungen

Alphonse de Witte, Une monnaie Belge de convention du commencement du XI. siècle. Bruxelles. J. Goemaere, 1892.

Im Gegensatze zu Serrure, der den dem Beginne des XI. Jahrhunderts angehörigen GODEFRIDVS-LANBERTVSI-Denar der Sammlung des Vicomte de Jonghe einer wenn auch nur vielleicht bei Gelegenheit eines Waffenstillstandes kurz andauernden Einigung des Herzogs von Niederlothringen Gottfried von Eenham und des Grafen von Löwen Lambert zuschrieb, zeigt der Verfasser, dass dies geschichtlich nicht gut möglich sei. Dagegen liesse sich sowohl aus historischen, wie aus Gründen der Prägegepflogenheit diese seltene Münze wohl eher einer Münzeinigung des gedachten Herzogs und des mit ihm verbündeten Bischofs von Lüttich Balderich II. von Looz (1008—1018) zuschreiben. *V. v. R.*

Professor Dr. Otto Kohl, Ueber die Verwendung römischer Münzen im Unterricht. Wissenschaftliche Beilage zum Programm des kgl. Gymnasiums zu Kreuznach. Kreuznach. R. Voigtländer. 1892.

Seitdem Dechant und in neuerer Zeit wieder Grunauer und Kirmis für die Numismatik in der Schule eintraten, rührt es sich auf diesem Gebiete allerorten. Mit dem zunehmenden Interesse für die Archaeologie ist selbstverständlich auch die Aufmerksamkeit auf die mit ihr so vielfache Berührungspunkte aufweisende Münzkunde gelenkt worden. In Deutschland wenigstens hat es das königlich preussische Cultusministerium nicht unterlassen bei Gelegenheit der archäologischen Pfingstcurse für Mittelschullehrer auch Vorlesungen über Münzkunde zu veranstalten. Die Früchte der hier gegebenen Anregungen sind mannigfacher Art: Anlage von Museen für Mittelschulen, erhöhte Sammelthätigkeit in Kreisen, wo bisher dergleichen nur in seltenen Fällen sich zeigte, Nutzbarmachung vorhandener Sammlungen für Unterrichtszwecke und damit Belebung des Unterrichtes selbst und endlich literarische Verarbeitung des vorhandenen Materiales zur Anregung jener, die der Angelegenheit bisher ferne gestanden, zur Orientirung solcher, die derselben entbehrten.

Diesen letzteren Zweck verfolgt auch vorliegendes Schriftchen. Für Mittelschullehrer will es eine Zusammenstellung jener römischen Münzen des Alterthums geben, die „aus der grossen Masse besonders den Schülern gezeigt zu werden verdienen und welche überhaupt gezeigt, beziehungsweise beschafft werden können." Von ganz bestimmten Gesichtspunkten aus wird also hier die Münzkunde in den Dienst der Schule gestellt. Das eigentlich Numismatische tritt mit Recht in den Hintergrund gegenüber dem archaeologischen Zwecke, dem die Münzen beim Unterrichte dienen sollen, ohne indess gänzlich zu verschwinden. Die Uebersicht über das römische Münzwesen in Form einer Tafel (S. 8 u. 9), und die Besprechung der „Prägestätten in den Rheinlanden und derjenigen Diocletian's" (S. 66—68) am Schlusse beschäftigen sich hiermit insoweit, als es den eigenartigen Umständen gemäss, unter denen die Schrift entstanden zu sein scheint, nothwendig war. Wenn wir bezüglich der Uebersichtstafel gewünscht hätten, dass hier neben Mommsen auch Bahrfeldt's eingehende Arbeit über das antike römische Münzwesen (Numism. Zeitschrift XV, S. 5 ff.) berücksichtigt worden wäre, so will damit nur eine Anregung ausgesprochen sein.

Das Hauptgewicht der Arbeit ruht in den Erläuterungen der Münzen für Schulzwecke. Die Abschnitte: Literatur, Uebersicht der Familien, deren Glieder während der Republik und bis 11 n. Ch. Münzen geprägt haben, das Münzwesen selber, Götter, geschichtliche Bilder, Alterthümer, Kaisermünzen behandeln in eingehender Weise alles, was der Philologe und Historiker an der Mittelschule für ihre Zwecke zur Belebung und Vertiefung des Unterrichtes aus dem Gebiete des römischen Münzwesens zu verwerthen vermögen. Ueberall ist der Unterrichts-Zweck im Auge behalten. Selbst der Abschnitt „Das Münzwesen selber" behandelt den Gegenstand von diesem Standpunkte aus, die für den Unterricht brauchbaren Nominale, die Erklärung der auf den Münzen vorkommenden Abkürzungen, das Wesen der bigati, trigati, quadrigati, serrati. — Eine zielbewusste, sehr sorgfältig geschriebene, für jeden, der die Münzkunde im Unterrichte zu verwerthen strebt, sehr brauchbare Schrift, die nur das Bedauern wachruft, dass wir über andere Gebiete der Münzkunde nichts Aehnliches besitzen. *V. v. Renner.*

Verschiedenes.

Die Prägungen des Clubs der Münz- und Medaillenfreunde in Wien. Seit seiner Gründung am 19. Juni 1890 hat der Club der Münz- und Medaillenfreunde in Wien eine ganze Reihe Gelegenheitsmedaillen und Jetone prägen lassen, die, wenn man die verhältnissmässig kurze Zeit seines Bestehens berücksichtigt, ein recht erfreuliches Bild seiner ausserordentlichen Rührigkeit auf diesem

Gebiete entrollen. Obenan stehen unter diesen Prägungen infolge der Persönlichkeiten und Ereignisse, welche sie verewigen, die Medaille auf den Tod Bauernfelds am 9. August 1890 und die reizende Erinnerungs-medaille auf die Errichtung des Liebenberg-Denkmales am 12. September desselben Jahres. Abgesehen von dem Gründerjeton (19. Juni 1890) und dem Jeton zur Erinnerung an die 1. Hauptversammlung des Clubs am 26. Januar 1891, nehmen die beiden Medaillen, die bei Gelegenheit der zweiten und dritten Jahres-versammlung (Januar 1892 und 1893) von dem Vereine herausgegeben wurden, sowohl in Folge der Per-sönlichkeiten, deren Andenken sie geweiht sind, als auch in Bezug auf ihre künstlerische Bedeutung wohl den ersten Rang unter den modernen Wiener Gelegenheitsprägungen ein. Die Medaille auf den „ALTMEISTER DER WIENER MEDAILLEURE CARL RADNITZKY" von Anton Scharff und diejenige, welche Franz Xav. Pawlik dem Letztgenannten, „DEM OESTERREICHISCHEN MEISTER DER PORTRAIT-MEDAILLE ZUR FEIER SEINER 25JÄHRIGEN KÜNSTLERTHÄTIGKEIT" im Namen und Auftrage des Clubs geschaffen hat, gehören zu den hervorragendsten Leistungen auf dem Gebiete der modernen Porträt-Medaille. Eine dritte Gruppe von Prägungen verewigt verschiedene Ausflüge des Clubs nach der weiteren Umgebung Wiens. Zu diesen reizenden Jetons hat der Maler Ludwig H. Fischer die Entwürfe geliefert. Ein blosser Scherzgedanke ist es wohl, wenn im Aurelian-Franz-Josef-Jeton vom 4. October 1891 die Sammelthätigkeit Theodor Rohdes, den der Club in Trautmannsdorf besuchte, verewigt wird; recht hübsch gedacht und ausgeführt aber sind der Melk-Jeton (31. Mai 1891) und der Göttweig-Jeton (18. September 1892), besonders der erstere, weil er die erste numismatische Darstellung des Klosters Melk bietet. Auch hat der Club seit dem Jahre 1891 auf den Tod hervorragender Mitglieder Erinnerungs-jetone prägen lassen. Bisher sind vier solche der Pietät des Vereines für seine Verstorbenen Ausdruck gebende Erinnerungszeichen entstanden: Auf Friedrich Flesch (1891), Ignaz Spöttl (7. Januar 1892), Christoph Reisser (8. Februar 1892) und Victor Conradi (23. November 1892). Ausser diesen gewisser-massen officiellen Prägungen des Clubs wurden aber noch manche andere durch einzelne Mitglieder desselben veranlasst, wie die Ganglbauermedaille, oder um auch dem Scherze gerecht zu werden, der Cometenjeton vom 21. October 1890. Als eine sehr gelungene Idee müssen wir es endlich bezeichnen, wenn sich, wie es heisst 14 Mitglieder des Clubs in der letzten Zeit zusammenthaten, um ihre Porträts durch Franz Xav. Pawlik in numismatischer Weise verewigen zu lassen. Die bisher vorliegende Forchheimermedaille lässt eine Reihe hervorragender Meisterwerke der österreichischen Porträtmedaille erwarten. Wir können dem Club und seinen rührigen Mitgliedern zu diesen ersprisslichen und die Kunstthätigkeit auf numismatischem Gebiete so ausserordentlich fördernden Unternehmungen nur herzlichst Glück wünschen. *V. v. R.*

Aenderung des Gepräges der französischen Münzen. Die französische Republik bedient sich der gleichen Münzstempel, welche vor genau einem Jahrhundert von Augustin Dupré geschnitten und seither von der ersten und der zweiten Republik zu ihren Prägungen verwendet wurden. Nunmehr soll die Absicht bestehen, neue Stempel einzuführen, zu welchem Behufe ein Concurs für die französischen Graveure ausgeschrieben werden dürfte. *E.*

Gewerkschaftliche und kaiserliche Thaler. Bei der Durchsicht der alten Acten des Hofkammer-Archivs stiess ich auf die Verordnungen, mit welchen, nach dem Regierungsantritte Kaiser Joseph II. den Münzämtern die an dem Gepräge vorzunehmenden Aenderungen vorgeschrieben werden. Alle diese Verord-nungen sind im Wesentlichen gleichlautend; bei jener an das Münzamt Kremnitz fiel mir aber auf, dass ein Unterschied zwischen Gewerkschaftlichen und k. k. Thalern gemacht wird. Bei den ersteren sollte das bisherige Gepräge (Madonna und Landeswappen) beibehalten und nur die, auf den neuen Münzherrn hinweisende Umschrift, an Stelle derjenigen der verstorbenen Kaiserin Maria Theresia, angebracht werden. Die k. k. Thaler dagegen sollten, wie in den übrigen Münzstätten, das Bild des Kaisers (darunter den Buchstaben B) und im Revers den Doppeladler tragen. Anfragen, die ich bezüglich dieser Kremnitzer „Gewerkschaftlichen Thaler" an die gewiegtesten Kenner und Sammler ungarischer Münzen gerichtet habe, brachten mir keine Aufklärung; ich muss daher annehmen, dass ich mit der nachfolgenden Mittheilung Aufschluss in einer, bis zur Stunde unbekannten Sache bringe. Ich musste in den alten Acten bis zum Jahre 1766 zurückgehen, um den Ursprung der „Gewerkschaftlichen Thaler" aufzufinden. Im Juni dieses Jahres wurde zwischen der Hofkammer und dem Hof-Commercienrathe Johann Freiherrn v. Fries ein Vertrag auf 10 Jahre bezüglich des Exporthandels mit Thalern in die Levante geschlossen. Baron Fries hatte dieses Geschäft von früher her in Händen und verlangte, gestützt auf die Gunst, deren er sich bei der Kaiserin erfreute, ein Privilegium für die Thaleraus fuhr in die Türkei und nach Aegypten, indem er sich erbot, jeden Thaler mit 5 Kreuzern zu überzahlen. Unter den Bedingungen des Vertrages wurde Baron Fries zugestanden, dass ausser ihm Niemand Thaler direct in die Levante senden dürfe, dass vielmehr alle übrigen Thalerexporteure verpflichtet seien, sich seiner Vermittlung zu bedienen und ihm eine Provision zu bezahlen. Da nun die ungarischen Bergwerksbesitzer (Gewerken) für ihr, an die Münze in Kremnitz geliefertes Silber, Thaler erhielten und diese ebenfalls in die Türkei verkauften, so beanspruchte Baron Fries auch, um sich die Concurrenz vom Halse zu schaffen, dass den ungarischen Gewerken keine Thaler mit dem Bilde der Kaiserin verabfolgt werden. Auch dieses Verlangen wurde im Vertrage zugestanden und so erging an die Münzämter Kremnitz und Nagy-Bánya der Auftrag, an Stelle der Bilder der Kaiserin auf den Thalern und Gulden das ungarische Wappen anzubringen. Seit 1767 haben diese Münzsorten auch thatsächlich das so geänderte Aussehen. — Als nun im December 1780 Kaiser Joseph II. das einheitliche Gepräge der Münzen aller Münzstücke anordnete, wurden die Thaler mit dem ungarischen Wappen und der Madonna nur als Vergütung für das, aus Privatgewerken herrührende Silber, unter der Bezeichnung gewerkschaftliche Thaler, beibehalten. *Ernst.*

Zur Münzgeschichte des 15. Jahrhunderts.

In Bloch's Oesterr. Wochenschrift, Jahrgang X, Nr. 15, Seite 275, findet sich die wörtliche Uebersetzung des 5. Abschnittes einer in ungarischer Sprache erschienenen Monographie über die Schicksale der jüdischen Gemeinde von Wiener-Neustadt von Max Pollak, welche einige Angaben zur Münzgeschichte enthält. „Im Jahre 1469 liess Friedrich III (V.) eine Hausdurchsuchung bei den Juden vornehmen, die Gold und Silber zur Einschmelzung aufgekauft haben sollen. Ihre Oefen wurden demolirt, was an Gold und Silber bei ihnen vorhanden war, ihnen abgenommen.“ Hierauf bespricht der Verfasser die Zeit der Schinderlinge. „Noch vor 40 Jahren — sagt Isserlein — war das Gold gut und man zahlte 4 Pfund gediegenes Silber für 6 Pfund Gold; jetzt aber hat das Geld keinen grossen Werth.“ Dazu ist Folgendes zu bemerken: Eine Relation von 4 Pfund Silber gegen 6 Pfund Gold ist ein Ding der Unmöglichkeit! Es dürfte wohl heissen 6 Gulden Gold; so dass das Gold gleich wäre $\frac{240 \times 4}{6} = 160$ Den. = 5 fl. 10 Den.; eine Relation, die in den Jahren 1407 bis 1415 (Mitth. d. Inst. f. ö. Geschf. Band 4), nachzuweisen ist. Circa 40 Jahre später, im Jahre 1455, sind wir thatsächlich nahe der Zeit der Schinderlinge. Weiter heisst es: „Dass die Juden, die Kaufleute und Geldvermittler par excellence, viel darunter zu leiden hatten, müssen wir nicht besonders hervorheben. In Folge des werthlosen Geldes nahm man in Wiener-Neustadt beim „Pidjon“, wozu eigentlich nur 2 Gulden Rhein. gehörten, 5 Gulden und dieses legte man noch obendrein auf eine silberne Tasse, damit wenigstens dies Alles zusammen den erforderlichen Werth repräsentire. Hierauf wurde das Ganze sammt der Tasse verabreicht.“ Von einer Verschlechterung der Rhein-Goldgulden zur Zeit der Schinderlinge war mir bisher nichts bekannt!

K. Schalk

Kataloge: Zschiesche und Köder in Leipzig, Königstrasse 4. Verzeichniss verkäuflicher Münzen und Medaillen. Nr. 52. Mai 1893. 7002 Nummern. Münzen und Medaillen, 86 Nummern Bücher.

— Edmund Rappaport, Berlin, Hallesche Strasse 18. XXIV. Verzeichniss verkäuflicher Münzen und Medaillen. 1249 Nummern Münzen und Medaillen, 23 Nummern Bücher.

— U. Hoepli, in Mailand, Corso Vittorio Emanuele 37. — 1893. Catalogue Nr. 88, de livres d'occasion en vente aux prix marqués. Numismatique, Pierre gravées. 391 Nummern.

— Emil Fischer, Juwelier und Numismatiker, Wien, I., Kärntnerring 1. Verkäufliche Münzen und Medaillen. Wien, 1893. 2373 Nummern.

Mittheilungen der Gesellschaft.

Versammlungen der numismatischen Gesellschaft mit Vorträgen und Ausstellungen finden in den Monaten October bis Mai statt und sind die p. t. Herren Mitglieder und Freunde der Gesellschaft höflichst eingeladen, sich an denselben zu betheiligen.

Es wird ersucht, Zuschriften und Sendungen bezüglich der Zeitschrift an Herrn Oberbergrath Carl von Ernst, Wien, III., Ungargasse 3 oder Herrn Rudolf v. Höfken-Hattingsheim, Wien, XVIII., Feldgasse 35, bezüglich des Monatsblattes an Herrn Franz Trau, I., Wollzeile 1, bezüglich der Cassa an Herrn Theodor Rhode, I., Wallfischgasse 11, alle anderen Briefe und Sendungen an die numismatische Gesellschaft, I., Universitätsplatz 2 (kais. Akademie der Wissenschaften), zu richten.

Das Bibliothekslocale der numismatischen Gesellschaft, I., Universitätsplatz 2, ist an jedem Mittwoch von 6 Uhr an geöffnet.

Die ordentlichen Mitglieder der numismatischen Gesellschaft zahlen eine einmalige Eintrittsgebühr von 2 fl., einen Jahresbeitrag von 8 fl. und erhalten die Zeitschrift und das Monatsblatt kostenfrei zugestellt. Abonnement der Zeitschrift 6 fl., des Monatsblattes (12 Nummern) 1 fl.

Herausgeber und verantwortlicher Redacteur: Franz Trau. — Verlag der numismatischen Gesellschaft in Wien. Druck von Kreisel & Gröger, vorm. L. W. Seidel & Sohn, in Wien.

MONATSBLATT

der

numismatischen Gesellschaft in Wien.

Dieses Blatt erscheint monatlich ein Mal und wird den Mitgliedern der Gesellschaft unentgeltlich zugesendet. Preis des Jahrganges für Nichtmitglieder 1 fl. Zuschriften sind zu richten an die numismatische Gesellschaft, Wien, I., Universitätsplatz 2.

Nr. 120.	Juli.	1893.

An die ordentlichen Mitglieder der numismatischen Gesellschaft.

Der XXIV. Band, Jahrgang 1892 der numismatischen Zeitschrift ist in den ersten Tagen des verflossenen Monats versendet worden. Jahrgang 1893 soll wieder in zwei Halbjahrheften erscheinen. Das erste Heft, welches im Drucke bereits vorgeschritten ist, dürfte Anfangs August ausgegeben werden. **Die ordentlichen Mitglieder, die mit ihrem Jahresbeitrage von 8 fl. pro 1893 noch im Rückstande sind, werden ersucht, denselben ehestens an den Cassier der Gesellschaft, Herrn Director Theodor Rohde, I., Wallfischgasse 11, einzusenden, da ihnen nur dann die numismatische Zeitschrift zugestellt werden kann.**

Die XLII. Versammlung deutscher Philologen und Schulmänner und die Münzenkunde.

Mit Befriedigung können wir feststellen, dass die XLII. Versammlung deutscher Philologen und Schulmänner, nicht blos in 3 Sectionen sich mit der Münzenkunde und ihrem Werthe für Archäologie, Schule und Wissenschaft im Allgemeinen beschäftigte, sondern dass hierbei auch den anwesenden Schulmännern, die in überaus grosser Menge (1132 Theilnehmer) aus Deutschland, Oesterreich-Ungarn, der Schweiz, ja selbst aus den Balkanländern nach dem gastfreundlichen Wien gekommen waren, wie ein hervorragendes Mitglied dieser Versammlung sagte, in dieser unserer Wissenschaft reichliche Anregung geboten wurde. Wie uns scheinen will, ist es das erstemal, dass in einer allgemeinen Versammlung von Männern der Wissenschaft und Schule, welche eine so hervorragende Bedeutung besitzt, wie die in ihrer Art bisher wohl „einzige“ in den Tagen vom 24. — 27. Mai d. J. in den Mauern unserer Stadt abgehaltene, die Münzenkunde von Numismatikern hinausgetragen wurde aus dem engen Kreise der Fachgenossen! Dass dies gerade in Wien geschah, wo einst Eckhel in gleichem Sinne gewirkt und gestrebt, mag als eine gute Vorbedeutung gelten dafür, dass die nunmehr angebahnte Verbindung mit der Allgemeinheit von den Trägern unserer Wissenschaft auch in Zukunft niemals ausseracht gelassen oder gar aus Geringschätzung absichtlich vermieden werde. Möge der Same, der hier ausgestreut wurde, sowohl der Numismatik selbst, als auch der Wissenschaft überhaupt und damit der Menschheit zum Nutzen gereichen! Ohne uns in eine Berichterstattung über den im allgemeinen höchst interessanten Verlauf der Verhandlungen der bedeutsamen Versammlung einzulassen, haben wir es uns doch zur Pflicht gemacht, die Fachgenossen über jene Sectionssitzungen, in denen die

Numismatik von dem einen oder andern Gesichtspunkte aus in Besprechung gezogen wurde, in Kenntnis zu setzen.

Am Donnerstag den 25. Mai hielt Hof- und Gerichtsadvocat Dr. Alfred Nagl in der historischen Section seinen Vortrag über die „Numismatik und ihre akademische Lehre." (Wir bringen denselben vollinhaltlich in dieser Nummer zum Abdrucke.) In der an diesen Vortrag sich anschliesenden Debatte pflichteten die Universitätsprofessoren Dr. Eugen Oberhummer (München) als Versitzender der Section und Dr. Oswald Redlich (Wien) den durch am Schlusse ertönenden reichen Beifall ausgezeichneten Ausführungen des Vortragenden in zustimmendem und ergänzendem Sinne bei. Namentlich erfüllten uns die warmen Worte Professor Redlichs, mit denen er die Wichtigkeit der numismatischen Wissenschaft besonders für den Historiker hervorhob, mit Genugthuung.

Samstag den 27. Mai. Nachdem die archäologische Section im kunsthistorischen Hofmuseum die Sculpturen des Heroons von Gjölbaschi besichtigt hatte, begab sich dieselbe in die Säle des kaiserlichen Münzcabinets. Hier berichtete Regierungsrath und Director Dr. Friedrich Kenner „über den gegenwärtigen Stand der Forschung bezüglich des römischen Kaisermedaillons", deren Ergebnisse geeignet sind, die Beziehungen der Numismatik zur Archäologie zu zeigen. Er wies den monetären Charakter des Medaillons, seine officielle Geltung und die Wirkung politischer, wie culturgeschichtlicher Vorgänge auf seine Entwicklung nach. In kunstgeschichtlicher Beziehung wurde von dem Vortragenden seine Bedeutung für die Pflege der Bildnisse, sowie die Stellung einer besonderen Art des Medaillons (Moneta-Medaillon) dargelegt und die Frage erörtert, inwieferne Nachbildungen von Bildwerken auf den Medaillons zur Ergänzung antiker Torsi herangezogen werden können. Mit dem Nachweise der warnehmbaren Spuren einer Organisation der römischen Geschenkmünze, die sich auf die Kategorisierung der Empfänger und die Scheidung der Competenz des Princeps und des Senates beziehen, schloss der Vortragende seine lehrreiche Auseinandersetzung, welche durch die ausgelegten kostbaren Schaustücke der Sammlung besondere Anschaulichkeit erhielt. Leider müssen wir uns vorderhand mit diesen Andeutungen über den Inhalt der von Regierungsrath Dr. Kenner besprochenen Fragen begnügen. Sollten die Dankesworte, die Hofrath und Universitätsprofessor Otto Benndorf im Namen der Section an Herrn Regierungsrath Kenner richtete und der von ihm ausgesprochene Wunsch, den Vortrag des Herrn Regierungsrathes in vollem Umfange den Verhandlungen der XLII. Versammlung deutscher Philologen und Schulmänner einverleiben zu können, ihre zustimmende Erledigung finden, so werden wir natürlich nicht säumen, denselben auch den Fachgenossen vollständig zur Kenntnis zu bringen.

An demselben Tage (Samstag den 27. Mai) beschäftigte sich auch die pädagogisch-didaktische Section mit der Numismatik. Gymnasialprofessor Victor v. Renner hielt in der Sitzung dieser Section den Vortrag über: „Werth der Münzkunde für den Unterricht an unseren Mittelschulen." (Wir bringen denselben in Nr. 121 des Monatsblattes zum Abdrucke.) Die Versammlung war überaus zahlreich besucht, da sich an ihr auch viele Mitglieder der historischen Section, die nach Mittheilung des Directors Dr. Emanuel Hannak, mit Rücksicht auf diesen Vortrag ihre eigenen Sitzungen an diesem Tage verschoben hatte, betheiligten. Ein sichtbares Zeichen der Zustimmung, deren sich auch dieser Vortrag zu erfreuen hatte, schien uns nicht blos in dem Beifalle, den die Worte des Vortragenden hervorriefen, und denen der Vorsitzende Universitätsprofessor Dr. Gustav Uhlig (Heidelberg) zum Schlusse in beredten Worten Ausdruck gab, sondern vielmehr noch in der sich an den Vortrag anschliessenden

Besprechung zu liegen. Im Verlaufe derselben ersuchte Oberlehrer Dr. Rausch (Jena) den Vortragenden, bei nächster Gelegenheit eine Lehrprobe über die Art der Behandlung der Münze im Unterrichte zu veröffentlichen. Gymnasialdirector Dr. Karl Bissinger (Donaueschingen) aber begrüsste es unter allgemeiner Zustimmung aufs wärmste, dass endlich einmal in einer öffentlichen Versammlung von der Bedeutung der gegenwärtig tagenden, über den Werth der Münzkunde für den Unterricht an der Mittelschule gesprochen wurde.   × × ×

Die Numismatik und ihre akademische Lehre.

Vortrag gehalten am 25. Mai 1893 in der historischen Section der XLII. Versammlung deutscher Philologen und Schulmänner zu Wien, von Dr. Alfred Nagl.

Meine Herren! Erst wenige Wochen sind es her, dass wir ein für unseren Gegenstand bedeutsames Fest, in stiller Weise zwar, aber desto inniger, feiern konnten, die hundertjährige Erinnerung an das Erscheinen der Doctrina numorum veterum unseres Landsmannes Josef Hilarius Eckhel. Wohl wenige Schriften theilen mit dieser den Ruhm, für eine Wissenschaft den ersten Grundstein zugleich gelegt und für eine so lange Periode energischen geistigen Schaffens massgebend bestimmt zu haben.

Es möchte vielleicht angemessen erscheinen, hier einiges über die Wichtigkeit der Numismatik, für die allgemeine Geschichte sowohl wie für die Sondergeschichte einer ganzen Reihe so bedeutsamer Cultur-Momente als der Sprache, der Schrift, der bildenden Kunst und endlich des wirthschaftlichen Lebens, vorzubringen. Ich glaube jedoch, in Anbetracht der Kürze der Zeit, welche mir für diese Auseinandersetzungen gegönnt ist, um so eher darauf verzichten zu können, als unter Ihnen, meine Herren, wohl keiner ist, der sich von der tiefen Bedeutung dieses Gegenstandes nicht schon oftmals und nach allen angedeuteten Richtungen hin überzeugt hätte. Wohl keiner aber auch, dem nicht eben darum das gänzliche Fehlen dieses Gegenstandes in den Programmen der akademischen Lehrvorträge unserer Zeit wundersam aufgefallen wäre. Die Ursachen dieser für die Wissenschaft gewiss bedauerlichen Erscheinung zu erklären und die Bedingungen ihrer Abhilfe zu besprechen, soll eben die Aufgabe dieses Vortrages sein.

Wenn ich von dem Fehlen der akademischen Lehre spreche, so muss dies auf die eigentlichen Lehrvorträge eingeschränkt und es darf vor allem der hohen Verdienste nicht vergessen werden, die auf literarischem Wege seit Eckhel um diesen Gegenstand erworben worden, der wesentlichen Fortschritte, welche, um nur von den wichtigsten Bestrebungen der Deutschen zu erwähnen, der Wissenschaft durch August Böckhs „Metrologische Untersuchungen über Gewichte, Münzfusse und Masse des Alterthums" (1838), durch Theodor Mommsens „Geschichte des römischen Münzwesens" (1860) und durch F. Brandis' „Münz-, Mass- und Gewichtswesen in Vorderasien bis auf Alexander den Grossen" (1866), endlich aber auch durch Friedrich Hultsch' Ausgabe der Metrologici Scriptores und durch dessen zusammenfassendes Werk „Die griechische und römische Metrologie" (1882) zugekommen sind. Die neueste Zeit, auf die klaffende Lücke im akademischen Lehrgebäude all-mälig aufmerksam werdend, hat uns jedoch auch den Versuch der Wiederaufnahme der akademischen Lehre der Numismatik und gleichzeitig hiemit den Beginn einer grossartigen literarischen Zusammenfassung der Lehre von den antiken Münzen gebracht. In der Vorrede zu seinem leider unvollendet hinterlassenen Werke „La Monnaie dans l'antiquité" berichtet F. Lenormant (1878), dass er über zwei Jahre einem öffentlichen Lehrgange des Gegenstandes auf der Lehrkanzel für Archäologie an der Nationalbibliothek zu Paris gewidmet habe. Es ist zwar nicht richtig, wenn der berühmte Gelehrte sagt, es sei dies das erste Mal, dass die Numismatik den Gegenstand eines öffentlichen Lehrcurses gebildet habe, wohl aber ein Beweis, wie still und ergebnisslos seinerzeit die Vorträge eines Eckhel, den Lenormant gleichzeitig so hoch und aufrichtig feiert, geblieben waren. Man habe sogar, berichtet Lenormant weiter, von berufenster Seite ihm gewichtige Bedenken hinsichtlich der Erspriesslichkeit seines Vorhabens erhoben: es möchte sich ergeben, dass eine Wissenschaft sich wenig zu öffentlichen Vorträgen eigne, die eine so ungeheure Menge und Mannigfaltigkeit von Thatsachen in Betracht zu ziehen habe und wo es so sehr auf das persönliche Gefühl in der Beurtheilung ankomme.

Diese Aeusserungen gestatten uns aber schon einigen Einblick in die Gründe, wegen deren die akademische Lehrthätigkeit auf diesem Gebiete trotz der angeführten glänzenden Ergebnisse der wissenschaftlichen Forschung, bisher so unerspriesslich geblieben und mit jedem Versuche alsbald wieder erloschen ist.

Auffallen wird auch, dass wir bei der Erwähnung der letzteren immer nur von der antiken Zeit sprechen konnten und in der That, so werthvoll und aner- kennenswerth auch die Forschungen Einzelner auf dem Gebiete des mittelalterlichen Geld- und Münzwesens sind, immer war es auf demselben bisher bei monographischen Arbeiten geblieben und es fehlt bis zum heutigen Tage selbst an den ersten Versuchen einer zusammenfassenden literarischen Arbeit, geschweige denn an dem Beginnen, hierüber öffentliche systematische Lehrvorträge zu halten. Vielleicht ist diese Bemerkung durch den Hinweis auf den eben im Erscheinen begriffene „Traité de Numismatique du moyen-âge" von Engel und Serrure einzuschränken, aber leider bietet dieses Werk nicht viel mehr, als eine Zusammenstellung der numis- matischen Aeusserlichkeiten, die uns über die anderen wichtigen, eben aber die wichtigsten Seiten des Gegenstandes, nach wie vor im Unklaren lassen. Was das besagen will, soll gleich hier hervorgehoben werden, es berührt einen der empfind- lichsten Punkte der modernen Wissenschaft, die Thatsache nämlich, dass der Forscher mittelalterlicher Geschichte, dem auf jeden Schritt eine Belehrung über die Geld- verhältnisse und ihren Einfluss auf die Culturentwicklung des Zeitalters sich unentbehrlich macht, von den Versuchen einer solchen aus den vorhandenen wissenschaftlichen Arbeiten nach einigem Bemühen jeweils rathlos zurückkehrt.

Die Beurtheilung des Zustandes der numismatischen ist wie die jeder andern Wissenschaft in erster Linie auf die Betrachtung ihres geschichtlichen Entwicklungs- ganges angewiesen. Aus diesem hat sie nach dem natürlichen Gange der Dinge gewisse Unvollkommenheiten mitgebracht, die mit dem Anlasse ihres Entstehens zu- sammenhängen, die aber vor allem erkannt sein wollen, wenn ein weiterer Fortschritt in derselben angestrebt werden soll.

Mit dem erwachenden Interesse für die Vergangenheit des Menschengeschlechtes erregen bald die Erzeugnisse der Münztechnik eine liebevolle Aufmerksamkeit. Sie interessieren durch die mannigfaltigen und bedeutsamen Beziehungen, in denen sie zu den Thatsachen der politischen Geschichte und zu einer ganzen Reihe wichtiger Cultureinrichtungen stehen. Dazu kommt, dass sie leicht und in grosser Menge erhältlich und ebenso leicht aufzubewahren sind. Jede Münze ohne Ausnahme gibt ein Bildnis sei es einer weltgeschichtlich wichtigen, oder doch nennenswerthen Persön- lichkeit, sei es eine sonst bedeutsame bildliche Darstellung und die weitaus meisten von ihnen gehören zu jenen Gegenständen der Alterthumskunde, welche um ihrer Inschriften willen mit Recht in eine eigene Kategorie gestellt und besonders geschätzt werden. Kein Wunder, dass die Münzen schon in alter Zeit der Liebhaberei den

Anlass zu Sammlungen und Studien geboten hatten und ein solcher durch alle Zeiten geblieben sind, so lange überhaupt einiges Interesse für die Culturgeschichte sich lebendig erhalten hat. Auf keinem Felde hat auch der Wissenschaft der von ihr so misstrauisch betrachtete Dilettantismus so reichliche und schätzenswerthe Früchte zugetragen, wie auf dem der Münzkunde. Bildet ja doch die Thätigkeit des Sammelns, die füglich nur von dieser Seite begonnen werden konnte, und bis zum heutigen Tage eine wichtige Aufgabe derselben geblieben ist, an sich die erste Vorbedingung für das wissenschaftliche Studium des Gegenstandes. Aber dieses selbst bedarf einer immerwährenden liebevollen, ich möchte sagen spielenden Beschäftigung mit den Erzeugnissen des Münzwesens, um der zahlreichen mit ihnen verbundenen Beziehungen Herr zu werden und über die Fallstricke, welche von der auf diesem Gebiete besonders schwungvoll geübten Fälschung gelegt werden, hinwegzukommen.

Muss aber auch anerkannt werden, dass eine Reihe von schätzbaren wissenschaftlichen Einzelnfortschritten auf diesem Felde gerade den erwähnten Kreisen zu danken ist, so hat doch dieser Zweig der Wissenschaft bis zum heutigen Tage an den Nachwirkungen dieser Verbindung gelitten, an dem Umstande vornehmlich, dass man hiebei den Werth der Aeusserlichkeiten überschätzte und wenn auch nicht völlig bei ihnen stehen geblieben ist, so doch sich daran gewöhnt hat, diese als das Wesen der Sache, als den Hauptgegenstand der wissenschaftlichen Forschung zu betrachten. Die Behebung dieses Mangels ist aber, es darf dies wohl als ein allgemein giltiger Grundsatz betrachtet werden, die erste Bedingung, wenn sich die Lehre vom Münzwesen zu dem ihr angemessenen wissenschaftlichen Range erheben soll.

Die Frage nun nach dem Wesen des Gegenstandes, auf das sich die wissenschaftliche Behandlung als den eigentlichen fruchtbaren Grund ihrer Aufgabe zu stützen haben wird, beantwortet sich in unserem Falle auf einfache Weise durch die Betrachtung des geschichtlichen Herganges, durch den Hinblick auf die Ursache, welcher das Münzwesen zugleich sein Entstehen und seine hauptsächliche Entwicklung verdankt. Diese Ursache ist aber eine durchaus einheitliche und zugleich ein so wichtiges Agens im Leben der Völker, dass sie als Ausgangspunkt und Hauptgrundlage eines ganzen Systemes wissenschaftlicher Lehre ohne weiters ihre Rechtfertigung findet.

Die Münze ist entstanden als Repräsentant der Einheit des allgemeinen Tauschmittels, als Geldstück und als solches hat sie in so weitaus überwiegendem Umfange den geschichtlichen Fortgang dieses Gegenstandes beherrscht, das daneben alle anderen Verwendungen und Beziehungen, welche im Laufe der Zeiten mit dem Gebrauche der Münzerzeugnisse verbunden worden sind, ganz nebensächlich erscheinen und zweckmässig auf eine Specialbetrachtung verwiesen werden können.

Das einzig richtige System dieser Wissenschaft stellt sich darnach mit Bestimmtheit heraus als eine Lehre vom Geldwesen, mit welchem nur äusserlich nach dem uns wohlbekannten Verhältnisse von Hilfswissenschaften jene Disciplinen in Verbindung zu treten haben, die zur Aufklärung der technischen Seiten und sonst äusserlichen Erscheinungen der Sache erforderlich sind.

Diese Formulierung, welche den Hauptinhalt der Aufgabe in das Gebiet der Lehre von den wirthschaftlichen Werthen verlegt, wird nach den gangbaren Vorstellungen ohne Zweifel Bedenken und zugleich die ungemeine Schwierigkeit ihrer Lösung nahelegen. Ist doch die Erkenntnis von dem Wesen des Geldes an sich so schwer erreichbar, dass selbst die hohe praktische Bedeutung desselben für die politischen Massnahmen der Gegenwart und für die wirthschaftlichen Interessen jedes Einzelnen eine allzuweit verbreitete Unkenntnis und Hilflosigkeit auf diesem Felde nicht hintanhalten konnte. Die Erkenntnis der Gegenwart ist aber selbstverständlich durchaus unerlässlich, wenn mit Aussicht auf Erfolg an die Erforschung der Vergangenheit geschritten werden soll.

Die enge Verbindung unseres Gegenstandes mit der Geschichte des Geldwesens ist niemandem unbekannt. Der Kenner der letzteren weiss sogar, dass man mit Recht daran zweifeln darf, ob bis tief in das Mittelalter jemals Münzstücke ausgebracht worden seien, welche von der Beziehung zum Geldumlaufe abstrahierten. Dennoch wird man Bedenken tragen, den Beginn ihrer akademischen Lehre an eine Grundlegung zu binden, welche eine so umfassende, der Auffassung der Jugend schwierige Aufgabe mit sich bringt. Aber ich gebe zu erwägen, dass keine Wissenschaft mit Aussicht auf dauernde Ergebnisse betrieben werden kann, ohne sich auf das Wesen ihres Gegenstandes selbst zu stellen, in dessen Erforschung und Beherrschung ihre eigentliche Aufgabe und die Grundlage ihres Systems zu erblicken. Ich stehe nicht an, zu behaupten, dass gerade das Verkennen dieser Aufgabe, oder besser gesagt, die Scheu vor derselben, denn ihre Berechtigung an sich dürfte man kaum jemals verkannt haben, die Ursache der Unfruchtbarkeit aller bisherigen Versuche ihrer akademischen Behandlung geworden ist.

Die gründliche Forschung der Gegenwart legt jedoch deutliche Zeichen an den Tag, dass sie sich der Bedeutung dieser ihrer natürlichen Grundlage bewusst geworden. Die früher angeführten Werke betrachten insgesammt das Münzwesen als ein Glied des Systemes der Metrologie. Aber es wird selbst dieser Standpunkt auf die Dauer sich als zu enge erweisen. Es kann überhaupt nicht entgangen sein, dass mit dem Umfange der Aufgabe, wie wir sie uns gestellt denken, die Bezeichnung dieser Wissenschaft als Geschichte des Münzwesens sich keineswegs deckt, denn es ist weit davon, dass die Münze als die alleinige Repräsentantin des Geldes für irgend ein beliebiges Zeitalter betrachtet werden könne und dass beispielsweise im römischen Leben die Geldverkehrsform durch Zuwägen des Metalles jemals aufgehört hätte, im allgemeinen Verkehrs- und insbesondere auch im Rechtsleben eine wichtige Rolle zu spielen. Weist doch auch Mommsen in der Vorrede zu seinem angeführten Werke darauf hin, dass der allgemeine Verkehr bestrebt sei, sich von dem gemünzten Gelde nach Thunlichkeit unabhängig zu machen, wenngleich mit dem letzten Ausblicke auf ein reines Zeichengeld, den der berühmte Gelehrte hiebei eröffnet, nur wenige sich einverstanden erklären dürften.

Wenn man nun den Gegenstand von dem hier vertretenen Standpunkte aus betrachtet, dann wird Eines sich der Ueberzeugung aufdrängen, das ist, dass die geschichtlichen Quellen, welche uns das Alterthum hinterlassen hat, weitaus nicht genügen, um eine befriedigende Darstellung in diesem Sinne zu schaffen, ja namentlich für sich allein nicht genügen, um den Forschergeist bis zur Höhe einer entsprechenden Beherrschung seiner Aufgabe zu schärfen. Die jeweilige Wahl und Gestaltung eines bestimmten Geldsystems, sei dieses auf dem Wege des Herkommens oder durch einen einheitlichen Act der Staatsgewalt geschaffen, bestehe dasselbe nun in der Annahme ungemünzter Formen oder eines bestimmten Münzsystems, sind von einer Reihe selbst dem gleichzeitigen aufmerksamen Beobachter schwer erkennbarer, oft auch schnell wieder verwischter Momente abhängig, dass ihre geschichtliche Erinnerung immer eine schwierige Aufgabe bleiben wird. Was uns aber hier für das Alterthum fast gänzlich fehlt, das bietet in reichlicher Fülle das Mittelalter. Zwar der Ursprung und wichtige Einzelheiten jenes Geldsystemes, das die erste Epoche des mittelalterlichen Geldwesens bildet, die Karolingische Münzreform, kleidet sich für uns noch in bedauerliches Dunkel. Aber sonst ist, für die wichtigsten Erscheinungen wenigstens, der Zusammenhang mit den politischen Ereignissen und mit den Einzel-heiten der mitbestimmenden, wirthschaftlichen Factoren in weit höherem Masse klar-gestellt, wie für das Alterthum. Während wir für letzteres auf das Studium dessen, was uns die erhaltenen Münzstücke selber sagen und auf die gelegentlichen Aeusse-rungen von Historikern, die fast allzumal der Sache durchaus als Laien gegenüberstehen, endlich auf karge Fachschriften aus metrologischem Gebiete angewiesen sind, bieten das Mittelalter und die unmittelbar anschliessende Zeit einen reichen Vorrath von unmittelbaren technischen Quellen. Ich erinnere nur beispielsweise an das von dem Chronisten Giovanni Villani und seinem Collegen als Münzmeistern von Florenz im Jahre 1316 angelegte und von ihren Nachfolgern bis ins XVI. Jahrhundert fortgeführte amtliche Münzbuch, an die zahllosen Quellen der Venetianer Archive, an die erhaltenen Verordnungen der französischen Könige, an das Wiener Münzbuch, an die Quellen des tirolischen und des rheinischen Münzwesens, sowie desjenigen der deutschen Könige und Städte u. s. w. Mit gutem Grunde bemerkt ein Historiker des Venetianischen Münzwesens, Graf N. Papadopoli in seiner Schrift über die Werth-verhältnisse der Venetianer Münzen, dass gerade der Reichthum dieser Quellen zunächst eine Schwierigkeit für ihre Benützung darstellen werde.

In der That hat das von den antiken wesentlich abweichende Mass der mittelalterlichen Quellen dazu geführt, dass die Behandlung der Geschichte des Gegenstandes für das Mittelalter schon frühzeitig einen wesentlich andern Charakter angenommen hat, als diejenige für das Alterthum. Was bei dem letzteren lange Zeit gänzlich vermisst worden, die Erforschung des Ganges der eigentlichen Geldgeschichte im volkswirthschaftlichen Sinne des Wortes, das stellt sich für das Mittelalter mehr und mehr als der Angelpunkt des wissenschaftlichen Forschens dar. In dieser Beziehung sind uns die französischen, theilweise auch die italienischen Gelehrten bis heute vorausgegangen, wie denn überhaupt jenseits des Rheines von jeher ein schärferes Verständnis für die Formen des wirthschaftlichen und geschäftlichen Verkehrs bestanden hat, erklärlich durch den früheren und engeren Zusammenhang des Volkes selbst mit der geschichtlichen Entwicklung dieser Gegenstände. Allein auch die Forschungen der Deutschen, eines Grothe, Soetbeer, Luschin, Schalk und so vieler anderer lassen die richtige Werthschätzung dieses Standpunktes klar erkennen und nach und nach nähert sich die Wissenschaft eingehender der Erörterung geschichtlicher Fragen aus dem Gebiete des Geldwesens, deren Wichtigkeit für die Culturgeschichte nicht allein, sondern für die unmittelbare Praxis der Gegenwart so wichtig wäre, dass ihre lange Vernachlässigung kaum begreiflich erscheint.

Wenn ich also, meine Herren, von der Meinung ausgehe, dass eine Thätigkeit auf diesem Felde von der Erforschung der geldgeschichtlichen Seite ausgehen und zunächst bei den Erscheinungen des Mittelalters einsetzen müsse, soll dieselbe Aussicht auf Dauer und nachhaltigen Erfolg haben, so glaube ich weiterer Begründungen hiefür nicht zu bedürfen. Ich glaube auch nicht versichern zu müssen, dass ich die Wichtigkeit der anderen Seiten der Betrachtung, zu denen das Münzwesen Anlass und Mittel an die Hand gibt, nicht verkenne, eben so wenig als den besonderen Werth, welcher gerade dem antiken Münzwesen für die humanistischen Studien in einem Masse eigen ist, das dem mittelalterlichen nicht zuerkannt werden kann. Aber wenn die Münzkunde als Wissenschaft sich bewähren soll, dann muss sie sich vor nichts eher hüten, als eine äusserliche Seite der Sache zum Principe ihrer wissen-schaftlichen Forschung und Lehre zu erheben. Für die praktische Seite der wissen-schaftlichen Lehre ist wohl auch die Erwägung nicht ohne Werth, dass nur die reicheren Quellenmittel des Mittelalters einen ausreichenden Stoff für die Schulung der Erkenntniss bieten können, von welcher dann weitere Erfolge für die Erforschung des antiken Geldwesens erhofft werden können.

Noch aber werden sie, meine Herren, mir, dem Oesterreicher, gestatten, dass ich den besonderen Werth betone, den die Erforschung des mittelalterlichen Geldwesens gerade für Oesterreich besitzt. Zwar nicht alles an demselben ist erfreulich, vieles muss, wie es der allgemeine Charakter des cisalpinen Geldwesens jenes Zeitalters mit sich bringt, geradezu als trübselig bezeichnet werden, aber eben im Hinblicke auf diesen allgemeinen Charakter kann die Geschichte dieses Gegenstandes als einer der Ruhmestitel von Oesterreich bezeichnet werden. Keine wichtige Wendung auf diesem Gebiete ist vorgegangen, in der nicht irgend eines der zur heutigen Gesammt-Monarchie vereinigten Länder, um von den ehemals dazu gehörigen zu geschweigen, eine ausschlaggebende oder doch wichtige Rolle gespielt hätte. Als das erste Hauptereigniss in dem durch die Karolinger festgestellten, über ganz Europa verbreiteten und mit der Zeit so sehr verwilderten Geldsysteme muss die Einführung des unter dem Namen Grosso, Groschen, bekannten Vielheitsmünze des silbernen Pfennings bezeichnet werden. Sie ist am Beginne des XIII. Jahrhunderts von den italienischen Handelsrepubliken ausgegangen und bald nach Mitte desselben von Frankreich aufgenommen worden. Aber für Deutschland und die slavischen Länder hat hauptsächlich der Prager Groschen von 1300, mit seinen Nachahmungen und Anregungen die Bedeutung einer ersten wichtigen Umgestaltung des Geldwesens für Mittel-Europa angenommen. Schon etwa 20 Jahre früher kündigt sich die wachsende politische Bedeutung des nachmaligen Mittelpunktes der Monarchie durch die Verbreitung des Wiener Gewichts-Systemes über die Grenzen des Landes hinaus an. Das nächste Hauptereigniss im europäischen Geldwesen ist die Schaffung des Goldflorens von Florenz gegen Ende des Jahres 1252. Die österreichischen Lande, an dem grossen Welthandel damals noch geringen Antheil nehmend, bleiben bei der Verbreitung, obgleich nicht bei der Annahme der wieder eingeführten Goldwährung ein kurzes Stück zurück. Aber Ungarn mit seinen oberländischen Goldbergwerken und seinen Dukaten aus der Münze von Kremnitz folgt schon im ersten Viertel des XIV. Jahrhunderts bedeutungsvoll nach und erlangt mit diesem Goldstücke späterhin durch Jahrhunderte einen wichtigen Einfluss auf das europäische Geldwesen. Das nächste Hauptereigniss aber, das Erscheinen der sogenannten Thalerwährung, die Ausprägung der Aequivalentmünze für den Gulden der rheinischen Währung hat von Oesterreich geradezu seinen Ausgang und zugleich seine hauptsächlichste Entwicklung genommen, denn der erste Guldengroschen ist im Jahre 1484 aus der Münzstätte von tirolisch Hall hervorgegangen und den Namen hat das Münzstück von den so berühmt gewordenen Münzerzeugnissen der Münze zu Joachimsthal in Böhmen erhalten.

Welchen weitreichenden Einfluss die deutschen Könige und Kaiser aus dem Hause Oesterreich weiterhin mit dem Silbergulden zu 60 Kreuzer im XVI. und mit der Conventions-Münze im XVIII. Jahrhundert, im allgemeinen aber mit ihren Bestrebungen auf Gesundung des im XVII. Jahrhundert schier heillos zerrütteten mitteleuropäischen Geldwesens genommen haben, das kann hier ebenfalls nur angedeutet werden. Ich werde aber gewiss nirgends einem Widerspruche begegnen, wenn ich mit dem Satze schliesse, dass eine sorgfältige Erforschung dieser geschichtlichen Verhältnisse als Ehrenaufgabe der österreichischen Wissenschaft zu betrachten sei.

Besprechungen

Archiv für Bracteatenkunde, herausgegeben von Rudolf v. Höfken, II. Band, 11., 12. Heft, Wien, 1893.

Mit diesem Doppelhefte schliesst der ebenso reichhaltige als reich ausgestattete 2. Band des Archives. Es enthält einen Aufsatz von Eduard Fiala über den Fund zu Hermsdorf (1885), in welchem zahlreiche Typen von Bracteaten Ottokar II. vorkamen, welche auch auf 5 Tafeln abgebildet sind, ferner die Fortsetzung der Artikelserien des Herausgebers: Zur Bracteatenkunde Süddeutschlands, VIII. der Fund bei Rom (1890) circa 1300 schwäbische Bracteaten, darunter Unica, von Constanz, St. Gallen, Kempten, Lindau, Ravensburg, Rottweil (?) und Unbestimmte, mit mannigfachen Richtigstellungen der bisherigen Zutheilung; IX. Funde zu Wyl, königl. Bracteaten, dann solche von Constanz, S. Gallen, Rheinau (?) Reichenau, Lindau, Ueberlingen, Ravensburg, Rottweil (?) enthaltend; endlich X. A. „die Bracteaten mit halbmondförmigen Randverzierungen", eine Anzahl zu denselben gehöriger königl. und augsburg. Bracteaten besprechend; B) „die aus Kreuzen und Vierecken bestehende Randverzierung", eine Zusammenstellung der seit dem früheren Aufsatze im I. Bande angetauchten derartigen Bracteaten liefernd. Recensionen von E. Bahrfeldt zur Münzkunde der Niederlausitz im XIII. Jahrhundert von G., und Hugo Freih. v. Saurma-Jeltsch's: Die Saurma'sche Münzsammlung deutscher, schweizerischer und polnischer Gepräge etc. vom Herausgeber, dann ein sorgfältig gearbeiteter Index des zweiten Bandes schliessen das mit zahlreichen Holzschnitten und 7 Tafeln versehene Heft.   *Raimann.*

Geschenke für die Münzensammlung.

I. Herr Georg Polter in Leipzig, Mitglied der numismatischen Gesellschaft, hat folgende sechs Stück Silber-Medaillen der Gesellschaft zum Geschenke gemacht:

1. 1749. Friede zu Dresden, von Georg Wilhelm Kittel. V: POST PALMAS IN LVSATIA ET MISNIA. Gekrönter preuss. Adler mit ausgebreiteten Flügeln von vorne, Kopf von l., auf der Brust: FR, in d. L. Scepter, in der R. Lorbeerzweige. Im Abschnitte: VENIT VIDIT | VICIT R: FRIDERICVS | MARIA THERESIA | ET AVGVSTVS | NOVA PACE | IVNGVNTVR. Im Abschnitte: D · XXIV · DEC. | G · W · K Durchm.: 31 mm, 8·65 gr.

2. 1759. Entsatz von Dresden, von A. Wideman. V: FRANCISCVS M. THERESIA AVGG. Loorbeerkekränzte Brustbilder des Kaisers und der Kaiserin v. r. nebeneinander. Unten: A. WIDEMAN. R.: DRESDA RECEPTA FAMILIA REGIA LIBERATA. Mars der vor ihm stehenden Dresda, die sich mit der R. auf den Wappenschild stützt, die Ketten abnehmend. R. zu Füssen der Dresda der Flussgott ALBIS sitzend mit Urne und Ruder. Im Abschnitte: ARMIS IMPER. ET AUSTR. | DIE IV. SEPTEMBRIS | MDCCLIX Durchm.: 46 mm, 34·782 gr.

3. 1762. Sterbejeton in Klippenform (8eckig) der Heinrica Gräfin von Brühl, von C. S. V: Gekröntes Doppelwappen von zwei Löwen gehalten. R.: AD PERPET · SINC · MOESTITIAE FIDELISS · MARITI MONUMENTUM, Mitte: SEMPER | NOMEN LAUDESQ. | MANEBUNT | HENRICAE COMIT. | DE BRÜHL | NAT · D · I · IUN · 1736 . MORT · D · 19. APR. | 1762. Darunter 2 gekreuzte verlöschende Fackeln: C · S · Durchm.: 32—34 mm 13·172 gr.

4. 1772. Sterbemedaille der Maria Amalia Gräfin von Brühl, vermählte Gräfin von Mniszech. V: NON MORITVR NAM FAMA EIVS IN ÆVVM FLOREBIT, Mitte: MARIA AMALIA | COMITIS · DE BRÜHL | NATA D · X · IVL · MDCCXXXVI | VIXIT PIETATE, VIRTVTIBVS | CLARA | OBIIT D · XXX · APR · MDCCLXXII | CINERES TERRIS | ANIMAM CŒLIS | DONAVIT. Darunter 2 gekreuzte verlöschende Fakeln. R.: O! BEATAM MVTVI FIDELISQVE AMORIS CONSTANTIAM, Mitte: AD PERRENNEM | MEMORIAM | SINC · CONIVGAL · DOLORIS | GEORG · COM · DE MNISZECH | MŒSTISSIMVS MARITVS | HOC NVMISMA EXCVD · FECIT, darunter gekröntes Doppelwappen von zwei Löwen gehalten, Durchm. 42 mm, 26·256 gr.

5. 1807. Zweites Jubiläum der Dresdner Schiffhändler Grabegesellschaft, V.: Mitte: DIE | DRESDNER | SCHIFFHAENDLER | GRABEGESELLSCHAFT | ENTSTAND | IM JAHR | 1607. R.: FEIERTE IHR ZWEITES JUBILAEUM. Schiff unter Segel von rechts. Im Abschnitte: IM JAHR 1807. Durchm.: 30·5 mm, 7·137 gr.

6. Joachimsthaler? Gussmedaille o. J. mit Henkel V.: QVIA ⊙ AVDISTI ⊙ VOCEM ⊙ VXORIS ⊙ TVAE ⊙ CONI DISTI ⊙ DE ⊙ GENES ⊙ III, Adam sitzend empfängt von der vor ihm unter dem Baume der Erkenntnis stehenden Eva den Äpfel. Um den Baum schlingt sich die Schlange. Hinter Adam ein Esel (?), hinter Eva ein Storch. Verschiedene Zäpfchen und Ringelchen die aus dem Gusse emporstehen deuten wohl auf an diesen Stellen befestigt gewesene Edelsteinchen hin.

R.: CHRISTI ⚬ CREVZ ⚬ VND ⚬ BLVT ⚬ IST ⚬ ALLEIN ⚬ GERECHT ⚬ VND ⚬ GVT ⚬ Christus am Kreuze umgeben von Kriegsknechten und trauernden Anhängern. An den Seiten des am Fusse des Kreuzes liegenden Todtenkopfes trinken zwei Hunde das auf den Boden niedergeronnene Blut. Durchm.: 38 *mm*, 13·816 *gr*.

II. Herr Professor Stephan Schwartz spendete der Gesellschaft ein Exemplar der von ihm ausgeführten Raphael Donner-Medaille in Blei.

7. 1893. Zweites Jubiläum der Geburt Raphael Donners.

V.: G. RAPHAEL DONNER, Hüttenbild Donners von rechts im Arbeiterkittel mit bis auf die Brust herab offenem Hemde vor einem Steinblocke stehend auf dem die den Meissel haltende L. aufruht. In der R. den Hammer haltend. Im Hintergrunde ist die Statue des heil. Martin angedeutet.

R.: DIE · GENOSSENSC(?)AFT · DER · BILDENDEN · KÜNSTLER · WIENS. Die mittlere Figur vom Brunnen auf dem Neuen Markte mit Schlange und Janusschild, auf der Säule sitzend v. r., Kopf dreiviertel Profil v. l. Vor ihr im Felde: DEM | UNSTERBLICHEN | MEISTER | ZUM 200. JAHRES- | TAGE SEINER | GEBURT 24 MAI | 1893. Darunter Lorbeerbaum, an dem das Wappen der Genossenschaft befestigt ist. L. am Rande vertieft: ST. SCHWARTZ. Durchm.: 69 *mm*.

Verschiedenes.

Die Numismatik an der Universität. Nach Dr. R. Kukula und K. Trübners „Minerva". Jahrbuch der gelehrten Welt. II. Jahrgang 1892—1893 besitzen folgende 19 Universitäten eigene Münzensammlungen: Cambridge (Vereinigte Staaten von Nordamerika), Curator J. H. Storer; Charkow (Russland); Christiania (Norwegen) Director: Steuersen, Professor der classischen Philologie; Czernowitz (Oesterreich) Custos: Dr. Johann Loserth, Professor für allgem. Geschichte; Freiburg i. Br. (Baden) mit der archäol. Sammlung vereinigt, Director: Dr. Studnitzka, Professor für classische Archäologie. Giessen (Hessen) vereinigt mit dem Kunst- und Antikencabinet, Director Dr. Philippi, Professor für classische Philologie. Göttingen (Preussen) vereinigt mit der archäolog. Sammlung, Director Dr. Dilthey, Professor für classische Philologie. Helsingfors (Russland) Vorstand: emer. Prof. Lagus. Jena (Sachsen-Weimar), Director: Dr. Gaedechens, Professor für class. Archäologie und Kunstgeschichte. Kiel (Preussen) vereinigt mit der Kunstsammlung, Director Dr. Forchhammer, Professor für class. Philologie und Archäologie. Königsberg (Preussen) Director: ? Leipzig (Sachsen) Director: Dr. Sieglind. Lund (Schweden), Director: Dr. Söderberg, Docent für nord. Sprachen und Archäologie. Mailand (Italien) Academia scientifico litteraria, Director: Dr. Solone Ambrosoli. Moskau (Russland) Director: ? München (Bayern) Director: ? Pavia (Italien) vereinigt mit dem archäol. Museum, Director: Dr. Iginio Gentile, Prof. für alte Geschichte, suppl. Archäologie. St. Petersburg (Russland) Director: ? Rostok (Mecklenburg) Director: Dr. Schirrmacher, Prof. für Geschichte. Für Numismatik bestellte Docenten gibt es nach demselben Buche überhaupt nur an vier Universitäten und zwar in: Genf (Schweiz) Dr. F. H. Ladé, Privatdocent für Numismatik und Heraldik, Graz (Oesterreich) Dr. Friedrich Pichler, ausserord. Prof. für Epigraphik und Numismatik Heraldik und Sphragistik, Mailand (Italien) Dr. Solone Ambrosoli, Privat-Docent für Numismatik und München (Bayern) Dr. Heinrich R. v. Brunn, ord. Prof. für Archäologie und Numismatik. Ausserdem führt der Director des königlichen Münzcabinetes in Berlin (Preussen) Dr. Alfred v. Sallet den Titel Professor und ist der Custos der Münzen- und Medaillensammlung des Britischen Museums in London (England) R. S. Poole zugleich Professor für Archäologie an der Universität daselbst.

Aenderung der Münzgepräge beim Regierungsantritte Leopold II. Kaiser Joseph II. hatte bekanntlich nicht seinen Bruder Leopold, Grossherzog von Toskana, sondern dessen Sohn Erzherzog Franz zum römischen Könige krönen lassen. Es bedurfte, nachdem Leopold am 20. Februar 1790 die Regierung der österreichischen Erbstaaten angetreten hatte, einiger weitläufiger Unterhandlungen, um Leopold auch die deutsche Kaiserwürde zu sichern, die ihm denn auch durch seine Krönung am 30. September 1790 zufiel. In der Zwischenzeit nannten sich die Staatsämter nicht „K. K.", wie unter Kaiser Joseph, sondern blos „Königl.", wobei dieses Wort auf die Eigenschaft Leopolds als König von Ungarn und Böhmen bezogen wurde. In der Hofkammerordnung an das „königl. Hauptmünzamt" in Wien vom 26. März 1790 wird unter Zustellung von Abdrücken des grossen und kleinen „neuen könig. Wappens" der Auftrag ertheilt, „zu dem nunmehro königlichen Gepräge für alle Gold- und Silbermünzen durch den Obergraveur und Kammermedailleur (J. N. Würth) Entwürfe zeichnen zu lassen und bald möglichst anhero einzureichen, um solche sodann Sr. Majestät zur allerhöchsten Begenehmigung vorlegen zukönnen; einstweilen aber muss alles mögliche vorbereitet werden, damit ehestens wenigstens Dukaten und Thaler mit dem neuen königlichen Gepräge hier ausgemünzt werden können; bis dahin wird aber sowohl hier als in allen anderen Münzämtern das Gepräge Weyland Sr. k. k. Majestät beizubehalten sein." Der Obergraveur Würth legte am 19. April 1790 die Zeichnungen vor, bei welchen für die Thaler und Gulden das grössere, für die doppelten und einfachen Ducaten, sowie für die Zwanziger und Zehner das kleine Wappen verwendet, nebstbei aber einige

Aenderungen des früheren Gepräges der Zwanziger und Zehner vorgenommen worden waren. Die Hof-kammer erstattete dem Kaiser am 23. April 1790 Vortrag über die neuen Münzen, indem sie, in Ab-änderung der Würth'schen Entwürfe beantragte, „dass bei dem königlichen Titel auf der Aversseite nach denen Königreichen Hungarn und Böhmen auch Galizien und Lodomerien beizufügen, dagegen das auf Current-Münzen ungewöhnliche Wort Etcetera auszulassen sein dürfte. Was das Gepräge der Zwanziger und Zehner anbelangt, da ist man, gegen den Antrag des Ober-Graveur, der zwar nach denen Kunst-regeln ganz recht daran seyn mag, des alleruntertänigst ohnvorgreiflichen Erachtens, dass von der bis-herigen Art des Gepräges, wo nämlich auf der Avers-Seite das königliche Brustbild in einem Lorberkranz, auf der Revers-Seite aber unter der königlichen Wappen die Zahl (20) und respective (10) zwischen einem Palm- und Lorberzweig zu stehen kommt, nicht wohl abzugehen, massen das inn- und ausländische Publicum an dieses die Zwanziger und Zehner vor allen anderen gleich grossen Münzen besonders aus-zeichnende und leicht kennbar machende Gepräge schon zu viel gewöhnt ist, da solches schon seit der Entstehung dieser Conventionsmünzen, noch bei jeder Regierungs-Aenderung immer beybehalten worden, folglich davon, ohne erheblicher Ursache, wie dazu keine vorhanden ist, abzugehen, nicht räthlich, sondern vielmehr bedenklich wäre, da das Publicum unter einer auffallend verschiedenen äusserlichen Gestalt der Münzen, auch gleich eine Verschiedenheit des innerlichen Werthes zu argwohnen pflegt, welches nach den in Mittel liegenden mancherlei Beispielen öfters eine sehr nachtheilige Würkung auf den Credit der Münzen hervorzubringen pfleget und das Publicum nur sehr schwer und in langer Zeit von seinem Vor-urtheil zurückgebracht werden kann. Es beruhet jedoch alles auf Euer Majestät Willen und Meinung". König Leopold gab mit dem kräftig geschriebenen Worte „Placet" (ohne seine Unterschrift) die Genehmigung der gestellten Anträge bekannt, worauf das Hauptmünzamt mit dem Erlasse vom 7. Mai 1790 von dieser Allerhöchsten Entschliessung verständigt wurde. (Aehnliches wiederholte sich 1792 unter Franz II.)

Nun ist aufgeklärt, was es mit dem zweifachen Gepräge Leopolds II. vom Jahre 1790 für ein Bewandtniss habe. Die Thaler und Gulden mit dem von zwei Greifen gehaltenen vielfeldigen Wappen gehören der ersten Regierungsperiode Leopolds an; nach seiner Wahl zum deutschen Kaiser trat der doppelte Reichsadler, wie er unter den früheren österreichischen Herrschern üblich war, an Stelle des Wappens. *Ernst.*

Erinnerungsmedaille an die sardinische Expedition gegen Tripolis im Jahre 1825. Die Schriften der königlichen Akademie der Wissenschaften in Turin enthalten im Maihefte 1885 ein von Vincenzo Promis in der Versammlung vom 3. Mai 1885 vorgelesenes Memoire über eine Erinnerungsmedaille an die sardinische Expedition gegen Tripolis im Jahre 1825, deren Abbildung auch beigegeben ist. Sie existiert nur in einem einzigen Exemplare in der Medaillensammlung des Königs von Italien, besteht aus zwei im Relief gearbeiteten, vergoldeten Silberplatten, welche auf zwei ebenfalls vergoldeten Kupfer-platten aufgelöthet sind, und wurde von G. Grosso gearbeitet und dem Könige Carlo Alberto im Anfange seiner Regierung überreicht.

Die Vorderseite zeigt die Stadt Tripolis und die Flotte der Regentschaft, auf welche ein Adler mit dem Savoyischen Wappen auf der Brust Blitze schleudert; er hält einen Mercurstab um den damals in diesem Staate sehr blühenden sardinischen Handel anzuzeigen. Im Abschnitte steht: COMBAT-TIMENTO DELLA SQVADRA SARDA — CONTRO TRIPOLI — 27. 7. BRE. 1825 — DEDICATO A · S · R · M · — CARLO ALBERTO — G. GROSSO F. Auf der Rückseite ist das gekrönte Wappen des Königreichs Sardinien, im Herzschilde der Adler von Savoyen, umgeben vom Annunciaten-Orden, gehalten von zwei Löwen, geschmückt mit Trophäen und Fahnen mit dem königlichen Wappen, unter demselben rechts ein Schild mit C. A.; das Ganze auf einem mit einer Blattverzierung geschmückten Sockel ruhend. Grösse: 88 Millimeter. *Raimann.*

Raphael Donner-Medaille. „Wenn die Könige bau'n, haben die Kärrner zu thun." Professor Stephan Schwartz gehört nicht zu jenen Künstlern, welche Massenproduct liefern. Nur selten erscheint er mit einer von ihm verfertigten Medaille in der Öffentlichkeit, aber wenn er eine solche producirt, dann macht sie Aufsehen! So war es mit der Eitelberger-Medaille, so überraschte das Monumentale an der Billroth-Medaille! Ja selbst die Preismedaille der Modenwelt beschäftigte Künstler und Kritiker wegen der ganz eigenthümlichen Art, mit der die gestellte, eng umgrenzte Aufgabe von ihm gelöst wurde. Schon lange aber hat keine Medaille so viel Aufsehen erregt, wie die unlängst von der Wiener Künstler-genossenschaft herausgegebene Donnermedaille, welche zur Feier des 200sten Wiegenfestes des unsterblichen Meisters bestimmt, von Schwartz in so besonderer Weise gearbeitet wurde, dass sie theilweise aus Rand und Band geriethen. Er stellt den Meister mitten in die Werkstätte im dünnen Arbeitskittel hinein. Nicht von vorne gesehen, wie ihn das bekannte Schmutzer'sche Kunstblatt darstellt, sondern von der Seite zeigt er denselben, mitten in der Arbeit innehaltend, sinnend über einem neuen grossen Gedanken. Die Hände, die so viel Unsterbliches geschaffen, bewehrt mit Meissel und Hammer, sind mit besonderer Sorgfalt behandelt, es ist die Kraft und Geschicklichkeit in ihnen verkörpert, die den Meister so gross gemacht. Die Kleidung förmlich zerknittert, das Hemd auf der Brust aufgerissen, sie zeigen, dass unser Donner in der Vollkraft der Jahre dargestellt, soeben mit der ganzen Leidenschaft des Genies geschaffen, nach neuem Grossen, nach Unsterblichkeit in der Kunst ringt. Es ist gewiss ein origineller Gedanke, den zu Feiernden zu zeigen mitten in der Arbeit, das Geheimnis seiner Grösse zu lüften, ihn gleichsam zu belauschen in seinen Gedanken, das Innerste herauszukehren, die Leidenschaft in der Ruhe darzustellen, die Leidenschaft, die allein das Genie in der Kunst emporhebt zum Gipfel des Ruhmes! — Dabei ist das Conventionelle in durchaus besonderer Weise gelöst. Kein erhaben linierter Rand, ein concav gehaltenes Feld, das durch seine Erhebung gegen den Rand der Medaille der figuralen Darstellung den natürlichen Schutz bietet und die Möglichkeit in monumentaler Weise den Namen des Gefeierten im Feldrande anzubringen und noch Raum lässt, um andeutungsweise seinen heiligen Martin in die Tiefe des Hintergrundes hinzuhauchen! Wahrlich eine meisterhaft gedachte und gebotene Darstellung. Dabei die liebevolle Modellierung des Einzelnen, besonders der Kopf ist mit einer Sorgfalt ja Versenkung in die Eigennatur des Dargestellten behandelt, die ihresgleichen sucht.

Die Rückseite bietet die auf die Gelegenheit Bezug habende monumentale Inschrift. Im Dreiviertel des Randes einnehmenden Bogen die Bezeichnung des Stifters der Medaille auf leise angedeutetem Bandstreifen. Die Mitte die Widmung an den Gefeierten und an das Ereigniss, welches verewigt werden soll. Aber auch hier ist das Wirken des Meisters in einem seiner hervorragenden Werke selbst verkörpert zur Darstellung gebracht. Vielleicht hätten die Proportionen der Figur hier mehr nach dem Beschauer der Medaille, als nach dem Betrachter der Brunnenfrau am Neuen Markte gewählt werden können. Der Beobachter am Platze mag den Hals so lang sehen, wie er auf der Medaille dargestellt ist, die Wirklichkeit des auf der Medaille Dargestellten scheint uns die Länge desselben zu beeinträchtigen. — Aber was bedeutet all' dies, gegenüber der Thatsache, dass die Künstlergenossenschaft und Raphael Donner an Professor Schwartz einen Künstler gefunden haben, der Beiden mit seinem Kunstwerke Ehre gemacht hat! Das ist nicht Roty'sche Manier, das ist eigene Künstlerschaft und Kraft, die des Gefeierten und des Feiernden Würdiges und Bedeutendes hervorgebracht. Das ursprüngliche Thonmodell hat dabei eine Weichheit der Formen in der Darstellung ermöglicht, die unwillkürlich an die Weichheit der Gussmedaille erinnert, sich kühn an die Seite stellt den Werken eines Raphael Donner selbst! *V. v. Renner.*

Sammlung Krappe. Die reichhaltige Münzen- und Medaillen-Sammlung des verstorbenen Banquiers W. Krappe in Troppau ist in den Besitz unseres Mitgliedes Emil Fischer übergegangen.

Kataloge.

Eduard Rosenstein in Berlin, C., Burgstrasse 27. XI. Katalog des antiquarischen Bücherlagers. Numismatik, Heraldik, Kunst. 343 Nummern.

A. Bielefelds Hofbuchhandlung in Karlsruhe (Baden). 163. Verzeichnis des antiquarischen Bücherlagers. Genealogie, Heraldik und Verwandtes. Bibliotheca genealogica. II. Abtheilung (A—J.)

Maximilian Wormser in Wien, I., Kärntnerstrasse 31. 1893. Nr. 3. Verzeichnis von Goldmünzen, Thalern, Medaillen etc. welche zu den beigesetzten Nettopreisen gegen Baarzahlung verkäuflich sind. 1825 Nummern.

Mittheilungen der Gesellschaft.

Versammlungen der numismatischen Gesellschaft mit Vorträgen und Ausstellungen finden in den Monaten October bis Mai statt und sind die p. t. Herren Mitglieder und Freunde der Gesellschaft höflichst eingeladen, sich an denselben zu betheiligen.

Es wird ersucht, Zuschriften und Sendungen bezüglich der Zeitschrift an Herrn Oberbergrath Carl von Ernst, Wien, III., Ungargasse 3 oder Herrn Rudolf v. Höfken-Hattingsheim, Wien, XVIII., Feldgasse 35, bezüglich des Monatsblattes an Herrn Franz Trau, I., Wollzeile 1, bezüglich der Cassa an Herrn Theodor Rohde, I., Wallfischgasse 11, alle anderen Briefe und Sendungen an die numismatische Gesellschaft, I., Universitätsplatz 2 (kais. Akademie der Wissenschaften), zu richten.

Das Bibliothekslocale der numismatischen Gesellschaft, I., Universitätsplatz 2, ist an jedem Mittwoch von 6 Uhr an geöffnet.

Die ordentlichen Mitglieder der numismatischen Gesellschaft zahlen eine einmalige Eintrittsgebühr von 2 fl., einen Jahresbeitrag von 8 fl. und erhalten die Zeitschrift und das Monatsblatt kostenfrei zugestellt. Abonnement der Zeitschrift 6 fl., des Monatsblattes (12 Nummern) 1 fl.

Herausgeber und verantwortlicher Redacteur: Franz Trau. — Verlag der numismatischen Gesellschaft in Wien. Druck von Kreisel & Gröger, vorm. L. W. Seidel & Sohn, in Wien

MONATSBLATT

der

numismatischen Gesellschaft in Wien.

Dieses Blatt erscheint monatlich ein Mal und wird den Mitgliedern der Gesellschaft unentgeltlich zugesendet. Preis des Jahrganges für Nichtmitglieder 1 fl. Zuschriften sind zu richten an die numismatische Gesellschaft, Wien. I., Universitätsplatz 2.

Nr. 121.	August.	1893.

An unsere Leser!

Mit dieser Nummer tritt das „Monatsblatt der numismatischen Gesellschaft" in das zweite Decennium seines Bestehens ein. Im August des Jahres 1883 war es, dass bei Gelegenheit des damals unmittelbar bevorstehenden „III. Vereinstages deutscher Münzforscher" in Wien das Monatsblatt in's Leben gerufen wurde, da die numismatische Gesellschaft neben der nur in Jahres- oder Halbjahrsheften erscheinenden Numismatischen Zeitschrift eines Organes bedurfte, „durch welches ein regerer und rascherer Verkehr der Gesellschaft mit ihren Mitgliedern vermittelt werden soll und letztere von den Vereinsangelegenheiten, Verhandlungs-Programmen und Beschlüssen der Versammlungen, sowie in entsprechenden Berichten von den gehaltenen Vorträgen in Kenntnis gesetzt werden." Diesem seinem Programme suchte das Monatsblatt durch die zehn verflossenen Jahre unentwegt nachzukommen. Alle wichtigeren Vorkommnisse auf numismatischem Gebiete wurden, soweit dies das Interesse unserer Gesellschaft und ihrer Mitglieder verlangte, in den Kreis der Besprechung gezogen. Wenn auch nicht jede einzelne Nummer, die Gesammtheit sämmtlicher 120 Nummern bietet eine Fülle von Material, nicht blos wichtig zur Beurtheilung der in der numismatischen Gesellschaft jeweilig zur Geltung kommenden Lebenskraft, sondern auch eine Menge von Notizen über Ereignisse im Gebiete der Numismatik, über Münzfunde, einzelne Gepräge, für den Forscher und Sammler beachtenswerte literarische Erscheinungen.

Sowie in Folge des gesteigerten Vereinslebens und der, in immer weitere Kreise dringenden Sammelthätigkeit, der Umfang unseres Blattes sich in der letzten Zeit mehr als verdoppelt hat, so sind auch die, unserem Unternehmen gesetzten Ziele im Verlaufe der Jahre über das ursprüngliche Programm hinausgewachsen. Die Ueberzeugung, dass es sowohl im Interesse der Numismatik, wie der Allgemeinheit nothwendig sei, die Münzenkunde in weiteren Kreisen zu propagiren, hat es den numismatischen Vereinen zur Pflicht gemacht, aus dem engen Kreise der Fachgenossen herauszutreten in die Oeffentlichkeit. Sowie anderwärts, geschieht dies auch bei uns, zunächst durch das gesprochene Wort und durch Druckschriften. Das Monatsblatt betreibt nunmehr auch die Propaganda für unsere Wissenschaft! Von dem Eifer unserer Mitarbeiter wird es abhängen, inwieweit dasselbe auch dieser Aufgabe gerecht zu werden vermag. Haben sie unsere Zeitschrift bisher in so erfolgreicher Weise in der Erfüllung ihrer Ziele unterstützt, so erhoffen wir auch in der

Zukunft die gleiche Theilnahme von ihnen! Dann wird es möglich sein, unseren innigsten Wunsch in Erfüllung gehen zu sehen, der da lautet:

Das „Monatsblatt der numismatischen Gesellschaft" blühe, wachse und gedeihe auch im zweiten Decennium seines Bestehens!

___

Wert der Münzenkunde für den Unterricht an unseren Mittelschulen.

Vortrag, gehalten am 27. Mai 1893 in der pädagogischen Section der XLII. Versammlung deutscher Philologen und Schulmänner zu Wien, von Gymnasial-Professor Victor v. Renner.

Wenn ich bei der Ueberfülle hochwichtiger Gegenstände, welche dieser Section zur Berathung vorgelegen sind, mir erlaube, Ihre Aufmerksamkeit auf ein minder wichtiges, manchem von Ihnen vielleicht sogar überflüssig erscheinendes Gebiet zu lenken, so geschieht dies einmal deswegen, weil ich mich für verpflichtet halte, dem am IV. deutsch-österreichischen Mittelschultage, geäusserten Wunsche der Collegen meines Heimatlandes hiermit wenigstens theilweise nachzukommen, andererseits aber einer Aufforderung zufolge, welche mir von Seite Ihres geehrten, die vorbereitenden Geschäfte führenden Ausschusses zu Theil wurde.

Seitdem in neuerer Zeit auch die Mittelschule nicht blos in der Naturkunde im weitesten Sinne des Wortes, sondern auch in den humanistischen Lehrfächern das Anschauungsmittel in den Kreis ihrer Lehrbehelfe zu ziehen sucht, und dem jugendlichen Geiste des Schülers die zum Verständnis zu bringenden Lehren durch das Bild, durch den Körper in auch auf die Phantasie einwirkender Weise zur Erkenntnis bringen will, durchzieht eine ganz merkwürdige Bewegung sämmtliche humanistische Lehrgegenstände unserer Mittelschulen.

Im Gebiete der Philologie, sowohl der antiken, wie der modernen wird neben die grammatische und syntaktisch-logische Behandlung der verschiedenen Sprachen nunmehr auch durch Herbeiziehung der archäologischen, mythologischen und kunstgeschichtlichen Momente der Unterricht gegen früher wesentlich vertieft. Die Geschichte, welche vordem beinahe ausschliesslich Kriegsgeschichte war, wendet sich in neuerer Zeit immer mehr der Culturgeschichte zu, und sucht diese, soweit dies die jugendliche Fassungskraft unserer Schüler gestattet, in dem historischen Unterrichte zu verwerthen. In beiden Gebieten wird infolge dessen eine Menge von bildlichen Darstellungen zur Belebung des Unterrichtes, zur Bildung der Phantasie des Schülers gebraucht, von denen die Schule in früherer Zeit nichts wusste, da sie derselben weder zur formal logischen Entwicklung der Denkthätigkeit, noch zur Ausbildung des Gedächtnisses zu benöthigen vermeinte.

Wenn wir heute unseren Schülern solche Bilder im Unterrichte vorweisen, gehen wir hierbei von der begründeten Ansicht aus, dass wir die Originale nicht zu beschaffen vermögen; die Laokoongruppe, der Zeus von Otricoli, der Apollon vom Belvedere, die sixtinische Madonna, oder irgend ein Bild Albrecht Dürer's, sie sind im Originale für die Schule unerreichbar. Und doch wird der Philologe sowohl, wie der Historiker in dem einen und anderen Falle von ihnen sprechen müssen, wird er sich dieselben für den Unterricht im Abbilde zu verschaffen suchen.

Manche von diesen Kunstwerken, auf welche die Schule nicht verzichten kann, sind aber nur mehr in Ruinenform vorhanden. Vom Janus Quadrifrons stehen noch elende Mauertrümmer, vom Erechtheion noch einige Säulen und Karyatiden. Die Photographie, das genaueste Abbild, und wenn in genügender Grösse — wie etwa die Lorentschen oder Strack'schen Tafeln — verfertigt, auch recht wirksam, zeigt dem Schüler doch nur den traurigen Zustand, in welchem sich diese Kunstwerke augenblicklich befinden. Er muss ersucht werden, sich aus diesem farblosen Abbild die einstige Herrlichkeit des Kunstwerkes im Geiste selbst zu reconstruieren.

Wie schwierig dies selbst für einen Erwachsenen ist, oder wenigstens sein kann, das haben wir wohl alle an uns erfahren. Ich wenigstens stehe nicht an, zu bekennen, dass mir anfänglich selbst nur die Vorstellung des Körperlichen an den auf der Fläche erscheinenden Lichtbildern, wenn dieselbe nicht durch das Stereoskop unterstützt wurde, Schwierigkeiten bereitete. Unser Gymnasiast — das Zeichnen ist ja in vielen Anstalten noch nicht obligat — soll nicht nur diese Schwierigkeit überwinden, er soll auch reconstruiren, wo er doch noch nichts vollständig Erhaltenes gesehen hat. Es lag daher nahe, diese Arbeit ihm als zu schwierig gänzlich abzunehmen, und die Kunstwerke in reconstruirtem Zustande, vielfach selbst in Farbe, nachzubilden. Auch diese Art, den Unterricht zu beleben, hat ihre Berechtigung, wenn hierbei das Gebiet des durch die strengste wissenschaftliche Kritik Sichergestellten nicht überschritten wird.*)

Aber auch hierbei bleibt noch immer eine nicht unbedeutende Schwierigkeit für den Schüler zu überwinden übrig. Er muss in der Imitation das Abbild der Wirklichkeit sehen!

Dies ist wohl der wichtigste Vortheil, den die Dienstbarmachung der Münzenkunde für Zwecke des Unterrichtes an unseren Mittelschulen gewährt: Jede Münze — natürlich von guter Erhaltung — ist ein wirkliches Kunstwerk und zwar aus eben derselben Zeit, die sie repräsentirt. Die Münzen liefern die vollständigste Kunstgeschichte von ihren schüchternen Anfängen, zur höchsten Blüte und zum Verfalle im Alterthume, die Keime der neuen Entwicklung selbst in der barbarischsten Zeit des Mittelalters, ihr allmähliches Wiederaufkeimen und ihre neuerliche Blüte vom XV. Jahrhunderte an, bis in die neueste Zeit herein. Sie ist nicht aus einer einzelnen Kunstfertigkeit entstanden, „sondern vereinigt in Gepräge, Aufschrift, Metallmischung, Gewicht und technischer Ausstattung eine Summe von Thätigkeiten, die sie in der hierin erreichten Stufe jedes Zeitalters zum Ausdrucke bringt." — Hier zeigt der Einwand, dass die Münze nur das Product des Kunstgewerbes sei, wohl nur die Unkenntnis, denn wie hätte sonst ein Goethe beim Anblicke der Münzensammlung des Prinzen Torremuzza in Palermo (12. April 1787) sich zu dem bekannten Ausrufe hinreissen lassen können? (Sämmtl. Werke, 23. Band, S. 309). Meister, wie Euainetos oder Kimon, Albrecht Dürer, Valentin Mahler, Matthäus Donner, um nur einige wenige zu nennen, gehören nicht unter die Handwerker. Von den Kunstwerken der beiden Erstgenannten war der grösste Kunstkenner des XVIII. Jahrhunderts, Winkelmann, so entzückt, dass er den Ausspruch that: „Hätte nicht Raphael, der sich beklagte, zur Galatea keine würdige Schönheit in der Natur zu finden, die Bildung derselben von den syrakusanischen Münzen nehmen können?" — Vollständige Kunstwerke eines Pheidias können wir unseren Schülern nicht zeigen, weder im Originale, noch in einem völlige Sicherheit über alle Einzelheiten bietenden Abbilde. Aber Münzen können wir ihnen aus dieser Zeit vorweisen, die den Einfluss der Kunstthätigkeit dieses grössten Meisters, den das Alterthum auf dem Gebiete der Plastik hervorgebracht hat, unverkennbar an sich tragen! — Hier kann selbst der galvanoplastische Abguss von zu theueren Originalen, der doch überall leicht zu beschaffen ist, neben wirklichen, billigen Producten der betreffenden Zeit noch mit grossem Nutzen in der Schule Verwendung finden (Münzen von Elis — von Korinth).

---

*) Die von den Launitz'schen Tafeln sind von diesem Standpunkte aus zum Theile, die Hofmann'schen und Lohmeyer'schen Farbendruckbilder oder ähnliches gar nicht zu empfehlen.

Aber die Münze ist nicht blos ein wirkliches Kunstwerk, sie ist zugleich der Repräsentant einer ganz bestimmten Cultur. Welch beredte Sprache reden die Münzen in dieser Hinsicht zu uns! Ein Stück Aes grave Romanum neben eine tarentinische Didrachme gestellt, wird dem Schüler eine richtigere und raschere Vergleichung der beiden Staaten ermöglichen, als langathmige Auseinandersetzungen dies vermögen. Wie deutlich spiegelt sich die glänzende Regierung Karl's V. in den Geprägen seiner Zeit, die ganze Noth und der furchtbare Jammer des 30jährigen Krieges in den Kippermünzen dieser Epoche wieder? Und selbst die Münzen des Mittelalters mit ihrer kindlich naiven, dabei zugleich oft unbehilflich rohen Technik, sind sie nicht wie geschaffen dazu den jugendlichen Geist vor der nur allzuleicht aufkeimenden Ueberschätzung zu bewahren, jenes gewöhnlich nur von seiner glänzenden Aussenseite in den geschichtlichen Darstellungen sich zeigenden Zeitraumes?

Dabei bieten die Münzen und Medaillen für die in der Schule nothwendigerweise im philologischen und geschichtlichen Unterrichte zu behandelnden Partien der Chronologie, Archäologie und Mythologie eine beinahe unerschöpfliche Bilderreihe. Prof. Dr. Otto Kohl in Kreuznach hat in seiner im Jahre 1892 erschienenen, ausserordentlich dankenswerthen Programmabhandlung „Ueber die Verwendung römischer Münzen im Unterricht" in den Abschnitten: Götter, geschichtliche Bilder, Alterthümer, Kaisermünzen, gezeigt, wie man Münzen in dieser Hinsicht mit Nutzen in der Schule verwenden kann. Leider fehlen sowohl für das griechische Alterthum, wie auch für das Mittelalter und die Neuzeit ähnliche abschliessende Arbeiten. Imhoof-Blumer's „Die Flügelgestalten der Athena und Nike auf Münzen", Octav Erbiceano's „Sizilische Kunst auf Münzen" (München 1891) bedeuten für unsere Zwecke wohl noch sehr wenig — sind übrigens auch nicht für diese bestimmt. In der „Historia numorum" Barclay V. Heads ist aber das Materiale hiefür wenigstens theilweise für Alt-Griechenland geboten, und wartet nur seines Bearbeiters.

Man sage nicht, die Münzbilder seien zu klein! Das Auge, welches gewöhnt wurde, die Fühlerfäserchen am kleinsten Insecte zu beobachten, das die Staubfäden und Stempel der winzigsten Blüte gezählt hat, wird auch das archaïstisch dargestellte Auge der Athena auf einer Solonischen Tetradrachme zu unterscheiden im Stande sein, von demjenigen der Münzen aus der Zeit des Perikles.

Und welches wichtige Hilfsmittel für Geschichte und Chronologie der Neuzeit bietet nicht die moderne Medaille! Vom XV. Jahrhunderte an eine beinahe ununterbrochene Reihe von bedeutsamen Denkmälern der verschiedenen historischen Ereignisse. Sowie im Alterthume die Münze überhaupt — bei den Griechen[*]) seit Alexander dem Grossen, in der römischen Kaiserzeit seit Julius Caesar bis Diocletian etwa[**]) — zugleich eine wahrhaft überwältigende Masse von Porträts darbietend, wird die Medaille dadurch fruchtbar für alle jene Lehrgegenstände des Gymnasiums, welche historische Persönlichkeiten in den Kreis ihrer Darstellung einbeziehen.

Nicht zuletzt ist übrigens die Münze auch für die Philologie und Geschichte von Wichtigkeit als Geld. Wie vorsichtig, um nicht zu sagen flüchtig, muss nicht der Philologe in der Lectüre der alten Classiker hinweghuschen über jene Stellen, wo Geldbeträge in bestimmten Münzgattungen angegeben werden. Welche Vorstellung kann der Historiker, der selbst noch kein As gesehen hat, bei seinen Schülern von dieser auch für die Verfassungsgeschichte Roms wichtigen Geldsorte erwecken? Zu schweigen vom mittelalterlichen Denarius, vom Florenus, Grossus und dergleichen schönen Dingen mehr.

---

[*]) Imhoof-Blumer: „Porträtköpfe auf antiken Münzen Hellenischer und Hellenisirter Völker (1885)."
[**]) Derselbe: „Porträtköpfe auf Römischen Münzen der Republik und Kaiserzeit", 2. Aufl. (1892).

Auf diesem Gebiete haben Prof. Dr. Wilhelm Kubitschek in seinen bekannten „Erläuterungen zu einer für den Schulgebrauch ausgewählten Sammlung galvanoplastischer Abdrücke antiker Münztypen", Dr. E. Grunauer in „Altgriechische Münzsorten" (Winterthur, 1877), Prof. P. Norbert Dechant in den Programmabhandlungen: „Aes grave romanum et italicum" (Wien, 1869) und „Der Denar, Victoriat und reducierte As der römischen Republik" (Wien, 1871), fürs Alterthum und Dr. M. Kirmis in der wissenschaftlichen Beilage zum Jahresberichte des Gymnasiums zu Neumünster (1888) in „Die Numismatik in der Schule" für die Münzenkunde überhaupt brauchbare Anleitungen für Schulzwecke geliefert.

Sie sehen bereits aus dem Angeführten, dass, um mich der Worte eines der hervorragendsten Kenner der Münzenkunde zu bedienen, „die Münze von unschätzbarem Werthe" für die Mittelschule ist. Meines Erachtens ist sie für den Unterricht aber auch aus rein pädagogischem Grunde von nicht zu unterschätzender Wichtigkeit. Eine mehrjährige Erfahrung hat mir gezeigt, dass wir an ihr ein wichtiges Mittel der Erziehung gewinnen. Ich gebe die Münzen den Schülern unmittelbar in die Hand, sie suchen die Inschrift zu lesen, bei einander ähnlichen Stücken die Unterschiede herauszufinden. Die Beziehung des einzelnen Stückes zu der gesammten Zeit wird besprochen, die besprochenen Thatsachen treten durch die Mitzeugen derselben beglaubigt, viel lebensvoller vor das Auge, die besprochene und im Bilde gesehene Person wird förmlich lebendig. Das Interesse der jungen Leute (es sind durchwegs Obergymnasiasten) wird für diese ehrwürdigen Denkmäler einer längst entschwundenen Zeit geweckt. Sie fangen an — wenigstens der eine oder andere — selbst zu sammeln, nicht blos für sich, auch für die Schule. — Dadurch wächst aber das Lehrmateriale von Jahr zu Jahr an, wird also auch brauchbarer zur continuirlichen Verwertung im Unterrichte selbst. — Welche Folgen besonders in kleineren Orten der so entfachte Sammeleifer der Schüler und damit auch derjenige der Eltern, der Schule, zugleich aber auch dem Lande bringen könnten, wie ein für die Geschichte des betreffenden Staates bedeutsames Materiale auf diese Weise allmählich sich ansammeln müsste, ist wohl klar. Der durch die einmal geweckte Aufmerksamkeit auf dergleichen Dinge sich intensiver entwickelnde Sinn für Geschichte und ihre Denkmäler müsste dem betreffenden Lande selbst zu Gute kommen. — Heute gerathen solche Dinge — wenn sie nicht muthwillig oder aus Unachtsamkeit zerstört werden — meistens in die Hände von Händlern, und werden zerstreut in alle Richtungen der Windrose.

Aber auch nur vom Standpunkte der Schule aus — und diesen wollte ich ja allein hier zur Geltung bringen — ist zu hoffen, dass die Münzen im Unterrichte wegen ihres Werthes als Kunstobjecte handsamster Art, die zugleich ausserordentlich dauerhaft sind, sich allmählich einbürgern werden. Eine Münzensammlung ist wohl die einzige Schulsammlung, welche, wie sich Dr. Kirmis in der früher citirten Schrift ausdrückt, nicht an Werth verlieren kann, sondern gewinnen muss.

Die geringe Beachtung, welche die Münzenkunde im allgemeinen bisher im Unterrichte an unseren Mittelschulen gefunden hat, eine natürliche Folge der beinahe gänzlichen Nichtbeachtung derselben an der Universität, wird schwinden. Die Schwierigkeiten, welche der Beschaffung des Materiales für gewisse Partien wenigstens heute noch entgegenstehen, werden durch gemeinsames Vorgehen der Anstalten ganzer Staaten sicherlich überwunden werden! Ein neues Geschlecht wird heranwachsen, welches nicht begreifen wird können, wie es Zeiten geben mochte, wo man Geschichte an den Mittelschulen lehren wollte und ein für den Unterricht und zugleich für den Staat selbst so wichtiges Hilfsmittel unbeachtet gelassen habe: Autoritätsglauben, Achtung und Liebe für den vaterländischen Boden und seine geschichtlichen Denkmäler, geläuterten Geschmack für Kunst und Geschichte zu wecken und zu fördern!

Numismatische Literatur.

Der numismatischen Gesellschaft sind zugegangen:

Dr. Arnold Luschin v. Ebengreuth: Die Handelspolitik der österreichischen Herrscher im Mittelalter Vortrag, gehalten in der feierlichen Sitzung der kais. Akademie der Wissenschaften am 31. Mai 1893. Wien. Bei F. Tempsky 1893.

Numismatique du Béarn. I. Histoire monétaire du Béarne par J. Adrien-Blanchet. II. Description des monnaies, jetons et médailles du Béarn par Gustave Schlumberger. Mit 17 Tafeln. Paris 1893.

Michel C. Soutzo: Introduction à l'étude des monnaies de l'Italie antique. I. Theil. Einleitung mit Nachtrag. Paris 1887.

Alphonse de Witte: Une monnaie belge de convention du commercement du XIᵉ siècle. Brüssel 1892.

The Numismatic Chronicle 1893. 1. Heft enthält Warwick Wroth: Vom britischen Museum im Jahre 1892 erworbene griechische Münzen. — Braine Becker: Einige seltene oder unedirte griechische Münzen. — H. Montagu: Ein Münzfund zu Fischenich bei Cöln, mit Bemerkungen über flämische Nachahmungen englischer Nobles. — John Evans: Münzfund in Nesbo, Norwegen. — A. Lawrence: Die Münzen von Aethelbald. — Derselbe: Silbermünzen Eduard III. — F. P. Weber: Portraitmedaille des Paracelsus, auf seinen Tod 1541. — V. Head: Notizen über neuere numismatische Publicationen. — Miscellen.

Revue belge de numismatique. 49. Jahrgang, 1893, 2. Heft, mit 4 Tafeln. Bruxelles, J. Goemaere V. B. de Jonghe, Un demi-gros à l'aigle, frappé par Henri V. comte de Salm inférieur ou Salm en Ardenne, 1297—1306. Th. M. Roest, Essai de classification des monnaies du comté, puis duché de Gueldre (VII. article). Roger Vallentin, Notes sur les pinatelles de Philippe-Guillaume, prince d'Orange. J. Rouyer, L'œuvre du médailleur Nicolas Briot en ce qui concerne les jetons (I. article). Victor de Munter, La médaille de Jean Césaire gravée par Frédéric Hagenauer. Necrologie: Jacob Dirks. Mélanges. Société royale de Numismatique.

Revue numismatique dirigée par Anatole de Barthélemy, Gustave Schlumberger, Ernest Babelon. 1893. Troisième série, tom. XI. premier trimestre. Mit 2 Tafeln. Paris, C. Rollin et Feuardent. Th. Reinach, De la valeur proportionelle de l'or et de l'argent dans l'antiquité greque. R. Mowat, Symboles monétaires ptolémaïques mis en rapport avec les fêtes dionysiaques d'Alexandrie. J. A. Blanchet, Monnaies romaines et byzantines inédites ou peu connues. D. E. Tacchella, Description de monnaies grecques de l'époque impériale trouvées en Bulgarie. O. Vauvillé, Monnaies de Soissons. H. de la Tour, Pietro da Milano. Chronique Nécrologie: Émile Taillebois. Bulletin bibliographique. Périodiques.

Rivista italiana di Numismatica diretta da Francesco ed Ércole Gnecchi. Milano, L. F. Cogliati, 1893. Anno VI, Fasc. I. Mit 3 Tafeln. Isidoro Falchi, Sulla riduzione in peso dell'Asse Romano. Solone Ambrosoli, Della Numismatica come scienza autonoma. F. et E. Gnecchi, Monete die Milano inedite. Arturo G. Sambon, Incisori dei conii della moneta napoletana. Roberto v. Schneider, Gian Marco cavalli alla Zecca di Hall in Tirolo. Bernardo Morsolin, Medaglia di

Giovanni di Girolamo in onore di Gian Bartolomeo d'Arzignano. A. F. Marchisio, Cenni sulle monete di Pio IX e della Republica Romana nel 1849. G. de Petra, Notizia del Ripostiglio di San Giovanni Incarico. Bibliografia. Notizie varie. Atti della società Numismatica Italiana.

Friedrich Tewes, Numismatisch-sphragistischer Anzeiger. Zeitung für Münz-, Siegel- und Wappenkunde. Hannover. 24. Jahrgang. 1893. 30. April. Nr. 4. Inhalt: Dr. P. J. Meier, Ein Homburger Sechsling der Herzoge Wilhelm I. und Heinrich II. von Braunschweig. — Derselbe, Helmstedter Münzen Heinrich d. Ae. von Braunschweig (Nachtrag). — Ad vocem Friedeborn. — Münzfunde. — Neue Verzeichnisse verkäuflicher Münzen etc. — Anzeigen.

Anzeiger des germanischen National-Museums 1893, Nr. 2, März, April, Nr. 3 Mai—Juni.

Adolf Weyl. Numismatische Correspondenz. 1893, Nr. 113—115. Enthält numismatische Mittheilungen, ein Verzeichnis verkäuflicher numismatischer Werke (485 Nummern) und ein Verzeichnis verkäuflicher Münzen (765 griechische und römische, 322 mittelalterliche und andere).

A. Weyl. Numismatische Correspondenz. 1893. Nr. 107—112.

Der Sammler, herausgegeben von Dr. Hans Brendicke. XV. Berlin 1893. Nr. 1—4.

Wegweiser für Sammler, herausgegeben von Louis Stefke. Leipzig Nr. 11. Aus dem Inhalte: Sammlung Antell. Münzfund zu Brock.

Besprechungen.

Alphonse de Witte, Conférence monétaire internationale, tenue à Bruges en 1469. Bruxelles; J. Goemaere. 1893.

In Belgien geht man daran, die für eine vollständige Geschichte des Münzwesens unter der Regierung des Hauses Burgund nothwendigen Vorarbeiten zum Abschlusse zu bringen. Von dem Verfasser vorliegender Arbeit, einem der rüstigsten Arbeiter auf diesem Gebiete, der mit derselben wieder eine wichtige Urkunde zur Beurtheilung des hochentwickelten Geldwesens der reichen Gebiete am Niederrheine veröffentlicht, haben wir wohl diese schwierige aber höchst dankbare zusammenfassende Arbeit demnächst zu erwarten.

Die Urkunde über die zwischen den Abgesandten Eduards IV. von England und Karl dem Kühnen von Burgund im Jahre 1469 zu Brugge abgehaltene Conferenz ist besonders wichtig wegen der bei dieser Gelegenheit aufgestellten Relation zwischen den gangbaren Münzwerten beider Länder und dann auch zwischen dem Silber und Golde selbst. Letztere Relation wurde mit 12 zu 1 festgestellt. Wenn nun auch die Münzconferenz selbst zu keinem unmittelbaren Resultate führte, so bildete sie doch die Grundlage für spätere Abmachungen zwischen beiden Staaten. (Vertrag von 1498 und dann von 1520.) Dass de Witte gerade sie herausgegriffen und veröffentlicht hat, sichert ihm den Dank aller, die sich für die Geschichte des mittelalterlichen Geldwesens überhaupt interessiren.   *V. v. R.*

Paul Joseph: Der Medailleur Fernand Dubois und seine Arbeiten. S. A. aus Bl. f. Münzfreunde.

Der Verfasser macht uns mit einem jungen belgischen Künstler bekannt, welcher, nach den auf einer Lichtdrucktafel wiedergegebenen Bildern einiger seiner Werke zu schliessen, unstreitig ansersehen ist, zu hohem Rufe zu gelangen. Fernand Dubois, 1861 zu Renaix in Ostflandern geboren, ursprünglich des Studiums der Naturwissenschaften an der Universität beflissen, trat mit 19 Jahren in das Atelier eines Graveurs und zog zuerst die Aufmerksamkeit durch den Entwurf zu der Medaille auf sich, welche die belgische Regierung zum Andenken an die Abstimmung über das Gesetz, das Urheberrecht betreffend, prägen zu lassen beschlossen hatte. Dubois' Entwurf wurde bei der Concurrenz der Vorzug zuerkannt. Verfasser beschreibt ausser der nach diesem Entwurfe von Dubois ausgeführten Medaille noch andere 8 Arbeiten des Künstlers, von welchen 3 Medaillen und eine Plaquette in Abbildungen dem Aufsatze beigegeben sind. Wir stimmen den Ausführungen P. Josephs vollkommen bei, dass die vorgeführten Medaillen durch die Eigenartigkeit der Darstellungen auf den ersten Blick einen befremdenden Eindruck hervorrufen, dass man aber sofort Schöpfungen eines Künstlers von ungewöhnlicher Begabung in ihnen erkennt. An

Stelle der allegorischen Figuren in faltigen, zumeist weithin flatternden Gewändern, wie sie auf so vielen Medaillen zu sehen sind und eigens zur Erprobung unseres Scharfsinnes geschaffen zu sein scheinen, wählte Dubois, wenigstens auf den vier abgebildeten Medaillen, Tafeln mit Inschriften, die jedenfalls die beigegebenen figuralen Darstellungen bestens verdeutlichen. Allerdings erinnert auf der Medaille auf den Grafen Nahuys der angebliche Sockel des Gebäudes, der den grössten Theil der Rückseite einnimmt, eher an ein Grabdenkmal; das Brustbild der Minerva rechts will uns zu sehr an den Rand hinausgerückt scheinen und nur schwer vermögen wir den knorrigen Baum links für einen Olivenbaum zu deuten. Auf der Plaquette der belgischen Photographen können uns die Sonnenstrahlen, welche, gegen alle physikalischen Gesetze, büschelförmig auf die von der sitzenden Frauengestalt gehaltene Linse fallen, durchaus nicht zu Sinne gehen. Diese unwesentlichen Ausstellungen sollen aber den hohen Wert der Arbeiten Dubois keineswegs herabsetzen und ebensowenig unser oben ausgesprochenes Urtheil einschränken. Wir wiederholen vielmehr, dass wir in denselben Werke eines hervorragenden Talentes begrüssen, das sich, dem nicht zunftmäßigen Bildungsgange des Künstlers entsprechend, von dem Herkömmlichen frei zu machen verstand und bestrebt ist die eigenen Empfindungen und Gedanken mit sichtlichem Kunstgeschick zum Ausdrucke zu bringen. *Ernst.*

N. Papadopoli: Le Monete di Venezia. 4⁰. 425 Seiten mit 16 Taf. u. vielen Textabbildungen. Venedig 1893.

Es ist ein geradezu epochemachendes Werk, von welchem der durch seine zahlreichen Aufsätze über die Münzen und das Münzwesen von Venedig wohlbekannte Verfasser uns hier den 1. Band darbietet. Dasselbe beginnt mit der vielfach erörterten Frage über den Ursprung der Münze Venedigs und die Beziehungen der Republik zu den Kaisern des Orients und Occidents und behandelt dann in chronologischer Ordnung die Reihenfolge der venetianischen Dogen von Vitale Michiel II. (1156—1172) bis Cristoforo Moro (1462—1471). Die weiteren zwei Bände sollen Fortsetzung und Schluss dieser prachtvollen Arbeit bringen. Für das demnächst zur Versendung gelangende 1. Heft, Jahrgang 1893 unserer Zeitschrift wird soeben eine eingehende Besprechung derselben vorbereitet; wir beschränken uns daher auf das Erscheinen dieses Werkes aufmerksam zu machen, zu dessen Schaffung eben nur ein Mann berufen sein konnte, der sich, wie Graf Nicolò Papadopoli, seit einer langen Reihe von Jahren der Münzgeschichte Venedigs mit bewunderungswerter Hingebung und Ausdauer gewidmet hat und ein reiches Quellenmateriale zu sammeln und sich mit der umfassendsten Kenntnis der Münzprägungen, der Währungsverhältnisse und der Geschichte seiner Vaterstadt auszustatten verstanden hat. *E.*

Münzfund in Damitz.

In Damitz, Bez. M.-Kromau in Mähren, hat vor Kurzem ein Bauer in seinem Garten einen Topf mit Silbermünzen ausgegraben. Der Fund, der von mir erworben wurde, besteht zumeist aus XVern aus der Zeit Kaiser Leopolds I. und bietet durch die Reichhaltigkeit an Stempelverschiedenheiten für Specialsammler besonderes Interesse. Die Gesammtzahl der Stücke beträgt 400. Ich lasse im Nachstehenden eine genaue Beschreibung des Fundes folgen und bin gerne bereit an Specialsammler eine grössere Partie desselben oder einzelne Duplicate abzugeben, wobei ich um gefällige Anträge mit Preisanbot ersuche. Die Erhaltung der Münzen ist eine sehr gute.

Brünn, am 13. Juni 1893.

Ambros Poys
Cons.-Rath und Pfarrer
in Alt-Brünn per Brünn.

Österreich. Leopold I. R. A. mit dem vollständigen Wappen als Brustschild.

Münzzeichen: Rosette.

XVer v. J. 16—74 3 versch. Stempel	4 St.
„ „ 16—75	1 „
„ „ 16—76	1 „

Dasselbe Münzzeichen; jedoch R. A. mit ö. burgl Brustschilde.

VIer v. J. 16—74 2 versch. Stempel 2 St.
„ „ 16—77 2 „ „ 2 „
Groschen v. J. 16—70 2 „ „ 2 „

Münzzeichen: Stern. An den Seiten des R.-A. B-W.

XVer v. J. 16—85 2 versch. Stempel 3 St.

Münzz.: a in einem Kreise. XVer v. J. 16—85 2 v. St. . . . . . 2 St.

Münzz.: Dreieck in einem Kreise. XVer v. J. 16—64 2 v. St. . . 2 „

Münzz.: CA in einander gestellt. R. A. mit vollständigem Wappen als Brustschild.

XVer v. J. 16—60 3 versch. Stempel 3 St.
„ „ 16—61 7 „ „ 8 „
„ „ 16—62 3 „ „ 4 „
„ „ 16—63 8 „ „ 8 „
„ „ 16—64 12 „ „ 14 „
VIer „ 16—64 1 „

Ohne Münzz.: R. A. mit vollst. Wappen als Brustschild. In der Umschrift das gekrönte ö. burg. Wappen.

XVer v. J. 1659 2 versch. Stempel 2 St.
„ „ 1.6.60 3 „ „ 3 „
Reichsadler mit dem ö. burg. Wappen als
Brustschild. Münzz.: zwei M (Mathias Mitter-
meyer v. Waffenberg, Münzmeister in Wien.)
XVer v. J. 16—82 2 versch. Stempel 2 St.
„ „ 16—84 1 „
VIer „ 16—82 1 „
„ „ 16—86 3 „ „ 3 „
„ „ 16—89 3 „ „ 4 „
„ „ 16—90 2 „ „ 2 „
„ „ 16—91 1 „
Ohne Münzz. XVer v. J. 16—94 u. 95 2 „
„ „ 16—96 2 v. St. 5 „
Ohne Münzz.: Silberkreuzer v. J. 16—97 2 „
„ 16—99 2 „
„ 17—00 1 „
R. A. mit vollst. Wappen als Brustschild.
Münz.: Arm mit Hacke. XVer v. J. 16—60 1 St.
Tirol. Sigismund Franz. 2 Wappen von
Öst. und Tirol mit dem Fürstenhute gekrönt.
Ohne Münzz.: XVer v. J. 16—64 1 St.
Leopold IV. XVer v. J. 16—90 1 „
„ „ 16—91 1 „
„ „ 16—94 2 v. St. 4 „
Steiermark. R. A. mit vollst Wappen als
Brustschild. Unten in der Umschrift der
Panther.
Ohne Münzz.: XVer v. J. 16—64 1 St.
Vollständig mit der Toison-Kette umgebenes
und mit dem Fürstenhute gekröntes Wappen.
Oben im Oval der Panther.
Münzz.: I-A. XV v. J. 16—94 2 v. St. 2 St.
„ „ 16—95 2 „
„ „ 16—96 3 „
Dasselbe Wappen. Münzz: I-A-N.
VIer v. J. 16—76 1 St.
„ „ 16—85 2 versch. Stempel 2 „
„ „ 16—88 1 „
„ „ 16—91 1 „
„ „ 16—92 1 „
Silberkreuzer: Steierische Landmünze R. A.
mit dem steierischen Panther als Brustschild.
Münzz.: I.C.W. VIer v. J. 16—70 1 St.
„ I.A.N „ „ 16—74 1 „

Kärnten. R. A. mit vollst. Wappen als
Brustschild. Unten in der Umschrift das
kärntnerische Wappen.
Münzz.: G-S. XVer v. J. 16—90, 93,
94, 97 und 1 St. mit verprägter Jahrzahl 5 St.
R. A. mit kärntnerischem Wappen als
Brustschild.
Münzz.: G-S. VIer v. J. 16—70 1 St.
Ohne Münzz.: „ „ 16—73 1 „
„ „ „ „ 16—74 2 v. St. 2 „
„ „ „ „ 16—75 1 „
Oest.-Schlesien. R. A. mit vollst. Wappen
als Brustschild.
Münzz.: C-H. (Georg Hübner, Wardein in
Breslau). XVer v. J. 1660 1 St.
„ „ 1661 2 v. St. 4 „
„ „ 1662 4 „ 4 „
„ „ 1663 2 „ 2 „
„ „ 1664 1 „
R.-A. mit dem österr. burg. Wappen als
Brustschild.
Münzz.: F.B.L XVer v. J. 1664 1 St.
VIer „ 1665 1 „
„ S-HS (Samuel Hammerschmidt,
Münzmeister in Breslau)
XVer v. J. 1664 1 „
„ SH VIer „ 1666 1 „
„ (S H S) VIer v. J. 16—73, 76
81, 84, 85, 86, 87, 88, 89 9 „
„ (C B) Christoph Bretschneider,
Münzmeister in Brieg:
XVer v. J. 16—94 4 v. St. 4 „
„ „ Groschen v. J. 16—76
und 96, je 1 Stück 2 „
„ „ Kreuzer v. J. 16—98 1 „
„ M M W (Martin Max v. Wackerle,
Münzmeister in Oppeln)
XVer v. J. 16—93 3 v. St. 4 „
„ „ 16—94 7 „ 7 „
„ F-N (Franz Nowak, Münz-
meister in Breslau)
Silberkreuzer v. J. 16—99 2 „
„ „ 1700 1 „

(Schluss folgt.)

Verschiedenes.

Allerhöchste Auszeichnung von Mitgliedern der numismatischen Gesellschaft. Se. Majestät der Kaiser hat dem Vicedirector des k. k. Hauptmünzamtes Bergrath Josef Müller, Titel und Charakter eines Regierungsrathes und dem Kammer-Medailleur, Münz- und Medaillengraveur Anton Scharff das Ritterkreuz des Franz Josefs-Ordens zu verleihen geruht.

Ausserordentliche Versammlung der königlich belgischen numismatischen Gesellschaft zu Ypern, am 14. Mai 1893. Das Ereignis dieser Versammlung bildet der vom Bibliothekar der Gesellschaft Alphonse de Witte vorgelegte Bericht über den gegenwärtigen Stand der numismatischen Wissenschaft. Wir ersehen daraus, wie ernst es der Brüsseler numismatischen Gesellschaft darum zu thun ist, Mittel und Wege ausfindig zu machen, um die auf dem Brüsseler internationalen Congresse 1891 aufgeworfene Frage:

Durch welche Mittel kann der Geschmack für numismatische Wissenschaft weiter verbreitet werden? einer erspriesslichen Lösung zuzuführen. Soll dies mit dauerndem Erfolge geschehen können, so muss zunächst eine Erkenntniss des Bestehenden vorhanden sein. Diese zu vermitteln übernimmt der zu Ypern erstattete, im III. Hefte der Revue belge de numismatique, Jahrgang 1893, veröffentlichte Bericht. Wir ersehen daraus, dass auch in anderen Ländern auf dem Gebiete der Numismatik noch manches zu wünschen übrig bleibt, zugleich aber auch, dass die Numismatik allerorten herauszutreten beginnt aus dem engen Kreise der blossen Liebhaberei. Hoffen wir, dass es auch in weiteren Kreisen bald tagen werde und man sich der Bedeutung der Numismatik für die Entwicklung auch des modernen Geldwesens in einer nicht allzufernen Zukunft bewusst werden wird, eingedenk des Spruches: Consilium futuri ex praeterito veni! *R . . . . r.*

Ueber das Eindringen der Thaler in den alltäglichen Geldverkehr. Dass die Münzsorte der Thaler nicht sogleich nach ihrer Erfindung im Jahre 1484 in den täglichen Geldverkehr des Volkes überging, ist eine bekannte Thatsache. So erscheinen dieselben in den Wiener Stadt-Rechnungen zuerst im Jahre 1531 (Num. Zeitschr. 13 (Igg. 1881) 281. Aus den Kremser Stadt-Rechnungen ist diese Münzsorte etwas später, nämlich zuerst im Jahre 1539 nachweisbar. Es heisst daselbst unter Empfang: „Mer am obgemelten tag (26. April) von dem herrn richter emphangen 3 Hungrisch goldgulden, einen per 1 tal. 5 sol. 10den, thuet 5 tal. den; mer zwen Jochambstaller einen per 1 tal. 1 sol. 10den (70 kr.) thuat 2 tal. 2 sol. 20den.; in ainem sakhlen 10 tal. den.; mer für ain gulden schwertgroschen, aber 3 tal. 5 sol. 10den; thuet alles . . . . 22 tal. den." Diese Stelle hat auch in einer zweiten Hinsicht Interesse, insoferne nämlich als zwar die Rechnung selbst noch in tal. sol. u. den. geführt ist, im Texte dieser Post aber schon der mit dem Pfunde (tal.) identische Zählgulden (fl.) erscheint. Aus dem 16. Jahrhundert sind Kammeramts-Rechnungen erhalten über die Jahre 1530, 1536, 1538, 1539, 1541, 1542, 1547, 1548, 1549, 1550, 1556, 1559, 1578, 1579 etc.

Die Rechnung des Jahres 1578 ist die frühest erhaltene noch in Gulden, sol. u. den. geführte. In der Rechnung des Jahres 1579 kommen zahlreiche Posten mit Thalern zum Curse von 1 fl. 1 sol. 10 den (= 70 kr.) vor.

Von anderen in den Rechnungen genannten Münzsorten notirte ich mir in R. 1542: 5 patzen einen zu 15 den. und in R: 1559: einen ducaten zu 108 kr. gerechnet. *Karl Schalk.*

Schenkung. Dr. Antell, ein in Paris verstorbener junger Finländer, hat seinem Vaterlande eine Million Francs zum Baue eines Museums und seine grossartige Münzensammlung hinterlassen.

Kataloge.

Edm. Rappaport, Berlin, Hallesche Strasse. 18. Numismatisches Offerten-Blatt Nr. 1, Juli 1893. Münzen und Medaillen 279 Nummern. Numismatische Werke.

Numismatischer Verkehr von C. G. Thieme in Leipzig, Gewandgässchen Nr. 5, Juli 1893. Nr. 5 und 6: Münzen, Medaillen etc. 3122 Nummern, Bücher 20 Nummern.

Zschiesche & Köder, Leipzig. Verzeichniss neuester deutscher Thaler, Doppelthaler und Doppelgulden, 372 Nummern.

Mittheilungen der Gesellschaft.

Versammlungen der numismatischen Gesellschaft mit Vorträgen und Ausstellungen finden in den Monaten October bis Mai statt und sind die p. t. Herren Mitglieder und Freunde der Gesellschaft höflichst eingeladen, sich an denselben zu betheiligen.

Es wird ersucht, Zuschriften und Sendungen bezüglich der Zeitschrift an Herrn Oberbergrath Carl von Ernst, Wien, III., Ungargasse 3 oder Herrn Rudolf v. Höfken-Hattingsheim, Wien, XVIII., Feldgasse 35, bezüglich des Monatsblattes an Herrn Franz Trau, I., Wollzeile 1, bezüglich der Cassa an Herrn Theodor Rohde, I., Wallfischgasse 11, alle anderen Briefe und Sendungen an die numismatische Gesellschaft, I., Universitätsplatz 2 (kais. Akademie der Wissenschaften), zu richten.

Das Bibliothekslocale der numismatischen Gesellschaft, I., Universitätsplatz 2, ist an jedem Mittwoch von 6 Uhr an geöffnet.

Die ordentlichen Mitglieder der numismatischen Gesellschaft zahlen eine einmalige Eintrittsgebühr von 2 fl., einen Jahresbeitrag von 8 fl. und erhalten die Zeitschrift und das Monatsblatt kostenfrei zugestellt. Abonnement der Zeitschrift 6 fl., des Monatsblattes (12 Nummern) 1 fl.

Herausgeber und verantwortlicher Redacteur: **Franz Trau** — Verlag der numismatischen Gesellschaft in Wien. Druck von Kreisel & Gröger, vorm. L. W. Seidel & Sohn, in Wien.

MONATSBLATT

der

numismatischen Gesellschaft in Wien.

Dieses Blatt erscheint monatlich ein Mal und wird den Mitgliedern der Gesellschaft
unentgeltlich zugesendet. Preis des Jahrganges für Nichtmitglieder 1 fl. Zuschriften
sind zu richten an die numismatische Gesellschaft. Wien, I., Universitätsplatz 2.

| Nr. 122. | September. | 1893. |

Die Münzmeister-Buchstaben auf österreichischen Münzen von 1765 bis 1780.

Von Oberbergrath C. v. Ernst.

Ein Aufsatz über die Münzzeichen und Münzmeister-Buchstaben auf österreichischen Münzen, den ich auf Grund von Archivsacten verfasst und für den dies-
jährigen Band der numismatischen Zeitschrift bestimmt habe, wird erst im zweiten
Hefte desselben erscheinen können, weil uns für das demnächst auszugebende erste Heft
des laufenden Jahrganges mehrere Abhandlungen von anderen Mitarbeitern freundlichst zur Verfügung gestellt wurden, und ich diesen selbstverständlich den Vortritt
eingeräumt habe. Es liegt mir aber daran, jenen Theil meiner Entdeckungen, welcher
den vielen Sammlern österreichischer Münzen über eine verwickelte Periode unserer
Münzgeschichte Aufschluss gibt, jetzt schon bekannt zu machen, zumal ohne Kenntnis
der nachstehenden Erläuterungen die richtige Zutheilung der Münzen aus den Jahren
1765 bis 1780 und das Verständnis der auf denselben vorkommenden Buchstaben
ganz unmöglich ist.

Im Jahre 1765 beginnen die öst. Münzen die Anfangsbuchstaben der Namen
des Münzmeisters und des Münzwardeins aufzuweisen. Zunächst bemerke ich nun,
dass daraus nicht geschlossen werden darf, diese Münzen seien auch
thatsächlich im Jahre 1765 geprägt worden. Die kaiserliche Verordnung,
mit welcher die Münzmeister-Buchstaben eingeführt wurden, ist nämlich erst im
August 1766 ergangen, es verfügte aber bald darauf die Hofkammer, dass in
allen österreichischen (und ungarischen) Münzstätten eine große Menge Silbers auf
Münzen mit der Jahreszahl 1765 ausgeprägt werde. Die Hofkammer wurde
bei dieser Verfügung von der Absicht geleitet, sowohl das Bild der Kaiserin im
Witwenschleier, als auch das Gepräge des neuen Mitregenten Kaiser Josefs II. mit
jener Jahreszahl, die den Witwenstand der Kaiserin und die Wahl Josefs II. zum
Mitregenten und zum deutschen Kaiser bezeichnete, auf diesen Münzen zu verewigen.
Da aber diese Absicht in den an die Münzämter ergangenen Verordnungen nicht
ausdrücklich angegeben war, so wurden dieselben mehrfach so aufgefasst, als sei
überhaupt noch mit den Stempeln des Jahres 1765 fortzuprägen, denen aber, dem
neuerflossenen kaiserlichen Befehl gemäß, die Münzmeister-Buchstaben beizufügen seien.
So kommt es denn, dass es auch solche mit den Buchstaben versehene Münzen gibt,
welche das Bild der Kaiserin in der früheren Gestalt, nämlich ohne Witwenschleier

darstellen. Alle Münzen mit der Jahreszahl 1765 also, welche die Anfangsbuchstaben der Namen der Münzoberbeamten tragen, sind als Nachgepräge zu betrachten, denn sie rühren aus dem Jahre 1766 oder auch von späteren Jahren her. So prägte Kremnitz zum Beispiel, noch im Jahre 1768 die Zwanziger mit den Stempeln vom Jahre 1765, weil die Matrizen und Punzen zu den Zwanzigern mit dem Bilde der Kaiserin im Witwenschleier vom Hauptmünzamte zu dieser Zeit noch nicht dahin geliefert worden waren.

Auch andere Anachronismen sind auf diesen Münzen mit der Jahreszahl 1765 zu constatiren. So trägt ein Theil derselben die Buchstaben I. C. — S. K., Jos. Cronberg und Sigismund Klemmer, was zur Annahme führen muss, dass im Jahre 1765 diese beiden an der Spitze des Wiener Hauptmünzamtes standen. Dem ist aber keineswegs so, denn in jenem Jahre war Paul Mathias Klemmer Münzmeister und Jos. Augustin Cronberg Münzwardein daselbst. P. M. Klemmer wurde erst im August 1766 nach 56jähriger Dienstzeit pensionirt und an seiner Statt Cronberg zum Münzmeister, und ferner des Vorgenannten Sohn Sigismund Klemmer zum Münzwardein ernannt. Da nun jene Münzen wie erwähnt, erst nachdem diese Personalveränderung eingetreten war, geprägt wurden, so tragen sie die Initialien der neuen Oberbeamten, ungeachtet die Jahreszahl 1765 darauf zu sehen ist, zu welcher Zeit sie dem Hauptmünzamte noch nicht vorstanden.

In der nachstehenden Zusammenstellung gebe ich alle auf Münzen von 1765 bis 1780 vorkommenden Münzmeister-Buchstaben. Mit dem Tode der Kaiserin Maria Theresia wurden dieselben als überflüssig für immer abgeschafft.

Wien:	1765—1773	I. C. — S. K. C. — K.	Jos. Augustin Cronberg — Sigismund Klemmer.
	1774—1780	I. C. — F. A. C. — A.	Jos. Augustin Cronberg — Franz Ignaz v. Aicherau.
Kremnitz:	1765—1774	E. v. M. — D.	Ignatz Krammer Edler v. Münzburg — Paschal Jos. v. Damiani.
	1774—1780	S. K. — P. D.	Sigismund A. Klemmer v. Klemmersberg — Paschal Jos. v. Damiani.
Prag:	1765—1773	E. v. S. — A. S.	Erdmann v. Schwingerschuh — Anton Stehr.
	1774—1880	E. v. S. — I. K.	Erdmann v. Schwingerschuh — Ignaz Werner Kendler.
Graz:	1765—1767	I. — K.	Paul Anton Juli — Joh. Adam Kollmann.
	1767—1772	C. G. — A. K. C. v. G. — A. K.	Carl v. Geramb — Joh. Adam Kollmann.
Carlsburg:	1765—1777	H. — G.	Anton Jos. Hammerschmid — Alexander de Gagia.
	1777—1780	H. — S.	Anton Jos. Hammerschmid — Gottfried Schickmayer v. Steindlbach.
Hall:	1765—1774	A. — S.	Ludwig Aschpacher — Joh. Jos. Stockhner.
	1775—1780	V. C. — S.	Jos. Hubert v. Clotz — Joh. Jos. Stockhner.
Nagybánya:	1765—1771	I. B. — F. L.	Jos. Brunner — Franz Anton Lechner.
	1772—1780	I. B. — I. V. B. — V.	Jos. Brunner — Jos. Vischer.
Günzburg:	1765—1774	S: — C:	Tobias Schöbl — Jos. Hubert v. Clotz.
	1775—1780	S. — F.	Tobias Schöbl — Josef Faby.

In der Regel stehen die Münzmeister-Buchstaben auf der Reversseite, zu beiden Seiten des Schweifes des Doppeladlers oder des Wappens. Günzburg bildet eine Ausnahme mit den Münzen der Kaiserin. Die Buchstaben S. C. stehen unter ihrem Bilde. Auf den in Günzburg mit dem Bilde Josef II. geprägten Münzen jedoch, wird der Raum unter dessen Bild von dem (für die Münzen des Mitregenten im Jahre 1766 eingeführten) Münzbuchstaben H eingenommen, und es erscheinen die Münzmeister-Buchstaben ebenfalls auf dem Reverse.

Einige Münzoberbeamten liessen die Anfangsbuchstaben ihres Tauf- und Zunamens anbringen, andere blos jene ihres Zunamens. Aber auch die ersteren Doppelbuchstaben stehen nur auf den grösseren Münzen bis zum Zwanziger herab. Auf den Zehnern, Dukaten und den anderen kleineren Münzen kommen gewöhnlich nur die Initialen der Zunamen vor.

Dadurch hat es sich beispielsweise ereignet, dass Dukaten mit den Buchstaben C—A versehen sind (mir ist ein solcher von 1765 bekannt) was zur Annahme führte, dieselben seien in Carlsburg geprägt, welche Münzstätte seit dem Jahre 1746 mit diesen Buchstaben bezeichnet wurde. Da aber, wie ich in meinem Aufsatze actenmässig nachweisen werde, die Anfangsbuchstaben des Namens der Münzstätten nur für die Münzen des damaligen Mitregenten Franz I. eingeführt wurden, so können die fraglichen Dukaten nicht Carlsburg angehören, weil sie nach dem Tode des Kaisers Franz I. geprägt worden sind. Die beiden auf denselben vorkommenden Buchstaben bezeichnen eben die Namen Cronberg und Aicherau und sind aus dem Wiener Hauptmünzamte hervorgegangen.

Durch die in der vorstehenden Tabelle erklärten Münzmeister-Buchstaben ist es nun auch gegeben, die Münzen von Nagybánya und Carlsburg auseinander zu halten, welche, da sie vollkommen gleiches Gepräge aufweisen, nur durch die verschiedenen Münzmeister-Buchstaben zu unterscheiden sind.

Ich habe hier an der Hand der Tabelle nur einige Aufklärungen hervorgehoben, welche die richtige Deutung der Münzmeister-Buchstaben bietet; bei aufmerksamer Prüfung der Münzzeichen aus den Jahren 1765 bis 1780 und bei Vergleichung derselben mit den dieser Periode angehörenden Münzen werden sich aber aus der Zusammenstellung noch mancherlei andere Aufschlüsse gewinnen lassen.

Münzenfund in Monfalcone.

Nach den Mittheilungen des Correspondenten der k. k. Centralcommission für Kunst- und historische Denkmale, Professor Albert Puschi in Triest.

Ungefähr Anfangs Mai d. J. wurde in Monfalcone, Bezirkshauptmannschaft Gradisca, ein wichtiger Münzenfund gemacht. Eine Actiengesellschaft errichtet dort, in der via del Duomo auf der Fläche, auf welcher schon im Jahre 1735 niedergerissene Palast der Patriarchen stand, ein Theatergebäude. Diese Fläche liegt neben den alten Stadtmauern, nur wenige Schritte von der Stelle entfernt, wo sich das alte Meeresthor befand. Beim Ausgraben der Kalkgrube kam ein irdener, mit mittelalterlichen silbernen Münzen vollgefüllter Topf in der Tiefe von einem Meter zum Vorschein. Durch den Bericht des dortigen Bürgermeisters, Herrn Dr. Ernst Trevisan, aufmerksam gemacht, hat Professor Puschi den noch vorhandenen Rest des Schatzes insgesammt 1955 Stücke untersucht. Er vermuthet, dass etwa 2200 Stücke gefunden worden sein dürften. Die Hauptmasse, über 1600 Stücke, wurde sofort von der Gemeindebehörde in Verwahrung genommen und soll angeblich später unter die Actieninhaber vertheilt oder zu ihrem Vortheile verkauft werden. Die übrigen fünf bis sechshundert Stücke wurden gleich nach Bekanntwerden des Fundes durch Private verschleppt. Von diesen war es dem Herrn Conservator nur möglich, ungefähr 300 Stücke zu besichtigen.

Leider sind die Münzen nicht besonders gut erhalten, so dass man bei den Meinhardus-Denaren, die den grösseren Bestandtheil des Fundes bilden, die Beizeichen und die Varianten nicht immer unterscheiden kann. Unter den Münzen, die vor der Reinigung mit einer dicken Rostschichte überzogen waren, befinden sich zwar keine bedeutenden Seltenheiten, wohl aber mehrere Varietäten der bekannten Haupttypen, weswegen die Beschreibung derselben für den Forscher nicht ohne Werth sein wird. Neben den schon erwähnten tirolischen Geprägen besteht der Fund der Mehrzahl nach aus venetianischen Matapanen. Auch die Prägungen der Patriarchen von Aquileja, der Grafen von Görz und anderer Fürsten sind vertreten. An diese reihen sich auch zwei Billonmünzen (Berner) der Stadt Padua.

Die ältesten Stücke gehören dem venetianischen Dogen Pietro Ziani, 1205 bis 1229, und dem Bischof von Trient Friedrich von Wanga, 1207—1218 an, die jüngsten dem venetianischen Dogen Giovanni Soranzo, 1312—1318. Der Zeitpunkt der Vergrabung kann in die letzten Jahre der Regierung des Patriarchen Ottobonus dei Razzi von Aquileja, 1302—1315, verlegt werden, während welcher Monfalcone durch feindliche Einfälle arg verheert wurde.

Verzeichnis der Anfangs Mai 1893 in Monfalcone gefundenen mittelalterlichen Münzen.

A) **Venetianische Matapanen (Grossi).**

A.: + Name des Fürsten — S : M · VENETI · Der heil. Marcus übergibt dem Dogen eine Fahne, neben welcher DVX steht.

R.: IC — XC. Der Heiland sitzend.

786 Stück, und zwar von den Dogen:

1. Pietro Ziani 1205—1209. (Papadopoli: le monete dei Veneziani 1893, I. B. 93, T. V. n. 11) . . . . 2 Stück
2. Jacopo Tiepolo 1229—1249 (Pap: 98, VI n. 5) . . . . 4 „
3. Marino Morosini 1249—1253 (Pap: 102, VI n. 8) . . . . . . 2 „
4. Raniero Zeno 1253—1268 (Pap: 106, VI n. 11) . . . . . . 34 „
5. Lorenzo Tiepolo 1268—1275 (Pap: 112, VII n. 3) . . . . . 45 „
6. Jacopo Contarini 1275—1280 (Pap: 118, VII n. 9) . . . . . 70 „
7. Giovanni Dandolo 1280—1289 (Pap: 137, VIII n. 3) . . . . 84 „
8. Pietro Gradenigo 1289—1311 (Pap: 144, VIII n. 9) . . . . 509 „
9. Marino Zorzi 1311—1312 (Pap: 148, IX n. 3) . . . . 2 „
10. Giovanni Soranzo 1312—1328 (Pap: 154, IX n. 6) . . . . . . 34 „

B) **Serbische Beischläge der venetianischen Groschen** von Stephanus Urosius I. 1241—1272 und Nachfolgern, wie bei Ljubić: Opis Jugoslavenskih Novaca, Tav. IV n. 15. Zusammen 8 Stück.

C) **Aquileja**, Agleierpfennige (Denari). Zusammen 25 Stück, und zwar von den Patriarchen:

1. Gregor von Montelongo 1251—1269.

a) V.: ·GREGORI'. — ELECTVS. Stehende Figur des Patriarchen, in den Händen ein geschlossenes Buch;

R.: · CIVITASA—QVILESIA. Der stehende Patriarch in langem geistlichen Gewande und der H. Hermagoras im Bischofsornate einen Kreuzstab haltend.

(Puschi, l'atelier monétaire des Patriarches d'Aquilée; Macon 1887; 75 u. 2) . . . . 1 Stück *b*) V.: GREGO—RIV' · PA. Sitzender Patriarch mit Kreuzstab und Buch.

R.: AQVI—LEGIA. Stehender Adler. (Puschi, 77) . .   2 Stück

2. Raimund della Torre 1273—1299:

V.: RAIMO—NDV' PA. Der sitzende Patriarch (wie oben)

R.: AQVILE—GENSIS. Thurm. (Puschi, 78 n. 1) . . . 1   „

8. Petrus Gerra 1299—1301:

V.: ☩ PETRUS — · PATRA. Der sitzende Patriarch (wie oben).

R.: ☩ AQVILE — GENSIS. Der stehende Adler mit dem Wappen auf der Brust. (Puschi, 88)   2   „

4. Ottobonus dei Razzi 1302—1315:

V.: $_0^0$ OTOBO — NUS $_0^0$ PA $_0^0$. Der sitzende Patriarch (wie oben), zu seinen Füssen das Wappen von Aquileja:

R.: + A — QVILE — GENSI — S. Das Familienwappen des Patriarchen. (Puschi, 89)   . . . . · 19   „

D) Triest, Denar.

Bischof Arlongus de 'Visgoni 1260 –1282:

V.: · ARLON   — GVco EP. Der sitzende Bischof mit Krummstab und Buch.

R.: + CIVITAco TERGEco TUM. Taube mit Oelzweig. (Puschi, 82 n. 2)   . .   . . 1 ·„

E) Görzer Pfennige (Denare):

Graf Albert II., nach der Theilung 1271—1304.

V.: + ALBERTVS ✶ COMES: Löwe nach links.

R.: ††GORICIE ◊ DE LVON ≈: Sechsblättrige Rose. (Schweitzer: Abrégé de l'histoire des comtes de Gorice etc. S. 65 n. 17) 2   „

F) Tirol, zusammen 1120 Stück, und zwar:

1. Graf Albert von Tyrol + 1253.

Adlergroschen, grossi aquilini oder aguglini.

V.: COMES ▲ TIROL ᷑ Adler.

R.: DE ·· MA ·· RA — NO. Langes, die Umschrift theilendes Kreuz: (Luschin: Wiener numismat. Zeitschrift, I. B. 1870, S. 324) . . 206   „

2. Meinhard I., 1254—1258 und Meinhard II., 1258—1295.

Meinhardus-Denare (Zwainziger, Tirolini):

V.: ME — IN — AR — DV'. Doppelkreuz.

R.: + COMES   TIROL. Einfacher Adler mit und ohne Flügelbinde. Viele Varietäten. (Luschin, ib., S. 324 und ff.) . . 914   „

G) Trient:

· Bischof Friedericus de Wanga 1207 –1218. Solidus (Grossus):

V.: +   EPSTRIDENTI. Brustbild des segnenden Bischofs mit Krummstab von der linken Seite.

R.: IMPERATOR in der Mitte: + F (Gazzoletti: della zecca di Trento, 32 T., I n. 6) . . . . · . . . 1   „

H) Padua:

Republik, 1256 –1318. Billonmünzen, Parvuli (piccoli, Berner):

V.: + CIVITAS. Sechsstrahliger Stern.

R.: + · DE PADUA. Stern (wie oben). (Verci: delle monete di Padova bei Zanetti: Monete e Zecche d'Italia, B. III., S. 383, T. XX n. 2) 2   „

I) Italienische Nachgepräge der Meinhardus-Denare.

1. **A q u i :**
V.: + ODONVS · EPISCOP. Adler mit Flügelbinde.
R.: AQ — VE — NS — IS ‡ Doppelkreuz. (Luschin, Wiener
numism. Zeitschrift I. Bd., S. 333) . . . . 1 Stück

2. **I n c i s a :**
V.: MAR CKO INC ISE. Doppelkreuz.
R.: + OTO : INPERATOR : Adler (wie oben). (Luschin,
S. 334) . . . . 2 „

3. **I v r e a :**
V.: ᴀVR -- OR — EG—IAᴀ Doppelkreuz.
R.: + ƀREDERICUSᴬᴬ IP. Adler (wie oben. Luschin, S. 335) 4 „

4. **M a n t u a :**
V.: DE MA NT VA. Doppelkreuz.
R.: + VIRGILIVS Wappen zwischen Rosetten, Adler (wie oben).
(Portioli: la zecca di Mantova, II. Th., S. 64) . . . . 2 „

5. **V e r o n a :**
V.: ⊹ DE — VE — RO — NA. Doppelkreuz.

R.: + ⊹ SANCT' ⊹ ꝫENO ⊹ Adler (wie oben). (Luschin,
Seite 336) . . . . . 1 „

Gesammtzahl der untersuchten Stücke des Fundes: 1953 Silbermünzen.
2 Billonmünzen.

Besprechungen.

Handbuch der Kunstpflege in Oesterreich. Auf Grund amtlicher Quellen
herausgegeben im Auftrage des Ministeriums für Cultus und Unterricht. Zweite
Auflage. Wien 1893. Im k. k. Schulbücherverlage. Druck von R. v. Waldheim.
(XXIII + 484 S. Inhalt und Nachtrag) in 8⁰.

Nicht weniger als hundertachtundfünfzig Sammlungen von Münzen und Medaillen finden sich in der
vorliegenden zweiten Auflage des Handbuches der Kunstpflege in Oesterreich zusammengestellt. Dies wird
es rechtfertigen, wenn wir an dieser Stelle unsere Leser auf das für Jeden, der zur bildenden Kunst in
irgend welcher Beziehung, auf welchem Gebiete immer, stehen mag, also auch für den Numismatiker
wichtige Unternehmen aufmerksam machen. Gegenüber der ersten Auflage zeigt das Buch in seiner neuen
Gestalt eine Vermehrung um 182 Artikel. Gewiss eine stattliche Zahl im Hinblicke auf den Umfang des
Werkes. An das Vorwort, gewissermassen im Anhange zu demselben, werden zunächst Mittheilungen über
die in Kunstangelegenheiten obersten Behörden in Oesterreich angeschlossen. Das Obersthofmeisteramt und
Oberstkämmereramt Sr. k. und k. Apostolischen Majestät, das Ministerium für Cultus und Unterricht und
die ihm zur Seite stehende ständige Commission für Kunstangelegenheiten, endlich die k. k. Central-
Commission zur Erforschung der Kunst- und historischen Denkmale mit ihrem Bestande an Mitgliedern
und Conservatoren, letztere nach Kronländern geordnet, werden angeführt.

Das eigentliche Handbuch zerfällt in zwei Hauptabtheilungen: *A*. Kunstunterricht mit den Unterabtheilungen: Kunstschulen, Kunstgewerbeschulen mit Kunstunterricht, Kunstunterricht an den Hochschulen,
(*a*) Universitäten, *b*) technische Hochschulen). *B*) Sammlungen und Vereine. Diese zweite Hauptabtheilung
ist wieder nach Kronländern geordnet und zwar zunächst Niederösterreich, daran anschliessend die westlichen
und südlichen, dann die nordwestlichen und endlich die nordöstlichen Gebiete besprechend. In jedem Kronlande voran die Hauptstadt mit den öffentlichen Sammlungen und Vereinen und im Anhange die daselbst
befindlichen Privatsammlungen anführend, woran sich die öffentlichen Sammlungen und Vereine in den
anderen Orten in alphabetischer Reihenfolge angeschlossen finden. Den Beschluss machen die im Lande
befindlichen Privatsammlungen, wieder in alphabetischer Reihenfolge der Ortsnamen zusammengestellt.

Wir begrüssen das verdienstliche Unternehmen und erklären uns auch mit der Anordnung des
riesigen Stoffes im Allgemeinen einverstanden, umsomehr, als ein umfassendes Orts- und Personenregister

am Schlusse Jedem, der in dem Buche etwas finden will, ohne erst ganze Partien durchlesen zu müssen, das Nachschlagen ausserordentlich erleichtert.

Wenn wir zum Schlusse auf einzelne Irrthümer und Auslassungen aufmerksam machen, so geschieht es, weil wir dem Buche recht bald eine dritte Auflage wünschen, in der wir dieselben vermieden sehen möchten. So findet sich auf S. XXIII zum Schlusse der Publicationen der Central-Commission das Agneskloster in „Graz" angeführt für „Prag". S. 200 wird das Capitelkreuz im Stifte Zwettl als aus dem Jahre 1259 herrührend angeführt, während es doch in diesem Jahre als eine ältere Arbeit nur in den Besitz des Stiftes kam. Druckfehler ist wohl ebendort Ludwig XI. für IX. Ebenso ist es ein Irrthum, wenn hier von zwei Flügelaltären aus dem 15. Jahrhundert gesprochen wird; es gibt deren im Stifte Zwettl nur einen aus dieser Zeit. S. 323 Dr. Alwin Schulz ist Professor an der „deutschen Universität" nicht „Technik". Beim Domschatz in Prag fehlen S. 326 die Publicationen, S. 328 die deutsche Ausgabe „Welislaw Bilderbibel" von Wocel.

Unter den Münzensammlungen sind in einzelnen Orten die Privatsammlungen etwas stiefmütterlich behandelt. So enthält die S. 196 erwähnte Sammlung A. Richter in Retz keine Franz Josefs-Münzen, sondern Franz Josefs-Medaillen. Auch möchten wir wenigstens einige wichtigere Specialsammlungen in der nächsten Auflage des Handbuches nicht vermissen, so z. B. diejenigen von Cubasch (Viennensia), Höfken v. Hattingshein (Bracteaten), Kraft (Thaler), Miller zu Aichholz, Dr. Rob. Fischer, Rohde, Voetter (Römer) etc. S. 236 wird bei Innsbruck nur eine einzige Privatsammlung angeführt, während daselbst doch auch die sehenswerthe Sammlung des kaiserlichen Rathes Dr. Schönherr sich befindet, die sowohl an Bildern, wie auch an Zinngegenständen und Münzen, Erwähnenswerthes aufzuweisen hat. Nichangeführt wurde unter den Sammlungen des Vereines für Geschichte der Deutschen in Böhmen S. 317 das Antiquarium und die nicht unbedeutende Münzensammlung, deren Custos Wilhelm Trinks ist. In dem Verzeichnisse der Prager Privatsammlungen fehlt diejenige des Professors Dr. Adalbert Hořička, Münzen, Holzschnitte, Kupferstiche und Handzeichnungen enthaltend.   *V. v. Renner.*

Numismatische Literatur.

Der numismatischen Gesellschaft sind zugegangen:

Professor Dr. Otto Kohl, Ueber die Verwendung römischer Münzen im Unterricht. Wissenschaftliche Beilage zum Programm des königl. Gymnasiums zu Kreuznach. Ostern 1892. Kreuznach. Buchdruckerei R. Voigtländer. 1892.

Fr. prof. Bulić. Bullettino di Archeologia e storia Dalmata. Anno XVI. Spalato 1893. Aprile Nr. 4.

Dr. W. A. Neumann, Monatsblatt des Alterthums-Vereines zu Wien. IV. Band. 10. Jahrgang 1893 Mai, Nr. 5. — Juni, Nr. 6.

Bulletin de numismatique, Raymond Serrure, Paris, II. vol., 3. livr. Mai 1893. — Roger Vallentin, Signification de la légende bilinéaire de quelques doubles deniers pontificaux frappés à Avignon. — Numismatique romaine. Variétés inédites. — Le médailleur Michel Mercator de Venloo. — Livres nouveaux. — Revue des Revues. - Lectures diverses. — Les trouvailles. — Les ventes. — Nécrologie. — Intermédiaire. Réponse. — Catalogue de médailles à vendre aux prix marqués.

Numismatisch-sphragistischer Anzeiger, herausgegeben von Fried. Tewes in Hannover, 24. Jahrgang, 1893 Mai, Nr. 5. — Inhalt: Friedr. Tewes, Proben der Stadt Hannoverschen Münze aus den Jahren 1502, 1503, 1504 und 1505. — Dr. P. J. Meier, Vorlagen für Münzstempel und Probeabschläge in Birkenrinde. — Münzfunde. — Neue Verzeichnisse verkäuflicher Münzen etc. — Anzeigen. — Kaufgesuche. — Beiblatt: Münzenverkehr Nr. 324–465. — Juni, Nr. 6; Inhalt: Dr. P. J. Meier, Vorlagen etc. (Fortsetzung). — Th. Stenzel, Die Münzen und Medaillen des Fürsten Johann Georg II. von Anhalt-Dessau (Fortsetzung). — Derselbe. Die Münzen und Medaillen des Fürsten Friedrich von Anhalt-Zerbst (Nachtrag und Berichtigung). — Münzfunde. — Zur Münzprägung des Deutschen Reichs. — Neue Verzeichnisse verkäuflicher Münzen. — Auctionsnachrichten. Anzeigen.

Der Sammler, herausgegeben von Dr. Hans Brendicke in Berlin, XV. Berlin 1893, Nr. 5, 6.

M. Bahrfeldt, Untersuchungen über die Chronologie der Münzen der Domitii Ahenobarbi aus der Zeit der röm. Republik. Separatabdruck aus Alfred v. Sallet, Zeitschrift für Numismatik. XVIII. Bd. Berlin, Weidmann. 1891.

Rudolf v. Höfken, Studien zur Bracteatenkunde Süddeutschlands. I. Band, mit 6 Tafeln und 16 Abbildungen im Texte, Sonderabdruck aus dem Archiv für Bracteatenkunde. Wien, 1893. W. Frick.

Th. M. Roest, Medaillon au buste de Joann Lotin. (Mit 1 Tafel). Separatabdruck aus der „Tijdschrift van het Ned. Gen. voor Munt en Penningkunde" Amsterdam. 1893.

Th. M. Roest, Essai de classification des monnaies du comté puis duché de Gueldre. Bruxelles. J. Goemaere. 1893. (Mit 4 Tafeln.)

Zeitschrift der deutschen Morgenländischen Gesellschaft unter verantwortlicher Redaction des Prof. Dr. E. Windisch. 47. Band, 1. Heft, Leipzig 1893. F. A. Brockhaus.

Dr. Arnold Ritter Luschin von Ebengreuth. Die Handelspolitik der österreichischen Herrscher im Mittelalter. Vortrag gehalten in der feierlichen Sitzung der kais. Akademie der Wissenschaften. Wien. K. k. Hof- und Staatsdruckerei. 1893.

Blätter für Münzfreunde, Correspondenzblatt des deutschen Münzforscher-Vereins und Vereinsorgan der numismatischen Gesellschaft zu Dresden. Herausgegeben von Jul. Erbstein. 29. Jahrgang, Nr. 188, 1893. Inhalt: Halke, Ueber einen in Dänemark gefundenen Bracteatenstempel. — Dr. Burckhardt, Die Münzen und Medaillen des Herzogs Ernst August von Sachsen-Weimar, 1731—1748 (Fortsetzung). — Numismatische Gesellschaften. — Personalnachrichten. — Numismatische Abhandlungen und Aufsätze in Werken und Zeitschriften vermischten Inhaltes. — Kataloge — Beigegeben Tafel 114.

Nr. 189. Inhalt: J. Erbstein, Zum Bracteatenstempel von Haverbjerg. — Dr. N. Norddeutsche Kreuzer oder Körtlinge mit Kreuzertypus? Zweiter Nachtrag. — Neue Medaillen. — Versteigerungen und Verkäufe. — Neu erschienene Kataloge. — Beigegeben Tafel 113.

Berliner Münzblätter Nr. 152 und 153 (April—Mai 1893), enthaltend: Die ältesten chinesischen Staatsmünzen. Sammlung und eine Literaturanzeige.

Adattár Délmagyarország XVIII. századi Történetéhez. I. Rész. Temesvár 1893.

Münzfund in Damitz.
(Schluss.)

Salzburg. Erzbisthum. Paris Graf v. Lodron. Kr. v. J. 1663 1 Stück.

Böhmen. R. A. mit dem böhmischen Löwen als Brustschild.

Münzz.: Anker (Christoph Margelik, Prag). XVer v. J. 16—64 1 St.

„ PM = Prager Münze. XVer v. J. 16—94 1 „

„ G E (Gregor Egerer, Prag) v. J. 16—94 1 „

„ I. (Ant. Fhr. H. Janinalli, Prag): VIer v. J. 16—78, 81, 84, 86, je 1 Stück 4 „

„ (M V) Mathias Waist, Münzmeister in Prag VIer v. 16—89 1 „

Olmütz. Erzbisthum Leopold Wilhelm. XVer v. J. 1661 (wie Meyer 101) 1 St.

Silberkreuzer v. J. 1658 (Meyer 97) 1 „

Carl Graf v. Lichtenstein XVer v J. 1693 (Meyer 272) 1 „

„ „ XVer v. J. 1694 5 versch. St. 5 „

„ „ VIer v. J. 16—73 (M. 209) 1 „

Carl Herzog v. Lothringen. Silberkreuzer v. J. 17—01 und 1704, je 1 Stück 2 „

Ungarn. Leopold I. XVer v. J. 1661 mit K.-B. 2 versch. Stempel 2 St.

Leopold I. XVer v. J. 16.62 K.-B. 2 v. St. 2 St.
„ „ „ 1663 „ 2 „ 2 „
„ „ „ 1665 „ „ 1 „
„ „ „ 1667 „ „ 1 „
„ „ „ 16×74 „ 4 „ 5 „
„ „ „ 16—74. Unten 2
Wappenschilder, Ungarn, Klausenburg
und CG in einnander, 2 versch Stempel 2 „
XVer v. J. 16—75 (Dasselbe Münzz.) 1 „
„ „ 16—76 „ „ 1 „
„ „ 16×75 mit K-B 3 v. St. 3 „
„ „ 1675 „ N-B L-M 1 „
„ „ 16×76 „ K-B 2 v. St. 2 „
„ „ 16+77 „ „ 4 „ 8 „
„ „ 16+78 „ „ 3 „ 6 „
„ „ 16+79 „ „ 5 „ 5 „
„ „ 16+80 „ „ 2 „ 2 „
„ „ 16+81 „ „ 4 „ 4 „
„ „ 16+82 „ „ 2 „ 2 „
„ „ 16+83 „ „ 2 „ 3 „
„ „ 1682 „ N-B 1 „
„ „ 1683 „ „ 1 „
„ „ 16+84 „ K-B 1 „
„ „ 1685 „ „ 3 v. St. 3 „
„ „ 1686 „ „ 5 „ 5 „
„ „ 1687 „ „ 3 „ 3 „
„ „ 1687 „ N-B 1 „
„ „ 1688 „ K-B 4 v. St. 4 „
„ „ 1689 „ „ 8 „ 10 „
„ „ 1690 „ „ 6 „ 6 „
„ „ 1691 „ „ 6 „ 7 „
„ „ 1692 „ „ 2 „ 2 „
„ „ 1693 „ „ 3 „ 3 „
„ „ 1694 „ „ 5 „ 5 „
„ „ 1695 „ „ 3 „
„ „ 16—95 „ C-H (Pressburg) 1 „
„ „ 1696 mit K-B 2 v. St. 4 „
„ „ 16—96 „ C-H 3 „ 4 „
„ „ 1696 „ N-B 1 „
VIer „ 1667 „ K-B 3 „ 3 „
„ „ 1668 „ „ 3 „ 3 „
„ „ 1669 „ „ 3 „ 4 „
„ „ 1671 „ „ 2 „ 8 „
„ „ 1672 „ „ 4 „ 5 „
„ „ 1673 „ „ 2 „ 2 „
„ „ 1674 „ „ 2 „ 2 „
„ „ 16—76 (2 Wappenschilde
und CG in einander, 2 v. St. 2 „
Poltura „ 1696, 1697 je 1 Stück 2 „
„ 1699 2 versch. Stempel 2 „
Silberkreuzer v. J. 16 (undeutlich) mit C-H 1 „

Schlesien-Liegnitz. Ludwig allein.
XVer v. J. 16t 2 mit Herz mit Kr. 2 v. St.2 St.
„ „ 1663 „ 1 „
Georg III. allein (Münzz.: E-W. Elias Weiss,
Münzmeister in Brieg).
XVer v. J. 1662 1 St.
„ „ 1664 mit Herz mit Kr. 3 v.St.3 „
Christian allein
Herz mit Kr. XVer v. J. 1662 3 v. St. 3 „
„ „ „ 1663 1 „
„ „ „ „ 1664 2 „ 2 „
„ „ „ mit verwischter Jahrzahl 1 „
„ „ VIer v. J. 1665 1 „
mit C-B (Christoph Bretschneider, Münz-
meister in Brieg):
Groschen v. J. 16—69 1 „
„ „ 16—70 2 versch. St. 2 „
Ludovica als Vormünderin:
VIer v. J. 1673 ohne Münzz. 1 „
„ „ 1673 mit C-B 2 v. St. 2 „
Dreier o. J. mit C-B 2 „
Oels, Fürstenthum. Sylvian Friedrich.
Schles. Adler mit S-P (Samuel Pfahler, Münz-
meister in Oels).
XVer v. J. 16—73 3 v. St. 4 St.
„ „ 16—94 mit I. L-T 5 „ 6 „
VIer „ 1674 „ S P 1 „
Schlesien-Oels zu Bernstädt. Christ.Ulrich.
Silberkreuzer v. J. 16—76, 80, 83, 84,
je 1 Stück 4 St.
Dreier v. J. 16—71 und 97 2 „
Carl. Dreier v. J. 16—99 1 „
Breslau, Bisthum. Friedrich, Landgraf v.
Hessen. Münzz.: LP-H (Leonhard Paul Haller,
Münzmeister in Neusse).
XVer v. J. 16—80 (Pro Deo et Ecclesia) 1 St.
Kreuzer v. J. 1681 „ „ 1 „
Dasselbe Münzz. Franz Ludwig, Pfalzgraf
v. Neuburg:
„ „ XVer v. J. 16—93 2 v.St. 3 St.
„ „ „ 16—94 2 v. 4 „
„ „ VIer „ 16—93 1 „
„ „ Kreuzer v. J. 17—00 1 „
Baiern. Max Emanuel. XVer v. J. 16—91
Landmünze 1 St.
Pfalz Kreuzer v. J. 16—45 1 „
Hessen—Kassel. Moritz, Landgraf.
4 Heller v. J. 16—05 1 St.
Regensburg. Stadt-Kreuzer o. J. 1 „
Wien. Stadt-Einser-Pfennig v. J. 16—85
und 89 2 St.

Münzenfunde

mitgetheilt von der k. k. Central-Commission zur Erhaltung und Erforschung der Kunst- und historischen Denkmale.

Zu Mocovic bei Časlau fand Ende April 1889 ein Landmann in einer Maueraushöhlung eines sehr alten Kellers 377 Münzen aus der Zeit von 1380 bis 1671. Herr Conservator Čermák in Časlau erwarb sie und berichtete über den Fund an die k. k.

Central-Commission. Der Fund enthält folgende böhmische Münzen: 2 Groschen Wenzel IV., 1 Hussitenpfennig, 44 Groschen von Wladislaus II., 11 böhmische Groschen Ferdinand I, aus den Jahren 1534—1544 und 3 ohne Jahreszahlen, 1 Weissgroschen Rudolf II. von 1609, 28 Kleingroschen desselben Kaisers, die meisten vom Münzmeister Enderle 1603 bis 1608, 18 Weissgroschen des Kaisers Mathias, vom Münzmeister Hölzel von Sternstein, 1617 und 1618. 168 Kleingroschen desselben Kaisers, von demselben Münzmeister aus den Jahren 1617—1619 und 3 solche von Schultys von Felsdorf vom Jahre 1612. 32 stän-dische 24-Kreuzerstücke (20 aus dem Jahre 1619 von Hölzel, 3 von Hübmer, 1 von Škreta aus dem Jahre 1620, 6 von Hölzel und aus der Joachimsthaler Münze mit dem Münzzeichen Lengefelders).

Vom Winterkönig Friedrich von der Pfalz waren 9 Achtundvierziger mit 7 Wappen im Reverse vorhanden, und zwar 8 von Hölzel (auf 3 in der Umschrift SILE, auf 3 SIL, oben das böhmische und pfälzische Wappen), 2 von Hölzel aus der Kuttenberger Münze mit Münzzeichen Stern ohne Umfassung und ein Joachimsthaler von Lengefelder, alle vom Jahre 1620, wie auch die 33 Vierundzwanzigkreuzerstücke. 11 davon waren aus der Münz-stätte zu Kuttenberg (Münzzeichen Hölzel's: Stern in der Umfassung, ein solcher nur mit 620 in der Jahreszahl), 6 von Paul Škreta mit Doppellilie als Münzzeichen, alle diese nur mit dem böhmischen und pfälzischen Wappen im Reverse und 15 solche mit 7 Wappen, und zwar 5 von Hölzel, mit Stern ohne Umfassung, 5 mit der Umfassung, 2 von Škreta mit LVS im Reverse und 1 mit LIS, ferner 1 von Lengefelder und 1 von Cantor in Olmütz geprägt.

Die jüngste von diesen böhmischen Münzen war ein in Brünn von Caspar Wecker im Jahre 1626 geprägter Kreuzer. Von nichtböhmischen Münzen sind hervorzuheben: 1 Viertelthaler Ferdinand I., mit österr. und kastilischem Wappen im Adler, 1 Viertelthaler Rudolf's II. für Kampen, 5 Viertelthaler desselben für Zwolle, 10 solche des Kaisers Mathias für Kampen, 1 Viertelthaler des Erzherzogs Leopold als Bischof von Passau, 1 des Erzherzogs Albrecht und der Erzherzogin Elisabeth, 1 vom Pfalzgrafen Georg Gustav, dann Dicken für Oettingen aus dem Jahre 1522, $1\frac{1}{4}$ Thaler von Mathias für Mecklenburg, Kreuz-viertelthaler Philipp III. von Spanien, 2 Halbthaler der westfriesischen Stände aus dem Jahre 1620, 2 Dicken von Luzern 1611 und 1617, 2 Schaffhausener Dicken vom Jahre 1614 und 1 Viertelthaler Sigismund III. von Polen. Die beiden jüngsten Münzen sind 1 Groschen Christian's Herzog von Schlesien und 1 Reichsapfelpfennig von 1671. Bald nach diesem Jahre scheint der Schatz verborgen worden zu sein. Die Münzen aus den Jahren 1617—1620 sind vortrefflich erhalten und waren wenig in Umlauf. In demselben Keller fanden sich auch Kacheln ohne Glasur, zerschlagene Gläser und Scherben.   *S.*

In Sachsenfeld bei Cilli wurde gelegentlich der Herstellung eines neuen Garten-zaunes ein Topf mit Münzen ausgegraben, in welchem sich angeblich gegen 300 Stück Silber-pfennige (aus der zweiten Hälfte des XIII. Jahrhunderts) befanden.

Silberpfennige fast der gleichen Zeit, angeblich in der Zahl von nahezu 10.000 Stücken, wurden (nach Aussage des Verkäufers) in Gleisdorf(?) auf einem Acker ausgegraben.

Beide Funde gelangten zum grösseren Theile in den Besitz des l. steierm. Münzen-und Antikencabinets in Graz.   *B.*

Bracteatenfund. Bei Podmok und Bracic wurde im Walde „Pánova" unter einem alten Baume in einem kleinen unglasirten Gefässe mehrere hundert Bracteaten im Durchmesser von 26 bis 28 mm gefunden. Sie zeigen einen gelockten und gekrönten Kopf, darunter 2 gekreuzte Scepter mit kreuzartigen Enden; die selteneren kleinen Stücke haben einen Adler mit Menschenkopf. Leider wurde der Fund von den Arbeitern ganz zerstreut. Herr Conservator Čermák in Časlau spricht in seinem Berichte an die k. k. Centralcommission die Ansicht aus, dass die gefundenen Münzen möglicherweise in irgend einem Verhältnisse zu den Verheerungen des Otto von Brandenburg im Jahre 1279 stehen, und fügt bei, dass in der Nähe des Fundplatzes bei der Mündung des Kozobloder Baches in den Bach Mastná Bába (Caslauer Bach) eine mittelalterliche Burgstätte „Hrádek" liegt, die mit Wall und Graben von der waldigen Hochebene abgegrenzt ist, in der man auf Spuren von Mauern und ausgebrannten Lehmbewurf stiess und welche in Urkunden noch im Jahre 1417 als Feste Johanns von Chlum genannt wird. *S.*

Verschiedenes.

Die Medaillen des Stiftes Zwettl. Unter den Schätzen der Münzensammlung des Stiftes Zwettl befinden sich auch zwei überaus seltene Gussmedaillen, welche die Erinnerung festhalten an zwei der hervorragendsten Aebte dieses altehrwürdigen Cisterzienser-Stiftes. Der gütigen Erlaubniss des jetzigen Herrn Prälaten von Zwettl P. Stefan Rössler danke ich die Möglichkeit, beide hier beschreiben zu können. Sie stammen beide von Meistern, die sich nicht nennen.

1. Salvator-Medaille zur Erinnerung an die Ernennung des Abtes Ulrich II. Hackl (1586—1607) zum österreichischen Regierungsrathe, 1597. Durchmesser 82—83 mm. Zwei Exemplare. *a)* Silber und stark vergoldet, Gewicht: 11 *gr*. *b)* Bleiabschlag. (Eine Beschreibung des im kaiserl. Münzkabinete befindlichen Exemplares in Gold (21 *gr*) findet sich bei Bergmann, Medaillen auf berühmte Männer. II. 1857, S. 34 f. sammt Abbildung Taf. XVII, Nr. 79.)

V.: „* S. C. M : EX . REG : CONSIL'. AET . Arabeske XLVI". (= Sacrae Caesareae Majestatis excelsi regiminis consiliarius aetatis XLVI.) Bekleidete Büste des Salvator von rechts.

R.: „ . VDALRICVS . DG . ABBAS . ZWETH = —." (= Udalricus Dei gratia abbas Zwethalensis). Zwischen der Jahreszahl „15—97" über dem schräg gestellten Bischofsstabe die reich mit Edelsteinen gezierte Bischofsmütze mit fliegenden Bändern. Darunter zwei schräg aneinandergelehnte Wappenschilde, das Wappen des Stiftes und des Abtes aufweisend. Unten, wo die beiden Schilde einen grösseren Raum freilassen, ein stilisirter geflügelter Engelskopf.

Ringsum glatter erhabener Rand. (Ueber Salvator-Medaillen siehe Domanig: Die deutsche Privat-Medaille der älteren Zeit in „Num. Zeitschrift" XXIV. Bd., S. 104.)

Ulrich Hackl, geb. am 1. November 1551 zu Wien, seit 1577 Priester, war 1581 Propst in Stadt Zwettl, und seit 1586 Abt des Stiftes Zwettl. Sein Landsmann, Freund und Gönner, der berühmte Cardinal Khlesl, hatte Zwettl, Letzteres trotz des Protestes der Conventualen des Stiftes durchgesetzt, obgleich Ulrich nicht Mitglied des Conventes war und erst im Jahre 1588 die Profess ablegte. Am 4. Jänner 1597 wurde Ulrich zum niederösterreichischen Regierungsrathe ernannt. Später in die Reihe der Statthalter eingerückt, hat er sich nicht bloss um das Stift Zwettl, „sondern auch um seine Vaterstadt Wien und den Staat hochverdient" gemacht. Er starb im Jahre 1607. Seinen Eintritt in den Staatsdienst als Regierungsrath feiert unsere Medaille. (Nach „Beiträge zur Geschichte des Cisterzienser-Stiftes Zwettl" von Stefan Rössler. „Das Stift Zwettl, seine Geschichte und seine Sehenswürdigkeiten" von demselben und nach freundlicher Mittheilung des Herrn Prälaten aus den Stiftsarchivalien.)

2. Medaille zur Erinnerung an Melchior von Zaunagg, Abt des Stiftes Zwettl 1706—1747. Durchmesser 93 mm. Exemplar in Bronze.

V.: „MELCHIOR Rosette ABBAS Rosette ZWETH." (= Zwethalensis.) Brustbild des Abtes Melchior von links im Ordenskleide, das Käppchen auf dem Kopfe. Die stark hervortretenden Backenknochen und die tiefen Falten auf der Stirne und um den Mund deuten auf das hohe Alter des Dargestellten.

R.: Leeres ebenes Feld.

Ringsum doppelter durch eine Hohlkehle verbundener stark hervortretender glatter Linienrand.

Melchior von Zaunagg, geboren zu Stadt Zwettl 1667, seit 1695 Priester, Abt seit 1706. Seiner langen Regierung verdankt das Stift eine Reihe hervorragender Bauwerke. Er hat die Kirche ausgebaut und vollständig neu eingerichtet, den herrlichen Stiftsthurm, die Bibliothek, die Sacristei und Schatzkammer etc. erbaut. Ein Freund der Künste und Wissenschaften wurde von ihm eine Reihe hervorragender Künstler, wie Paul Troger, Martin Altomonte, Bergmüller, Mungenast und Andere beschäftigt. Auf welches Ereigniss im Leben dieses im Jahre 1747 verstorbenen verdienten Mannes vorliegende Medaille Bezug hat, ist wohl zweifelhaft. Nach Mittheilung des Herrn Prälaten Stefan Rössler könnte sowohl das Fest der vor 50 Jahren empfangenen Priesterweihe, als auch der vor 40 Jahren erfolgten Wahl zum Prälaten des Stiftes Veranlassung hierzu geboten haben. *V. v. Renner.*

Die Numismatik an der Mittelschule. Schon die vorjährigen Programme der österreichischen Mittelschulen lieferten den Beweis, dass in einer grösseren Anzahl derselben Münzensammlungen vorhanden sind und theilweise auch beim Unterrichte Verwendung finden. Soll letzteres systematisch geschehen, so wird es nothwendig sein, dass nicht bloss von der obersten Unterrichtsverwaltung auf diesem Gebiete auch bei uns wirklich thatkräftig eingegriffen wird, man wird auch Umschau halten müssen über das bereits Vorhandene, um sowohl daraus das noch Erforderliche ersehen zu können, als auch dadurch Anregung zu bieten Jenen, die bisher isolirt der Angelegenheit überhaupt noch das Augenmerk nicht zugewendet haben. Die Numismatische Gesellschaft hat durch den bekannten Beschluss vom 18. Jänner d. J. ihre Bereitwilligkeit erklärt, die Angelegenheit im Sinne der Anregung des IV. deutsch-österreichischen Mittelschultages mit allen ihr zu Gebote stehenden Mitteln zu fördern. Wir wollen daher von der nächsten Nummer an, soweit uns dies, sei es durch die verschiedenen Anstaltsprogramme selbst, sei es durch anderweitige Mittheilungen möglich gemacht wird, an dieser Stelle durch fortlaufende Anzeigen das Materiale liefern helfen, um eine solche Uebersicht der an unseren Mittelschulen bereits vorhandenen Münzensammlungen zu ermöglichen. Sämmtliche Custoden der betreffenden Anstalten werden freundlichst eingeladen, uns in diesem unseren Beginnen durch Notizen über den Bestand der ihrer Obhut anvertrauten Sammlungen und über die Art ihrer Unterbringung und Verwerthung im Unterrichte zu unterstützen. Zur Ermöglichung einer rascheren Berichterstattung und einheitlichen Verarbeitung des zur Verfügung stehenden Materiales ersuchen wir, dergleichen Notizen direct dem Redactionsmitgliede Gymnasial- Professor Victor v. Renner (Wien, III., Geusaugasse Nr. 19) gefälligst zuzuwenden. Jede, auch die kleinste Notiz, soll uns willkommen sein. *Die Redaction.*

Stolbergischer Halbthaler. Herr Maximilian Wormser jun. in Wien theilt uns die Beschreibung eines in seinem Besitze befindlichen bemerkenswerthen stolbergischen Halbthalers mit, der wahrscheinlich unedirt ist und wegen der darauf ganz ausgeschriebenen Jahreszahl auffallend bleibt. *Av.*: ⊕ WOLF ✶ LUDOVI ✶ HINRI ✶ ALBERT ✶ GEOR ✶ ET ✶ CHRIS. Der stolbergische Helm. *Rev.*: MONETA ✶ . COMITUM ✶ ASTOLB ✶ ET ✶ WER ✶. Vierfeldiges Wappen zwischen zwei blattartigen Verzierungen, oben 1549.

Ueber böhmisches und mährisches Münzwesen. Die Tagesliteratur beschäftigt sich selten mit der edlen Münzkunde. Es muss daher umso erfreulicher sein und verzeichnet werden, dass das Znaimer Wochenblatt, welches in seiner Nummer vom 13. Mai 1893 einen Aufsatz über die Waldviertler Alterthümer gebracht hat, in seinen Nummern 35 und 36 vom 3. und 6. Mai 1893 einer mit Dr. Aesculap gefertigten lehrreichen Abhandlung über mährisch-böhmisches Münzwesen Raum gönnte. Der Autor erwähnt der Münzwirren unter Wenzel II. und hebt das Verdienst dieses Herrschers hervor, welcher sechs erfahrene Männer, darunter Reinardo, Apardo und Zeno aus Florenz kommen, 1300 nach dem Muster von Florenz und Tours zu Kuttenberg die Grossi Pragenses prägen liess — 60 aus der f. Mark —, die durch fast 300 Jahre den Geldmarkt im mittleren Europa beherrschten. Beziehungen auf Urkunden, Währungsfragen etc. erhöhen das Interesse an dem Artikel. *S.*

Kataloge.

Edmund Rappaport, Berlin, Hallesche Strasse Nr. 18. Numismatisches Offerten-Blatt Nr. 2, August 1893. Münzen Nr. 280—682, Medaillen auf berühmte Personen Nr. 683—698, Numismatische Werke Nr. III—IX.

Rollin & Feuardent, Paris, Quai des Grands-Augustins 45. Catalogue des livres, de numismatique et de sigillographie, d'archéologie, d'histoire et de blason. 2265 Nummern.

Mittheilungen der Gesellschaft.

Versammlungen der numismatischen Gesellschaft mit Vorträgen und Ausstellungen finden in den Monaten October bis Mai statt und sind die p. t. Herren Mitglieder und Freunde der Gesellschaft höflichst eingeladen, sich an denselben zu betheiligen.

Es wird ersucht, Zuschriften und Sendungen bezüglich der Zeitschrift an Herrn Oberbergrath Carl von Ernst, Wien, III., Ungargasse 3 oder Herrn Rudolf v. Höfken-Hattingsheim, Wien, XVIII., Feldgasse 35, bezüglich des Monatsblattes an Herrn Franz Trau, I., Wollzeile 1, bezüglich der Cassa an Herrn Theodor Rohde, I , Wallfischgasse 11, alle anderen Briefe und Sendungen an die numismatische Gesellschaft, I., Universitätsplatz 2 (kais. Akademie der Wissenschaften), zu richten.

Das Bibliothekslocale der numismatischen Gesellschaft, I., Universitätsplatz 2, ist an jedem Mittwoch von 6 Uhr an geöffnet.

Die ordentlichen Mitglieder der numismatischen Gesellschaft zahlen eine einmalige Eintrittsgebühr von 2 fl., einen Jahresbeitrag von 8 fl. und erhalten die Zeitschrift und das Monatsblatt kostenfrei zugestellt. Abonnement der Zeitschrift 6 fl., des Monatsblattes (12 Nummern) 1 fl.

Herausgeber und verantwortlicher Redacteur: Franz Trau — Verlag der numismatischen Gesellschaft in Wien. Druck von Kreisel & Gröger, vorm L. W. Seidel & Sohn, in Wien

MONATSBLATT

der

numismatischen Gesellschaft in Wien.

Dieses Blatt erscheint monatlich ein Mal und wird den Mitgliedern der Gesellschaft
unentgeltlich zugesendet. Preis des Jahrganges für Nichtmitglieder 1 fl. Zuschriften
sind zu richten an die numismatische Gesellschaft, Wien, I., Universitätsplatz 2.

Nr. 123.	October.	1893.

Einladung

zu der

am Mittwoch den 18. October 1893, Abends 7 Uhr

im grünen Saale der kais. Akademie der Wissenschaften (I., Universitätsplatz 2)

stattfindenden

ordentlichen Versammlung.

Programm:

1. Mittheilungen des Vorstandes. — 2. Wahl neuer Mitglieder. — 3. Vorträge des Herrn
k. k. Oberbergrathes Carl R. v. Ernst: „Wann wurde der 20 Guldenfuss eingeführt"
und „Ueber die Gründung der Münzstätte Günzburg in Vorderösterreich". — Ausstellung
von Günzburger Münzen aus den Sammlungen der Stadt Wien, der Herren C. R. v.
Ernst und Dr. J. Scholz. — Gäste willkommen.   Der Vorstand.

Die Antinoosmünzen des Stiftes Zwettl.

Die Münzen und Medaillen mit dem Bilde des Antinoos, jenes Idealtypus der
jugendlichen Männerschönheit aus der glücklichsten Periode der römischen Kaiserzeit,
gehören im Allgemeinen zu den numismatischen Seltenheiten. Von dem Augenblicke
an, in welchem der unglückliche Jüngling, nachdem er im Jahre 130 n. Chr. bei Besa
im Nil ertrunken war, von Kaiser Hadrian unter die Götter versetzt wurde, breitete
sich der Antinoos-Cultus von Egypten rasch über Vorderasien und Griechenland aus.
Landschaften und Städte, besonders Bithynien, als die eigentliche Heimat des neuen
Gottes, wetteiferten, demselben Statuen und Tempel zu errichten und Münzen
und Medaillen wurden an den verschiedensten Orten*) ihm zu Ehren geprägt.
Da aber die Wirksamkeit all dieser Münzstätten eine verhältnismässig beschränkte
war, so sind die verschiedenen Typen in nicht allzu vielen Exemplaren auf uns
gekommen Daher ist auch die Zahl der in den einzelnen grösseren Münzensammlungen vorhandenen Antinoosmünzen nirgends eine besonders grosse.
Um so höher ist es anzuschlagen, dass die Münzensammlung des Stiftes
Zwettl deren fünf Stück besitzt, unter denen eine (Nr. 4) aus Ephesos
in Jonien, also aus einer Prägestätte stammt, von welcher bisher Antinoos-

---

*) Cohen führt im II. Bande der zweiten Ausgabe der „Monnaies imperiales" S. 268, 23 resp.
24 verschiedene Prägestätten an, von welchen Antinoos-Münzen bisher bekannt sind.

Münzen überhaupt unbekannt waren, zwei andere dagegen (Nr. 3 und 5) neue Varianten schon bekannter Prägungen zeigen. Indem ich mit gütiger Erlaubnis des Herrn Prälaten von Stift Zwettl, P. Stefan Rössler, eine möglichst genaue Beschreibung aller fünf Stücke hier folgen lasse, habe ich bei den bisher weder im Katalog des Britischen Museums, noch von Eckhel oder Mionnet beschriebenen Stücken auch die Bilder nach möglichst getreuen Abgüssen beigegeben.

1. V.: OCTIΛIOC MAPKEΛΛOC O IEPEYC TOY ANTINOOY. Bekleidete Büste des Antinoos von rechts.

R.: TOIC AXAIOIC ANEΘHKEN. Nackter Jüngling (Antinoos als Hermes?) von vorne, Kopf v. l., mit der R. ein sich aufbäumendes Pferd am Zügel haltend. In der L. Caduceus mit herabwallendem Mantel. Im Abschnitte [MOCƆC]?

Bronze-Medaillon. Durchmesser 36 *mm*, Gewicht 22 *gr*. Ungereinigt, auf der R. abgewetzt. Eckhel VI, S. 532. Mionnet II, 160 Nr. 98, R[5]. Barclay V. Head S. 353.

2. V.: ANTINOON—ΘEON. Kopf des Antinoos v. r.

R.: Achtsäuliger Tempel mit Giebelfeld auf breiter Basis. Im Felde zu beiden Seiten: KOI—NON. Im Abschnitte: BEIΘVN I AC.

Bronze-Medaillon, Durchmesser 33—34 *mm*, Gewicht 21·5 *gr*. V. sehr gut erhalten, R. etwas zerfressen. Mionnet. Suppl. V, S. 4, Nr. 16. R[8].

3. V.: ANTINOOC -- HPΩC. Nackte Büste des Antinoos v. r.

R.: MHTP — NIKOMHΔEIA. Mit der dreithürmigen Mauerkrone gekrönte, bekleidete Büste der Stadtgöttin v. r.

Bronze, Durchmesser 22—23 *mm*, Gewicht 9 *gr*. Sehr gut erhalten. Auf der R. die Legende etwas platt gedrückt.

Mionnet Suppl. V. S. 177, Nr. 1026, R[3] ähnlich, aber R.: H MHTPOΠOΛIC. Das kais. Cabinet in Wien besitzt kein Exemplar dieses Stempels.

4. V.: ANTINOOC — HPΩC. Kopf des Antinoos v. r.

R.: |NEOKOPΩN — EΦECIΩN B. Nackter Jüngling stehend von vorne, Kopf v. r., die Linke, über welche die übergeschlagene Chlamys herabhängt, auf eine Säule im Ellbogen gelehnt. In der R. Kugel? (oder Blume?)

Bronze, Durchmesser 21—22 *mm*, Gewicht 5 *gr*, theilweise ungereinigt, aber sehr gut erhalten.

Bei Barclay V. Head, Eckhel, Mionnet und im Katalog des Britischen Museums nicht verzeichnet. Auch das kais. Cabinet in Wien besitzt keine Antinoos-Münze aus der Prägestätte Ephesus.

5. V.: ANTINOOC — HPOC. Kopf des Antinoos v. r.

R.: ΠΟΛΕΜΩΝ ΑΝΕΘΗΚΕ CMYPNAIOIC. Widder stehend v. r. auf der Abschnittlinie.

Bronze-Medaillon, Durchmesser 33 mm, Gewicht 24 gr. Vorzügliche Erhaltung. Eckhel VI, S. 534 und Mionnet III, S. 229, Nr. 1281, R⁶, verzeichnen ein ähnliches Stück, aber vor dem Widder einen Caduceus. Auch das kais. Cabinet in Wien besitzt kein Exemplar dieses Stempels.

Stift Zwettl September 1893.   *V. v. Renner.*

Uebersicht der an den österreichischen Mittelschulen bestehenden Münzen-Sammlungen.

I.

Als Professor Josef H ö t z l im Jahre 1866 in Linz den Plan fasste, für das dortige Gymnasium eine Münzen-Sammlung zu schaffen, da hatte er wohl trotz aller Begeisterung für die Sache kaum eine richtige Vorstellung von der Bedeutung seines kühnen Unternehmens, sowohl für die Hebung der Sammelthätigkeit auf dem Gebiete der Numismatik im Allgemeinen, als auch für den Unterricht an sämmtlichen österreichischen Mittelschulen in Geschichte und Philologie im Besonderen. Zwar konnte er selbst noch im Programmaufsatze des Linzer Gymnasiums vom Jahre 1867 darauf hinweisen, dass die Gymnasien zu Feldkirch und Meran ebenfalls aus dem Gelde, welches dortige Bürger herbeigeschafft hatten, laut Correspondenz des k. k. Hofmünz-Cabinetes in Wien, kleine Münzen-Sammlungen erworben hätten; zwar wuchs die Sammlung des Linzer Gymnasiums selbst in kurzem aus den freiwilligen Spenden, die infolge der öffentlichen Aufrufe Hötzl's an dasselbe eingeschickt worden waren, so an, dass der Custos derselben bereits im Jahresberichte von 1868 selbst noch 1146 Münzen des Alterthums (1 Gold-Trajanus, 151 Silber-, 994 Erz-Münzen), 3829 des Mittelalters und der Neuzeit (13 Gold-, 130 Thalerförmige und 2294 kleinere Silber-, 1392 Kupfer-Münzen), 668 Medaillen etc. (1 Gold-, 122 Silber- und 545 aus anderen Metallen), 40 Zinnabgüsse, 1019 Gypsabgüsse, 188 Papiergeldzeichen, zusammen also eine Sammlung von 6890 Stück ausweisen konnte; als jedoch der verdiente Mann im April des Jahres 1869 starb, da scheint sich im Lehrkörper des Linzer Gymnasiums kein Mann gefunden zu haben, der das Werk des Verewigten fortzuführen sich berufen gefühlt hätte, denn noch im Jahrgange 1869 der Wiener numismatischen Zeitschrift, S. 376, sah sich Dr. J. K. veranlasst, mitzutheilen: „Zu unserem nicht geringen Befremden erhielten wir Kenntniss von einem Gerüchte, welches den Verkauf der von dem leider nur zu früh verstorbenen Professor Hötzl gegründeten und mit unsäglicher Aufopferung gepflegten Münz- und Medaillen-Sammlung des k. k. Staats-Gymnasiums in Linz, als wahrscheinlich bezeichnet." Und obgleich im Programme des Linzer Gymnasiums vom selben Jahre (1869) darauf hingewiesen wird, dass die Münzen-Sammlung neuerliche Vermehrung erfahren habe, so bringen die nachfolgenden Jahresberichte von 1871 an doch keine Mittheilung mehr über die Münzen-Sammlung der Anstalt und im heurigen Programme (1893) wird berichtet, dass die Anstalt, um die Münzenkunde im Unterrichte verwerthen zu können, sich genöthigt gesehen habe, die Sturm'schen Münztypen-Reproductionen (nach Auswahl von Prof. Dr. Kubitschek) anzuschaffen.

Weswegen wir das Voranstehende erzählen? — Blos deshalb um zu zeigen wie vergänglich das Wirken des Einzelnen ist, wenn er vereinzelt bleibt. Und doch wieder, wie eine Idee, auch wenn sie längere Zeit hindurch unterdrückt wird —' in unserem Falle weil man eine Münzen-Sammlung für ein Gymnasium als blosse Spielerei ansah — immer wieder aufgegriffen wird, bis sie endlich, wenn sie nützlich, dem Zeitgeiste entsprechend, ja nothwendig ist, endlich doch zur Geltung kommen muss. — Hötzl registrirte zwei verwandte Anstalten, die seine Idee aufgegriffen hatten. Nebenbei bemerkt, weist das Meraner Gymnasium heute keine Münzen-Sammlung mehr aus. Professor D e c h a n t stellte noch in den Sechziger-Jahren jene Sammlung des Schotten-Gymnasiums in Wien für den Unterricht aus der Geschichte des Alterthums zusammen, welche sowohl auf der Weltausstellung 1873, als auch auf der im Jahre 1892 bei Gelegenheit des IV. deutsch-österreichischen Mittelschultages veranstalteten Münzen- und Medaillen-Ausstellung für Schulzwecke Aufsehen erregte. Aus den Programmen des verflossenen Schuljahres (1893) aber können wir die erfreuliche Thatsache erweisen, dass es jetzt nur mehr ein einziges Kronland in Oesterreich gibt, in welchem keine Mittelschule eine Münzen-Sammlung ausweist und dieses Kronland ist Galizien. Wenn wir dieses Land ausser Betracht lassen, so bleiben in sämmtlichen übrigen Kronländern 148 Gymnasien (und Realgymnasien) und 73 Realschulen mit Oeffentlichkeitsrecht. Von den ersteren weisen Münzen-Sammlungen aus 74 Anstalten, d. i. genau 50%, von den letzteren 14 Anstalten, d. i. circa $19 \cdot 2\%$. Und diese Münzen-Sammlungen bereits besitzenden 88[*]) Mittelschulen vertheilen sich auf beinahe sämmtliche Kronländer!

Es entfallen hiervon auf Wien 13 (unter 28), Niederösterreich ausser Wien 5 (unter 14), Oberösterreich 1 (6), Salzburg 1 (3), Steiermark 5 (11), Kärnten 1 (4), Krain 1 (5), Küstenland 3 (9), Dalmatien 1 (7), Tirol 2 (11), Vorarlberg 1 (2), Böhmen 34 (73), Mähren 14 (35), Schlesien 3 (9), Bukowina 3 (4).

Noch auffälliger erscheint das Verhältniss der Anstalten mit Münzen-Sammlungen zur Gesammtzahl, wenn wir die Gymnasien allein in Betracht ziehen. Von diesen befinden sich in Wien 10 (unter 15), Niederösterreich ausser Wien 5 (11), Oberösterreich 1 (4), Salzburg 1 (2), Steiermark 5 (8), Kärnten 1 (3), Küstenland 2 (5), Dalmatien 1 (5), Tirol 2 (8), Vorarlberg 1 (1), Böhmen 29 (54), Mähren 12 (20), Schlesien 2 (5), Bukowina 2 (3). Werden die Anstalten nach der Unterrichtssprache in Gruppen getheilt, so ergeben sich unter den 102 Gymnasien mit deutscher Unterrichtssprache 54 (oder beinahe 53%) an denen sich Münzen-Sammlungen befinden. Diesen zunächst stehen die 39 tschechischen Gymnasien, von denen 19 (d. i. beinahe

---

[*]) In diese Zahl wurden auch jene vier Lehranstalten (drei in Wien, eine in Oberösterreich) miteinbezogen, welche sich vorderhand mit den Sturm'schen Münztypen-Reproductionen begnügen, denn wo einmal diese in Gebrauch stehen, dort wird das Sammeln von Originalen wohl auch nicht mehr lange auf sich warten lassen.

49%) mit solchen Sammlungen versehen sind. Unter den sechs Gymnasien mit italienischer Unterrichtssprache besitzt nur eines (also $16·66°|_0$) eine solche. Die Gymnasien mit polnischer (24), ruthenischer (1) und serbo-kroatischer (3) Unterrichtssprache weisen keine Münzen-Sammlung aus. Unter den 77 Realschulen aber haben überhaupt nur solche mit deutscher Unterrichtssprache dergleichen Sammlungen (unter 56 Anstalten befinden sich 14 mit Münzen-Sammlungen oder $25°|_0$). — Die italienischen (3), die tschechischen (13), polnischen (4) und serbo-kroatischen (1) besitzen keine.

Alle diese Zahlen bezeichnen nur die untersten Grenzen. Sie sind den uns zugänglich gewordenen Jahresberichten der österreichischen Mittelschulen selbst entnommen.　　　　　　　　　　　　　　　　　　　　　　　　(Fortsetzung folgt.)

Münzenfunde.

Zu Hagenbrunn in Niederösterreich fand die Wirthschaftsbesitzerin Frau Barbara Wannemacher in ihrem Weingarten im Mai 1892 ein Goldstück. V.: Geharnischter mit Schwert und Pfeilbündel. CONCORDIA PAR CRES　　　Im Felde 16—30. R.: In verziertem Viereck MO · ORDI PRO · VIN FOE DER BELG · AD LEG · IMP.　　　　　　　　　　　　　　　　　　　　　　　　　　　　*S.*

Zu Neu-Hrozenkau fand nach einem vom Conservator Herrn M. T r a p p in Brünn an die k. k. Central-Commission zur Erhaltung der Kunst- und historischen Denkmale erstatteten Berichte der Grundbesitzer Paul H a w e l k a beim Umackern eines Feldes 48 Thaler, nämlich 9 Maria Theresia-Thaler aus den Jahren 1752, 1755, 1767, 1771, 1772 und 1783(?), 19 andere österreichische Thaler aus der Zeit von 1765 bis 1830, 17 sächsische Thaler von 1779 bis 1834, 3 bayerische von 1774, 1785 und 1806.

Bei Puntowitz nächst Brünn wurde eine $2^1|_2$ Dukaten schwere Regenbogenschüsselmünze gefunden, die Herr Notar Dr. Křiz in Steinitz angekauft hat.　*S.*

Sliwnica. Am 1. April 1892 fand der Knecht Wasyl Kogut bei Abgrabung eines Hügels im Hausgarten seines Herrn, Michael Martynski, eine bauchige $6·5\,cm$ hohe, $12\,cm$ breite Urne, in welcher über 100 Silbermünzen waren, welche bis auf 37 verschleppt wurden. Zur Einsicht wurden 8 Stücke eingesendet, welche drei polnischen Königen angehören.

Wladislav V, † 1444, 3 Stücke, Silber, Durchmesser $21\,mm$. Wellenheim Nr. 10953, V.: + MONE, Stern, WLADISLAI Krone. R.: + REGIS POLONIE, Rose. In der Mitte Adler.

Pfennig ohne Umschrift $12\,mm$. Wellenheim Nr. 10958. R.: Krone, darunter O, R.: Adler.

Casimir IV. 1445—1492, 1 Stück, Silber, Durchmesser $20\,mm$. Wellenheim Nr. 10961. V.: + MONETA KAZIMIRI, Adler, R.: + REGIS POLONIE, Krone, unten fünfstrahliger Stern.

Johann Albrecht, 1492 1501, 3·Stück, Silber, Durchmesser $17\,mm$. Wellenheim Nr. 10972. V.: + MONETA I ALBERTI, Adler, R.: + REGIS POLONIE, Krone. Alle Umschriften in Mönchsschrift.　　　　　　　　　　　　　　　*S.*

Besprechungen.

B. R e b e r, F r a g m e n t s n u m i s m a t i q u e s s u r l e c a n t o n d'A r g o v i e. Genéve, 　Imprimerie Dubois 1890 (!) [87 S., $8°$, mit 3 Textbildern und 30 Tafeln Ab　bildungen].

　　Nach so vielfachen Vorarbeiten wäre wohl von dem auf vorliegendem Gebiete so heimischen Archivar und Bibliothekar der Schweizer Numismatischen Gesellschaft auf Grund archivalischer Studien eine zusammenfassende Geschichte des Münzwesens des Cantons Argau zu erwarten gewesen. Statt einer solchen bietet der Verfasser mit vorliegender Arbeit nur Fragmente zu derselben. Merkwürdig ist ihre Anordnung. Das Minderwichtige, die Schulmedaillen der Städte Bremgarten, Mellingen, Baden, Brugg, Lenzburg, Zofingen und des Cantons Argau stellt der Verfasser voran. Dabei schickt er der Besprechung der einzelnen ihm bekannt gewordenen Stücke eine förmliche Geschichte der betreffenden Stadt voraus, die aber mit den Schulmedaillen eigentlich in keinem Zusammenhange steht und hauptsächlich Bekanntes, nicht frei von Irrthümern (S. 6: „l'empereur Leopold IV." (!), S. 16: „Date de 4862" etc.) und Ungenauigkeiten (Johann Caspar Mörikofers Todesjahr 1790, S. 8 fl. fehlt) wiederholt. Was sollen hier Mittheilungen über Münzrecht und Münzgepräge (Seite 6, 15, 20), wo solche bei den eigentlichen Münzen dann fehlen?

Hierauf folgt eine Geschichte des Krieges von Toggenburg und des zweiten Krieges von Villmergen im Jahre 1712, des Friedens von Baden, sammt Beschreibung der diese Ereignisse verherrlichenden Medaillen. Die merkwürdige Medaille auf die Belagerung von Rheinfelden durch Bernhard v. Weimar hat den Verfasser nicht veranlasst, mehr als eine Beschreibung der Medaille selbst zu geben.

Daran schliesst sich die Beschreibung der Prägungen der Stifter Muri und Wettingen hauptsächlich aus der Zeit der Aebte Placidus Zurlauben von Muri (1684—1723) und Christoph Silbereisen von Wettingen (1563—1594, † 1608). Von Medaillen auf berühmte Personen kennt der Verfasser die auf Heinrich Bullinger im Jahre 1719 geprägte und die beiden auf den General Herzog. Mit den Nachträgen und modernen Schützen- und Festmedaillen etc. sind in diesem ersten Theile der Arbeit insgesammt 130 Stück Medaillen und Jetone beschrieben.

Flüchtiger und ungleichmässiger behandelt der Verfasser im zweiten Theile (S. 53—77) „die Münzen des Cantons Argau", und zwar die Münzen der Stadt Zofingen, von Laufenburg und des Cantons Argau seit 1803. Was in einzelnen Zeitschriften (Bulletin de la Soc. Suisse de numismatique 1889, 1890. — Revue Suisse de numismatique 1891, 1892) als schätzbares Materiale für zusammenfassende Arbeiten oder Orientirung für angehende Sammler ganz gut am Platze gewesen sein mag, das sollte doch nicht in einer Monographie, die vor Allem einheitliche Wissenschaftlichkeit bei Behandlung des Stoffes verlangt, einfach wieder abgedruckt werden. Währung, Schrot und Korn, das Metrologische im Münzwesen Argaus, ist kaum berührt; die Beschreibung der verschiedenen Münzen eine höchst summarische. Dabei die Bilder sehr ungleichmässig. Einzelnes recht gut, Anderes schlecht (so z. B. die Textbilder, aber auch Taf. XVII, Nr. 63, Taf. XX, Nr. 76, 77, Taf. XXII, Nr. 15, ist einfach unmöglich etc.). Auffallend ist es, dass der Archivar dem archivalischen Material so sehr aus dem Wege geht. So muss es doch zum mindesten über das Münzwesen Argaus seit 1803 dergleichen geben; der Verfasser scheint aber darum sich nicht gekümmert zu haben. Wenigstens erwähnt er nicht einmal das Fehlen desselben (S. 4). Das am Schlusse beigegebene „Schema" kann doch unmöglich den sonstigen Mangel auf diesem Gebiete ersetzen wollen. — Uebrigens freut es uns, dass die Arbeit auf so schönem, geschöpften Papiere gedruckt wurde.

Victor von Renner.

Professor Nic. Teclu, Quantitative chemische Untersuchung der in Oesterreich-Ungarn neu eingeführten Geldmünzen. (In: Einundzwanzigster Jahresbericht des Vereines der Wiener Handels-Akademie 1893. Wien Verlag des Vereines. 1893. Seite 275 u. f.)

Enthält die Resultate der von Schülern ausgeführten Analysen von neuen österreichischen Zwanzig-Kronenstücken (4 Analysen), Ein-Kronenstücken (3 Analysen) und Hellermünzen (4 Analysen). Die Schwankungen bei allen drei Sorten sind naturgemäss sehr geringe. Beim Kupfer ergeben selbe 0·23, beim Silber 0·19 und beim Golde gar nur 0·04. Ein Beweis wie genau nicht nur bei der nothwendigen Mischung der Metalle im einzelnen vorgegangen wird, sondern auch wie vollständig und gleichmässig sich diese Mischung in den flüssigen Massen vollzieht. *V. v. R.*

Numismatische Literatur.

Der numismatischen Gesellschaft sind zugegangen:

Dr. Karl Domanig, Die deutsche Privatmedaille der älteren Zeit. Mit 3 Tafeln. Wien. 1893. (Sonderabdruck) Geschenk des Verfassers.

Eduard Fiala. Die Münzungen des ständischen Directoriums und Friedrichs von der Pfalz (1619—1620). (Sonderabdruck) Geschenk des Verfassers.

Dr. Hans Tauber, Zur Geschichte des steierischen Münzwesens in der Zeit nach dem Tode Leopolds I. (5. Mai 1705) bis zum Ende der Grazer Münzstätte. (Sonderabdruck) Geschenk des Verfassers.

Revue belge de numismatique. 1893, III. Heft, mit Tafel 8 und einer Beilage. Inhalt: Prince Philippe de Saxe Cobourg et Gotha, Curiosités orientales de mon cabinet numismatique (deuxième article). — P. Bourdeaux, Les monnaies de Trèves pendant la période carolingienne. — J. E. Ter Gouw, Des fausses monnais au XVIIe siècle. — Ch. Cochcteux, De l'utilité de rechercher la contenance en argent des monnaies du moyen âge. — C. F. Trachsel, Étude comparative sur la livre toulousaine et ses subdivisions aux XIIIe et XVe siècles d'après une série de poid monétiformes de la collection de l'auteur. — Nécrologie. — Mélanges. — Société royale de Numismatique.

Hermann Dannenberg, Münzgeschichte Pommerns im Mittelalter. Mit 47 Tafeln Münz- und Siegel-Abbildungen. Berlin 1893. Adolph Weyl. (Geschenk des Verfassers).

Monatsblatt der kais. kön. heraldischen Gesellschaft „Adler", Wien, Juli 1893. III. Band, Nr. 31.

Kunstgewerbliches Museum der Handels- und Gewerbekammer in Prag, Bericht des Curatoriums für das Verwaltungsjahr 1892. Prag 1893.

Monatsblatt des Alterthums-Vereines zu Wien, IV. Band. 10. Jahrgang. 1893. Nr. 7 u. 8. Jnli—August.

M. A. de Witte, État actuel de la science numismatique. Bruxelles J. Goemaere, 1893.

Revue numismatique dirigée par Anatole de Barthélemy, Gustave Schlumberger, Ernest Babelon. Troisième série, tome onzième. Deuxième trimestre 1893. Paris, Rollin et Feuardent. Sommaire: Reinach, Th. De la valeur proportionelle de l'or et de l'argent dans l'antiquité grecque (suite et fin). — Drouin E. Monnaies de la reine sassanide Borân ou Pourandokht. — Casanova P. Notes de numismatique himyarite. — Prou M., Tiers de sou de Dunodcru. — Richard A., Observations sur les mines d'argent et l'atelier monétaire de Melle sous les Carolingiens. — Bordeaux Paul, Monnaies inédites de Charles X, roi de la Ligue; Douzain des Politiques et Piedforts de Louis XIII. — Blanchet J. A., Medaillon de Jean Hérvard, par G. Dupré. — Tour H. de la, Giovanni Paolo. — Chronique. — Nécrologie. — Prix d'adjudication de la collection Spitzer. — Bulletin bibliographique. (Mit Tafel III, IV, V und VI.)

Troisième trimestre, 1893. Sommaire: Vauvillé O., Monnaies gauloises trouvées dans le département de l'Aisne. — Babelon E., Récentes acquisitions du Cabinet des Médailles. Lycie, Phrygie, Pisidie. — Casanova P., Monnaies des Assassins de Perse. — Maxe-Werly L., Monnaies mérovingiennes à la légende BAINISSION. — Vienne Maurice de, Résumé historique de la monnaie espagnole (à suivre). — Rouyer J., Méreaux de cuivre frappés à Paris, dans le XVIIe siècle, pour l'usage des protestants. — Serrure R., Interdiction faite par Charles IV., roi des Romains, à Pierre IV d'André, évêque de Cambrai, de frapper de la monnaie d'or. — Blanchet J.-A., Doubles tournois de Henri IV frappés à Saint-Palais. — Chronique - Nécrologie. — Bulletin bibliographique (Tafel VII—IX).

Mittheilungen des Clubs der Münz- und Medaillenfreunde in Wien. Redacteur Jos. Nentwich. Nr. 36, Mai 1893. Hugo Weifert, Medaillen auf die Eroberungen Belgrads in den Jahren 1688, 1717 und 1789 und den Frieden von Passarowitz (Fortsetzung). — Die Münzstätte Wien unter Ferdinand I. 1521 bis 1564 und unter Maximilian II. 1564—1576. (Dargestellt aus Münzen der Sammlnng der Stadt Wien). — Die Münzstätte Wien unter Rudolph II. 1576—1608 und

Matthias 1608—1619. — Moriz Markl, Ein interessanter ungarischer Thaler. — Neue Prägungen. — Miscellen. — Clubnachrichten.

Nr. 37, Juni 1893. Hugo Weifert, Medaillen auf die Eroberungen Belgrads in den Jahren 1688, 1717 und 1789 und den Frieden von Passarowitz (Schlusswort). — Die Münzstätte Wien unter Ferdinand II. 1619—1637. (Dargestellt aus Münzen der Sammlung der Stadt Wien). — -n-, Was und wie soll man sammeln? Eine offene Frage. — Neue Prägungen. — Miscellen. — Clubnachrichten.

Nr. 38. Juli 1893. —n—, Einst und Jetzt. Betrachtungen eines Numismaten. — Die Münzstätte Wien unter Ferdinand III. 1637 bis 1657. (Dargestellt aus Münzen der Sammlung der Stadt Wien.) — Die Münzstätte Wien unter Leopold I. 1657—1705. (Dargestellt aus Münzen der Sammlung der Stadt Wien.) — Neue Prägungen. — Miscellen. — Clubnachrichten.

Nr. 39. August 1893. Th. Unger, Der Gedenkthaler der Sacramentsbruderschaft zu Graz vom Jahre 1633. — Otto Voetter, Römische Kupferprägungen in Carthago. Eine Rangliste der ersten Diocletianischen Tetrarchie. — Die Münzstätte Wien unter Josef I. 1705—1711, Carl VI. 1711—1740, Maria Theresia und Franz I. von 1740 an bis zur Einführung des Conventionsmünzfusses, in Deutschland unter diesem Namen seit 1753, in Oesterreich schon früher eingeführt. (Dargestellt aus Münzen der Sammlung der Stadt Wien.) — Neue Prägungen. — Miscellen.

Neunundzwanzigster Jahresbericht des Leopoldstädter Communal- Real- und Obergymnasiums in Wien. Am Schlusse des Schuljahres 1893. Aus dem Inhalte: Käufe und Geschenke an Münzen und Medaillen.

B. Reber, Fragments numismatiques sur le Canton d'Argovie. Genève- Imprimerie Dubois. 1890. (Mit 3 Text-Illustrationen u. 30 Tafeln Abbildungen).

Der Sammler, herausgegeben von Dr. Hans Brendicke in Berlin, XV. Berlin 1893. Nr. 8 und 9. Aus dem Inhalte: Gedenkmünzen auf die Weltausstellung in Chicago. — Funde und Ausgrabungen.

The Numismatic Chronicle 1893. Heft II. enthält: W. Greenwell, Rare Greek coins (Tafel VII). — A. Cunningham, Later Indo-Scythians (Tafel VIII—X). — A. E. Packe, The Coinage of the Norman Kings (T. XI, XII). — B. V. Head, Notices of recent numismatic Publications. — Miscellanea.

Numismatisch - sphragistischer Anzeiger, herausgegeben von Friedrich Tewes in Hannover. 24. Jahrgang 1893. Juli, Nr. 7. Inhalt: Dr. P. J. Meier, Vorlagen für Münzstempel und Probeabschläge in Birkenrinde (Fortsetzung). — Th. Stenzel, Die Münzen und Medaillen des Fürsten Johann Georg II. von Anhalt-Dessau. Auctionsnachrichten — Kaufgesuche. August, Nr. 8. Inhalt: Dr. P. F. Meier, Vorlagen für Münzstempel und Probeabschläge in Birkenrinde (Fortsetzung) — Th. Stenzel, Die Münzen und Medaillen des Fürsten Joh. Georg II. von Anhalt- Dessau. — Ein Bernburger Ducaten von 1743? — Auctionsnachrichten etc. — Beiblatt: Münzen- und Bücherverkehr.

M. Bahrfeldt, Numismatisches Literaturblatt. Nr. 72. Juli 1893. — Inhaltsverzeichnis der numismatischen Zeitschriften. — Selbständige Publicationen und Aufsätze in nichtnumismatischen Zeitschriften. — Münz- und Bücherverzeichnisse. — Numismatische Werke in Vorbereitung. Tauschangebot.

Monatsblatt des Alterthums-Vereines zu Wien, IV. Band, 10. Jahrgang 1893, Nr. 9, September.

Fr. Prof. Bulić, Bullettino di Archeologia e storia Dalmata; Anno XVI. Spalato 1893. Maggio Nr. 5.

Verschiedenes.

Numismatische Zeitschrift. Das, anfangs September ausgegebene, mit 4 Lichtdrucktafeln und 191 Textabbildungen ausgestattete erste Semestralheft des XXV. Bandes der numismatischen Zeitschrift enthält folgende Abhandlungen: I. Zweiter Nachtrag zu dem Münzfunde von Bregetio, mit Taf. I, von Dr. Friedrich Kenner (S. 1—4); II. Römische Bleitesserae, mit Taf. II, III, IV, von Dr. Jos. Scholz (S. 5—122); III. Beiträge zur Münzgeschichte der Lüneburgischen Lande im ersten Drittel des 17. Jahrhunderts, mit 187 in den Text eingedruckten Münzabbildungen, von M. Bahrfeldt (S. 123—372); IV. Thalerprägungen Ferdinand I. aus der Wiener Münzstätte, mit 4 Thalerabbildungen, von M. Markl (S. 373—378). — Numismatische Literatur (S. 379—384).

Wiener Universität. Im Verzeichnisse der im heurigen Wintersemester an der hiesigen Universität stattfindenden Vorlesungen, kündigt Gymnasialprofessor Dr. Josef Wilhelm Kubitschek, Privatdocent für alte Geschichte, ein einstündiges Collegium: „Einleitung in die antike Numismatik", an. (Dieselbe findet im Hörsaale Nr. 18, nach Uebereinkunft statt).

Silberne Hochzeit. Unser allverehrtes Mitglied, Oberbergrath Carl R. v. Ernst, feierte am 26. August d. J. im engsten Familienkreise das Fest der silbernen Hochzeit. Aus diesem Anlasse wurde ihm und seiner Gemahlin von Herrn Regierungsrath Joseph Mueller sammt Frau ein reizender silberner Erinnerungsjeton gewidmet, dessen Beschreibung wir unseren Lesern, denen ja beide Ehepaare auf's beste bekannt sind, nicht vorenthalten können.

V.: Innerhalb des erhabenen glatten Linienrandes, Perlenkreis. Im Felde in 7 Zeilen: CAROLO | EQVITI·AB·ERNST | ET·ANNAE·AB·ERNST | NATAE·GRVND | QVINTVM·MATRIMONII·LVSTRVM | FELICITER | PERACTVM·CELEBRANTIBVS. Darunter über zwei gekreuzten Lorbeerzweigen, Hammer und Schlägel gekreuzt. Unten im Halbkreise: DEDICANT·IOSEPH·ET·MAGDAL·MUELLER·AMICI.

R.: Innerhalb des von einem erhabenen glatten Linienrande umgebenen Perlenkreises, im Felde: MDCCC | LXVIII Eichen- und Rosenzweig gekreuzt an die in der Mitte aufrecht stehende Hochzeitsfackel durch ein Band gebunden, dessen Schleifen herabflattern. Am Rosenzweige zwei aufgeblühte Rosen und eine Knospe. Am Eichenzweige zwei grössere und zwei kleinere Früchte. MDCCC | XCIII. Unten im Halbkreise: XXVI·AVGVSTI. Durchmesser: 32 mm. *Renner.*

Guida Numismatica, III. Edizione. (Adressbuch für Münzensammler.) Die bekannten Numismatiker, Gebrüder Gnecchi in Mailand haben beschlossen, ihre Guida in 3. Auflage herauszugeben. Deshalb bitten sie, die Circulare, welche die Herren Sammler erhalten werden, ausgefüllt an Herrn Q. Perini, Apotheker in Trient (Südtirol), zu senden, da dieser die Ausarbeitung der österreichischen Abtheilung des Buches übernommen hat. Die Aufnahme der Sammlungen in die Guida erfolgt unentgeltlich.

Die Münzstätte Kaschau. Unter den von Joh. Newald hinterlassenen Notizen, welche mir Herr Prof. von Luschin zur Durchsicht zu übersenden die Güte hatte, finde ich u. A. eine Aufzeichnung über die Münzstätte Kaschau, welche ihrer Fassung nach einem, Newald zugegangenen Briefe entnommen sein dürfte. Obzwar diese Vormerkung auch Bekanntes wiedergibt, lasse ich sie, wegen einzelner darin enthaltener, meines Erachtens interessanter Daten hier folgen. Dieselbe lautet: Ein Freund berichtet mir, es sei durch Documente erwiesen, dass in Kaschau unter Carl von Anjou und Ludwig dem Grossen ein Münzhaus bestand. 1356 galt ein Kaschauer Gulden, 18 Groschen, 1402—1406 aber 36 Groschen. 1410 galten 200 Kaschauer Gulden 100 neue königliche Gulden, d. h. ein Kaschauer Gulden hatte einen Werth von 50 Denaren; in Oberungarn nannte das Volk Jahrhunderte lang diesen Zählgulden (denn geprägt wurde eine solche Münze nicht) „Kurta forint". Durch eine lange Reihe von Jahren wurde die Kaschauer Münze von Johann Giskra und seinen beiden Pächtern Paul Modrar und August Greniczer betrieben. 1458 verlieh König Mathias der Stadt selbst das Prägerecht, unter der Bedingung, dass die Münze nach Form und Gehalt der Ofener Prägung gleich sei. Dieses Recht wurde 1511, 1521 und 1523 erneuert. Die Kaschauer Münzen tragen den Münzbuchstaben C und eine Lilie (das Stadtwappen), auch C—I, C—L etc. Dies ist wohl allen Numismatikern bekannt; neu dürfte es aber sein, dass in Kaschau auch im 17. und 18. Jahrhundert von Gabriel Bethlen und von den Conföderirten unter Franz Rákóczy geprägt wurde. Es wird dies durch die auf Münzen dieser Zeit vorkommenden Buchstaben: C—C, C—M und M—C (Civitas Cassoviensis, Moneta Cassoviensis). vornehmlich aber durch die Doppellilie in einer Cartouche (Thaler 1627, kleine Münzen von 1623, 1625, 1626, 1627) erwiesen. Das Malcontentenkupfergeld Pro libertate X und die einfachen Polturen von 1705—1707 zeigen eben falls die Buchstaben C—M, auch M—C. (Dass diese Kupfermünzen Kaschau angehören, ist wohl nicht unbekannt gewesen, zumal seit Herr Th. Rohde (Num. Ztschr. IX. Band, S. 216) den Nachweis hievon geliefert hat.) *Ernst.*

Ein nicht edirter Thaler von Carl, letztem Herzog von Croy und Arschot, Prinzen zu Chimay, geb. 1560, gest. 1612. ohne Leibeserben; prägte 1580—1587. V.: CAROLVS . D . G . PRIN . D . CHIM . CO. MAO. Das Wappen oben bei der Krone getheilt. 8—3. R.: RVDOLPH . II . ROM . IMP . S . AVG . ORD.

P . F . DE der Doppeladler. Befindet sich in meiner Sammlung. Ofenpest, im September 1893. *Leopold Szuk*, Professor.

Münzversteigerungen: 1. In Frankfurt am Main am 16. October 1893 und folgende Tage, Versteigerung einer alten Sammlung von österreichischen Münzen und Kunstmedaillen, Thalern, Medaillen und Goldmünzen aller Länder, sowie zweier interessanter Münzfunde. — Katalog mit 2 Tafeln Abbildungen à M. 2 (ohne Tafeln gratis) zu beziehen durch den beauftragten Experten.

2. Ebendaselbst am 18. October 1893 und folgende Tage Versteigerung der Sammlung des Herrn Louis Rivoir, Birmingham. Münzen und Medaillen des Mittelalters und der neueren Zeit in Gold und Silber, ferner Bronzemedaillen und Kupfermünzen, sowie einige numismatische Werke. — Katalog (gratis) zu beziehen durch den beauftragten Experten Adolph Hess in Frankfurt a/M., Westendstrasse 7.

3. In München am 6. November 1893 und folgende Tage, Versteigerung der Sammlung eines böhmischen Münzfreundes. Münzen und Medaillen verschiedener Länder. — Katalog (gratis) zu beziehen vom Unterzeichneten: Otto Helbing in München, Von der Tannstrasse 4,I.

Anfrage. Wohin gehört folgende griechische Bronze-Münze? V.: Lorbeerbekränzter Kopf des Augustus (oder Tiberius?) v. r. L.: $\Sigma EBA\Sigma TO\Sigma$ . . $H\Omega N$ — R.: Frauenkopf (Livia?) v. r. L.: T . . . . A $\Sigma O\Phi OKAH\Sigma$. Die Münze 5·647 *gr* schwer, besitzt einen Durchmesser von 18—20 *mm* und zeigt 8·282 s. U. A. w. g. *V. v Renner.*

Kataloge.

Paul Stroehlin, Genève—Suisse. Rue des Granges 5. Catalogue de monnaies, médailles et jetons Suisses, concernant les tirs. 454 Nummern.

Edmund Rappaport, Berlin, Hallesche Strasse 18. Numismatisches Offertenblatt Nr. 3. September 1893. Münzen und Medaillen. Nr. 699—1013.

Derselbe. XXV. Verzeichniss verkäuflicher Münzen und Medaillen. 1120 Nummern.

Zschiesche und Köder, Leipzig, Königsstrasse 4. Verzeichniss Nr. 53 verkäuflicher neuester deutscher Thaler, Doppelthaler und Doppelgulden (geordnet nach Schwalbach) 372 Nummern.

Dieselben Verzeichniss Nr. 54 griechischer, römischer und byzantinischer Münzen. 3638 Nummern.

Adolph Hess, Frankfurt a. M., Westendstrasse 7. Katalog einer alten Sammlung von Oesterreichischen Münzen und Kunstmedaillen, Goldmünzen, Thalern und Medaillen aller Länder, sowie zweier interessanter süddeutscher Münzfunde. Versteigerung Montag den 16. October 1893 u. ff. 1209 Nummern mit 2 Tafeln Abbildungen.

Derselbe. Sammlung des Herrn Louis Rivoir, Birmingham. Münzen und Medaillen des Mittelalters und der neueren Zeit in Gold und Silber, ferner Bronze-Medaillen und Kupfermünzen, sowie einige numismatische Werke. Versteigerung Mittwoch den 18. October 1893 und ff. 3772 Nummern.

Adolf Weyl, C. Berlin, Adlerstrasse 5. 128. Auctions-Katalog. 1172 Nummern. Versteigerung am 27. und 28. September.

C. G Thieme, Leipzig, Gewandgässchen 5. Numismatischer Verkehr. Nr. 5—6, Juli 1893. 3113 Nummern Münzen, Medaillen und Orden.

Maximilian Wormser, Wien, I., Kärntnerstrasse 31. Nr. 4. Verzeichniss verschiedener verkäuflicher Münzen, Medaillen etc. 460 Nummern.

Mittheilungen der Gesellschaft.

Versammlungen der numismatischen Gesellschaft mit Vorträgen und Ausstellungen finden in den Monaten October bis Mai statt und sind die p. t. Herren Mitglieder und Freunde der Gesellschaft höflichst eingeladen, sich an denselben zu betheiligen.

Es wird ersucht, Zuschriften und Sendungen bezüglich der Zeitschrift an Herrn Oberbergrath Carl von Ernst, Wien, III., Ungargasse 3 oder Herrn Rudolf v. Höfken-Hattingsheim, Wien, XVIII., Feldgasse 35, bezüglich des Monatsblattes an Herrn Franz Trau, I., Wollzeile 1, bezüglich der Cassa an Herrn Theodor Rohde, I., Wallfischgasse 11. alle anderen Briefe und Sendungen an die numismatische Gesellschaft, I., Universitätsplatz 2 (knis. Akademie der Wissenschaften), zu richten.

Das Bibliothekslocale der numismatischen Gesellschaft, I., Universitätsplatz 2, ist an jedem Mittwoch von 6 Uhr an geöffnet.

Die ordentlichen Mitglieder der numismatischen Gesellschaft zahlen eine einmalige Eintrittsgebühr von 2 fl., einen Jahresbeitrag von 8 fl. und erhalten die Zeitschrift und das Monatsblatt kostenfrei zugestellt. Abonnement der Zeitschrift 6 fl., des Monatsblattes (12 Nummern) 1 fl.

Herausgeber und verantwortlicher Redacteur: Franz Trau — Verlag der numismatischen Gesellschaft in Wien. Druck von Kreisel & Gröger, vorm L. W. Seidel & Sohn, in Wien

MONATSBLATT

der

numismatischen Gesellschaft in Wien.

Dieses Blatt erscheint monatlich ein Mal und wird den Mitgliedern der Gesellschaft unentgeltlich zugesendet. Preis des Jahrganges für Nichtmitglieder 1 fl. Zuschriften sind zu richten an die numismatische Gesellschaft. Wien. I., Universitätsplatz 2.

Nr. 124.	November.	1893.

Einladung

zu der

am Mittwoch den 22. November 1893, Abends 7 Uhr

im grünen Saale der kais. Akademie der Wissenschaften (I., Universitätsplatz 2)

stattfindenden

ordentlichen Versammlung.

Programm:

1. Mittheilungen des Vorstandes. — 2. Vortrag des Herrn k. u. k. Oberstlieutenants Otto Voetter: „Die römischen Münzen des Kaisers Gordianus III. und deren Fälschungen." — Ausstellung von Gordianus-Münzen aus der Sammlung des Herrn k. u. k. Oberstlieutenants Otto Voetter. — Gäste willkommen.

Eine datirte Münze römischer Prägung aus der Münzstätte Alexandria.

Alexandria in Egypten ist eine jener wenigen Münzstätten, wo auch nach der Münzreform Aurelians die Prägung griechischer Münzen noch fortgesetzt wurde bis in die Zeiten Diocletian's. Erst während der Regierung des letzteren wurde auch hier die autonome Prägung durch die lateinische ersetzt. Mommsen (Geschichte des römischen Münzwesens, S. 728) meint, dass dies „nicht vor 296 bei der neuen Organisation Egyptens durch Diocletian nach der Ueberwindung des Achilleus" geschah. Nun sind aber die Alexandrinischen Münzen griechischer Prägung des Diocletian sowohl wie seiner Mitkaiser genau datirt.*) Diocletian rechnet sein I. Regierungsjahr vom 17. September 284 bis zum 28. August 285, Maximianus Herculeus aber vom 1. April bis zum 28. August 285 (LA). Von da ab laufen die Datirungen auf den Münzen beider Herrscher parallel nach denselben Epochen fort, bis sie plötzlich mit dem Jahre LIB (12), d. i. in der Zeit vom 29. August 295 bis 28. August 296 gemeinsam ihr Ende erreichen. Da von da ab die lateinischen Prägungen der Tetrarchen in Alexandria beginnen, setzte man bisher die Usurpation des Achilleus, der mit dem auf Münzen dieser Zeit Domitius Domitianus genannten Beherrscher Alexandriens, wie dies bereits Otto Seeck (in „Die Anfänge Constantin's des Grossen",

---

*) Missong: Zur Münzreform unter den römischen Kaisern Aurelian und Diocletian in Numism. Zeitschrift, I., S. 127.

S. 64, Note 6) höchst wahrscheinlich gemacht hat, identisch sein dürfte, in das Ende dieses Jahres. Von diesem Domitianus (Achilleus) existiren Münzen sowohl lateinischer als auch griechischer Prägung, und man meinte daher, dass die erstere hier von ihm zuerst eingeführt worden sei und Diocletian's Münzreform sich dieser Neuerung nach der Besiegung des Usurpators auch für Alexandrien angeschlossen und nach Eroberung der Stadt die autonome Prägung endgiltig beseitigt habe (siehe auch: Schiller, Geschichte der römischen Kaiserzeit, II. Band, S. 148). Diese Annahme ist, soweit selbe Domitianus (Achilleus) betrifft, nunmehr wohl unhaltbar geworden. Wäre es schon an und für sich ein schlechter Anfang für einen Thronanmasser gewesen, sich mit der lateinischen Münzprägung in Alexandria einzuführen, nach einem mehr als dreihundertjährigen Bestande der griechischen Prägung, welche die Alexandriner gewiss nur ungern verschwinden sahen, so erbringt beifolgende bisher gänzlich unbekannt gewesene Münze den deutlichen Beweis dafür, dass bereits vor Domitianus in dieser Stadt die lateinische Prägung und zwar durch die Tetrarchen selbst eingeführt und demgemäss die autonome Prägung beseitigt worden ist. Ich lasse selbe hier in Abbildung folgen:

Maximianus Herculeus, Æ, Durchmesser 25—27 mm, Gewicht 8·6 g

V.: IMP · C · M · A · MAXIMIANUS P · F · AUG. Lorbeerbekränzter Kopf des Maximianus Herculeus v. r.

R.: GENIO POPU—L—I ROMANI. Genius v. l. halbnackt, den Modius auf dem Kopfe, in der R. Patera, in der L. Füllhorn. Im Felde: LIB—A. Im Abschnitte: ALE.

LIB ist noch der Vermerk des Jahres: 29. August 295 bis zum 28. August 296, wie er auf den Alexandriner Münzen griechischen Gepräges vorkam. ALE im Abschnitte heisst Alexandria. A rechts im Felde die erste der damals bestandenen drei Officinen dieser Münzstätte. Die Tetrarchen haben daher noch vor dem 28. August 296 mit der lateinischen Prägung in Alexandrien begonnen. Damit stimmt es auch, dass die griechischen Münzen des Diocletianus und Maximianus Herculeus mit LIB so selten sind. Kurze Zeit nach dem 29. August 295 haben dieselben wahrscheinlich schon den lateinischen Münzen Platz machen müssen. Die Tetrarchen liessen noch in diesem Jahre folgende Emissionen ausgeben: $\frac{\text{LIB A}}{\text{ALE}}$ (nach dem einzigen oben abgebildeten Exemplare meiner Sammlung) $\frac{| A}{\text{ALE}} \quad \frac{| B}{\text{ALE}} \quad \frac{\Gamma}{\text{ALE}}$

$\frac{* A}{\text{ALE}} \quad \frac{* B}{\text{ALE}}$

$\frac{\Theta | \Gamma}{\text{ALE}}$

$\frac{\text{Zweig A}}{\text{ALE}} \quad \frac{\text{Zweig | B}}{\text{ALE}} \quad \frac{\text{Zweig | } \Gamma}{\text{ALE}}$

Die vier Kaiser gingen also noch vor Domitianus' (Achilleus) Erhebung zur lateinischen Prägung über. Der neue Beherrscher Alexandriens konnte aus finanziellen Gründen diese Prägung nicht sofort abstellen, er liess aber nunmehr auch mit seinem eigenen Namen sowohl in lateinischer als auch in griechischer Weise Münzen ausprägen. (Siehe Cohen² VII., S. 53 u. ff.*) und Feuardent, Collection Giovanni di Demetrio. Numismatique. Egypte ancienne II., S. 291 f.) Auf seinen lateinischen Prägungen führt er den Adler (Alexandriens) ein:

Adler | A	Adler | B	Adler | Γ
ALE	ALE	ALE

und prägte gleichzeitig, vielleicht aus Furcht, für die anderen vier Kaiser. Gerade der Unwille der Bevölkerung Alxandriens über die Neuerung der Tetrarchen mag es ihm leicht gemacht haben, den Purpur zu erringen. Wir sehen ihn daher, nachdem seine Thronanmassung kurz vor dem 28. August 296 erfolgt war, vom 29. August d. J. bis in den März 297 auch die griechischen Alexandriner mit LB wieder ausgeben. Zur Ausprägung des ʼLA in den letzten Tagen des August 296 war entweder nicht mehr Zeit, oder von den wenigen, vor dem egyptischen Neujahre geprägten Stücken sind keine mehr auf uns gekommen. Das von Seeck a. a. O. S. 65 in der Note über die Zeit der Besiegung des Usurpators durch Diocletian Gesagte stimmt damit vollkommen.**) Schiller's a. a. O. S. 138 f. ausgesprochene Ansichten dagegen erscheinen nach dem Gesagten unhaltbar. Mommsen endlich an der eingangs angeführten Stelle (Gesch. des röm. Münzwesens S. 728) ist dahin zu berichtigen, dass schon vor Domitianus (Achilleus) die griechisch-autonome Prägung in Alexandrien durch die lateinische von den Tetrarchen ersetzt wurde und nach dem vergeblichen Versuche Domitianus', wenigstens neben letzterer auch die autonome wieder zur Geltung zu bringen, nach der Besiegung des Thronanmassers vollständig abgethan erscheint.

Wien, am 24. October 1893. *Otto Voetter.*

Ordentliche Versammlung der numismatischen Gesellschaft am 18. October 1893.

Der Vorsitzende, Vorstandsmitglied, Custos Dr. Carl Schalk begrüsst die erschienenen Mitglieder und Gäste und bringt einige während der Sommerferien an die Gesellschaft gelangte Einläufe zur Kenntniss der Versammelten, besonders auch das Ersuchschreiben des Herrn Q. Perini, Apotheker in Trient, der die Ausarbeitung der österreichischen Abtheilung der Guida numismatica, III. Edizione, der Gebrüder Gnecchi übernommen hat, an die Herren Sammler, die Circulare möglichst bald ausgefüllt an ihn einzusenden, damit das Werk, dessen baldiges Erscheinen im Interesse aller Numismatiker gelegen ist, demnächst zum Abschlusse gelangen könne. Zum Zweiten beantragt der Vorsitzende folgende Herren als ordentliche Mitglieder der numismatischen Gesellschaft aufzunehmen: Ferdinand Fábry, Sparcassebuchhalter in Wieselburg (vorgeschlagen von den Mitgliedern Dr. Josef Scholz und Theodor Rohde), Hugo Schraml, k. k. Ministerialbeamter (vorgeschlagen von den Mitgliedern Dr. Friedrich Kenner und Victor v. Renner) und Stephan Schwartz, Professor an der Kunstgewerbeschule des k. k. österr. Museums für Kunst und

---

*) Was Cohen hier und im Bande VI. (der 2. Aufl.) S. 12 von zwei verschiedenen Beherrschern Egyptens mit dem Namen Domitianus sagt, ist wie so vieles Andere in diesem Werke unrichtig; auch die sieben Seiten (285—291) bei Feuardent: Égypte ancienne etc. machen die Behauptungen Cohen's nicht wahrscheinlicher.

**) Am 31. März 297 konnte Diocletian ganz gut bereits von Alexandrien aus ein Gesetz erlassen, denn am 28. März spätestens war die Herrschaft Domitian's (Achilleus) bereits 7 Monate alt geworden und Eutropius sagt von ihm nur, dass er mehr als 7 Monate lang regiert habe.

Industrie (vorgeschlagen von den Mitgliedern V. v. Renner und Dr. J. Scholz), beide in Wien. Dieser Antrag wird einstimmig angenommen.

Hierauf berichtet Vorstandsmitglied Med. Dr. Josef Scholz über die Thätigkeit des Vorstandes während der Sommermonate, in Beziehung auf die Ordnung der Sammlungen der Gesellschaft. Dank der Freigebigkeit des kaiserlichen Rathes Wilhelm Kraft, der einen der vorhandenen Münzkästen auf eigene Kosten vollständig neu einrichten liess, war es möglich, die reiche Medaillensammlung der Gesellschaft aus den Paketen, in denen sie bisher aufbewahrt werden musste, zu befreien und in einer ihrer würdigen Weise, nach verschiedenen Gruppen geordnet, in die vorhandenen Laden einzulegen. Da kais. Rath Wilhelm Kraft zugleich auch die besondere Freundlichkeit hatte, den im Gesellschaftslocale vorhandenen Wandbücherschrank mit neuen Brettern unter sorgfältiger Ausnützung des vorhandenen Raumes ausstatten zu lassen, so war es auch möglich, in die Büchersammlung der Gesellschaft die nothwendige Ordnung bei Neuaufstellung der Bücher zu bringen. Dr. Scholz ersucht die Mitglieder, nunmehr auch baldigst die noch ausständigen Bücher an die Büchersammlung wenigstens zeitweilig zurückzustellen, sowohl um ihnen den ihnen zukommenden Platz anweisen, als auch um den Zettelkatalog der Büchersammlung endlich zum Abschlusse bringen zu können. Zum Schlusse wird auf seinen Antrag dem kais. Rathe Kraft der Dank der Versammlung für seine liebenswürdige Fürsorge im Interesse der numismatischen Gesellschaft ausgesprochen.

Mitglied Gymnasial-Professor V. v. Renner macht die Anwesenden darauf aufmerksam, dass das Ehrenmitglied der numismatischen Gesellschaft, Professor Dr. Theodor Mommsen in Berlin, der berühmte Geschichtsschreiber und Forscher, am 8. November d. J. das Jubiläum seiner vor 50 Jahren erfolgten Promotion zum Doctor feiere. Es wird einstimmig beschlossen, den Vorstand der numismatischen Gesellschaft mit der Begrüssung des hochgefeierten Mannes zu betrauen.

Hierauf hält Herr Oberbergrath Carl R. v. Ernst seine beiden Vorträge: 1. „Wann wurde der Zwanzig-Guldenfuss in Oesterreich eingeführt?" (derselbe befindet sich vollinhaltlich weiter unten abgedruckt) und 2. „Ueber die Gründung der Münzstätte Günzburg in Vorderösterreich" (dieser Vortrag wird auszugsweise in einer der nächsten Nummern des Monatsblattes zum Abdrucke gelangen). Beide Vorträge wurden durch eine reiche Ausstellung von Münzen aus den Sammlungen der Stadt Wien und der Herren C. R. v. Ernst und Dr. J. Scholz illustrirt. Nachdem der Vorsitzende unter reichlichem Beifalle der Anwesenden Herrn Oberbergrath v. Ernst den Dank Aller ausgesprochen hatte, schliesst derselbe die Versammlung.

Dr. Theodor Mommsen's 50jähriges Doctor-Jubiläum.

In Ausführung der Beschlüsse der Versammlug der numismatischen Gesellschaft in Wien vom 18. October und des Vorstandes derselben vom 2. November wurde dem grossen Gelehrten am 8. November folgendes Telegramm übermittelt:

Herrn Professor Dr. Theodor Mommsen in Berlin.

Dem grossen Gelehrten, dessen Name eine neue Epoche der Alterthumskunde bezeichnet, dem Erforscher des römischen Münzwesens, ihrem gefeierten Ehrenmitgliede bringt die numismatische Gesellschaft in Wien zur Feier des Jahrestages seiner vor 50 Jahren erfolgten Doctorpromotion die ehrerbietigsten Glückwünsche dar.

Der Vorstand.

Wann wurde der Zwanzig-Guldenfuss in Oesterreich eingeführt?

Vortrag, gehalten in der ordentlichen Versammlung vom 18. October 1893 von Oberbergrath C. v. Ernst.

Allgemein wird angenommen, dass in Oesterreich der Zwanzig-Guldenfuss im Jahre 1748 eingeführt worden sei. Man findet diese Angabe in allen Münzwerken älterer und neuerer Zeit, welche die Münzverhältnisse Deutschland's behandeln, wie in Praun's: Gründliche Nachricht von dem Münzwesen insgemein etc. Leipzig 1784; Cleymann: Materialien für Münzgesetzgebung, Frankfurt a. M. 1822; Klüber: Das Münzwesen in Deutschland, Stuttgart und Tübingen 1828, etc., und auch ich habe in meinen Erstlingsarbeiten: Ueber die Silberwährung Deutschland's und über den Levantinerthaler (welche im 4. Bande der numism. Zeitschr. 1872 erschienen sind) diese Angaben wiederholt. Es ist in diesen Schriften zu lesen, Kaiser Franz I. habe, als er die Unhaltbarkeit des im Jahre 1738 zum Reichsmünzfusse erhobenen Achtzehn-Guldenfusses erkannt hatte, ohne sich vorher mit den Reichsständen in's Einvernehmen zu setzen, im Jahre 1748 unter seinem Namen, Wappen und Bildniss Thaler und geringere Münzsorten, sogenanntes Kaisergeld, nicht nach dem reichsmässigen Achtzehn-Guldenfusse, sondern nach einem Zwanzig-Guldenfusse prägen lassen, welchem Beispiele seine Gemahlin Maria Theresia als Königin von Ungarn und Böhmen in Kürze folgte.

Diese Angaben nun beruhen auf einem Irrthume. Zunächst hätte es, im Hinblicke auf die zu jener Zeit in Österreich bestehenden Regierungsverhältnisse, meinen Gewährsmännern und auch mir unwahrscheinlich vorkommen müssen, dass Maria Theresia, welche bekanntlich ihre Entschlüsse ganz selbständig fasste und durchführte, bei einer so wichtigen Reform, wie es die Einführung eines neuen Münzfusses ist, ihrem Gemahl die Initiative überlassen hätte. Dann müsste die Frage gestellt werden, in welchem Gebiete Kaiser Franz I. die mit seinem Bilde versehenen Münzen eigentlich eingeführt haben soll? Wie aus allen Münzinstructionen der Kaiserin Maria Theresia hervorgeht, bestimmte sie jedesmal ausdrücklich, dass die Hälfte der zu prägenden Münzen mit ihrem, die andere Hälfte mit dem Bilde ihres Mitregenten zu versehen sei, insolange es ihrem kaiserlichen Gemahle gefallen würde, sich des Münzprivilegiums zu bedienen. Ein eigenes Münzprägerecht hat Kaiser Franz I. nirgends ausgeübt. Es kann daher nicht richtig sein, dass er zuerst Münzen des neuen Zwanzig-Guldenfusses mit seinem Bilde habe prägen lassen.

Obzwar mir diese Zweifel schon vor 20 Jahren aufgestiegen waren, glaubte ich, auf die eingangs erwähnten Fachautoritäten gestützt, ebenfalls sagen zu können, dass der Zwanzig-Guldenfuss im Jahre 1748 u. zw. von Kaiser Franz I. eingeführt wurde. Aus den alten Acten des Hofkammerarchivs habe ich mir inzwischen Belehrung geholt, und so bin ich jetzt in der Lage, jene irrthümlichen Angaben richtig zu stellen.

Es bestand, wie bereits erwähnt, in Deutschland, wenn auch nicht überall in allzu genauer Befolgung der im Jahre 1738 eingeführte Reichsmünzfuss, vermöge dessen aus der Cölner-Mark Feinsilber 18 fl. hervorgiengen. Dieser Reichsmünzfuss war auch von Kaiser Carl VI. angenommen worden, es wurde jedoch auch in Oesterreich nicht genau nach demselben ausgemünzt, weil der Kaiser nach wie vor von dem sogenannten „Privilegium des Quentels" Gebrauch machte. (Wie Newald: Beiträge zur Geschichte des österr. Münzwesens, Wien 1881, S. 6, erläutert, beruht dieses Privilegium, die Thaler etwas minderwerthiger auszuprägen, auf dem Patente Carls V., ddo. Madrid 10. November 1524.)

Unter Leopold I. wurden, diesem Privilegium gemäss, die Speciesgelder nicht zu 8 Thalern aus der rauhen Cölner-Mark von 14 Loth 4 Grän, sondern zu $8^1/_8$ Thalern aus der blos 14 Loth haltenden Mark, also $3^0/_0$ schlechter, ausgeprägt. Unter den Gründen, welche in den Acten für die Einführung dieses Privilegiums angegeben werden, erscheint Newald hauptsächlich der eine beachtenswerth, dass es den österreichischen Herrschern daran lag, ihre vornehmlich aus Bergsilber hergestellten Thaler vor dem Schicksale zu bewahren, dem die hochhaltigen Münzen sehr häufig anheimfielen, nämlich von anderen Münzherren und deren Münzpächtern eingeschmolzen und auf unterwerthige Scheidemünze verprägt zu werden. Da man annahm, dass die nach der geltenden Reichsmünzordnung vollwichtig ausgebrachten Silbermünzen dem Schmelztiegel zunächst verfallen, so glaubte man durch die, infolge des österr. Münzprivilegiums zulässige, in Korn und Schrott geringere Ausmünzung, die Speciesgelder einigermassen vor dem Schmelztiegel zu bewahren.

Auch zu Beginn der Regierung der Kaiserin Maria Theresia prägte man nicht nach dem Reichsmünzfusse 8 Thaler aus der zu $^8/_9$, d. i. zu 14 Loth 4 Grän beschickten, also 9 Thaler oder 18 fl. aus der feinen Cölner Mark, sondern $8^1/_8$ Thaler aus der zu $^7/_8$, d. i. zu nur 14 Loth beschickten, somit $9^2/_7$ Thaler à 2 fl., oder 18 fl. $17^1/_7$ kr. aus der feinen Cölnischen Mark.

Aber ungeachtet die österreichischen Thaler nach diesem etwas leichteren Münzfusse ausgebracht wurden und daher weniger inneren Werth hatten, als wenn sie reichsgesetzmässig ohne Abbruch an Gewicht und Feingehalt geprägt worden wären, wurden sie doch ausgeführt und anderwärts in geringerwerthige Scheidemünzen umgeprägt. Dies veranlasste die Kaiserin, ihre Ausprägung sehr einzuschränken, ja zeitweilig ganz einzustellen. So wurde es laut Münzinstruction vom 8. Juli 1742 den Provinzial-Münzämtern überhaupt verboten, Thaler, Halb- und Viertelthaler zu prägen.[*])

Die Wirrnisse des Erbfolgekrieges waren nicht geeignet, durchgreifende Maassregeln zur Ordnung des Münzwesens zu treffen. Diese erwiesen sich aber bald um so nothwendiger, als einerseits das Verhältniss zwischen Gold und Silber und somit der Werth des Dukatens zu dem der Speciesgelder sich verschoben hatte und andererseits durch das Einströmen der alten Louis blancs eine immer deutlicher hervortretende Calamität im Münzverkehre entstand. Diese Münzsorte wurde nämlich trotz ihres geringen Silberwerthes gleich den Thalern zu 2 fl. gegeben und genommen, und drängte die höherwerthigen Thaler aus dem Lande. Maria Theresia sah sich daher bestimmt, abermals zu verfügen, dass die Ausprägung der Thaler beschränkt werde. In der „Provinzial-Instruction" vom 23. April 1747 ordnete sie u. A. an, „von den Speciesgeldern, benanntlich Ganzen, halben und Viertel-Thalern bey schwerer Verantwortung nicht mehr als um 4000 fl., die Hälfte mit Ihro May. des Kaysers und die andere Hälfte mit unserem Bildnusse" auszumünzen.

Daraus erklärt sich wohl die grosse Seltenheit der Thaler, Gulden und halben Gulden aus den ersten zehn Regierungsjahren der Kaiserin. Da aber der Kaiserin daran lag, auch diese grösseren Münzen prägen zu lassen und im Umlaufe zu erhalten, so griff sie zu dem Auskunftsmittel, die Thaler mit einem noch geringeren Silber-Inhalte herzustellen. Auf diese Weise sollte dem Uebelstande vorgebeugt werden, dass die grobe Münze gegen die französischen Louis blancs ausgewechselt und aus dem Lande geführt werde.

Maria Theresia erliess daher am 30. Juli 1748 eine neue Münzinstruction nach welcher die Cölner Mark Feinsilber anstatt wie bisher zu 18 fl. $17^1/_7$ kr.,

---

[*]) Siehe die Münzinstruction für das Münzamt Graz in H. Taubers Abhandlung, numismatische Zeitschrift, XXIV. Band. 1892. S. 296.

nunmehr zu 19 fl. 13¹/₃ kr. auszubringen sei. Da auch jetzt der Thaler den äusseren Werth von 2 fl. beibehielt, so gingen nicht mehr 9²/₇, sondern fast 9⁴/₅ Stück aus der Cölner Mark Feinsilber hervor.*) Diese Münzinstruction musste geheim gehalten werden, und daraus erklärt sich wohl, dass im Handel und Wandel die eingetretene Aenderung in dem Werthe der österreichischen Münzen nicht gleich entdeckt worden sein mag, zumal nur wenige davon zur Ausprägung gelangten.

Als es sich aber herausstellte, dass auch die leichteren Speciesgelder aus dem Verkehre verschwanden und ihren Weg über die österreichische Grenze nahmen, während dagegen, wie früher, die Louis blancs eingeschleppt wurden, erliess die Kaiserin zwei Jahre später die Münzinstruction vom 7. November 1750, nach welcher statt 9⁴/₅ Thaler = 19 fl. 13¹/₃ kr., nunmehr 10 Thaler = 20 fl. aus der Cölner Mark Feinsilber hervorgehen sollten. Erst diese neuen Silbermünzen vermochten sich, unter normalen Verhältnissen wenigstens, im Umlaufe zu erhalten, und so wurde der Zwanzig-Guldenfuss die Grundlage eines neuen Reichsmünzfusses, des Conventionsmünzfusses, so benannt nach der am 21. September 1753 zwischen Oesterreich und Kurbayern unter der Bezeichnung „Nachbarliches Einverständniss in Münz-Sachen" geschlossenen Convention. Obgleich den Münzbeamten aufgetragen worden war, auch diese 1750er Münzinstruction geheim zu halten, musste die nunmehr deutlicher hervortretende Werthdifferenz bald entdeckt werden, und so wurde allgemein bekannt, dass die neue österreichische Grobmünze nach einem Zwanzig-Guldenfusse ausgebracht sei. Man mag bei dem Mangel an entsprechenden Belegstücken angenommen haben, dass schon die seit 1748 aufgetauchten neuen Thaler diesem Münzfusse angehörten und dadurch zu dem Irrthume geführt worden sein, der Zwanzig-Guldenfuss bestehe bereits seit jenem Jahre und nicht erst seit dem Jahre 1750.

Uebersicht der an den österreichischen Mittelschulen bestehenden Münzensammlungen.

II.

Nach Abschluss des ersten Aufsatzes, in welchem wir zunächst die Zahl der mit Münzensammlungen versehenen österreichischen Mittelschulen zur Besprechung brachten und selbe nach Kategorien (Gymnasien und Realschulen) und nach der Unterrichtssprache im Verhältnisse zur Gesammtzahl in Betracht zogen, ergab sich noch eine kleine Nachlese erst später zu unserer Kenntnis gekommener Programme. Dieselbe ergab unter den Nachzüglern noch eine Realschule in Mähren mit deutscher Unterrichtssprache, an der ebenfalls eine Münzensammlung besteht. In Folge dessen bitten wir die Gesammtzahl im vorigen Artikel demgemäss in 89 (respective für Mähren in 15) zu verbessern. Von den 89 Anstalten sind 74 Gymnasien (50 °|₀ der Gesammtzahl) und 15 Realschulen (d. i. über 20°|₀) mit Münzensammlungen. Die letzteren, durchwegs deutsche Anstalten, machen über 26·8°|₀ (statt 25°|₀) der deutschen Realschulen aus.

Wenden wir uns an die Aufzählung der einzelnen Anstalten, so wird es am besten sein, dies nach Kronländern geordnet zu thun. Zunächst führen wir die Reichs-Hauptstadt Wien mit den Gymnasien, Realgymnasien und Realschulen an, welche Sammlungen aufweisen. Daran schliessen wir die einzelnen Kronländer an, mit ihren Anstalten, wobei die Unterrichtssprache (D[eutsch], T[schechisch], I[talienisch]) in Klammer gestellt beigefügt wird. Die Orte erscheinen in jedem Kronlande in alphabetischer Reihenfolge.

a) Wien. (D.) 1. K. k. akademisches Gymnasium; Custos?, Stand: 547 Stück Münzen und 63 Stück Schaumünzen und Medaillen. — 2. K. k. Schottengymnasium; Custos? Stand? — 3. Staats-Oberrealschule im I. Bezirke; Custos: Prof. L. Hofmann, Stand: 525 Stück. — 4. Staats-Obergymnasium im II. Bezirke; Custos: Prof. Franz Rutte, Stand: 344 Stück. — 5. Leopoldstädter Communal-Real- und Obergymnasium; Custos: Prof. V. v. Renner, Stand: Münzen: 22 Griechen, 16 Röm. Republ., 416 Röm. Kaiserreich, 7 Mittelalter, 316 Neuzeit; 31 Medaillen =

---

*) Dieser Münzinstruction liegt, ebenso wie allen ähnlichen Verordnungen, nicht die cölnische sondern die (um ¹/₅ schwerere) Wiener Mark zu Grunde; es sollten 22 fl. 52 kr. aus der Wiener Mark Feinsilber hervorgehen. Ich habe zur Erleichterung des Verständnisses die Werthe auf Cölnische Mark umgeändert.

808 Stück. — 6. St.-O.-G. im III. Bezirke; Galvanopl. Abdrücke antiker Münztypen von Sturm. — 7. St.-O.-R. im III. Bezirke; Custos: Prof. Aug. Milan, Stand? — 8. Gymn. der k. k. Theresianischen Akademie; Custos: Prof. Franz Prix. Stand: ca. 12.000 Stück. — 9. St.-O.-G. im IV. Bezirke: Galvanopl. Abdr. von Sturm. — 10. Mariahilfer Staats-Real- und Obergymnasium; Custos: Prof. Dr. Fr. Umlauft, Stand: 263 Silbermünzen, 2743 Kupfermünzen, 109 Denkmünzen und Medaillen = 3115 Stück. — 11. Gumpendorfer Com.-Oberrealschule; Custos: Prof. Dr. Leo Burgerstein, Stand? Geschenkt wurden 100 Münzen, eingetauscht 3 Stück durchwegs moderne Münzen. — 12. St.-O.-G. im XVII. Bezirke. Galvanopl. Abdr. von Sturm. — 13. Comm.-Oberrealschule im XIX. Bezirke; Custos: Prof. Wenzel Wild, Stand?

b) **Niederösterreich.** (D.): 1. Horn: Landesreal-Obergymnasium; Custos: Prof. Em. Barth, Stand: 3 Gold, 278 Silber, 177 Kupfer, 42 aus anderen Metallen, 23 Papiergeld = 523 Stück. — 2. Krems: St.-O.-G.; Custos: Prof. Heribert Bouvier, Stand? — 3. Melk: k. k. Stiftsgymnasium der Benedictiner; Custos?, Stand? geschenkt wurde eine werthvolle Sammlung griechischer Münzen. — 4. Seitenstetten; k. k. Obergymnasium der Benedictiner; Custos?, Stand? — 5. Stockerau: Landes-Realgymnasium: Custos: Prof. Aug. Plundrich, Stand? (Zuwachs: 21 Stück). (Fortsetzung folgt.)

Aus der Versammlung des Vorstandes der numismatischen Gesellschaft vom 2. November 1893.

Anwesend sind sämmtliche Vorstandsmitglieder (mit Ausnahme des durch Krankheit in der Familie verhinderten Herrn Franz Trau) und Prof. V. v. Renner vom Monatsblatte. Nachdem der Vorsitzende R.-R. Dr. Frd. Kenner die Versammlung begrüsst hat, wird zunächst die Tagesordnung der am 22. November d. J. stattfindenden Monatsversammlung der numismatischen Gesellschaft bestimmt.

Die von Dr. J. Scholz angeregte Frage: nach den Vorträgen in den Monatsversammlungen freie Discussionen über numismatische Fragen einzuleiten, wird auf Antrag Dr. Fr. Kenner's im Sinne Dr. A. Nagl's dahin entschieden, dass mindestens Besprechungen von Vorträgen, sei es unmittelbar im Anschlusse an dieselben oder in einer der nächsten Sitzungen stattfinden sollten.

Auf Antrag des Vorstandsmitgliedes Dr. Scholz wird beschlossen, die bei Gelegenheit der Neuordnung der Büchersammlung der Gesellschaft vorgefundenen Duplicate von Verkaufskatalogen an Mitglieder nach Wunsch, soweit der Vorrath reicht, unentgeltlich abzugeben. Von den vorhandenen älteren Nummern des Monatsblattes sollen je 25 Exemplare aufbewahrt, die Sonderabzüge der Jahresberichte (ausser den der Zeitschrift ohnedies beigebundenen) nur mehr in 50 Exemplaren zur Versendung an im betreffenden Jahre neu eintretende Mitglieder bereitgehalten werden.

Cassier Th. Rhode erstattet Bericht über Cassa-Angelegenheiten. Auf Wunsch Dr. K. Schalk's erklärt er sich bereit in der nächsten Vorstandssitzung ein Präliminare für die Cassengebahrung des nächsten Jahres vorzulegen.

Auf Vorschlag Prof. v. Renner's wird beschlossen, in Berücksichtigung, dass das Monatsblatt eine der verbreitetsten numismatischen Zeitschriften ist (Auflage 500 Exemplare), die auch von vielen ausserhalb der numismatischen Gesellschaften stehenden Sammlern und Anstalten gehalten wird, vom Januar 1894 ab in diesem Blatte Ankündigungen und Mittheilungen über Versteigerungen und Verkäufe von Büchern, Münzen und Medaillen, über neue Prägeartikel und Prägeanbote gegen Bezahlung aufzunehmen. Die Schriftleitung wird im Einvernehmen mit der Verwaltung des Monatsblattes die hiezu nothwendigen Vorbereitungen treffen.

Hierauf wird beschlossen im Sinne der in der Vereinsversammlung vom 18. October gegebenen Anregung das Ehrenmitglied der numismatischen Gesellschaft Dr. Theodor Mommsen zu seinem am 8. November l. J. stattfindenden Doctorjubiläum auf telegraphischem Wege zu beglückwünschen.

Schliesslich theilt Herr Regierungsrath Dr. Kenner den Versammelten mit, dass die hohe k. k. Akademie der Wissenschaften in ihrer letzten Sitzung einstimmig den Beschluss gefasst habe, der numismatischen Gesellschaft einen Theil der durch die Uebersiedelung der Gesellschaft der Aerzte im Akademiegebäude frei gewordenen Räume zur Unterbringung ihrer Sammlungen und Abhaltung der Vorträge und damit verbundenen Ausstellungen unter denselben Bedingungen, wie dies bei den für unsere Zwecke unzulänglichen Räumlichkeiten im II. Stockwerke bisher der Fall war, zu überlassen. Die Gesellschaft erhält ein Vortragszimmer, zugleich als Bücher- und Ausstellungsraum zu benützen und einen kleineren Nebenraum, eventuell für Vorstandssitzungen brauchbar. Herr Dr. Scholz spricht Herrn Reg.-R. Dr. Kenner und Prof. v. Renner, von denen der zweitgenannte die rechtzeitige Einbringung des Gesuches an die Akademie der Wissenschaften veranlasste, während der Erstere durch seine energische Intervention die günstige Erledigung desselben herbeiführen half, den Dank aus. Hierauf wird die Vorstandssitzung geschlossen und begeben sich die Versammelten in die zu ebener Erde in Aussicht gestellten Räume, um dieselben einer Besichtigung zu unterziehen.

Geschenke für die Münzensammlung.

1. Herr Georg Pniower in Breslau, Mitglied der numismatischen Gesellschaft, spendete unserer Sammlung folgende Medaille: Klippe in Bronze auf den 250jährigen Bestand des Gymnasiums zu St. Maria Magdalena in Breslau, 30. April 1893:

V.: Im durch eine verzierte Linie abgegrenzten Kreise Ansicht des Gymnasiums. Unter der Abschnittlinie unter zwei gekreuzten Lorbeerzweigen G. P. Innerhalb der äusseren den erhöhten äusseren viereckigen Rand begleitenden an den vier Ecken in kleinen Rosetten straff gespannten Guirlande und der inneren Kreisverzierung in den vier Winkeln: DEO — CÆSARI — PATRIÆ — SACRUM.

R.: Kreisverzierung und Guirlande wie auf der V. Im inneren Kreise: GYMNASIUM | AD . AEDEM | S: MARIÆ | MAGDALENÆ | CONDITVM MDCXLIII | WRATISLAVIÆ QVINQVA- | GESI- MVM LVSTRVM | FELICITER PERACTVM | D: XXX M: APRILI MDCCCXCIII | CELEBRAT. In den drei oberen Ecken ausserhalb des Innenkreises durch einfache Linien abgegrenzte Zwickel, in welchen je ein stylisiertes Acanthusblatt. Unten befindet sich das sowohl in den Kreis als auch in den Zwickel hineinreichende viergetheilte Wappen mit Herzschild und gekrönt von einem Ritterhelm mit reicher Decke und der Helmzier zwischen zwei gekreuzten Fähnlein. D.: 46/61 mm.

2. Herr Leopold Szuk, Professor am Conservatorium in Ofen-Pest, Mitglied der numismatischen Gesellschaft, machte der Medaillensammlung die Medaille auf den Tod des Kronprinzen Rudolf von K. Gerl in Bronze zum Geschenke:

V.: Innerhalb des erhabenen Linienrandes breite nach aussen und innen abgegrenzte Hohlkehle, die durch stilisierte mit den Abzeichen der Jagd, des Krieges und der Wissenschaft gezierte Schildchen in drei Theile getheilt wird. Zwischen den oberen Schildchen: REZSŐ. Die beiden unteren Theile werden von einem Palmen- und einem Lorbeerzweige, welche durch das dritte Schildchen zusammengehalten werden, ausgefüllt. Im mittleren ebenen Kreise: MDCCCLVIII — MDCCCLXXXIX. Brustbild des Kronprinzen Rudolf von rechts, in der Husaruniform. Im Armabschnitte: GERL K. | KÖRMÖCZBÁNYA.

R.: Innerhalb des erhabenen nach innen abgestuften Linienkreises: REZSŐ TRÓNÖRÖKÖS HALÁLA EMLÉKÉRE. An einem Piedestal mit abgebrochener Säule, auf der in drei Zeilen: gekröntes R | 1889 | JANUÁR 30, die trauernde Hungaria von rechts den linken Arm auf das Piedestal gestützt in der herabhängenden R. einen Lorbeerkranz mit Schleife haltend. Auf der anderen Seite vor einem Lorbeer- bäumchen ein geflügelter Genius einen Palmenkranz auf die vor dem Piedestal befindlichen Palmzweige legend. Durchm. 60 mm.

Besprechungen.

Dr. F. Borchart, Katalog der griechischen und römischen Münzen der Sammlung des städtischen Gymnasiums zu Danzig. Wissenschaft- liche Beilage zum Programm des städtischen Gymnasiums zu Danzig. Ostern, 1893. (10 + 170 S. in 8⁰).

Wie es in der Einleitung heisst, stammt die ganze Sammlung von 4000 Nummern von einem Danziger Bürgermeister G. Schwartz, nach dessen Tod sie mit einem zur Vermehrung bestimmten Capital laut testamentarischer Verfügung an das Gymnasium kam. Die Münzen des Mittelalters und der Neuzeit entbehren noch eines genügenden Kataloges, die griechischen und römischen sind jetzt von dem Verfasser, welcher seit 1886 die Verwaltung übernahm, katalogisiert.

Zu der Arbeit sind benützt: Eckhel Doctrina n. v.; Pauly: Real-Encyclopädie der classischen Alterthumswissenschaft; Wellenheim Catalogue I; Mionnet de la rareté et du prix des med. rom. 1847; Cohen: Description des m. r. de J. Gréau; Merzbacher: Verzeichniss der von O. Seyffer h. Sammlung griechischer und römischer Münzen, 1891.

Leider hat der Verfasser von dem Curatorium nur diese grösseren Werke anschaffen lassen und für die griechischen Münzen Mionnet und Gardner, für die römischen Mommsen oder Mommsen-Blacas, Cohen, Babelon und Cohen-Feuardent gar nicht benutzt.

So gibt er zu den einzelnen Münzen die Zahlen von Wellenheim und ersatzweise von Merz- bacher, Mionnet und Eckhel an; eine Reihe römischer Münzen, die sich bei Cohen finden, bleiben ohne Nachweis. Die Beschreibung zeigt Sorgfalt. Es sind griechische Münzen 158, worunter 20 aus der römischen Kaiserzeit, 3 unbestimmt-barbarische und 8 falsche. sowie 72 Porträt-Medaillons, zum grössten Theil Silberguss. Die Zahl der römischen Münzen beträgt 2044; nämlich 1—108 aus der Republikzeit, 109--1931 aus der Kaiserzeit bis Romulus Augustus (Gold). 1932—1993 Byzantiner, von Arcadius bis Manuel I Comnenus, 1994—2044 falsche römische Münzen. Manche Seltenheiten finden sich.

Mag die reiche, jetzt gut geordnete Sammlung nun auch für die Schule recht fleissig benutzt werden und bald in ein grösseres Local kommen, wo sie leichter besichtigt werden und Anregung in weiteren Kreisen bieten kann. *O. Kohl, Kreuznach.*

Dr. Carl Hamann: Bildnisse einiger berühmter Persönlichkeiten des dreissigjährigen Krieges auf Münzen und Medaillen, theils im Hamburger Münz-Kabinet, theils in eigener Sammlung. Mit 2 Tafeln Lichtdruck.

Dem Jahresberichte des Realgymnasiums des Johanneums zu Hamburg über das 57. Schuljahr, Ostern 1890 bis Ostern 1891, hat Verfasser die Beschreibung von 18 Münzen und Medaillen mit den Bildnissen der in der Ueberschrift angegebenen Persönlichkeiten vorangestellt, u. zw.: Mathias II. (ungar. Thaler 1613); Ferdinand II. (ungar. Thaler 1932); Ferdinand III. (Thaler 1656); Gustav Adolf (Pracht-Medaillon in Silber auf seinen Tod, 1634); derselbe (Silbermedaille von Seb. Dadler); derselbe (Dukaten in Augsburg geprägt, 1632); Maria Eleonora von Schweden (Silbermedaille); Christina von Schweden (Medaille 1647); Friedrich V. von der Pfalz (10-Dukatenstück, Thalerabschlag 1620); Christian von Braunschweig (Thaler 1622); Johann Georg von Sachsen (Gedächtniss-Thaler auf das erste Jubiläum der Augsburger Confession, 1630); Georg Wilhelm von Brandenburg (Thaler 1637); Christian IV. von Dänemark (Medaille o. J.); Wallenstein (Groschen 1630, Gulden 1626, Thaler 1626, Thaler 1632); Urban VIII. (Medaille 1628). Der Vorzug der kleinen Schrift liegt wohl überwiegend in den vortrefflichen Münzbildern, welche zumeist Stücke vorführen, die nur Wenigen und auch diesen nur aus Beschreibungen bekannt sind. *Ernst.*

Numismatische Literatur.

Der numismatischen Gesellschaft sind zugegangen:

Zeitschrift der deutschen Morgenländischen Gesellschaft unter verantwortlicher Redaction des Prof. Dr. E. Windisch. 47. Band, 2. Heft. Leipzig 1893. F A. Brockhaus.

Bulletin de numismatique, Raymond Serrure, Paris, II vol. 5. livr. Juillet 1893. — E. Drouin, Numismatique sassanide. Une médaille d'or de Kobad. — R. Serrure, Numismatique ardennaise. Atelier d'Ivoix (Carignan) sous Wenceslas I, duc de Luxembourg. — Livres nouveaux. — Revue des Revues. — Lectures diverses. — Les nouvelles émissions. — Les Musées. — Les trouvailles. — Les ventes. — Nécrologie.

Annuaire de la société Française de numismatique. Mai-Juin 1893. Paris. Sommaire: M. de Marchéville, Restitution aux évêques d'Utrecht du gros Tournois a la légende SANCTVS MARTINVS. — Roger Vallentin, L'atelier temporaire de Sisteron (1591—1593). — Reginald Stuart Poole, Catalogue of the coins Alexandria & the nomes. — Le comte de Castellane, Un gros Tournoise de Charles de Luxembourg, empereur. — Chronique: Bibliographie. Ventes de monnaies. Correspondance. Nécrologie.

Juillet-Aout. 1893. Paris. Sommaire: Dr. Farge, Deniers de Gien au monogramme FULCO. — J. du Lac, Notes sur le transfèrement a Compiègne des ateliers monétaires de Paris et d'Amiens (1589—1590). — R. Serrure, Essai de numismatique Luxembourgeoise (suite). — Le comte de Castellane, Les royaux d'or de Charles VII, d'après les documents officiels. — Chronique: Nécrologie. Monnaies Romaines, variétés inédites.

Blätter für Münzfreunde, Correspondenzblatt des deutschen Münzforschervereins und Vereinsorgan der numismatischen Gesellschaft zu Dresden. Herausgegeben von Jul. Erbstein. 29. Jahrgang, Nr. 190, 1893. Inhalt: J. Erbstein, Des Melchior Jäger von Gertringen goldener Taufpfennig für Melchior Reinhard von Berlichingen, 1587, und Valentin Malers Medaille auf Ersteren. — Derselbe, Nicht Schu- oder Schulmeister, sondern Schultes. — Paul Joseph, Die Erinnerungsmedaille auf das Jubelfest der Vereinigung von Gross- und Klein-Basel. — Münzfunde. — Währungsfrage. — Sammlungen. — Personalnachrichten. — Erläuterungen zu Tafel 113. — Versteigerungen und Verkäufe.

Dr. L. Fikentscher, Der Münzfund von Massbach. S. A. aus den Mittheilungen der Bayer. Numismatischen Gesellschaft zu München. X. Jahrg. 1891. (15 S. 8. mit 1 Tafel.)

Dr. Emil Bahrfeldt, Zur mittelalterlichen Münzkunde Pommerns. Berlin 1893. A. Weyl. (21 S. 8. mit 2 Münztafeln und 27 Abbildungen im Texte.)

Anzeiger des germanischen Nationalmuseums. Nürnberg 1893. Nr. 2—5. März—October. — Inhalt: Chronik des germanischen Museums. — Fundchronik.

Mittheilungen aus dem germanischen Nationalmuseum. 1893. Bogen IV—XIV. — Katalog der Gemälde. Bogen 1—11, mit 10 Tafeln Abbildungen.

Der Sammler, herausgegeben von Dr. Hans Brendicke. XV, Berlin 1893. Nr. 10: Funde und Ausgrabungen. — Bunte Steine. — Nr. 11: Schluss der englischen Saison (Auctionspreise). — Nr. 12: Dr. Carl Domanig, Die deutsche Privatmedaille der älteren Zeit. — Funde und Ausgrabungen. — Bunte Steine.

Adolf Weyl: Berliner Münzblätter. Nr. 154 und 155 (Juni und Juli 1893): H. Menadier, Pfennige der edlen Herren von Eulenburg. — Emil Bahrfeldt, Zur mittelalterlichen Münzkunde Pommerns. — Menadier, Ein Pfennig des edlen Herrn Ulrich von Pack. — Der Brakteatenstempel von Haverbjerg. — Literatur.

Museum Francisco-Carolinum in Linz. LI. Bericht. Linz 1893. Aus dem Inhalte: Vermehrung der Sammlungen: Münzen, Medaillen etc. S. LIX u. ff.

Rivista italiana di Numismatica diretta da Francesco ed Ercole Gnecchi. Milano, L. F. Cogliati, 1893. Anno VI, Fasc. II. Mit Tafel IV und V. Sommario: Francesco Gnecchi, Appunti di Numismatica Romana: XXVII. Scavi di Roma nel 1892. XXVIII. Medaglione inedito di Caracalla. — F. ed E. Gnecchi, Monete di Milano inedite. (Continuaz.) — Nicolo Papadopoli, Monete italiane inedite della Raccolta Papadopoli. — Giuseppe Ruggero, Annotazioni numismatiche Genovesi: XXII. Altre notizie sui ducati dei Governatori di G. G. M. Sforza. XXIII. Monete nuove di Ludovico XII. — M. Mariani, Un imperiale inedito della zecca di Pavia. — Emilio Motta, Documenti visconteo-sforzeschi per la storia di Milano. — C. Luppi, Vite di illustri numismatici italiani: Vincenzo Lazari (Ritratto). — Bibliografia. — Notizie varie. — Atti della società numismatica Italiana.

Verschiedenes.

Nekrolog. Welcher Numismatiker kennt nicht den Namen Hoffmeister! Nur wenige aber werden wissen, dass der Verfasser des Werkes „Historisch-kritische Beschreibung aller bis jetzt bekannt gewordenen hessischen Münzen, Medaillen und Marken in genealogisch-chronologischer Folge, 4 Bde., 4°. Leipzig. Weigel 1862, beziehungsweise Hannover, Prior 1880" bis vor Kurzem noch unter den Lebenden, wenn auch freilich in der letzten Zeit in traurigen Körperverhältnissen, weilte. Er ist am 9. October im 81. Lebensjahre zu Kassel gestorben. Wir glauben manchem Leser dieser Blätter einen Gefallen zu erweisen, wenn wir einen kurzen Lebensabriss des auf dem Gebiete der hessischen Münzkunde verdienstvollen Forschers bringen. Jakob Christoph Carl H. war der Sohn eines Pfarrers und ist geboren am 6. August 1813 in dem kleinen, nahe bei Kassel gelegenen Dorfe Waldau. Nachdem er von 1826—1833 das Kasseler Gymnasium besucht hatte, studirte er zu Marburg Jurisprudenz und legte am 19. Januar 1838 die juristische Staatsprüfung ab. Nach elfjähriger Referendariatszeit erhielt er Commissarien als Actuar, beziehungweise Secretär bei verschiedenen Amtsgerichten Kurhessens und der General-Staatsprocuratur in Kassel. Endlich am 2. October 1861 wurde er definitiv als Actuar des Justizamtes Melsungen, eines kleinen Landstädtchens in Niederhessen, angestellt. Vom 1. October 1867, also nach der Einverleibung Hessens in Preussen, erhielt H. die Secretärstelle bei der Staatsanwaltschaft des Kreisgerichtes zu Marburg. Indess schon im Jahre 1870 trat er in den Ruhestand und verzog nach Kassel. H. war von Jugend an sehr eifrig dem Studium der vaterländischen Geschichte zugeneigt, insbesondere zog ihn die Numismatik an. Die ersten Früchte seiner Studien sind die beiden kleinen Schriften: „Hessische Münzkunde (144 S. mit 2 Taf.)

Kassel 1847" und „Bemerkungen über die zweckmässigste Einrichtung und Anordnung einer Münzsammlung, mit besonderer Rücksicht auf eine hessische. Kassel, 1858 (16⁰, 32 S.)."

Ausser diesen numismatischen Werken schrieb H. ein „Historisch-genealogisches Handbuch über alle Linien des Regentenhauses Hessen", ferner „Hessens Regenten in historischen Umrissen für Volk und Jugend", endlich eine Schrift die „Historische Entwicklung des Churfürstlich Hessischen Gesammtwappens." In Anerkennung seiner schriftstellerischen Thätigkeit verlieh ihm 1868 der Grossherzog von Hessen das Ritterkreuz 1. Cl. des grossherzoglich hessischen Verdienstordens Philipps des Grossmüthigen (das grosse, oben angeführte Münzwerk ist dem Grossherzog Ludwig III. von Hessen bei Rhein gewidmet), ferner erhielt er die württembergische und hessische goldene Verdienstmedaille für Wissenschaft und Kunst. Endlich zeichnete ihn der Sohn des Prinzen Alexander von Hessen-Darmstadt, des Besitzers der grossen Heiligenberger Münzsammlung, weiland Fürst von Bulgarien durch Verleihung der bulgarischen Verdienstmedaille in Gold am rothen Bande aus. *C. Ackermann—Kassel.*

Todesfall. Fräulein Lucie Wesener theilt unterm 26. October d. J. aus Ueberlingen am Bodensee der numismatischen Gesellschaft mit, dass Herr Franz Josef Wesener am 30. September 1893 nach kurzem Leiden im Alter von 71 Jahren gestorben ist. Herr Franz Josef Wesener war seit 1872 ein treues Mitglied unserer Gesellschaft. Friede seiner Asche!

Neue Medaille aus Aluminium. Herr Director Dr. C. Ackermann liess auf die Feier des fünfzigjährigen Bestandes der Oberrealschule in Kassel folgende Medaille prägen:

V.: Realschulgebäude. Im Abschnitte: OBERREALSCHULE | ZU | KASSEL | 1843—1893. Innerhalb des gezahnten Randes: LAUER.

R.: Innerhalb des inneren Perlenkreises: ZUR ERINNERUNG | AN DIE | 50 | JÄHRIGE | JUBEL-FEIER | ◄—●◄— | KASSEL | 4. MAI 1893. Zwischen dem inneren Perlenkreise und dem ausgezahnten Rande: *EINER · PFLEGESTÄTTE DEUTSCHER BILDUNG UND CHRISTLICHER GESITTUNG.

Durchmesser 40 *mm.*

Archiv der numismatischen Gesellschaft. Herr Ferdinand Fábry, Mitglied der numismatischen Gesellschaft, übersendete dieser Tage aus Wieselburg für unser Archiv eine von ihm nach Cohen zusammengestellte tabellarische Uebersicht der römischen Consularmünzen in Handschrift.

Rohde-Medaille. Vor kurzem erschien die Medaille auf unseren Theodor Rohde. Wir beeilen uns allen Freunden die Beschreibung derselben mitzutheilen. V.: THEODOR ROHDE. Im Felde: 1893—ÆTAT: | LVII Brustbild von l. Im Armabschnitte: X PAWLIK. R.: Zwischen 2 Lorbeersträuchern römisches Mauerwerk. Im oberen Theile desselben 2 Medaillons mit den Brustbildern Severinas u. Aurelians. Auf dem Sockel: OB NVMMOS AVRELIANI | PER SEX LVSTRA | COLLECT · ET TRACT. Auf den Stufen aufgerolltes Pergament mit der Aufschrift: DIE MÜNZEN | DES KAIS | AVRELIA. darunter Speer und Feldzeichen (mit der Inschrift: SPQR) gekreuzt. Auf dem Pergamente römischer Helm. An die Ecke des Mauerwerks gelehnt: Schild u. Schwert. Unten: F X PAWLIK.

Auf beiden Seiten ringsum erhabener glatter Linienrand. innerhalb desselben Perlenkreis. Durchmesser 31 *mm.* *R.*

Kataloge.

Dr. Franz Walla, Wien. I., Plankengasse 4. 1893/94 Preisliste. Heft II. Verkäufliche Münzen des Alterthums, des Mittelalters und der Neuzeit, Medaillen und Papiergeld. 1528 Nummern.

Zschiesche und Köder, Leipzig, Königsstrasse 4. Verzeichnis Nr. 55 verkäuflicher Münzen. Medaillen, Papiergeld, Bücher und Münzschränke. 5655 Nummern.

C. G. Thieme, Leipzig, Gewandgässchen Nr. 5. Numismatischer Verkehr. Verzeichnis verkäuflicher und zum Ankauf gesuchter Münzen, Medaillen. Bücher etc. XXXI. Jahrgang, 1893. October Nr. 7 und 8. Münzen und Medaillen 3270 Nummern, Bücher 54 Nummern.

Adolf E. Cahn, Frankfurt a. M.. Niedenau 55. Verzeichnis der Münzen und Medaillen der Sammlungen des † Herrn Subrectors Laible in Nördlingen, des Herrn J. E. St . . . s in W., und einer Sammlung neuer Thaler und Doppelthaler, welche Montag den 27. November 1893 u. ff. unter der Leitung des obengenannten in dessen Behausung zur Versteigerung gelangen werden. Mit 2 Tafeln Abbildungen in Lichtdruck. Münzen und Medaillen Nr. 1—3117, Bücher Nr. 3118—3139.

Numismatisches Offertenblatt Nr. 4 u. 5, October und November 1893, von E. Rappaport, Berlin. Hallesche Strasse 18. Enthält: Varia Nr. 1014—1793. Nachtrag Nr. 1794—1851, Numismat. Werke. Nr. x—xx.

Bruno Salomon. Dresden, Moritzstrasse 7. Auctions-Katalog der Sammlung des Oberstabsarztes Dr. Friedrich. Versteigerung am 14. November 1893 u. ff.. 3079 Nummern.

Adolph Weyl, Berlin C., Adlerstrasse Nr. 5, 2. Stock. Kaufgesuche von Münzen und Medaillen in allen Metallen, sowie von numismatischen Werken. 284 Nummern.

Herausgeber und verantwortlicher Redacteur: Franz Trau. — Verlag der numismatischen Gesellschaft in Wien.
Druck von Kreisel & Gröger, vorm L. W. Seidel & Sohn, in Wien

MONATSBLATT ·

der

numismatischen Gesellschaft in Wien.

Dieses Blatt erscheint monatlich ein Mal und wird den Mitgliedern der Gesellschaft unentgeltlich zugesendet. Preis des Jahrganges für Nichtmitglieder 1 fl. Zuschriften sind zu richten an die numismatische Gesellschaft. Wien, I., Universitätsplatz 2.

| Nr. 125. | December. | 1893. |

Einladung

zu der

am Mittwoch den 13. December 1893, Abends 7 Uhr

im grünen Saale der kais. Akademie der Wissenschaften (I., Universitätsplatz 2)

stattfindenden

ordentlichen Versammlung.

Tagesordnung:

1. Mittheilungen des Vorstandes. — 2. Vortrag des Herrn Custos am Museum der Stadt Wien, Dr. Karl Schalk: „Ueber die im historischen Museum der Stadt Wien ausgestellten Münzen". — Ausstellung von Münzen aus der Sammlung der Stadt Wien. — Gäste willkommen.

Über die Gründung der Münzstätte Günzburg.

(Auszugsweise nach dem von Oberbergrath C. v. Ernst in der ordentlichen Versammlung am 18. October 1893 gehaltenen Vortrage.)

Die Einführung des 20 Gulden- oder Conventions-Münzfusses begegnete in Süddeutschland, wegen der grossen Menge daselbst umlaufender geringhaltiger Scheidemünzen, besonderen Schwierigkeiten. Diese hätten eingezogen und durch vollwerthige ersetzt werden müssen, was aber der grossen Kosten wegen undurchführbar erschien. So blieb denn nichts übrig, als den im 20 Guldenfusse ausgeprägten Münzen einen höheren Nennwerth beizulegen, um sie den Scheidemünzen anzupassen. Officiell geschah dies zuerst in Kurbayern, indem der äussere Werth der Münzen um ein Fünftel erhöht wurde, so dass der Thaler 2 fl. 24 kr., der Gulden 1 fl. 12 kr., der Zwanziger 24 kr. gelten sollte. Es wurde also nur eine geänderte Rechnungsweise geschaffen, denn nach wie vor gingen aus der Cölner Mark Feinsilber 20 Guldenstücke hervor, da aber der Gulden 1 fl. 12 kr. galt, so wurde die Mark zu 24 fl. ausgebracht.

Da sich auf diese Weise der 24-Guldenfuss in den Ländern einbürgerte, von welchen die zu den österreichischen Vorlanden gehörigen Gebiete umschlossen waren, erkannte die Kaiserin Maria Theresia, dass sich in diesen Reichstheilen der in ihren Erblanden bestehende 20 Guldenfuss nicht behaupten könne und erliess daher das Patent vom 12. März 1761, welches die förmliche Anerkennung des 24-Guldenfusses für die österreichischen Vorlande enthielt. Die Kaiserin war aber darauf bedacht, dem massenhaften Umlaufe fremder unterwertiger Geldsorten in den Vorlanden zu steuern und dieselben durch conventionsmässig geprägte zu ersetzen und so beschloss sie, daselbst eine neue Münzstätte zu errichten. Die österreichischen Vorlande bildeten folgende Haupttheile: *)

1. Die Landgrafschaft Breisgau;
2. das österreichische Fürstenthum in Schwaben;
3. die vorarlbergischen Herrschaften.

Im ganzen mit ungefähr 156 Quadratmeilen.

Das Breisgau, jetzt zu Baden gehörend, hatte Freiburg zum Hauptorte, in welchem sich der Sitz der k. k. vorderösterreichischen Regierung und Kammer für die gesammten österreichischen Vorlande befand. Zum Breisgau gehörten die Ortenau, die Herrschaften Kastelberg, Schwarzenberg und Kürnberg, ferner die 4 Waldstädte Säckingen, Rheinfelden, Lauffenburg und Waldshut a. Rhein.

Das vorderösterreichische Schwaben zerfiel in folgende Haupttheile:

1. Die k. k. Landvogtei in Ober- und Niederschwaben;
2. das k. k freie Landgericht in Ober- und Niederschwaben auf der Leutkircher Haide und in dem Gepürse mit den 5 Donaustädten Ehingen, Munderkingen, Riedlingen, Mengen und Sulgau;
3. die Markgrafschaft Burgau (am r. Ufer der Donau, ungefähr zwischen Ulm und Augsburg);
4. die Landgrafschaft Nellenburg mit dem Hauptorte Stockach. Dazu gehörten auch das Landgericht im Hegau und Madach;
5. die Grafschaft Nieder- und Ober-Hohenburg (im Württembergischen Schwarzwaldkreise).

Die Vorarlbergischen Herrschaften waren:

1. Die Herrschaft oder Grafschaft Bregenz, 2. die Grafschaft Hoheneck, 3. die Grafschaft Sonnenberg, 4. die Grafschaft Bludenz, 5. das Thal Montafon, 6. die Grafschaft Feldkirch.

Von den 10 Kreisen, in welche unter Maximilian I. im Jahre 1512 Deutschland eingetheilt wurde, war es der schwäbische Kreis, dem der grösste Theil der österreichischen Vorlande angehörte. Bekanntlich standen je drei dieser 10 Kreise zur Regelung und Beaufsichtigung des Münzverkehres in Verbindung miteinander. Es war im Jahre 1571 verordnet worden, dass der kurrheinische, der oberrheinische und der burgundische Kreis, welche die unteren 3 Kreise oder die 1. Classe hiessen; dann der obersächsische, der niedersächsische und der westfälische Kreis als 2. Classe; und endlich der fränkische, der bayerische und der schwäbische Kreis, welche die oberen Kreise oder die 3. Classe hiessen, im Münzwesen gemeinsame Vorkehrungen zur Erhaltung durchgehender Gleichheit treffen sollten. Der österreichische Kreis sollte mit den 3 letzteren Kreisen „gute nachbarliche Gemeinschaft und Gleichheit" halten.

Die in Münzsachen correspondierenden Kreise hielten periodisch wiederkehrende Zusammenkünfte ihrer Vertreter und Münzwardein ab; im Speyer'schen Reichstags-Abschiede vom Jahre 1570 war verfügt worden, dass in jedem Kreise jährlich zwei solche Münzprobationstage abgehalten werden sollten. Die oberen 3 Kreise, Franken, Bayern und Schwaben, veranstalteten derartige Probationstage oder Münzconvente abwechselnd in Ulm, Augsburg, Nördlingen, Nürnberg oder Regensburg.

---

*) Kreutter, Geschichte der vorderösterreichischen Staaten. Fürstl. Reichsstift St. Blasien 1790.

Anlässlich eines solchen, im Jahre 1761 zu Augsburg abgehaltenen Münz-
probationsconvents waren von Seite Oesterreic's der Tiroler Repräsentationsrath
Erwin von Scharff, der Wardein des Wiener Hauptmünzamtes Tobias Schöbl
und der Haller Münzpraktikant Ferdinand von Käschnitz dahin entsendet
worden. Da eben damals die Errichtung einer Münzstätte in den österreichischen
Vorlanden beschlossen worden war, erhielt Schöbl den Auftrag nach Freiburg, Constanz und Bregenz zu reisen, um die Gelegenheit hiezu auszumitteln. Schliesslich entschied man sich aber für die in der Markgrafschaft Burgau gelegene Stadt Günzburg, weil sie den Vortheil bot, hart an der damals den Verkehr mit den Erbländern
vermittelnden Donau und in der Nähe der grossen Handelsstadt Augsburg zu liegen,
von welcher, wie es sich später als vollkommen richtig erweisen sollte, reiche und
nachhaltige Zuflüsse von Silber zur Münzprägung erwartet werden durften.

v. Scharff erhielt am 18. November 1761 den Auftrag, sich nach Günzburg
zu begeben, um den „locum physicum" daselbst auszusehen und das Erforderliche für
den Bau des neuen Münzhauses zu veranlassen. Derselbe bezeichnete eine Stelle „am
Egelsee" ausserhalb der Stadt, an einem Arme der Günz, als die hiezu best-
geeignete.

Inzwischen waren auch die Functionäre des neuen Münzamtes ernannt worden,
und zwar: der Münzmeister in Carlsburg Franz de Paula Käschnitz von
Weinberg zum Münzmeister, der Wardeinsadjunct des Wiener Hauptmünzamtes
Hubert von Clotz zum Münzwardein und der Praktikant des Haller Münzamtes
Joseph Faby zum Cassier. Die Abreise dieser Beamten verzögerte sich aus ver-
schiedenen Gründen und als Käschnitz im September 1762 endlich in Wien anlangte,
erkrankte er und starb, noch bevor er seine neue Stelle angetreten hatte. An seiner
Statt wurde einige Zeit darauf der Wardein des Wiener Hauptmünzamtes Tobias
Schöbl zum Günzburger Münzmeister bestellt. Erst im Juni 1763 verliess dieser
Wien, um im Vereine mit Clotz und Faby das neue Münzamt am Egelsee bei Günzburg zu begründen. Diese Oertlichkeit fand wohl den Beifall der neuen Münzbeamten,
insofern genügende Wasserkraft für den Betrieb der Maschinen vorhanden war, allein
als Münzstätte erschien sie ihnen zu sehr entlegen und nicht sicher genug. Sie bean-
tragten daher das Streckwerk, den Hammer und die sonstigen Werkstätten dort zu
errichten, für die sogenannte Einlösung, den Schmelzgaden, das Probierlaboratorium,
die Kanzleien und die Prägewerke aber ein zweites Gebäude in der Stadt und zwar
knapp neben dem markgräflichen Schlosse neu zu erbauen. Um jedoch mit der Ausmünzung bald beginnen zu können, erbaten sich die Münzbeamten die Ermächtigung
inzwischen einige Räumlichkeiten im Schlosse hiezu verwenden zu dürfen. Die Kaiserin
genehmigte beide Anträge, doch setzten jetzt das im Schlosse untergebrachte Ober-
amt und der Landvogt, Freiherr von Ulm-Erbach, dem Plane, das neue Münzhaus
neben dem Schlosse zu erbauen und ebenso der Einrichtung des provisorischen Münz-
betriebes im Schlosse selbst, alle möglichen Schwierigkeiten entgegen. Erst nach weit-
wendigen Verhandlungen konnte dieser Widerstand gebrochen werden, worauf Anfangs August 1764 die ersten Münzen, nämlich Thaler und Zehner, zur
Ausprägung gelangten. Die Stempel zu denselben waren von dem Günzburger Münz-
graveur Anton König geschnitten worden.

Die Münzen von Günzburg unterscheiden sich von den anderen österreichischen Münzen dadurch, dass sie nicht das Landeswappen im Herzschilde des Adlers
tragen; ihr Gepräge stimmt mit jenem des Wiener Hauptmünzamtes überein, weist
aber zwischen den Schweiffedern des Adlers den Buchstaben G auf. (Dies gilt aber
nur von den Münzen der ersten zwei Jahrgänge 1764 und 1765; dann wurde auch

für Günzburg das Wappen von Burgau entweder für sich oder im Herzschilde des Doppeladlers eingeführt.)

Die von den erstgeprägten Thalern und Zehnern zur Begutachtung nach Wien eingesendeten Musterstücke wurden in Schrot und Korn vollkommen richtig erkannt, während man den „Circul" des Zehners für etwas zu klein erklärte, was dem Münzamte zur Abstellung mitgetheilt wurde. (In der Sammlung des Herrn Dr Jos. Scholz sind beide Gattungen vertreten; der Zehner von kleinerem Durchmesser gehört gewiss zu den grössten Seltenheiten, weil er nur aus dem ersten Gusse herrühren kann.)

Während des Restes des Jahres 1764 wurden nur Thaler und Zehner in Günzburg geprägt, weil der Begehr darnach von Woche zu Woche stieg. In Folge eines Auftrages der Wiener Hofkammer, nunmehr auch alle anderen Münzsorten herzustellen, begann im December 1764 auch die Ausprägung von Gulden, Halbgulden und Zwanzigern.

Das Günzburger Münzamt gewann bald an Bedeutung durch die geradezu staunenerregende Menge von Levantiner-Thalern, welche für Rechnung der Augsburger Bankhalter daselbst geprägt wurde. Schon vom August bis Ende December 1764 betrug die Ausprägung 517.554 fl., im Jahre 1765 war dieselbe bereits 5,228.604 fl. 15 kr., im Jahre 1766 4,284.771 fl. 45 kr., 1767 sogar 5,537.401 fl. 55 kr. In der Folge brachten die orientalischen Wirren dem Münzgeschäfte eine empfindliche Störung, doch belebte sich der Betrieb der Münze von Günzburg wieder, als die Kupfermünzen und später die vorderösterreichischen VI- und III-Kreuzerstücke eingeführt wurden. Hochwichtige Dienste leistete das Münzamt zur Zeit der Kriege mit Frankreich, während welcher es zwei Mal über Regensburg nach Linz und Enns flüchten musste. In Folge des Pressburger Friedens (1805) kam das Burgau an Bayern und damit schloss die Thätigkeit der Günzburger Münze.

Römische Kaiser-Münzen im Besitze des historischen Museums der Stadt Wien.

(Im Wiener Boden gefunden und nach Fundstellen chronologisch geordnet.)

Die rasche Anfertigung des Kataloges des historischen Museums der Stadt Wien gab zu mannigfachen Irrthümern Veranlassung, die in folgendem Verzeichnisse berichtigt sind. Herr Dr. Scholz („Num. Zeitschr." 23, 118) wurde durch die unrichtigen Angaben irregeführt. Von den zur Zeit seiner Anfrage im Besitz des historischen Museums befindlichen 103, (richtiger 104, ein Gordianus III war damals nicht inventarisirt) Stücken römischer Münzen sind nur 73 Fundmünzen, der Rest stammt aus Geschenken und Ankäufen.   *Karl Schalk.*

I. Gelegentlich der Erdarbeiten anlässlich der S t a d t e r w e i t e r u n g inventarisirt im Jahre 1867.

Stückzahl: 15.

Def. Nr.	Münzherren:	Münzsorte	Em.-Jahr	Nach Cohen 2. Aufl.	Erhalt.	Neue In.-N.
1	Tiberius Claudius Drusus 41—54 n. Chr.	M. Br.	41 n. Chr.	I, 83	—	146
2	Flavius Vespasianus 69—79 n. Chr.	Denar	—	I, 43	—	147
3	Domitianus 81—96 n. Chr.	„	—	?	schl.	782
4	Faustina sen. † 141 n. Chr.	Gr. Br.	—	II, 28	—	157
5	Marcus Aurelius Antoninus 161—180 n. Chr.	„	168 n. Chr.	III, 820	—	791
6	Lucius Septimius Severus 193—211 „ „	Denar	193 „ „	IV, 738	—	162
7	Julia Domna † 217	„	—	IV, 32	—	163
8	Marcus Aurelius Severus Alexander 222—235 n. Chr.	„	—	IV, 346	—	206
9	Alexander Severus	?	—	?	schl.	497
10	Julia Mamaea † 235	Gr. Br.	—	IV, 69	—	205

11	Cornelia Salonina	Kl. Br.	—	—		schl.	498
12	Marcus Antonius Florianus	„	276	VI, 11	—		500
13	Caius Galerius Valerius Maximinus II. Daza 311—313	M. Br.	—	VII, 26	—		170
14	[Flavius Valentinianus I 364—375 n. Chr.]? . .	Kl. Br.	—	—	—		811
15	Valens 364—378 n. Chr.	„	—	—	—		177

2. Beim Bau des Opernhauses am 2. Juli 1874. Stückzahl: 1.

16	Alexander Severus	Gr. Br.	231 n. Chr.	IV, 168	—		496

3. Beim Bau der k. k. Museen inventarisirt zum 12. October 1874. Stückzahl: 1.

17	Flav. Valer. Constantinus I. Magnus 306—337 n. Chr.	M. Br.	307 n. Chr.	VII, 80	—		775

4. Gelegentlich der Erdarbeiten für die Gartenanlage vor der Votivkirche im Frühjahr 1879. Stückezahl: 30.

18	Caius Octavius Caepias Augustus 31 v. Chr. bis 14 n. Chr.	Kl. Br.	—	?		schl.	779
19	[Claudius]?	M. Br.	—	?		„	780
20	[Vespasianus]?	„	—	?		„	781
21	Domitianus	Denar	95 o. 96 n. Chr.	I, 292	—		192
22	Marcus Cocceius Nerva 96—98	Gr. Br.	—	II, 35	—		783
23	[Nerva]?	M. Br.	—	?		schl.	193
24	Marcus Ulpius Trajanus 98—117 n. Chr.	„	100	II, 628	—		785
25	„ Trajanus	„	100 o. 102	II. 689	—		786
26	„ Trajanus	„	—	?		schl.	195
27	Publius Aelius Hadrianus 117—138	„	—	II, 820	—		199
28	„ Hadrianus	Kl. Br.	—	?		schl.	790
29	„ [Hadrianus]?	M. Br.	—	?		„	197
30	„ [Hadrianus]?	„	—	?		„	789
31	Sabina	„	—	II, 19	—		794
32	[Tit. Aur. Fulv. Boion. Arrius Antoninus Pius 138—161]?	„	—	?		schl.	795
33	[Faustina sen.]?	„	—	?		„	796
34	Marcus Aurelius	Gr. Br.	171	III, 1032	—		159
35	Marc. Lucius Aelius Aurel. Commodus Antoninus 180—192	Denar	187	III, 385	—		793
36	Lucilla, ermordet 182 n. Chr.	„	—	III, 54	—		160
37	Bassianus Marc. Aurel. Antoninus Caracalla 211—217	[Denar]?	—	[IV, 61]?	—		184
38	Lucius oder Publius Sept. Jul. Geta, Cäsar seit 211, erm. 212	Denar	—	IV, 157	—		802
39	Varius Avitus Bassianus Heliogabalus 218—222 . .	Denar	—	IV, 27	—		805
40	Julia Maesa † 223	Kl. Br.	—	?		schl.	204
41	Julia Maesa	Silb.-Antonin.	—	IV, 34	—		804
42	Alexander Severus	Denar	224	IV, 249	—		807
43	Alexander Severus	M. Br.	—	[IV, 80]?	—		806
44	Julia Mamaea	Den.Gw. 2·52gr.	—	IV, 81	—		808
45	Julia Mamaea	Den. G. 2·845gr.	—	detto	—		164
46	Marcus Julius Philippus, pater 244—249	Silb.-Antonin.	—	V, 35	—		799
47	Flavius Valerius Licinianus Licinius, pater 307-323	Kl. Br.	—	VII, 123	—		722

5. Gelegentlich der Erdarbeiten auf dem Josefstädter Paradeplatz inventarisirt im October 1879 Stückzahl: 23.

48	Domitian	M. Br.	—	?		schl.	155
49	Trajanus	„	104—110	II, 889	—		787
50	[Antoninus Pius]?	„	—	?		schl.	810
51	Marcus Aurelius	Gr. Br.	177	III, 423	—		158
52	Geta	Denar	211	IV, 68	—		803
53	Philippus, pater	Silb.-Antonin	244	V, 113	—		165
54	Caius Messius Quintus Traianus Decius 249—251		—	V, 16	—		166
55	Publius Licinius Egnatius Gallienus 255—268 . .	Kl. Br.	265	V, 843	—		167
56	Lucius Domitius Aurelianus 270—275	„	—	VI, 105	—		168
57	Marcus Aurelius Probus 276—282	„	—	VI, 577	—		169
58	Licinius, pater	„	—	VII, 15	—		171
59	Licinius, pater	„	—	VII, 126	—		172

Def. Nr.	Münzherren:	Münzsorte	Em.-Jahr	Nach Cohen 2. Aufl.	Erhalt.	Neue In.-N.
60 Constantinus I., Magnus 306—337		Kl. Br.	—	VII, 123	—	174
61 Constantinus I. . . . . : .	"	—	VII, 638	—	181
62 Constantinus I.	"	—	VII, 255	—	175
63 Aus d. R.-Z. Constantins I. od. eines s. Söhne [Roma urbs.]	"	—	VII, 17	—	173
64 Flavius Jul. Constans I., Cäsar v. 333, Kaiser 337—350	Kl.Br. Num.cen	Y.Schl.d.J.337II 176 oder179	VII oder179	—	723
65 Constans I. . . . . :	Kl. Br.	—	VII, 54	—	186
66 Constans I.	"	—	VII, 22	—	188
67 [Constans I.]?	Kl.Br. Num cen.	—	?	schl.	187
68 [Decentius 351—373]?	Kl. Br.	—	—	—	185
69 Valentinianus I.	"	—	—	—	179
70 Theodosius 879—395 . . .	"	—	—	—	176

6. In der Wipplingerstrasse beim Bau der Verkehrsbank, der im Jahre 1880 begonnen und 1883 beendigt wurde. Stückzahl: 2.

71 Julia Mamaea	Denar	—	IV, 32	—	776
72 Marcus Aurelius Valerius Maximianus 286—310 . .	M. Br.	—	VI, 133	—	777

7. In der Postgasse in einem römischen Grabe, am 19. April 1884. Stückzahl: 1

73 Marcus Aurelius Carinus, Cäsar seit 282, † 285 .	Kl. Br.	—	VI. 24	—	798

8. In der Burggasse zwischen Kirchengasse und Neubaugasse gelegentlich der Strassen-regulirung 1891 (Spätherbst). Stückzahl: 1.

74 Galerius Val. Maxim.. Cäsar s. 292 Augustus 305—311	M. Br.	—	VII. 188	—	1614

Uebersicht der an den österreichischen Mittelschulen bestehenden Münzensammlungen.

(Schluss.)

c) **Oberösterreich.** (D.) 1. Linz: St.-O.-G.; Galvanopl. Abdr. v. Sturm.

d) **Salzburg.** (D.) 1. Salzburg: Oeffentl. fürsterzbischöfl. Gymn. Borromäum; Custos?, Stand? (Es werden nur die Namen der Spender genannt.)

e) **Steiermark.** (D.) 1. Cilli: St.-O.-G.; Custos: Prof. M. Knittl, Stand: 1440 Münzen, 28 Denkmünzen, dazu Bracteate, Papiergeldscheine, Rechenpfennige und Spielmünzen. — 2. Graz: Zweites St.-O.-G.; Custos: Prof. Carl Zetter, Stand: 674 Sorten Münzen, Denkmünzen, Papiergeld mit 975 Stück. — 3. Daselbst: Fürstbischöfliches Gymnasium Carolinum Augustineum; Custos: Prof. Dr. Ferdinand Vockenhuber, Stand 2400 St.? (Wurde im verflossenen Jahre ausserordentlich vermehrt, durch Geschenke (369 Stück, darunter viele Thaler) und Kauf (7 Stück). — 4. Daselbst: Privatgymnasium. Jakominiplatz 16; Custos? Stand: 33 Silber, 291 Kupfer, 1 Messing, 1 Bronze, 1 Aluminium = 327 Stück. — 5. Marburg: St.-O.-G.; Custos, Prof. Franz Horák, Stand: 1197 Stück. (Zuwachs 25 Stück).

f) **Kärnten.** (D.) 1. Villach: St.-O.-G., archäol. Museum und Münzensammlung; Custos: Director Andreas Zeehe, Stand? (Zuwachs durch Kauf und Geschenke: ca. 130 Stück Münzen und Medaillen).

g) **Krain.** (D.) 1. Laibach: St.-O.-R.; Custos: Prof. Franz Levec, Stand? (Zuwachs 105 Stück in Krain gefundene Röm. Kaisermünzen v. Augustus bis Arcadius vom Landesausschusse geschenkt, von Privaten 110 Stück = 215 Stück).

h) **Küstenland.** (D.) 1. Görz: St.-O.-G., Antiken- und Münzcabinet; Custos: Prof. Heinr. Maionica, Stand: 257 Silber-, 1874 Bronzemünzen = 2131 Stück. — 2. Pola: St.-G.; Custos: Dr. Rudolf Weisshäupl, Stand? (Zuwachs 19 Stück röm. Bronzemünzen). — 3. Triest: Deutsche St.-O.-R.; Custos: Dr. Placid Genelin, Stand?

i) **Dalmatien.** (I.) 1. Zara: St.-O.-G.; Custos? Stand?

k) **Tirol.** (D.) 1. Brixen: Fürstbischöfl. Gymn. Vincentinum, Custos?, Stand? — 2. Innsbruck: St.-O.-G.; Custos: Director Jos. Egger. Stand? (Zuwachs an Geschenken 13 Silber-, 108 Kupfermünzen, 1 Medaille = 122 Stück).

l) **Vorarlberg.** (D.) 1. Feldkirch: Oeffentl. Privat-Untergymn. an der Stella matutina; Custos?, Stand? (Zuwachs 100 Stück).

m) **Böhmen.** (D. u. T.) 1. Arnau: (D.) St.-O.-G.: Custos: Prof. Jos. Freisleben, Stand:

711 Stück. — 2. Böhmisch-Leipa. (D.) St.-O.-G.; Custos: Prof. Dr. Joh. Wenzel, Stand: 584 Silber-, 920 Kupfer-, 18 Nikel-, 86 Denkmünzen, 58 Papierscheine, 8 Metallabdr., 1 Siegelabdr. == 1670 Stück. — 3. Daselbst: (D.) St.-O.-R.; Custos: Prof. Franz Steffanides, Stand: 6 Gold-, 790 Silber-, 1211 Kupfer- nnd Denkmünzen, 97 Papierscheine == 2104 Stück. — 4. Brüx (D.) St.-O.-G.; Custos? Stand: 1152 Stück. — 5. Budweis (D.) St.-O.-G.; Custos: Prof. Dr. P. Wilhelm Ladenbauer, Stand: 583 Stück. — 6. Daselbst (D.) St.-O.-R.; Custos: Prof. S. Hudler, Stand: 6 Gold-, 357 Silber-, 282 Kupfer- 9 Nickel-, 2 Münzen aus Glockenmetall, 11 Denkmünzen, 36 Münzscheine, 703 Stück. — Deutsch-Brod:(T.) St.-G.; Custos? Stand: 1496 Stück. — 8. Eger: (D.) St.-O.-G.; Custos: Prof. Adolf Ladek, Stand: 6884 Stück. — 9. Jitschin (T.): St.-O.-G.; Custos? Stand? (unverändert.) — 10. Jung-Bunzlau. (T.) St.-O.-G.; Custos: Prof. Bareš und Fr. Mum, Stand: 792 Silber-, 777 Kupfermünzen, 25 Papierscheine == 1594 Stück. 11. Kaaden. (D.) St.-O.-G.; Custos?, Stand: 3 Gold-, 136 Silber-, 217 Kupfermünzen, 13 Papierscheine == 369 Stück. — 12. Karlsbad. (D.) Städt. Kaiser Franz-Josef-Realgymnasium; Custos: Suppl. Dr. Anton Swoboda, Stand? (4 Stück Zuwachs). — 13. Klattau. (T.) St.-Real- und O.-G.; Custos?, Stand? — 14. Leitmeritz. (D.) St.-O.-G.; Custos: Suppl. Georg Bayer, Stand: 3611 Stück Münzen, 83 Stück Papiergeld, 165 Abdrücke von Medaillen = 3859 Stück. — 15. Daselbst. (D.) Communal-Oberrealschule; Custos?, Stand 1753 Stück. — 16. Leitomischl. (T.) St.-O.-G.; Custos?, Stand: 1 Gold-, 295 Silber-, 288 Kupfermünzen, 59 aus anderen Metallen, 18 Papier-geld = 657 Stück. — 17. Mies. (D.) St.-O.-G.; Custos: Director P. Edmund Kamprath, Stand: 444 Stück. — 18. Neuhaus. (T.) St.-O.-G.; Custos: Prof. Gustav Heš, Stand: 1220 Münzen, 27 Banknoten = 1247 Stück. — 19. Pilgram. (T.) St.-O.-G.; Custos: Prof. Ed. Janáček, Stand: 731 Stück. — 20. Pilsen. (D.) St.-O.-G.; Custos?, Stand: 645 Stück. — 21. Daselbst. (D.) St.-O.-R.; Custos?, Stand: 217 Stück (darunter 8 Silbermünzen). — 22. Prag. (T.) K. k. Akademisches Gymn.; Custos?, Stand: 519 Silber-, 449 Kupfermünzen = 968 Stück. — 23. Prag-Kleinseite. (D.) St.-O.-G.; Custos: Prof. Dr. Heinr. Rotter, Stand: 1727 Münzen, 24 Papierscheine = 1751 Stück. — 24. Prag-Kleinseite. (T.) St.-Mittel-schule; Custos: Suppl. Ottokar Paroubek, Stand: 1207 Münzen, 30 Jetone, 12 Papierscheine = 1249 Stück. 25. Prag-Neustadt. (D.) St.-O.-G.; Custos: Prof. Jos. Deil, Stand: 289 Stück. — 26. Daselbst. (T.) St.-O.-G.; Custos: Director Matej Trapl, Stand: 761 Stück. — 27. Daselbst (Stephangasse). (D.) St.-O.-G.; Custos?, Stand? 498 Stück. — 28. Příbram. (D.) St.-Real- und O.-G.; Custos: Prof. Fr. Vyskočil, Stand: 269 Silbermünzen, 13 Papierscheine, 450 Kupfermünzen, 18 aus anderen Metallen = 750 Stück. — 29. Reichenau. (T.) St.-O.-G.; Custos: Prof. Jan Vrtal; Stand? (Zuwachs 12 Silber-) 4 Kupfermünzen). — 30. Reichenberg. (D.) St.-Mittelschule; Custos: Prof. Friedr. Schuberth, Stand: 3204 Stück. — 31. Saaz. (D.) St.-O.-G; Custos? Stand? (Vermehrung 1892: 27 Stück). — 32. Tabor (T.) St.-O.-G.; Custos: Prof. Aug. Sedláček, Stand: 2166 Münzen, 67 Banknoten == 2233 Stück. — 33. Trautenau. (D.) St.-O.-R.; Custos: Prof. Dr. Ludwig Gabl, Stand: 386 Nummern in 580 Stücken. — 34. Tschaslau. (T.) Comm.-Untergymn.; Custos Prof. Joh. Kašpar, Stand: 318 Silber, 220 Kupfer, 34 Bronze, 10 Nickel = 582 Stück Münzen.

n) **Mähren.** (D. u. T.) 1. Brünn (D.) Erstes St.-O.-G.; Custos: Prof. Ludwig Schönach, Stand: 623 Stück. — 2. Daselbst. (D.) Zweites St.-O.-G.; Custos: Prof. Albin Kocourek; Stand: 1435 Stück. — 3. Daselbst (D.) St.-O.-R.; Custos: Prof. Rudolf Manouschek, Stand: 245 Stück. — 4. Iglau. (D.) St.-O.-G.; Custos?, Stand: 267 Silber, 779 Kupfermünzen, 24 Gedenkmünzen, 13 Scheine = 1083 Stück. — 5. Kremsier. (D.) St.-O.-G.; Custos?, Stand? (Es fand keine Vermehrung statt.) — 6. Daselbst. (T.) Custos: Prof. Em. Bronce, Stand: 553 Stück. — 7. Mährisch-Neustadt. (D.) Landes-Realgymn.; Custos: Prof. Ignaz Korkisch, Stand: 116 Silber-, 326 Kupfer- und Bronzemünzen, 10 Denkmünzen, 117 Abdrücke, 2 Papierscheine = 571 Stück. — 8. Mährisch-Schönberg. (D.) Landesrealgymn.; Custos: Prof. Karl Frank, Stand: 2 Gold-, 157 Silber-, 440 Kupfermünzen = 599 Stück. — 9. Mährisch-Trübau. (D.) St.-O.-G.; Custos?, Stand: 178 Stück. — 10. Olmütz. (D.) St.-O.-R.; Custos? Stand: 106 gr.-röm. Antike, 607 Mittelalter- und Neuzeit-Münzen, 13 Papiergeld, 23 Medaillen == 750 Stück. — 11. Prerau. (T.) St.-O.-G.; Custos: Frant. Werner, Stand: 1180 Stück. — 12. Trebitsch (T.) St.-O.-G.; Custos: Prof. Rudolf Kreutz, Stand: 1177 Münzen, 29 Papierzeichen = 1206 Stück. — 13. Ungarisch-Hradisch. (T.) St.-O.-G.; Custos: Prof. Bol. Dolejšek, Stand: 458 Stück. — 14. Znaim. (D.) St.-O.-G.; Custos?, Stand: 217 Stück. — 15. Daselbst. (D.) Landesoberrealschule; Custos: Prof. Ferdinand Skalla, Stand: 680 Stück.

o) **Schlesien.** (D. u. T.) 1. Teschen. (D.) St.-O.-R.; Custos?, Stand: 187 Stück. — 2. Troppau. (D.) St.-O.-G., Gymnasialmuseum; Custos: Prof. Dr. G. Ficker, Stand: 3738 Stück Münzen und Medaillen. — 3. Daselbst (D.) St.-Privat-Gymn.; Custos: Director V. Prasek, Stand: 803 Stück.

p) **Bukowina.** (D.) 1. Czernowitz. St.-O.-G.; Custos: Prof. Adalbert Mikulicz, Stand: 429 Münzen und Medaillen, 162 Doubletten, 3 Banknoten = 594 Stück. — 2. Daselbst: Griechisch-orientalische O.-R.; Custos: Prof. Johann Fischer; Stand: 647 Stück. — 3. Radautz. St.-O.-G.; Custos?. Stand: 127 Stück.

Münzenfund in Gniewczyna.

Auf einer bisher vom Pfluge unberührten, sandigen Wiese in Gniewczyna, Post Przeworsk in Galizien, wurden im October dieses Jahres von dem Landmanne Anton Kojder aus Zmysłówka (Bez. Lancut) 16 Stück Gold- und 152 Stück Silbermünzen ausgeackert. Dieselben befanden sich in einem aus Rosshaar verfertigten Säckchen, welches jedoch sogleich in Staub zerfiel. Der Fund ist jetzt im Besitze des Pfarrers in Gniewczyna, Hochwürden J. Ciasnocha, welcher die Güte hatte, mir die den Fund betreffenden Notizen zukommen zu lassen. Derselbe ist auch bereit einen Theil der Münzen an Sammler abzutreten.

Die Goldmünzen sind durchwegs gut erhalten, am Rande etwas verbogen, Inschriften auf beiden Seiten lesbar.

a) Goldmünzen.

I. **Spanien.** — Ferdinand und Isabella, Doppel-Dukaten o. J. V.: Zwei Brustbilder gegenüber Ferdinandus : Et · Elisabet · Dei · Gratia. R.: Wappen, oben einköpfiger Adler, Sub · Umbra · Alarum Tuarum. (1 Stück.)

II. **Brabant.** — Albert und Isabella, Doppel-Dukaten o. J. Av.: Beider Brustbilder, Albertus Et · Elisabet · Dei · Gratia. R.: Wappen, Archi · Aust · Dux · Burg · Et · Braban. (1 Stück)

III. **Belgien.** — Dukaten. V.: Ritter, Concordia · Res · Parv · Cresc. R.: Tafel mit Inschrift in 5 Zeilen: | Ms · Ord · | Provin · | Foeder · | Belg · Ad · | Leg · Imp. [9 Stücke und zwar: aus dem Jahre 1586 (1), 1597 (1), 1598 (2), 1608 (3), 1609 (1), 1615 1 (Stück)].

IV. 5 Stück türkische Goldmünzen aus der ersten Hälfte des 17. Jahrhunderts in der Größe unserer Dukaten.

b) Silbermünzen.

Die Silbermünzen sind durchwegs spanische, aus der Zeit Philipp II. (1556 - 1598) und Philipp III. (1598—1621). Die Wappenseite ist fast bei allen gut erhalten, weniger deutlich die Vorderseite; am Rande sind einzelne Stücke gesprungen und ausgebrochen. Alle Silbermünzen haben einen und denselben Charakter:

V.: Brustbild, Philippus II. D. G. Ispaniarum. (Bei jüngeren Münzen dieselbe Umschrift, aber Philippus III.)

R.: Wappen durch ein Kreuz in vier gleiche Theile getheilt, Umschrift: Rex · Et · Indiarum. Vertreten sind: Kreuz-Thaler (33), Halbe Kreuz-Thaler (40), Viertel Kreuz-Thaler (79 Stück).

Durch das Vorkommen belgischer, spanischer und türkischer Goldmünzen zeigt der Münzfund von Gniewczyna mit dem im vorigen Jahre in Jaslo gemachten Funde eine gewisse Ähnlichkeit, nur muss der erstere Schatz bedeutend früher verborgen worden sein. (Ausser den von mir berichteten, sind noch nachträglich einige Goldmünzen aus dem Münzfunde bei Jaslo an die dortige Bezirkshauptmannschaft abgeliefert worden, darunter: Spanien, Ferdinand und Isabella, 2 Stück Doppel-Dukaten und ein einfacher Dukaten o. J.)

Das häufige Vorkommen fremder Geldsorten lässt darauf schliessen, dass in Polen zu jener Zeit wahrscheinlich infolge Mangels hinreichender eigener Umlaufsmittel, man sich des Geldes benachbarter Staaten, insbesonders des damals mächtigen deutsch-römischen Reiches, bediente.

Saybusch, November 1893.

K. Hallama.

Ordentliche Versammlung der numismatischen Gesellschaft am 22. November 1893.

Der Vorsitzende, Vorstandsmitglied Regierungsrath Dr. Friedrich Kenner, begrüsst die anwesenden Gäste und Vereinsmitglieder im Namen des Vorstandes und ersucht Herrn Oberstlieutenant Otto Voetter seinen auf der Tagesordnung stehenden Vortrag: „Die römischen Münzen des Kaisers Gordianus III. und deren Fälschungen" zu halten. Herr Oberstlieutenant Otto Voetter bespricht hierauf an der Hand einer überaus reichen, man kann sagen, beinahe sämmtliche Silber- und Kupfergepräge aus der Zeit Gordianus III. zur Anschauung bringenden, Ausstellung von Münzen des jugendlichen Kaisers, in überaus ansprechender Weise die Münzverhältnisse von dem Tode des Septimius Severus an, bis zu Philippus Arabs. (Der Vortrag wird in der nächsten Nummer des Monatsblattes vollinhaltlich zum Abdrucke gelangen.) Nachdem der Vorsitzende unter allgemeinem Beifalle der Versammlung Herrn Oberstlieutenant Voetter den Dank Aller ausgesprochen hatte, schließt derselbe die Versammlung.

Aus der Versammlung des Vorstandes der numismatischen Gesellschaft vom 6. December 1893.

Regierungsrath Dr. Friedrich Kenner begrüsst als Vorsitzender die Versammelten und theilt mit, dass Vorstandsmitglied Franz Trau leider durch Krankheit verhindert sei, an der heutigen Sitzung sich zu betheiligen. Nachdem die Tagesordnung der am am 13. December d. J. stattfindenden Monatsversammlung der numismatischen Gesellschaft bestimmt worden war, wurden einige geschäftliche Angelegenheiten erledigt. Unter Anderem werde beschlossen, die noch im Besitze der Gesellschaft befindlichen wenigen Exemplare von

A. Luschin von Ebengreuth: Die Wiener Pfenninge. Fundverzeichnisse und kritische Studien. Wien 1877. (273 Seiten 8°, mit VIII Tafeln Abbildungen), per Exemplar mit 1 fl. österr. Währ. = 2 Mark) und

Dr. F. Imhoof-Blumer: Die Münzen Akarnaniens. (186 Seiten 8°, mit III Tafeln in Lichtdruck und 8 Holzschnitten), per Exemplar mit 1 fl. ö. W. (= 2 Mark) an Interessenten, die sich diesbezüglich direct an die numismatische Gesellschaft wenden, abzugeben.

Herr Regierungsrath Dr. Kenner theilt noch mit, dass ein Dankschreiben Prof. Dr. Theodor Mommsen's an die Gesellschaft eingelangt sei, das in der nächsten Versammlung der numismatischen Gesellschaft zur allgemeinen Kenntnis gebracht werden wird. Zugleich bemerkt der Vorsitzende noch, dass Mommsen beschlossen habe, die ihm zu Ehren in's Leben gerufene Stiftung dem nunmehr endlich in Angriff zu nehmenden „Corpus numorum Græcorum" zu widmen!

Besprechungen.

Roest Th. M. Essai de classification des monnaies du comté puis duché de Gueldre. Bruxelles. J. Goemaere. 1893. (Mit 4 Tafeln).

Nur wenige Partien neuerer Münzen sind so durchforscht worden, und haben so viele Bearbeiter gefunden, als die Münzen der Niederlande. Schon früh begann die Thätigkeit der dortigen Münzforscher sich dem Studium der heimischen Numismatik zu widmen, und dies zu einer Zeit, wo in anderen Ländern nur die Erforschung der Münzen des Alterthums als würdiger Gegenstand der Prüfung erachtet wurde. Viel trug hiezu bei, dass auch die Regierungen des Staates wie jene der Städte diese Forschungen jederzeit möglichst unterstützten und frei von jeder Engherzigkeit das Streben nach weiterer Erkenntnis dadurch erleichterten, dass sie dem Forscher ihr Material unbedingt zur Verfügung stellten. So hat auch die niederländische Regierung dem Director des königl. Münzcabinets zu Haag gestattet, dem Herrn Roest alle geldrische Münzen, die er wünschte, zu leihen, damit er mit Musse und Sorgfalt sie prüfen und die unedirten zeichnen könne.

Einzelne Partien der Münzen Geldern's haben schon mehrfach Bearbeitung gefunden, unter anderen durch Van der Chijs „De Munten der vormalige Graven en Hertogen van Gelderland" und De Voogt „de Numismatik van Gelderland", doch blieb besonders die Zutheilung der ältesten Stücke dieses Landes noch immer zweifelhaft, und insbesondere die Zutheilung solcher Stücke schwierig, die keinen Namen des regierenden Herrschers oder einen solchen tragen, der wie Reynaldus mehreren Personen zukam. Die Benützung zahlreicher Urkunden wies hier den richtigen Weg. — Der Verfasser theilt die ältesten geldrischen Münzen dem Grafen Otto I. (1182—1207) zu, gibt aber Otto II. (1229—1271) viele Stücke, die man bisher Otto I. zulegte. Ebenso ist seine Zutheilung der Münzen der Reynalde zum Theil eine andere als die bisher übliche gewesen. Bei den späteren Stücken ist selbstverständlich nur selten die Zuweisung fraglich, aber wie der Verfasser bei den ältesten Stücken mannigfach Neues bekannt machte, werden auch aus den späteren Perioden Stücke gebracht, die zum erstenmal veröffentlicht werden, und es wäre nur zu wünschen, dass auch unsere vaterländische Münzkunde so eifrige und gediegene Forscher fände, wie diejenige der Niederlande.   *F.*

Numismatische Literatur.

Der numismatischen Gesellschaft sind zugegangen:

The numismatic Chronicle, 1893. Heft III, Inhalt: Henry Howorth, Coins recently attributed to Eretria (Letter to Mr. Barclay V. Head). — Barclay V. Head: Coins recently attributed to Eretria (Reply to Letter of Sir Henry Howorth). — A. Cunningham: Later Indo-Scythians. — Scytho-Sassanians (Tafel XIII, XIV). — A. Cunningham: Later Indo-Scythians. Little Kushâns (Tafel XV). — E. J. Rapson: Markoffs unpublished coins of the Arsacidæ (T. XVI). — John Evans: A new Saxon mint, Weardbyrig. — Notices of recent numismatic Publications. — Miscellanea.

Dr. Karl Hamann: Bildnisse einiger berühmter Persönlichkeiten des 30jährigen Krieges auf Münzen und Medaillen theils im Hamburger Münzcabinet, theils in eigener Sammlung. Mit 2 Tafeln Lichtdruck. (In Real-Gymnasium des Johanneums zu Hamburg. Bericht über das 57. Schuljahr. Hamburg 1891.)

Rivista Italiana di Numismatica: Anno VI. 1893. Fasc. III. Milano 1893. Inhalt: Gnecchi Francesco, Appunti di Numismatica Romana: XXIX. Un ripostiglio semi numismatico trovato nelle vicinanze di Roma (2 Tav.) XXX. Contribuzioni al Corpus Numorum. — Papadopoli Nicolo: Monete italiane inedite della Raccolta Papadopoli (Continuazione). N. 11. (Fig.) — Castellani Giuseppe: Il ducato d'oro anconitano nel secolo XIV. — Sambon Arturo G.: Monete d'oro coniate da Carlo I d'Angiò a Tunisi (Fig.). — Puschi Alberto: Il ripostiglio di Monfalcone. — Motta Emilio: Documenti visconteo-sforzeschi per la storia di Milano (Continuaz.) Parte II. Periodo Sforzesco — Luppi C.: Vite di illustri numism. ital.: Domenico Casimiro Promis (Ritratto). — Bibliografia. — Notizie varie. — Atti della Società Numismatica Italiana (1 Tav.) (Mit Tafel VI und VII).

Berliner Münzblätter. Herausgegeben von Adolf Weyl. XIV. Jahrgang, 1893. Nr. 156, August. — J. Menadier: Der Bracteatenstempel von Haverbjerg. (Schluss). Zwei Pfennige der Grafen von Veltheim-Osterburg.

Numismatisch-sphragistischer Anzeiger. Herausgegeben von Friedrich Tewes in Hannover. Organ des Münzforschervereines zu Hannover. 24. Jahrgang 1893. October u. November Nr. 10 u. 11. Inhalt: Theodor Stenzel: Die Münzen und Medaillen des Fürsten Johann Georg II. von Anhalt-Dessau. — Münzenfunde. — Nekrologe. — Literatur. — Neue Verzeichnisse verkäuflicher Münzen etc. — Beiblatt: Bücher und Münzverkehr.

Alphonse de Witte: Samuel Quicchelberg et sa médaille 1529. Genève. 1893. (Sonderabzug der Revue Suisse de numismatique 3e anné, 2 livrais.).

Vte. B. de Jonghe: Moyens a employer pour vulgariser la science numismatique. Bruxelles 1893. (Sonderabdruck der Revue belge de numismatique. 1893).

Derselbe. Deux Stubers d'Ernest d'Aspremont-Lynden comte de Reckheim (1603—1636). Bruxelles 1893. (Sonderabdr. der R. belge de numism. 1893).

Alphonse de Witte. Les monnaies frappées à Malines pour la Gueldre (1492—1494) Amsterdam. 1893. (Sonderabdruck aus der Tijdschrift van het Nederlandsch Genootschap voor Munt- en Penningkunde in Amsterdam).

Revue belge de Numismatique. 1893. Quarante-neuvième année. IV. livraison mit Tafeln X - XII. Bruxelles. Inhalt: G. Cumont. Monnaies découvertes dans les cimetières francs du Curbois près Rochefort et Sur-le-Mont, à Éprave (province de Namur). — P. Bordeaux: Les monnaies de Trèves pendant la période carolingienne (deuxième article.) — Fréd. Alvin: Étude de numismatique luxembourgeoise. — Vte. Baudouin de Jonghe: Deux Stubers d'Ernest d'Aspremont-Lynden comte de Reckheim (1603—1636). — J. Rouyer. L'oeuvre du medailleur Nicolas Briot en ce qui concerne les jetons (suite). — Alphonse de Witte. Poids de marchandises des anciennes provinces Belgiques (2e. article). — Nécrologie. — Mélanges. — Société royale de numismatique.

Franz Töply von Hohenvest: Numismatik. — Miscellen. Die Weihmünzen für Sammler. Graz. 1873. Leykam.

Jahresbericht des Geschichtsvereines für Kärnten, in Klagenfurt für 1692 und Voranschlag für 1893. Verlag des Vereines. Klagenfurt 1893. Aus dem Inhalte: Vermehrung der Sammlung des „Münzcabinet", S. 14.

Michel C. Soutzo, Essai de Restitution des systèmes monetaires Macédoniens, des rois Philippe et Alexandre et du système monetaire Egyptien de Ptolémée Soter. Bucarest, Etablissement graphique J. V. Socecu. 1893. (Mit 2 Tafeln.) (Sonderabdruck der Revue Roumaine d'histoire, d'archéologie et de philologie III. Année, Fasc. I. 1893.)

Prince Philippe de Saxe Cobourg et Gotha, Une médaille commémorative de la fondation et de l'achèvement de la ville de Sultanije (1305—1313). Mémoire. présenté au Congrès de numismatique de Bruxelles. Bruxelles, J. Goemaere, 1891.

Derselbe, Curiosités orientales de mon cabinet numismatique. II. Bruxelles, J. Goemaere, 1893.

Archivio Trentino, publicato per cura della direzione della biblioteca e del museo comunali di Trento. Anno XI, fascicolo I. Trento, Giuseppe Marietti, 1893.

Annual Report of the board of Regents of the Smithsonian Institution, showing the operations, expenditures, and condition of the institution for the year ending June 30, 1890. — Report of the U. S. National-Museum. Washington. Governement Printing office. 1891.

Monatsblatt des Alterthums-Vereines in Wien. IV. Band 10. Jahrgang. October und November 1893. Nr. 10 und 11.

Der Sammler, Herausgeber Dr. Hans Brendicke. Berlin. 1893. XV. Nr. 13—15. Aus dem Inhalte: Nr. 13. Dr. Hans Brendicke, Neue Medaillen. — Funde und Ausgrabungen (Münzenfund zu Raikau, Kreis Pr. Stargardt). Nr. 14 eine Medaille von 1871 — Medaille für die intern. Gartenbau-Jubiläums-Ausstellung.

Privatgymnasium in Graz, Jakominiplatz 16. VIII. Jahresbericht. Aus dem Inhalte: Ausweis des Zuwachses der Münzensammlung (S. 12.)

Numismatisch-sphragistischer Anzeiger, herausgegeben von Friedrich Tewes in Hannover, 24. Jahrgang. 1893. September. Nr. 9. Inhalt: Dr. P. J. Meier, Vorlagen für Münzstempel und Probeabschläge in Birkenrinde. (Schluss.) — Th. Stenzel. Die Münzen und Medaillen des Fürsten Johann Georg II. von Anhalt-Dessau. (Fortsetzung.) A. Die neuen österreichisch-ungarischen Nickelmünzen. — Münzfunde. — Literatur. — Auctionsnachrichten. — Anzeigen. — Kaufgesuche.

Numismatisches Literaturblatt von M. Bahrfeldt. Rastadt. Nr. 73/75. Sept. u. Nov. 1893, Inhalt: Inhaltsverzeichnis der numismatischen Zeitschriften. Selbständige Publicationen und Aufsätze in nichtnumismatischen Zeitschriften. Münz- und Buchverzeichnisse etc.

Numismatische Mittheilungen. Organ des „Vereines für Münzkunde in Nürnberg" (A. V.). Nr. 28. u. 32. Jänner u. September 1893. Inhalt: Aus dem Vereinsleben.

Alphonse de Witte. Poids de marchandises des anciennes provinces Belgiques. Deuxième article. — Quart de livre d'Anvers once et double once de Valenciennes. Bruxelles. J. Goemaere. 1893. (8 S. 8 mit 1 Tafel.) (Sonderabdruck aus der Revue belge de numismatique, 1893.)

Bulletin de numismatique von Raymond Serrure u. Comp. Paris. II volume, cinquième livraison, Septembre 1893. Inhalt: R. Serrure, Sequin frappé à Rome pendant la vacance du siège en 1590. — R. Serrure, Jetons et méreaux inédits des Pays-Bas méridionaux. — Livres nouveaux. — Revue des Revues. — Académie et Sociétés. — Les Musées. — Les expositions. — Les trouvailles. — Les ventes. — Nécrologie. — Intermédiaire. Question. — Catalogue de monnaies en vente aux prix marqués.

Fr. Prof. Bulić, Bullettino di Archeologia e storia Dalmata; Anno XVI. Spalato 1893. Giugno-Settembre Nr. 6—9.

Zeitschrift des Ferdinandeums für Tirol und Vorarlberg. Herausgegeben von dem Verwaltungsausschusse desselben. Dritte Folge, 37. Heft. Innsbruck, Selbstverlag des Ferdinandeums 1893. Enthält Mittheilungen über die Vermehrung der Numismatischen Sammlung. S. IX. u. XXIII.

Georges Cumont, Monnaies découvertes dans les cimetières Francs du Corbois près Rochefort et Sur-Le-Mont, a Éprave (Province de Namur). Bruxelles. J. Goemaere. 1893. (Geschenk des Verfassers.)

Derselbe, Notions de numismatique Franque et Mérovingienne pour servir à préciser l'age des cimetières Francs et des antiquités qu'ils renferment. Bruxelles. Alfred Vromant et C. 1893. (Sonderabdruck der „Annales de la société d'archéologie de Bruxelles" vol. VII. 1893). (Geschenk des Verfassers.)

Verschiedenes.

Guss-Medaille zur Erinnerung an die vor 25 Jahren erfolgte Krönung Sr. Majestät des Kaisers Franz Josef I. zum König von Ungarn.
Vor Kurzem wurde diese colossale Medaille, welche als ein Geschenk der Stadt Ofen-Pest Sr. Majestät überreicht wurde, der kaiserlichen Sammlung einverleibt. Wir geben in Folgendem eine Beschreibung derselben:

V: I · FERENCZ · JÓSZEF · MAGYARORSZÁG · AP · KIRÁLYA · KORONÁZÁSI · JUBI-LÉVMÁRA · BVDAPEST · FÖ · ÉS · SZÉKVÁROS · (=Zum Krönungsjubiläum Franz Josef I. apost. Königs von Ungarn, die Haupt- und Residenzstadt Ofen-Pest.) — Im Felde: 1867 | JVN · 8 — Hüftenbild Sr. Majestät v. r., in der Husarenuniform mit gesticktem Kragen und um die Schultern gehängten vorne durch Schnüre festgehaltenem Dolman. Vliess und Grosskreuz des Stephansordens auf der Brust

In der R. Kalpak, von dem der oberste Theil sichtbar ist, die L. am Säbelgurt. 1892 | JVII • 8. Unter dem linken Arme: „J. Szarnovszky F." (vertieft).

R: Krönungsscene. Ablegung des Krönungseides. Der Kaiser im Ornate eines Königs von Ungarn auf einer Estrade, die r. Hand zum Schwure erhoben, den ihm der Erzbischof von Gran abnimmt. R. Geistliche, dahinter gothische Kirche zur Seite sichtbar. Links Staatswürdenträger, darunter im Vordergrunde Graf Andrássy. Im Hintergrunde die Ofner Königsburg. Im Vordergrunde r. Kirchenfürsten zu Pferde, l. Fahnenträger im magyarischen Costüme. In der Mitte zwei Pagen, von denen einer das Pferd des Kaisers hält. Oben Sonne aus Wolken hervorbrechend. Unten: „Szarnovszky F. B. P." (vertieft).

Zu beiden Seiten ringsum erhabener Linienrand. — Gold, Durchmesser: 102 *mm.*, 618·75 *gr.* (= cca. 175 Ducaten). *R.*

Berliner numismatische Gesellschaft. Bei der Neuwahl des Vorstandes dieser Gesellschaft wurden die Herren Dr. E. Bahrfeldt, Regierungsrath Friedensburg, Dr. v. D. Heyden und Dr. Weil gewählt. Die Gesellschaft feiert demnächst ihr fünfzigjähriges Bestehen, bei welchem Anlasse ein stattlicher Band von Abhandlungen aus der Reihe der Mitglieder als Festschrift ausgegeben werden wird. Wir kommen auf dieses schöne Jubiläum noch zurück, rufen aber schon heute dem schwesterlichen Vereine im Norden ein herzlich Vivat, crescat, floreat! zu. *H.*

Günzburger Prägungen Bischof Clemens Wenzels von Augsburg. Oberbergrath v. Ernst hat in seiner ganz vortrefflichen Schrift „Zur Geschichte der Münzstätte Günzburg" in den Mittheilungen der Bayr. numismatischen Gesellschaft XII. eingehend die bischöflich Augsburger Gepräge des Kurfürsten Clemens Wenzel von Trier behandelt. Dieselben gehören den Jahren 1773—1775 an, bestehen aus allen entsprechenden Münzsorten vom Thaler abwärts und sind bei diesem und beim Gulden durch die Buchstaben S – C, Münzwardein Clotz, Münzmeister Schöbl, bei den übrigen durch G (ünzburg) gekennzeichnet.

Es scheint mir nun erwähnenswerth, dass ausserdem noch ein Merkmal vorhanden ist, welches speciell sämmtliche Günzburger Gepräge Clemens Wenzels auszeichnet, also auch ohneweiters eine Unterscheidung von den im Wesentlichen gleichen Trierer Thalern und Gulden des Kurfürsten gestattet. Während nämlich auf diesen die Cartouche des Wappens stets nur mit dem Ordensband des polnischen Adlerordens geschmückt ist, befindet sich auf dem Günzburger Thaler und Gulden zu beiden Seiten der Cartouche, bei den übrigen Münzen nur unterhalb des Krummstabes ausser dem Ordensbande noch eine überaus ansprechende Blumenverzierung.

Nebenbei bemerkt ist das Bild Clemens Wenzels auf den Günzburger Geprägen ohne Zweifel naturgetreuer, wie auf den gleichzeitigen Trier'schen, auf welchen der Kurfürst — älteren Stempeln gemäss — ungleich jugendlicher erscheint. *v. Höfken.*

Münz-Auction in Wien. In der zweiten Hälfte des nächsten Monates findet unter Leitung des Herrn H. Cubasch, Wien, I., Kohlmarkt 11, eine Münz-Auction statt, in welcher die bekannte Sammlung aus dem Nachlasse des Herrn Dr. Wilh. Schlesinger, von Münzen, Medaillen und Papiergeld aller Länder der Revolutionsperiode vom Jahre 1848/49, sowie Doubletten und aufgelassene Partien einiger hiesigen Privat-Sammlungen zur öffentlichen Versteigerung gelangen.

Der Katalog befindet sich bereits im Drucke und wird noch im Laufe des Monates December über Verlangen an Sammler und Interessenten gratis versendet werden.

Mittheilung der Schriftleitung. Um Irrthümer zu vermeiden, bitten wir alle Recensionsexemplare, unter ausdrücklicher Bezeichnung als solche, entweder an die numismatische Gesellschaft in Wien, I., Universitätsplatz 2 oder direct an das Mitglied der Schriftleitung, Gymnasialprofessor V. v. Renner, Wien, III., Geusaugasse 19, zu senden. Alle für die Bibliothek der numism. Gesellschaft bestimmten und in der „Literatur" im Monatsblatte auszuweisenden Druckschriften ersuchen wir an die numismatische Gesellschaft, Wien, I., Universitätsplatz 2, zu adressiren.

Zur Nachricht. Mit dieser Nummer erscheint der II. Band des Monatsblattes beendigt und beginnt mit der nächsten Nummmer (126) der III. Band, mit welcher gleichzeitig auch der Index zum II. Bande ausgegeben und den geehrten Abnehmern dieses Blattes zugesendet werden wird.

Kataloge.

Brüder Egger, Wien, I., Opernring 7. VII. Verkaufskatalog von Münzen und Medaillen der Griechen und Römer, des Mittelalters und der Neuzeit. 4388 Nummern.

Berliner Münzverkehr Nr. 24, herausgegeben von Julius Hahlo, Berlin W., Unter den Linden 13 Verzeichnis verkäuflicher Münzen und Medaillen. 2562 Nummern.

Numismatisches Offertenblatt Nr. 6. December 1898, von E. Rappaport, Berlin, Hallesche Strasse 18. Enthält: Münzen Nr. 1852—2424. Bücher Nr. XXI – XXVIII.

Herausgeber und verantwortlicher Redacteur: **Franz Trau** — Verlag der numismatischen Gesellschaft in Wien. — Druck von Kreisel & Gröger, vorm. L. W. Seidel & Sohn, in Wien.

Ingram Content Group UK Ltd.
Milton Keynes UK
UKHW022139280323
419329UK00005B/54